Alberto Manguel
IM SPIEGELREICH
rororo

# C Sprachbetrachtung

# D Literatur und ihre Geschichte

Günter Grass
Die Blechtrommel
Roman / Steidl

# E Arbeitstechniken und Methoden

# Methoden im Überblick

**Verzeichnisse**

# A Sprechen

**1** Betrachten Sie die abgebildeten Redesituationen.
Legen Sie dem Redner/der Rednerin jeweils zwei oder drei passende Sätze in den Mund.

**2** **a** Untersuchen Sie die Redesituationen im Hinblick auf die vermutlichen Ziele der Redenden und deren Verhältnis zu ihren Adressaten. Wie wirken sich Absichten und Beziehung zum Publikum wohl auf Aufbau, Inhalt und Sprache der Redebeiträge aus?
**b** Nennen Sie rhetorische Fähigkeiten, die in den dargestellten Situationen jeweils von besonderer Bedeutung sind.

# 1 Reden untersuchen und halten

## 1.1 Was ist Rhetorik?

Die Wahrheit kommt mit wenigen Worten aus.
*(Laotse, 6. Jh. v. Chr.)*

*Der Philosoph Sokrates verteidigt sich vor Gericht:*

Sokrates (469–399 v. Chr.)

[...] Welchen Eindruck, meine athenischen Mitbürger, meine Ankläger auf euch gemacht haben, weiß ich nicht; ich meinesteils stand so unter dem Bann ihrer Worte, dass ich mich beinahe selbst vergaß: So überzeugend klangen ihre Reden. Und doch, von Wahrheit war kaum eine Spur zu finden in dem, was sie gesagt haben. Am meisten aber war ich erstaunt über eine von den vielen Lügen, die sie vorgebracht haben, über die Warnung nämlich, die sie an euch richteten, ihr solltet euch ja nicht von mir täuschen lassen, denn ich sei ein Meister der Rede. Dass sie sich nicht entblödeten, dies zu sagen trotz der Gewissheit, alsbald durch die Tatsachen von mir widerlegt zu werden, wenn es sich nämlich nunmehr herausstellt, dass ich nichts weniger bin als ein Meister der Rede, das schien mir der Gipfel aller Dreistigkeit zu sein, es müsste denn sein, dass sie den einen Meister der Rede nennen, der die Wahrheit sagt. Denn wenn sie es so meinen, dann habe ich keine Bedenken, mich als Redner gelten zu lassen – nur eben nicht als einen von ihrer Art. Sie, die Kläger, haben, wie gesagt, so gut wie nichts Wahres vorgebracht; von mir aber sollt ihr die volle Wahrheit vernehmen. Aber, beim Zeus, meine Mitbürger, was ihr von mir zu hören bekommt, wird kein in Worten und Wendungen schön gedrechseltes und wohl verziertes Redewerk sein wie das dieser Ankläger, sondern ein schlichter Vortrag in ungesuchten Worten. [...]

*(Platon: Die Verteidigungsrede des Sokrates, ca. 385 v. Chr.)*

Da auf dem Weg über die rhetorische Kunst zum Wahren ebenso zugeredet wird wie zum Falschen, wer könnte da wagen zu behaupten, wenn es gegen die Lüge geht, dürfe gerade die Wahrheit es sein, die in ihren Verteidigern waffenlos dasteht. [...] Steht also die Fähigkeit des beredten Vortrags, die beim Überzeugen vom Ungerechten wie vom Rechten das meiste vermag, beiden Seiten zur Verfügung, warum eignen die Guten sie sich nicht voller Eifer an, damit sie Kriegsdienst leiste für die Wahrheit, wenn doch die Schlechten sie in der Verfechtung verdrehter und windiger Sachen zum Nutzen der Ungerechtigkeit und des Irrtums ausnutzen.

*(Augustinus: Über die christliche Lehre, 428 n. Chr.)*

**1** Die Frage nach dem Verhältnis von Wahrheit und Rhetorik ist ein Thema mit langer Tradition. Untersuchen Sie die Stellungnahmen der drei Philosophen im Hinblick auf den jeweils zu Grunde liegenden Begriff von „richtiger“ und „falscher“ Redekunst.

**2 a** Die im Merkkasten auf S. 13 genannten drei Elemente der Redekunst sind zugleich Ansatzpunkte für oft vorgebrachte kritische Einwände gegen die Rhetorik. Sammeln Sie solche Einwände, auch im Rückgriff auf Ihre Ergebnisse aus Aufgabe 1.

**b** Betrachten Sie die im Merkkasten genannten Redegattungen im Hinblick auf ihr Verhältnis zur Wahrheit: Stellen Sie Vermutungen an, berichten Sie von Erfahrungen, sammeln Sie Beispiele.

!

## Elemente der antiken Rhetorik

Rhetorik im Sinne von Redekunst beinhaltete nach Vorstellung der antiken Theoretiker drei Elemente:

- das **Überreden (persuasio)** als erwünschte Wirkung,
- den **schönen Text** als gewinnendes Mittel,
- die **Erfahrung des Redners,** der sich tradierter rhetorischer Formen und Techniken bedient.

Als die drei grundlegenden Redegattungen galten:

- die **Gerichtsrede** (genus iudiciale),
- die beratende, **politische Rede** (genus deliberativum),
- die **Lob-** und **Festrede** (genus demonstrativum).

Walter Jens: **Rhetorik** (1977) Auszug aus Meyers Enzyklopädischem Lexikon

Wenn also die antike Definition lautet „Rhetorik ist die Kunst des guten Redens und Schreibens“, dann heißt *gut* nicht elegant oder wortgewaltig oder betörend, sondern: *angemessen* – der vom Redner vertretenen Sache und der Situation, aus der heraus er spricht, adäquat. [...] Nicht die Schönheit, sondern die Wirkung, nicht die Eleganz, sondern die Angemessenheit befindet über den Rang der praktischen Beredsamkeit: der Grad ihrer Adressatenbezogenheit , nicht aber der „rhetorische“, von Metaphern und Wortspielen, Antithesen und Alliterationen, von kühnen Bildern und dramatischen Vergleichen strotzende Stil. [...]

Rhetorik ist also keine Technologie, deren Instrumentarium, richtig angewendet, Erfolg und Einfluss verbürgt; sie ist vielmehr, in erster Linie, eine Wissenschaft, deren Anwälte, von Aristoteles bis Bacon, von Cicero bis Lessing, nicht müde wurden, das eine Problem zu analysieren: Wie kann Vernunft sprachmächtig und Denken praktisch werden? Wie lässt sich das für richtig Erkannte – in überzeugendem Appell?, in herzbewegender Argumentation? – den Menschen einsichtig machen?

**1** **a** Stellen Sie die in Walter Jens' Lexikonartikel angeführten negativen und positiven Kennzeichnungen von Rhetorik tabellarisch einander gegenüber.
**b** Walter Jens nimmt die Rhetorik gegen gängige Vorwürfe in Schutz. Diskutieren Sie, inwieweit Ihnen sein Ansatz überzeugend erscheint.

**2** Die folgenden Definitionen von „Rhetorik“ finden Sie so oder so ähnlich in verschiedenen Nachschlagewerken:
Rhetorik ist
- die Kunst des guten Redens und Schreibens,
- adressatenbezogene mündliche Kommunikation,
- die lehrbare und lernbare Redefähigkeit,
- eine Technik der Beeinflussung durch Rede,
- das überlieferte System der Redetheorie,
- die Wissenschaft von der Gestaltung wirkungsvoller öffentlicher Rede.

Prüfen Sie, inwiefern die folgenden Kennzeichnungen auf die genannten Erläuterungen zutreffen: allgemein, spezifisch, theoriebezogen, praxisbezogen, wertneutral, abwertend, traditionell, modern.

## 1.2 Reden analysieren

Die folgende Rede hielt der Schriftsteller Raoul Schrott (*1964) vor Abiturienten anlässlich der zentralen Abiturfeier des Saarlands 2004 im Saarlandmuseum.

Raoul Schrott: **Der wölfische Hunger. Rede an die Abiturienten des Jahres 2004** (Auszug)

Liebe Abiturienten,

Raoul Schrott

viel halte ich nicht von euch. Und beneide euch auch nicht. Wenn ich nach einem Schlagwort suchen müsste, um eure Generation auf einen Nenner zu bringen, würde ich euch Konformisten schimpfen. Ein paar Jahre älter, und ich sehe euch schon vollkommen eingegliedert in diese neue Gesellschaftsschicht, die einem überall in den deutschen Fußgängerzonen begegnet: Gel im Haar, Sonnenbrillen auch im Winter, ledrig braun vom wöchentlichen Solarium, Silikonsäcke in der Brust der Frauen, die Männer hart am Waschbrettbauch arbeitend, aber allesamt geistige Bügelbretter. Metrosexuelle in der Nachfolge von in die Jahre gekommenen Yuppies und Singles, androgyn zwischen Anämie[1] und Bulimie[2], nur den Job im Kopf, den nächsten All-inclusive-Urlaub, Amerika als Traumziel, kulturell zwischen Hollywood und Viva, [...] Pay-TV als Kick, Naturschutz als Konfessionsbekenntnis und die politische Haltung von reinen Konsumenten. Eine Generation Golf[3] im Faserland[4].

Abschätzigkeit der Jugend gegenüber gehört zu den immer wiederkehrenden Reaktionen des Alters, schon seit Sokrates. Nicht als Privileg – das Alter hat kein Anrecht darauf –, sondern als Stereotyp; warum das so ist, darauf komme ich noch zu sprechen. Dennoch, wenn ich ehrlich bin, ist das das Bild, das ich von euch habe. Wobei ich mir natürlich überlege, ob das an meinem Blickwinkel liegt, der Überheblichkeit, mit der sich nur die Selbstgerechtigkeit von jemandem ausdrückt, der doppelt so alt ist wie ihr. Nichts gibt mir das Recht, euch so pauschal abzukanzeln. Nein, wenn ich es mir jetzt herausnehme, dann, weil ich mich – so seltsam dies klingen mag – jünger fühle als ihr. Und weil ich dazu jetzt den Schriftsteller ganz beiseiteschieben und kein Blatt vor den Mund nehmen werde, um zu sehen, wohin uns das Aufzählen all dieser Vorurteile bringt.

Euch mit Altersweisheiten in den Ohren zu liegen, dazu bin ich der Falsche; für Lebensleitfäden sind die Berufsberater zuständig und Moral predigt jede beliebige Seifenoper. Aber auch weil ich nun ein Kollektiv anzusprechen habe, will und kann ich nur beim Stereotypen bleiben, um zu versuchen, etwas zur Sprache zu bringen, was sich dahinter verbergen mag: nämlich Identität und Individualität. Deren Fehlen ich euch gerade vorgeworfen habe. Um zunächst etwas Klischeehaftes zu eurer Entschuldigung vorzubringen. Ihr könnt nichts dafür, dass ihr in einer Ersten Welt aufwachst, die parasitär vom Rest des Globus profitiert [...]. Die eigentliche Welt aber beginnt zwei Flugstunden von Frankfurt, mit ihren Milliarden von Menschen, die unter Umständen leben, die ihr sicherlich zur Genüge in den von euren aufgeklärten

1 **Anämie:** Blutarmut

2 **Bulimie:** Essstörung mit Heißhungeranfällen und anschließend herbeigeführtem Erbrechen

3 **Generation Golf:** Buch von Florian Illies aus dem Jahr 2000, das die Generation der damals etwa 30-Jährigen durch ihre Konsumorientierung und ihr Markenbewusstsein charakterisiert

4 **Faserland:** Roman von Christian Kracht aus dem Jahr 1995, das exemplarisch die Lebenssituation eines jungen Mannes zwischen Konsum, Genuss und Sinnleere darstellt

Deutschlehrern gestellten Problemaufsätzen abgehandelt habt. Uns allen aber scheint kaum je bewusst zu sein, dass sich von dort aus betrachtet unsere Zivilisation als reines Artifizium[5] entpuppt. Von einer Reise zurück, sieht ganz Europa aus wie ein Vorort von Las Vegas; im Hotel dann den Fernseher einzuschalten, *Amica* und *Max* auf dem Glastisch im Zimmer durchzublättern, erfasst mich jedes Mal ein fast Ekel erregendes Gefühl ob der absurden Lächerlichkeit unserer in Hochglanz präsentierten Wirklichkeit. Die als Normalität propagiert, was eine Anomalie ist, und als Fortschritt, was ein Sonderfall der Geschichte bleiben wird. Diktatur und Armut, Bürgerkrieg und Terrorismus, Seuchen und Religionen, Dürren und Überschwemmungen – all das kennt ihr als Schlagworte von Themen aus dem Unterricht. Doch [...] sie werden immer so präsentiert, als wären sie bloß „Probleme". Ein Mangel an Aufklärung, Kultur und Zivilisation. Etwas, das noch nicht dem normalen Stand der Dinge entspricht. Abwege und Irrwege einer Entwicklung, die sich irgendwann einmal zum Guten wenden wird. Dagegen spricht jedoch die ganze Menschheitsgeschichte. Von den Hominiden bis zum Homo sapiens ist sie eine der Gewalten: die der Natur und der eigenen. Denn trotz aller Globalisierung, die McDonalds, Pauschaltourismus, Internet, Mobilnetze und Satellitentelefone glauben machen, hat sich die Welt nicht verändert, und sie wird es in absehbaren Jahrhunderten auch nicht. Heute quer durch Asien zu reisen, von Kairo nach Kapstadt oder von Alaska über Mittelamerika nach Feuerland, ist mit ebenso großen Gefahren, Unwäg- und Unwegbarkeiten verbunden wie zur Zeit Magellans oder Marco Polos. Gleich, ob durch hausgemachte Klimaerwärmungen oder naturgegebene Eiszeiten, Kriege oder Erdbeben: Existenznot ist der Regelfall. Und der Mensch schon von der Evolution so angelegt, jeder Bedrohung zu trotzen. Auch dann noch, wenn sie einem in der eigenen Spezies begegnet: *homo homini lupus*[6]. Dieses Wölfische ist es, das uns ausmacht. Und sein Hungern in uns – nach allem, Realem und Symbolischem, einem Paradies auf Erden ebenso wie nach Gott im Himmel. Es ist die Ursache aller Aggression, aber auch allen Glücks. Doch weil diesem Glück, unseren Bedürfnissen, Wünschen und Sehnsüchten so viel entgegensteht, sind wir so gebaut, dass wir erst unter widrigen Umständen richtig funktionieren. [...]

Wenn ich euch reden höre, ist das, worüber ihr euch definiert, Kleidung und Musik. Bei meiner Generation war es ebenso, nur mit dem Unterschied, dass wir uns noch nicht über Industriemarken mit einem Rollenbild identifizierten. Und die Musik für uns wenigstens noch den Anstrich von Verbotenem und Subversivem an sich hatte, mit Texten, die sich am Kritischen und am Poetischen maßen. Musik und Kleidung boten uns Identifikationsmöglichkeiten für etwas, das erst im Entstehen begriffen war, mit dem man sich erst auseinandersetzen musste, sie waren Träger einer Aufbruchstimmung, die in den 60er-Jahren begann und in den 80ern scheiterte. [...] Und ihr könnt nichts dafur, dass alles, was danach kam, nur mehr vermarktet wurde. Sich selbst ähnlich und sich selbst [...] reproduzierend, hört und sieht es sich nun überall gleich an, in Japan, Amerika oder hier: Das Konzept der Globalisierung misst sich ja daran, dass Coca Cola und ein Hamburger überall gleich schmecken, in drei identifizierbaren Sorten. Kein Wunder also, dass auch ihr ausseht wie geklont. [...]

Das Alter schimpft auf die Jugend, seit es das Alter gibt – und es hat noch nie recht dabei gehabt. Das ist der einzige Satz, mit dem ich euch Mut machen kann. Denn der Grund für die selbstgerechte Arroganz solcher Tiraden wie der meinen liegt im Neid auf die Jugend. Das Alter verteidigt damit, was es erreicht hat: indem es dieses oft genug auch hart Er-

**5 Artifizium:** lat. artificium: Kunstwerk; hier: künstliches Konstrukt

**6 homo homini lupus:** Der Mensch ist dem Menschen ein Wolf – ursprünglich ein Zitat aus einer Komödie des römischen Dichters Plautus (2. Jh. v. Chr.)

rungene als zwangsläufig und notwendig darstellt, als den einzig einzuschlagenden Weg. Andernfalls müsste es ja sein ganzes gelebtes Leben infrage stellen und damit auch jeden Sinn darin. Das zu durchschauen, ist die einzige Lektion, die es sich letztlich zu lernen lohnt. Dass es nicht darum gehen kann, was man *hat,* sondern was man *ist.* Um dieses Offene, alles möglich Machende; diese magische Macht der Jugend ... [...].
Bei meinem zwanzigjährigen Maturatreffen[7] habe ich das an den anderen gesehen. Wir waren eine Klasse gewesen, die miteinander nur leidlich auskam, weil wir alle zu verschieden waren, als dass sich wirkliche Kameradschaft herausgebildet hätte. Die Schulzeit war für mich etwas gewesen, das man durchstehen musste, mit den Lehrern im beständigen Clinch und untereinander in beständigem Zwist – denn jeder von uns hatte etwas, um das einen der andere beneidete. Zwanzig Jahre später war davon nichts mehr geblieben: Eine Versammlung von vorzeitig Altgewordenen traf sich da, die stehengeblieben waren; als hätten sie, sobald sie einen Beruf gefunden hatten, damit auch den Geist aufgegeben, alle Neugier. Ein saturierter Haufen, der kaum etwas zu erzählen hatte. [...] Als Dichter lebt man von dieser vielleicht naiven, aber weder kindlichen noch erwachsenen Neugier, die einem die Dinge immer wieder mit unverstelltem Blick vor Augen führt: blauäugig. Und hinter allen Kulissen und Klischees nach etwas suchen lässt, in dem man sich wiederfindet. Jede Eitelkeit dabei und jede Altersweisheit käme da nur einer geistigen Arterienverkalkung gleich. Es ist deshalb, dass ich mich jünger fühle als ihr: fünfzehn. Und froh bin, dass ich diesen halbwüchsigen Burschen in mir nicht verloren habe. Das ist es, was ich auch euch nun wünsche, aus ganzem Herzen: das Talent, alt zu werden, ohne dabei erwachsen zu werden.

7 **Matura:** lat. maturus: reif; Reifeprüfung, hier: Abitur

**1** Sammeln Sie spontane Reaktionen auf Raoul Schrotts Rede. Sie können auch ein erstes Meinungsbild erstellen, indem Sie zwischen folgenden Positionen wählen:
Zustimmung – eingeschränkte Zustimmung – eingeschränkte Ablehnung – Ablehnung.

**!** **Formen der Rede**

| Redeform | Redeabsicht | Beschreibung der Redeform |
|---|---|---|
| **Informationsrede (Sachvortrag)** | Informationsvermittlung | Inhalte werden weitgehend wertfrei dargeboten. Es wird vor allem der Verstand des Publikums angesprochen. |
| **Überzeugungsrede (Meinungsrede)** | Motivation zum Handeln | Die Argumentation wird in der Regel nur einseitig geführt. Am Ende steht oft ein Appell. Vor allem der Wille und das Gefühl des Publikums werden angesprochen. |
| **Lob- oder Festrede** | Ehrung von Personen, Feier von Anlässen | Die Rede geht auf die dem Anlass entsprechende Stimmung ein (Trauer, Freude usw.). Sie richtet sich vor allem an das Gefühl des Publikums. |

**2** Versuchen Sie eine Einordnung von Raoul Schrotts Rede mit Hilfe dieses dreigliedrigen Schemas der Redeformen.

## Analyse einer Rede

Bei der Erschließung des Inhalts einer Rede können Sie sich an den generellen Hinweisen zur Erschließung von Sachtexten orientieren (→ S. 68).
Darüber hinaus sind bei Redetexten weitere Aspekte zu beachten:

- **Redesituation:** Ort, Zeit, Publikum und dessen Kenntnisse und Erwartungen, gegebenenfalls historischer und weltanschaulicher Hintergrund
- **Redeaufbau:**
  - Der **Einleitung** einer Rede kommt besondere Bedeutung zu: Hier versucht der/die Redende, die Aufmerksamkeit des Publikums zu erringen. Dies kann z. B. durch den Hinweis auf Besorgnis erregende oder schockierende Fakten erreicht werden.
  - Im **Hauptteil** wird das Thema der Rede argumentativ entfaltet. Hier gibt es vielfältige Strategien des gedanklichen Aufbaus (siehe auch S. 20: rhetorische Strategien).
  - Im **Schlussteil** einer Überzeugungsrede wird noch einmal alles darangesetzt, die Zuhörenden für die vorgestellte Sicht zu gewinnen und sie gegebenenfalls zu einem entsprechenden Handeln zu bewegen. Oft steht am Ende ein direkter Appell. Eine Informationsrede kann durch eine Zusammenfassung der wichtigsten Aspekte abgeschlossen werden.
- **Redeabsicht:** Hauptintention der Rede, z. B. Informieren, Belehren, zum Handeln aufrufen ... Alle rhetorischen Strategien und sprachlichen Mittel stehen im Dienste der Redeabsicht.
- **rhetorische Strategien** (→ S. 20): planvolle Vorgehensweisen, die im Dienste der Redeabsicht stehen, z. B.: Aufwertung, Abwertung, Beschwichtigung, Ablenkung, Dramatisierung, Provokation ...
- **rhetorische Mittel:** die sprachliche Gestaltung im Dienste der rhetorischen Strategien, z. B. rhetorische Figuren (→ S. 326 ff.): Anapher, Klimax, Correctio, Metapher, Vergleich ...

**3** Klären Sie die Redesituation von Raoul Schrotts Rede an die Abiturienten. Skizzieren Sie dabei auch die zu vermutende Publikumserwartung.

**4** Nehmen Sie an, Raoul Schrott hätte seine Rede mit dem Absatz begonnen: „Euch mit Altersweisheiten in den Ohren zu liegen, dazu bin ich der Falsche [...].“ (Z. 51 f.) Tragen Sie diesen Absatz vor und versetzen Sie sich in die Rolle des Publikums. Vergleichen Sie die Wirkung mit der Wirkung des vom Autor gewählten Anfangs.

**5** Erschließen Sie den Inhalt und den Aufbau des Redeauszugs. Orientieren Sie sich an den Hinweisen im Merkkasten oben und auf S. 68.

**6** Bestimmen Sie die Redeabsicht. Beachten Sie dabei auch den Schluss der Rede.

**7** Untersuchen Sie den Text im Hinblick auf zentrale rhetorische Strategien und zugehörige sprachliche Mittel. Übernehmen Sie dazu die folgende Tabelle in Ihre Unterlagen.
Sie können arbeitsteilig verfahren.

| *Sprachliche Gestaltung/ rhetorische Mittel* | *Rhetorische Strategie* | *Wirkung auf das Publikum* |
| --- | --- | --- |
| *direkte Ansprache (Z. 1 ff.), Aufzählung einseitiger Charakterisierungen (Akkumulation, Z. 13 ff.), negative Reizwörter („Silikonsäcke“, Z. 15, ...), ...* | *Abwertung, Provokation, Spott ...* | *Empörung, Kränkung ...* |

# 1.3 Eine Antwortrede vorbereiten und halten

## Den Redetext verfassen

Die Rede von Raoul Schrott (→ S.14 ff.) provoziert eine Stellungnahme. Gehen Sie von folgender Situation aus:

**Thema:** Sie halten anlässlich der Abiturfeier Ihres Jahrgangs eine Rede, in der Sie auf Raoul Schrotts Rede aus dem Jahr 2004 antworten. Raoul Schrott ist im Publikum anwesend, weiterhin Mitabiturienten/-abiturientinnen, Angehörige und Lehrkräfte.
Die vorgesehene Redezeit beträgt ungefähr acht Minuten, dies entspricht etwa einem ausformulierten Manuskript mit 900 Wörtern.

Eine erste Orientierung beim Planen, Verfassen und Halten einer Rede bietet die IDEMA-Formel:

! **IDEMA – Fünf Schritte von der Vorbereitung bis zum Vortrag einer Rede**

Ein Modell, das bereits die antiken Rhetoriker verwendeten, bietet auch heute noch eine gute Hilfe für das Planen und Halten einer Rede:

1. **Inventio: Das Sammeln von Gedanken und Einfällen zum Thema der Rede**
   Das Thema der Rede ist klar – doch was will man im Einzelnen dazu sagen? Die Redner der Antike waren überzeugt, dass alle geeigneten Gedanken für eine Rede in unserem Gedächtnis aufbewahrt werden und dort nur aufgefunden werden müssen. Als moderne Methoden für das Sammeln von Einfällen eignet sich zum Beispiel das Entwerfen eines Clusters (→ S.349), einer Mind-Map (→ S.348) oder eines Ideensterns (→ S.348).

2. **Dispositio: Die Gliederung des gesammelten Materials**
   Mit der klassischen Dreiteilung „Einleitung – Hauptteil – Schluss" und der entsprechenden Gewichtung (kurz – ausführlicher – kurz) liegen Sie immer richtig. Wichtig bei aller Kürze: Suchen Sie nach einem publikumswirksamen „Aufhänger" für den Einstieg und nach einem markanten Schlusssatz für einen ebenso gelungenen Abgang. Für die Gliederung des Hauptteils bieten sich je nach Thema und beabsichtigter Wirkung verschiedene Möglichkeiten an: Chronologie, Argumentationskette, Prinzip der Steigerung, Leitmotive usw.

3. **Elocutio: Die sprachliche Gestaltung der Rede**
   Den richtigen Ausdruck für die zurechtgelegten Gedanken zu finden, ist ein besonders wichtiger Schritt auf dem Weg zur gelungenen Rede. Dazu gehört eine zu Publikum, Thema und Anlass passende Wahl der Sprachebene (→ S.343), des Stils (→ S.343) und des Satzbaus sowie der bewusste Einsatz rhetorischer Mittel (→ S.17, 326 ff.).

4. **Memoria: Das Einprägen der Rede** (→ S.22)

5. **Actio: Der Redevortrag und seine Gestaltung** (→ S.23 f.)

---

**1** Prüfen sie, zu welcher Form von Rede (→ S.16) Ihre Antwortrede gehört.

**2** **a** Lesen Sie Raoul Schrotts Rede noch einmal gründlich und halten Sie fest, welche Gesichtspunkte Sie besonders zu Widerspruch oder Zustimmung reizen.

**b** Notieren Sie, welche Hauptthese(n)/welche Forderung(en) Sie in Ihrer Rede vertreten wollen. Sammeln Sie Aspekte, mit denen Sie Ihr Anliegen stützen können. Zur Sammlung Ihrer Ideen eignen sich die im Merkkasten auf S.18 (→ Inventio) genannten Methoden.

**c** Übertragen Sie zur Klärung von Redesituation und -absicht die folgende Tabelle in Ihre Unterlagen. Beantworten Sie die Fragen konkret. Leiten Sie Folgen für die Gestaltung Ihrer Rede ab.

| *Redefaktoren* | *Fragen* | *Antworten* | *Konsequenzen* |
|---|---|---|---|
| *Redeabsicht* | *Was will ich erreichen: Belehren? Gewinnen? Bewegen? Unterhalten?* | ... | ... |
| *Zuhörende und ihre Erwartungen, Wünsche, Vorurteile, (Vor-)Kenntnisse* | *Was bringt das Publikum mit? Handelt es sich um ein einheitliches oder um ein uneinheitliches Publikum?* | ... | ... |
| *zeitlicher Rahmen* | *Wie viel Zeit steht zur Verfügung?* | ... | ... |

! **Möglichkeiten für den Einstieg in eine Rede**

- auf ein aktuelles Geschehen hinweisen und daran anknüpfen
- eine Begebenheit, die zum Thema passt, berichten oder erzählen
- ein Zitat zum Thema anführen und daran zustimmend oder widersprechend anknüpfen
- eine provozierende (rhetorische) Frage stellen

**3** Planen Sie einen Einstieg für Ihre Rede. Sie können z.B. die folgenden ersten Sätze fortführen.

*Liebe Damen und Herren, lieber Herr Schrott, liebe Abiturienten und Abiturientinnen,*
*in einer Rede in Saarbrücken im Jahr 2004, lieber Herr Schrott, schilderten Sie Ihre Sicht auf die Generation der damaligen Abiturienten. Ich nehme an, dass sich Ihr Blick auf „die Jugend“, d.h. auch auf uns Jugendliche hier im Raum, nicht grundlegend geändert hat. Sie sahen eine Generation heranwachsen von – wie Sie sagten – „reinen Konsumenten“ ...*

**4** Legen Sie in einem Schreibplan fest, in welcher Reihenfolge Sie die in Aufgabe 2b gesammelten Aspekte vorbringen wollen. Bedenken Sie den vorgegebenen begrenzten Umfang der Rede.

**5** Planen Sie einen Schluss für Ihre Rede.

! **Möglichkeiten für den Schluss einer Rede**

- einen Appell an das Publikum richten
- ein Fazit oder eine Schlussfolgerung aus dem bisher Gesagten ziehen
- einen Gedanken aus der Einleitung nochmals aufgreifen und weiterführen

**Rhetorische Strategien, rhetorische Mittel**

Kennzeichnend für Redetexte ist die Verwendung spezifisch rednerischer – d.h. rhetorischer – Strategien und Mittel zur Umsetzung der Redeabsicht.
Eine Auswahl stellt die folgende Tabelle vor.

| **Zielsetzung, rhetorische Strategie** | **Rhetorische Mittel, rhetorische Figuren** (→ S. 326 ff.) |
|---|---|
| **Fixierung des Publikums auf einen bestimmten Aspekt oder Standpunkt** | – **Leitmotive:** Synonyme, systematische Wiederholung ...<br>– **Kanalisierung der Assoziationen: Wort- und Metaphernfelder, Vergleiche** u.Ä.<br>– **Reihenbildung,** z.B. **Anapher:** „wir wollen ... und wir wollen ...“<br>– **entwickelnde Verstärkung,**<br>z.B. **Klimax:** „wir können – ... dürfen – ... müssen“<br>oder **Correctio:** „wir können – nein, wir müssen ...“<br>– **rhetorische Fragen,** z.B. „Können wir wirklich wissen, ob ...?“ |
| **In- und Exklusion (wir – die anderen)** | – Formulierung der **Gruppenidentität** („wir sind ...“, „wir können nicht zulassen, dass ...“ usw.)<br>– **Dialoge,** fiktive Streitgespräche („die anderen wenden ein – wir aber antworten ...“) |
| **Aufwertung, Abwertung** | – positive und negative **Reizwörter**<br>– positive und negative Verdeutlichung durch **Charakterisierung,** „Porträtzeichnung“, Schilderung |
| **Dramatisierung, Beschwichtigung** | – **Metaphern** und **Vergleiche,** die Extremsituationen suggerieren (Chaos, Krieg, Not ...)<br>– Unterstellen von **Handlungs-** und **Entscheidungszwängen**<br>– **Euphemismen** (→ S. 327), **Beschwichtigungsformeln** |

**6** Untersuchen Sie, wie im folgenden Auszug aus einem Beispieltext rhetorische Strategien und rhetorische Mittel zur Umsetzung der Redeabsicht genutzt werden.

***Antwortrede zu Raoul Schrotts Rede „Der wölfische Hunger“ (Auszug)***

*[...] Ich sehe mich hier im Raum um und sehe eine Freundin, die manchmal gerne die „Max“ liest, manchmal „Fair-Trade“-Produkte kauft und sich für „Attac“ interessiert. Ich sehe eine Freundin, die sich Kleidungsstücke selbst schneidert. Ich sehe in ein sonnen- oder solariumsgebräuntes, aber sensibles Gesicht und ich sehe [...].*

*Der Dichter ist für Sie ein Mensch, der hinter die Kulissen schaut, der frei von Stereotypen sehen kann – ja, der Dichter ist für Sie die wahre Verkörperung der Jugend: Sie sagen, Sie fühlten sich jünger als wir, eben auf Grund der Fähigkeit, die bunten Kulissen der Konsumindustrie nicht mit der Wirklichkeit zu verwechseln. Ich bin mir da nicht sicher: Überschätzen Sie die Rolle des Dichters nicht? Sind Sie wirklich so sehr Experte fürs Durchschauen und Überblicken? Ihr Blick auf „die Jugend“ jedenfalls scheint sich durchaus in Stereotypen und recht groben Verallgemeinerungen zu verfangen: Hier kommt es mir so vor, als wäre das Durchschauen eher ein Durch-uns-Hindurchschauen und das Überblicken ein flüchtiges Über-uns-Hinwegblicken. Uns Jugendlichen könnte fast der Verdacht kommen, dass Sie sich eigentlich gar nicht für uns interessieren. Denn ist es wirklich so, wie Sie sagen, dass die Ansprache an ein Kollektiv – an uns, die Jugend – Sie zum Stereotypen zwingt? Oder ist es die Lust an der rhetorischen Pointe und Dramatisierung, die Sie uns Jugendliche so deformiert darstellen lässt? …*

**7** Verfassen Sie Ihre eigene Antwortrede zu Raoul Schrotts Text. Sie können Anregungen des Beispiels oben verwenden. Planen Sie den Einsatz von rhetorischen Strategien und Mitteln.

**8** Weiterführend: Entwerfen Sie eine eigenständige etwa fünf- bis zehnminütige Abiturrede.

**a** Vergegenwärtigen Sie sich Erwartungen Ihres Publikums. Überlegen Sie, wie Sie auf diese Erwartungen reagieren wollen. Sammeln Sie mit den bekannten Techniken (→ S.18, …) Gesichtspunkte für Ihre Rede. Sie können auch die folgende Ideensammlung in Ihren Unterlagen fortsetzen.

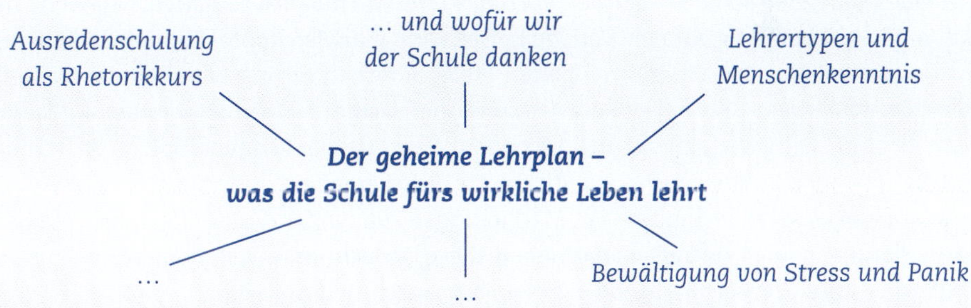


**b** Beschreiben Sie, wie der folgende Auszug aus einer Abiturrede mit der Publikumserwartung spielt und welche rhetorischen Mittel (→ S. 20, 326 ff.) verwendet werden.

*[…] „Elternvereinigungen und Wirtschaftsverbände fordern eine massive Entrümpelung der Lehrpläne an bayerischen Gymnasien." So können wir es immer wieder in den Medien hören und lesen. – Wir Schüler schließen uns dieser Forderung nicht an. Wir fordern keine Entrümpelung der Lehrpläne. Wir haben ganz entscheidende Fähigkeiten mit diesen Lehrplänen gelernt. Vermutlich haben nur wenige hier im Saal eine genaue Vorstellung von der Adverbialfunktion eines lateinischen Partizipium coniunctum und seiner adäquaten Wiedergabe in parataktischen oder hypotaktischen deutschen Sätzen. Wir haben diese Vorstellung auch nicht, aber wir haben gelernt, mit der Lücke zu leben. Das hat unsere sprachliche Kreativität gelegentlich bis zur Neuschöpfung antiker Texte gesteigert: Noch aus den winzigsten Spuren erkannter lateinischer Morpheme gelang es uns, muttersprachliche Sätze von strahlender Sinnhaftigkeit zu bilden […].*

**c** Entwerfen Sie eine Fortsetzung des Textes von zehn bis zwanzig Sätzen. Wählen Sie dafür eine weitere lebenspraktische Fähigkeit aus, die der „geheime Lehrplan" vermittelt.

**d** Schreiben Sie Ihre eigene Abiturrede.

## Die Rede halten

**1** Eine Rede zu halten, ist keine alltägliche Aufgabe, sondern eine anspruchsvolle Herausforderung. Beziehen Sie sich bei den folgenden Vergleichen auf das nebenstehende Modell der rhetorischen Kommunikation.
**a** Vergleichen Sie die Redesituation in einer Abiturfeier mit der eines Referats vor der Klasse.
Sammeln Sie die Unterschiede.
**b** Vergleichen Sie die Redesituation in einer Abiturfeier mit der einer Theateraufführung.
Sammeln Sie die Gemeinsamkeiten.

**Rhetorisches Dreieck**

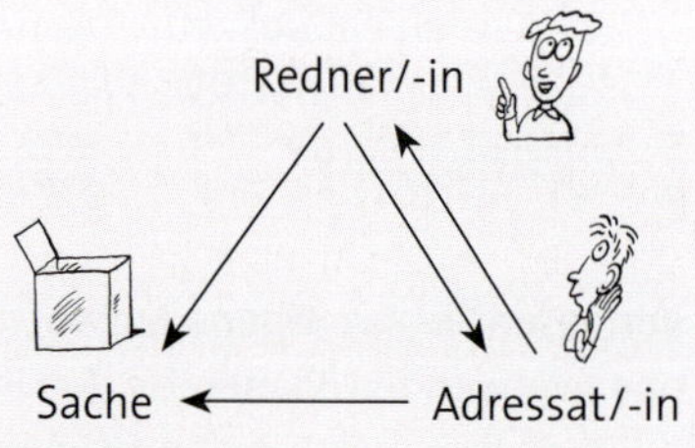


! **Das Einprägen der Rede (Memoria → S. 18)**

Ziel jedes Redenden sollte es sein, den **Vortrag so frei wie möglich** zu **halten.** Nur wenn man die Augen nicht ständig auf eine Vorlage heftet, kann man den **Kontakt zum Publikum** herstellen und auf mögliche Reaktionen eingehen. Freies Sprechen verringert außerdem die Gefahr der Monotonie, des zu schnellen Redens sowie überfrachteter Sätze. Voraussetzung dafür: Man muss die Rede weitgehend im Kopf haben. Wenn Sie den **Redetext** bereits vollständig ausgearbeitet haben, sollten Sie ihn **auf Stichworte reduzieren** und diese auf einem **DIN-A4-Blatt oder** auf **Karteikarten** festhalten. Mit **Markierungen** können Sie die zentralen Aspekte oder Formulierungen Ihres Vortrags hervorheben. Diese Gedächtnisstütze nehmen Sie dann zum Rednerpult mit. Üben Sie Ihre Rede in freier Form zuvor mehrmals ein.

**2** Erproben Sie Varianten zum Einprägen einer Rede: Wählen Sie einige Sätze aus Ihrer Antwortrede aus Aufgabe 7 (S. 21) aus. Lernen Sie die Sätze auswendig. Legen Sie diese Sätze einem Partner/einer Partnerin vor, der/die Ihren Vortrag beobachtet und überprüft. Stellen Sie sich in einem Abstand von etwa zwei Metern einander gegenüber auf.
**a** Sprechen Sie die Sätze auswendig mit sinnvoller Betonung vor.
**b** Überlegen Sie sich synonyme Varianten zu Ihren Sätzen. Wiederholen Sie die Übung aus Aufgabe a und greifen Sie diesmal auch auf die geplanten Varianten zurück.
**c** Wiederholen Sie die Übung aus Aufgabe a, indem Sie eine Variante einbauen, die Sie sich erst während des Sprechens einfallen lassen. Achten Sie bei Ihrem Partner auf Gelungenes und auch auf Aussetzer, Wortfehler und gelungene oder misslungene Verbesserungen. Tauschen Sie Ihre Beobachtungen aus und stellen Sie fest, welcher der Wege zur freien Rede Ihnen am erfolgversprechendsten erscheint.

**3** Reduzieren Sie Ihre Antwortrede auf Raoul Schrotts Rede „Der wölfische Hunger" auf Stichworte, die Sie für Ihren Vortrag der Rede nutzen können. Prägen Sie sich die Struktur Ihrer Rede und zentrale Formulierungen ein.

**4** Weiterführend: Verfahren Sie mit Ihrem Entwurf für eine Abiturrede aus Aufgabe 8 d auf S. 21 analog zu Aufgabe 3.

! **Der Redevortrag und seine Gestaltung (Actio → S. 18)**

Wer eine Rede hält, befindet sich in einer Aufführungssituation. „Actio" bedeutet Handlung, Auftritt, Vorführung. Die Gesamtwirkung der Rede ergibt sich aus dem Zusammenspiel verschiedener Komponenten: **verbalen** (Text) und **nonverbalen** (Stimme, Erscheinung, Körperhaltung, Gestik, Mimik).
Achten Sie auf Ihr **Sprechtempo,** auf **Variationen in der Tonlage und Lautstärke, Beschleunigungen** und **Pausen.** Probieren Sie (kleine) **Gesten,** die Ihre Aussage unterstützen, kontrollieren Sie Ihre **Mimik.** Üben Sie Ihre Rede möglichst zuhause (vor dem Spiegel, vor der Familie) und mit Aufnahmegerät.

Die folgenden Übungen helfen Ihnen, sich Ihr eigenes nonverbales Verhalten beim Reden bewusst zu machen und sich in dieser Hinsicht neue Möglichkeiten zu erschließen.
Wählen Sie zwei oder drei unterschiedliche Sprechtexte für die Übungen, z. B. einen eher deskriptiven Text (→ S. 342), in dem der Sachbezug dominiert (Beispiel 1), einen eher expressiven Text (Beispiel 2) und einen vorwiegend appellativen Text (Beispiel 3).

**Beispiel 1:** Ein Adressat reagiert wertend auf die Selbstdarstellung des Sprechers und auf dessen vermutete Selbsteinschätzung, aber auch auf das Bild seiner selbst, das er im Text des Sprechers wahrzunehmen glaubt.

**Beispiel 2:** Diesen Text habe ich dreimal durchlesen müssen, bis ich halbwegs verstanden habe, wovon da die Rede ist, und ich kann mir vorstellen, dass es euch kaum anders geht.

**Beispiel 3:** Achten Sie auf eine gute Artikulation, auf die Intonation, den Sprechrhythmus und auf Gestik und Mimik. Versuchen Sie, Ihr Publikum wirklich zu erreichen.

5 **Flüsterübung:** Einen Satz so deutlich zu flüstern, dass er auch in der letzten Reihe noch zu verstehen ist, erfordert viel Atemluft. Diese wird auch benötigt, um mit der Stimme einen größeren Raum zu füllen.

6 **Korkenübung:** Damit der Vortrag mit einem Flaschenkorken zwischen den Zähnen noch verständlich bleibt, muss man sehr intensiv artikulieren. Wenn man die gleichen Sätze sofort danach ohne Korken spricht, wird man sie wie von selbst deutlicher sprechen.

7 **Intonationsübung:** Die Sprecher/-innen ziehen aus etwa zwanzig Kärtchen eine Intonationsfarbe, die nur sie selbst kennen, und versuchen, ihren Text entsprechend zu intonieren.
Auf einer Übersichtsliste markieren die Zuhörer/-innen die vermutete Intonationsfarbe.
Anschließend kann der Sprecher/die Sprecherin kontrollieren, inwieweit es gelungen ist, die gewünschte Intonation zu treffen, z. B.:

affektiert, ängstlich, begeistert, beleidigt, belustigt, engagiert, entsetzt,
feindselig, gelangweilt, gewinnend, gleichgültig, ironisch, kindlich, lässig,
monoton, nachdenklich, professoral, sachlich, schmeichelnd, selbstbewusst,
überheblich, verächtlich, wichtigtuerisch, zornig

**8** **Blickkontakt-Training:** Der Sprecher/die Sprecherin tritt mit einem Buch in der Hand vor die Gruppe, bleibt ruhig stehen, blickt einmal in die Runde, hält das Buch so vor den Körper, dass die Gruppe Umschlagbild und Titel erkennen kann, und nennt in einem vorher gelernten Satz Verfasser und Titel, z. B.: „Dieser Roman mit dem Titel ‚Emmas Glück' stammt von der Autorin Claudia Schreiber." Dabei muss er/sie vermeiden, selber auf den Umschlag zu schauen.
Wer den Blick vom Publikum abwendet, kann den Versuch wiederholen.
Die Teilnehmer/-innen können zusätzlich vereinbaren, ein bereits verwendetes Satzmuster nicht zu wiederholen, sondern eine neue Formulierung zu finden.

**9** **Training der Körperhaltung:** Übung im Stehen, ein Mitglied der Gruppe gibt die Anweisungen:
- das Körpergewicht auf beide Füße verteilen,
- die Arme locker hängen lassen,
- die Hände öffnen,
- die Schultern etwas zurücknehmen,
- den Blick auf Kopfhöhe einstellen,
- eine Hand bis zur Körpermitte hochnehmen,
- die andere Hand dazuführen,
- die Hände wieder sinken lassen,
- den Atem verlangsamen – entspannt einige Schritte machen.

Die Übung kann man zu zweit wiederholen: einander gegenübertreten, stehen, Blickkontakt halten und einen vereinbarten Satz sagen.

**10** Entwickeln Sie in Partnerarbeit einen Dialog zum Lampenfieber, in dem Sie typische Symptome schildern und von eigenen Erfahrungen ihrer Bewältigung erzählen.

**11** Üben Sie Ihre Antwortrede auf Raoul Schrotts Rede „Der wölfische Hunger" in möglichst freier Form ein. Berücksichtigen Sie die für das Gelingen eines Redevortrags zentralen Aspekte.
Erproben Sie Ihre Rede in Kleingruppen oder vor der gesamten Lerngruppe.
Lassen Sie sich Feedback geben (siehe Merkkasten unten).

**12** Weiterführend: Verfahren Sie mit Ihrer in Aufgabe 8 d auf S. 21 vorbereiteten Abiturrede wie in Aufgabe 11.

---

**!**

### Feedback geben

- Feedback wird in der Ich-Form gegeben: „Ich finde ...", „Nach meinem Eindruck ...", „Mir erschien ..."
- Feedback beginnt mit einem konkreten Lob. Also nicht: „Das hast du, finde ich, schon recht gut gemacht", sondern z. B.: „Mir hat besonders dein klarer Schlussappell gefallen."
- Erst anschließend wird konkrete Kritik vorgetragen, z. B.: „Mir waren am Anfang des Hauptteils einige Sätze zu lang und unübersichtlich."
- Feedback enthält keine Ratschläge.

# 2 Diskutieren

## 2.1 Diskutieren heißt ...

Diskussion: eine Methode, andere in ihren Irrtümern zu bestärken.
*(Ambrose Gwinnett Bierce, 1842–1914, US-amerikanischer Journalist und Satiriker)*

Zwei Monologe, die sich gegenseitig immer und immer wieder störend unterbrechen, nennt man eine Diskussion.
*(Charles Tschopp, 1899–1982, Schweizer Schriftsteller)*

Zweck des Disputs oder der Diskussion soll nicht der Sieg, sondern der Gewinn sein.
*(Joseph Joubert, 1754–1824, französischer Essayist)*

Wahrheiten verwandeln sich in Dogmen, sobald sie diskutiert werden.
*(Gilbert Keith Chesterton, 1874–1936, englischer Schriftsteller)*

Der Widerspruch ist es, der uns produktiv macht.
*(Johann Wolfgang von Goethe, 1749–1832)*

Bei einer wissenschaftlichen Diskussion hat der Unterlegene größeren Gewinn, sofern er etwas hinzulernt.
*(Epikur von Samos, 341–271 v. Chr., griechischer Philosoph)*

**1** Welche der Zitate und Aphorismen erscheinen Ihnen am interessantesten oder treffendsten? Begründen Sie Ihre Wahl. Gehen Sie auch auf Situationen in Diskussionen ein, an die Sie die Zitate denken lassen.

**2** Klären Sie mit Hilfe eines Wörterbuchs die Herkunft des Begriffs „Diskussion".

**3** Erarbeiten Sie in Partnerarbeit eine eigene Definition von „Diskussion". Bestimmen Sie Ziele und Mittel des Diskutierens und gehen Sie auf verschiedene Diskussionsformen ein.

# 2.2 Diskussionen untersuchen und führen

## Einen Diskussionsbeitrag aufbauen

Aus Ihrer eigenen Erfahrung kennen Sie zahlreiche Situationen, in denen es darauf ankommt, die eigene Meinung überzeugend zu vertreten. Nicht nur bei Diskussionen in der Schule, auch im Berufs- und Privatleben ist eine souveräne und gewandte Gesprächsführung oftmals entscheidend. Diskutieren erfordert Übung – und man muss sich auch der speziellen Anforderungen des Argumentierens in Diskussionen bewusst sein. Ein Problem liegt zum Beispiel darin, dass Diskutanten häufig damit rechnen müssen, unterbrochen zu werden und den eigenen Gedanken nicht zu Ende führen zu können. Heben Sie sich also Ihr bestes Argument nicht bis zum Schluss auf!
Wie beim schriftlichen Argumentieren wirkt auch in mündlichen Diskussionen der übersichtliche Aufbau eines Beitrags überzeugend. Sie können sich dabei z. B. an folgendem Muster orientieren.

**Tipps zum Aufbau eines Diskussionsbeitrags**

Geübte Diskutanten bauen einen Beitrag oft in fünf Schritten auf:
1. Anknüpfen an den Vorredner/die Vorrednerin: „Was Sie soeben gesagt haben, halte ich für ..."
2. Formulieren der eigenen These: „Ich glaube jedoch vielmehr, dass ..."
3. Aufbau der Argumentation: „Folgende Gründe sprechen für ...: 1. ... und 2. ... und 3. ..."
4. Schlussfolgerung: „Daher liegt doch auf der Hand, dass ..."
5. Appell: „Lassen Sie uns deswegen ..."

Weitere Tipps:
- **Systematisieren** Sie Ihre **Argumentation:** 1., 2., 3. – aber sprechen Sie nicht zu viele Punkte an.
- **Beziehen** Sie auch mögliche **Gegenargumente ein** und **entkräften** Sie diese.
- Bauen Sie **Kompetenz** und **Glaubwürdigkeit** auf: Verweisen Sie auf Erfahrungen und Beispiele.
- Zeigen Sie **Lösungen** oder **Verbesserungen** auf.
- Stellen Sie **Gemeinsamkeit** her: „wir", „uns" ...
- Verwenden Sie **kurze Sätze:** Jeder Satz ein Gedanke.
- Sprechen Sie **anschaulich!** Verwenden Sie sprachliche Bilder und Vergleiche.
- Vermeiden Sie häufige Nominalisierungen, bevorzugen Sie **Verben** – das wirkt lebendiger.

**Auszug aus einer Podiumsdiskussion zum Thema Klimawandel:**

**A:** Gegen die drohende Klimakatastrophe wird noch viel zu wenig getan. Weil es aber in einigen Jahren bereits zu spät sein wird, müssen wir jetzt handeln! Das kann aber nur bedeuten, dass der Staat heute – und nicht erst, wenn es zu spät ist! – gerade auch der Autoindustrie strengere Vorgaben macht. Wir brauchen das Dreiliterauto! Sofort! *[Großer Beifall im Publikum]*

**B:** Das, was Sie da sagen, ist doch reiner Populismus! Jede vernünftige Studie zeigt doch, dass der Individualverkehr in Deutschland nicht nennenswert zum Klimawandel beiträgt. Es geht doch darum, die eigentlichen Verschmutzer zu benennen – und das ist eben nicht das Auto! Diese schärferen Maßnahmen, die Sie für das Allheilmittel halten, schaden allein der deutschen Autoindustrie, die im Premiumsegment weltweit führend ist. Mit einer solchen Diskriminierung treffen Sie aber die deutsche Industrie ins Mark und gefährden in unverantwortlicher Weise Arbeitsplätze! Das kann doch niemand wirklich wollen! *[Beifall]*

**C:** Eines stört mich wirklich: Wir reden hier ständig über die Bekämpfung von Symptomen. Ob die CO2-Belastung von den Autos herrührt oder von den Öfen, das ist doch nebensächlich. Darum kann es doch gar nicht gehen! Der eigentliche Kern der Sache sind wir selbst! Wir müssen endlich lernen, dass nur ein ganz radikales Umdenken in unserem Wohlstandsverhalten und Wohlstandsdenken die drohende Katastrophe aufhalten kann. Nicht das Dreiliterauto ist die Lösung – sondern wir selbst sind sie! Zeigen wir nicht immer nur auf die anderen, beginnen wir selbst mit dem Umdenken! *[Beifall]*

[...]

**D:** Ich möchte jetzt einmal an ein Tabu rühren: Der Ausstieg aus der Kernenergie wird heute von fast allen befürwortet. Doch die Situation erfordert von uns auch, dass wir flexibel denken und mögliche Fehlentscheidungen korrigieren. Zweierlei möchte ich zu bedenken geben – erstens: Die deutschen Kernkraftwerke sind die sichersten auf der Welt, und zweitens: Wer den CO2-Ausstoß ernsthaft reduzieren will, kommt an der Kernkraft nicht vorbei. Daher müssen wir über den Ausstieg aus dem Ausstieg nachdenken!

**A:** Da holt mein Vorredner einmal wieder die Hüte von vorgestern aus seiner verstaubten Schachtel! *[Gelächter und Beifall]* Er rezitiert die alte Mär von der statistischen Sicherheit der Atomkraftwerke. Erinnern wir uns an das Versprechen der Statistiker, in 50 000 Jahren sei mit keinem GAU zu rechnen. Bis dann halt dummerweise Tschernobyl* passiert ist, was wir und kommende Generationen gar nicht hätten erleben dürfen! Wir wissen auch, dass es Sellafield und Harrisburg gab, und wir wissen auch, dass es in Deutschland, in Deutschland!, meine Damen und Herren, Biblis und Krümmel gab! Und dann muss man sich einmal vorstellen, dass in der Ukraine 100 000 Quadratkilometer radioaktiv verseucht wurden – und zwar nicht für die nächsten 10 Jahre, sondern für 25 000 Jahre! Wir können uns keinen zweiten Supergau in Europa leisten. Darum dürfen wir nicht auf die Versprechungen der Atomwirtschaft hereinfallen, sondern müssen auf erneuerbare Energien setzen, auf Energien, die sauber und sicher sind! *[Großer, anhaltender Beifall]*

* **Tschernobyl:** Gemeint ist die Kernschmelze im Atomkraftwerk Tschernobyl in der Ukraine 1986.

---

**1** **a** Untersuchen Sie die verschiedenen Beiträge hinsichtlich ihres Aufbaus und ihrer Argumentationsstrategie.

**b** Zeigen Sie, welche der auf S. 26 genannten Tipps hier von den Diskutanten befolgt wurden.

**2** Antworten Sie mit einem eigenen Redebeitrag auf eine der Äußerungen in der Podiumsdiskussion. Bereiten Sie Ihren Beitrag mit Stichworten vor.

## Den Adressatenbezug wahren

**! Diskussion vor einem Publikum – den Bezug zum Publikum suchen**

Wenn Sie vor einem Publikum diskutieren – z. B. bei einer Podiumsdiskussion –, sollten Sie sich genau auf die Zielgruppe/die Zuhörer einstellen und folgende Hinweise beachten:

- Versuchen Sie, das Publikum durch Ihren ersten Beitrag auf Ihre Seite zu ziehen.
- Schaffen Sie eine gemeinsame Basis, indem Sie Ihre Ziele und die der Zuhörer verklammern.
- Setzen Sie sich erst im weiteren Verlauf der Diskussion mit Ihren Diskussionsgegnern auseinander.
- Verwenden Sie bewusst Beispiele aus dem Erfahrungsbereich der Zuhörer.
- Passen Sie sich auch in Ihrer Sprachwahl Ihrer Zielgruppe an – Sie wollen ja verstanden werden.
- Schließen Sie mit einem Beitrag, der erneut allgemeine Zustimmung hervorruft.

**1** Wählen Sie eine Talkshow im Fernsehen aus. Beobachten Sie, ob bzw. wie es den Diskutanten gelingt, das Publikum auf ihre Seite zu ziehen.

**2** In der auf S. 27 auszugsweise dargestellten Podiumsdiskussion fanden bestimmte Äußerungen unterschiedlich viel Beifall. Stellen Sie Vermutungen an, warum diese Formulierungen – unabhängig vom jeweiligen politischen Inhalt – zu Applaus geführt haben.

## Moderieren

**! Die Moderation**

**Souveräne Leitung einer Diskussion**

**inhaltliche Vorbereitung**

- relevante Aspekte und Positionen zum Thema kennen
- themenspezifische Terminologie beherrschen
- Ansichten der Teilnehmer/-innen kennen
- weiterführende Fragen überlegen
- Bausteine für eine Zusammenfassung vorbereiten

**Ablauf der Diskussion**

- Diskussion eröffnen mit der Anrede des Publikums, der Themennennung sowie der Begrüßung und Vorstellung der Diskutanten
- Wortmeldungen koordinieren (Rednerliste)
- auf eine angemessene Redezeit achten
- Gesprächsverlauf durch gezielte Fragen lenken
- zuweilen gedanklich ordnend in die Diskussion eingreifen
- Zwischenergebnisse/Zusammenhänge festhalten
- unfaire Äußerungen, Beleidigungen usw. durch Wortentzug unterbinden
- am Ende der Diskussion die Reihenfolge der Schlussworte festlegen
- Ergebnis zusammenfassen
- Teilnehmer/-innen und Zuhörer/-innen verabschieden

**1** Einigen Sie sich in Ihrer Lerngruppe auf eine Talkshow, die Sie untersuchen wollen.
Teilen Sie Gruppen ein, die jeweils die verschiedenen Teilnehmer/-innen und den Moderator/die Moderatorin nach bestimmten Kriterien beobachten.
Erarbeiten Sie in Partner- oder Gruppenarbeit Beobachtungsbögen für Diskussionsteilnehmer/-innen und für die Moderation nach folgendem Schema:

**Beobachtungsbogen Diskussionsteilnehmer/-innen**

| *Talkshow: …* | *Teilnehmer/-in: …* | | | | |
|---|---|---|---|---|---|
| *formuliert stichhaltige Argumente* | ++ | + | o | – | – – |
| *geht auf die Beiträge anderer ein* | ++ | + | o | – | – – |
| *Themenbezug* | ++ | + | o | – | – – |
| … | ++ | + | o | – | – – |

**Beobachtungsbogen Moderation**

| *Talkshow: …* | *Moderator/-in: …* | | | | |
|---|---|---|---|---|---|
| *Sachkenntnis* | ++ | + | o | – | – – |
| *hält Diskutanten beim Thema* | ++ | + | o | – | – – |
| … | ++ | + | o | – | – – |

# 2.3 Diskussionsformen üben

## Podiumsdiskussion

**Podiumsdiskussion**

In einer Podiumsdiskussion erörtern Experten und/oder Betroffene vor Publikum eine Problemstellung. In dem von einem Moderator/einer Moderatorin geleiteten Gespräch geht es darum, die Meinungsbildung des Publikums zu unterstützen. Oft hat das Publikum im Anschluss an die Expertenrunde Gelegenheit, Fragen zu stellen oder mitzudiskutieren.

Beispielthemen für eine Podiumsdiskussion:

Brauchen wir ein Sprachschutzgesetz?

Deutschlandweites Zentralabitur?

Koedukation benachteiligt beide Geschlechter!

Studiengebühren: Studium nur für Reiche?

Staatliche Familienförderung?

Sterbehilfe: Haben wir das Recht auf einen selbstbestimmten Tod?

**1** Wählen Sie eines der Beispielthemen von Seite 29. Formulieren Sie das Thema jeweils präzise.

**2** Bereiten Sie in Gruppen Rollenkarten für die vier oder fünf Diskutanten auf dem Podium vor. Legen Sie fest, wer welche Position in der Diskussion einnimmt und welche gesellschaftliche oder politische Gruppe er/sie vertritt. Achten Sie auf verschiedene Standpunkte.
- Bestimmen Sie einen Moderator/eine Moderatorin.
- Die übrigen Schüler/-innen beobachten die Diskussion. Sie können dabei Beobachtungsbögen (→ S. 29) für die Diskutanten und für die Moderation verwenden.

**3** Bereiten Sie sich in Gruppenarbeit auf Ihre Rollen vor. Fertigen Sie Argumentations- und Moderationskarten an:

**Argumentationskarten**
- Notieren Sie Argumente und Beispiele für Ihre Position.
- Planen Sie Ihre Reaktion auf erwartbare Argumente der Gegenseite.
- Notieren Sie ein prägnantes Eröffnungsstatement.

**Moderationskarten**
- Bereiten Sie Einstiegsfragen und -informationen vor.
- Planen Sie Impulse für die Leitung der Diskussion.
- Notieren Sie Formulierungen für einen möglichen Abschluss der Diskussion.

**4** Führen Sie die Podiumsdiskussion durch. Legen Sie eine zeitliche Begrenzung fest.

**5** Nach der Diskussion äußert sich das Publikum zur Diskussionsfrage.

**6** Das Publikum gibt Feedback (→ S. 24) zum Gesprächsverhalten der Teilnehmer auf dem Podium.

**!** **Durchführung einer Podiumsdiskussion**

Die Podiumsteilnehmer/-innen sitzen in einem Halbkreis dem Publikum gegenüber.
Der **Moderator**/die **Moderatorin eröffnet** die **Diskussion** mit einer **Vorstellung** von **Thema** und **Teilnehmern/Teilnehmerinnen.**
Die **Teilnehmer** legen in einem **kurzen Statement** ihre Positionen dar.
Die Moderation hält die anschließende Diskussion zwischen den Teilnehmern in Fluss und greift wenn nötig steuernd ein (→ Hinweise zum Moderieren, S. 28).
Nach einer **Abschlussrunde** formuliert der **Moderator**/die **Moderatorin** eine möglichst kurze und pointierte **Zusammenfassung** des Gesprächs und bedankt sich bei den Teilnehmern.

## Amerikanische Debatte

**!** **Die Debatte**

Die Debatte ist eine **genau geregelte Form der Diskussion.** Sie kommt vor allem im politischen Bereich vor. Es stehen sich **klar abgegrenzte Pro- und Kontra-Positionen** gegenüber, die in Form kurzer Reden ausgetauscht werden. Die Debatte kann von einer neutralen Person geleitet werden. Die formalen Vorgaben beziehen sich z. B. auf die Reihenfolge der Beiträge und die Redezeit. Ziel einer Debatte ist es in der Regel, eine Entscheidung in einer strittigen Frage zu erlangen. In einer Debatte werden deshalb Anträge gestellt, über die am Ende meist abgestimmt wird.

## Die amerikanische Debatte

Die amerikanische Debatte ist eine besonders stark reglementierte Sonderform der Debatte.
**Vorbereitung:** Vereinbarung des Themas und Bildung von Kleingruppen zur Vorbereitung:
- eine **Pro-** und eine **Kontra-Gruppe** von jeweils ca. 5 Personen,
- eine **Beobachtergruppe,** die arbeitsteilig verschiedene Aufgaben übernehmen kann,
- eine **Gruppe, die die Moderation vorbereitet** und den Moderator/die Moderatorin bestimmt.
- Die Pro- und die Kontra-Gruppe bereiten **für jedes Gruppenmitglied je ein Pro- bzw. Kontra-Argument** vor und bestimmen die **Reihenfolge der Sprecher.** Moderations- und Beobachtergruppen machen sich mit dem Thema vertraut und **bereiten eine Eröffnung der Diskussion vor** bzw. **erstellen Beobachtungsbögen** (→ S. 29).

**Durchführung:** Pro- und Kontra-Gruppe tauschen in zwei Durchgängen ihre Argumente aus.
- Der Moderator/die Moderatorin eröffnet die Debatte mit einem einleitenden Statement.
- Der erste Pro-Sprecher trägt sein vorbereitetes Argument vor (maximal eine Minute).
- Es folgt (mit gleicher Zeitvorgabe) das erste Mitglied der Kontra-Gruppe.
- Im Wechsel tragen nun beide Seiten in der vorher bestimmten Reihenfolge ihre Argumente vor. Die Argumente können, müssen sich aber nicht aufeinander beziehen.

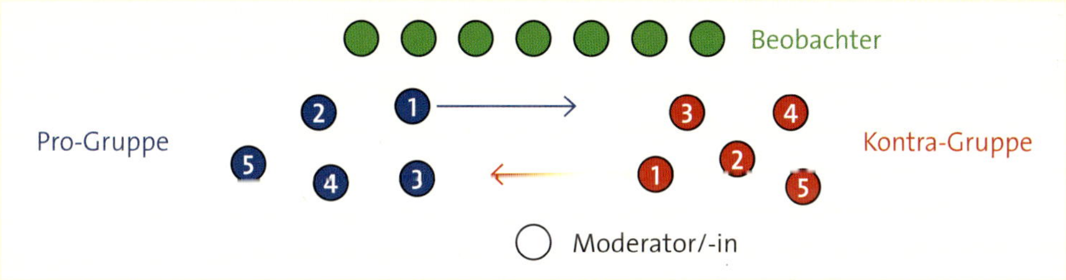


- In einem zweiten Durchgang sitzen sich beide Gruppen jeweils in einer Reihe gegenüber.
- Nach der Eröffnung (Moderator) bringt das erste Mitglied der Kontra-Gruppe sein Argument vor.
- Der ihm gegenübersitzende Vertreter der Pro-Gruppe geht auf dieses Argument ein und antwortet mit einem passenden Argument, das nicht das eigene, vorbereitete sein muss.
- Der folgende Sprecher der Kontra-Gruppe geht nun seinerseits auf die Stellungnahme seines Vorredners ein und versucht, diese argumentativ zu entkräften.
- In diesem Wechsel wird die Debatte zu Ende geführt. Der Moderator/die Moderatorin achtet stets auf die Einhaltung der Regeln und der vereinbarten Redezeit.

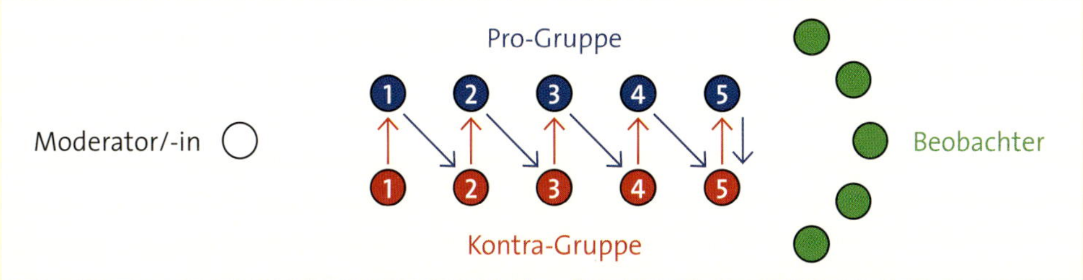


- Am Ende der Debatte kann eine Abstimmung zur strittigen Frage stehen.
- Die Beobachter geben den Akteuren Feedback (→ S. 24).

**1** Führen Sie eine amerikanische Debatte zu einem der folgenden Themen durch. Prüfen Sie, welche der im Merkkasten unten vorgestellten Diskussionstechniken Ihnen für die Debatte geeignet erscheinen.
- Studium oder Berufsausbildung?
- Utopie multikulturelle Gesellschaft?
- Begrenzung von Managergehältern?
- Bundeswehr oder Zivildienst?
- Bewertung von Lehrern im Internet?

! **Diskussionstechniken**

**Offensive Techniken**
- **Bestreittechnik:** die Gültigkeit der Argumente bestreiten: „Sie haben behauptet, dass ... Damit unterstellen Sie ... Sie übersehen dabei, dass ..."
- **Übertreibungstechnik:** „Sie sagen ... Damit deuten Sie an, dass alle ..."
- **Festlegungstechnik:** „Wenn ich Sie richtig verstanden habe, wollen Sie ... Ich aber ..."
- **Vorwegnahmetechnik:** „Sie werden wohl einwenden, dass ... Dem halte ich entgegen: ..."
- **Lösungstechnik:** „Wir drehen uns doch im Kreis. Es hat also wenig Sinn, so weiterzusprechen. Wir sollten uns vielmehr um ... kümmern."
- **„Zurück-zum-Thema"-Technik:** „Die Frage ist doch im Kern eigentlich ..."
- **Ad-personam-Technik:** „Sie fordern hier ..., dabei machen Sie selbst ..."

**Defensive Techniken**
- **Relativierungstechnik:** „Sie sehen das zu dramatisch. Das kann man auch anders sehen: ... "
- **Kehrseitentechnik:** „Ihr Standpunkt ist in einigen Aspekten richtig. Sie übersehen dabei jedoch die Nachteile: ..."
- **Einschränkungstechnik:** „So problematisch, wie Sie die Sache darstellen, ist sie doch gar nicht ..."
- **Bezweiflungstechnik:** „Aber ist es wirklich ganz treffend, wenn Sie sagen, ...?"
- **Polstertechnik:** Zeit gewinnen durch Ausbauen von Aussagen oder durch Zusammenfassen der Redebeiträge anderer: „Sehen wir uns einmal ... genauer an: ... Sie haben eine Reihe von Punkten aufgeführt. Gehen wir sie einmal durch: ..."

**2** Diskutieren Sie anhand von Beispielen, welche der genannten Diskussionstechniken Sie für fair oder für eher unfair halten.

**3** Weiterführend: Untersuchen Sie eine Fernsehdiskussion Ihrer Wahl und notieren Sie, welche Argumentationstechniken – fair oder unfair – angewendet werden.

# B Schreiben

**Evelyn Finger, Adam Soboczynski: Der Schreibtisch von Ingo Schulze**[1] (2008) Auszug

Goethe war auch so aufgeräumt. Es gibt dieses Gemälde von seinem Weimarer Arbeitszimmer mit dem staubfreien Pult und dem leeren Tisch, drum herum stehen die Stühle wie festgeschraubt. [...] Man könnte sich fragen, ob Goethe in schlampigerer Umgebung anders gedichtet hätte, weniger gravitätisch[2] zum Beispiel, weniger universal. [...]

Der aufgeräumte Schreibtisch aber ist ein weißes Blatt, er versinnbildlicht den Beginn eines ewig neuen Werks – das könnte niemals der zugemüllte Schreibtisch sein, der ununterbrochenen Umwühlarbeiten ausgesetzt ist! Schulzes Schreibtisch ist der adamitische[3] Augenaufschlag, Schöpfung, die nie versiegt. Vor ihm kann nur ein Dichter sitzen, der einer gottgleichen Tätigkeit nachgeht. Und wir? Ach, wir sind doch nur seine unvollkommenen Kinder.

*(aus: Die Zeit, 17.10.2008)*

1 Einen weiteren Text der Journalistin Evelyn Finger finden Sie in diesem Kapitel auf S. 102 ff., einen Text des Schriftstellers Ingo Schulze auf S. 48 ff.
2 **gravitätisch:** ernst, würdevoll, gemessen
3 **adamitisch:** (von Adam) hier: anfänglich

1 Beschreiben Sie anhand des Fotos oben Ihren Eindruck von Ingo Schulzes Arbeitsplatz.
2 Analysieren Sie Evelyn Fingers Sichtweise auf Arbeitsplatz und Arbeit des Autors.
3 Betrachten Sie die Utensilien und deren Anordnung auf Schulzes Schreibtisch. Vergleichen Sie mit der Einrichtung des Platzes, an dem Sie schreiben oder gerne schreiben würden.

# 1 Schreiben über Literatur – poetische Texte interpretieren

## 1.1 Grundlagen der Literaturinterpretation wiederholen

Hugo von Hofmannsthal: **Die Beiden** (um 1896)

Sie trug den Becher in der Hand
– Ihr Kinn und Mund glich seinem Rand –,
So leicht und sicher war ihr Gang,
Kein Tropfen aus dem Becher sprang.

So leicht und fest war seine Hand:
Er ritt auf einem jungen Pferde,
Und mit nachlässiger Gebärde
Erzwang er, dass es zitternd stand.

Jedoch, wenn er aus ihrer Hand
Den leichten Becher nehmen sollte,
So war es beiden allzu schwer:

Denn beide bebten sie so sehr,
Dass keine Hand die andre fand
Und dunkler Wein am Boden rollte.

Peter Behrens: Der Kuss (1898)

**1** Klären Sie Ihr Verständnis des Gedichts, indem Sie ein literarisches Gespräch (→ S. 358) führen.

**2** Beschreiben Sie die Darstellung der Liebesbeziehung in Behrens Bild „Der Kuss". Vergleichen Sie diese mit der Darstellung in Hofmannsthals Gedicht „Die Beiden".

**3** Erarbeiten Sie in einer Diskussion eine Bewertung des Gedichts. Einigen Sie sich auf Beurteilungskriterien, z. B. Kunstfertigkeit, Lebensfülle, Differenziertheit ...

***Texterschließung von Hofmannsthals Gedicht „Die Beiden" (Auszug)***

*Hofmannsthal verfasste das Gedicht „Die Beiden" als etwa Zweiundzwanzigjähriger. Der junge Hofmannsthal war ein virtuoser Lyriker, dem das Schreiben von Gedichten sehr leichtfiel. Sie waren in Inhalt und Gestaltung dem Schönen verpflichtet und setzten damit einen Kontrapunkt zu trivialen Sprachformen und zur Literatur des Naturalismus. Aber früh zweifelte er, ob seine Gedichte der Lebenswirklichkeit gerecht werden könnten, und er gab als Fünfundzwanzigjähriger das Schreiben von Gedichten auf. Auch dieses Gedicht betont das „Schöne" und die sinnliche Wahrnehmung der äußeren Erscheinung; es abstrahiert von der Lebensfülle und stilisiert die Begegnung der „Beiden" wie in einem schönen, kostbaren Rahmen.*

*In diesem Gedicht geht es um die Begegnung zweier Menschen, eines Mädchens und eines jungen Mannes, die sie leidenschaftlich erregt, aber sprachlos macht und nicht zu vertrauensvoller Hingabe führt.*

*Der innere und der äußere Aufbau des Gedichts spiegeln diese Sicht einer scheiternden Liebe. In den Quartetten des Sonetts werden die beiden in ihrer Selbstständigkeit und Selbstsicherheit separat vorgestellt, in den Terzetten begegnen sie einander, aber finden nicht zusammen; eine Synthese wird hier, im Gegensatz zu vielen Sonetten, verneint.*

*Der lyrische Sprecher ist nicht als lyrisches Ich anwesend, sondern spricht als distanzierter Beobachter, der – von Vers 11 abgesehen – nur Außensicht auf seine Figuren hat. Er erklärt und kommentiert nichts, sondern beschränkt sich auf die Darstellung visueller Wahrnehmungen. Die Figuren schweigen und nur wenige Gesten und Bewegungen – vor allem der Hand – sind Ausdruck und Symbol ihrer intensiven Gefühle. Inneres wird durch Wahrnehmbares symbolisiert. Der lyrische Sprecher reduziert zu Gunsten schöner Bilder, denen die starke formale und sprachliche Durchgestaltung entspricht, wie noch im Folgenden genauer gezeigt wird. Das Gedicht weist also typische Merkmale der Dichtung des Ästhetizismus und Symbolismus auf.*

*In der ersten Strophe tritt das Mädchen mit einem Becher auf, um dem ankommenden jungen Mann einen Trank zu reichen: Sie ruht in sich und ist sich ihrer selbst sicher. Das signalisieren ihre Hand, die den Becher trägt, und ihr Gang (vgl. V. 3), sie verschüttet keinen Tropfen Wein. Sie steht in vollkommenem Einklang mit ihrer Umgebung, wie der Vergleich zwischen dem Rand des Bechers und ihrem Mund und Kinn beweist (vgl. V. 2).*
*Dieser Vergleich symbolisiert zugleich – diskret – eine unausgesprochene erotische Offenheit, denn der junge Mann soll den Becher an seine Lippen heben. Ihre Sicherheit spiegelt sich auch in Form und Sprache: Das Personalpronomen „sie" eröffnet das Gedicht in Spitzenposition; die zahlreichen einsilbigen Wörter, z. B. „so leicht […] war ihr Gang" (V. 3), sowie die männlichen Reime unterstützen den Eindruck des Unbeirrten, in sich Ruhenden. Die beiden Paarreime in den vier Versen vermitteln Harmonie und Einheitlichkeit; der regelmäßige Jambus mit der Betonung der zweiten Silbe spiegelt das gleichmäßige und leichte Schreiten des Mädchens. So wird in vielfältiger Weise ihre völlige Sicherheit und zugleich erotische Offenheit dargestellt.*

**1** Diskutieren Sie den Text. Beziehen Sie dabei das von Ihnen erarbeitete Verständnis des Gedichts mit ein.

**2** Stellen Sie Aussagen aus der vorliegenden Texterschließung zusammen,
- die eine Textbeschreibung darstellen;
- die interpretieren, d. h. Schlussfolgerungen aus der Textbeschreibung ziehen und z. B. Bilder deuten, die Funktion sprachlicher Mittel erklären oder Leerstellen füllen;
- die bewerten.

**3** Untersuchen Sie, auf welcher der in Aufgabe 2 genannten drei Ebenen Ihre Interpretation von der vorliegenden Texterschließung abweicht: auf der Ebene der Textbeschreibung, auf der Ebene der Textdeutung oder auf der Ebene der Textbewertung.

**4** Weiterführend: Vorschläge zum kreativen Umgang mit Hofmannsthals Gedicht:
- Finden Sie Muster aus dem Jugendstil und wählen Sie eines für dieses Gedicht aus; bilden Sie daraus einen Rahmen für das Gedicht „Die Beiden".
- Suchen Sie ein Bild aus der Epoche des Jugendstils, das mit von Hofmannsthals Gedicht korrespondiert. Erläutern Sie das Verhältnis von Gedicht und Bild.

## Wege des Verstehens

**1** Fassen Sie zusammen, welche Wege und eventuell auch Irrwege Sie gegangen sind, um sich ein Verständnis des Gedichts „Die Beiden“ zu erarbeiten.

**2** Vergleichen Sie Ihr Vorgehen mit den im Folgenden dargestellten Wegen des Verstehens.

### Hermeneutisches Verfahren und andere Wege der Literaturbetrachtung

Einen literarischen Text zu interpretieren heißt, sich ein begründetes Verständnis des Textes zu erarbeiten.
Die Lehre vom Verstehen von Texten ist die Hermeneutik. Sie muss mindestens drei Faktoren berücksichtigen, die sich in einem hermeneutischen Dreieck darstellen lassen:

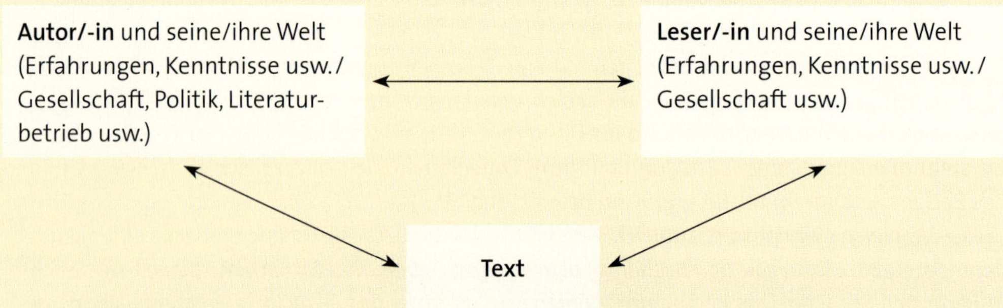


Im 19. Jahrhundert interessierte sich die Hermeneutik vor allem für die Intention des Autors, z. B. in biografischen und geistesgeschichtlichen Deutungsansätzen.
Spätere literaturwissenschaftliche Methoden greifen hermeneutische Verfahren auf, stellen aber andere Aspekte als die Autorintention in den Mittelpunkt: Die **werkimmanente** und die **strukturalistische Literaturbetrachtung** im 20. Jahrhundert konzentrieren sich auf die Struktur von literarischen Kunstwerken, der **soziologische Ansatz** in den 1960er- und 1970er-Jahren fragt nach den gesellschaftlichen Bedingungen, unter denen Literatur entsteht, oder nach der Darstellung der Gesellschaft in der Literatur. Die **rezeptionsorientierte Interpretationsmethode** geht davon aus, dass das literarische Werk erst im Prozess des Lesens entsteht.
Von der Hermeneutik setzen sich einige neueste Richtungen der Literaturbetrachtung ab, die nicht mehr von der Einheit eines Werks ausgehen. Der **Dekonstruktivismus** nimmt an, dass ein Text keine feste Bedeutung hat, sondern eine unendliche Vielfalt von Bedeutungen; damit wird bei jeder Lektüre die Bedeutung erst hergestellt, die bei der nächsten Lektüre revidiert werden kann. Der **New Historicism** sieht den literarischen Text als Vielfalt der Stimmen, als Ausdruck der Kultur seiner Entstehungszeit.

**3** Übertragen Sie das hermeneutische Dreieck in Ihre Unterlagen und ergänzen Sie die Angaben zu Autor/-in und seiner/ihrer Welt sowie zu Leser/-in und seiner/ihrer Welt.

**4** Erarbeiten Sie, welche der drei im hermeneutischen Dreieck genannten Faktoren die oben vorgestellten hermeneutischen Ansätze in den Mittelpunkt stellen.

**5** Diskutieren Sie am Beispiel Ihrer Auseinandersetzung mit Hofmannsthals Gedicht „Die Beiden“, welche Rolle die drei Faktoren in Ihrem Verstehensprozess spielen.

### Der hermeneutische Zirkel

Die Hermeneutik geht davon aus, dass ein literarisches Werk im Wesentlichen ein Ganzes mit einer Sinnmitte bildet, in dem die **einzelnen Teile das Ganze hervorbringen** und **das Ganze die Teile ermöglicht.** Sie müssen das Ganze verstehen, um die Einzelheiten zu erfassen, und die Einzelheiten begreifen, um das Ganze zu deuten. Es liegt also ein Zirkel vor, man spricht vom hermeneutischen Zirkel. Im Verstehensprozess gehen Sie von Einzelbeobachtungen aus und bilden eine Interpretationshypothese, die Sie wiederum an anderen Einzelbeobachtungen überprüfen und gegebenenfalls korrigieren; andererseits müssen Sie auch Ihre Einzelbeobachtungen im Lichte Ihrer Interpretationshypothese hinterfragen und bei Bedarf verbessern. In diesem Prozess nähern Sie sich dem Text an; Ihr Textverständnis wird immer differenzierter und schlüssiger.

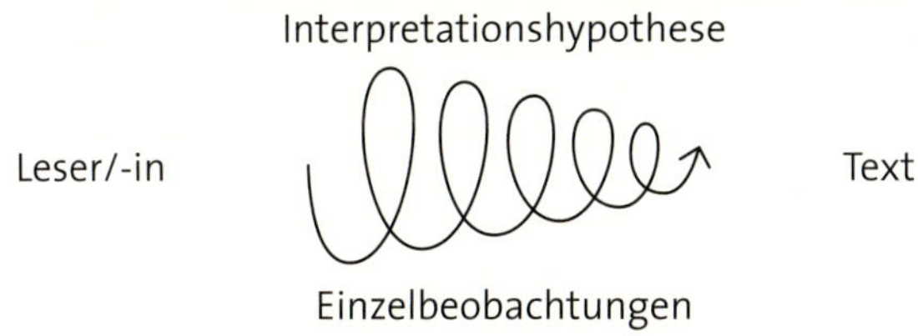


**6** Erläutern Sie die Darstellung des Verstehensprozesses als spiralförmige Bewegung.

## Argumentierende Darstellung

Um mit Ihrer Textdeutung zu überzeugen, müssen Sie argumentieren, also Ihre Interpretationsthese mit Argumenten begründen, mit Beispielen veranschaulichen und mit Belegen stützen.

### Schema der argumentierenden Darstellung

**Interpretationsthese:** Zusammenfassende Aussage zum Textverständnis

↕

**Argumente:** Ergebnisse der Untersuchung eines Aspekts (z.B. Figurengestaltung und ihre sprachliche Darstellung) oder eines Absatzes; ggf. **Subargumente** (→ S.338)

↕

**Beispiele:** Inhalte, Aufbau, formale/erzähltechnische/dramaturgische/sprachliche Gestaltung

↕

**Belege:** direkte oder indirekte Zitate mit Vers- bzw. Zeilenangaben

**1** Arbeiten Sie im Text auf S.34f. Interpretationsthese, Argumente sowie Beispiele und Belege heraus.

# Zusammenwirken von Inhalt, Aufbau und Gestaltung

! **Wechselbeziehung zwischen Inhalt, Aufbau und Gestaltung**

Literarische Texte beziehen ihre Wirkung aus der Wechselbeziehung zwischen Inhalt, Aufbau, sprachlicher Gestaltung und gattungsspezifischer Gestaltung (Lyrik: Form, Epik: Erzähltechnik, Drama: Mittel der Dialoggestaltung). Darum müssen alle vier Elemente auf ihre Funktion für die Aussage des Textes hin befragt werden.

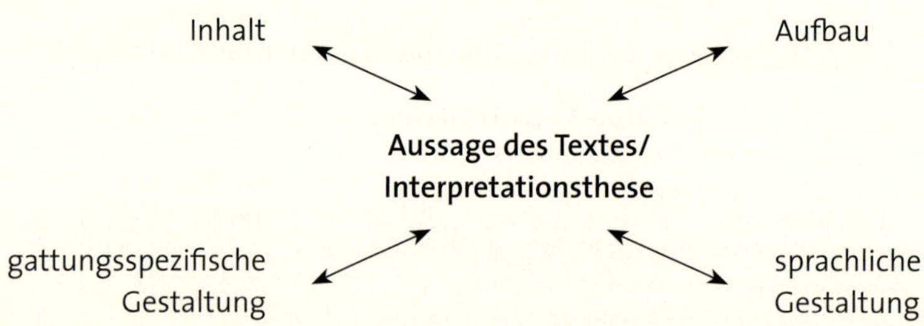


Das Zusammenwirken aller Elemente können Sie gut zeigen, wenn Sie einzelne Inhalte in Verbindung mit der Gestaltung darstellen; Sie wählen dann eine integrierte Darstellung.

**1** Untersuchen Sie die integrierte Darstellung in der Texterschließung auf S. 34 f.
**a** Ergänzen Sie in Ihren Unterlagen die folgende Tabelle.

***Strukturierte Stoffsammlung zu „Die Beiden", 1. Strophe***

| ***Inhalt und Aufbau*** | ***Formale und sprachliche Gestaltung*** |
|---|---|
| ***1. Aspekt: Das Auftreten des Mädchens*** | |
| – *Sicherheit: „So leicht und sicher war ihr Gang" (V. 3)* | – *Spitzenstellung des Personalpronomens „sie", …* |
| – *Harmonie mit sich und der Welt ← Vergleichbarkeit des Becherrandes mit ihrem Mund und ihrem Kinn* | – *Vergleich, …* |
| – *erotische Offenheit ← Becherrand/Mund, den der junge Mann berühren soll* | – *…* |
| ***→ Argument: innere Sicherheit und erotische Offenheit*** | |

**b** Notieren Sie sich, mit welchen Verben in der Interpretation auf S. 34 f. die Erwähnung der Gestaltungsmittel und die Bestimmung ihrer Funktion verknüpft wird, und ergänzen Sie Ihre Liste, z. B. mit: *verdeutlichen, verstärken …*

**c** Überprüfen Sie, ob die erwähnten Gestaltungsmittel ausreichend belegt sind.

**2** Legen Sie für die folgenden Strophen eine Tabelle wie die oben dargestellte an.

## Text und Kontext: Historische und literaturgeschichtliche Einordnung

Die Autoren und Autorinnen sind von den politischen, gesellschaftlichen und kulturellen Umständen und Diskussionen ihrer Zeit beeinflusst, wenn auch in ganz unterschiedlicher Weise.
Literaturhistoriker haben auf dieser Grundlage Epochenbegriffe gebildet; einzelne Autoren ordneten sich selbst einer literarischen Epoche zu. Für die verschiedenen Epochen wurden vorherrschende Konzepte im Welt- und Menschenbild und in Theorie und Formen der Literatur sowie epochentypische Gestaltungsmittel herausgearbeitet. Die Kenntnis dieser Konzepte und Formen öffnet Lesern und Leserinnen die Augen für Spezifisches und erleichtert das Verständnis der Werke in ihrem historischen und literaturhistorischen Kontext.
Da Epochenbegriffe aber Konstrukte mit dem Bemühen um verallgemeinernde Aussagen sind, können sie niemals der Vielfalt und der Individualität der Autoren und Autorinnen, die in einer Epoche zusammengefasst werden, gerecht werden. Bei der Untersuchung eines Einzelwerks müssen Sie also prüfen, ob und welche „Merkmale einer Epoche" in dem betreffenden Werk zu finden sind.

---

**1** **a** Das Werk Hugo von Hofmannsthals wird den Gegenströmungen zum Naturalismus zugeordnet. Unter dieser Bezeichnung werden verschiedene literarische Richtungen zusammengefasst (→ S. 183 f.). Übertragen Sie die folgende Mind-Map auf ein DIN-A4-Blatt und ergänzen Sie diese mit weiteren Einträgen und Zweigen.
**b** Prüfen Sie, welche Stichworte für das Verständnis des Gedichts „Die Beiden" hilfreich sind.

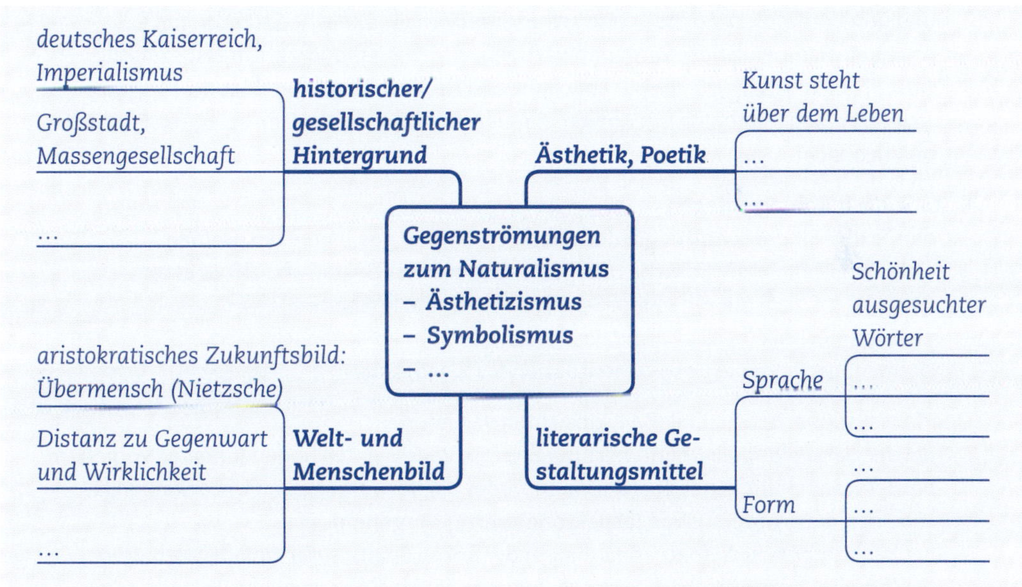


**2** Ermitteln Sie, in welcher Weise die literaturgeschichtliche Einordnung im Beispielaufsatz auf S. 34 f. eingearbeitet wurde.

**3** Komplettieren Sie die Texterschließung des Gedichts „Die Beiden", indem Sie die bisher angeführten Aspekte zur Erschließung eines literarischen Textes und zur Darstellung Ihrer Untersuchungsergebnisse berücksichtigen.
Sie können die Ergebnisse aus Aufgabe 1 b entweder in die Untersuchung der einzelnen Strophen integrieren oder sie gesondert am Ende der Texterschließung darstellen.

# Über Literatur schreiben: ein Prozess

**1** Fassen Sie den folgenden „Fahrplan“ auf einer DIN-A4-Seite zusammen.
Verdeutlichen Sie dabei den Prozesscharakter und markieren Sie Punkte, die Sie persönlich besonders berücksichtigen müssen.

!

## Fahrplan und Checkliste zur Literaturinterpretation

### Phase 1: Sich dem Text und dem Thema annähern

- **erste Eindrücke, Assoziationen, erstes Textverständnis festhalten**
- die **Aufgabe** mehrmals **genau lesen, Handlungsanweisungen** („analysieren Sie ...“, „diskutieren Sie ...“) und **zentrale Begriffe** der Aufgabe markieren und **klären**

### Phase 2: Sich mit dem Text auseinandersetzen

**Vorarbeiten**

- **unbekannte Wörter** und schwierige Inhalte **klären**
- **Hintergrundwissen vergegenwärtigen:** z. B. Biografie des Autors/der Autorin, kulturelle und gesellschaftliche Verhältnisse seiner/ihrer Zeit, literarische Strömungen
- **Analyseinstrumentarium vergegenwärtigen:** allgemeine und gattungsspezifische Gestaltungsmittel (→ S. 324 ff.); epochentypische Positionen und Gestaltungsmittel
- Text mehrfach durchlesen, in Kopien **markieren** (→ S. 356), **Notizen** zu ersten Eindrücken und Beobachtungen machen

**Erste Stoffsammlung anlegen**

- den Text in **Sinnabschnitte gliedern** und den **Aufbau** des Textes **bestimmen**
- erste Funde zu Inhalt, Sprache und gattungstypischer Gestaltung z. B. in einem **Cluster** (→ S. 349) oder in einem Schaubild (→ S. 351) festhalten
- die **Erzähltechnik** (→ S. 329), die Besonderheiten des **lyrischen Ichs** (→ S. 338) bzw. bei Dramenauszügen die **Gesprächssituation** (→ S. 336) **klären**

**Den Text systematisch erschließen, Einsichten vertiefen**

- bei der Darstellung einer Entwicklung dem Gang des Textes folgen **(lineares Vorgehen)**; bei der Darstellung eines Zustandes und/oder bei der Vorgabe von Untersuchungsaspekten diese untersuchen **(aspektorientiertes Vorgehen)**
- Beobachtungen zu Aufbau und Inhalt in der linken Spalte einer **Tabelle** festhalten; die formale, erzähltechnische oder dialogische sowie die sprachliche Gestaltung des Textes systematisch erarbeiten und in die zweite Spalte der Tabelle eintragen; die **Funktion der Gestaltungselemente für Inhalt und Aussage bestimmen**
- Beobachtungen zu einem Sinnabschnitt oder zu einem Aspekt in einem **Argument** zusammenfassen
- die Gesamtaussage des Textes, d. h. die **Interpretationsthese,** durch Zusammenfassung aller Argumente formulieren

## Phase 3: Die Untersuchungsergebnisse darstellen

**Eine Gliederung verfassen**

- die formalen Anforderungen an eine Gliederung beachten:
  **Einheitlichkeit in der Formulierung,** im Allgemeinen in Nominalform;
  **Konsequenz in der Nummerierung:** entweder numerische Gliederung (Beispiele: → S. 79, 96) oder im Buchstaben-Ziffern-System (Beispiele: → S. 46, 55, 64, 97 f.)
- logischen Bezug der Unterpunkte zu den Oberpunkten beachten
- alle Punkte **inhaltlich aussagekräftig formulieren**
- **Gliederung für den Hauptteil:** z. B. (1) Interpretationsthese, (2) Inhaltskern und Aufbau, (3) Erzähler, lyrisches Ich oder Sprecher, Gesprächssituation, (4) mehrere geeignete Aspekte untersuchen; dabei Inhalt und sprachliche und gattungstypische Gestaltung in ihrer Wechselwirkung sehen (integrierendes Vorgehen); je nach Text oder Aufgabenstellung linear oder aspektorientiert vorgehen, (5) ggf. literaturhistorische Einordnung

**Den Aufsatz schreiben**

- **Einleitung**
  - eventuell **„Aufhänger":** Zitat, aktuelle Bezüge
  - **Angaben zum Verfasser,** zum **Werk,** zur **Entstehungszeit**
- **Hauptteil**
  - **Interpretationsthese** – als roten Faden durch den Aufsatz verwenden und an geeigneter Stelle wieder aufnehmen
  - alle Ergebnisse auf die Interpretationsthese beziehen:
    **Aufbau, Inhalt, sprachliche und gattungstypische Gestaltung**
  - einen neuen Absatz mit einem **Leitsatz** beginnen, der den Bezug zwischen der Interpretationsthese und dem Folgenden herstellt
- **Schlussteil**
  z. B. einen **größeren Zusammenhang herstellen,** zum dargestellten Sachverhalt **Stellung beziehen, mit anderem Werk vergleichen** oder **Aktualität** des Themas **aufzeigen**

## Phase 4: Den Aufsatz überarbeiten

- **vollständige Erfüllung der Aufgabe überprüfen**
- die Umsetzung der unter „Phase 3" dieses Fahrplans genannten Punkte kontrollieren
- **Gedankenführung** auf **Vollständigkeit** und **Überzeugungskraft überprüfen** (z. B. die Begriffe „These", „Argument", „Beispiel", „Beleg" am Rand notieren)
- **funktionale Analyse der Gestaltung** (sprachlich, formal/erzähltechnisch/dialogisch) **überprüfen**
- die **Gliederung kontrollieren** und falls nötig dem ausformulierten Text anpassen
- auf korrekte **Rechtschreibung, Zeichensetzung** und **Grammatik** hin durchsehen, vor allem in den Bereichen, in denen Ihnen Ihre Schwächen bekannt sind
- korrekte Verwendung der **Fachbegriffe** und **Zitiertechnik** (→ S. 307) **kontrollieren**
- einen Teil Ihres Aufsatzes in Ihrer Lerngruppe besprechen (→ S. 355, Textüberarbeitung im Team) oder von Ihrem Lehrer/Ihrer Lehrerin korrigieren lassen; diesen Teilaufsatz unter Berücksichtigung der Anmerkungen noch einmal schreiben

# 1.2 Lyrische Texte erschließen und interpretieren

## Phase 1: Sich den Texten und dem Thema annähern

Vincent van Gogh: Sämann bei untergehender Sonne (1888)

**1** **a** Sammeln Sie in Ihrer Lerngruppe Eindrücke zu Vincent van Goghs Gemälde „Sämann bei untergehender Sonne".

**b** Beschreiben Sie den Beitrag von Gestaltungselementen wie Bildaufbau, Farbwahl, Figurendarstellung und Maltechnik zur Wirkung des Bildes.

**2** Vergleichen Sie Ihre Eindrücke zu dem Gemälde mit Ihren ersten Eindrücken von Georg Heyms Gedicht „Printemps".

Georg Heym: **Printemps** (1911)

Ein Feldweg, der in weißen Bäumen träumt,
In Kirschenblüten, zieht fern über Feld.
Die hellen Zweige, feierlich erhellt,
Zittern im Abend, wo die Wolke säumt,

Ein düstrer Berg, den Tag mit goldnem Grat,
Ganz hinten, wo ein kleiner Kirchturm blinkt.
Das Glöckchen sanft im lichten Winde klingt
Herüber goldnen Tons auf grüner Saat.

Ein Ackerer geht groß am Himmelsrand.
Davor, wie Riesen schwarz, der Stiere Paar,
Ein Dämon vor des Himmels tiefer Glut

Und eine Mühle fasst der Sonne Haar
Und wirbelt ihren Kopf von Hand zu Hand
Auf schwarze Au, der langsam sinkt, voll Blut.

**Thema:**

**1.** Erschließen Sie Georg Heyms Gedicht „Printemps" nach Inhalt, Aufbau und Gestaltung unter Einbeziehung des literaturgeschichtlichen Hintergrunds.

**2.** Erläutern Sie die folgende Definition des Grotesken von Wolfgang Kayser; untersuchen Sie, ob sie auf das Gedicht „Printemps" zutrifft, und zeigen Sie anhand eines anderen literarischen Textes, wie Groteskes oder dem Grotesken Verwandtes dargestellt wird.

**Wolfgang Kayser: Das Groteske in Malerei und Dichtung** (1960) Auszug

Uns ergab sich als das Wesen des Grotesken, dass es sich nicht um ein unverbindliches Eigenreich und völlig freies Fantasieren handelt (das es gar nicht gibt). Die groteske Welt ist unsere Welt – und ist es nicht. Das mit dem Lächeln gemischte Grauen hat seinen Grund eben in der Erfahrung, dass unsere vertraute und scheinbar in fester Ordnung ruhende Welt sich unter dem Einbruch abgründiger Mächte verfremdet, aus den Fugen und Formen gerät und sich in ihren Ordnungen auflöst. [...]

*Das Groteske ist die entfremdete Welt.* Aber das verlangt noch einige Erläuterung. Man könnte die Welt des Märchens, wenn man von außen auf sie schaut, als fremd und fremdartig bezeichnen. Aber sie ist keine entfremdete Welt. Dazu gehört, dass, was uns vertraut und heimisch war, sich plötzlich als fremd und unheimlich enthüllt. Es ist unsere Welt, die sich verwandelt hat. Die Plötzlichkeit, die Überraschung gehört wesentlich zum Grotesken. In der Dichtung erscheint es in einer Szene oder einem bewegten Bild. Auch die Darstellungen in der bildenden Kunst erfassen keinen ruhenden Zustand, sondern ein Geschehen oder einen „prägnanten" Moment (Ensor[1]) oder doch zumindest, wie bei Kubin[2], eine randvoll mit bedrohlichen Spannungen erfüllte Zuständlichkeit. Damit ist zugleich der Charakter der Fremdheit näher bestimmt. Das Grauen überfällt uns so stark, weil es eben unsere Welt ist, deren Verlässlichkeit sich als Schein erweist. Zugleich spüren wir, dass wir in dieser verwandelten Welt nicht zu leben vermöchten. Es geht beim Grotesken nicht um Todesfurcht, sondern um Lebensangst. Zur Struktur des Grotesken gehört, dass die Kategorien unserer Weltorientierung versagen. [...]

Und bei alledem gehört das Lächerliche zum Grotesken? [...] Das Lachen stammt schon aus den komischen, karikaturistischen Vorbezirken. Selber schon mit Bitterkeit gemischt, nimmt es beim Übergang ins Groteske Züge des höhnischen, zynischen, schließlich des satanischen Gelächters an.

1 **James Ensor** (1860–1949): belgischer Maler und Zeichner; oft dem Symbolismus zugeordnet, Vorläufer des Expressionismus
2 **Alfred Kubin** (1877–1959): österreichischer expressionistischer Grafiker und Illustrator

James Ensor: Die Intrige (1890)

**3** Lesen Sie das Thema auf S. 42 sorgfältig durch. **Klären** Sie die **Arbeitsanweisung,** indem Sie die Prädikate der Aufgabenstellung sowie **Schlüsselwörter herausschreiben.**

## Phase 2: Sich mit dem Text auseinandersetzen

1 Lesen Sie das Gedicht „Printemps" mehrmals durch. **Klären** Sie **Wörter** und **Sachverhalte,** die Sie beim ersten Lesen nicht verstanden haben.

2 **Wiederholen** Sie Ihre **literaturgeschichtlichen Kenntnisse** zum Expressionismus.

3 **Vergegenwärtigen** Sie sich das allgemeine und das gattungstypische **Analyseinstrumentarium** und überprüfen Sie anschließend Ihre Kenntnisse mit Hilfe des folgenden Interpretationssterns.

!

### Interpretationsstern für lyrische Texte

**Aussage/Thema** (→ S. 324)
Worum geht es in dem Gedicht?
Interpretationsthese

**Inhalt**
Vorstellungen, Beobachtungen, Gedanken, Weltsicht, dargestellt in
- Stufen einer Entwicklung oder
- verschiedenen Aspekten

**Aufbau und seine Funktion**
- äußerer Aufbau (Strophen, Bauformen → S. 324, 338, 341)
- innerer Aufbau (antithetisch, steigernd u. a. → S. 324)

**das lyrische Ich, der Sprecher im Gedicht** (→ S. 338)
- räumlicher und zeitlicher Standort (Nähe, Ferne; Überblick, Blick aufs Detail u. a.)
- Haltung, Intention (begeistert, traurig; kritisieren, preisen u. a.)
- Standpunkt, der vertreten wird

**sprachliche Gestaltung und deren Funktion** (→ S. 325 ff.)
- dominante Wortfelder
- Satzbau
- dominante grammatische Phänomene
- Stilfiguren und Bilder

**lautliche Form und deren Funktion** (→ S. 339 f.)
- Metrum, Rhythmus
- Reime, Enjambements
- Alliterationen, Lautmalerei, dominante Laute

**Kontexte des Gedichts**
soweit relevant:
- Biografie des Autors
- Zeitbezug
- literaturgeschichtliche Einordnung

**1** Gliedern Sie das Gedicht in **Sinnabschnitte,** berücksichtigen Sie dabei auch den äußeren Aufbau.
**2** Schreiben Sie **Schlüsselstellen, Schlüsselwörter,** wiederkehrende **Motive** heraus; notieren Sie in einer Kopie Beobachtungen, Fragen und Verweise an den Rand des Textes.
**3** Untersuchen Sie den **Sprecher im Gedicht.**
**4** Ordnen Sie Ihre ersten Funde in einem Cluster (→ S. 349) oder in einer Mind-Map (→ S. 348). Sie können dazu den folgenden Ansatz in Ihre Unterlagen übertragen und ergänzen.

In einer **strukturierten Stoffsammlung** in Form einer **Tabelle** können Sie Ihre Funde vertiefen und Inhalt und sprachliche sowie formale Gestaltung zueinander in Beziehung setzen. Fassen Sie die Ergebnisse zu einem Aspekt zusammen; Sie erhalten ein Argument, das Ihre These stützt.

**Strukturierte Stoffsammlung zu „Printemps“, Strophen 1 und 2**

| *Inhalt und Aufbau* | *Formale und sprachliche Gestaltung* |
|---|---|
| ***Aspekt: Wahrnehmung der abendlichen Landschaft (Strophen 1 und 2):***<br>– *„fern über Feld“ (V. 2), „ganz hinten“ (V. 6) → eine in die Tiefe gegliederte Landschaft* | |
| – *Wahrnehmung einer hellen, freundlichen Landschaft* | – *Wortfeld „hell“: „in weißen Bäumen“ (V. 1), „hellen“ (V. 3), „blinkt“ (V. 6), „goldnem“ (V. 5, 8), „lichten“ (V. 7),*<br>– *helle Laute e, i, ei, in den Versen 1–3, 6, 7* |
| – *Feldweg, Obstbäume, Kirche; Saat, blühende Bäume → eine von Menschen geformte und geordnete Landschaft*<br>– *Kirche, Glocken (V. 6 f.) → metaphysische Einbindung*<br>→ ***1. Teilargument: geordnete Landschaft voller Freundlichkeit und Fruchtbarkeit*** | – *Metrum und Reimanordnung gleichmäßig: umarmender Reim → Ordnung, Sicherheit, Geborgenheit* |
| – *„ein düstrer Berg“ (V. 5) → Bedrohung*<br>→ ***2. Teilargument: Bedrohung der scheinbar idyllischen Welt*** | – … |

**5** Füllen Sie in Ihren Unterlagen die rechte Spalte der Tabelle für das zweite Teilargument aus.
**6** Legen Sie eine solche Tabelle für die beiden letzten Strophen des Gedichts an.
**7** Fassen Sie Ihre Argumente zum gesamten Gedicht zu einer Interpretationsthese zusammen.

**8** **a** Erschließen Sie den Text von W. Kayser auf S. 43. Markieren Sie in einer Kopie die Schlüsselwörter. Formulieren Sie die Merkmale des Grotesken, indem Sie den Text stark zusammenfassen.
**b** Prüfen Sie, ob sich alle erarbeiten Merkmale in „Printemps" finden.

**9** Untersuchen Sie weitere literarische Texte auf die erarbeiteten Merkmale des Grotesken hin, z. B. „Weltende" von Jakob van Hoddis (→ S. 188) oder „Die Elixiere des Teufels" von E. T. A. Hoffmann.

## Phase 3: Die Untersuchungsergebnisse darstellen

***Gliederung: Interpretation „Printemps" und Merkmale des Grotesken im Gedicht***

*A. Frühling als häufiges Thema der Lyrik*
*B. Einbruch einer zerstörerischen Macht in eine scheinbar idyllische Landschaft*
*I. Aufbau und Inhalt: Sonettform zur Darstellung des Gegensatzes von Ordnung und Zerstörung, Fruchtbarkeit und Vernichtung*
*II. Lyrisches Ich: Vom träumenden Betrachter zum Visionär des Untergangs*
*III. Von der geordneten Welt zu ihrer Zerstörung*
*1. Geordnete, fruchtbare, freundliche Landschaft (Strophe 1)*
*...*
*IV. Groteske Elemente in „Printemps" und anderen literarischen Texten*
*...*
*C. Sicht der Natur in der aktuellen Diskussion*

**1** Prüfen Sie die Stimmigkeit der Beispielgliederung anhand der Hinweise zur Gliederung auf S. 41.
**2** Ergänzen Sie die Unterpunkte zu III. und IV.

***Interpretation des Gedichts „Printemps" von Georg Heym – Auszug***

*Georg Heym stellt in seinem Gedicht „Printemps" den Einbruch einer dämonischen, zerstörerischen Macht in eine zunächst idyllische Welt dar.*

*...*

*In den ersten beiden Strophen wird eine scheinbar geordnete und freundliche Welt geschildert, die aber doch von Bedrohung überschattet ist.*

*Die Landschaft, die der Sprecher im Gedicht wahrnimmt, gliedert sich – anfangs sehr klar – in die Tiefe. Der Weg zieht sich „fern über Feld" (V. 2), der Kirchturm ist „ganz hinten" (V. 6) zu sehen und erscheint darum klein. Weitere Ortsangaben tragen zur Vorstellung einer weiten Landschaft bei. Der Blick des Sprechers schweift nur so weit in die Höhe, dass er eine Wolke sehen kann, die sich wie ein Berg am Horizont türmt (vgl. V. 4 f.). Dieser Raum scheint auch das Herz des Sprechers zu weiten.*
*Die Landschaft erscheint hell und freundlich: Es ist von „weißen Bäumen" bzw. „Kirschenblüten" die Rede (V. 1 f.), zweimal wird deren Helligkeit betont (vgl. V. 3); außerdem erscheint der Wind licht (vgl. V. 7) und der Kirchturm „blinkt" (V. 6). Zweimal wird die Farbe Gold genannt (vgl. V. 5, 8). Die hellen Laute in den meisten Versen, vor allem in den Versen 1–3, 5 und 7, unterstreichen diesen Eindruck.*

*Wenn auch keine Menschen in dieser Landschaft auftreten, so ist sie doch von Menschen geformt, in ihr spiegelt sich die Ordnung einer Gemeinschaft. Ein Feldweg ist angelegt, ein Kirchturm gebaut, Kirschbäume sind gepflanzt und Saat ist ausgebracht, alles scheint wohlbestellt, geordnet und harmonisch und verspricht mit blühenden Bäumen und „grüner Saat" (V.8) Fruchtbarkeit und reiche Erträge. Das gleichmäßige Metrum, nämlich fünfhebige Jamben, und das feste Reimschema mit zwei umarmenden Reimen in jeder Strophe heben diese zuverlässige Ordnung noch hervor; die durchgehend männlichen Kadenzen verleihen den Aussagen Festigkeit und Sicherheit. Der Hinweis auf den Kirchturm und das Glöckchen (vgl. V.6f.) verdeutlicht die Einbindung der Gemeinschaft in eine transzendente Ordnung.*

*Und doch bricht eine Bedrohung in diese geordnete, freundliche, helle Welt ein. Sie kündigt sich an mit der Wolke über dieser Landschaft; diese wird in einer Metapher als düsterer Berg bezeichnet (vgl. V.4f.). Die Syntax wird hier so kompliziert, dass der Sinn des Satzes nicht leicht zu erfassen ist und die räumlichen Koordinaten herausgefiltert werden müssen – die hellen Zweige zittern ganz hinten beim kleinen Kirchturm, dort, wo auch eine düstere Wolke den Tag bzw. Horizont säumt. Heym verwendet hier im eingeschobenen Nebensatz „wo die Wolke säumt" eine Apposition – „ein düstrer Berg" (V.5); die adverbiale Bestimmung „ganz hinten" (V.6) wird in ungewöhnlicher Weise nachgestellt. Durch diese Stückelung des Satzes entsteht ein stockender Rhythmus; er stellt sich quer zu dem fließenden Rhythmus der anderen Verse; zudem beginnt Vers 4 mit einem Trochäus und weicht damit von dem jambischen Schema ab. So entsteht insgesamt der Eindruck einer bedrohten Ordnung, einer gefährdeten Harmonie.*

**3** Prüfen Sie, welche Punkte der Gliederung auf S.46 in diesem Textauszug umgesetzt sind.
**4** Untersuchen Sie, inwieweit die sprachliche und formale Gestaltung berücksichtigt und mit der inhaltlichen Erschließung verknüpft worden ist.
**5** Verfolgen Sie die Argumentation des Verfassers. Markieren Sie dazu in einer Kopie These, Argumente und Subargumente sowie Beispiele und Belege mit jeweils einer anderen Farbe.
**6** Prüfen Sie, ob einzelne Beobachtungen bereits literaturgeschichtlich eingeordnet wurden; ergänzen Sie den Teilaufsatz bei Bedarf.
**7** Schreiben Sie die fehlenden Abschnitte des Hauptteils.
**8** Verfassen Sie eine Einleitung und einen Schluss.

## Phase 4: Den Aufsatz überarbeiten

**1** Beachten Sie die Überarbeitungsvorschläge in der Checkliste auf S.41. Sie können Ihre Texte auch in Gruppen überarbeiten (→ S.355f.).
**2** Gehen Sie auch folgende Fragen durch, um häufig vorkommende Fehler zu vermeiden:
- Haben Sie den lyrischen Sprecher und seine Sichtweise vollständig erfasst?
- Wurde die sprachliche und formale Gestaltung genau untersucht und ihre Funktion für die Aussage des Textes dargestellt?
- Haben Sie Ihre Funde immer wieder auf die zu beweisende Interpretationsthese bezogen?
- Haben Sie im Schlussteil Allgemeinplätze vermieden?

# 1.3 Epische Texte erschließen und interpretieren

## Phase 1: Sich dem Text und dem Thema annähern

Der 1962 in Dresden geborene Autor Ingo Schulze veröffentlichte 1995 eine Sammlung von 33 kurzen Geschichten mit dem Titel „33 Augenblicke des Glücks“. Der Sammlung ist eine fiktive Einleitung vorangestellt. Danach fand ein Deutscher, der mit der Bahn nach Sankt Petersburg reiste, eine Mappe mit Aufzeichnungen, die ein rätselhafter Autor namens Hofmann zurückgelassen hatte. Der Deutsche gab sie an einen gewissen „I. S.“ weiter mit der Bitte um Veröffentlichung. Hofmann hatte angegeben, es seien erfundene Geschichten. „Denn für ihn […] sei etwas Ausgedachtes nicht weniger wirklich als ein Unfall auf der Straße.“ Der Herausgeber I. S. entschließt sich zur Veröffentlichung der Aufzeichnungen, weil sie „die Möglichkeit in sich trügen, die anhaltende Diskussion um den Stellenwert des Glücks zu beleben […]“. Der Autor Ingo Schulze lebte 1993 ein halbes Jahr lang in Sankt Petersburg.

Ingo Schulze: **33 Augenblicke des Glücks** (1995) Auszug[1]

In den Niederungen zwischen den Neubauten hielt sich der Nebel länger. Nur die Schreie der Möwen drangen von da herüber, wo die neuen Blocks stehen mussten, die im Dunst aus Frost und Meerwind verschwanden. Manchmal hörte man anfahrende Busse und das Holpern leerer Lastwagen. Solange die Möwen zu sehen waren, kreisten sie lautlos. Erst im Nebel schrien sie wieder.

Die Petjuschina beobachtete das schon zwanzig Minuten, seitdem der Weg zur Haltestelle zwischen dem Querblock des Prospekts der Künstler und dem ersten Block einer neuen, noch namenlosen Straße gesperrt war. In dieser Schlucht flogen die Möwen so tief, dass jeder vor ihrem Flügelschlag den Kopf einzog. Und dann hörte man wieder ihre Schreie aus dem Nebel.

„Immer wenn es gefroren hat“, sagte die Petjuschina bitter. Um das Handgelenk hatte sie einen leeren Beutel geschlungen. „Immer wenn es gefroren hat, passiert das! Eine Schande!“, rief sie und sah sich um, ob ihr nicht jemand zunicken würde. Aber alle standen still und verfolgten das Schauspiel zwischen den zwölfgeschossigen Häusern.

„Wir sollten die Miliz rufen!“, begann die Petjuschina wieder und machte ein paar Schritte.

„Hör bloß auf!“, rief ein Kerl aus der vorderen Reihe, der Einzige ohne Mütze. Der Wind wehte ihm eine Haarsträhne aus der Stirn, die zurückfiel, als er den Kopf zur Seite neigte.

„Machen wir's nun mit der Miliz oder nicht?“, fragte sie nach rechts gewandt, wo die Leute am dichtesten standen.

„Fuh! Du siehst doch, wie schwer es ist bei diesem Boden, wie sie rutschen. So schnell finden sie nichts!“, schimpfte ein Alter, nur wenige Schritte neben ihr, der die Petjuschina von der Metrostation her kannte, wo sie abends Wurst, Brot, Eier und anderes verkaufte.

„Du warst doch dabei letzten Montag, vor vier Tagen, wir haben abgestimmt und entschieden, keine Miliz, oder nicht?“ Der Alte spuckte aus.

Die Petjuschina presste ihre blau-weißen Wollfäustlinge gegen den Mund und hustete.

---

1 Es handelt sich bei diesem Auszug um die 8. der 33 nicht betitelten Geschichten.

„Aber vielleicht schießen sie nicht?“, mischte sich eine Frau von links ein.

„Das mein ich doch!“, setzte die Petjuschina nach. „Nicht immer das Schlimmste annehmen, die Zeiten sind andere!“

„Lasst sie leben, lasst sie leben!“, äffte ein Mitvierziger unmittelbar hinter ihr und hämmerte mit der Hand gegen die Bommelmütze. „Unsere Miliz hört aufs Wort, prächtige Jungs, wirklich, prächtig! Begreif doch, Mädchen, du bist hier nicht in Frankreich oder Dänemark!“

„Was meinen Sie mit Frankreich und Dänemark?“, erkundigte sich eine Frau, die einen Stapel Hefter an sich drückte.

„Wenn dem Mitterrand[2] sein Hund wegläuft, guckt ganz Frankreich im Garten nach, ob das liebe Tier dort nicht gerade an 'nen Baum pinkelt, und die Dänen machen's mit dem Dackel der Königin genauso!“, antwortete der mit der Bommelmütze. „Damit kommen Sie mal unseren. Das meine ich!“

„Gedulden Sie sich“, mahnte eine Altstimme die Petjuschina. „Genießen Sie den Anblick, diese eleganten Bewegungen, die edlen Tiere!“

„Ja, wenn's euch zu viel wird, nehmt ihr den anderen Weg!“, platzte die Petjuschina heraus. „Aber wir können nicht zurück, um den ganzen Block herum, durch Sumpf und die Gräben, der Zaun, überall Büsche, hinüber zum Kindergarten und die Straße hinauf und endlich zur Haltestelle. Die Pereschowski-Leute warten nur darauf! Fragen Sie Alja Michailowna! Alles hat man ihr abgenommen, alles!“ Sie hustete wieder.

„Müssen Sie denn zur Arbeit oder wir?“, fragte dieselbe Frau jetzt mit schriller Stimme, duckte sich und sah der Möwe nach.

„Leb du mal von der Rente!“, empörte sich die Petjuschina. „Lebt man von der Rente, frag ich, oder stirbt man mit der Rente, Vögelchen? Versuch dir mal davon ein Paar Stiefelchen zu kaufen!“

„Halt dein Maul, oder ich sag, was du draufschlägst auf Wurst und Brot. Dreißig Prozent!“, schrie der Alte und hielt ihr den Zeigefinger unters Kinn. „Dreißig und mehr!“

„Sag's doch allen“, trällerte sie und klatschte in die Hände, „sag es allen, du lieber Himmel, na bitte, mach schon ...“

Der Alte schlug zu und versetzte der Petjuschina noch eins auf den Hinterkopf, dass ihr Gebiss vorsprang. „Was musst du jetzt Bus fahren!“

„Na endlich!“, sagte die Frau mit der Altstimme, die schon ein paar Meter zwischen sich und die Petjuschina gebracht hatte.

„Haben wir also noch Männer im Staate Dänemark!“ Der Kerl ohne Mütze grinste.

„Kannst gleich selber noch...“

„Ohoho“, machte der Mann ohne Mütze und lachte.

Die Petjuschina heulte leise und knüllte den Beutel in ihren Händen wie ein Taschentuch.

„Alles dreht sich nur um euch!“, rief ein Mann und schlug erregt mit den Armen, dass es aussah, als wollte er fliegen.

„Hier sind vielleicht hundert Leute versammelt, aber vier, fünf machen das Treiben wild, und dann heißt es, die Leute vom Prospekt der Künstler sind Rowdys, aber dass fünfundneunzig ganz still standen, ohne ein Wort zu sagen, ohne den Kopf zu drehen, und sich einfach an dem Anblick erfreuten, das will keiner mehr gesehen haben!“ Die Empörung schnürte ihm die Kehle zu. Seine ausgestreckten Arme fanden keine Ruhe.

„Das Leben fragt nicht danach“, schluchzte die Petjuschina. Die Möwen schrien. Allmählich stieg der Nebel.

„Man sollte das Fernsehen rufen!“, riet ein Neuhinzugekommener, der sich weit vorgewagt hatte.

„Sie haben nichts, aber auch gar nichts verstanden“, antwortete ihm jemand gleichmütig. Man konnte die Haltestelle sehen.

Da ertönte der Pfiff. Niemand wusste, woher er gekommen war. Nun: Die Doggen machten kehrt und galoppierten zur Hausecke,

2 **François Mitterrand** (1916–1995): französischer Staatspräsident (1981–1995)

hinter der zwei Mädchen erschienen, die Leinen um den Hals gelegt. Sie fassten die beiden stärksten Tiere am Halsband und – schwangen sich auf ihre Rücken. Inmitten der herrlichen Schar entschwanden sie im zerwehenden Nebel.

Man sah ihnen eine Weile nach und lief dann auseinander. Die meisten eilten zur Haltestelle hinüber. Andere gingen zurück in die Häuser.

„Es ist trotzdem immer schön", sagte die Petjuschina, der erneut Tränen in den Augen standen. Sie suchte den Alten. Der wartete schon und streichelte ihre Schulter.

Die Petjuschina nickte heftig und betupfte abwechselnd das linke und das rechte Auge.

„Ich hab's gewusst." Er sprach leise und drückte die Stirn an ihren Kopf. „Nur nicht die Nerven verlieren, Mädchen, nicht aufgeben. Das zumindest erwartet man von uns, nicht wahr?"

Die Petjuschina nickte heftig und betupfte abwechselnd das linke und das rechte Auge mit dem Beutel, während sie mit der anderen nach der Hand des Alten auf ihrer Schulter suchte.

Es dauerte noch ein Weilchen, bis sie die Möwen wieder sehen konnte, die, mit ausgebreiteten Schwingen den Auftrieb nutzend, in der Luft standen, direkt über der Petjuschina und dem Alten. Beide beschirmten mit einer Hand die Augen, so sehr blendete sie das frühe Sonnenlicht.

**1** Lesen Sie den Text mit verteilten Rollen; ein Leser/eine Leserin übernimmt den Part des Erzählers.

**2** Beschreiben Sie die Figuren dieser Geschichte.

**3** Zeichnen Sie einen Lageplan zu dem hier beschriebenen Raum.

**Thema:**

**1.** Analysieren und interpretieren Sie die Erzählung von Ingo Schulze. Untersuchen Sie Aufbau, Inhalt und die erzählerische sowie sprachliche Gestaltung. Berücksichtigen Sie dabei die Lebenssituation der Figuren und ihre Glücksvorstellungen; ordnen Sie den Text historisch ein, indem Sie auf geeignete Informationen aus den beiden folgenden Textauszügen zur postsowjetischen Transformationsgesellschaft zurückgreifen.

**2.** Vergleichen Sie die in Schulzes Text präsentierte Vorstellung von Glück mit anderen Vorstellungen, auch in literarischen Werken.

Jutta Klaeren: **Russland im Wandel** (2003) Auszug

Seit dem Zerfall der Sowjetunion 1991 beschreitet Russland den schwierigen und mühseligen Weg der Transformation von einem diktatorischen, planwirtschaftlichen Staat in eine autoritär-präsidiale Marktwirtschaft. Die Verfassung von 1993 bezeichnete Russland als demokratischen, föderalen Rechtsstaat mit republikanischer Regierungsform und legte einen Grundrechtekatalog fest.

Während sich marktwirtschaftliche Strukturen allmählich herausbildeten und die russische Wirtschaft nach einem Einbruch 1998 heute wieder deutliche Wachstumsraten verzeichnet, stürzte die Umwandlung des Systems viele Menschen in Russland in soziale Unsicherheit und Armut, sie verloren ihre Existenzgrundlagen und alte Gewissheiten ihre Gültigkeit. Noch immer sieht sich ein Großteil der Bevölkerung auf der Verliererseite und wünscht sich deshalb eine Rückkehr zur alten Großmacht mit einem starken Staat. Ein neuer Mittelstand, der den Ausbau der Marktwirtschaft und den Aufbau zivilgesellschaftlicher Organisationsformen unterstützten könnte, hat sich noch nicht entwickelt. [...]

Russland steht also an einem Scheideweg. Um den in der Verfassung garantierten demokratischen föderalen Rechtsstaat zu verwirklichen, benötigt das Land gefestigte demokratische Strukturen und Institutionen, ein stabiles Parteiensystem, ein einflussreicheres Parlament, unabhängige Medien, vor allem aber zivilgesellschaftliche Organisationsformen, die der Bevölkerung die Möglichkeit geben, aktiv am politischen Leben teilzunehmen.

Heiko Pleines: **Aspekte der postsowjetischen Gesellschaft** (2003) Auszug

[...] Die Mehrheit der Bevölkerung verlor in der Jelzin-Ära[1] [...] ihre gesicherte soziale Position. Armut charakterisierte die neu entstehende Gesellschaft. Dabei war der Anteil der Menschen, deren Einkommen unter dem Existenzminimum lag, sehr hoch. [...]
Das soziale Sicherungssystem konnte diese Probleme nicht lösen. In der Sowjetunion war ein großer Teil der Sozialleistungen über die Betriebe verteilt worden. Mit der Privatisierung und der Wirtschaftskrise brach dieses System in großen Teilen zusammen, und dem Staat gelang es nicht, eine funktionierende Alternative zu entwickeln. Die Leistungen der Arbeitslosenversicherung waren so gering, dass viele Arbeitslose auf eine Registrierung verzichteten. Auch die Rentenversicherung war nicht in der Lage, den Rentnerinnen und Rentnern ein Leben über dem Existenzminimum zu ermöglichen.

1 **Boris Jelzin** (1931–2007): 1991–1998 erster Präsident Russlands

Rentnerin in Moskau, 1999

**1** **a** Analysieren Sie die Aufgabenstellung sorgfältig. Legen Sie eine Spiegelstrichliste an, in der Sie übergeordnete Aufgaben und Teilaufgaben anführen.

***Text analysieren und interpretieren***
- *Aufbau untersuchen*
- ...

...

**b** Machen Sie sich klar, wie Sie mit den Zusatztexten umgehen sollen.
Prüfen Sie, inwiefern die folgenden Anforderungen in der Aufgabenstellung enthalten sind:
- eine Analyse der Zusatztexte anfertigen
- die zentralen Aussagen der Texte wiedergeben
- Inhalte der Texte zur Erläuterung von in Schulzes Text dargestellten Sachverhalten heranziehen

## Phase 2: Sich mit dem Text auseinandersetzen

**1** Lesen Sie den Text (S. 48 ff.) mehrmals durch. **Klären** Sie unbekannte **Wörter** und **schwierige Inhalte.**

**2** Vergegenwärtigen Sie sich Merkmale moderner Erzählkunst (→ z. B. Kurzgeschichte, S. 331). **Wiederholen** Sie das **Analyseinstrumentarium** für die Erschließung epischer Texte:

! **Interpretationsstern für epische Texte**

**Aussage/Thema** (→ S. 324)
Worum geht es in dem Text?
Interpretationsthese

**Inhalt**
Konflikte, Handlung, Probleme, Weltsicht, Motive; Raum- und Zeitdarstellung; erfassbar als:
- Stufen einer Entwicklung
- verschiedene Aspekte

**Aufbau und seine Funktion**
- äußerer Aufbau (Absätze, Kapitel, Bauformen → S. 324, 331 f.)
- innerer Aufbau (antithetisch, steigernd u. a. → S. 324)
- Funktion von Anfang und Ende
- Chronologie, Rückblenden, Vorausdeutungen (→ S. 330)

**Erzähler** (→ S. 329 f.)
- Erzählform (Er-/Ich-Erzähler); Erzählverhalten (auktorial, neutral, personal); Standort (Nähe, Ferne; Überblick u. a.); Innensicht/Außensicht; Erzählhaltung (ironisch, teilnehmend u. a.)
- Darbietungsformen (berichtend, beschreibend u. a.)

**sprachliche Gestaltung und deren Funktion** (→ S. 325 ff.)
- dominante Wortfelder
- Satzbau, dominante grammatische Phänomene
- Stilfiguren und Bilder

**Figuren** (→ S. 325)
- Verhalten der Figuren
- Form der Charakterisierung
- Figurenkonzeption
- Figurenkonstellation

**Kontexte des Textes** (soweit relevant)
- Biografie des Autors
- Zeitbezug
- literaturgeschichtliche Zuordnung

**1** **a** Gliedern Sie den Text in **Sinnabschnitte** und geben Sie diesen Überschriften.
**b** Diskutieren Sie, ob sich lineares Vorgehen wie in der Textgliederung oder aspektorientiertes Vorgehen (→ S. 40) empfiehlt; beachten Sie dabei auch die Aufgabenstellung.

**2** **a** Präzisieren Sie die Funde, die Sie in der Textgliederung festgehalten haben. Markieren Sie in einer Kopie **Schlüsselstellen, Schlüsselwörter,** wiederkehrende **Motive** (→ S. 324). Notieren Sie Beobachtungen, Fragen, Verweise an den Rand des kopierten Textes. Achten Sie auch auf Details.
**b** Sie können auch produktionsorientierte Verfahren einsetzen. Ersetzen Sie z. B. die direkte Rede durch einen Erzählerbericht. Im Vergleich der Varianten wird die Wirkung der Originalfassung deutlicher.

**3** Ziehen Sie die Sachtexte auf S. 50 f. heran:
**a** Unterstreichen Sie in einer Kopie Passagen über die Lebenssituation in Russland, die Sie in ähnlicher Weise in Schulzes Text finden.
**b** Diskutieren Sie, in welcher Weise die Sachtexte für das Verständnis des literarischen Textes fruchtbar gemacht werden können. Erläutern Sie dabei den Unterschied zwischen literarischen Texten und Sachtexten.

**4** Legen Sie die folgende Mind-Map auf einem DIN-A4-Blatt an und tragen Sie Ergänzungen ein.

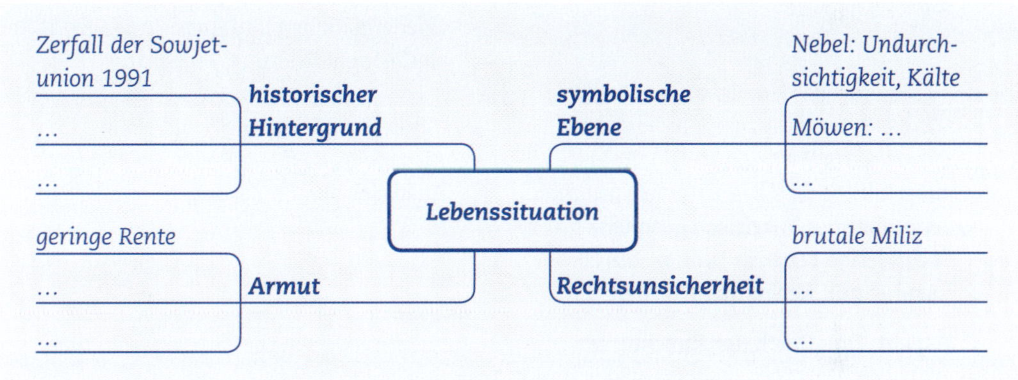


**5** Sammeln Sie die Glücksvorstellungen der Figuren in einem Schaubild.
Berücksichtigen Sie dabei die Fragen „Was ist Glück?" und „Welche Wirkung hat das Schöne?".

**6** **a** Erarbeiten Sie **Erzählform** (→ S. 329) und **Erzählverhalten** (→ S. 329).
Wenn Sie sich unsicher sind, formulieren Sie die einleitenden Absätze zur Probe als Erzählung eines auktorialen allwissenden Erzählers.
**b** Komplettieren Sie in Ihren Unterlagen die folgenden Notizen zur genaueren Bestimmung des **Erzählers.**

> ***Erzählhaltung*** *(→ S. 330): …*
> ***Point of view*** *(→ S. 329): …*
> ***Innensicht/Außensicht*** *(→ S. 330): …*
> ***Darbietungsformen*** *(→ S. 330): Beschreibung (Z. 1–13 ), Bericht (Z. 14–22), breite szenische Darstellung mit direkter Rede (Z. 23–146) – wirkt lebendig, gegenwärtig, …*

**c** Bestimmen Sie die Funktion des Erzählers in Schulzes Text.

In einer **strukturierten Stoffsammlung** in Form einer **Tabelle** können Sie Ihre Einsichten vertiefen, weitere Beobachtungen sammeln und Inhalt sowie sprachliche und formale Gestaltung zueinander in Beziehung setzen.

**Strukturierte Stoffsammlung zu „33 Augenblicke des Glücks“, Text 8**

| Aufbau und Inhalt einschließlich Raum- und Figurendarstellung | Sprachliche Gestaltung; Ergänzungen zur Erzähltechnik, Gesprächsführung; Funktionen der Gestaltungsmittel |
|---|---|
| **1. Aspekt: Lebenssituation der Menschen**<br>– *Bedeutung einfacher Kleidungsstücke (Mützen, Handschuhe, Z. 37, 57 f.) und einfacher Nahrungsmittel (Wurst, Brot, Eier, Z. 51); niedrige Rente (Z. 98 ff.) → Armut* | – *Beschreibungen → Objektivität des Erzählers*<br>– *direkte Rede → subjektive Wahrnehmung der Betroffenen*<br>– *Charakterisierung der Menschen durch einfache Gegenstände (leerer Beutel, Z. 25 f., Bommelmütze, Z. 79)*<br>– *Wiederholungen und Ausrufe (Z. 98 ff.) → Emotionalisierung; Empörung* |
| – *rechtswidriges Handeln der Polizei (Z. 64–80) und einzelner Individuen: überteuerte Preise (Z. 103 ff.), Raubüberfälle (Z. 91 ff.) → Umbruchsituation*<br>→ ***Argument: z.T. kritisch gesehene schwierige Lebenssituation durch Armut und Rechtsunsicherheit*** | – *Ironie (Z. 67 f.) → Kritik und Hohn*<br>– *Ausrufe (Z. 64 ff.) → Emotionalisierung; Ausdruck von Empörung* |
| **2. Aspekt: Das Glück der Zuschauer**<br>…<br>→ ***Argument: …*** | … |
| **3. Aspekt: Entwicklung der Petjuschina**<br>… | … |

**7** Übertragen Sie die Tabelle zum 2. und 3. Aspekt in Ihre Unterlagen. Ergänzen Sie Beobachtungen zu Inhalt und Gestaltung. Führen Sie Beispiele an und werten Sie die Funde aus, indem Sie zum 2. und 3. Aspekt jeweils ein Argument formulieren.

**8** Fassen Sie die drei Argumente zu einer Interpretationsthese zusammen.

**9** Vergleichen Sie die in Schulzes Text dargestellte Vorstellung vom Glück mit anderen Konzepten.

**a** Fassen Sie die Vorstellung von Glück in diesem Text zusammen.

**b** Sammeln Sie Vorstellungen von Glück, die Ihnen vertraut sind, z. B. aus Literatur, Philosophie oder Religion. Formulieren Sie auch Ihre eigene Auffassung. Bringen Sie die Konzepte jeweils möglichst knapp auf den Punkt.

**c** Benennen Sie Ähnlichkeiten oder Unterschiede dieser Konzepte mit der in Schulzes Text vermittelten Vorstellung von Glück.

## Phase 3: Die Untersuchungsergebnisse darstellen

***Gliederung: Interpretation „33 Augenblicke des Glücks", Text 8***

*A. Der historische Hintergrund für die Geschichte aus „33 Augenblicke des Glücks"*
*B. Orientierung an Wunderbarem und Schönem in schwieriger Zeit*
  *I. Aufbau und Inhaltskern: Von der Ablehnung bis zur Annahme eines glücklichen Augenblicks*
  *II. Neutraler Erzähler: Distanz und Geheimnisse*
  *III. Widrige Lebenssituation der Menschen*
    *1. Armut*
    *2. Rechtsunsicherheit*
  *IV. Der glückliche Augenblick der Zuschauer*
    *…*
  *V. Die Entwicklung der Petjuschina vom Widerstand zur Öffnung für das beglückende Schöne*
*…*

---

**1** Vergleichen Sie, inwieweit dieses Beispiel einer Gliederung zu den Ergebnissen Ihrer Textanalyse aus Phase 2 passt.
**2** Überprüfen Sie die Gliederung unter formalen und inhaltlichen Gesichtspunkten und ergänzen Sie in Ihren Unterlagen die offenen Stellen.

---

***Interpretation „33 Augenblicke des Glücks", Text 8, von Ingo Schulze (B. I)***

*Die Handlung setzt unmittelbar ein. Eine Gruppe von etwa hundert Menschen beobachtet eine Schar edler Doggen bei ihrem Ausgang in einer abgesperrten Straße und erfreut sich an dem Anblick. Nur die alte Petjuschina ist erzürnt, weil ihr der Weg zur Bushaltestelle versperrt ist. Die alte Frau gerät mit einigen Umstehenden in einen Streit über die Sperrung, der sich in persönliche Angriffe steigert und schließlich in einem tätlichen Angriff auf sie gipfelt. Die Wende tritt ein, als die Doggen kehrtmachen, zwei Mädchen erscheinen und – unglaublich genug – auf zweien der Hunde davonreiten. Diesem Anblick kann sich auch die Petjuschina nicht versperren und ist von der Schönheit ergriffen. Den Höhepunkt der Handlung bildet ihr Einverständnis mit dem Alten, der sie zuvor geschlagen hat. Ihr weiteres Schicksal bleibt offen. Damit weist der Aufbau dieser kurzen Geschichte Merkmale des Aufbaus der klassischen Kurzgeschichte auf: den unmittelbaren Beginn, das offene Ende, eine Steigerung zum Höhepunkt und einen Wendepunkt. Untypisch ist auf der inhaltlichen Ebene allerdings das Moment des Wunderbaren.*

***Interpretation „33 Augenblicke des Glücks", Text 8, von Ingo Schulze (Anfang von B. IV.)***

| | |
|---|---|
| *Trotz der widrigen Lebensumstände gibt es für diese Menschen Augenblicke des Glücks, und zwar in dem Erlebnis von Schönheit. Ihre subjektive Wahrnehmung spiegelt sich in mehreren Gesprächsbeiträgen. Sie genießen den Anblick einer Schar edler Doggen bei ihrem morgendlichen Auslauf.* | *Argument* |
| *Deren* | *Subargument* |

*Schönheit wird besonders herausgearbeitet, eine Schönheit, die keinem Zweck dient: Eine Zuschauerin spricht von den „eleganten Bewegungen", den „edlen Tiere[n]" (Z. 83 f.). Der Auftritt der Hunde wirkt wie ein schönes inszeniertes „Schauspiel" (Z. 29), diese Metapher bezeichnet eine Wirklichkeit jenseits der alltäglichen: Die Doggen laufen auf die für sie abgesperrte Bühne und suchen einen geeigneten Ort für ihre Notdurft. Sie sind von einem Geheimnis umgeben, denn niemand weiß, woher sie mit einem Pfiff gelenkt werden. Schließlich wendet sich das „Schauspiel" gänzlich ins Wunderbare, wenn zwei Mädchen erscheinen, auf zweien der Tiere davonreiten und im „zerwehenden Nebel" verschwinden (Z. 155). Dieser Teil des Textes wird auf einer hohen, poetischen Sprachebene erzählt, die weit über der Sprachebene der Streitenden liegt: In den Ausdrücken „schwangen sich auf ihre Rücken" und „entschwanden" werden zwei selten verwendete, lautmalerische und fast lautgleiche Verben verwendet. Zusammen mit der Rede vom „zerwehenden Nebel" verleihen sie der Szene den Charakter des Besonderen und Schwebenden. Das Wunderbare, der Ritt der Mädchen auf den Doggen, ist atemberaubend; der verzögernde Gedankenstrich vermittelt diese Erfahrung.*

*Beispiele*

*Belege*

**1** Arbeiten Sie die Darstellung auf einer Kopie durch:
**a** Vergleichen Sie die Interpretationsergebnisse mit Ihren eigenen.
**b** Prüfen Sie die Argumentation, indem Sie in Ihren Unterlagen die in der Randspalte begonnene Argumentationsanalyse fortführen.
**c** Kontrollieren Sie, ob die sprachliche Gestaltung des literarischen Textes ausreichend berücksichtigt und in die Analyse und Interpretation des Inhalts integriert ist.
**d** Untersuchen Sie die sprachliche Darstellung in der Interpretation; prüfen Sie dazu Verknüpfungen, treffenden Ausdruck, Fachbegriffe, Varianten zur Vermeidung von Wiederholungen, Verbindungen von Inhalts- und Gestaltungsanalyse, Zitattechnik.

**2** Schließen Sie Punkt B. IV. ab und führen Sie die restlichen Punkte Ihrer Gliederung aus.

## Phase 4: Den Aufsatz überarbeiten

**1** Überprüfen Sie Ihren Aufsatz mit Hilfe der Checkliste zur Textüberarbeitung auf S. 41. Sie können auch in Gruppen arbeiten (→ S. 355 f.).

**2** Vermeiden Sie außerdem mit Hilfe folgender Fragen und Techniken häufig vorkommende Fehler:
- Wird sauber und überzeugend argumentiert? Arbeiten Sie mit einer Kopie und unterstreichen Sie These, Argumente und Belege mit verschiedenen Farben.
- Haben Sie Zusammenhänge verdeutlicht? Markieren Sie in einer Kopie Verknüpfungen zwischen den Absätzen und zwischen den Sätzen durch Pfeile. Ergänzen Sie bei Bedarf Verknüpfungen.
- Ist die Analyse der Gestaltung in die Inhaltsanalyse integriert? Kontrollieren Sie dies in einer Kopie Ihres Aufsatzes, indem Sie beide Analysen mit gelben Pfeilen verbinden.
- Wird der Erzähler nicht nur beschrieben, sondern auch in seiner Funktion bestimmt?
- Beschränkt sich die historische oder literaturhistorische Einordnung nicht nur auf die Aufzählung wichtiger Merkmale, sondern werden diese Merkmale auch am Text nachgewiesen?

# 1.4 Dramenszenen erschließen und interpretieren

## Phase 1: Sich dem Text und dem Thema annähern

Im Mittelpunkt von Brechts Drama „Leben des Galilei“ (1938/55) steht das Bemühen des italienischen Mathematikers und Astronomen Galileo Galilei (1564–1624), dem kopernikanischen Weltbild zur Geltung zu verhelfen.
Er wendet sich damit gegen die Kirche, die an dem seit der Antike geltenden ptolemäischen Weltbild festhält.
Der ptolemäischen Vorstellung zufolge umschlossen sieben Sphären oder Kugelschalen den Kosmos, an denen Gestirne befestigt waren. Sie kreisten um die Erde als den unbeweglichen Mittelpunkt des Alls.
Galilei entdeckte mit Hilfe des neu erfundenen Fernrohrs, dass die Jupitermonde um den Jupiter kreisen und dieser also nicht an einer Schale hängen kann.
Er bewies damit das kopernikanische Weltbild, nach dem die Erde sich um die eigene Achse und mit ihrem Mond und einigen Planeten um die Sonne dreht. Brechts Galilei erhofft sich von dieser Entdeckung auch eine geistige Erweiterung der Menschen, selbstständiges Denken und eine kritische und zweifelnde Haltung: Sie können ihr Leben selber in die Hand nehmen und geistige Bevormundung ablehnen, die bestehenden gesellschaftlichen Hierarchien müssen sich auflösen.
Im 7. Bild des Dramas ist Galilei zu einem Ball eingeladen.

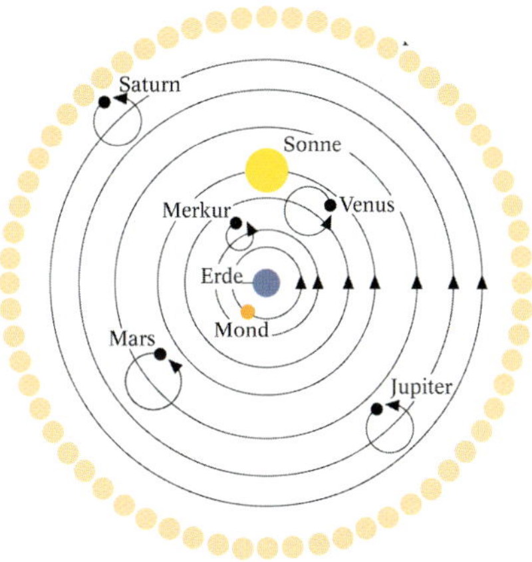

Das ptolemäische Weltsystem

Bertolt Brecht: **Leben des Galilei** (Fassung von 1955) **7. Bild** Auszug

**ABER DIE INQUISITION SETZT DIE KOPERNIKANISCHE LEHRE AUF DEN INDEX**
(5. März 1616)[1]

In Rom war Galilei Gast
In einem Kardinalspalast.
Man bot ihm Schmaus und bot ihm Wein
Und hatt' nur ein klein Wünschelein.

*Haus des Kardinals Bellarmin in Rom. Ein Ball ist im Gang. Im Vestibül*[2]*, wo zwei geistliche Sekretäre Schach spielen und Notizen über die Gäste machen, wird Galilei von einer Gruppe maskierter Damen und Herren mit Applaus empfangen. Er kommt in Begleitung seiner Tochter Virginia und ihres Verlobten Ludovico Marsili.*

*[...]*

**ERSTER SEKRETÄR:** Der erste Karneval nach den Pestjahren. Alle großen Familien Italiens sind heute abend hier vertreten. Die Orsinis, die Villanis, die Nuccolis, die Soldanieris, die Canes, die Lecchis, die Estensis, die Colombinis ...

**ZWEITER SEKRETÄR** *unterbricht:* Ihre Eminenzen, die Kardinäle Bellarmin und Barberini.

*Herein Kardinal Bellarmin und Kardinal Barberini. Sie halten die Masken eines Lamms und einer Taube an Stöcken vors Gesicht*[3].

---

**1** In der vorhergehenden Szene hatte das Collegium Romanum, das Forschungsinstitut des Vatikans, Galileis Forschungsergebnisse als richtig anerkannt. Die Inquisition ist die gerichtliche Institution der Kirche zur Verfolgung von Ketzern. Sie zensiert auch Bücher und setzt die verbotenen auf den Index.

**2 Vestibül:** Eingangshalle

**3** In der christlichen Symbolik ist das Lamm Sinnbild für Christus, die Taube für den Heiligen Geist; sie symbolisieren auch die göttlichen Tugenden Demut, Eintracht und Geduld.

**Barberini** *den Zeigefinger auf Galilei:* „Die Sonne geht auf und unter und kehret an ihren Ort zurück." Das sagt Salomon, und was sagt Galilei?

**Galilei:** Als ich so klein war – *er deutet es mit der Hand an* –, Eure Eminenz, stand ich auf einem Schiff, und ich rief: Das Ufer bewegt sich fort. – Heute weiß ich, das Ufer stand fest, und das Schiff bewegte sich fort.

**Barberini:** Schlau, schlau. Was man sieht, Bellarmin, nämlich, daß der Gestirnhimmel sich dreht, braucht nicht zu stimmen, siehe Schiff und Ufer. Aber was stimmt, nämlich daß die Erde sich dreht, kann man nicht wahrnehmen! Schlau. Aber seine Jupitermonde sind harte Brocken für unsere Astronomen. Leider habe ich auch einmal etwas Astronomie gelesen, Bellarmin. Das hängt einem an wie die Krätze.

**Bellarmin:** Gehen wir mit der Zeit, Barberini. Wenn Sternkarten, die sich auf eine neue Hypothese stützen, unsern Seeleuten die Navigation erleichtern, mögen sie die Karten benutzen. Uns mißfallen nur Lehren, welche die Schrift falsch machen. *Er winkt grüßend nach dem Ballsaal zu.*

**Galilei:** Die Schrift. – „Wer aber das Korn zurückhält, dem wird das Volk fluchen." Sprüche Salomonis.

**Barberini:** „Der Weise verbirgt sein Wissen." Sprüche Salomonis.

**Galilei:** „Wo da Ochsen sind, da ist der Stall unrein. Aber viel Gewinn ist durch die Stärke des Ochsen."

**Barberini:** „Der seine Vernunft im Zaume hält, ist besser als der, der eine Stadt einnimmt."

**Galilei:** „Des Geist gebrochen ist, dem verdorren die Gebeine." *Pause.* „Schreitet die Wahrheit nicht laut?"

**Barberini:** „Kann man den Fuß setzen auf glühende Kohle, und der Fuß verbrennt nicht?" – Willkommen in Rom, Freund Galilei. Sie wissen von seinem Ursprung? Zwei Knäblein, so geht die Mär, empfingen Milch und Zuflucht von einer Wölfin. Von der Stunde an müssen alle Kinder der Wölfin für ihre Milch zahlen. Aber dafür sorgt die Wölfin für alle Arten von Genüssen, himmlische und irdische; von Gesprächen mit meinem gelehrten Freund Bellarmin bis zu drei oder vier Damen von internationalem Ruf, darf ich Sie Ihnen zeigen? *Er führt Galilei hinunter, ihm den Ballsaal zu zeigen. Galilei folgt widerstrebend.*

**Barberini:** Nein? Er besteht auf einer ernsten Unterhaltung. Gut, sind Sie sicher, Freund Galilei, dass ihr Astronomen euch nicht nur einfach eure Astronomie einfacher machen wollt? *Er führt ihn wieder nach vorn.* Ihr denkt in Kreisen und Ellipsen und in gleichmäßigen Schnelligkeiten, einfachen Bewegungen, die euren Gehirnen gemäß sind. Wie wenn es Gott gefallen hätte, seine Gestirne so laufen zu lassen? *Er zeichnet mit dem Finger in der Luft eine äußerst verwickelte Bahn mit unregelmäßiger Geschwindigkeit.* Was würde dann aus euren Berechnungen?

**Galilei:** Eminenz, hätte Gott die Welt so konstruiert – *er wiederholt Barberinis Bahn* –, dann hätte er auch unsere Vernunft so konstruiert – *er wiederholt dieselbe Bahn* –, so daß sie ebendiese Bahnen als die einfachsten erkennen würden. Ich glaube an die Vernunft.

**Barberini:** Ich halte die Vernunft für unzulänglich. Er schweigt. Er ist zu höflich, jetzt zu sagen, er hält meine für unzulänglich. *Lacht und geht zur Brüstung zurück.*

**Bellarmin:** Die Vernunft, mein Freund, reicht nicht sehr weit. Ringsum sehen wir nichts als Schiefheit, Verbrechen und Schwäche. Wo ist die Wahrheit?

**Galilei** *zornig:* Ich glaube an die Vernunft.

**Barberini** *zu den Sekretären:* Ihr sollt nicht mitschreiben, das ist eine wissenschaftliche Unterhaltung unter Freunden.

**Bellarmin:** Bedenken Sie einen Augenblick, was es die Kirchenväter und so viele nach ihnen für Mühe und Nachdenken gekostet hat, in eine solche Welt (ist sie etwa nicht abscheulich?) etwas Sinn zu bringen. Bedenken Sie die Roheit derer, die ihre Bauern in der Campagna halbnackt über ihre Güter

Bertolt Brecht: Leben des Galilei. Bellarmin, Galilei und Barberini. Berliner Ensemble, 1957

peitschen lassen, und die Dummheit dieser Armen, die ihnen dafür die Füße küssen.

**Galilei:** Schandbar! Auf meiner Fahrt hierher sah ich ...

**Bellarmin:** Wir haben die Verantwortung für den Sinn solcher Vorgänge (das Leben besteht daraus), die wir nicht begreifen können, einem höheren Wesen zugeschoben, davon gesprochen, daß mit derlei gewisse Absichten verfolgt werden, dass dies alles einem großen Plan zufolge geschieht. Nicht als ob dadurch absolute Befriedigung eingetreten wäre, aber jetzt beschuldigen Sie dieses höchste Wesen, es sei sich im unklaren darüber, wie die Welt der Gestirne sich bewegt, worüber Sie sich im klaren sind. Ist das weise?

**Galilei** *zu einer Erklärung ausholend:* Ich bin ein gläubiger Sohn der Kirche ...

**Barberini:** Es ist entsetzlich mit ihm. Er will in aller Unschuld Gott die dicksten Schnitzer in der Astronomie nachweisen! Wie, Gott hat nicht sorgfältig Astronomie studiert, bevor er die Heilige Schrift verfaßte? L i e b e r Freund!

**Bellarmin:** Ist es nicht auch für Sie wahrscheinlich, daß der Schöpfer über das Geschaffene besser Bescheid weiß als sein Geschöpf?

**Galilei:** Aber, meine Herren, schließlich kann der Mensch nicht nur die Bewegungen der Gestirne falsch auffassen, sondern auch die Bibel!

**Bellarmin:** Aber wie die Bibel aufzufassen ist, darüber haben schließlich die Theologen der Heiligen Kirche zu befinden, nicht?

*Galilei schweigt.*

**Bellarmin:** Sehen Sie: jetzt schweigen Sie. *Er macht den Sekretären ein Zeichen.* Herr Galilei, das Heilige Offizium[4] hat heute nacht beschlossen, dass die Lehre des Kopernikus, nach der die Sonne Zentrum der Welt und unbeweglich, die Erde aber nicht Zentrum der Welt und beweglich ist, töricht, absurd und ketzerisch im Glauben ist. Ich habe den Auftrag, Sie zu ermahnen, diese Meinung aufzugeben. *Zum ersten Sekretär:* Wiederholen Sie das.

**Erster Sekretär:** Seine Eminenz, Kardinal Bellarmin, zu dem besagten Galileo Galilei: Das Heilige Offizium hat beschlossen, daß die Lehre des Kopernikus, nach der die Sonne das Zentrum der Welt und unbeweglich, die Erde aber nicht das Zentrum der Welt und beweglich ist, töricht, absurd und ketzerisch im Glauben ist. Ich habe den Auftrag, Sie zu ermahnen, diese Meinung aufzugeben.

**Galilei:** Was heißt das? [...] Aber die Tatsachen? Ich verstand, daß die Astronomen des Collegium Romanum meine Notierungen anerkannt haben.

**Bellarmin:** Mit den Ausdrücken der tiefsten Genugtuung, in der für Sie ehrendsten Weise.

**Galilei:** Aber die Jupiterbahnen, die Phasen der Venus ...

---

4 **Heiliges Offizium:** die oberste Inquisitionsbehörde mit Sitz in Rom

**Bellarmin:** Die Heilige Kongregation hat ihren Beschluß gefaßt, ohne diese Einzelheiten zur Kenntnis zu nehmen.
**Galilei:** Das heißt, daß jede weitere wissenschaftliche Forschung ...
**Bellarmin:** Durchaus gesichert ist, Herr Galilei. Und das gemäß der Anschauung der Kirche, daß wir nicht wissen können, aber forschen mögen. *Er begrüßt wieder einen Gast aus dem Ballsaal.* Es steht Ihnen frei, in Form der mathematischen Hypothese auch diese Lehre zu behandeln. Die Wissenschaft ist die legitime und höchstgeliebte Tochter der Kirche, Herr Galilei. Niemand von uns nimmt im Ernst an, daß Sie das Vertrauen zur Kirche untergraben wollen.
**Galilei** *zornig:* Vertrauen wird dadurch erschöpft, daß es in Anspruch genommen wird.
**Barberini:** Ja? *Er klopft ihm, schallend lachend, auf die Schulter. Dann sieht er ihn scharf an und sagt nicht unfreundlich:* Schütten Sie nicht das Kind mit dem Bade aus, Freund Galilei. Wir tun es auch nicht. Wir brauchen Sie, mehr als Sie uns.
**Bellarmin:** Ich brenne darauf, den größten Mathematiker Italiens dem Kommissar des Heiligen Offiziums[5] vorzustellen, der Ihnen die allergrößte Wertschätzung entgegenbringt.
**Barberini** *den anderen Arm Galileis fassend. Worauf er sich wieder in ein Lamm verwandelt.* Auch Sie wären besser als braver Doktor der Schulmeinung kostümiert hier erschienen, lieber Freund. Es ist meine Maske, die mir heute ein wenig Freiheit gestattet. In einem solchen Aufzug können Sie mich murmeln hören: Wenn es keinen Gott gäbe, müßte man ihn erfinden. Gut, nehmen wir wieder unsere Masken vor. Der arme Galilei hat keine.
*Sie nehmen Galilei in die Mitte und führen ihn in den Ballsaal.* R

5 **Kommissar des Heiligen Offiziums:** Inquisitor, der die Untersuchungen leitet und gegebenenfalls Anklage erhebt

**1** Entwerfen Sie ein Bühnenbild und Kostüme für die drei Figuren. Sie können das Geschehen auch in eine andere Zeit verlegen und die Figuren durch andere Personen der Geschichte ersetzen.

**2** Diskutieren Sie Ihre Entwürfe.

**Thema:**
**1.** Erschließen Sie den Auszug aus dem 7. Bild aus Brechts „Leben des Galilei“. Skizzieren Sie Inhalt und Aufbau des Textauszugs. Analysieren Sie Gesprächsführung und Gesprächsverlauf, gehen Sie auch auf die dramaturgische und sprachliche Gestaltung ein.
**2.** Untersuchen Sie, inwieweit Brecht in diesem Textauszug seine Theorie vom epischen Theater verwirklicht hat, und erarbeiten Sie die Funktion der gewählten Theaterform in diesem Ausschnitt aus dem 7. Bild.
Alternative zu 2: Vergleichen Sie die Auseinandersetzung eines Individuums mit einer machtvollen Institution in einem anderen literarischen Werk.

**3** **a** Lesen Sie die Aufgabenstellung sorgfältig durch.
**b** Machen Sie sich die Arbeitsanweisung genau klar, indem Sie die geforderten Aspekte als Liste herausschreiben:

***Textauszug aus 7. Bild erschließen***
- *Inhalt und Aufbau des Auszugs kurz beschreiben*
- *Gesprächsführung analysieren*
- *...*

**c** Schlagen Sie die Bedeutung zentraler Begriffe in der Aufgabenstellung am Ende des Bandes nach (→ S. 335 ff.): „Gesprächsführung“, „Gesprächsverlauf“ ...

## Phase 2: Sich mit dem Text auseinandersetzen

1 Lesen Sie den Text mehrmals durch.
**Klären** Sie **unbekannte Wörter** und schwierige Inhalte.

2 Vergegenwärtigen Sie sich Ihre Kenntnisse zu Brechts epischem Theater (→ S. 225 f., 335).

3 **Wiederholen** Sie mit Hilfe des folgenden Interpretationssterns das **Instrumentarium zur Erschließung und Interpretation** einer Dramenszene.

!

### Interpretationsstern für Dramenszenen

**Aussage/Thema** (→ S. 324)
Worum geht es in der Szene?
Interpretationsthese

**Inhalt**
Mitteilungen, Positionen, Weltbild

**Aufbau** (→ S. 324)/**Gesprächsverlauf**
- Abschnitte des Dialogs (→ S. 336 f.) bzw. der Handlung (→ S. 324)
- steigernd, antithetisch u. a.

**Figuren und Gesprächssituation** (→ S. 325, 336)
- Charaktere, Ziele, Beziehungen (persönlich, sozial; Über-/Unterordnung), wechselseitige Beeinflussung
- Gesprächszusammenhang, Anlass, Ort, Zeitpunkt

**Mittel der Dialogführung (dramaturgische Mittel im weiten Sinne** → S. 337)
- initiieren oder reagieren
- auf den Dialogpartner eingehen oder nicht eingehen
- Sprecherwechsel: das Wort erteilen, ins Wort fallen u. a.

**Sprachliche Mittel und dramaturgische Mittel (im engen Sinne** → S. 337)
- sprachliche Mittel
- nonverbale Mittel: Gestik, Mimik, Sprechweise, Bewegung im Raum (siehe Regieanweisungen)

**Kontexte** (soweit relevant)
- Bezug zu Form und Typ des gesamten Dramas (→ S. 333 ff.): offene/geschlossene Form; Tragödie, Komödie u. a.
- Zeitbezug und literaturgeschichtliche Einordnung

**1** Gliedern Sie den Text in **Sinnabschnitte.** Ergänzen Sie dazu in Ihren Unterlagen die folgende Übersicht.

*Auseinandersetzung zwischen Galilei und Vertretern der Kirche über sein Weltbild*
*1. Scheinbar spielerisches Zitatenduell (Z. 29–83) …*
*…*

**2** Bestimmen Sie den **Aufbau** des Szenenausschnitts und die Funktion des Aufbaus.

**3** Präzisieren Sie die Funde, die Sie in der Textgliederung festgehalten haben. Markieren Sie in einer Kopie **Schlüsselstellen, Schlüsselwörter,** wiederkehrende **Motive** (→ S. 324).
Notieren Sie Beobachtungen, Fragen, Verweise an den Rand des kopierten Textes.
Beziehen Sie dabei auf S. 61 genannte Untersuchungsaspekte mit ein.

**4** Übertragen Sie die folgende Mind-Map mit ersten Beobachtungen zu Inhalt und Gestaltung in Ihre Unterlagen. Ergänzen Sie die offenen Stellen und legen Sie bei Bedarf weitere Verzweigungen an.

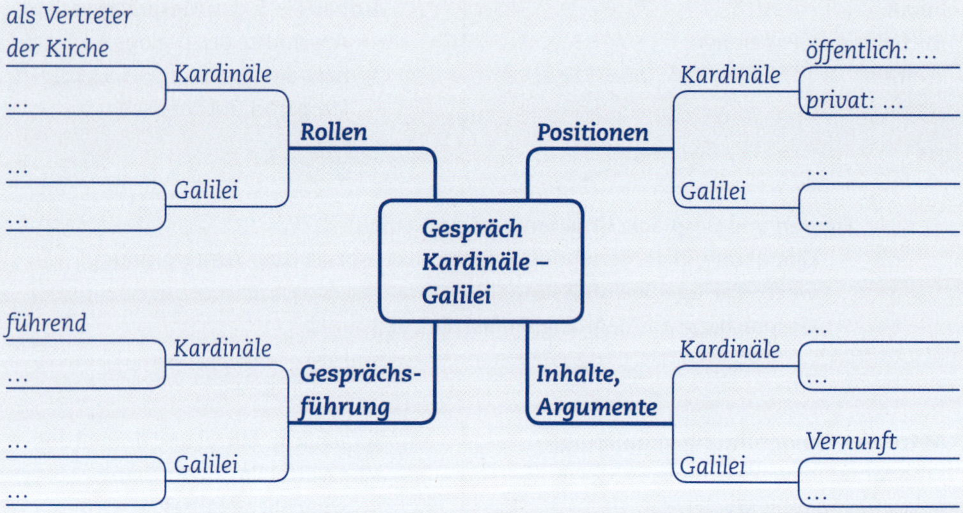


**5** Vergegenwärtigen Sie sich die Gesprächssituation (→ S. 336), denn sie ist die Voraussetzung für die Gesprächsführung. Ergänzen Sie die folgende Stoffsammlung.

***Figuren:*** *…*
***Art des Dialogs:*** *…*
***Ort des Gesprächs:*** *…*
***Zeitpunkt:*** *…*
***Handlungszusammenhang:*** *Galilei hat Beweise für das kopernikanische Weltbild gefunden und dabei z. T. Unterstützung von Wissenschaftlern und Unternehmern gefunden. Die Kirche will das ptolemäische Weltbild beibehalten, um die eigene Macht zu sichern und die feudalistische Struktur der Gesellschaft nicht zu erschüttern.*

In einer **strukturierten Stoffsammlung** können Sie weitere Beobachtungen sammeln:

**Strukturierte Stoffsammlung zu „Leben des Galilei“, 7. Bild**

**Kardinäle – Galilei**

| **Inhalt, Positionen, Ziele, Beziehung der Figuren zueinander, Verlauf** | **Dramaturgische und sprachliche Mittel und ihre Funktion, Mittel der Gesprächsführung und ihre Funktion** |
|---|---|
| **1. Aspekt: Zitatenduell (Z. 29–83)** | |
| **Die Kardinäle**<br>**Ziel:** *das Gespräch lenken, eine entspannte Atmosphäre schaffen, Galilei zum Widerruf seiner Lehre bewegen und ihn indirekt warnen* | – *Kardinäle initiieren Thema und Zitatenduell (Z. 29 ff.), erteilen Galilei das Wort (Z. 32), fordern eine Antwort (Z. 81, 96, 111), unterhalten sich miteinander (Z. 38–54) → verdeutlichen ihre führende Rolle*<br>– *Auftritt mit Masken → Möglichkeit, Meinungen als Privatperson hinter der Maske zu äußern*<br>– *Symbolik der Masken Lamm und Taube → Gegensatz zu tatsächlicher Gefährlichkeit und Machtstreben*<br>– *Versuch, Galilei in den Ballsaal zu führen (Z. 81 f.) → Absicht, Diskussion zu beenden* |
| **Positionen:**<br>– *die Lehren müssen der Schrift entsprechen (also ptolemäisches Weltbild) (Z. 52 f.)*<br>– *Barberini als studierter Astronom ist von Galileis Beweisführung überzeugt (Z. 45 ff.) → Widerspruch zwischen privater und amtlicher Meinung, Zynismus* | – *Ironisierung von Galileis Analogie (Ufer/Schiff, Z. 38 ff.) → indirekte Form*<br>– *danach adversatives „aber“ (Z. 43), um die Überzeugungskraft der Beweise einzuräumen* |
| **Beziehung zu Galilei:**<br>– *Überlegenheit demonstrierend*<br>– *Aufmerksamkeit geteilt zwischen Galilei und Ball (Z. 53 f.)*<br>– *verkleidete Aufforderungen an Galilei, seine Lehre zurückzuhalten*<br>– *indirekte Warnung vor schmerzlichen Folgen für Galilei (Z. 69 ff.)*<br>– *indirekter Hinweis auf die Abhängigkeit Galileis von der Kirche, die Wohlverhalten belohnt (Z. 72 ff.) → noch freundliche, spielerische Mahnungen und Warnungen* | – *Pluralis Majestatis (Z. 52)*<br>– *Grüße zum Ballsaal hin (Z. 53 f.)*<br>– *Sprüche Salomons, Lehrsprüche → allgemeine Formulierungen anstelle direkter Ermahnungen (Z. 58 f., 63 ff.); Berufung auf die Autorität der Bibel*<br>– *Gründungslegende von Rom als Gleichnis → indirekte Form* |

| | |
|---|---|
| ***Galilei*** | |
| ***Ziel:*** *…* | … |
| ***Position:*** *…* | … |
| ***Beziehung zu den Kardinälen:*** *…* | … |
| ***→ 1. Argument: …*** | |
| ***2. Aspekt: Wissenschaftliche und philosophische Auseinandersetzung (Z. 84–232)*** | |
| ***Kardinäle*** | |
| ***Ziel:*** *…* | … |
| ***Positionen:*** *…* | … |
| ***Beziehung zu Galilei:*** *…* | … |
| ***Galilei*** | |
| *…* | |
| ***→ 2. Argument: …*** | … |

**6** Prüfen Sie in der rechten Spalte der Tabelle auf S. 63, welche Notizen sich auf die Gesprächsführung (→ S. 337) beziehen und welche auf sprachliche und dramaturgische Mittel (→ S. 337).

**7** Übertragen Sie die obige Tabelle in Ihre Unterlagen und ergänzen Sie diese.

**8** Fassen Sie die Argumente zu einer Interpretationsthese zusammen.

**9** **a** Sammeln Sie Merkmale des epischen Theaters (→ S. 225 f., 335). Klären Sie, inwieweit sich diese Merkmale im vorliegenden Dramenausschnitt finden und welche Funktion sie darin haben. Berücksichtigen Sie besonders die Figur des Galilei, die Maskerade, Überschriften und Zitate.
**b** Erarbeiten Sie, in welcher Beziehung diese Mittel zu Themen des Bildes wie „Forschen" und „neue Einsichten" stehen.

## Phase 3: Die Untersuchungsergebnisse darstellen

***Gliederung: Interpretation zu „Leben des Galilei", 7. Bild, Kardinäle – Galilei***

*A. Galilei als bedeutender Entdecker und Forscher*
*B. Aussichtsloser Widerstand Galileis gegen die Macht der Kirche*
- *I. Inhaltskern und Aufbau: Steigernder Aufbau des Gesprächs zwischen Galilei und den Kardinälen zur Darstellung der überlegenen Macht der Kirche*
- *II. Gesprächssituation: …*
- *III. Asymmetrisches Gespräch über unvereinbare Standpunkte zur Geltung der Wahrheit …*
- *IV. Zusammenfassung: Wende in Galileis Schicksal*
- *V. Epische Elemente zur Darstellung von …*

*C. Entdeckungen und Erfindungen und ihre Akzeptanz in der heutigen Gesellschaft an ausgewählten Beispielen*

**1** Ergänzen Sie in Ihren Unterlagen die offenen Stellen der Beispielgliederung.

**Interpretation zu „Leben des Galilei“, 7. Bild,**
**Gespräch zwischen den Kardinälen und Galilei (Auszug)**

*Im 7. Bild des Dramas „Leben des Galilei“ wird der vergebliche Widerstand des bedeutenden und berühmten Forschers gegen die mächtige Institution Kirche dargestellt; seine Forschungsergebnisse widersprechen den theologischen, machtpolitischen und gesellschaftspolitischen Interessen der Kirche. Dieser Konflikt und sein Ausgang spiegeln sich im Aufbau des Bildes, in Verlauf und Führung des Gesprächs zwischen den Kardinälen und Galilei sowie in der sprachlichen und dramaturgischen Gestaltung des Bildes.*

*[...]*

*In dem ersten Teil des Gesprächs versuchen die Kardinäle noch, Galilei in spielerischer und geselliger Weise zum Verzicht auf seine Ergebnisse zu bewegen, allerdings vergeblich. Die herausgehobene Position der Kardinäle zeigt sich schon in ihrer Ankündigung durch den Sekretär. Dementsprechend übernehmen sie im Gespräch weitgehend eine führende Rolle. Sie bestimmen das Thema, nämlich die Diskussion von Galileis Weltbild, sie erteilen ihm das Wort (vgl. Z. 32), wählen die Form der Unterhaltung, nämlich den Rückzug auf Zitate (vgl. Z. 29 ff.), sie reden über den Kopf des Forschers hinweg miteinander über Galileis Entdeckungen und Erfindungen (vgl. Z. 38–54) und kommen während des Gesprächs gesellschaftlichen Verpflichtungen nach, so winkt Bellarmin z. B. grüßend hinüber zum Ballsaal (vgl. Z. 53 f.). Die Kardinäle treten maskiert als Taube und Lamm auf. Damit entsprechen sie den Vorgaben eines Maskenballs, spielen aber gleichzeitig eine Rolle, und zwar die der geduldigen, demütigen Kirchenmänner, denn dafür stehen die Symbole des Lamms und der Taube. Hinter diesen Masken können sie ihre wahren Gesichter verbergen und sagen, was sie öffentlich nicht aussprechen würden (vgl. Z. 116 ff.). ...*

**2** Prüfen Sie, welche Punkte der Gliederung auf S. 64 im Textauszug oben umgesetzt sind.
**3** Diskutieren Sie die Darstellung.
**4** Analysieren Sie die Argumentation, indem Sie in einer Kopie These, Argumente, Subargumente, Beispiele und Belege markieren.
**5** Ergänzen Sie die Ausführungen oben und setzen Sie die noch fehlenden Punkte der Gliederung auf S. 64 um. Verfassen Sie auch eine Einleitung und einen Schluss.

## Phase 4: Den Aufsatz überarbeiten

**1** Berücksichtigen Sie die Überarbeitungsvorschläge in der Checkliste auf S. 41. Sie können auch in Gruppen arbeiten (→ S. 355 f.).
**2** Vermeiden Sie außerdem mit Hilfe der folgenden Fragen häufig vorkommende Fehler:
- Haben Sie die Gesprächssituation in Ihrer Interpretation hinreichend beachtet?
- Ist die Beziehung der Dialogpartner deutlich herausgearbeitet?
- Wurden die Mittel der Dialogführung und die sprachliche Gestaltung berücksichtigt?
- Ist Ihre Gedankenführung nachvollziehbar, d. h. haben Sie Ihre Funde immer wieder auf die zu beweisende Interpretationsthese bezogen? Haben Sie Leitsätze am Anfang eines Absatzes formuliert, die den Bezug zur These verdeutlichen?
- Wurden die Charakteristika des epischen Theaters nicht nur aufgezählt, sondern auch am Textauszug nachgewiesen? Haben Sie auch die Funktion dieser Gestaltungsmittel aufgezeigt?

## 2.1 Eine vergleichende Sachtextanalyse verfassen

### Phase 1: Sich den Texten und dem Thema annähern

Samuel P. Huntington: **Anschluss suchen: Politik der Identität** (1996)[1] Auszug

Unter dem Druck der Modernisierung erlebt globale Politik heute eine Neugestaltung entlang kultureller Kampflinien. Völker und Länder mit ähnlicher kultureller Orientierung rücken zusammen. Politische Orientierungen, die durch Ideologie und das Verhältnis der Supermächte definiert waren, machen Orientierungen Platz, die durch Kultur und Zivilisation definiert werden. Politische Grenzen werden in zunehmendem Maße neu gezogen, um mit kulturellen, ethnischen[2], religiösen und zivilisationsbedingten Grenzen zusammenzufallen. An die Stelle von Blöcken wie in der Zeit des Kalten Krieges treten kulturelle Gemeinschaften, und die Bruchlinien zwischen den Zivilisationen sind heute die zentralen Konfliktlinien globaler Politik geworden.

Während des Kalten Krieges konnte ein Land bündnisfrei sein, was viele Länder waren, oder es konnte, wie einige Länder, die Seiten des Bündnisses wechseln. Die Führer eines Landes konnten diese Entscheidung auf Grund ihrer perzipierten Sicherheitsinteressen, ihrer Einschätzung des Gleichgewichts der Macht und ihrer ideologischen[3] Präferenzen treffen. In der neuen Welt ist stattdessen kulturelle Identität der zentrale Faktor, der über Zusammenschlüsse und Feindbilder eines Landes entscheidet. Während ein Land im Kalten Krieg die Bündnisfestlegung vermeiden konnte, kann es nicht keine Identität haben. Die Frage „Auf welcher Seite stehst du?" ist ersetzt worden durch die viel elementarere Frage „Wer bist du?". Jeder Staat muss diese Frage beantworten. Diese Antwort, seine kulturelle Identität, definiert seinen Platz in der Weltpolitik, seine Freunde und seine Feinde.

Die Neunzigerjahre unseres Jahrhunderts haben die Eruption einer globalen Identitätskrise erlebt. Fast überall, wohin man sieht, fragen die Menschen: „Wer sind wir?", „Wohin gehören wir?" und „Wer ist nicht ‚wir'?". Diese Fragen sind zentral nicht nur für Völker, die einen neuen Nationalstaat herbeizuzwingen suchen, wie im früheren Jugoslawien[4], sondern auch für viele andere. [...]

Was bei der Bewältigung einer Identitätskrise für die Menschen zählt, sind Blut und Überzeugung, Glaube und Familie. Menschen gesellen sich zu anderen, die dieselbe Herkunft, Religion und Sprache, dieselben Werte und Institutionen haben, und distanzieren sich von denen, die das nicht haben.

1 in: ders.: Kampf der Kulturen. Die Neugestaltung der Weltpolitik im 21. Jahrhundert. Im Original: The Clash of Civilizations and the Remaking of World Order

2 **ethnisch:** einer sprachlich und kulturell einheitlichen Volksgruppe angehörend

3 **ideologisch:** weltanschaulich, durch ein System von Grundeinstellungen und Wertungen bestimmt

4 **Jugoslawien:** Nach dem Zweiten Weltkrieg wurde der Vielvölkerstaat Jugoslawien als sozialistischer Bundesstaat aus sechs Teilrepubliken gegründet. Ab 1991 brach dieser Staat auf Grund kriegerisch ausgetragener Konflikte zwischen den verschiedenen Republiken und Volksgruppen auseinander.

## Amartya Sen: **Zwei Schwierigkeiten kulturbezogener Erklärungen**[1] (2007) Auszug

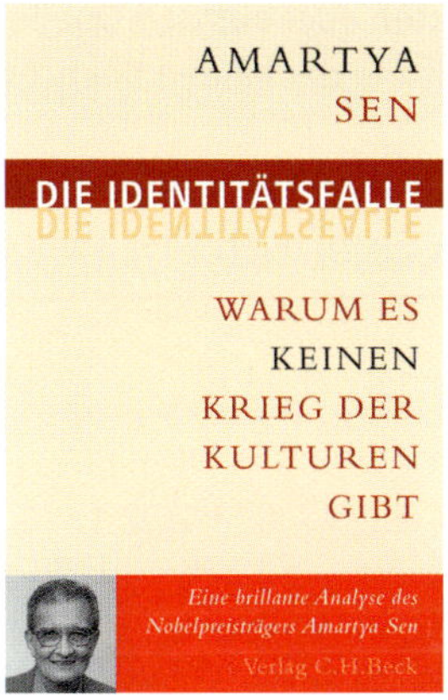


Woran hapert es nun bei der Erklärung des aktuellen Weltgeschehens durch die Berufung auf unterschiedliche Kulturen? Ihre größte Schwäche besteht wohl [...] darin, dass sie von der Illusion der Singularität in einer besonders ambitionierten Weise Gebrauch macht. Hinzu kommt ein weiteres Problem: die Schlichtheit, mit der die Weltkulturen beschrieben werden; sie erscheinen weit homogener und geschlossener, als sich aus empirischen Untersuchungen der Vergangenheit und der Gegenwart ergibt.

Die Illusion der Singularität stützt sich auf die Annahme, ein Mensch sei nicht als Individuum mit vielen Zugehörigkeiten oder als Mitglied vieler verschiedener Gruppen zu betrachten, sondern ausschließlich als Mitglied eines einzigen Kollektivs, das ihm eine Identität von überragender Bedeutung verleiht. Der unausgesprochene Glaube an die umfassende Erklärungskraft einer einzigen Klassifikation ist nicht nur schlicht, wenn man glaubt, dadurch zu einer Beschreibung und Voraussage zu kommen, er ist auch noch, wenn man seine Form und Implikationen berücksichtigt, gröblich auf Konfrontation ausgerichtet. Wenn man die Weltbevölkerung nach einem einzigen Kriterium aufteilt, so läuft das nicht nur der altmodischen Ansicht zuwider, dass „die Leute auf der ganzen Welt ziemlich ähnlich sind", es widerspricht auch der wichtigen und wohlbegründeten Einsicht, dass wir auf mannigfaltige Weise verschieden sind. Unsere Unterschiede liegen nicht nur in einer Dimension.

Die Erkenntnis, dass wir alle viele verschiedene Identitäten haben können und tatsächlich haben, die an verschiedene wichtige Gruppen geknüpft sind, denen wir gleichzeitig angehören, erscheint manchen kompliziert. Dabei handelt es sich [...] um eine ganz gewöhnliche und elementare Erkenntnis. Im normalen Leben sehen wir uns als Mitglieder einer Vielzahl von Gruppen, denen wir allen angehören. Dass eine Person eine Frau ist, steht nicht im Widerspruch dazu, dass sie Vegetarierin ist, was wiederum nicht dagegen spricht, dass sie Anwältin ist, was sie nicht daran hindert, eine Jazzliebhaberin zu sein oder eine Heterosexuelle oder eine Verfechterin der Rechte von Schwulen und Lesben. Jeder Mensch gehört zu vielen verschiedenen Gruppen (ohne dass dies irgendwie ein Widerspruch wäre), und jedes dieser Kollektive, denen allen der Betreffende angehört, verleiht ihm eine potenzielle Identität, die je nach Kontext sehr wichtig werden kann.

Die brandstifterischen Weiterungen grober und singulärer Klassifikationen wurden schon erwähnt und werden uns weiter beschäftigen. Die konzeptionelle Schwäche des Versuchs, durch Aufteilung in Kulturen zu einem singulären Verständnis der Weltbevölkerung zu gelangen, stellt nicht nur unser gemeinsames Menschsein infrage, sondern untergräbt auch unser aller mannigfaltige Identitäten, die uns nicht entlang einer einzigen starren Trennungslinie gegeneinander postieren. Falsche Beschreibungen und falsche Vorstellungen können die Welt zerbrechlicher machen, als sie sein müsste.

Nicht nur, dass die Annahme einer singulären Klassifikation unhaltbar ist – eine weitere Schwäche der Kulturtheorie besteht darin, dass sie die Verschiedenheiten innerhalb der benannten Kulturen ignoriert und über die ausgedehnten Wechselbeziehungen zwischen verschiedenen Kulturen hinwegsieht. Die deskriptive Armseligkeit der Theorie übertrifft noch ihren Makel, an die Singularität zu glauben. [...]

1 in: ders.: Die Identitätsfalle. Warum es keinen Krieg der Kulturen gibt

**1** Beschreiben Sie, in welcher Beziehung die beiden Texte zueinander stehen. Belegen Sie Ihre Behauptungen mit Zitaten aus den Texten oder aus den Quellenangaben.
**2** Diskutieren Sie, inwiefern die Gestaltung der beiden Buchcover nach Ihrem ersten Eindruck zu den zugehörigen Textauszügen passt.
**3** Überlegen Sie, welche Faktoren Ihre eigene Identität geprägt haben und prägen. Sie können Ihre Gedanken in Form eines Clusters (→ S. 349) oder einer Mind-Map (→ S. 348) festhalten.

**Thema:**
Analysieren Sie die beiden Sachtexte von Samuel P. Huntington und Amartya Sen vergleichend. Berücksichtigen Sie dabei auch die sprachliche Gestaltung. Bewerten Sie abschließend beide Texte.

## Phase 2: Sich mit den Texten auseinandersetzen

**!** **Aufbau und Inhalt eines Sachtextes erschließen**

Bei der Erschließung von Aufbau und Inhalt eines Sachtextes können Sie in folgenden Schritten vorgehen. Bei einer vergleichenden Sachtextanalyse wenden Sie die Schritte jeweils auf alle Texte an:

- Lesen Sie den Text mehrmals aufmerksam durch. **Markieren** Sie in einer Kopie **Schlüsselstellen** und verdeutlichen Sie **gedankliche Zusammenhänge.** Verwenden Sie die Hinweise zum Markieren auf S. 356.
- Gliedern Sie den Text in **Sinnabschnitte,** geben Sie den Abschnitten jeweils Überschriften.
- Formulieren Sie die **These** bzw. **Kernaussage** des Textes.
- Vergegenwärtigen Sie sich **Methoden zur Erschließung und Visualisierung** der gedanklichen Struktur eines Sachtextes wie Mind-Mapping (→ S. 348), Treppenmethode (→ S. 357), Schaubild zur Argumentationsstruktur (→ S. 357). Wählen Sie eine Methode, die Ihnen für den jeweiligen Text besonders geeignet erscheint.

**1** **a** Legen Sie ein Arbeitsexemplar des Textes von Huntington an. Formulieren Sie Überschriften für Sinnabschnitte und versehen Sie den Text mit Markierungen und Randbemerkungen. Sie können in Ihren Unterlagen das folgende Beispiel ergänzen und fortsetzen.

Samuel P. Huntington: **Anschluss suchen: Politik der Identität** (1996) Auszug

| | |
|---|---|
| Unter dem Druck der Modernisierung erlebt globale Politik heute eine Neugestaltung entlang kultureller Kampflinien. Völker und | *T* <br> *Metaphern* |
| Länder mit ähnlicher kultureller Orientierung rücken zusammen. Politische Orientierungen, die durch Ideologie und das Verhältnis der Supermächte definiert waren, machen Orientierungen | ← *früher/* |
| Platz, die durch Kultur und Zivilisation definiert werden. | ← *heute* |

**b** Verfahren Sie ebenso mit Sens Text.

**2** **a** Arbeiten Sie die gedankliche Struktur von Huntingtons Text heraus. Sie können dazu die wichtigsten Aussagen, mit denen er seine These erläutert, in einer Liste zusammenstellen. Formulieren Sie in eigenen Worten.

*These: …*
*Erläuterungen:*
- *Es gibt Bündnisse zwischen Völkern bzw. Ländern mit ähnlicher Kultur.*
- *Das Selbstverständnis von Völkern wird heute durch kulturelle Identität statt durch Ideologie (wie im Ost-West-Konflikt) bestimmt.*
- *…*

**b** Visualisieren Sie den gedanklichen Aufbau von Sens Text. Sie können dazu das folgende Schaubild zur Argumentationsstruktur in Ihre Unterlagen übertragen und vervollständigen.

*These: …*

| *Argument 1:* | *Argument 2:* | *Argument 3:* |
|---|---|---|
| *…* | *Die Zuweisung einfacher kultureller Identitäten provoziert eine Konfrontation, die es zu vermeiden gilt.* | *…* |
| *Beispiel:* | | |
| *…* | | |

## Die Sprache eines Sachtextes untersuchen

Sie können z. B. folgende Fragen an den Text stellen:
- Gibt es Auffälligkeiten in der **Wortwahl** (z. B. bildhafte, emotionale, wertende Ausdrücke, Fachbegriffe, neue Begriffe)?
- Sind bestimmte **Wortarten** oder **Satzarten** vorherrschend?
- Werden **rhetorische Mittel** (→ S. 326 ff.) verwendet? Welche?
- Ist die Sprache insgesamt verständlich?
- Ist der **Satzbau** eher übersichtlich oder eher kompliziert?
- Werden **Zitate** verwendet? Welchen Zweck erfüllen sie?

Beachten Sie bei Ihrer Analyse sprachlicher Mittel den Zusammenhang mit der Wirkungsabsicht. Nutzen Sie dazu die Übersicht auf S. 343.

**3** Untersuchen Sie die sprachliche Gestaltung in Huntingtons und in Sens Text. Sie können folgende Aspekte berücksichtigen: zentrale Wortfelder, wie z. B. „Kampf“ bei Huntington, „Mensch“ bei Sen; Umgang mit Metaphern, wie z. B. Personifikationen bei Sen; wertende Begriffe.

**4** Beschreiben Sie Intentionen (→ S. 343) und rhetorische Strategien (→ S. 343) in beiden Texten. Soll überzeugt oder überredet werden, wird gewarnt oder aufgefordert, nüchtern argumentiert oder provozierend behauptet …?

! **Aspekte für einen Vergleich von Sachtexten**

- Welche **These(n)** vertreten die Verfasser/-innen?
- In welcher **Beziehung** stehen die Texte zueinander (Ergänzung, Widerspruch ...)?
- Wie **begründen** und **veranschaulichen** bzw. **erläutern** die Verfasser/-innen ihre Positionen?
- Welche Gemeinsamkeiten bzw. Unterschiede sind in **Sprache** und **Stil** der Texte erkennbar?
- Wie sind die Texte zusammenfassend zu **bewerten?** Relevante Aspekte: begriffliche Klarheit, Schlüssigkeit und Ausgewogenheit der Argumentation, Angemessenheit der Sprache ...

**5** Notieren Sie sich in Stichworten die Ergebnisse Ihres Textvergleichs.
Machen Sie auch Notizen zur Bewertung der beiden Texte.

## Phase 3: Die Untersuchungsergebnisse darstellen

! **Tipps zur Gliederung einer vergleichenden Sachtextanalyse**

**Einleitung**
- kurze Einführung in das Thema der Texte, eventuell Anknüpfung an aktuelle Ereignisse
- Nennung von Textsorte(n), Titeln, Autoren/Autorinnen, Fundstellen und Daten der Veröffentlichung (soweit bekannt), Thema der Texte

**Hauptteil**
Vergleich der Texte unter folgenden Gesichtspunkten:
- Aufbau und Inhalt, Argumentationsstruktur
- sprachliche Gestaltung und Wirkungsabsicht
- Intention (Zusammenfassung der bisherigen Ergebnisse mit Blick auf die Textintention)
- zusammenfassende Wertung der Texte

**Schluss**
Möglichkeiten: weiterführender Gedanke, Ausblick auf künftige Entwicklungen, Bezugnahme auf die Einleitung oder auf ein angrenzendes Thema

***Gliederung zur vergleichenden Textanalyse „Anschluss suchen: Politik der Identität“ und „Zwei Schwierigkeiten kulturbezogener Erklärungen“ (Beispiel)***

*A. Zunehmende Angst vor einer politischen Konfrontation zwischen verschiedenen Kulturen seit dem Anschlag auf das World Trade Center*

*B. Die Kontroverse zwischen S. Huntington und A. Sen über einen „Kampf der Kulturen“*

*I. Aufbau und Inhalt: „Kulturelle Identität“ als zentraler Bestimmungsfaktor für die aktuelle weltpolitische Entwicklung?*

*1. Huntingtons These vom „Kampf der Kulturen“*

*a) Definition von „kultureller Identität“*

*b) kulturelle Identität versus ideologische Orientierung*

*c) Zwang zum Bekenntnis zu einer kulturellen Identität*

*2. Sens Einspruch gegen Huntingtons These*
*...*
*II. Sprache und Wirkungsabsicht: ...*
*1. Huntington: rhetorisches Vorgehen, Appell an Emotionen*
*a) Wortfeld „Kampf“: emotionalisierende Beschreibung und Appell*
*b) Personifikationen: Völker und Länder als Akteure und Träger von Identitäten*
*c) Wiederholungen: Unterstreichen statt Abwägen*
*2. Sen: ...*
*...*
*III. Zusammenfassender Vergleich zur Textintention ...*
*IV. Wertung der beiden Texte: ...*
*...*

**1** Ergänzen Sie die Beispielgliederung in Ihren Unterlagen.
**2** Verfassen Sie eine Einleitung zu Ihrer vergleichenden Textanalyse (→ S. 70).

**Vergleichende Textanalyse „Anschluss suchen: Politik der Identität“ und „Zwei Schwierigkeiten kulturbezogener Erklärungen“ (Auszug)**

*Huntington entfaltet in seinem Text folgende These: Zentrale weltpolitische Konflikte beruhen heute darauf, dass sich Länder bzw. Völker mit verschiedenen kulturellen Identitäten gegeneinander abgrenzen.*
*Der Begriff „kulturelle Identität“ wird von Huntington nicht ausdrücklich definiert, im Textzusammenhang wird aber deutlich, dass diese für den Autor im Wesentlichen durch „dieselbe Herkunft, Religion und Sprache, dieselben Werte und Institutionen“ (Z. 62 ff.) bestimmt ist.*
*Der Autor bezieht sich offenbar vor allem auf einen Konflikt zwischen Menschen bzw. Ländern muslimischen Glaubens und solchen mit eher christlich bzw. westlich geprägten Vorstellungen. Welche Länder bzw. sonstigen Akteure zu welcher Konfliktpartei gehören, wird im Textauszug nicht benannt.*
*Zur Erläuterung seiner These grenzt Huntington kulturelle Orientierung von ideologischer Orientierung ab. Zentral für die weltpolitische Lage in den Jahren nach dem Zweiten Weltkrieg war der ideologische Konflikt zwischen „freier“ und „kommunistischer“ Welt, zwischen NATO- und Warschauer-Pakt-Staaten. An die Stelle dieses Konflikts sei nun ein „Kampf der Kulturen“ getreten.*
*Die zentrale Bedeutung der kulturellen Identität versucht der Autor plausibel zu machen, indem er auf ein großes Bedürfnis der Menschen verweist, die Frage nach ihrer kulturellen Identität im Sinne einer Landes- bzw. Volksidentität zu klären (vgl. Z. 47 ff.): Es sei für die Menschen unausweichlich, diese Frage in Form einer festen Definition und in Abgrenzung von anderen kulturellen Identitäten zu beantworten. Huntington betrachtet die kulturelle Identität nicht als etwas, das sehr komplex, offen und im Fluss ist, sondern wie eine deutlich umrissene Vorstellung, die „über Zusammenschlüsse und Feindbilder eines Landes“ (Z. 34 f.) entscheidet.*

**3** Klären Sie, welche Punkte der Gliederung auf S. 70 f. in diesem Textauszug behandelt werden.

**4** Führen Sie die weiteren Punkte des Hauptteils aus.
Folgende Formulierungen können beim Vergleich der Positionen helfen:

*Im Unterschied zu … betont …*
*… bestreitet die These von …*
*Unterschiedlich gehen die Autoren mit … um.*
*Während … auf … eingeht, befasst sich …*
*Besonderen Wert legt … auf …, während …*
*… bezieht einen anderen Standpunkt als …*

**5** **a** Diskutieren Sie die beiden folgenden Entwürfe für einen Schluss.
**b** Verfassen Sie einen eigenen Schluss. Beachten Sie die Hinweise auf S. 70.

***Vergleichende Textanalyse „Anschluss suchen: Politik der Identität" und „Zwei Schwierigkeiten kulturbezogener Erklärungen" – Schluss (Beispiel 1):***
*Meiner Meinung nach beschreibt Huntington sehr eindringlich die Gefahr, dass sich kulturelle Konflikte in der globalisierten Welt verschärfen. Dies sollte allen Menschen zu denken geben, die sich bisher der Illusion eines problemlosen Zusammenwachsens der Kulturen innerhalb einer Nation und zwischen verschiedenen Ländern hingegeben haben. Demgegenüber erscheint die Position Sens, der sich eine gemeinsame Weltkultur erträumt, reichlich naiv.*

***Vergleichende Textanalyse „Anschluss suchen: Politik der Identität" und „Zwei Schwierigkeiten kulturbezogener Erklärungen" – Schluss (Beispiel 2):***
*Huntington warnt in seinem Text mit kämpferischen Worten vor einem sich verschärfenden Kampf der Kulturen. Allerdings ist seine Sicht der Dinge einseitig, da sie nur das Trennende zwischen unterschiedlichen Kulturen betont. Huntington nimmt gar nicht in den Blick, dass es im Rahmen der Globalisierung auch Tendenzen gibt, die in die Richtung einer gemeinsamen Weltkultur weisen. Das könnte man unter Rückgriff auf eine These Sens so ausdrücken, dass „die Leute auf der ganzen Welt" nicht nur „ziemlich ähnlich sind" (Z. 35), sondern auch immer ähnlicher werden.*

## Phase 4: Den Aufsatz überarbeiten

Nachdem Sie Ihre vergleichende Textanalyse verfasst haben, sollten Sie Ihren Aufsatz auf jeden Fall – wenn möglich mit zeitlichem Abstand – gründlich und in mehreren Arbeitsgängen überprüfen. Achten Sie dabei auf inhaltliche, sprachliche und auch formale Gesichtspunkte.

**!** **Sachtextanalyse – Checkliste für die Textüberarbeitung**

**Inhalt**
- Ist die **Aufgabe genau und vollständig erfüllt?**
- Sind die besonderen **Merkmale von Einleitung, Hauptteil und Schluss** berücksichtigt? (Beachten Sie auch die Erläuterungen zur Gliederung einer Sachtextanalyse auf S. 70.)
- **Entsprechen** die **Ausführungen** den Punkten **der Gliederung?**
- Sind die einzelnen **Textteile** untereinander **gut gewichtet?**
- Machen die Ausführungen jeweils den **Zusammenhang zwischen** der zentralen **These/**dem Hauptanliegen des Textes und den einzelnen untersuchten **Aspekten** ausreichend deutlich? Wird wirklich analysiert und nicht nur paraphrasiert?

- Wenn ein Textvergleich gefordert ist: Werden die Texte nicht nur nebeneinander analysiert, sondern auch in verschiedenen Aspekten **ausdrücklich vergleichend aufeinander bezogen?**
- Sind die eigenen **Behauptungen** gut **begründet?**

**Sprache und Formales**
- Ist die **Ausdrucksweise klar** und sachlich?
- Ist der **Satzbau übersichtlich?**
- Ist die **Sprache abwechslungsreich** (Variationen im Satzbau, bei der Wortwahl)?
- Werden passende **Fachausdrücke** verwendet?
- Gibt es **logische Verknüpfungen** zwischen den einzelnen Textteilen?
- Ist die **Gliederung einheitlich** in der **Nummerierung** und **Formulierung,** sind die **Überschriften aussagekräftig?**
- Sind Sinnabschnitte im Text optisch durch **Absätze** hervorgehoben?
- Stimmen **Rechtschreibung, Zeichensetzung und Grammatik?**
- Sind Behauptungen ausreichend mit Zitaten belegt? Wird **korrekt zitiert?** (→ S. 307)

---

**1** **a** Beurteilen Sie die folgenden beiden Auszüge aus Schüleraufsätzen mit Blick auf inhaltliche und sprachliche Probleme.
**b** Schreiben Sie jeweils eine verbesserte Version des Textausschnitts.

---

**Vorsicht, Fehler!**

***Vergleichende Textanalyse „Anschluss suchen: Politik der Identität" und „Zwei Schwierigkeiten kulturbezogener Erklärungen" (Ende des Hauptteils):***
*Zusammenfassend kann man zu den beiden Positionen sagen, dass sowohl Huntington als auch Sen ein bisschen Recht haben. Huntington betont die Wichtigkeit der jeweiligen Kultur für die Identität des Menschen, Sen hebt die Tatsache hervor, dass diese Kultur sich ständig wandelt und sich neuen Bedingungen anpasst. Also muss man beiden Autoren zustimmen, beziehungsweise kann man sagen, dass die Wahrheit vielleicht irgendwo in der Mitte liegt.*

***Vergleichende Textanalyse „Anschluss suchen: Politik der Identität" und „Zwei Schwierigkeiten kulturbezogener Erklärungen" (B.III. Zusammenfassender Vergleich zur Textintention)***
*Huntingtons Intention scheint nicht nur zu sein, den Leser nüchtern oder mit Bedauern über einen „Kampf der Kulturen" zu informieren. Huntington scheint den Leser nicht nur über eine neue weltpolitische Lage informieren zu wollen. Offenbar will er auch nicht nur vor einem solchen Kampf warnen und ihn möglichst abwenden, sondern er will offenbar auch „die westliche Kultur" aufrufen, eine klare Position zu beziehen (d.h. die Frage „Wer bin ich?" oder „Wer sind wir?" zu beantworten und den „Kampf" nicht zu verschlafen). Sonst könnte er mehr betonen, dass man mehr differenzieren sollte (und so einen Kampf vermeiden).*

---

**2** Überarbeiten Sie Ihren eigenen Aufsatz mit Hilfe der Checkliste auf S. 72 f. Sie können auch in Gruppen arbeiten und eine der Methoden „Expertenteam" oder „Schreibkonferenz" wählen (→ S. 355 f.).

# 2.2 Einen Essay analysieren

## Phase 1: Sich dem Text und dem Thema annähern

Alberto Manguel: **Warum gerade ich?** (1999) Auszug

Eines Nachmittags in Buenos Aires, ich war sieben und fuhr im Bus von der Schule, die ich seit Kurzem besuchte, nach Hause, rief mir ein Junge, dessen Namen ich nie erfuhr, von der Rückbank her zu: „He, Jude, ist dein Vater scharf aufs Geld?"

Wie ich mich erinnere, war ich so verwirrt von der Frage, dass mir keine Antwort einfiel. Ich hatte nicht den Eindruck, dass mein Vater besonders geldgierig war, aber der Tonfall des Jungen hatte etwas Kränkendes, was ich nicht verstand. Vor allem war ich überrascht, als „Jude" bezeichnet zu werden. Meine Großmutter ging in die Synagoge, aber meine Eltern waren nicht religiös, und ich selbst hatte mich nie mit diesem Begriff in Zusammenhang gebracht, von dem ich glaubte, dass er für alte Leute, für die Generation meiner Großmutter, reserviert war. Aber da solche Etiketten, die uns angeklebt werden, auch eine Abstempelung darstellen, war ich im selben Moment (und ohne es zu wissen) zu einer Lebensentscheidung gezwungen: diese abgründige, verzwickte Identität anzunehmen oder von mir zu weisen.

Der französische Philosoph Alain Finkielkraut berichtet in seinem autobiografisch gefärbten Essay *Der imaginäre Jude* von einem ähnlichen Moment und verweist auf die Universalität dieser Erfahrung, aber sein Thema ist nicht die Erblast des Hasses. „Ich möchte lieber den gegenteiligen Fall ansprechen und vertiefen", schreibt Finkielkraut, „den Fall eines Kindes, eines Halbwüchsigen, der nicht nur stolz, sondern auch glücklich war, Jude zu sein, und dem Stück für Stück die Zweifel kamen, ob nicht etwas Verwerfliches daran war, sein Leben als Außenseiter und als Exilierter so unbändig zu genießen." Diese Menschen mit einer angenommenen Identität, mit dem Erbe einer Leidensgeschichte, von der sie persönlich nicht betroffen sind, nennt Finkielkraut treffsicher „imaginäre" oder „Lehnstuhljuden".

Mich verblüfft, wie nützlich dieser Gedanke im Zusammenhang mit einer Frage ist, die mich beschäftigt: In welcher Weise wird die Wahrnehmung der Welt um mich herum von der Wahrnehmung meiner selbst beeinflusst? Welche Bedeutung hat es für Alice[1], zu wissen, wer sie ist (das viktorianische Mädchen, als das die Welt sie kennt), wenn sie durch den Spiegelwald wandert? Offenbar eine sehr große, denn dieses Wissen bestimmt ihre Beziehung zu den anderen Wesen, denen sie begegnet. Zum Beispiel kann sie sich, wenn sie vergisst, wer sie ist, mit einem Rehkitz befreunden, das vergessen hat, dass es ein Rehkitz ist.

> Alice schlang dem Rehkitz liebevoll die Arme um den zarten Hals, und so setzten sie den Weg durch den Wald fort, bis sie zur nächsten Lichtung kamen. Da plötzlich machte das Rehkitz einen Luftsprung und schüttelte Alice' Arm ab. „Ich bin ein Rehkitz!", rief es entzückt. „Und meine Güte! Du bist ja ein Menschenkind!" Sofort trat der Ausdruck des Erschreckens in seine sanften braunen Augen und im nächsten Moment schoss es pfeilschnell davon.[2]

Um diese Vorstellung einer konstruierten Identität hat Finkielkraut sorgsam eine Reihe von Fragen gruppiert, die sich damit befassen, was es heißt, Jude zu sein (oder, so möchte ich hinzufügen, Alice zu sein oder

1 **Alice:** Hauptfigur in Lewis Carolls Erzählungen „Alice im Wunderland" (1865) und „Alice hinter den Spiegeln" (1871)

2 Zitat aus „Alice hinter den Spiegeln", Kapitel „Spiegelland-Insekten"

ein Rehkitz), und da jede Definition eine Eingrenzung ist, hat er es vermieden, diese Fragen abschließend zu beantworten. Im Zentrum seiner Befragung steht die scheinbar banale Feststellung, dass die Juden existieren, dass sie ungeachtet ihrer individuellen oder Gruppenidentität eine Präsenz besitzen, die auch durch die Vernichtungsmaschinerie der Nazis nicht ausgelöscht werden konnte. Diese Existenz ist nicht auf die leichte Schulter zu nehmen und kategorisieren lässt sie sich noch weniger. Heinrich Heine schätzte es nicht, über das Judentum zu reden, das er seinem ärgsten Feind nicht wünsche. Man habe nichts davon. Es sei keine Religion, sondern ein Verhängnis.

Den Aufschrei „Warum gerade ich?“ eines jeden verfolgten Juden nimmt der imaginäre Jude mit einem genervten Seufzer zur Kenntnis. Finkielkraut nennt sich selbst als Beispiel und gesteht, dass er einerseits sein positives Bekenntnis zum Judentum hinausposaunt, während er sich andererseits vom Judentum absetzt, sich in einen anderen verwandelt und zum Sprachrohr seiner nichtjüdischen Mitmenschen macht: Darin erkenne ich mich selbst wieder. Wenn seine Eltern vom Holocaust sprechen, führt er Vietnam ins Feld, wenn sie den Antisemitismus erwähnen, stellt er fest, dass es keine jüdischen Müllfahrer in Frankreich gibt. Aus dem „Warum gerade ich?“ ist ein „Warum bin ich kein anderer?“ geworden.

In diesem Spiegelwald hat der imaginäre Jude jedes Zugehörigkeitsgefühl verloren, für ihn gibt es kein jüdisches „Wir“ mehr. Nach dem gängigen Muster des Vorurteils verbindet sich mit diesem „Wir“ eine geheimbundhafte Verschwörung mit dem Ziel der Weltbeherrschung; seine Antwort darauf war die Ableugnung jeder Gemeinsamkeit. „Es gibt kein ‚Wir‘ “, erklärt er, „denn das Judentum ist Privatsache“ – obwohl es sich heute wieder weithin als Gemeinschaft versteht. Aber warum, so fragt Finkielkraut zugespitzt, muss die kollektive Entäußerung „immer das ausschließliche Vorrecht der Politik sein? Warum wird alles, was nicht ‚Ich‘ ist, zwangsläufig zur Frage der Macht oder des Staats?“ Warum kann ein Jude nicht „Ich“ sein, ohne sich entweder zu verstecken oder den Millionen der Ermordeten zugehörig zu erklären?

Das ist ein tückisches Fahrwasser. Vielleicht ist es gar nicht die Notwendigkeit, der verfolgten Vorfahren zu gedenken, die hier infrage gestellt wird, als vielmehr der Anschein des Heldentums, der sich so oft mit diesem Schicksal verbindet. Diejenigen, die Verachtung für ihre „geschichtsvergessenen“ Mitmenschen bekunden, vergessen selbst nur zu leicht, dass ihre eigene, fragwürdige Identität sich auf ein „Geschichtsphantasma“ stützt. Angesichts einer recht wolkigen Geschichtslegende, die alle Juden in einen uralten und weit verzweigten Familienverband eingliedert, fühlen sich jüngere Juden manchmal nur noch als Zuschauer. Wenn ich meiner Großmutter beim Anzünden der Sabbatkerzen zusah, wenn sie ihre Gebete sprach und dabei die Hände gegenläufig über den flackernden Flammen kreisen ließ, spürte ich keine Verbindung zu den dunklen Wäldern, den Winternebeln und den urtümlichen Sprachen, die ihre Heimat waren. Sie war meine Großmutter, aber ihr Dasein begann und endete in meiner Zeit, sie sprach selten von ihren Vorfahren und dem Ort ihrer Herkunft, sodass ihre kurzen, bruchstückhaften Geschichten meine private Mythologie weit weniger beeinflussten als die Märchen der Brüder Grimm und die Welt der Alice.

Wenn das Judentum ein zentrales Anliegen hat, so argumentiert Finkielkraut weiter, dann sollte es keine „Sache der Identität sein, sondern des Gedenkens: nicht die Verfolgung nachvollziehen oder den Holocaust theatralisieren, sondern die Opfer ehren“, um den Holocaust vor der Banalisierung zu bewahren, auf dass die Juden nicht zu einem doppelten Tod verurteilt werden: dem Tod durch Mörder und dem Tod des Vergessenwerdens. Selbst hier war mein Betroffensein durch den Holocaust ein stellvertretendes: Meines Wissens haben wir keine direkten Verwandten durch die Nazis verloren, die Eltern meiner Eltern waren lange vor dem Ersten Weltkrieg nach Argentinien ausgewandert, in eine der von Baron Hirsch gegründeten Kolonien im Norden, wo Gauchos, die Izaak und Abraham hießen, mit jiddischen Rufen ihre Rinder zusammentrieben. Ich wusste nichts vom Holocaust, bis ich fast erwachsen war, und auch dann erfuhr ich es erst durch die Lektüre von Anne Frank und André Schwarz-Bart. War nun dieses Grauen auch Teil meiner persönlichen Geschichte, über die allgemeinen Bande des Menschlichen hinaus? Besiegelte die Beschimpfung in jenem Schulbus meine Zugehörigkeit zu diesem uralten, gequälten, suchenden, starrsinnigen, weisen Volk? War ich oder bin ich ein Teil von ihm? Bin ich ein Jude? Wer bin ich?

Alice, das Menschenkind, und das Rehkitz, das zu den gejagten Wesen gehört, sind ein Echo auf diese letzte Frage, und gleich mir sind sie versucht, sie nicht mit Worten zu beantworten, die aus ihrem eigenen Selbstverständnis stammen, sondern mit den Worten der Außenstehenden, die mit Fingern auf sie zeigen. Jede Minderheit, die das Opfer von Vorurteilen ist, muss das von sich sagen: Wir sind die Sprache, in der man über uns spricht, wir sind die Bilder, in denen man uns erkennt, wir sind die Geschichte, zu der wir verurteilt sind, weil man uns von einer aktiven Teilhabe an der Gegenwart ausgeschlossen hat. Aber wir sind auch die Sprache, in der wir diese Zuweisungen infrage stellen, wir sind auch die Bilder, mit denen wir die Klischees durchkreuzen. Und wir sind auch die Zeit, in der wir leben, eine Zeit, aus der wir uns nicht fortbewegen können. Wir haben unsere eigene Existenz, und wir sind nicht länger bereit, imaginär zu bleiben.

**1** Betrachten Sie die Fotos. Tragen Sie Ihre ersten Vermutungen zu den hier abgebildeten Personen zusammen, z. B. zu ihrer Einstellung und ihrer sozialen Situation. Woran machen Sie diese Vermutungen fest? Überlegen Sie, welche Konsequenzen solche Vermutungen für die Betroffenen haben.

**2** **a** Berichten Sie über eigene Erfahrungen mit Situationen, in denen Sie selbst das Gefühl hatten, „in eine Schublade gesteckt" zu werden.

**b** Am Anfang seines Essays erzählt Manguel von einer solchen Situation. Erläutern Sie, inwiefern sich sein Erlebnis von Ihren eigenen berichteten Erfahrungen unterscheidet und inwiefern es ihnen ähnelt.

**Thema:** Analysieren Sie den Essay „Warum gerade ich?" von Alberto Manguel. Nehmen Sie abschließend Stellung zu Manguels Position zur Frage der Identität zwischen Fremd- und Selbstbild.

**3** Notieren Sie zu den Prädikaten der Aufgabenstellung in eigenen Worten, was Sie genau tun sollen.

*analysieren: Ich soll also den Text erschließen, nach zentraler These und Intention, Inhalt, Aufbau …*

*…*

## Phase 2: Sich mit dem Text auseinandersetzen

### Der Essay

„Essay" (frz. *essai*, dt. *Versuch*) ist die Bezeichnung für einen relativ knappen und bewusst **subjektiven reflektierenden Text** über ein bestimmtes Thema.
Eine präzise Definition ist auf Grund des kreativen und offenen Charakters der Schreibform schwierig. Ebenso wie die Erörterung will der Essay die **eigene Haltung** zu einer offenen Frage durch die kritische Beurteilung und das Abwägen unterschiedlicher Positionen **begründen** und den **Adressaten überzeugen.** Der Essay behandelt das zur Diskussion stehende Problem allerdings weniger systematisch als die Erörterung, eher **aspekthaft, assoziativ** und **variationsreich.** Die Aussagen können **Möglichkeiten durchspielen,** sie dürfen auch **provozieren** oder gar paradox sein. Im Essay werden Gedanken vor den Augen des Lesers entfaltet, die **Aussagen** können **bewusst zugespitzt** sein. Der Essay enthält neben erörternden oft auch **beschreibende, schildernde** oder **erzählende Elemente.** Stilistisch ist der Essay **ausgefeilt** und **pointiert.**

### Einen Essay analysieren

Für das systematische Erschließen eines Essays bietet sich ein ähnliches Vorgehen an wie beim Erschließen anderer argumentierender Sachtexte. Auch wenn ein Essay z. B. erzählende oder berichtende Textteile enthält, sind diese dennoch funktional auf das Ziel bezogen, den Leser/ die Leserin zu überzeugen. Bei der Analyse eines Essays können Sie folgendermaßen vorgehen:
- die zentrale These klären
- den Text linear erschließen: Abschnitte bilden, Kernaussagen festhalten
- die Argumentationsstruktur herausarbeiten
- die Darstellungsformen (Erzählen, Referieren, Beschreiben ...) und deren Funktion für die Argumentation beschreiben
- sprachliche Besonderheiten im Bezug zur Wirkungsabsicht des Textes herausarbeiten

---

**1** Formulieren Sie Manguels zentrales Anliegen in höchstens drei Sätzen.
**2** Bestimmen Sie Merkmale eines Essays in Manguels Text.
**3** In Manguels Essay lassen sich erzählende, referierende, reflektierende/argumentierende sowie appellative Passagen unterscheiden. Bilden Sie orientiert an diesen Darstellungsformen Abschnitte im Text. Notieren Sie jeweils zentrale Aussagen in Form einer Tabelle.

| | |
|---|---|
| **Z. 1–6**<br>**Erzählung** | *Schlüsselerlebnis: Zuschreibung der Identität „Jude"* |
| **Z. 7–25**<br>**Reflexion** | *Frage der Annahme oder Zurückweisung dieser Etikettierung – Thema des Textes* |
| **Z. 26–44**<br>**Referat** | *Finkielkraut: Thema der unpassenden übernommenen Identität: „imaginäre Juden"* |
| **Z. ...** | ... |

**4** Stellen Sie die Argumentationsstruktur in Manguels Essay in einem Schaubild dar, indem Sie die These und die wichtigsten Argumente und Beispiele in Stichworten formulieren.
Sie können die folgende Darstellung in Ihre Unterlagen übertragen und mit weiteren Argumenten und Beispielen aus dem Text ergänzen.

*These: Unmöglichkeit, die zugewiesene Identität als „Jude“ einfach abzustreifen.*
*Notwendigkeit, differenzierte, vielfältige Bilder des „Jude-Seins“ dagegenzusetzen.*

*Argument 1*
*Präsenz und Unausweichlichkeit der Vorurteile*

*Beispiel: …*

*Argument 2*
*Die große Bedeutung der Vorurteile für das eigene Selbstverständnis und Handeln*

*Beispiel: …*

*…*

**5** Notieren Sie in Stichworten, welche Funktion die verschiedenen Darstellungsformen im Text jeweils im Hinblick auf die Argumentation und Textintention haben.
*Erzählen: …*
*Referieren: …*

**6** Arbeiten Sie sprachliche Merkmale des Textes und deren Verhältnis zur Textintention heraus (→ S. 343). Sie können z. B. die Verwendung von Sprachebenen, Satzarten und den Gebrauch der Personalpronomen „ich“ und „wir“ berücksichtigen.

**7** Machen Sie sich Notizen zu der geforderten eigenen Stellungnahme und für Ihren Schluss. Sammeln Sie vorbereitend weitere Aspekte zum Thema „Identität zwischen Selbst- und Fremdbild“. Bedenken Sie Erweiterungen
- hinsichtlich der betroffenen Gruppe, z. B. *Deutsche, Amerikaner …*
- hinsichtlich anderer Formen von Identität: *religiös, biologisch …*

**8** Weiterführend: Informieren Sie Ihre Lerngruppe in Kurzreferaten über folgende Bücher und den Kontext der in Manguels Essay wiedergegebenen Passagen:
- Alain Finkielkraut: „Der eingebildete Jude“,
- Lewis Carroll: „Alice hinter den Spiegeln“.

## Phase 3: Die Untersuchungsergebnisse darstellen

Beim Erstellen der **Gliederung** können Sie sich an Ihren Vorarbeiten in Phase 2 orientieren.
Nach einer Einleitung, die mit der Nennung des Themas schließt, geben Sie im Hauptteil zunächst die These bzw. die Kernaussage des Textes wieder. Im Anschluss verbinden Sie die Beschreibung der Argumentationsstruktur mit einer geordneten Wiedergabe der wichtigsten Textinhalte.
Nach einer auf die Textintention bezogenen Analyse des spezifisch essayistischen Textaufbaus nehmen Sie besondere sprachliche Merkmale in den Blick und interpretieren diese im Hinblick auf die Wirkungsabsicht des Textes. Es folgt eine knappe, begründete Wertung des Essays; ein kurzer Ausblick rundet den Aufsatz ab.

!

**Analyse eines Essays – Muster einer Gliederung (Beispiel)**

| Gliederungspunkte | | Inhalte/Aspekte |
|---|---|---|
| 1 | Einleitung | – knappe Einführung in das Thema, z. B. mit Bezug auf eigene Erfahrungen oder aktuelle Entwicklungen<br>– am Ende der Einleitung: Nennung von Textsorte, Titel, Autor/-in, Fundstelle und Datum der Veröffentlichung (soweit bekannt), Thema des Textes |
| 2<br><br>2.1 | Hauptteil: Analyse des ...<br>Argumentations-struktur und Inhalt | – am Anfang des Hauptteils: Wiedergabe der These bzw. der Kernaussage des Textes<br>– Beschreibung der Argumentationsstruktur, verbunden mit der Wiedergabe der wichtigsten Textinhalte im Hinblick auf deren Zusammenhang mit der These bzw. Kernaussage |
| 2.2 | Essayistische Dar-stellungsmittel | Beschreibung des spezifisch essayistischen Textaufbaus, gegebenenfalls unter Berücksichtigung der Verwendung verschiedener Darstellungsformen (Erzählen, Berichten, Beschreiben, Referieren ...), bezogen auf die Textintention |
| 2.3 | Sprache und Wirkungsabsicht | Beschreibung sprachlicher Gestaltungselemente im Zusammenhang mit der Wirkungsabsicht des Textes |
| 2.4 | Wertung des Textes | Ist die Darstellungsweise überzeugend? Wird schlüssig und aus-gewogen argumentiert? Ist die Darstellung sachlich richtig? |
| 3 | Schluss | weiterführender Gedanke, Bezugnahme auf die Einleitung oder ein angrenzendes Thema, Ausblick auf künftige Entwicklungen ... |

***Gliederung: Analyse des Essays „Warum gerade ich?" von Alberto Manguel (Beispiel)***

*1 Erfahrungen mit vereinfachenden Identitätszuschreibungen im Alltag*
*2 Manguels Essay: Plädoyer für ein offenes, facettenreiches Verständnis von „Jude-Sein" in Abgrenzung von klischeehaften Fremd- oder Selbstbildern*
*2.1 Argumentationsstruktur und Inhalt: Notwendigkeit, allgegenwärtigen Vorurteilen mit einem differenzierten Selbstbild zu begegnen*
*2.1.1 Die Unausweichlichkeit des Etiketts „Jude"*
*2.1.2 Bedeutung des Fremdbilds für das eigene Selbstverständnis und Handeln*
...
*2.2 Verschiedene Darstellungsformen zur Betonung von Differenzierung, Dialog und Offenheit*
*2.2.1 Erzählen individueller Erfahrungen*
*2.2.2 Referieren von fremden Erfahrungen und Überlegungen*
*2.3 Fragendes und alltagsnahes Sprechen: Darstellung von Innensicht und Dialogangebot*
...

**1** Übertragen Sie das Beispiel einer Gliederung auf S. 79 in Ihre Unterlagen. Ergänzen Sie die fehlenden Punkte und Formulierungen. Achten Sie darauf, aussagekräftige Überschriften zu finden.

**2** **a** Sammeln Sie in Ihrer Lerngruppe Ideen für eine Einleitung zur Analyse von Manguels Essay.
**b** Wählen Sie eine der Möglichkeiten und formulieren Sie eine Einleitung aus.

**Analyse des Essays „Warum gerade ich?" von Alberto Manguel (Auszug)**

*Manguel vertritt die These, dass das von außen zugewiesene, mit klischeehaften Vorstellungen verbundene Etikett „Jude" nicht schlicht zurückgewiesen werden sollte. Nach Ansicht des Autors kommt es vielmehr darauf an, den Vorurteilen durch die Vermittlung eines differenzierten, vielfältigen Bildes von jüdischer Identität entgegenzuwirken.*
*Dass die von außen zugewiesene Identität nicht einfach abgestreift oder ignoriert werden kann, begründet Manguel zunächst mit der Allgegenwärtigkeit und Unausweichlichkeit der mit dem Begriff „Jude" verknüpften Vorurteile. Dazu führt er als Beispiel das Erlebnis an, das ihn erstmals mit der Etikettierung als „Jude" konfrontierte. In dieser Situation sah sich der Autor vor die Frage gestellt, wie er einen Weg zwischen Ablehnung und Annahme des Fremdbildes finden soll. Gestützt auf den französischen Philosophen Alain Finkielkraut betont er das Allgemeingültige dieser Situation (vgl. Z. 26–31), die wohl fast jeder Jude einmal so ähnlich erfahren hat.*

*Aus Manguels Sicht ist es notwendig, sich mit Fremdbildern differenziert auseinanderzusetzen, weil diese einen großen Einfluss auf das Selbstverständnis und Handeln von Personen haben. Als Beispiel zieht er … heran …*

*Dem Argument von der Unausweichlichkeit der zugeschriebenen Identität stellt Manguel ein weiteres, verwandtes Argument zur Seite, indem er auf den Begriff des „imaginären Juden" von Finkielkraut zurückgreift: Der „imaginäre Jude" leugnet, um dem Klischee zu entkommen, jede verbindende und „die Juden" definierende Gemeinsamkeit (vgl. Z. 110–120). Finkielkraut, so Manguel, stelle sich selbst als „imaginären Juden" dar. Dieser lehnt das Etikett „Jude" für sich ab, insofern es mit verbreiteten Vorstellungen verbunden ist: Verfolgung, Opferrolle, Zugehörigkeit zu den im Holocaust Ermordeten (vgl. Z. 126 ff.) und zu einer vermeintlichen „Familie" der Juden (vgl. Z. 139 ff.), die bestimmte religiöse Rituale vollzieht (vgl. Z. 143–150). Jedoch sagt Finkielkraut von sich, er habe trotz Ablehnung aller Inhalte des Fremdbildes die zugewiesene Rolle als Außenseiter genossen (vgl. Z. 38 f.). Die Haltung des „imaginären Juden" bleibt also in sich widersprüchlich. Sie besteht in der bloßen Verneinung des Fremdbildes. Die Macht dieses Fremdbildes zeigt sich aber darin, dass doch ein Selbstbild als Außenseiter übrig bleibt und – wie bei Lewis Carolls Rehkitz – das eigene Verhalten bestimmt. Diese Lebenshaltung kann also nach Manguel kein Ausweg sein.*
*Ein gegensätzlicher Umgang mit der zugewiesenen Identität bestände darin, die oben genannten im Fremdbild enthaltenen Vorstellungen bruchlos für sich zu übernehmen. Dem hält Manguel entgegen, …*

**3** **a** Ermitteln Sie, welche Abschnitte des Gliederungspunktes 2.1 in diesem Auszug umgesetzt sind.
**b** Prüfen Sie, ob die Argumentationsstruktur von Manguels Essay angemessen wiedergegeben wird.
**c** Ergänzen Sie die noch fehlenden Ausführungen zu Punkt 2.1.

**Analyse des Essays „Warum gerade ich?" von Alberto Manguel (Auszug aus Gliederungspunkt 2.2)**

*Manguel will den Leser von seiner Position überzeugen; er verfasst aber keine systematische Argumentation, sondern schreibt essayistisch. Dabei kombiniert er, wie es für diese Textform typisch ist, argumentierende und erzählende Elemente. Außerdem referiert er fremde Texte und tritt so mit deren Autoren in einen Dialog. Manguel legt einen offenen Denkprozess dar, in dem sich konkrete Erinnerungen und abstrakte Schlussfolgerungen verbinden.*
*Indem der Autor erzählende Passagen als Beispiele in den Argumentationsgang seines Text einbindet, gelingt es ihm besonders gut, Individuelles deutlich zu machen – schließlich will er ja gegen die mit dem Etikett „Jude" verbundenen standardisierten Vorstellungen angehen und die lebendige Vielfalt der Möglichkeiten, Jude zu sein bzw. sich als Jude zu fühlen, darlegen. …*

**4** Setzen Sie die Ausführungen zu Punkt 2.2 der Gliederung in Ihren Unterlagen fort.
**5** Formulieren Sie Punkt 2.3 aus, indem Sie auf Ihre Ergebnisse aus Aufgabe 6 auf S. 78 zurückgreifen.
**6** Verfassen Sie Ihre Stellungnahme zu Manguels Position. Vorschläge zur Formulierung:
*Besonders gelungen erscheint mir …, weil …*
*Überzeugend wirkt … Denn …*
*Aus meiner Sicht sind … besonders einprägsam.*
*Nach meinem Dafürhalten …, weil …*
*Zu kritisieren ist meiner Ansicht nach …*
*Weniger schlüssig erscheint mir …, insofern …*
**7** Schreiben Sie den Schluss Ihrer Textanalyse (→ Merkkasten S. 79).

## Phase 4: Den Aufsatz überarbeiten

**1** Prüfen Sie die sprachliche Gestaltung in folgendem Auszug aus einer Schülerarbeit (Punkt 2.4, eigene Stellungnahme zu Manguels Position).
**2** Schreiben Sie eine verbesserte Version des Textabschnitts.

**Vorsicht, Fehler!**

*Gut finde ich, dass Manguel daran arbeitet, ein differenzierteres Bild zu ermöglichen, das zeigt, was alles im Selbstverständnis eines Juden enthalten sein kann, woran man zunächst gar nicht denkt, wenn man die Bezeichnung „Jude" hört. Weil er auch von eigenen Erlebnissen und persönlichen Erfahrungen erzählt, erhöht er die Betroffenheit und macht den Text besonders wirksam, weil man auch den Einzelnen unter der Verallgemeinerung sieht.*
*Dass ein differenzierter Blick wichtig ist, wird auch klar, wenn man z. B. an S. Huntingtons Formulierung vom „Kampf der Kulturen" denkt. Eine Front zwischen „den Muslimen" und „den Christen" entsteht umso leichter, je mehr man vereinfachende Vorstellungen voneinander hat und nicht daran denkt, dass sich z. B. viele Muslime oder Christen gar nicht vorwiegend durch ihre Religion definieren, sondern eher durch andere Identitäten, wie z. B. die berufliche oder eine soziale, durch die Rolle als Schüler, als Sportler, als Ehepartner oder als interessierter, weltoffener Mensch, was dann eher verbinden als trennen kann.*

**3** Prüfen Sie Ihren Text anhand der Hinweise auf S. 72 f. Haben Sie auch die besonderen Merkmale der Textsorte Essay in Ihrer Analyse ausreichend berücksichtigt?

# 2.3 Zu Sachtexten schreiben: Kommentar, Essay

## Grundlagen

Die Ergebnisse einer Sachtexterschließung können in unterschiedlichen Schreib- und Darstellungsformen umgesetzt werden. Die Textsorten unterscheiden sich unter anderem hinsichtlich ihrer Intention und der vorherrschenden Sprechhaltung.

| Textsorte | Intention | Sprechhaltung, Stil | Weitere Merkmale |
|---|---|---|---|
| **Kommentar** | *informieren, überzeugen, zur Meinungsbildung anregen* | *Stellung nehmend, wertend, sachlich, argumentierend, pointiert* | *meist aktueller Anlass, Meinungsbeitrag als solcher gekennzeichnet* |
| **Essay** | *überzeugen, unterhalten, emotional ansprechen* | *subjektiv, unterschiedliche Haltungen, von sachlich über ironisch bis polemisch* | ... |
| **Glosse** | ... | ... | ... |
| **Leserbrief** | ... | ... | ... |
| **Kritik** | ... | ... | ... |
| **Rede (Manuskript)** | ... | ... | ... |

**1** Ergänzen Sie die Übersicht in Ihren Unterlagen.

## Einen Kommentar schreiben

! **Der Kommentar**

Ein Kommentar ist ein namentlich gekennzeichneter **subjektiv wertender** Text, in dem mit Blick auf ein größeres Publikum zu einem aktuellen Thema öffentlich Stellung bezogen wird.
Ziel des Kommentars ist, die **Meinungsbildung** des Lesers/der Leserin zu **unterstützen.**
Kommentare ordnen Ereignisse und Fakten in **Zusammenhänge** ein, beleuchten **Hintergründe,** wägen **Standpunkte** ab.
Schwerpunkt des Kommentars ist nach einer Einführung in das Thema und gegebenenfalls der knappen Erläuterung unterschiedlicher Positionen die **eigene Stellungnahme.**
Der Stil eines Kommentars ist wie bei der Erörterung sachlich und argumentativ, allerdings können die Argumente zugespitzt dargestellt und die eigene Meinung pointiert verdeutlicht werden.

**2** Legen Sie in Stichworten einen Schreibplan an für einen Kommentar zum Thema „Gibt es einen ‚Kampf der Kulturen' im 21. Jahrhundert?".
Beziehen Sie dabei die Texte von Huntington (→ S. 66) und Sen (→ S. 67) mit ein.
Sie können ein aktuelles Ereignis als Anlass wählen.

***Schreibplan zu einem Kommentar: „Kampf der Kulturen" im 21. Jahrhundert?***
*Aktueller Zeitungsbericht: …*
*Kontroverse Debatte über einen Kampf der Kulturen seit September 2001*
*Die Position Huntingtons: …*
*Die Gegenposition Sens: …*
*Abwägung zu den beiden gegensätzlichen Auffassungen: …*
*Warum es im 21. Jahrhundert einen/keinen ‚Kampf der Kulturen' geben wird/geben sollte*
*…*

**3** Schreiben Sie Ihren Kommentar.
Sie können den folgenden Anfang verwenden. Als stilistische Anregung kann der Text des Journalisten Thomas Assheuer dienen (siehe unten).

***Anfang eines Kommentars: „Kampf der Kulturen" im 21. Jahrhundert?***
*Spätestens seit den terroristischen Anschlägen auf das New Yorker World Trade Center im September 2001 hat sich in der westlichen Welt ein Gefühl der Bedrohung ausgebreitet. Man fürchtet eine Frontenbildung zwischen westlicher und islamischer Welt. Diese Ängste hat der amerikanische Politikwissenschaftler Samuel Huntington in seinem Buch „Der Kampf der Kulturen" aufgegriffen …*

***Thomas Assheuer: „Kampf der Kulturen" im 21. Jahrhundert? (Auszug)***
*Ohnedies ist die Rede vom „Kampf der Kulturen" eine sehr gefährliche Falle. Wer sein politisches Handeln nach ihr ausrichtet, führt genau den Zustand herbei, dessen Schrecken er beschwört. Damit würde die Formel vom „Kampf der Kulturen" zu einer Diagnose, die sich selbst erfüllt. Inzwischen warnt Huntington selbst davor, den Kampf gegen den Terror auf dem Minenfeld der Kultur auszutragen, zum Beispiel als Kampf Gut gegen Böse, Licht gegen Finsternis. Er hat Recht. Nicht der Islam darf bekämpft werden, sondern nur das Verbrechen, das in seinem Namen verübt wird. Alles andere wird den Hass nur weiter anstacheln, Feindbilder bestätigen, den Hochmut zementieren und die Spirale der Gewalt weitertreiben, auf allen Seiten.*

**4** Überarbeiten Sie Ihren Kommentar. Klären Sie dazu folgende Fragen:
- Ist das Thema im Kern erfasst?
- Ist der Gedankengang schlüssig und für den Leser/die Leserin nachvollziehbar?
- Sind die Merkmale der Textsorte „Kommentar" ausreichend berücksichtigt?
- Lassen sich einzelne Textstellen noch pointierter oder sprachlich interessanter formulieren?
- Ist der Satzbau übersichtlich? Werden die logischen Beziehungen zwischen den Sätzen deutlich?
- Sind Rechtschreibung, Grammatik, Zeichensetzung und gegebenenfalls Zitierweise korrekt?

# Einen Essay verfassen

**Thema:** „Was heißt es, ein Deutscher/eine Deutsche zu sein?" Verfassen Sie in Anlehnung an Alberto Manguels Text (→ S. 74 ff.) einen Essay zu dieser Frage.

**1** **a** Sammeln Sie – auch in Gruppenarbeit – Gesichtspunkte und Argumente zur Themafrage.
**b** Lesen Sie nochmals den Merkkasten „Der Essay" auf S. 77. Klären Sie folgende Fragen:
- Welche persönlichen Erlebnisse können Sie erzählen? Denken Sie an Auslandsreisen, an einen Schüleraustausch, an Begegnungen mit Deutschen in einem anderen Teil Deutschlands ...
- Suchen und beschreiben Sie Motive und Bilder im Internet zum Thema „typisch deutsch".
- Welche theoretischen Überlegungen zur Frage der (deutschen) Identität kennen Sie? Berücksichtigen Sie auch den folgenden Text des Soziologen Karl Otto Hondrich und die anderen Texte in Kapitel B2.
- Welche literarischen Texte zum Thema „deutsch sein" kennen Sie? Lesen Sie auch die Texte auf S. 85. Sie können zur Anregung zusätzlich auf die Texte auf S. 287 ff. zurückgreifen.

## Karl Otto Hondrich: **Deutsche Identität** (1993) Auszug

In der Streitfrage „Soll die neue deutsche Identität eine eher nationale oder eine europäisch-weltbürgerliche sein?" gewinnen die Ostdeutschen mit ihrem Verständnis von deutscher Zusammengehörigkeit zusehends an Boden gegenüber den Versuchen, die antinationale, universalistische[1] Ethik der alten Bundesrepublik von West nach Ost auszudehnen und für ganz Deutschland als identitätsstiftende Idee verbindlich zu machen.

Im Alltag tritt der Konflikt in einer einfachen Alternative zu Tage. Fühlen sich Deutsche mit anderen – als Deutsche – besonders verbunden, sodass daraus auch eine besondere gegenseitige Anerkennung und Bevorzugung erwächst? Oder fühlen sie sich mit Menschen aller Nationen gleichermaßen verbunden, sodass andere Deutsche mit keinerlei Bevorzugung rechnen können? Diese universalistische Gleichheitsidee als Wunschidentität der Westdeutschen trifft auf eine nationale Identitätsvorstellung der Ostdeutschen: Weil man sich als Deutsche gleich sei, solle man sich, im Vergleich zu anderen, eine besondere Achtung und Unterstützung zollen. Diese Erwartung wird vielfach enttäuscht [...]. Die Westdeutschen, die ihren ostdeutschen Landsleuten in puncto nationale Gemeinschaftsgefühle die kalte Schulter zeigten und vor dem Horror eines neuen deutschen Nationalismus in der Europäischen Gemeinschaft Schutz suchten, werden gleichsam in die Zange genommen und von allen Seiten auf nationale Besonderheiten und Verantwortungen zurückverwiesen. In dem innerdeutschen Konflikt darüber, wie deutsch oder wie europäisch-weltoffen das neue Deutschland sein soll, sind der ostdeutschen Seite Verbündete von außen zugewachsen [...], Verbündete, mit denen sie selbst zuallerletzt gerechnet hatten. In einer Welt der Nationen kann man nicht nicht-national sein. So wird, nolens volens[2], die große Bundesrepublik weniger dem antinationalen Selbstbild ihrer kleinen Vorgängerin entsprechen und mehr den nationalen Erwartungen der Menschen in der ehemaligen DDR.

*(aus: Die Zeit, 24.09.1993)*

1 **universalistische Ethik:** Ethik, die eine bevorzugte Berücksichtigung von Personen oder Personengruppen auf Grund bestimmter Merkmale wie Nationalität usw. ausschließt

2 **nolens volens:** „nicht wollend wollend" – wohl oder übel

## Günter Grass: **Die Festung wächst** (1992)

Liegt brach das Land zum Fraß der Krähenschar.
Der Maulwurf mehrt sich, und verdächtig häufig
sind längs den Zäunen fremde Hunde läufig.
Wir sollen zahlen: auf die Hand und bar.

Weil in der Mitte liegend, reich und ungeschützt,
hat planend Furcht ein Bauwerk ausgeschwitzt:
als Festung will Novemberland sich sicher machen
vor Roma, Schwarzen, Juden und Fellachen[1].

Nach Osten hin soll Polen Grenzmark sein;
so schnell fällt nützlich uns Geschichte ein.
Das Burgenbauen war schon immer unsre Lust,
den Wall zu ziehn, die Mauer zu errichten,
und gegen Festungskoller, Stumpfsinn, Lagerfrust
half stets ein Hölderlin im Brotsack mit Gedichten.

1 **Fellache:** Angehöriger der Ackerbau treibenden Landbevölkerung in arabischen Ländern

## Friedrich Hölderlin: **Hyperion** (1797/99) Auszug

*[Der junge Grieche Hyperion, die Hauptfigur in Hölderlins gleichnamigem Briefroman, schreibt:]*

So kam ich unter die Deutschen. […] Es ist ein hartes Wort, und dennoch sag' ichs, weil es Wahrheit ist: Ich kann kein Volk mir denken, das zerrissner wäre, wie die Deutschen. Handwerker siehst du, aber keine Menschen, Denker, aber keine Menschen, Priester, aber keine Menschen, Herrn und Knechte, Jungen und gesetzte Leute, aber keine Menschen – ist das nicht, wie ein Schlachtfeld, wo Hände und Arme und alle Glieder zerstückelt untereinander liegen, indessen das vergossne Lebensblut im Sande zerrinnt? […]

Es ist auf Erden alles unvollkommen, ist das alte Lied der Deutschen. Wenn doch einmal diesen Gottverlassnen einer sagte, dass bei ihnen nur so unvollkommen alles ist, weil sie nichts Reines unverdorben, nichts Heiliges unbetastet lassen mit den plumpen Händen, dass bei ihnen nichts gedeiht, weil sie die Wurzel des Gedeihns, die göttliche Natur nicht achten, dass bei ihnen eigentlich das Leben schal und sorgenschwer und übervoll von kalter stummer Zwietracht ist, weil sie den Genius verschmähn, der Kraft und Adel in ein menschlich Thun, und Heiterkeit ins Leiden und Lieb' und Brüderschaft den Städten und den Häusern bringt. […] Wüster immer, öder werden da die Menschen, die doch alle schöngeboren sind; der Knechtsinn wächst, mit ihm der grobe Muth, der Rausch wächst mit den Sorgen, und mit der Üppigkeit der Hunger und die Nahrungsangst; zum Fluche wird der Segen jedes Jahrs und alle Götter fliehn.

Und wehe dem Fremdling, der aus Liebe wandert, und zu solchem Volke kömmt, und dreifach wehe dem, der, so wie ich, von großem Schmerz getrieben, ein Bettler meiner Art, zu solchem Volke kömmt! –

**2** Machen Sie sich Notizen zu zentralen Gedanken und Formulierungen in den drei Textauszügen von Hondrich, Grass und Hölderlin.

**3** Legen Sie in Stichworten einen Schreibplan für Ihren Essay an.
Gehen Sie ähnlich wie Manguel von Ihren eigenen Erlebnissen und Erfahrungen aus, beziehen Sie aber auch Positionen und Überlegungen anderer Autoren/Autorinnen mit ein. Legen Sie Ihre dadurch angeregten eigenen Gedanken und Reflexionen dar.
Sie können Teile des folgenden Schreibplans in Ihre Unterlagen übernehmen und ergänzen.

***Beispiel für einen Schreibplan zu einem Essay „Was heißt es, eine Deutsche zu sein?“***
- *eigene Erfahrungen als Deutsche in der Heimat, im Ausland, mit Deutschen, …*
- *Was ist oder gilt als „typisch deutsch“?… (Bezug zu Manguel: Fremdbild – Selbstbild)*
- *besondere Aspekte der deutschen Identität:*
  - *besondere deutsche Geschichte (NS-Zeit, Teilung – Bezug zu Hondrich, Grass)*
  - *Zerrissenheit, Alltagssorgen (Bezug zu Hölderlin, Grass)*
  - *Abgrenzung, Angst vor Fremdem (Bezug zu Hondrich, Grass, Hölderlin)*
  - *vorläufiges Ergebnis (Bezug zu Manguel: differenziertes Bild von „deutsch sein“)*

**!**

**Der Essay – Anregungen zur sprachlichen Gestaltung**

Folgende Mittel können (in Maßen eingesetzt) Ihren Essay sprachlich interessant gestalten:
- **Antithesen:** Nationalismus – Weltbürgertum; ostdeutsch – westdeutsch; Alltagsfrust – Lebenslust; Idealismus und Humanismus als totes Kulturgut im Gepäck („Hölderlin im Brotsack“ bei Grass) – als gelebtes Prinzip
- **sprachliche Bilder:** Novemberland (Bedeutung des Monats November in der deutschen Geschichte), bröckelnde Festungen, fallende Mauern, fremde Hunde, Schlachtfeld, ...
- **Wortspiele:** ausgeschwitzt (Auschwitz), Ossis und Wessis: *Bi*dentität statt Identität?, ...
- **rhetorische Fragen:** Wer bin ich nun als Deutscher?, Aber wie gefällt uns dieses Fremdbild?, ...
- **Ironie:** „Hölderlin im Brotsack“, Burgenbauen als Lust der Deutschen, ...

**4** Schreiben Sie Ihren Essay. Beziehen Sie z. B. durch Anspielungen und Zitate Überlegungen aus anderen Texten mit ein.

**5** Der folgende Auszug aus einem Schüleraufsatz präsentiert einen originellen Gedanken – allerdings inhaltlich recht schwer nachvollziehbar und sprachlich wenig ausgefeilt. Formulieren Sie den angedeuteten Gedanken in schlüssiger und sprachlich ansprechender Form.

***Beispiel: Auszug aus einem Essay „Was heißt es, ein Deutscher zu sein?“***
*Die Deutschen haben vor allem Angst. Das deutsche Wort „Angst“ ist als Lehnwort in der Bedeutung von „Existenzangst“ in das Englische eingegangen. Wenn man vor allem Angst hat, kann man aber keine stabile Identität entwickeln. Deshalb ist die Überwindung dieser Angst die Voraussetzung für alles Weitere. Nur dann kann es gelingen, unbefangen mit seiner eigenen Geschichte umzugehen und ein neues deutsches Selbstbewusstsein zu entwickeln.*

**6** Überarbeiten Sie Ihren Essay. Nutzen Sie in Analogie die Tipps zum Kommentar (→ S. 83, Aufgabe 4).

## 3.1 Die Kunst des Argumentierens: Kenntnisse auffrischen

### „Der Stil erhält die Schönheit vom Gedanken“

**1** Sie haben bereits erörternde Texte verfasst. Diskutieren Sie, welche Merkmale eine gute erörternde Abhandlung aufweisen sollte.

Der Germanist Walther Killy hielt die folgende Dankesrede 1990 in Darmstadt bei der Verleihung des Sigmund-Freud-Preises für wissenschaftliche Prosa durch die Deutsche Akademie für Sprache und Dichtung.

Walther Killy: **Der Stil erhält die Schönheit vom Gedanken** (1990) Auszug

In Sigmund Freuds[1] Abhandlung „Das Unbehagen in der Kultur“ befindet sich ein bemerkenswerter Satz zur Rechtfertigung seiner Lehren: „Ich meine...“, so heißt es, „sie stellen jene Vereinfachung ohne Vernachlässigung der Tatsachen her, nach der wir in wissenschaftlicher Arbeit streben.“ So schrieb der Vierundsiebzigjährige, der schon fast ein halbes Jahrhundert zuvor das Scheitern eines Kollegen mit dem Satz erklärt hatte: „... er wusste wenig, drang nie tief ein, und von den Grundbedingungen der Wissenschaftlichkeit: Kritik und Gründlichkeit, fehlte ihm alles.“ [...]

*[Killy skizziert die Arbeit des Wissenschaftlers von der produktiven Frage über die Auseinandersetzung mit dem Gegenstand, bei dem sich der Forscher oft mit widersprüchlichem und überreichem Material auseinandersetzen muss, bis zu der Antwort auf die Frage. Diese muss nachprüfbar und einleuchtend dargestellt werden.]*

„Vereinfachung ohne Vernachlässigung oder Vergewaltigung der Tatsachen.“ Damit ist die Aufgabe benannt, die sich dem schreibenden Gelehrten (wählen wir ruhig den altfränkischen Namen) an seinem hoffentlich stillen Schreibtisch stellt. Aber es ist nicht die einzige, wenn sein Schriftwerk bestehen soll. Will es nicht vergebens sein, so muss er überzeugen, den Leser, den Liebhaber und den Fachgenossen. Über das Wie ist viel nachgedacht worden bei den Alten.

„Perspicuitas“, Durchsichtigkeit und Deutlichkeit, hat der Römer Quintilian[2] in seinem Lehrbuch als allererstes Erfordernis guter Prosa genannt, und wie eine Spiegelung solcher überlieferter Weisheit klingt Schopenhauers[3] Satz: „Alles Entbehrliche wirkt nachteilig. Das Gesetz der Einfachheit und Naivität, da diese sich mit dem Erhabensten verträgt, gilt für alle schönen Künste.“

*[Mit „schönen Künsten“, so führt Killy aus, seien hier Geisteswissenschaften gemeint; die Darstellung in den Geisteswissenschaften sei künstlerischer Art, habe also ästhetische Qualitäten, indem sie die Untersuchung selbst nachbilde.]*

„Mimesis[4] der Untersuchung“ ist das textgewordene Abbild der vorschreitenden intellektuellen Bewältigung des Gegenstandes, ein, wie er [Droysen[5]] es nennt, „logisches Kunstwerk“. Dem geht Arbeit voraus, ganz ähnlich der von Freud beschriebenen. Wenn jener von „Vereinfachung ohne Vernachlässigung“ sprach, so sagt dieser: „Man muss viel

1 **Sigmund Freud** (1856–1939): Begründer der Psychoanalyse (→ S. 166 f.)

2 **Quintilian** (35–96 n. Chr.): Redner und Redelehrer in Rom

3 **Arthur Schopenhauer** (1788–1860): Philosoph

4 **Mimesis:** Nachbildung, Nachahmung

5 **Gustav Droysen** (1808–1884): bedeutender Historiker mit den Forschungsschwerpunkten Antike und Hellenismus

mehr wissen und vor dem Auge der Seele haben, als man dann benutzt." Schon zuvor hatte Droysen dafür eine Begründung gegeben, welche ebenfalls das Ästhetische mit dem Methodischen verknüpft: „Die Eleganz der Untersuchung besteht darin, dass man die Darstellung von allem, was nicht auf dem Weg zum Ergebnis weiterführt, befreit und dass man diesen Weg stets behutsam und streng verfolgt."

„Die Eleganz der Untersuchung" – ein Ausdruck, der, als Lob gemeint, nur noch bei den Mathematikern überlebt und der doch bei unseren Vorvätern zur Dignität[1] wissenschaftlicher Prosa gehörte. In ihm ist die Verschwisterung von Sachgehalt und ästhetisch überredender Form enthalten. In wiederum Schopenhauers unübertrefflicher Wendung: „Der Stil erhält die Schönheit vom Gedanken." Der Satz war dem im Hinblick auf Frauen eher grämlichen Philosophen so wichtig, dass er ihn anschaulich variierte: „Die Wahrheit ist nackt am schönsten", schrieb er und fügte hinzu: „und der Eindruck, den sie macht, umso tiefer, als ihr Ausdruck einfach war."

1 **Dignität:** Würde

**2** Vergleichen Sie Killys Position zur idealen Gestaltung einer Abhandlung mit der Ihrigen (Aufgabe 1 auf S. 87).

**3** Überprüfen Sie, mit welchen Argumenten, Beispielen, Belegen und Erläuterungen (→ Merkkasten auf S. 89) Killy die im Titel genannte These des Textes begründet und stützt.

**4** Diskutieren Sie, ob Killy seinem eigenen Anspruch an wissenschaftliche Prosa in dieser Rede gerecht wird. Berücksichtigen Sie dabei sein Publikum.

**5** Erörtern Sie, welche Sätze Killys auch für das Verfassen einer guten Erörterung gelten. Formulieren Sie thesenhaft mögliche Empfehlungen.

**6** In vielen Lebensbereichen werden längere oder kürzere Abhandlungen verfasst, die Sachverhalte oder Probleme erörtern. Nennen Sie Beispiele für solche Textsorten (siehe auch S. 82).

## Das Argumentationsgefüge

**!** **Aufbau einer Argumentation**

**These**
(Behauptung/Werturteil/Empfehlung bzw. Forderung)

**Argumente**
(Typen von Argumenten → S.347)
zusätzlich ggf. Erläuterungen oder Subargumente (→ S.345)

**Beispiele**
veranschaulichen Argumente

**Belege**
(Zitate, Statistiken ...) sichern Argumente ab

Nach der längeren Darlegung eines Arguments mit Beispielen empfiehlt es sich oft, nochmals in einem Satz den Zusammenhang mit der These zu verdeutlichen **(Rückführung zur These)**.

„These" und „Argument" sind **funktionale Begriffe;** d.h., der gleiche Satz kann in einem Argumentationsgefüge als These, in einem anderen als Argument dienen. Beispiel:
Wissenschaftliche Prosa sollte vereinfachen, ohne Wesentliches zu vernachlässigen (These), denn der Verfasser will den Leser/die Leserin überzeugen (Argument).
Der Verfasser will den Leser/die Leserin überzeugen (These), denn darin sieht er den Sinn seiner Argumentation und Darstellung (Argument).

**Prämissen** (→ S.345) sind die – oft unausgesprochenen – Voraussetzungen einer Argumentation.
Beispiel:
These: Wissenschaftliche Prosa sollte maßvoll vereinfachen.
Prämisse: Ein gewisses Maß an Vereinfachung ist für Erkenntnis unabdingbar.

## Schreiben als Prozess: Fahrplan und Checkliste für das Erörtern

Das erörternde Schreiben ist ein Prozess, in dem mindestens vier Phasen durchlaufen werden: erstens die Annäherung an das Thema und gegebenenfalls an einen Ausgangstext, zweitens die Stoffsammlung, drittens das Schreiben und viertens das Überarbeiten des Geschriebenen. Während der Arbeit in den vier Phasen werden Sie Ihre ersten Arbeitsergebnisse und Ihr erstes Konzept immer wieder überprüfen und gegebenenfalls verfeinern oder korrigieren.
Der „Fahrplan" auf S. 90 f. nennt die wichtigsten Arbeitsschritte im Überblick.
Details zu den verschiedenen Formen des Erörterns finden Sie in den Kapiteln B 3.2 bis 3.4.

**1** Vergegenwärtigen Sie sich Ihr bisheriges Vorgehen beim Erörtern.
Schreiben Sie sich aus dem Fahrplan auf S. 90 f. die Punkte heraus, mit denen Sie erfahrungsgemäß Schwierigkeiten haben.

## Fahrplan und Checkliste für das Erörtern

### Phase 1: Sich dem Thema (und dem Text) annähern

- die Art der Aufgabe bestimmen: freies (auch literarisches) Erörtern/Erörtern im Anschluss an einen Text (auch literarisches Thema möglich)/materialgestütztes Erörtern; Beziehung zwischen Text und Erörterungsauftrag klären
- Typ der Erörterung erkennen: linear oder antithetisch?; Untersuchung bzw. Diskussion eines Sachverhalts oder einer Wertfrage?
- bei mehrgliedrigen Aufgaben Einzelaufträge erfassen
- die Handlungsanweisungen (Prädikate im Thema) genau beachten
- Schlüsselbegriffe im Thema klären
- bei textgebundenem Erörtern: erste Eindrücke zum Text notieren

### Phase 2: Sich mit dem Thema (und dem Text) auseinandersetzen

- bei textgebundenem Erörtern: Textanalyse (→ S. 68) im Hinblick auf zentrale Thesen, Gedankenführung und/oder geforderte inhaltliche Aspekte
- Aktivieren von Vorkenntnissen, Recherchieren und Stoffsammlung anlegen
- Stoff ordnen: Ober- und Unterpunkte bilden, nach Sachaspekten oder Argumenten ordnen
- Stoff nochmals auswählen: themenferne Punkte streichen, Argumente auf ihre Stichhaltigkeit hin prüfen (→ S. 346)

### Phase 3: Die Untersuchungsergebnisse darstellen

**Gliederung anfertigen**
- je nach Aufgabenstellung einen linearen Aufbau (Gliederung nach Sachaspekten) oder einen antithetischen Aufbau (Gliederung nach Pro und Kontra oder nach Sachaspekten) wählen
- die formalen Anforderungen an eine Gliederung beachten: Einheitlichkeit in der Formulierung, Konsequenz in der Nummerierung (siehe Beispiele S. 96 ff.)
- logischen Bezug zwischen Unter- und Oberpunkten beachten

**Hauptteil schreiben**
- gegebenenfalls den Sachtext gemäß dem Arbeitsauftrag bearbeiten, in der Regel kurz und prägnant
- immer mit Blick auf die These argumentieren und Argumente, Beispiele, Belege sorgfältig ausführen
- den Leser durch die Argumentation führen: immer wieder den Bezug zur These präsent machen, ein neues Argument mit einem Leitsatz einführen
- die Sätze durch Konjunktionen, Adverbien und Pronomen miteinander verknüpfen

**Einleitung und Schluss verfassen**
- inhaltlich auf den Hauptteil abstimmen, aber nichts vorwegnehmen oder wiederholen
- Allgemeinplätze vermeiden

**Phase 4: Den Aufsatz überarbeiten**

- die Themenstellung noch einmal sorgfältig durchgehen und die Erledigung aller Teilaufträge überprüfen
- die Umsetzung der unter „Phase 3“ genannten Punkte (→ S. 90) kontrollieren
- die Vollständigkeit der Argumentation überprüfen, indem Sie Argumente, Beispiele und Belege in Ihrem Aufsatz identifizieren (und mit Bleistift am Rand bezeichnen)
- die Klarheit der Gedankenführung überprüfen, indem Sie Leitsätze, Zusammenfassungen und Satzverknüpfungen unterstreichen und wo nötig ergänzen
- abwägen, inwieweit Umfang und Wichtigkeit von Textpassagen in einem angemessenen Verhältnis stehen, Abschweifungen streichen
- die Stichhaltigkeit der Argumente überprüfen, fragwürdige Verallgemeinerungen einschränken, z. B. durch Adverbien wie „meist“, „oft“, „häufig“
- den Text auf sprachliche Mängel, Rechtschreibung, Zeichensetzung hin kontrollieren, vor allem in Bereichen, in denen Sie Ihre Schwächen kennen; angemessene und richtige Verwendung von Fachtermini überprüfen
- gegebenenfalls zusätzlich die in den Kapiteln 3.3 und 3.4 unter „Phase 4“ genannten Aspekte hinzuziehen (→ S. 108, 114)
- den Aufsatz oder Ausschnitte daraus von Mitschülern oder dem Lehrer korrigieren lassen und unter Berücksichtigung der Anmerkungen den Text neu schreiben

## 3.2 Grundlagen des Erörterns – Sachverhalte und Probleme erörtern

Das Erörtern in der Schule hat verschiedene Erscheinungsformen: Eine Erörterungsaufgabe kann im Anschluss an einen oder mehrere Texte oder ohne Textgrundlage gestellt werden. Als Texte kommen sowohl literarische als auch Sachtexte in Betracht – auch diskontinuierliche Sachtexte, wie z. B. Grafiken, Statistiken, Tabellen. Für alle Arten des Erörterns, auch für das freiere Erörtern in Form eines Kommentars oder Essays, müssen Sie Grundtechniken beherrschen, die Ihnen in diesem Teilkapitel am Beispiel des nicht-textgebundenen Erörterns von Sachverhalten und Problemen vorgestellt werden.

### Phase 1: Sich dem Thema annähern

Um das Thema nicht zu verfehlen, müssen Sie die **Aufgabenstellung genau erfassen,** und zwar den **Umfang** der Aufgabe, die **einzelnen Arbeitsaufträge,** den **Aufgabentyp** und die **Schlüsselbegriffe** des Themas.
Manche Themen werden durch eine Einleitung in einen Kontext gestellt, z. B. durch ein Zitat oder einen einleitenden Satz. Das Zitat kann
- Teil der Aufgabe sein,
- als Aufhänger zur Aufgabe hinführen,
- eine These oder ein Argument enthalten.

Es muss geklärt werden, wo die Aufgabe beginnt und welche Funktion das Zitat hat.
Manche Aufgaben sind mehrgliedrig. Hier müssen Sie die einzelnen Arbeitsaufträge klar erfassen und alle erfüllen.

**1. Beispiel für ein Thema mit Zitat und Einleitung**

„Jede Provinz liebt ihren Dialekt: Denn er ist doch eigentlich das Element, in welchem die Seele ihren Atem schöpft." (Johann Wolfgang von Goethe: Dichtung und Wahrheit)
Erörtern Sie, ausgehend von einer Definition des Begriffs „Dialekt", sprachliche und kommunikative Leistungen sowie mögliche Probleme des Dialektgebrauchs. Berücksichtigen Sie dabei Ihre eigenen Erfahrungen.

*(Abituraufgabe 2007)*

**2. Beispiel für eine mehrgliedrige Aufgabe mit einleitendem Zitat**

„Es ist ein wunderbares Nebenprodukt dieser Weltmeisterschaft, dass auf eine sehr einfallsreiche Art und Weise Flagge gezeigt wurde." (Günter Grass, Süddeutsche Zeitung vom 07.07.2006)
Stellen Sie, ausgehend von einer präzisen Klärung des Begriffs „Patriotismus", dar, welche Erscheinungsformen im letzten Jahr dazu geführt haben, dass von einem neuen Patriotismus gesprochen wurde. Erörtern Sie im Anschluss daran, ob der diesbezügliche, auch im Zitat zum Ausdruck kommende Optimismus berechtigt ist.

*(Abituraufgabe 2007)*

**1** Bestimmen Sie die Funktion des Zitats im ersten Beispielthema.
**2** Bestimmen Sie die Funktion des Zitats in Thema 2.
**3** Formulieren Sie die einzelnen Arbeitsaufträge im zweiten Thema jeweils in einem Satz.

! **Typen des Erörterns**

Nach den folgenden Kriterien lassen sich vier Arten des Erörterns unterscheiden:

| | **antithetisch:** Diskussion einer strittigen Frage | **linear:** Untersuchung eines Phänomens |
|---|---|---|
| **Sachverhalte** | Diskutieren Sie, ob das Doping im Sport erfolgreich bekämpft werden kann. | Untersuchen Sie Ursachen und Folgen des Dopings im Spitzensport. |
| **Wertfragen** | Erörtern Sie, ob das Doping im Sport bekämpft werden sollte. | Stellen Sie die Bedeutung eines vorbildlichen Sports für die Gesellschaft dar. |

Antithetischen Erörterungen liegt eine Entscheidungsfrage (Ja-/Nein-Frage) zu Grunde, linearen Erörterungen ein Untersuchungsauftrag, der sich nicht in eine Entscheidungsfrage umformulieren lässt.

1 Ordnen Sie die beiden Themen auf S. 92 und die folgenden Themen jeweils den vier Typen des Erörterns (→ S. 92) zu. Prüfen sie, ob antithetisches Erörtern gefordert ist, indem Sie versuchen, das Thema in eine Entscheidungsfrage (Ja-/Nein-Frage) umzuwandeln.

2 Bestimmen Sie wo nötig die Funktion des Zitats bzw. des Einleitungssatzes.

3 Formulieren Sie die Themen jeweils so um, dass die Aufgabe einem anderen Typ des Erörterns entspricht.

**1.** Thomas Druyden vertritt in seinem Buch „Goldkinder" (2007) die These, dass Vermögen eine Verpflichtung gegenüber der Gesellschaft bedeutet. Unter Vermögen versteht er Besitz, Fähigkeiten und Erfahrungen. Diskutieren Sie diese These, indem Sie diese drei Aspekte berücksichtigen.

**2.** Jugend braucht Orientierung. Untermauern Sie diese These, indem Sie die Situation von Jugendlichen in Familie und Gesellschaft in ausgewählten Bereichen untersuchen.

**3.** „Spitzensport in der gedopten Gesellschaft" (Elke Durak, Deutschlandfunk, 28.07.2007) Erörtern Sie die Ursachen und Folgen der zahlreichen Dopingfälle bei Wettkämpfen im Hochleistungssport im gesellschaftlichen Kontext.

**4.** „Spitzensport in der gedopten Gesellschaft" (Elke Durak, Deutschlandfunk, 28.07.2007) Diskutieren Sie Chancen und Schwierigkeiten, das Problem des Dopings im Spitzensport erfolgreich zu bekämpfen. Berücksichtigen Sie dabei auch die gesellschaftlichen Gruppen, die am Spitzensport beteiligt oder interessiert sind.

4 **a** **Klären** Sie den **Schlüsselbegriff** „Doping" in Thema 4, um das Thema genau zu erfassen und dem Leser Ihr begründetes Verständnis des Themas zu verdeutlichen.
Sie können dabei folgende Aspekte und Hilfsmittel nutzen:
- Definition (Lexikon)
- Wortgeschichte (Herkunftswörterbuch)
- Kontext des Begriffs in der aktuellen Diskussion
- Wortfeld
- Wortfamilie
- Gegenbegriff

Ergänzen Sie dazu in Ihren Unterlagen die Übersicht auf S. 94.
**b** Legen Sie eine entsprechende Auflistung für den Schlüsselbegriff „Gesellschaft" an – soweit diese am Sport interessiert oder beteiligt ist.

***Aspekte zur Klärung des Schlüsselbegriffs „Doping“***

***Definition:*** *„Doping ist das Vorhandensein einer verbotenen Substanz, deren Metaboliten oder eines Markers in Körperbestandteilen eines Athleten.“ (WADA, Welt-Anti-Doping-Agentur, 01.01.2004)*
*Metabolit: Zwischenprodukt in einem Stoffwechselvorgang*
*Marker: als ausreichender Nachweis anerkannter indirekter Indikator – z.B. bestimmte Veränderung im Blutbild oder dergleichen*

***Wortgeschichte:*** *engl. dope: künstlich anreizen, betäubende Drogen geben*

***Wortfeld:***

*aufputschen*
… …
… ***dopen*** …
*Medikamente verwenden* *manipulieren*
…

***Wortfamilie:*** *Dopingskandal, Dopingarzt, …*

***Kontext der aktuellen Diskussion:*** *seit vielen Jahren bei großen Wettkämpfen: Weltmeisterschaften, Olympiaden, Tour de France … Aufdeckung → Aberkennung des Sieges, Sperre, evtl. Geldstrafe. Ständig aktualisierte Liste verbotener Substanzen*

## Phase 2: Sich mit dem Thema auseinandersetzen

Die Vorarbeiten für die Definition der Schlüsselbegriffe haben Ihnen bereits Material und Anregungen für die Stoffsammlung geliefert. Weitere Methoden der Stoffsammlung sind die Aktivierung des eigenen Wissens und die Recherche.

! **Die Stoffsammlung: Eigenes Wissen aktivieren und recherchieren**

**Eigenes Wissen** können Sie mit folgenden Fragetechniken und Methoden **aktivieren:**
**W-Fragen** stellen, z.B.: In welcher Weise sind Gesellschaft und Sport miteinander verbunden? Wer finanziert den Spitzensport? Welche gesellschaftlichen Gruppen sind an Spitzensport interessiert? Aus welchem Grund?
- **Fragen nach Ursachen** und **Folgen** sowie möglichen **Beurteilungen** stellen, z.B.: Welche Gründe gibt es für Sportler/-innen, Dopingmittel einzunehmen?
- **Brainstorming** (→ S.350) im Kurs veranstalten
- **Mind-Map** (→ S.348) oder **Cluster** (→ S.349) anlegen

Für die **Recherche** bieten sich z.B. an:
- **Nachschlagewerke, Fachbücher** aus einer Bibliothek
- **Zeitungsartikel,** auch aus dem Internet
- sonstige **Artikel aus dem Internet**
- Beiträge von Experten aus **Rundfunk** und **Fernsehen**

**Doping im Spitzensport – Chancen und Schwierigkeiten der Bekämpfung**

| | | | | |
|---|---|---|---|---|
| *Erfolge in der Dopingkontrolle* | ⟵ | *Sportverbände: Kontrollen* | ⟶ | *Entwicklung neuer, schwer zu kontrollierender Dopingmittel* |
| *Ausschluss von dopenden Sportlern* | ⟵ | *Sportgerichte: hohe Strafen* | ⟶ | *Wirkung von Strafen schwer messbar* |
| ... | ⟵ | *Sportveranstalter: Absage von Wettkämpfen* | ⟶ | ... |
| ... | ⟵ | ... | ⟶ | ... |

**1** Ergänzen Sie das Schaubild oben in Ihren Unterlagen.
**2** Recherchieren Sie zu den Themen „Doping im Spitzensport“ und „Gesellschaft und Sport“.

! **Den Stoff ordnen und sichten**

Um mit dem gesammelten Stoff arbeiten zu können, müssen Sie ihn ordnen und unbrauchbare Punkte streichen.

**Den Stoff ordnen**
- Fassen Sie wo möglich Punkte zusammen und formulieren Sie in Nominalform.
- Ordnen Sie den Stoff nach Ober- und Unterpunkten. Sie können auch eine Karteikarte für jeden Punkt verwenden und diese Karten ordnen.
- Formulieren Sie die Oberpunkte entweder als Sachaspekte, z. B. „Ursachen des Dopings“, oder als Argumente, z. B. „ideelle und materielle Interessen der Beteiligten“; die Unterpunkte als Argumente bzw. als Subargumente (→ S. 345). Ein Unterpunkt zu dem Sachaspekt „Ursachen des Dopings“ ist z. B. das Argument „Interesse der Medien und der Zuschauer/-innen an Siegen“. Unterpunkte zu diesen Argumenten bzw. Subargumenten bilden Beispiele.

**Den Stoff sichten**
Prüfen Sie kritisch, ob sich Ihr Material für das Thema und für Ihre Argumentation eignet:
- **Relevanz:** Die Sachaspekte müssen einen klaren Bezug zum Thema haben, die Argumente einen überzeugenden Bezug zu einer der Thesen.
- **Stichhaltigkeit der Argumente:** Die Argumente müssen stichhaltig sein (→ S. 346).
- **Qualität der Argumente oder Sachaspekte:** Sie müssen differenziert und durchdacht sein; Schlagworte sind entsprechend zu konkretisieren.

**3** Ordnen und sichten Sie Ihre Materialsammlung mit Hilfe der Empfehlungen im Merkkasten.

## Phase 3: Die Ergebnisse darstellen

! **Die Gliederung verfassen (nicht-textgebundenes Erörtern)**

Das Material Ihrer Stoffsammlung müssen Sie in eine logische und überzeugende Struktur bringen.
Die verschiedenen Aufgabentypen erfordern einen unterschiedlichen Aufbau.
Die **Darstellung** oder **Untersuchung eines Phänomens** wird **linear** aufgebaut, die **Erörterung einer strittigen Frage** wird **antithetisch** nach Pro- und Kontra-Argumenten oder nach Sachaspekten angelegt.
Ober- und Unterpunkte werden in Nominalform ausformuliert; Beispiele bleiben in der Gliederung unerwähnt.
Die Nummerierung kann im Buchstaben-Ziffern-System (Beispiele auf S. 97, 98, 107, 112) oder im numerischen System (s. Beispiel unten) erfolgen.

Der **lineare Aufbau** ordnet die Sachaspekte oder Argumente **steigernd** an (s. Beispiel unten).

Beim **antithetischen Aufbau** bildet die Gliederung entweder einen Pro- und einen Kontra-Block (s. Beispiel unten) oder sie ordnet nach Sachaspekten, unter denen jeweils das Pro und das Kontra, bei einigen Punkten auch nur das Pro oder das Kontra, abgehandelt werden (s. Beispiel auf S. 97).
Bei der Gliederung nach Pro und Kontra beginnt man mit der weniger unterstützten These; die Argumente dafür werden fallend angeordnet, d. h. von wichtig zu weniger wichtig.
Die Argumente für die stärker unterstützte These folgen an zweiter Stelle, steigernd von weniger wichtig zu sehr wichtig.
In der Gliederung nach Sachaspekten ordnet man diese steigernd an oder nach logischen Prinzipien wie z. B. Ursache und Folgen, Situationsanalyse und Lösungsvorschläge.

***Beispiel für eine Gliederung nach Pro und Kontra, hier numerisch***
***Thema: „Doping im Spitzensport" – Chancen und Schwierigkeiten der Bekämpfung (Thema 4 von Seite 93)***

1 *Aktuelle Dopingfälle im Spitzensport*
2 *Möglichkeiten und Probleme bei der Eindämmung von Doping im Hochleistungssport*
2.1. *Möglichkeiten zur Eindämmung von Doping im Hochleistungssport*
2.1.1 *Engmaschige Kontrollen und Abschreckung durch hohe Strafen für die Sportler*
2.1.2 …
…
2.2 *Probleme bei der Eindämmung des Dopings im Hochleistungssport*
2.2.1 *Großes wirtschaftliches Interesse zahlreicher Beteiligter an sportlichen Erfolgen*
2.2.2 …
…
2.3 *Abwägendes Urteil: Doping als zu bekämpfendes Dauerproblem*
3 *Betrug als gesamtgesellschaftliches Problem*

**Beispiel für eine Gliederung nach Sachaspekten, hier im Buchstaben-Ziffern-System**
**Thema: „Doping im Spitzensport" – Chancen und Schwierigkeiten der Bekämpfung (Thema 4 von Seite 93)**

*A. Sport als globales Unterhaltungsprodukt*
*B. Einschränkung der Dopingfälle bei stets erneuter Gefährdung des ehrlichen Wettkampfs*
*I. Vermehrte, engmaschige Dopingkontrollen*
*1. Erfolge in der Dopingkontrolle*
*2. Entwicklung immer neuer, schwer zu kontrollierender Dopingmittel*
*II. Abschreckung durch scharfe Sanktionen bei Vergehen*
*1. Schwierige Messbarkeit der Wirkung von Abschreckungsmaßnahmen*
*2. …*
*III. Medienboykott*
*1. Starker Druck durch wirtschaftliche Auswirkungen auf alle Beteiligten*
*2. Stärkung ethischer Normen*
*3. Ausscheren einzelner Medien aus einem Boykott*
*4. Enttäuschung der Zuschauer bzw. Leser*
*5. Dauerhafte Schädigung von Spitzen- und Breitensport*
*IV. Absage von Wettkämpfen durch Verbände; Rückzug der öffentlichen und privaten Geldgeber*
*…*
*V. Stärkung des Sportlerethos*
*…*
*VI. Abwägendes Urteil: nur begrenzte Möglichkeiten zur Verhinderung von Doping bei Wettkämpfen*
*C. Betrug als gesamtgesellschaftliches Problem*

**1** Ergänzen Sie die beiden Beispielgliederungen in Ihren Unterlagen.
**2** Diskutieren Sie die Leistung der Gliederung nach Pro und Kontra und der Gliederung nach Sachaspekten.
**3** Erarbeiten Sie die in den Gliederungen auf S. 96 und oben vertretenen Positionen.
**4** Vergleichen Sie die in der Gliederung nach Sachaspekten genannten Aspekte mit den Ergebnissen Ihrer eigenen Stoffsammlung.
**5** Diskutieren Sie Ihre Situationsanalyse und Ihre Bewertung der Dopingproblematik.
**6** Verfassen Sie eine Gliederung zu einem anderen Thema (→ S. 92 f.) nach dem Pro-und-Kontra-Modell und nach Sachaspekten. Besprechen Sie Ihre Arbeiten miteinander.
**7** **a** Ergänzen Sie in Ihren Unterlagen die Beispielgliederung für eine lineare Erörterung auf S. 98.
**b** Prüfen Sie, inwieweit die Gliederung steigernd und/oder nach logischen Prinzipien angelegt ist.

**Thema (lineares Erörtern):** „Spitzensport in der gedopten Gesellschaft" (Elke Durak, Deutschlandfunk, 28.07.2007)
Erörtern Sie die Ursachen und Folgen der zahlreichen Dopingfälle bei Wettkämpfen im Hochleistungssport im gesellschaftlichen Kontext.

**Beispiel für den linearen Aufbau einer Erörterung**
**Thema: „Doping im Spitzensport" – Ursachen und Folgen**

A. *Geschichte und Gegenwart des Dopings im Hochleistungssport*

B. *Ruinöses Zusammenwirken von Erwartungen und Strukturen der Medien, Vereine und der Öffentlichkeit*

  I. *Ursachen des Dopings im Hochleistungssport: ideelle und materielle Interessen aller Beteiligten*

  1. *Akteure: Wille zum Sieg aus ideellen und materiellen Gründen*
  2. *Anbieter: …*
  3. *Sponsoren: …*
  4. *Konsumenten: …*
  5. *Nation: Identifizierung mit der Nation bei sportlichen Erfolgen der eigenen Sportler*

  II. *Folgen des Dopings: ideelle und wirtschaftliche Verluste*

  1. *Wirtschaft: Verluste bei Sportlern, Medien, Sponsoren durch Einbußen bei Werbeeinnahmen und Imageverlust*
  2. *Sportinstitutionen: Verlust von Ansehen und nachlassende Unterstützung des Sports im Allgemeinen*
  3. *Pädagogik: Verlust von Vorbildern*
  4. *Ethik: Zerstörung einer Wettkampfkultur*
  5. *Gesundheit: Zerstörung der Gesundheit der Sportler*

C. *Empfehlung von Maßnahmen zur Verhinderung des Dopings*

Die Darstellung der Argumentation im Hauptteil können Sie sich anhand der folgenden Ausarbeitung eines Sachaspekts vergegenwärtigen.

**Doping im Spitzensport: Chancen und Schwierigkeiten der Bekämpfung – Thema 4, Seite 93**
**(Punkt B.III. der Gliederung nach Sachaspekten auf S. 97)**

| | |
|---|---|
| *Eine weitere Möglichkeit, Doping im Hochleistungssport zu bekämpfen, ist der Boykott der Wettkämpfe durch die Medien.* | *Sachaspekt* |
| *Er ist in vielerlei Hinsicht sehr wirkungsvoll. \|Das betrifft zunächst den wirtschaftlichen Bereich.* | *1. Pro-Argument* |
| *\|Denn die hohen Summen für die Übertragungsrechte fehlen den Veranstaltern zur Finanzierung der Wettkämpfe.* | *Subargument* |
| *\|Auch auf die Sponsoren wirkt sich der Rückzug aus:* | *Subargument* |
| *Ohne Übertragungen und Berichterstattungen wird ihr Engagement nicht mehr sichtbar. Damit geht die Werbeplattform verloren. Weder werden sie als großzügige Sportförderer wahrgenommen, noch können sich Namen und Logos der betreffenden Unternehmen in die Köpfe der Zuschauer einbrennen.* | *Erläuterungen* |
| *Zum Beispiel erreichen die Werbebotschaften auf den Trikots der Sportprofis und die vielen Werbebänder an den Wettkampfstätten nicht mehr die Adressaten.* | *Beispiele* |
| *Schließlich müssen Sportler, die für hohe Summen Exklusivrechte an Medien abgetreten haben, bei einem Boykott auf diese Einnahmen verzichten. Außerdem können die Medien durch ihren Boykott auch pädagogisch wirken. Sie signalisieren der Öffentlichkeit, den Sportlern, den Veranstaltern, den Sponsoren und Zuschauern, dass sie nur an sauberem Sport interessiert sind und dass sie für die Durchsetzung dieser Norm einstehen.* | |

*Allerdings stellen sich neben diesen positiven Wirkungen auch einige negative ein. Der Boykott einiger Fernsehanstalten kann von der Konkurrenz unterlaufen werden, die dann dank hoher Einschaltquoten den Gewinn einsteckt, wie es z.B. bei der Tour de France 2007 geschehen ist. Auch verlieren vor allem die Fernsehanstalten durch einen Boykott Zuschauergruppen, die sonst nur schwer zu erreichen sind; sie schaden sich dadurch selbst, ihre Werbeeinnahmen sinken. Schließlich wird der Sport, auch der saubere, dauerhaft getroffen, wenn er keine Öffentlichkeit mehr hat und wenn ihm die wirtschaftlichen Grundlagen entzogen werden. Das gilt sowohl für die Wettkämpfe als auch für den Breitensport, dem Vorbilder und Motivationsschübe verloren gehen.*

*Ein Boykott hat also nur eine begrenzte Wirkung und sollte nur eine begrenzte Zeit gelten, um einen Reinigungsprozess in Gang zu setzen.*

*Zusammenfassung, Rückführung zur These*

**1** Diskutieren Sie diese Ausarbeitung.

**2** Setzen Sie die Analyse der Argumentationsstruktur in Ihren Unterlagen fort.

**3** Überprüfen Sie den Textauszug auf Leitsätze, Zusammenfassungen und Satzverknüpfungen, die die Gedankenführung verdeutlichen. Beziehen Sie dabei auch die Darstellung im folgenden Merkkasten mit ein.

!

**Durch die Argumentation führen: Sprachliche Mittel**

Um den Leser durch die Argumentation zu führen und damit die Überzeugungskraft Ihrer Darstellung zu stärken, stehen Ihnen sprachliche Mittel zur Verfügung:

- **Leitsätze** verdeutlichen Ihr Vorgehen, z. B.: „Zuerst werde ich ...“, „im Folgenden stelle ich ... dar“. Sie kündigen die Ausführungen zu den Sachaspekten und zu den Pro- und Kontra-Blöcken an, z. B.: „Für diese These sprechen zahlreiche Argumente ...“, „ein wichtiges Argument ist ...“, „als weiterer wichtiger Aspekt ist ... zu nennen“.
- **Zusammenfassungen** geben längere Ausführungen zu Argumenten oder Beispielen abkürzend wieder und führen auf den Ausgangspunkt, die These oder das Argument, zurück. Einleitungswörter solcher Zusammenfassungen sind z. B.: „also“, „damit“, „daher“, „deshalb“, „folglich“, „somit“.
- **Verknüpfende Wörter und Wendungen** signalisieren logische Zusammenhänge innerhalb der Argumentation.

**Übersicht über verknüpfende Wörter und Wendungen in argumentierenden Texten**

| Funktion der Formulierung | Konjunktionen, Adverbien | Feststehende Wendungen |
|---|---|---|
| **These vertreten, behaupten, fordern, urteilen** | | meine These ist ..., ich meine ..., ich empfehle ..., ich bin der Ansicht ..., ich werte ... als ... |

| Funktion der Formulierung | Konjunktionen, Adverbien | Feststehende Wendungen |
|---|---|---|
| **argumentieren** | denn, nämlich, weil, da; deswegen, daher, darum | das lässt sich damit begründen, dass ... / darauf zurückführen, dass ..., dafür spricht ... |
| **erläutern** | | d.h. ..., genauer gesagt ..., dies bedeutet ... |
| **einschränken** | insofern, insoweit, jedoch, freilich, allerdings | berücksichtigt werden muss aber auch ..., freilich muss man einräumen ..., |
| **reihen von Aspekten, Argumenten, Beispielen** | erstens, zweitens, auch, außerdem, zunächst, ferner, schließlich | ein weiteres Beispiel/Argument ist ..., ... zeigt sich auch darin, dass ... |
| **Beispiele geben** | | ... z.B. ..., als Beispiel lässt sich anführen ..., beispielsweise ... |
| **belegen** | | wie ... sagt ..., wie Statistiken zeigen ..., wie folgende Äußerung belegt ... |
| **widersprechen/ entkräften** | dagegen, trotzdem, aber, jedoch, obgleich, obwohl, hingegen | dem widerspricht jedoch ..., fraglich ist allerdings ..., dem ist entgegenzuhalten, dass ... |

**4** Arbeiten Sie weitere Sachaspekte oder Argumente aus zum Thema „Doping im Spitzensport: Chancen und Schwierigkeiten der Bekämpfung“ (Thema 4, Seite 93). Achten Sie sowohl auf den schlüssigen Aufbau der Argumentation als auch auf sprachliche Mittel zur Verdeutlichung der gedanklichen Zusammenhänge.

! **Das abwägende Urteil verfassen**

Das abwägende Urteil bildet bei der antithetischen Erörterung den letzten Punkt des Hauptteils. Hier legen Sie Ihren Standpunkt dar: Pro oder Kontra werden akzeptiert oder jeweils teilweise akzeptiert.
Das **Urteil** wird **differenziert mit Erläuterungen** dargestellt, gegebenfalls zusätzlich mit der Formulierung von Bedingungen, Voraussetzungen oder Einschränkungen. Die bloße Wiederholung von zuvor ausgeführten Argumenten ist zu vermeiden.
Das Urteil ist sachlich gestützt und enthält bei Wertungsfragen eine persönliche Wertung.
In diesem Fall können Sie auch die Prämissen (→ S. 345) Ihres Werturteils offenlegen.

**5** Schreiben Sie ein abwägendes Urteil zum Thema „Doping im Spitzensport: Chancen und Schwierigkeiten der Bekämpfung“ (Thema 4, Seite 93).

!

**Einleitung und Schluss verfassen**

**Die Einleitung schreiben**
Oft empfiehlt es sich, die Einleitung erst nach dem Hauptteil auszuformulieren, um sie gut auf die zentrale Argumentation abzustimmen.
Die Einleitung führt mit einem interessanten Gedanken zum Thema hin, z. B. mit der Anknüpfung an ein **aktuelles Ereignis,** mit dem **Zitat eines Experten/einer Expertin,** mit einer **Pressemitteilung.**
In der Einleitung wird die **Auffassung des Themas** dargestellt, dazu ist oft eine **Klärung der Schlüsselbegriffe** ratsam.
Die Einleitung enthält keine wesentlichen Gesichtspunkte des Hauptteils, vor allem **keine Argumente.**

**Den Schluss ausarbeiten**
Der Schluss rundet den Aufsatz ab; er enthält kein neues Argument; die Zusammenfassung der Argumente ist bereits im abwägenden Urteil erfolgt.
Im Schlussteil wird ein **weiterführender Gedanke** formuliert, z. B. ein **Vorschlag** oder **Ausblick** zum weiteren Umgang mit dem diskutierten Problem, eine **Forderung** oder die **Einordnung in einen größeren Problemzusammenhang.**
Der Schluss kann den Einleitungsgedanken wieder aufgreifen.

**6** Schreiben Sie eine Einleitung und einen Schluss zu einem der Themen aus dem Bereich „Doping im Sport“.
**7** Verfassen Sie nach den in diesem Kapitel vorgestellten Arbeitsschritten eine Erörterung zu einem anderen auf S. 92 f. genannten Thema.

## Phase 4: Den Aufsatz überarbeiten

**1** Überarbeiten Sie Ihre Erörterung. Ziehen Sie dazu die Checkliste auf S. 91 heran (Phase 4: Den Aufsatz überarbeiten). Sie können auch im Team arbeiten (→ S. 355 f.).
**2** Überprüfen Sie zur Vermeidung häufig vorkommender Fehler auch, ob folgende Anforderungen erfüllt sind:
- Einleitung und Schluss enthalten keine Argumente zur vertretenen These.
- Die Gliederung ist formal korrekt und inhaltlich logisch.
- Die Gliederungspunkte sind aussagekräftig formuliert.
- Die Gliederung enthält keine Sätze.
- Alle Argumente sind deutlich auf die These(n) bezogen.
- Beispiele ersetzen keine Argumente.
- Die Argumente sind stichhaltig und verallgemeinern nicht unzulässig (Qualität der Argumentation → S. 346).
- Die Beispiele sind niveauvoll.
- Signalwörter und Leitsätze führen durch die Erörterung.
- Der Schlussteil ist aussagekräftig und enthält keine Allgemeinplätze.

# 3.3 Materialgestütztes Erörtern

## Phase 1: Sich dem Thema und den Materialien annähern

**Thema:**
Diskutieren Sie Vorzüge und Mängel der Vermittlung von Geschichte durch historische Spielfilme im Fernsehen; gehen Sie dabei auf Intentionen, Eigengesetzlichkeit und Wirkung des Spielfilms ein. Berücksichtigen Sie in Ihrer Auseinandersetzung geeignete Inhalte der Materialien und Ihre eigenen Erfahrungen mit Geschichtsvermittlung.

### Material 1:

Evelyn Finger: **Die Ohnmacht der Bilder** (2007) Auszug

*Der ARD-Zweiteiler „Die Flucht" zeigt die Vertreibung der Deutschen aus dem Osten – die Tücken des Geschichts-TV*

Die Geschichte ist eine Geschichte der Geschichtsbilder. Früher wurden sie von Historikern gemacht, von Historienmalern, von Dichtern. Heute werden sie vom Fernsehen produziert. Aber damals wie heute sagt die Art der Darstellung oft mehr über die Gegenwart als über die Vergangenheit. Wer aktuelle Selbstbilder der Deutschen sucht, ideale Verkörperungen eines Nationalcharakters, findet sie neuerdings in Fernsehfilmen über das Ende des „Dritten Reichs". Produktionen wie *Dresden* oder *Die Kinder der Flucht* ermöglichen uns die Identifikation mit dem am wenigsten zur Identifikation geeigneten Teil unserer Geschichte, indem sie deutsche Opfer des Zweiten Weltkrieges zu Sympathieträgern aufbauen. Jetzt präsentiert der Regisseur Kai Wessel in seinem zweiteiligen ARD-Spielfilm zum Thema Vertreibung, *Die Flucht,* eine Lichtgestalt moralisch integren[1] Preußentums: Lena Gräfin von Mahlenberg eignet sich wie keine andere Fernsehheldin zuvor, jene Sehnsucht nach kollektiver Selbstaussöhnung zu befriedigen, die seit Martin Walsers Paulskirchen-Rede[2] immer lauter beschworen wird.

Eine schöne, tapfere Aristokratin als Ikone unserer Leidensgeschichte: So kniet die ostpreußische Gräfin auf dem brüchigen Eis des Oderhaffs, kalt umflort vom Jahrhundertwinter 1945, und ruft verzweifelt den Namen eines französischen Zwangsarbeiters, den sie ertrunken glaubt. Ihr Gesicht ist vom Schock blass und vom Frost leicht gerötet. Einen Moment zuvor haben Fliegerbomben den von ihr geführten Flüchtlingstreck auseinandergesprengt, mörderische Löcher klaffen auf dem letzten Fluchtweg nach Westen und in einem davon ist der Pferdewagen mit Lenas heimlich geliebtem Franzosen versunken. Der wird zwar wieder auftauchen. Aber ins Gedächtnis des Zuschauers brennt sich nicht die Rettung des Mannes, sondern die Pose der Schmerzensfrau. Wie Maria Furtwängler als Gräfin plötzlich die Contenance[3] verliert und kniefällig ihre Liebe zum Feind eingesteht! Das ist Völkerverständigung nach den Regeln des Fernsehmelodrams. Inzwischen hat die Schauspielerin in der *Bild am Sonntag* gefordert, Putin[4] möge sich für die Verbrechen russischer Soldaten bei den vergewaltigten deutschen Frauen entschuldigen.

---

1 **integer:** redlich, rechtschaffen

2 Der Schriftsteller Martin Walser (*1926) hatte anlässlich der Verleihung des Friedenspreises des deutschen Buchhandels am 11. Oktober 1998 in der Frankfurter Paulskirche gesagt: „Auschwitz eignet sich nicht dafür, Drohroutine zu werden, jederzeit einsetzbares Einschüchterungsmittel oder Moralkeule oder auch nur Pflichtübung." Diese Rede rief eine heftige Kontroverse hervor; die Äußerungen Walsers wurden z.T. als Vorwurf interpretiert, der Hinweis auf den Holocaust werde von manchen zur Verletzung der Deutschen und als Mittel für politische Forderungen missbraucht.

3 **Contenance:** Haltung

4 **Wladimir Putin:** Präsident Russlands 2000–2008

**Material 2:**

ARD-Zweiteiler „Die Flucht": Maria Furtwängler als Lena Gräfin von Mahlenberg. Während eines Fliegerangriffs auf den von ihr geführten Flüchtlingstreck drückt sie ihre Tochter schützend an sich. Dieses Szenenfoto wurde auch in der Werbung für den Film eingesetzt.

Hat die Geschichtswissenschaft ihre Deutungshoheit also schon an das Fernsehen und seine Stars verloren? Private wie öffentlich-rechtliche Sender investieren immer gewaltigere Beträge in die quotenträchtige Aufbereitung von Zeitgeschichte, und mit TV-Blockbustern wie der *Luftbrücke* oder *Speer und er* setzt sich die Meinung durch, man könne ein breites Publikum für Geschichte interessieren. Deshalb fragen Historiker wie Fabio Crivellari bang nach den Folgen der fernsehtypischen Popularisierung für ihr Fach.

Die Furcht, „visuelle Rituale" könnten die intellektuelle Kontroverse irgendwann ersetzen, lässt sich anhand der *Flucht* leicht nachvollziehen. Mit seiner schematischen, auf wenige positive Leitfiguren fixierten Dramaturgie zeigt der Film das Hauptproblem des Einfühlungsfernsehens: dass das emotionsgeladene Bild die eigentlichen Konflikte überlagert. Wenn deutsche und französische Zivilisten gemeinsam vom Krieg überrollt werden, wenn Mütter ihre Kinder panisch an sich pressen, verlieren historische Kategorien ihren Sinn, die Frage nach politischen Ursachen erscheint zynisch. Hier bewahrheitet sich Crivellaris These, durch ritualisierte Darstellung würden Filmsequenzen zu Ikonen, differenzierende Kommentare hingegen versendeten sich.

Mit den neuesten Geschichtsmelodramen etabliert sich ein pseudoaufklärerischer Diskurstyp, der Bedeutsamkeit nur vortäuscht. Das ist besonders fatal, wenn ein gutes Drehbuch inhaltliche Differenzierung anstrebt, diese aber unwirksam bleibt. So versucht die Autorin der *Flucht,* Gabriela Sperl, einen Revanchismusverdacht[5] zu entkräften, den zahlreiche andere, einseitigere Vertreibungs- und Bombenkriegsfilme der vergangenen zweieinhalb Jahre nahegelegt haben. Sie nennt als wichtigste Ursache des millionenfachen deutschen Vertriebenenelends das von den Nazis verhängte Evakuierungsverbot: Flucht wurde erst erlaubt, als es zu spät war. Vor allem vermeidet Sperl den selbstgerechten Gestus vieler Dokumentarfilmautoren, die sich momentan als Anwälte mundtot gemachter Opfer aufspielen – auch wenn deren Schweigen, gerade über die massenhaften Vergewaltigungen durch die Rote Armee, meist weniger auf politisch-ideologischen[6] Verdikten[7] als auf Scham beruhte und dem verzweifelten Wunsch zu vergessen.

Diese Scham, das erstickende Gefühl tiefster Demütigung, wird im Film auf berührende Weise dargestellt. Aber erleiden muss es natürlich nicht die Hauptfigur. Da bleibt der Film ganz der Logik des Affektfernsehens verhaftet: Die Gräfin ist nur als Heldin, nicht als Opfer und schon gar nicht als Täterin vorstellbar. Ihre auratische[8] Erscheinung lässt Wessels Andeutungen über die Mitschuld des deutschen Adels am Nationalsozialismus

---

**5 Revanchismus:** Rache, Vergeltung; hier das Verlangen, die verlorenen Ostgebiete wieder in die Bundesrepublik einzugliedern

**6 ideologisch:** weltanschaulich, durch ein System von Grundeinstellungen und Wertungen bestimmt

**7 Verdikt:** Urteil, Entscheidung

**8 auratisch:** hier: von positiver Ausstrahlung geprägt

verblassen und den bundesrepublikanischen Gründungsmythos von der Integrität alter deutscher Eliten aufleben. Es ist, als wäre der wissenschaftliche Nachweis nie geführt worden, dass der typische Adlige zwischen 1933 und 1945 eine Stütze des Regimes war – nachzulesen etwa in Stefan Malinowskis Buch *Vom König zum Führer.*

„Am trivialsten und gefährlichsten ist das Fernsehen, wenn es sich anspruchsvoll gibt und als Vermittler bedeutsamer kultureller Botschaften auftritt“, hat der amerikanische Medientheoretiker Neil Postman behauptet. Die größte Gefahr der konventionellen deutschen Geschichtsspielfilme liegt darin, dass sie den Stand der zeitgeschichtlichen Forschung nicht abzubilden wissen. So erzeugen sie nachtragende Scheindebatten, setzen Standards für eine naive Geschichtsdidaktik[9], deren Gebote lauten: Du sollst nichts voraussetzen, nicht irritieren, nichts erörtern. Das Ergebnis ist für den Zuschauer besonders dann schwer erträglich, wenn er eines der herausragenden Bücher zum Thema gelesen hat, etwa Wolfgang Benz' *Ausgrenzung, Vertreibung, Völkermord* oder Nicholas Stargardts *Maikäfer flieg. Hitlers Krieg und die Kinder.*

**9 Geschichtsdidaktik:** Wissenschaft vom Lehren der Geschichte

Unser Problem als Rezipienten ist ja, dass wir in einer medientheoretischen Zwischenzeit leben: Das Fernsehen hat den Rang eines Leitmediums inne, aber unsere Erwartungen an einen seriösen Diskurs sind noch von der Schriftkultur geprägt. Im Vergleich mit deren Reflexionsmöglichkeiten scheinen Filme wie *Die Flucht* schmählich unterlegen, ihre Bilder sind ein Ausdruck intellektueller Ohnmacht. Denjenigen Verfechtern billigen Gefühlsfernsehens allerdings, die behaupten, man könne nun mal keine komplexen historischen Spielfilme produzieren, seien Kinofilme wie *Das Leben der Anderen*[10] entgegengehalten. Und das Medium Fernsehen ist einfach zu jung, um sich schon jetzt auf einen Status quo zu berufen.

*(aus: Die Zeit, 01.03.2007)*

**10 Das Leben der Anderen** (2006): mit verschiedenen Filmpreisen ausgezeichneter Film des Regisseurs Florian Henckel von Donnersmarck zur Arbeit der Stasi in der DDR

## Material 3:

**Filmdokument:** filmisches Quellenmaterial mit höchster Authentizität, also [...] originale Bilder von Personen, Gegenständen und Ereignissen, deren Live-Charakter erhalten sein muss, d.h. sie dürfen nicht nachträglich kommentiert worden sein

**Dokumentarfilm:** Im Gegensatz zum Filmdokument steht hier eine Reproduktion von Wirklichkeit unter bestimmten thematischen Aspekten im Mittelpunkt, die sich der einzelnen Filmdokumente bedient und sie im Sinne der inhaltlichen Zielsetzungen des Filmemachers kommentierend oder interpretierend aneinanderreiht.

**Spielfilm:** Im Gegensatz zum scheinbar sachlichen Bericht des nonfiktionalen Dokumentarfilms wird beim Spielfilm der fiktionale Charakter, der in hohem Maß die Emotionen anspricht, häufig besonders betont. Dies gilt auch für den historischen Spielfilm oder Historienfilm. [...] Bei diesem etwas irritierenden Terminus ist mit „historisch“ der Inhalt gemeint, nicht die Tatsache, dass es sich um ein Zeugnis aus der Geschichte des Films handelt.

*(aus: Peter Meyers: Film im Geschichtsunterricht, 1998)*

**1** Sammeln Sie in Ihrer Lerngruppe in Form eines Blitzlichts (→ S. 350) Meinungen zum Text „Die Ohnmacht der Bilder".

**2** **a** Analysieren Sie das Thema auf S. 102, indem Sie die Aufgabenstellung den im Merkkasten auf S. 92 genannten Aufgabentypen zuordnen.
**b** Füllen Sie zur weiteren Klärung der Aufgabenstellung die folgende Übersicht in Ihren Unterlagen aus:

***Erörterung: Vermittlung von Geschichte durch historische TV-Spielfilme: Vorzüge und Mängel***

| ***Im Thema geforderte Aspekte:*** | ***Stoff:*** |
|---|---|
| – … | – *geeignete Inhalte der Materialien* |
| – … | – … |
| – … | |

## Phase 2: Sich mit dem Thema und den Materialien auseinandersetzen

Die **Stoffsammlung zum Erörterungsauftrag** legen Sie mit den Techniken an, die Sie vom nicht-textgebundenen Erörtern kennen (→ S. 94 f.).
Auch die Materialien dienen als Reservoir für Ihre Stoffsammlung und geben Anregungen für weitere Aspekte.

**!** **Tipps zum Anlegen einer Stoffsammlung für das materialgestützte Erörtern**

1. Erstellen Sie **zunächst unabhängig von den Texten** nach den bekannten Verfahren eine **Stoffsammlung** (→ S. 94). Entwickeln Sie eine **geordnete Stoffsammlung** (→ S. 95) und vertiefen Sie dabei Ihr Verständnis der Fragestellung.

2. **Erarbeiten Sie die Texte** erst dann gründlich und gezielt, wenn Sie die Fragestellung bereits selbst durchdacht haben. Die Texte haben manchmal eine andere Fragestellung und setzen andere Schwerpunkte, aber bieten doch Aspekte, Argumente und Beispiele für die Problemstellung Ihres Arbeitsauftrags. Das Anlegen einer eigenen Stoffsammlung vor der genauen Lektüre soll Ihnen helfen, Distanz zur Argumentation und zu den Inhalten der Vorlagen zu gewinnen. **Lesen Sie die Texte mehrmals** unter der eigenen Fragestellung und **unterstreichen** Sie in Kopien der Texte relevante Stellen.

3. **Ergänzen Sie Ihre geordnete Stoffsammlung mit Hilfe Ihrer Funde;** eventuell müssen Sie das eigene Konzept mit Hilfe neu gewonnener Gesichtspunkte überarbeiten. Lösen Sie sich von den Textvorlagen, indem Sie übernommene Punkte selbstständig formulieren. Notieren Sie sich, aus welchem Text Sie die Anregung jeweils übernommen haben.

**1** **a** Klären Sie Ihre eigenen Prämissen (→ S. 345), indem Sie Ihre Erwartungen an Geschichtsdarstellungen formulieren.
**b** Notieren Sie Ihre Erfahrungen mit historischen Spielfilmen im Fernsehen. Ordnen Sie Ihre Notizen nach den Gesichtspunkten Intentionen, Eigengesetzlichkeit und Wirkung.
**2** Untersuchen Sie den Text „Die Ohnmacht der Bilder" (→ S. 102 ff.):
**a** Klären Sie unbekannte Begriffe.
**b** Markieren Sie in einer Kopie des Textes Informationen und Argumente, die für das Thema relevant sind.
**c** Arbeiten Sie die These und die Prämissen des Textes heraus.
**3** Prüfen Sie, wie Sie das Szenenfoto (Material 2) zur Stützung Ihrer Ergebnisse heranziehen können.
**4** Führen Sie Ihre Materialien aus den Aufgaben 1, 2 und 3 in einer Stoffsammlung zusammen. Sie können dabei Aspekte der folgenden Stoffsammlung übernehmen und in Ihren Unterlagen ergänzen.

**Stoffsammlung: Vorzüge und Mängel der Vermittlung von Geschichte durch historische TV-Spielfilme**

**Intentionen des Films**
*(Finger:) Identifikation ermöglichen, hier: „Sehnsucht nach kollektiver Selbstaussöhnung […] befriedigen" (Z. 23 f.), Emotionen wecken, nur angeblich aufklären, Affekte erregen; nichts voraussetzen, nicht irritieren, nicht erörtern, breites Publikum für Geschichte interessieren; (eigene Beiträge:) unterhalten, Interesse erregen und anregen, (Finger:) hohe Einschaltquoten*

**Der Film in seiner Eigengesetzlichkeit**
*Fiktionalität:*
*(Eigene Beiträge:) Erdachte Figuren und Handlung unter Berücksichtigung der historischen Wirklichkeit.*
*In welcher Weise wird historische und gesellschaftliche Wirklichkeit gesehen und dargestellt (konstruiert)? Oft historische Richtigkeit der Fakten, verschiedene Grade der Glaubwürdigkeit, ein angemessenes, zeitgemäßes Geschichtsbild (Deutung und Bewertung des Geschehens), daneben stark vereinfachte, falsche oder manipulierende Darstellung (Finger: problematische Bewertung des deutschen Adels in „Die Flucht");*
*(Finger:) inhaltliche Differenzierung möglich;*
*(eigener Beitrag:) Glaubwürdigkeit und Zuverlässigkeit werden vorgetäuscht.*
*Dramatische und erzählende Elemente: …*
*Multimedialität: Bild, Sprache und Musik …*

**Wirkung**
*(Eigener Beitrag:) Der Film entsteht im Kopf des Betrachters: unterschiedliche, schwer messbare Rezeption;*
*(Finger:) massive Beeinflussung der Geschichtsbilder durch den TV-Film oder*
*(eigener Beitrag:) Anstoß zur kritischen Auseinandersetzung (wie es Finger vormacht).*
*(Eigene Beiträge:) Abhängig von den Voraussetzungen der Zuschauer: Wissen, Lebenswelten, Kenntnis der Gattung, z. B. häufig hohe Medienkompetenz, auch durch eigenen Gebrauch von Videokameras.*

**5** Ordnen und sichten Sie Ihre Materialsammlung (→ S. 95).
Streichen Sie ungeeignete Aspekte und markieren Sie Vorzüge und Mängel mit unterschiedlichen Farben.

## Phase 3: Die Ergebnisse darstellen

Die Gliederung muss die Gedankenführung des Aufsatzes in knappster Form abbilden.
Sie folgt den gleichen formalen Prinzipien wie die Gliederung des freien Erörterns.
Argumente, Beispiele, Belege und Informationen der Materialien werden an geeigneter Stelle in den eigenen Gedankengang mit einbezogen.

***Gliederung: Vorzüge und Mängel der Vermittlung von Geschichte durch historische TV-Spielfilme***

*A. Formen der Darstellung von Geschichte*
*B. Vorzüge und Mängel des historischen Spielfilms im Fernsehen und Kino bei der Vermittlung von Geschichte*
- *I. Begrenzte Möglichkeiten der historischen Spielfilme für die Vermittlung von Geschichte*
  - *1. Intentionen der Produzenten: Orientierung an einem Adressatenbild*
    - *a) Starkes Unterhaltungsbedürfnis und geringe Kritikbereitschaft beim durchschnittlichen Fernsehpublikum*
    - *b) Wirtschaftliches Interesse an hohen Einschaltquoten*
  - *2. Fiktionalität der Darstellung: …*
    - …
  - *3. Eigengesetzlichkeit des Erzählens und des Dramatischen im Film: …*
    - …
  - *4. Multimedialität*
    - *a) Möglichkeit anschaulicher Darstellung*
    - *b) Schwierigkeit der Darstellung von allgemeinen Zusammenhängen und Komplexität*
    - *c) Erfahrene Rezipienten im Zeitalter visueller Orientierung*
    - …
  - *5. Wirkung auf den Zuschauer: …*
  - …
- *II. Abwägendes Urteil (Zusammenfassung): Verantwortung des Produzenten und des Rezipienten für die Vermittlung von Geschichte in Spielfilmen*

*C. Anforderungen an einen gelungenen historischen Spielfilm*

**1** **a** Prüfen Sie, in welchen Abschnitten der Gliederung Vorzüge und in welchen Mängel des historischen Spielfilms angesprochen werden.
**b** Beschreiben Sie den vorliegenden Gliederungstyp (→ S. 90).
**c** Ergänzen Sie die Gliederung in Ihren Unterlagen.
**2** Skizzieren Sie andere Möglichkeiten einer Gliederung zum Thema und diskutieren Sie diese.

**Vorzüge und Mängel der Vermittlung von Geschichte durch historische TV-Spielfilme (Punkt B.I.5 der Gliederung)**

| | |
|---|---|
| *Die Intentionen der Produzenten sowie die Eigengesetzlichkeit des Mediums Film setzen dem Geschichtsverständnis also gewisse Grenzen, eröffnen aber auch manche Möglichkeiten, die die Schriftkultur nicht hat.* | Zusammenfassung bisheriger Ergebnisse |
| *Aber sie allein bestimmen noch nicht das Geschichtsverständnis des Publikums.* | Überleitung |
| *Es sind die realen Rezipienten – nicht die vom Produzenten vorgesehenen Adressaten –, die auf der Grundlage des Angebotenen ihr Verständnis des Films konstruieren. Diesen Aspekt hat Finger in ihrem Artikel völlig außer Acht gelassen.* | neuer Aspekt |
| *Allerdings sind die Rezeptionsweisen kaum messbar, es sei denn, man führte eine sehr differenzierte Befragung unmittelbar nach der Sendung und noch einmal zu einem späteren Zeitpunkt durch.* | Argument |
| *Sicherlich gibt es ein breites Spektrum von Rezeptionen. Sie hängen unter anderem ab von der Vertrautheit des Zuschauers mit der Gattung, von seinem Wissen und seinen Erfahrungen. So wird ein medienkompetenter Zuschauer, der selber Filme dreht, die Filmsprache und deren Ziele durchschauen. Ein historisch gebildeter Adressat wird seine Kenntnis von Zusammenhängen in die Rezeption einbringen, wie z.B. sein Wissen über die Ursachen und den Verlauf des Krieges und die großen Fluchtbewegungen im 20. Jahrhundert; er wird auch die historischen Fakten überprüfen und das präsentierte Geschichtsbild kritisch hinterfragen können. Evelyn Finger selbst ist dafür ein gutes Beispiel. Schließlich wird ein Zeitzeuge, der selbst die Flucht erlebt hat, von dem gezeigten Leid zutiefst getroffen sein und sich vielleicht darüber ärgern, dass ausgerechnet eine Adlige zur heldenhaften Führerin des Trecks stilisiert wird. Ein Jugendlicher hingegen mag die Grausamkeiten der Flucht erschrocken zur Kenntnis nehmen und der Liebesgeschichte gebannt folgen. Die Intentionen der Produzenten, die Machart des Filmes und die Deutung des Filmes durch den Rezipienten bestimmen im Wechselspiel miteinander, wie Geschichte in historischen Spielfilmen erfahren wird.* | Argument |

**3** Komplettieren Sie in Ihren Unterlagen die Analyse der Argumentation im Textbeispiel.

**4** Erläutern Sie, welche Rolle der Ausgangstext in diesem Textausschnitt spielt.

**5** Führen Sie die übrigen Punkte der Gliederung aus. Orientieren Sie sich an den Hinweisen zur Ausarbeitung der Erörterung im Abschnitt zur nicht-textgebundenen Erörterung (→ S. 99 ff.).

## Phase 4: Den Aufsatz überarbeiten

**1** Prüfen Sie Ihren Text anhand der Checkliste auf S. 91 (Phase 4), eventuell auch im Team (→ S. 355 f.).

**2** Kontrollieren Sie Ihren Text auch unter folgenden Gesichtspunkten:
- Ist eine eigenständige Argumentation entstanden?
- Haben Sie die Materialien dennoch ausreichend berücksichtigt?
- Sind Zitate korrekt und gut in den Textfluss eingebunden; stimmt die indirekte Rede?
- Haben Sie sich in Ihren Formulierungen von denen der Textvorlage gelöst?

# 3.4 Erörtern literarischer Themen

## Phase 1: Sich dem Thema annähern

Auch für das Erörtern literarischer Themen gibt es unterschiedliche Fragestellungen. Sie ähneln in ihrer Form den in Kapitel B 3.2 und B 3.3 behandelten Arten des textgebundenen und nicht-textgebundenen Erörterns. Die dort dargestellten Themenanalysen (→ S. 92 f., S. 105) sind auch auf das literarische Erörtern anwendbar. Der Gegenstand des literarischen Erörterns ist jedoch immer Literatur; d.h. literarische Werke oder Sachverhalte, die die Literatur betreffen.

!

**Themenstellungen für das Erörtern literarischer Themen**

Beim Erörtern literarischer Themen lassen sich je nach Bezug des Erörterungsauftrags zur Literatur folgende Arten unterscheiden:

**Erörtern literarischer Themen**

a) Erörterung zu einem vorliegenden literarischen Text

b) Erörterung zu einem vorliegenden Sachtext zu einem literarischen Thema

c) Erörterung zu einem oder mehreren literarischen Texten, die Ihnen nicht vorliegen; werkgebundene Fragestellung; Wahl der Werke – eventuell mit Einschränkungen – offen

d) nicht-textgebundene Erörterung zu einer allgemeinen Frage der Literatur wie Literaturkritik, Lesen literarischer Werke, Literaturzensur

Bei Themenstellungen des Typs a) muss der Text in der Regel unter einer gegebenen Fragestellung zuvor erschlossen, bei b) analysiert werden (siehe Kapitel „Schreiben über Literatur – poetische Texte interpretieren" → S. 34 ff.; Kapitel zur Sachtextanalyse → S. 66 ff.).
Bei den textgebundenen Themenstellungen müssen Sie die Aufgabe zur Textanalyse bzw. -erschließung und den eigentlichen Erörterungsauftrag sowie dessen Beziehung zum Text sorgfältig analysieren.
Wie bei den anderen Arten des Erörterns gibt es beim literarischen Erörtern Themen, die einen linearen (→ S. 92) oder aber einen antithetischen (→ S. 92) Aufbau fordern.

**1** Analysieren Sie die folgenden Beispielthemen. Ordnen Sie diese den im Merkkasten genannten Arten des literarischen Erörterns zu. Bestimmen Sie auch, ob eine lineare oder eine antithetische Erörterung (→ S. 92) gefordert ist.

**1.** „Da macht ein Hauch mich von Verfall erzittern" (Georg Trakl: Verfall). Stellen Sie mit Hilfe geeigneter Beispiele unterschiedliche Gestaltungen des Phänomens „Verfall" in literarischen Werken dar. Gehen Sie dabei auch auf den jeweiligen literaturgeschichtlichen Hintergrund ein.

*(Abituraufgabe 2007)*

**2.** „Niemand kann für seine Träume." (Christa Wolf: Kassandra)
In vielen literarischen Werken spielen Träume eine große Rolle. Untersuchen Sie in zwei geeigneten Werken, welche Träume die Figuren haben, in welcher Weise die Figuren mit ihnen umgehen und welche Funktion die Träume im Text haben. Berücksichtigen Sie dabei den literaturgeschichtlichen Hintergrund.

**3.** Stellen Sie Erscheinungsformen gegenwärtiger Literaturkritik dar; beziehen Sie auch massenmedial verbreitete Literaturkritik mit ein. Diskutieren Sie Chancen und Probleme dieser Literaturkritik für den Leser/die Leserin.

**4.** Analysieren und interpretieren Sie Ingo Schulzes Text Nr. 8 aus seinem Werk „33 Augenblicke des Glücks" (→ S. 48 ff.) und erörtern Sie, was Glück in anderen literarischen Werken bedeutet.

**5.** Die Frage nach Schuld ist ein zentrales Thema in vielen literarischen Werken seit Anbeginn. Untersuchen Sie die Darstellung dieses Themas anhand zweier ausgewählter Werke. Beziehen Sie den jeweiligen historischen oder literaturgeschichtlichen Hintergrund mit ein.

**2** Wie bei den anderen Formen des Erörterns müssen Sie auch beim literarischen Erörtern gegebenenfalls die Schlüsselbegriffe des Themas klären.
Definieren und bestimmen Sie mit den Ihnen bekannten Verfahren (→ S. 93 f.) den Schlüsselbegriff in Thema 5.

## Phase 2: Sich mit dem Thema auseinandersetzen

Bei einer literarischen Erörterung im Anschluss an einen Text nehmen Sie die für den Erörterungsauftrag bedeutsamen Ergebnisse der Texterschließung in Ihre Stoffsammlung auf. Bei den nichttextgebundenen Aufgabenstellungen müssen Sie die Untersuchungsaspekte und das Material für Ihre Argumentation ohne die Anregung durch einen vorgegebenen Text finden.

***Mind-Map: Untersuchungsfragen zum Thema „Schuld" in literarischen Texten***

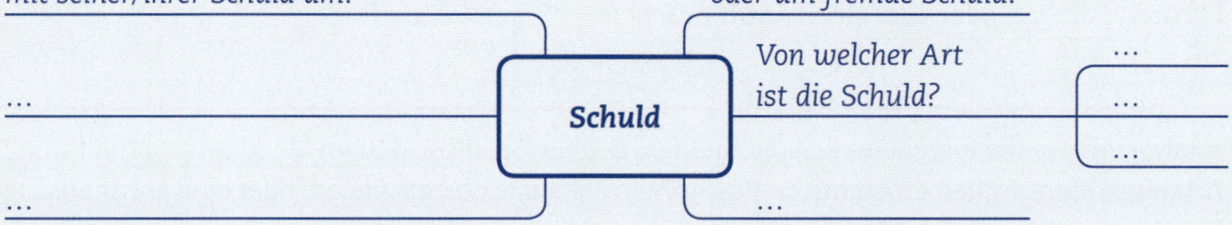


**1** Ergänzen Sie die Zusammenstellung von Untersuchungsfragen zu Thema 5 in Ihren Unterlagen. Fügen Sie bei Bedarf weitere Äste und Zweige ein. Lassen Sie sich dazu von literarischen Texten anregen, die Ihnen zum Thema Schuld einfallen.

Wenn die zu behandelnden Texte nicht vorgegeben sind, sollten Sie für Ihre Erörterung Werke aussuchen,

- in denen das vorgegebene Thema (z.B. „Schuld") sehr wichtig ist,
- die Sie gut kennen, sodass Sie genügend treffende Argumente und Beispiele anführen können,
- für die es interessante Vergleichsaspekte gibt, z.B. auf Grund gegensätzlicher Standpunkte.

Im Folgenden wird das Thema Schuld anhand von Goethes „Iphigenie auf Tauris" (1787) und Max Frischs „Homo faber" (1957) erörtert.

**Inhaltsangabe zu „Homo faber" von Max Frisch**

„Homo faber". Faber mit Sabeth. Verfilmung des Romans von Volker Schlöndorff, 1991

Walter Faber ist Ingenieur und arbeitet in Entwicklungsländern, um, wie er sagt, „den Tod abzuschaffen". Er ist fortschritts- und technikgläubig; hinter seinem Glauben an die Machbarkeit verbirgt er aber seine Angst vor der eigenen Kreatürlichkeit, vor Liebe, Krankheit und Tod. Er nimmt sich als Mensch nicht an, ebenso wie er zwanzig Jahre zuvor seine Geliebte Hanna und das Kind, das sie erwartete, nicht angenommen hat. Er empfahl Abtreibung und verlor Hanna aus den Augen. Aus beruflichen Gründen ist er in der ganzen Welt unterwegs, in Mittelamerika, den USA und Europa. Sein festgefügtes Weltbild ist bedroht, als sein Flugzeug in einer Wüste notlanden muss und er dabei den Bruder seines besten Freundes trifft. Er möchte darin aber keine schicksalhafte Fügung sehen, sondern hält diese Ereignisse für Zufälle im Rahmen der Wahrscheinlichkeitsrechnung. Auf einer Schiffsreise lernt er Sabeth kennen, ein junges Mädchen, das ihn an Hanna erinnert. Sie kommen sich näher, begegnen sich wieder in Paris und reisen zusammen durch Italien und Griechenland, wo Sabeths Mutter lebt. Spät erst erkundigt sich Faber nach Sabeths Familie und erfährt, dass sie Hannas Tochter ist; er will sich lange nicht seine Vaterschaft eingestehen. Als Sabeth während der Reise auf dem Boden schläft, von einer Schlange gebissen wird und aufschreit, läuft er – unbekleidet, wie er ist – auf sie zu; sie weicht vor ihm zurück, so seine Interpretation, stürzt und verliert das Bewusstsein. Verzweifelt bemüht er sich, ein Fahrzeug zu finden, das sie in ein Krankenhaus nach Athen bringt. Dort wird der Schlangenbiss behandelt, aber sie verstirbt an einem Schädelbruch, der nicht diagnostiziert worden ist. In Athen muss sich Faber mit Hanna auseinandersetzen, die ihrerseits Sabeth für sich allein hat haben wollen. Fabers Magenbeschwerden, die ihm schon lange zusetzen, die er aber immer bagatellisierte, zwingen ihn ins Krankenhaus. Es wird Magenkrebs diagnostiziert, der Roman endet kurz vor seiner Operation. Der Roman wird aus der Sicht Fabers erzählt, und zwar zum großen Teil im Rückblick nach dem Tod Sabeths. Faber springt dabei zwischen verschiedenen Zeitebenen, sodass nicht nur die Ereignisse seit dem Flugzeugabsturz zur Sprache kommen, sondern auch frühere Erfahrungen und Erlebnisse.

**2** Wählen Sie aus den genannten Werken von Goethe und Max Frisch für die Fragestellung geeignete Figuren aus. Beschränken Sie sich auf jeweils eine oder wenige Figuren, um die Untersuchung gründlich anlegen zu können. Stellen Sie die in Aufgabe 1 auf S. 110 entwickelten Fragen an die gewählten Texte bzw. formulieren Sie anhand der Texte weitere Fragen zum Thema Schuld.

**3** Ordnen und sichten Sie Ihr Material (→ S. 95).

## Phase 3: Die Ergebnisse darstellen

Die Aufgabenstellungen werden von Ihnen unterschiedliche Gliederungen verlangen. Gegebenenfalls müssen Sie einen Punkt dem vorgegebenen Text widmen; Sie müssen erkennen, ob ein linearer Aufbau erforderlich ist, bei dem Sie nach Sachaspekten gliedern, oder ein antithetischer Aufbau, bei dem Sie nach Sachaspekten oder nach Pro und Kontra gliedern können.

***Schuld in „Iphigenie auf Tauris" und in „Homo faber" (Beispiel für eine Gliederung zu Thema 5)***

*A. Schuld als Thema der Literatur*
*B. Moralisches Handeln in einem klassischen Drama und fehlende Selbstannahme in einem modernen Roman*
*I. Moralische Konfliktsituation und ihre Lösung aus idealistischer Sicht in Goethes „Iphigenie auf Tauris"*
*1. Handlung: Iphigenies Entscheidung für den lebensbedrohlichen Weg*
*2. Iphigenies Maßstab: Menschlichkeit im Sinne des Humanitätsideals der Klassik*
*3. Iphigenies Auseinandersetzung mit Schuld und deren mögliche Folgen*
*a) Tragische Konfliktsituation: zwangsläufige Schuld*
*b) Innerer Kampf Iphigenies und ihre Entscheidung für die Wahrheit*
*c) Ausbleiben von Schuld und Strafe durch die humane Haltung des Thoas*
*II. Verfehltes Leben durch mangelnde Selbstannahme in dem modernen Roman „Homo faber" von Max Frisch*
*1. Handlung: Ablehnung von Vaterschaft; Inzest und Unfall der Tochter*
*2. Maßstäbe Hannas und des Autors: Identischsein und Offenheit als Aufgabe des Menschen*
*a) Annahme der Menschen seiner Umgebung*
*b) Annahme seiner selbst in seiner Kreatürlichkeit und Vergänglichkeit*
*3. Fabers Auseinandersetzung mit seiner Schuld und deren Folgen*
*a) Rechtfertigung, Trauer und Selbstbezichtigung*
*b) Verlust der Geliebten und Tochter als Strafe*
*c) Vergebung Hannas und Fabers punktuelle Annahme seiner Kreatürlichkeit*
*III. Vergleich: Der Held und seine Gefährdung durch tragische Schuld in der traditionellen Literatur; der gebrochene Held und sein verfehltes Leben in moderner Literatur*
*C. Schuldbegriffe in weiteren literarischen Werken, Philosophie und Religion*

**1** Bestimmen Sie den Typ der Gliederung (→ S. 90).
**2** Untersuchen Sie die Gliederung auf logische und sprachliche Stimmigkeit hin.
**3** Wählen Sie ein weiteres Beispielthema von S. 109 f., das Sie auf Grund Ihrer Lektüre bearbeiten können. Fertigen Sie gemeinsam eine Stoffsammlung an und entwerfen Sie eine Gliederung. Orientieren Sie sich jeweils entsprechend an den Kapiteln zum textbezogenen bzw. nicht-textbezogenen Erörtern.

Beim werkbezogenen literarischen Erörtern fungieren ähnliche Elemente als Thesen, Argumente, Beispiele und Belege wie beim Erschließen literarischer Texte (→ S. 37); die sprachliche und gattungstypische Gestaltung des Textes spielt hier jedoch nur eine untergeordnete oder keine Rolle.

!

**Argumentationsstruktur in der werkbezogenen literarischen Erörterung**

**These:** Beantwortung der Themenfrage, Zusammenfassung der Argumente

↕

**Argumente:** Resultate der Untersuchung einzelner Aspekte, evtl. Subargumente (→ S. 345)

↕

**Beispiele:** Inhalte wie Handlungen, Verhaltensweisen, Sitten, Einrichtungen

↕

**Belege:** Zitate oder sinngemäße Wiedergabe geeigneter Textstellen (wenn möglich)

***„Schuld" in „Iphigenie auf Tauris" und „Homo faber" (Punkt B.II.2)***

*Wer setzt hier Maßstäbe, um Schuld zu definieren? Faber bleibt sich selbst gegenüber bis zum Schluss weitgehend blind, seine bewusst angelegten Maßstäbe sind – von wenigen Momenten abgesehen – die eines rationalen Technikers, der sich an der Wahrscheinlichkeitstheorie orientiert. Darum kann er sich selbst und seine Handlungen kaum beurteilen. Maßstäbe formuliert Hanna in einem Gespräch mit Faber. Auch der Verfasser urteilt über Faber, und zwar durch wiederkehrende Motive und Verhaltensweisen Fabers, die sich dem kritischen Leser erschließen.*

*Klärung der Grundlage für die Argumentation*

*Faber kann andere Menschen nicht annehmen. So zeigt er sich für Hanna und ihre Bedürfnisse nicht offen, will sich nicht binden, wofür er viele Ausflüchte findet. Er verlässt die schwangere Frau, ohne je wieder nach ihr zu fragen. Hanna macht ihm aber vor allem zum Vorwurf, dass er das noch ungeborene Kind nicht angenommen habe. Tatsächlich hat er sofort, als er von der Schwangerschaft erfuhr, zur Abtreibung geraten. Entlastend für Faber ist, dass auch Hanna ihn schließlich nicht als Vater angenommen hat; sie hat ihrer Tochter nie ihren Vater genannt.*

*Subargument 1*

*Faber kann auch sich selbst als Mensch nicht annehmen. Er ignoriert sein Altern, seine Vergänglichkeit und damit seine Kreatürlichkeit. Hanna sieht in seiner Beziehung zu Sabeth den Versuch Fabers, seine Beziehung zu ihr, Hanna, noch einmal zu leben, als sei er nicht älter geworden. Die Analyse Hannas wird durch Äußerungen und das Verhalten Fabers unterstützt: Er bekundet mehrfach indirekt seine Angst vor dem Tod und seine Abscheu vor Werden und Vergehen, z.B. im Dschungel; er vertritt die Meinung, der Mensch habe den Tod durch Penicillin besiegt. Faber leugnet sein Alter und seine schwere Erkrankung, er liebt die „Verdünnung der Zeit durch Geschwindigkeit" – Faber reist ständig mit dem Flugzeug. Für ihn, den Techniker, ist alles wiederholbar. Die ethische Forderung, die in diesem Roman an einen Menschen gestellt wird, ist also die Fähigkeit, sich und andere als Menschen, auch in ihrer Kreatürlichkeit, anzunehmen, mit sich selbst identisch und für andere offen zu sein. Diese Anforderung verfehlt Walter Faber und wird dadurch auch ganz konkret schuldig.*

4 Überprüfen Sie die Argumentation im Ausschnitt aus einem Aufsatz auf S. 113 und setzen Sie die Analyse der Argumentationsstruktur in Ihren Unterlagen fort.
5 Untersuchen Sie, wie es der Verfasser des Aufsatzes vermieden hat, in eine Inhaltsangabe zu verfallen.
6 Arbeiten Sie heraus, welche Satzverknüpfungen die Gedankenführung verdeutlichen.
7 Setzen Sie die Argumentation fort, wenn Sie den Roman kennen.

Für **Einleitung** und **Schluss** können Sie sich an den entsprechenden Hinweisen zum nicht-textgebundenen Erörtern (→ S. 101) orientieren.
Bei einem werkbezogenen literarischen Thema gehen Sie in der Einleitung oder am Beginn des Hauptteils zusätzlich auf Autor/-in und Werk ein: Sie stellen das Werk sehr knapp vor und verorten darin das zu bearbeitende Thema. Im Schlussteil können Sie z. B. aktuelle Bezüge herstellen oder die in den Werken dargestellten Positionen diskutieren.

8 Schreiben Sie zu einem von Ihnen gewählten Thema eine Einleitung und einen Schluss. Diskutieren Sie Ihre Entwürfe in der Lerngruppe.

## Phase 4: Den Aufsatz überarbeiten

1 Überprüfen Sie Ihren Text anhand der Überarbeitungsvorschläge in der Checkliste auf S. 91 (Phase 4). Sie können auch im Team arbeiten (→ S. 355 f.).
2 Beachten Sie zusätzlich folgende Hinweise:
- Bedenken Sie, dass der Leser/die Leserin das Werk, über das Sie schreiben, vielleicht nicht so gut wie Sie kennt; Sie müssen also wo nötig die Kontexte zu inhaltlichen Details oder Zitaten nachtragen.
- Überprüfen Sie, ob Sie stellenweise in eine Inhaltsangabe verfallen sind. Streichen Sie diese Stellen oder beziehen Sie sie deutlich auf Ihr Argumentationsziel.
- Kontrollieren Sie Ihre Zitiertechnik, sofern Sie Zitate im Kopf haben. Berücksichtigen Sie dabei folgende Aspekte: Satzzeichen und Einbindung des Zitats in den Textfluss (→ S. 307), korrekte Verwendung des Konjunktivs in der indirekten Rede.
- Überprüfen Sie, ob Sie sich bei der Textwiedergabe genügend von der Textvorlage entfernt und eigenständig formuliert haben.
- Haben Sie – falls verlangt – den literaturgeschichtlichen Hintergrund in einem eigenen Punkt oder im Zusammenhang mit Ihrer Argumentation ausreichend berücksichtigt?
  Wird ein konkreter Bezug zwischen Werk und Epoche hergestellt und die bloße Aufzählung von Epochenmerkmalen vermieden?
- Waren zwei oder mehr Werke unter einer Fragestellung zu untersuchen, sollten Sie diese auch zueinander in Beziehung setzen. Kontrollieren Sie, ob Sie das in einem letzten Punkt, einer Zusammenfassung, oder bei der Behandlung des zweiten Werks getan haben.
- Betrachten Sie Ihren Schlussteil kritisch, um Selbstverständlichkeiten und Gemeinplätze zu vermeiden.

# C Sprachbetrachtung

Ernst Jandl und seine Lebensgefährtin, die Dichterin Friederike Mayröcker, 1982

der beschriftete sessel

ich habe einen sessel
da steht JANDL groß hinten drauf
wenn ich einmal nicht mehr weiß
bin ich es oder bin ich es nicht
muß ich mich nur hinsetzen
und warten bis von hinten einer
komm… es mir flüstern

*Ernst Jandl: der beschriftete sessel*
*Korrekturfassung 1977*

**Ernst Jandl: der beschriftete sessel** (1981)

ich haben ein sessel
stehn JANDL groß hinten drauf
wenn ich mal nicht wissen
sein ich's oder sein ich's nicht
ich mich nur hinsetzen müssen
und warten bis von hinten wer
kommen und mir's flüstern

**1** **a** Beschreiben Sie die Textänderungen in dem hier abgebildeten Überarbeitungsprozess.
**b** Tragen Sie zusammen, gegen welche Sprachnormen das Gedicht verstößt.

**2** Welche Funktion haben die sprachlichen Abweichungen im Gedicht nach Ihrer Auffassung?

**3** Vergleichen Sie den hier dargestellten Überarbeitungsprozess mit der Überarbeitung von Sachtexten – z. B. Literaturinterpretationen oder erörternden Texten. Gehen Sie auf unterschiedliche und auf gleiche Qualitätskriterien für poetische Texte und für Sachtexte ein.

## 1.1 Sprachkrise und moderne Literatur

### Sprachkrise um 1900

René Magritte: Der Verrat der Bilder (1928/29)

Was ist ein Wort? Die Abbildung eines Nervenreizes in Lauten.
*Friedrich Nietzsche: Über Wahrheit und Lüge im außermoralischen Sinne (1873)*

Die Sprache hat die Menschheit aus dem Paradies vertrieben.
*Fritz Mauthner: Eine Kritik der Sprache (1901)*

Wenn wir was reden, Livio, tauschen wir nur schale, abgegriffene Zeichen aus.
*Hugo von Hofmannsthal: Der weiße Fächer (1897)*

Die Welt des Schreibens und Schreibenmüssens ist voll von großen Worten und Begriffen, die ihre Gegenstände verloren haben.
*Robert Musil: Der Mann ohne Eigenschaften (1930)*

Wovon man nicht sprechen kann, darüber muss man schweigen.
*Ludwig Wittgenstein: Tractatus logico-philosophicus (1921)*

Wir sagen Mensch und Hund, weil man vor uns Mensch und Hund gesagt hat.
*Ferdinand de Saussure: Grundfragen der allgemeinen Sprachwissenschaft (1916)*

**1** **a** Wählen Sie aus den Zitaten auf S. 116 eines aus und erläutern Sie, wie Sie es verstehen.
**b** Reflektieren Sie, aus welchen Gründen gerade dieses Zitat Ihr Interesse geweckt hat.
**c** Erörtern Sie, inwiefern das abgebildete Werk des surrealistischen Malers René Magritte in den Kontext sprachphilosophischer Überlegungen passt.

**2** Entwerfen Sie unter Einbeziehung der Zitate auf S. 116 einen Cluster zu dem Begriff „Sprachkrise".

Friedrich Nietzsche: **Über Wahrheit und Lüge im außermoralischen Sinne** (1873) Auszug

[...] wie steht es mit jenen Konventionen der Sprache? Sind sie vielleicht Erzeugnisse der Erkenntnis, des Wahrheitssinnes: Decken sich die Bezeichnungen und die Dinge? Ist die Sprache der adäquate Ausdruck aller Realitäten?

Nur durch Vergesslichkeit kann der Mensch je dazu kommen zu wähnen: Er besitze eine Wahrheit in dem eben bezeichneten Grade. Wenn er sich nicht mit der Wahrheit in der Form der Tautologie, d. h. mit leeren Hülsen, begnügen will, so wird er ewig Illusionen für Wahrheiten einhandeln. Was ist ein Wort? Die Abbildung eines Nervenreizes in Lauten. Von dem Nervenreiz aber weiterzuschließen auf eine Ursache außer uns, ist bereits das Resultat einer falschen und unberechtigten Anwendung des Satzes vom Grunde. Wie dürften wir, wenn die Wahrheit bei der Genesis der Sprache, der Gesichtspunkt der Gewissheit bei den Bezeichnungen allein entscheidend gewesen wäre, wie dürften wir doch sagen: Der Stein ist hart. Als ob uns „hart" noch sonst bekannt wäre und nicht nur als eine ganz subjektive Reizung! [...] Die verschiedenen Sprachen nebeneinandergestellt zeigen, dass es bei den Worten nie auf die Wahrheit, nie auf einen adäquaten Ausdruck ankommt: Denn sonst gäbe es nicht so viele Sprachen. Das „Ding an sich" (das würde eben die reine, folgenlose Wahrheit sein) ist auch dem Sprachbildner ganz unfasslich und ganz und gar nicht erstrebenswert. Er bezeichnet nur die Relationen der Dinge zu den Menschen und nimmt zu deren Ausdrucke die kühnsten Metaphern zu Hilfe. Ein Nervenreiz zuerst übertragen in ein Bild! Erste Metapher. Das Bild wieder nachgeformt in einem Laut! Zweite Metapher. Und jedes Mal vollständiges Überspringen der Sphäre, mitten hinein in eine ganz andere und neue. Man kann sich einen Menschen denken, der ganz taub ist und nie eine Empfindung des Tones und der Musik gehabt hat: Wie dieser etwa die Chladnischen Klangfiguren[1] im Sande anstaunt, ihre Ursachen im Erzittern der Saite findet und nun darauf schwören wird, jetzt müsse er wissen, was die Menschen den Ton nennen, so geht es uns allen mit der Sprache. Wir glauben etwas von den Dingen selbst zu wissen, wenn wir von Bäumen, Farben, Schnee und Blumen reden, und besitzen doch nichts als Metaphern der Dinge, die den ursprünglichen Wesenheiten ganz und gar nicht entsprechen. Wie der Ton als Sandfigur, so nimmt sich das rätselhafte X des Dings an sich einmal als Nervenreiz, dann als Bild, endlich als Laut aus. Logisch geht es also jedenfalls nicht bei der Entstehung der Sprache zu, und das ganze Material, worin und womit später der Mensch der Wahrheit, der Forscher, der Philosoph arbeitet und baut, stammt, wenn nicht aus Wolkenkuckucksheim, so doch jedenfalls nicht aus dem Wesen der Dinge.

Denken wir besonders noch an die Bildung der Begriffe: Jedes Wort wird sofort dadurch Begriff, dass es eben nicht für das einmalige, ganz und gar individualisierte Urerlebnis, dem es sein Entstehen verdankt, etwa als Erinnerung dienen soll, sondern zugleich für zahllose, mehr oder weniger ähnliche, d. h.

1 **Chladnische Klangfiguren:** Muster, die auf einer mit Sand bestreuten dünnen Platte entstehen, wenn diese in Schwingungen versetzt wird, z. B. durch das Bestreichen einer Kante mit einem Geigenbogen

streng genommen niemals gleiche, also auf lauter ungleiche Fälle passen muss. Jeder Begriff entsteht durch Gleichsetzen des Nicht-Gleichen. [...]

Was ist also Wahrheit? Ein bewegliches Heer von Metaphern, Metonymien, Anthropomorphismen, kurz eine Summe von menschlichen Relationen, die, poetisch und rhetorisch gesteigert, übertragen, geschmückt wurden und die nach langem Gebrauche einem Volke fest, kanonisch und verbindlich dünken: Die Wahrheiten sind Illusionen, von denen man vergessen hat, dass sie welche sind, Metaphern, die abgenutzt und sinnlich kraftlos geworden sind, Münzen, die ihr Bild verloren haben und nun als Metall, nicht mehr als Münzen in Betracht kommen.

**1** Schlagen Sie unbekannte Begriffe in einem (philosophischen) Wörterbuch nach.

**2** **a** Ergänzen Sie das folgende Schaubild zu Nietzsches Sprachverständnis.

*Ding ⟶ Nervenreiz ⟶ … ⟶ …*

**b** Erläutern Sie anhand des Schaubilds Nietzsches Argumente gegen die Einschätzung, Sprache könne die Wirklichkeit angemessen erfassen.

**c** Arbeiten Sie Nietzsches Begriff von Wahrheit heraus.

**3** Nehmen Sie Stellung zu Nietzsches Auffassung von Wahrheit und von den Möglichkeiten sprachlicher Erfassung der Wirklichkeit.

## Hugo von Hofmannsthal: **Ein Brief** (1902) Auszug

Dies ist der Brief, den Philipp Lord Chandos, jüngerer Sohn des Earl of Bath, an Francis Bacon, später Lord Verulam und Viscount St. Albans, schrieb, um sich bei diesem Freund wegen des gänzlichen Verzichtes auf literarische Betätigung zu entschuldigen. [...]

Um mich kurz zu fassen: Mir erschien damals in einer Art von andauernder Trunkenheit das ganze Dasein als eine große Einheit: Geistige und körperliche Welt schien mir keinen Gegensatz zu bilden, ebenso wenig höfisches und tierisches Wesen, Kunst und Unkunst, Einsamkeit und Gesellschaft; in allem fühlte ich Natur, in den Verirrungen des Wahnsinns ebenso wohl wie in den äußersten Verfeinerungen eines spanischen Zeremoniells; in den Tölpelhaftigkeiten junger Bauern nicht minder als in den süßesten Allegorien; und in aller Natur fühlte ich mich selber; wenn ich auf meiner Jagdhütte die schäumende laue Milch in mich hineintrank, die ein struppiges Mensch einer schönen, sanftäugigen Kuh aus dem Euter in einen Holzeimer niedermolk, so war mir das nichts anderes, als wenn ich, in der dem Fenster eingebauten Bank meines Studios sitzend, aus einem Folianten süße und schäumende Nahrung des Geistes in mich sog. Das eine war wie das andere; keines gab dem andern weder an traumhafter überirdischer Natur noch an leiblicher Gewalt nach, und so ging's fort durch die ganze Breite des Lebens, rechter und linker Hand; überall war ich mitten drinnen, wurde nie ein Scheinhaftes gewahr: Oder es ahnte mir, alles wäre Gleichnis und jede Kreatur ein Schlüssel der andern, und ich fühlte mich wohl den, der im Stande wäre, eine nach der andern bei der Krone zu packen und mit ihr so viele der andern aufzusperren, als sie aufsperren könnte. [...]

Mein Fall ist, in Kürze, dieser: Es ist mir völlig die Fähigkeit abhandengekommen, über irgendetwas zusammenhängend zu denken oder zu sprechen.

Zuerst wurde es mir allmählich unmöglich, ein höheres oder allgemeineres Thema zu besprechen und dabei jene Worte in den Mund zu nehmen, deren sich doch alle Menschen ohne Bedenken geläufig zu bedienen pflegen. Ich empfand ein unerklärliches Unbehagen, die Worte „Geist“, „Seele“ oder „Körper“ nur auszusprechen. Ich fand es innerlich unmöglich, über die Angelegenheiten des Hofes, die Vorkommnisse im Parlament oder was Sie sonst wollen, ein Urteil herauszubringen. Und dies nicht etwa aus Rücksichten irgendwelcher Art, denn Sie kennen meinen bis zur Leichtfertigkeit gehenden Freimut: Sondern die abstrakten Worte, deren sich doch die Zunge naturgemäß bedienen muss, um irgendwelches Urteil an den Tag zu geben, zerfielen mir im Munde wie modrige Pilze. [...]

Allmählich aber breitete sich diese Anfechtung aus wie ein um sich fressender Rost. Es wurden mir auch im familiären und hausbackenen Gespräch alle die Urteile, die leichthin und mit schlafwandelnder Sicherheit abgegeben zu werden pflegen, so bedenklich, dass ich aufhören musste, an solchen Gesprächen irgend teilzunehmen. [...] Mein Geist zwang mich, alle Dinge, die in einem solchen Gespräch vorkamen, in einer unheimlichen Nähe zu sehen: So wie ich einmal in einem Vergrößerungsglas ein Stück von der Haut meines kleinen Fingers gesehen hatte, das einem Blachfeld[1] mit Furchen und Höhlen glich, so ging es mir nun mit den Menschen und ihren Handlungen. Es gelang mir nicht mehr, sie mit dem vereinfachenden Blick der Gewohnheit zu erfassen. Es zerfiel mir alles in Teile, die Teile wieder in Teile, und nichts mehr ließ sich mit einem Begriff umspannen. Die einzelnen Worte schwammen um mich; sie gerannen zu Augen, die mich anstarrten und in die ich wieder hineinstarren muss: Wirbel sind sie, in die hinabzusehen mich schwindelt, die sich unaufhaltsam drehen und durch die hindurch man ins Leere kommt. [...]

Seither führe ich ein Dasein, das Sie, fürchte ich, kaum begreifen können, so geistlos, so gedankenlos fließt es dahin; ein Dasein, das sich freilich von dem meiner Nachbarn, meiner Verwandten und der meisten Land besitzenden Edelleute dieses Königreiches kaum unterscheidet und das nicht ganz ohne freudige und belebende Augenblicke ist. Es wird mir nicht leicht, Ihnen anzudeuten, worin diese guten Augenblicke bestehen; die Worte lassen mich wiederum im Stich. Denn es ist ja etwas völlig Unbenanntes und auch wohl kaum Benennbares, das, in solchen Augenblicken, irgendeine Erscheinung meiner alltäglichen Umgebung mit einer überschwellenden Flut höheren Lebens wie ein Gefäß erfüllend, mir sich ankündet. Ich kann nicht erwarten, dass Sie mich ohne Beispiel verstehen, und ich muss Sie um Nachsicht bitten. Eine Gießkanne, eine auf dem Feld verlassene Egge, ein Hund in der Sonne, ein ärmlicher Kirchhof, ein Krüppel, ein kleines Bauernhaus, alles dies kann das Gefäß meiner Offenbarung werden. Jeder dieser Gegenstände und die tausend anderen ähnlichen, über die sonst ein Auge mit selbstverständlicher Gleichgültigkeit hinweggleitet, kann für mich plötzlich in irgendeinem Moment, den herbeizuführen auf keine Weise in meiner Gewalt steht, ein erhabenes und rührendes Gepräge annehmen, das auszudrücken mir alle Worte zu arm scheinen. [...] ich fühle ein entzückendes, schlechthin unendliches Widerspiel in mir und um mich, und es gibt unter den gegeneinanderspielenden Materien keine, in die ich nicht hinüberzufließen vermöchte. Es ist mir dann, als bestünde mein Körper aus lauter Chiffren, die mir alles aufschließen. Oder als könnten wir in ein neues, ahnungsvolles Verhältnis zum ganzen Dasein treten, wenn wir anfingen, mit dem Herzen zu denken. Fällt aber diese sonderbare Bezauberung von mir ab, so weiß ich nichts darüber auszusagen; ich könnte dann ebenso wenig in vernünftigen Worten darstellen, worin diese mich und die ganze Welt durchwebende Harmonie bestanden

1 **Blachfeld:** flaches Feld

und wie sie sich mir fühlbar gemacht habe, als ich ein Genaueres über die inneren Bewegungen meiner Eingeweide oder die Stauungen meines Blutes anzugeben vermöchte. Von diesen sonderbaren Zufällen abgesehen, von denen ich übrigens kaum weiß, ob ich sie dem Geist oder dem Körper zurechnen soll, lebe ich ein Leben von kaum glaublicher Leere [...].

Ich fühlte in diesem Augenblick mit einer Bestimmtheit, die nicht ganz ohne ein schmerzliches Beigefühl war, dass ich auch im kommenden und im folgenden und in allen Jahren dieses meines Lebens kein englisches und kein lateinisches Buch schreiben werde: und dies aus dem einen Grund, dessen mir peinliche Seltsamkeit mit ungeblendetem Blick dem vor Ihnen harmonisch ausgebreiteten Reiche der geistigen und leiblichen Erscheinungen an seiner Stelle einzuordnen ich Ihrer unendlichen geistigen Überlegenheit überlasse: nämlich weil die Sprache, in welcher nicht nur zu schreiben, sondern auch zu denken mir vielleicht gegeben wäre, weder die lateinische noch die englische noch die italienische oder spanische ist, sondern eine Sprache, von deren Worten mir auch nicht eines bekannt ist, eine Sprache, [...] in welcher ich vielleicht einst im Grabe vor einem unbekannten Richter mich verantworten werde. [...]

Ferdinand Hodler: Die Empfindung (1901/02)

**1** Skizzieren Sie die Entwicklungsphasen, die Lord Chandos in seinem Brief im Hinblick auf sein Verhältnis zur Sprache und zur Welt unterscheidet, und erläutern Sie die Veränderungen.

**2** Untersuchen Sie die Gestaltung des Textes:
- Erläutern Sie anhand von Beispielen die Funktion der sprachlichen Bilder.
- Überlegen Sie, warum Hofmannsthal die Thematik in Gestalt eines fiktiven Briefes behandelt.

**3** Bringen Sie Chandos' Darstellung einer neuen, intensiven Nähe zur Welt, die in Formulierungen wie „mit dem Herzen [...] denken" zum Ausdruck kommt, in Verbindung mit Hodlers Gemälde „Die Empfindung".

1906 wurde Robert Musil mit seiner ersten Erzählung „Die Verwirrungen des Zöglings Törleß" bekannt. Der autobiografisch geprägte Text erzählt vom Erwachsenwerden des jungen Törleß, der als Schüler in einem privaten Internat eine tiefe Sinnkrise erlebt. Diese entzündet sich an der Beobachtung des Mitschülers Basini, der von seinen Kameraden erpresst und gequält wird. In seiner Rechtfertigungsrede vor einem schulischen Gremium, das die Vorgänge um Basini untersucht, gibt Törleß auch Auskunft über sein Lebensgefühl, über seine Ich- und Sprachkrise.

Robert Musil: **Die Verwirrungen des Zöglings Törleß** (1906) Auszug

„... Ich habe vielleicht noch zu wenig gelernt, um mich richtig auszudrücken, aber ich will es beschreiben. Eben war es wieder in mir. Ich kann es nicht anders sagen, als dass ich die Dinge in zweierlei Gestalt sehe. Alle Dinge; auch die Gedanken. Heute sind sie dieselben wie gestern, wenn ich mich bemühe, einen Unterschied zu finden, und wie ich die Augen schließe, leben sie unter einem anderen Lichte auf. Vielleicht habe ich mich mit den irrationalen Zahlen geirrt; wenn ich sie gewissermaßen der Mathematik entlang denke, sind sie mir natürlich; wenn ich sie geradeaus in ihrer Sonderbarkeit ansehe, kommen sie mir unmöglich vor. Doch hier mag ich wohl irren, ich weiß zu wenig von ihnen. Ich irrte aber nicht bei Basini, ich irrte nicht, als ich mein Ohr nicht von dem leisen Rieseln in der hohen Mauer, mein Auge nicht von dem schweigenden Leben des Staubes, das eine Lampe erhellte, abwenden konnte. Nein, ich irrte mich nicht, als ich mein Ohr nicht von dem leisen Rieseln des Staubes, das eine Lampe erhellte, abwenden konnte. Nein, ich irrte mich nicht, wenn ich von einem zweiten, geheimen, unbeachteten Leben der Dinge sprach! Ich – ich meine es nicht wörtlich – nicht diese Dinge leben, nicht Basini hatte zwei Gesichter –, aber in mir war ein zweites, das dies alles nicht mit den Augen des Verstandes ansah. So wie ich fühle, dass ein Gedanke in mir Leben bekommt, so fühle ich auch, dass etwas in mir beim Anblicke der Dinge lebt, wenn die Gedanken schweigen. Es ist etwas Dunkles in mir, unter allen Gedanken, das ich mit den Gedanken nicht ausmessen kann, ein Leben, das sich nicht in Worten ausdrückt und das doch mein Leben ist ..."

„... Jetzt ist das vorüber. Ich weiß, dass ich mich doch geirrt habe. Ich fürchte nichts mehr. Ich weiß: Die Dinge sind die Dinge und werden es wohl immer bleiben; und ich werde sie wohl immer bald so, bald so ansehen. Bald mit den Augen des Verstandes, bald mit den anderen ... Und ich werde nicht mehr versuchen, dies miteinander zu vergleichen ..."

**1** Musils Protagonist Törleß spricht davon, dass er die „Dinge in zweierlei Gestalt sehe. [...] Bald mit den Augen des Verstandes, bald mit den anderen ...". Erläutern Sie diesen Gedanken in Form eines Partner-Schreibgesprächs (→ S. 354). Beziehen Sie dabei eigene vergleichbare Erfahrungen mit ein.

Rainer Maria Rilke: **Die Aufzeichnungen des Malte Laurids Brigge** (1910) Auszug

Noch eine Weile kann ich das alles aufschreiben und sagen. Aber es wird ein Tag kommen, da meine Hand weit von mir sein wird, und wenn ich sie schreiben heißen werde, wird sie Worte schreiben, die ich nicht meine. Die Zeit der anderen Auslegung wird anbrechen, und es wird kein Wort auf dem anderen bleiben und jeder Sinn wird wie Wolken sich auflösen und wie Wasser niedergehen. Bei aller Furcht bin ich schließlich doch wie einer, der vor etwas Großem steht, und ich erinnere mich, dass es früher oft ähnlich in mir war, eh ich zu schreiben begann. Aber diesmal werde ich geschrieben werden. Ich bin der Eindruck, der sich verwandeln wird. Oh, es fehlt nur ein Kleines, und ich könnte das alles begreifen und gutheißen. Nur ein Schritt, und mein tiefes Elend würde Seligkeit sein. Aber ich kann diesen Schritt nicht tun, ich bin gefallen und kann mich nicht mehr aufheben, weil ich zerbrochen bin.

---

**1** **a** Erläutern Sie Malte Laurids Brigges Äußerung, er sei „zerbrochen“.
**b** Fassen Sie den Eindruck zusammen, den Sie von der Figur in diesem Textauszug erhalten.

**2** Entwerfen Sie ein Schaubild, aus dem der Zusammenhang von Sprachkrise und Ich-Krise in Rilkes Romanauszug hervorgeht.

**3** Kommentieren Sie Maltes Haltung aus Ihrer eigenen Sicht.

**4** Weiterführend: Informieren Sie sich über die politische und gesellschaftliche Situation um 1900 (siehe auch S. 158 f., 183). Verfassen Sie einen zeitgenössischen Zeitungsartikel, der über das zeitnahe Erscheinen der Texte von Hofmannsthal, Musil und Rilke informiert und das in den Texten artikulierte Sprachverständnis auf die politisch-gesellschaftliche Situation um 1900 bezieht.

---

## Sprachkrise heute

### Paul Celan: **Weggebeizt** (1967)

Weggebeizt vom
Strahlenwind deiner Sprache
das bunte Gerede des An-
erlebten – das hundert-
züngige Mein-
gedicht, das Genicht.

Aus-
gewirbelt,
frei
der Weg durch den menschen-
gestaltigen Schnee,
den Büßerschnee, zu
den gastlichen
Gletscherstuben und -tischen.

Tief
In der Zeitenschrunde,
beim
Wabeneis
wartet, ein Atemkristall,
dein unumstößliches
Zeugnis.

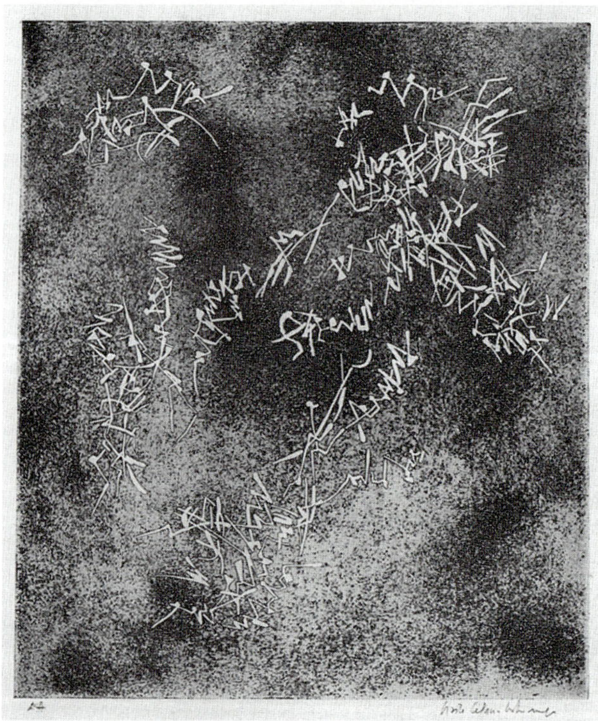

Gisèle Celan-Lestrange: Écriture (1966)

Paul Celan: **Der Meridian**[1] (1960) Auszug

Gewiss, das Gedicht – das Gedicht heute – zeigt, und das hat, glaube ich, denn doch nur mittelbar mit den – nicht zu unterschätzenden – Schwierigkeiten der Wortwahl, dem rapideren Gefälle der Syntax oder dem wacheren Sinn für die Ellipse zu tun –, das Gedicht zeigt, das ist unverkennbar, eine starke Neigung zum Verstummen.

Es behauptet sich – erlauben Sie mir, nach so vielen extremen Formulierungen, nun auch diese –, das Gedicht behauptet sich am Rande seiner selbst; es ruft und holt sich, um bestehen zu können, unausgesetzt aus seinem Schon-nicht-mehr in sein Immer-noch zurück.

1 Rede anlässlich der Verleihung des Georg-Büchner-Preises

**1** **a** Stellen Sie Zusammenhänge zwischen Celans Gedicht „Weggebeizt“ und dem Auszug aus der Rede „Der Meridian“ her. Erläutern Sie dabei auch Ihr Verständnis der sprachlichen Bilder des Gedichts.
**b** Bringen Sie das Gedicht „Weggebeizt“ in Verbindung mit der Radierung „Écriture“ von Gisèle Celan-Lestrange.

**2** Informieren Sie sich über das Leben Paul Celans. Stellen Sie eine Beziehung zu seiner Sprachskepsis her.

**3** Diskutieren Sie die positiven und negativen Aspekte von Celans These vom „Verstummen“ des Gedichts.

Harald Weinrich: **Literatur für Leser** (1971) Auszug

Es ist im linguistischen Sinne folgerichtig, dass diese Gedichte [Celans] von Band zu Band weniger welthaltig werden. Sie verzichten darauf, welthaltig zu sein, weil sie worthaltig sein wollen. Das eben meint der Titel *Sprachgitter*. Während „man“ sonst die Sprache unreflektiert auf die Sache hin durchstößt, verfängt sich hier der Schreiber des Gedichts im Netz, im Gitter, im Käfig der Worte. Worte aber sind machtlos. Das ist eine neue Erfahrung. Mallarmé, Valéry, Gottfried Benn – sie haben gerade in der semantischen Reflexion ihren Glauben an die Macht des Wortes bestätigt gefunden. Paul Celan erfährt die Ohnmacht der Worte. Was Celan findet, sind Wortsand, Worthaufen, Wortaufschüttungen oder – in anderer Metaphorik – vergällte, verkrüppelnde, entmündigte, umröchelte Worte, und die Namen sind „Unnamen“. Man muss sie mit dem „Messer des Schweigens“ beschneiden.

**1** Erläutern Sie Weinrichs Kennzeichnung von Celans Sprachverständnis mit eigenen Worten. Überprüfen Sie die Einschätzung am Gedicht „Weggebeizt“.

**2** Weiterführend: Erstellen Sie ein Poster, auf dem Sie Gemeinsamkeiten und Differenzen des Sprachverständnisses von Nietzsche, Musil, Rilke, Hofmannsthal und Celan verdeutlichen.

**3** Lesen Sie noch einmal das Gedicht „der beschriftete Sessel“ (→ S. 115) von Ernst Jandl und diskutieren Sie, inwiefern dieser Text in den Zusammenhang der Thematik „Sprach- und Ich-Krise“ gestellt werden könnte.

## 1.2 Sprache und Welterfahrung

Eine der wichtigsten Fragen der Sprachphilosophie im 20. Jahrhundert ist die nach der Bedeutung der Sprache. Bedeutung ist hier in zweierlei Hinsicht zu verstehen: Zum einen verschafft sich der Mensch erst über die Sprache einen Sinnbezug zu dem, was für ihn Wirklichkeit ist. Zum anderen stellt sich die Frage, ob die Sprache dabei unsere Erkenntnis von Wirklichkeit beeinflusst und steuert. Die Sprache ist in jedem Fall mehr als ein bloßes Mittel zur Benennung von Gegenständen und Sachverhalten: Sie formt und organisiert unsere Erfahrung von Welt.

### Die Sprache als Brücke oder Hindernis?

Peter Bieri: **Brücke zum fremden Geist** (2007)

*Peter Bieri, 63, war Professor für Philosophie an der Freien Universität Berlin. Er ist Lichtenberg-Preisträger der Göttinger Akademie der Wissenschaften und Autor von „Das Handwerk der Freiheit". Unter dem Namen Pascal Mercier hat er die Bestseller „Nachtzug nach Lissabon" und „Lea" veröffentlicht. In seiner monatlichen Kolumne für das ZEITmagazin LEBEN befasst sich der Philosoph und Schriftsteller diesmal mit der Frage: Was macht die Sprache mit uns?*

Peter Bieri

Die Sprache macht uns zu Wesen, die des Verstehens fähig sind. Bevor wir über Worte und Sätze verfügen, sind wir blind den kausalen Kräften der Welt ausgesetzt und werden von ihnen herumgestoßen. Mit dem Erlernen von Sprache ändert sich das grundlegend: Weil wir auf die Welt nun mit einem System von Symbolen reagieren können, wird sie zu einer verständlichen Welt, die wir uns gedanklich anzueignen vermögen.

Sprache gibt uns eine begriffliche Organisation von Erfahrung. Begriffe sind Prädikate[1], also Wörter in Aktion. Sie helfen uns, das Erfahrene zu klassifizieren. Anschauung ohne Begriffe und also ohne Sprache ist blind. Erst wenn wir ein Repertoire von Prädikaten haben, können wir etwas *als* etwas sehen und verstehen: als Maschine, als Geld, als Revolution. Sprache gibt uns ein System von Kategorien, das gedankliches Licht auf die Dinge wirft.

Indem wir eine Sprache lernen, lernen wir auch die Idee des Begründens. Begründen heißt schließen, und richtig schließen bedeutet, von einem Satz so zu einem anderen überzugehen, dass Wahrheit erhalten bleibt. Durch Sprache werden wir zu Wesen, die begründen können, was sie sagen – also zu denkenden, vernünftigen Wesen. Als solche sind wir fähig, das, was uns begegnet, aus seinen Bedingungen heraus verständlich zu machen. Bedingungen kennen heißt, Gesetzmäßigkeiten zu kennen, und die Idee der Gesetzmäßigkeit können wir nur haben, wenn wir darüber nachdenken können, was möglicherweise und was notwendigerweise der Fall ist. Auf diese Weise ist Sprache die Quelle von gedanklich transparenter Erfahrung einer verständlichen Welt.

1 **Prädikat:** Gemeint ist hier nicht „Prädikat" im Sinne der Grammatik, sondern im Sinne der philosophischen Logik: Das Prädikat ist der Teil eines Satzes, durch den etwas von etwas anderem ausgesagt wird. Beispiel: In dem Satz „Der Mensch ist ein sprachbegabtes Wesen" ist das Prädikat „ist ein sprachbegabtes Wesen".

Auch für das Verstehen anderer Menschen ist Sprache entscheidend. Einmal die eigene, in der wir uns die Gründe ihres Tuns zurechtlegen, dann aber auch die der anderen, in der sie uns bestätigen oder korrigieren können. Sprache ist sowohl Ausdruck eines fremden Geistes als auch Brücke zu einem fremden Geist. Dabei sind wir auf Erzählungen angewiesen, auf die sprachliche Vergegenwärtigung einer Situation und ihrer Entstehungsgeschichte. Das Verstehen eines Naturphänomens besteht darin, dass ich es als Fall eines Naturgesetzes darstellen kann. Anders bei Handlungen und ihren Gründen: Hier geht es nicht um die Anwendung von Gesetzen, sondern darum, die Handlung und ihre Gründe aus einer konkreten Situation heraus verständlich zu machen.

Das kann ich nur, wenn ich die Situation durch eine Erzählung transparent mache, die auch erklärt, wie es dazu gekommen ist, sowohl was die Handlung als auch was die Gründe anlangt. Jede Handlung ist eine Episode in einer Lebensgeschichte und bezieht ihren Sinn und ihre Vernünftigkeit aus dieser Geschichte. Und die Vergegenwärtigung einer solchen Geschichte ist nur im Rahmen einer Erzählung möglich – und also nur für ein Wesen, das der Sprache mächtig ist.

Wir können nicht nur die Natur und die anderen, sondern auch uns selbst verstehen. Sprechende und schreibende Wesen haben ein ganz besonderes Verhältnis zu sich selbst und ihr Erleben wird durch dieses besondere Verhältnis geprägt. Auch wenn es sich vor allen Worten auf bestimmte Weise anfühlen mag, etwas zu denken, zu wünschen und zu empfinden: Was *genau* wir denken, wünschen und empfinden, wissen wir erst, wenn es uns gelingt, die Inhalte des Geistes in Worte zu fassen. Und mehr noch: Indem wir die Gefühle und Wünsche beschreiben, wandeln sie sich zu etwas, das genauere Erlebniskonturen hat als vorher. Durch sprachliche Artikulation kann aus Gefühlschaos emotionale Bestimmtheit werden und aus Unbewusstem Bewusstes.

Auch das Erinnern wird durch Sprache geprägt. Natürlich haben auch Wesen, die nicht über Sprache verfügen, Erinnerungen. Aber sie können unter ihnen nicht die Art von Zusammenhang herstellen und erleben, die im sprachlich verfassten Erinnern möglich wird. Wenn sprechende Wesen sich an etwas erinnern, bleibt es selten beim isolierten Aufblitzen einer vergangenen Episode. Meist wird die Episode als Teil einer Geschichte gesehen: Sich erinnern heißt, die erlebte Vergangenheit zu erzählen. In diesem Prozess bildet sich unsere seelische Identität heraus. Ein Selbst ist ein Zentrum erzählerischer Schwerkraft: Ich bin derjenige, um den sich all meine Erzählungen der erlebten Vergangenheit drehen.

Erkennbar wird dieses Zentrum auch dann, wenn es um erfundene Erzählungen geht. Die Sprache ist auch ein Medium der Einbildungskraft, sie beflügelt die Fantasie und lässt uns Geschichten erzählen, durch die wir uns selbst ausdrücken und besser verstehen lernen. Ich bin derjenige, dessen Erzählungen sich in Thema und Form unweigerlich in eine bestimmte Richtung bewegen.

Auf einer Reise notiert Max Frisch: „Ich kann's nicht lassen, ich habe eine kleine Schreibmaschine gekauft ohne literarische Absicht ... Diese Obsession, Sätze zu tippen –". Woher kommt die Energie hinter dieser Obsession? Aus der Erfahrung der besonderen Wachheit, die entsteht, wenn wir das, was wir fühlen und denken, in Worte fassen. Vieles, was wir erleben, taucht auf und verschwindet wieder, ohne dass wir es recht bemerken, und nicht selten wuchert es in uns gerade deshalb besonders heftig. Eine Erfahrung zur Sprache zu bringen verhindert, dass wir nur ihre *Opfer* sind; wenn wir Worte dafür finden, entsteht eine erkennende Distanz, die wir als befreiend erleben. Auch das zeigt: Sprechende Tiere leben mit sich selbst ganz anders als stumme Tiere.

Was ich bis jetzt beschrieben habe, könnte man die positive Macht der Sprache nennen. Es gibt auch ihre negative Macht. Sie ist dort wirksam, wo die Wörter das Verstehen verstellen und verhindern, statt es zu fördern. So geschieht es, wenn Wörter zu leeren Worthülsen werden und Sätze zu Parolen gerinnen. Sie sind dann nicht mehr eingebunden in den logischen Raum von Begründung, Kritik und Revision, sondern haben die unerbittliche Dumpfheit und Lautstärke von Fäusten, die auf den Tisch schlagen.

Und auch die leise Variante gibt es: scheinbar unauffällige, harmlose Wendungen und Metaphern, die uns gefangen halten, ohne dass wir es merken. Dazu gehört auch die verlogene Sprache der Diplomatie mit ihren Euphemismen, Schönfärbereien und sanften Lügen. Ob es am Stammtisch ist oder auf dem glänzenden Parkett der Diplomaten und Politiker: Hier wird alles getan, um kritisches Nachfragen und das Bedürfnis des besseren Verstehens zu ersticken und den Geist zu verkleben.

Neben Parolen gibt es noch eine andere Form, in der die Sprache das Verstehen und die Aufklärung verhindern kann: durch leeres Geschwätz und etwas, das man sprachlichen Schutt nennen könnte: klebrige Sprachgewohnheiten, tradierte Kategorienfehler, verrutschte Bilder, leerlaufende logische Partikel, unerkannte Redundanzen und ganz allgemein: das Fehlen von sprachlicher Wachheit und Übersicht.

Warum ist das ein Übel? Weil es die Sprecher von sprachlichem Müll zu bloßen Schauplätzen des Geredes und bloßen Durchgangsstationen für Geplapper macht statt zu wachen Personen, die in der sprachlichen Artikulation die Chance der Selbstbestimmung wahrnehmen. Das gilt auch für den Jargon von Cliquen, dem sich jeder fügen muss, der dazugehören will. Und es gilt auch, wenn die Cliquen angesehen und weitläufig sind und sich den Anstrich des Intellektuellen geben.

Schließlich sprachliche Tabus: Es gibt die Wörter, aber man darf sie nicht gebrauchen. Nur sprechende Wesen können etwas auf diese gefährliche Weise verschweigen.

Vieles, was an unserer Erfahrung als Menschen besonders – besonders interessant und besonders wertvoll – ist, hat damit zu tun, dass wir über Sprache verfügen. Sie macht uns zu denkenden Wesen und gibt uns die Erfahrung einer verständlichen Welt. Sie lässt uns in erzählerischer Vergegenwärtigung das Tun der anderen verstehen. Sie trägt zum Verstehen und zur Konturierung der eigenen Innenwelt bei. Sie lässt ein Zentrum erzählerischer Schwerkraft und damit eine seelische Identität entstehen. An all diese Dinge kann man denken, wenn man bei Wilhelm von Humboldt liest: „Der Mensch ist nur Mensch durch Sprache."

*(aus: Die Zeit, 19.12.2007)*

**1** Tragen Sie zusammen, welche Funktionen Bieri der Sprache zuweist. Erläutern Sie diese mit Hilfe eigener konkreter Beispiele.

**2** Fassen Sie in einem Satz zusammen, was Bieri unter der positiven und der negativen Macht der Sprache versteht.

**3** Arbeiten Sie heraus, In welchem Verhältnis für Bieri die Kategorien „Denken" „Sprache", „Wirklichkeit" stehen.

**4** **a** Weiterführend: Verfassen Sie aus Bieris Sicht eine Stellungnahme zu Friedrich Nietzsches sprachphilosophischen Überlegungen in dem Essay „Über Wahrheit und Lüge im außermoralischen Sinne" (→ S. 117 f.).

**b** Stellen Sie einen Zusammenhang her zwischen Bieris Sprachverständnis und dem des Lord Chandos in Hofmannsthals „Brief" (→ S. 118 ff.).

**5** **a** „Der Mensch ist nur Mensch durch die Sprache." Erläutern Sie das Zitat Humboldts und überlegen Sie, warum Bieri gerade dieses Zitat an den Schluss seines Artikels stellt.

**b** Nehmen Sie in einer Zettellawine (→ S. 350) zu diesem Zitat Stellung.

## Bestimmt die Sprache das Denken?

Joachim Funke: **Sprache und Denken: einerlei oder zweierlei? Einige Überlegungen aus Sicht der Psychologie** (1999) Auszug

Sprache und Denken – schon der Titel bedarf genauerer Klärung. Warum nicht „Denken und Sprechen“? Damit wären die beiden Begriffe jeweils auf gleichem Niveau, auf einer Prozessebene. Was Sprechen ist, wüssten wir genauer zu bezeichnen als das, was mit „Sprache“ gemeint ist. Sprache: das sind zunächst einzelne Wörter, die aus Lauten zusammengesetzt sind. Die einzelnen Wörter werden in Sätze überführt, wobei die Grammatik eine wichtige Rolle spielt: Wenn ich die Worte höre „Hans Anna liebt“, weiß ich nicht sofort, ob nun der Hans die Anna liebt oder ob die Anna den Hans liebt – was nicht nur im Falle einer einseitigen Beziehung durchaus wichtig zu wissen wäre. Nur der grammatikalisch einwandfreie Satz „Hans liebt Anna“ hebt hier die Zweideutigkeit des Gemeinten auf.

Aber gehört Grammatik auch zur Sprache? Eben waren es noch die Wörter, die für uns Sprache sein sollten. Jetzt kommt noch die Grammatik hinzu. Die 341 Regeln, die Konrad Duden festgehalten hat, werden die Wenigsten von Ihnen kennen und aufsagen können – und trotzdem beherrschen wir die deutsche Sprache. Das Deutsche ist für mich Muttersprache; dadurch habe ich diese Sprache besonders einfach gelernt, nämlich einfach durch Zuhören. Keiner von uns hat in seiner Kindheit von der Existenz einer Grammatik gewusst und wir haben trotzdem sprechen gelernt. Übrigens bezieht sich der Begriff „Grammatik“ nicht nur auf Wörter: Beliebige Zeichensysteme (z. B. Verkehrszeichen, Notensystem) haben jeweils eigene Zeichen und eine jeweils eigene Grammatik.

Psychologen sprechen in der Tradition von Noam Chomsky[1] angesichts solcher Regelkenntnisse von implizitem Wissen, von Wissen, das zwar vorhanden ist, aber nicht oder nicht einfach in Worte gefasst werden kann. Dieses Wissen wird auch nicht explizit gelernt, etwa durch das Lernen der Duden-Regeln, sondern durch den aktiven Umgang mit dem grammatikalischen System. Ganz im Gegenteil: Je mehr wir uns auf die Regeln konzentrieren, z. B. beim Zweitsprachenerwerb, umso schwieriger wird der Lernprozess. Experimente von Arthur Reber (1967) an der New Yorker Universität haben dies sehr eindrucksvoll gezeigt. Versuchspersonen, die beim Erlernen einer neuen Kunstsprache aufgefordert wurden, die verborgenen Regeln ausfindig zu machen, waren bei der Beurteilung von noch nie gehörten Ausdrücken dieser Kunstsprache hinsichtlich deren Korrektheit schlechter als die Probanden, die einfach „nur so“ gelernt hatten.

Wir halten für den Moment einmal fest: Sprache – das sind nicht nur Wörter und deren Bedeutung, sondern dazu gehört auch die Grammatik als Regelsatz, wie man Wörter ordentlich zusammenfügt. Aber das ist längst nicht alles! Sprache – das ist vor allem auch Sprachkompetenz, um die bahnbrechende Erkenntnis von Chomsky nochmals explizit zu erwähnen, die Fähigkeit also, dieses Zeichensystem (wie auch immer es aussieht) zu erlernen und mit diesem System erfolgreich umzugehen, also es in den Dienst des Überlebens zu stellen. [...]

Dass aber im Titel nicht das Sprechen, sondern Sprache schlechthin genannt ist, weist auf die Einflussrichtung hin, die hier dem Thema gegeben wird und die an große Traditionen anknüpft, nämlich die These, dass die durch Sprache bereitgestellten Formen und Ausdrucksmöglichkeiten das Denken und damit die Weltansicht desjenigen beeinflussen, der diese Sprache benutzt. In letzter Instanz wären dann Denken und Sprache in-

---

1 **Noam Chomsky** (*1928): Chomsky vertritt in seinem Buch *Cartesianische Linguistik* von 1966 die These, dass das Gehirn über eine Art „mentale Grammatik“ verfüge. Die Fähigkeit zur Ausbildung einer solchen Grammatik sei angeboren; direkte Anweisung und Schulung spielten demgegenüber eine untergeordnete Rolle.

sofern einerlei und nicht zweierlei, als Sprache die Grundlage jedes Gedankens abgäbe. Wilhelm von Humboldt hat dies Anfang des 19. Jahrhunderts, zurückkehrend von seinen großen Reisen, wie folgt formuliert: „Die Sprache ist das bildende Organ des Gedanken." Und weiter: „Die Sprache ist gleichsam die äußere Erscheinung des Geistes der Völker; ihre Sprache ist ihr Geist und ihr Geist ist ihre Sprache, man kann sich beide nie identisch genug denken." Damit wären die Grenzen meiner Sprache auch die Grenzen meiner Welt. Diese Position nennt man auch sprachlichen Relativismus[2], weil alles Denken von der jeweils gesprochen Sprache abhängig gemacht wird. Sprache wird in dieser relativistischen Position als einziger Ausdruck von Bewusstsein angesehen.

2 Besonders nachdrücklich wurde die Position des sprachlichen Relativismus in der Mitte des 20. Jahrhunderts von dem amerikanischen Sprachwissenschaftler Benjamin Lee Whorf vertreten. In der von ihm untersuchten Sprache der Hopi-Indianer glaubte er fundamental abweichende grammatische Strukturen feststellen und von diesen auf ein grundsätzlich verschiedenes Weltbild schließen zu können.

Die grundsätzliche Frage, die es hier also zu verhandeln gilt, lautet: Sind unsere Gedanken abhängig von Wörtern? Denken wir in Deutsch anders als in Englisch oder Chinesisch? Oder sind unsere Gedanken in eine wortlose Gedankensprache namens „Mentalesisch" gekleidet, die überall auf der Welt verwendet wird und erst im Kommunikationsakt in eine konkrete Wortabfolge übersetzt wird? So argumentiert etwa Steven Pinker in seinem 1994 erschienenen und sehr lesenswerten Buch „The Language Instinct", das 1996 auch in Deutsch unter dem Titel „Der Sprachinstinkt" erschienen ist. Ein starkes Argument für die Annahme eines „Mentalesischen" findet man darin, dass uns ja tatsächlich manchmal die Wörter fehlen, um einen angefangenen Satz zu Ende zu bringen oder einen Gedanken in geeignete Worte zu kleiden. Wären die Gedanken sprachlich repräsentiert, sollte es solche Schwierigkeiten nicht geben. Ein weiteres Indiz: Was wir, etwa von einem Vortrag wie diesem, im Gedächtnis behalten, sind nicht Folgen von Wörtern, sondern Bedeutungen.

**1** Beschreiben Sie, wie sich der Erwerb der Muttersprache von dem Lernen einer Zweitsprache unterscheidet. Gehen Sie auf eigene Erfahrungen beim Sprachenlernen ein.

**2** Definieren Sie Sprache im Sinne Funkes: „Sprache ist ..."

**3** Funke nennt zwei verschiedene Ansätze in der Sprachphilosophie: das Prinzip des „sprachlichen Relativismus" und die Annahme einer wortlosen Gedankensprache – „Mentalesisch". Beschreiben Sie kurz die jeweiligen Grundgedanken und diskutieren Sie, welcher der Ansätze Ihnen plausibler erscheint. Ziehen Sie auch die beiden folgenden Textausschnitte heran. Prüfen Sie, welche Aspekte Ihrer Ansicht nach zum „Denken" gehören: ein Problem „im Kopf" lösen, eine genaue (räumliche) Vorstellung von etwas entwickeln, ...?

Die Formulierung von Gedanken ist kein unabhängiger Vorgang, der im alten Sinne dieses Wortes rational ist, sondern er ist beeinflusst von der jeweiligen Grammatik. Er ist daher für verschiedene Grammatiken mehr oder weniger verschieden. Wir gliedern die Natur an Linien auf, die uns durch unsere Muttersprachen vorgegeben sind.

*Benjamin Lee Whorf: Das linguistische Relativitätsprinzip (um 1940)*

Die Sprache hält ihre Sprecher nicht gefangen; denken lässt sich auch, wofür die Sprache keine bequemen oder gar keine Mittel zur Verfügung stellt. Aber wofür fertige Ausdrucksmittel bereitstehen, lässt sich leichter denken.

*Dieter E. Zimmer: Wiedersehen mit Whorf (1986)*

# 1.3 Medien – Denken – Wirklichkeit

„TV: Totale Verblödung oder Tele-Vision?“

„TV ist eine Realitätsmaschine im doppelten Wortsinn. Erstens: Das Fernsehen registriert und überträgt realistisch, was geschieht. Zweitens: Das Fernsehen produziert und bearbeitet die Daten, die wir als realistisch beglaubigen.“

„TV ermöglicht Tele-Vision, also Einblicke in ferne Welten. Fernsehende Zuschauer können sich selbst ein Bild machen.“

„Das Fernsehen steht stärker als andere Medien unter Generalverdacht. Und der lautet: Die ‚Flimmerkiste‘ verstellt den Zugang zur Welt, deren verlässliche Wiedergabe sie verspricht. Danach steht das Kürzel TV für Totale Verblödung.“

*(alle Zitate aus: Jochen Hörisch: Totale Verblödung oder Tele-Vision?)*

1 Erläutern Sie die Feststellung, das Fernsehen sei eine „Realitätsmaschine im doppelten Wortsinn“ anhand der TV- Übertragung eines Fußballspiels.
2 Diskutieren Sie anhand weiterer Beispiele die von Hörisch skizzierten gegensätzlichen Positionen.

Klaus Plake: **Massenmediale Vermittlung von Wirklichkeit** (1999) Auszug

„Alles, was wir über unsere Gesellschaft, ja über die Welt, in der wir leben, wissen, wissen wir durch die Massenmedien“, so lautet die provozierende Feststellung des Soziologen Niklas Luhmann. Auch der Soziologe, so Luhmann, der ja die Öffentlichkeit mit „objektiven“, der Wirklichkeit abgerungenen Erkenntnissen versorgen sollte, ist davon nicht ausgenommen. [...] Es gibt keine einzige Hypothese, die unabhängig von den Konstruktionen der Massenmedien gedacht werden könnte.

Die universelle Präsenz der Massenmedien in unseren Köpfen gilt auch für die Erfahrungsbereiche, von denen wir meinen, ohne besondere methodische Zweifel auskommen zu können, nämlich für das Alltagswissen, für die Erkenntnisse und Anschauungen, mit denen wir täglich umgehen und die uns als Grundlage für das Handeln in der Lebenswelt dienen. Nicht nur die Vorstellungen über nationale und internationale Politikfelder, sondern auch das Wissen über den gesellschaftlichen und räumlichen Nahbereich ist von Berichten und Bildern der Massenmedien geprägt. Das Fernsehen wirkt sich so intensiv auf unser Weltbild aus, dass wir meinen, die Dinge selbst beobachtet zu haben. „Bilder lügen nicht!“ [...] Der Prominente, der erst im Spielfilm, dann in der Talkshow zu sehen war, hält in der Bücherecke im Kaufhaus eine Autogrammstunde ab. Wir vergleichen seine Erscheinung mit der medial geprägten Vorlage und stellen erleichtert fest: Er sieht so aus wie im Fernsehen. Irritierend ist dagegen die Differenz. Ist der Prominente größer oder kleiner, dicker oder dünner, älter oder jünger, als es unserem Bild entspricht, müssen wir Korrekturen vornehmen. Gleichzeitig ergibt sich die beunruhigende Frage, wie es zu der falschen Vorstellung kommen konnte.

Die Massenkommunikation veranlasst uns vor allem zu falschen Durchschnittsbildungen. In einer jugendkundlichen Untersuchung ermittelten die Soziologen Allerbeck und Hoag unter anderem die Cliquen- und Vereinszugehörigkeit der 15- bis 19-Jährigen. Die Erhebung wurde im Jahr 1983 vorgenommen, in einer Zeit, als sich in der Öffentlichkeit viel Besorgnis über die angebliche Apathie unter den Jugendlichen, der so genannten No-Future-Generation, regte. Entsprechend häufig waren im Fernsehen Bilder von jungen Leuten im malerischen Outfit der Aussteiger zu sehen, kettenbewehrte Gestalten, die nicht nur mit ihresgleichen, sondern auch mit Ratten Umgang pflegten und überdies die Erwachsenen mit allerlei sinistren[1] Symbolen und der gerade aufkommenden Piercing-Mode schreckten. Die Studie brachte zu Tage, dass nur 0,3 % – bei einer Stichprobe von 2000 Befragten also ganze 5 Jugendliche – sich selbst als Punks bezeichneten; 0,2 % rechneten sich zu den Hausbesetzern und 0,4 % zu den Rockern. Dagegen waren mehr als die Hälfte Mitglied in einem Sportverein. Noch überraschender war, dass auch gemeinnützige Organisationen wie Feuerwehr und DLRG beachtlichen Zuspruch bei den jugendlichen Befragten fanden. Zu diesem – angesichts der allgemeinen Katastrophenstimmung – überraschenden Ergebnis stellten die Autoren fest: „Die 5 Punker prägen das Jugendbild der Öffentlichkeit mehr als die 37, die in der Freiwilligen Feuerwehr sind, oder die 17 Rettungsschwimmer." […]

Die Ursache für derartige Verzerrungen besteht nicht darin, dass die sensationshungrigen Medien Geschehnisse und Entwicklungen übertrieben darstellten. Vielmehr reagiert das Publikum bei allem, was in Zeitungen, in Hörfunk und Fernsehen veröffentlicht wird, wie selbstverständlich mit einer Relevanzvermutung. Das heißt, dass die Tatsache der Thematisierung immer auch die Vermutung einschließt, dass diese Person und dieses Problem mit gutem Grund das Interesse der Programmgestalter gefunden haben. Auf diese Weise ergeben sich unterschwellige Mutmaßungen zu den Möglichkeiten und Wirkungen von Personen, Ereignissen und Objekten.

Wenn in einem Spielfilm einer der Protagonisten hustet, wissen wir, dass er bald an Lungenentzündung sterben wird. Kauft dagegen jemand ein Lotterielos, können wir sicher sein, dass ein bombastischer Gewinn nicht lange auf sich warten lässt. Bei der Dekodierung massenmedialer Botschaften gehen wir davon aus, dass das, was berichtet wird, bedeutend ist.

1 sinister: unheilvoll, unglücklich

**1** Benennen Sie Thema und zentrale Thesen des Textauszugs.

**2** Diskutieren Sie anhand eigener Beispiele die These, „auch das Wissen über den gesellschaftlichen und räumlichen Nahbereich" sei „von Berichten und Bildern der Massenmedien geprägt".

**3** Berichten Sie von Situationen, in denen Sie direkt erlebte und massenmedial vermittelte Wirklichkeit vergleichen konnten (Sportveranstaltungen vor Ort und im Fernsehen, Begegnung mit aus dem Fernsehen bekannten Personen ...). Reflektieren Sie Ihre Erfahrungen.

**4** **a** Tragen Sie Folgen der im Text genannten „Relevanzvermutung" zusammen.
**b** Erkennen Sie in der aktuellen massenmedialen Kommunikation Fälle irreführender Relevanzvermutung?

**5** Entwerfen Sie, ausgehend von den im Text aufgezeigten Problemen, ein Plakat mit Tipps für einen reflektierten Umgang mit medial vermittelter Wirklichkeit.

## Manfred Spitzer[1]: **Lernen. Gehirnforschung und die Schule des Lebens** (2003) Auszug

Es ist erstaunlich, dass bis heute der Zusammenhang zwischen Gewalt im Fernsehen und Gewalt bei Kindern, Jugendlichen und späteren Erwachsenen immer wieder bestritten wird. Wegen der äußerst kontrovers diskutierten sensiblen Thematik ist die Reflexion der verwendeten Forschungsmethoden (und damit der Aussagefähigkeit einzelner Studien) von besonderer Bedeutung. Hierbei lassen sich im Hinblick auf das Studiendesign prinzipiell drei Typen von Untersuchungen unterscheiden: Laborexperimente, Feldstudien und naturalistische Studien[2]. Alle drei Methoden haben ihre Vor- und Nachteile. [...]

Die mit den genannten Methoden gewonnenen Ergebnisse sind eindeutig: Es gibt einen klaren Zusammenhang zwischen dem Betrachten von Gewalt im Fernsehen und Gewalt in der realen Welt.

Tückisch an diesem Zusammenhang ist, dass er sich – ähnlich, wie es sich mit Rauchen und Lungenkrebs verhält – mit einer zeitlichen Verzögerung von mindestens einem Jahrzehnt realisiert. Steigt die Gewalt an, ist es also bereits zu spät!

1 **Manfred Spitzer** (*1958): Professor für Psychiatrie, Leiter eines interdisziplinären neurowissenschaftlichen Forschungsteams

2 **Laborexperimente** stellen eine künstliche Situation her, in der das Verhalten der Teilnehmer/-innen eindeutig einer Ursache zugeordnet werden kann. Die Laborsituation kann aber das Verhalten beeinflussen.
**Naturalistische Studien** untersuchen bestimmte Auswirkungen in einem ausgewählten Gebiet, ohne eine festgelegte Situation herzustellen. Einflüsse der Umgebung bleiben unkontrollierbar.
**Feldstudien** wählen nach dem Zufallsprinzip Personen in ihrer natürlichen Umgebung zur Beobachtung aus. Sie können störende Einflüsse ausschalten, ohne eine Laborsituation herzustellen.

## Jochen Hörisch[1]: **Totale Verblödung oder Tele Vision?** (2005) Auszug

Dass alle Medientechniken missbrauchsfähig sind, dass man etwa mündlich wie schriftlich lügen oder durch die Auswahl einer bestimmten Perspektive und Einstellung fototechnisch manipulieren kann, ist unumstritten. Selbstredend gilt das auch fürs Fernsehen. Misstrauen gegen Medien und insbesondere gegen das Fernsehen ist deshalb heute schon bei Halbwüchsigen verbreitet. Medienkritik ist kein Privileg intellektueller Durchblicker, sondern selbst schon ein Massenphänomen. Kein zweites Medium beobachtet sich selbst so kritisch wie das Fernsehen. Im Fernsehen zu sagen, das Fernsehen sei eine hochproblematische Angelegenheit, ist eine mehr als nur medienpragmatische Üblichkeit. Harald Schmidts Fernseh- und

Medienkritik im Massenmedium Fernsehen hat Kultstatus. Und überdies eine handfeste Botschaft: So viel Selbstkritik, so viel Selbstironie, ja so viel Sarkasmus in eigener Sache kann sich das Fernsehen leisten, weil es so stark ist.

1 **Jochen Hörisch** (*1951): Professor für Neuere Germanistik und Medienanalyse

**1** Formulieren Sie knapp jeweils die Kernaussage der beiden Textauszüge.

**2** Stehen die Beiträge im Widerspruch zueinander? Sammeln Sie Argumente für und gegen die Vereinbarkeit der beiden Positionen.

**3** Klären Sie Ihre eigene Position zum Fernsehkonsum, indem Sie eine kurze essayistische (→ S. 77, 86) Stellungnahme verfassen.

**Gustav Seibt: Weltalltag am PC. Die Privatsphäre: Ein Nachruf zu Lebzeiten** (2007) Auszug

Mit der guten alten Privatsphäre geht es in diesen Jahren rapide bergab. Vielleicht ist es bald ganz vorbei mit ihr; das zeigt nicht erst die Diskussion über die Online-Durchsuchung von Persönlichen Computern. [...] Vielleicht, und hoffentlich, ist es noch zu früh für einen Nachruf. Aber dass die Privatsphäre ihre besten Zeiten hinter sich hat, steht jetzt schon fest.

Sie ist ein Produkt der modernen Welt, genauer: der bürgerlichen Gesellschaft. Weder der antike Polis-Bürger noch der mittelalterliche Städter besaßen Privatsphäre im heutigen Sinn. Sie waren in ein so dichtes Netz von Gemeinschaftsverpflichtungen und sozialer Kontrolle verwoben, dass kaum unbeobachtete Schritte möglich waren. Die Kirchen regierten durch Beichtzwang und pedantische Moral bis unter die Bettdecken hinein. Den Gewissenszwang übernahmen dann die modernen politischen Ideologien, die abweichendes Denken aufspürten und bestraften. Hier regierte der Sozialzwang von Volksgemeinschaften und Massenorganisationen.

Es war der neuzeitliche Bürger, der eine Privatsphäre erkämpfte und behauptete. Was sich hinter der eigenen Haustür und unter der eigenen Schädeldecke abspielte, sollte niemanden etwas angehen, solange es keine sozial schädlichen Auswirkungen, etwa in kriminellen Handlungen, nach sich zog. Solche Privatheit hat ihre materielle Geschichte. Sie beginnt zum Beispiel mit dem leisen Lesen, das irgendwann einmal das laute Vor-sich-hin-Murmeln ersetzte. Der als sittenlos verschriene neuzeitliche Roman wurde leise verschlungen. [...]

Auch das eigene Zimmer ist in der Menschheitsgeschichte nie selbstverständlich gewesen. Im Mittelalter schlief man in Gasthöfen mit Wildfremden im selben Bett. [...] Es war ein langer Weg bis zum bürgerlichen Heim als Wehrburg der Privatheit, in der man heterodoxe Literatur las und radikale Meinungen ungehindert austauschte und, hinter zugezogenen Vorhängen, tat, worauf man Lust hatte. Das Buch, das Tagebuch und der Brief sind mediengeschichtlich die Kommunikationsmittel der Privatheit, denn mit ihnen geht man erst einmal allein um, bevor man sie anderen mitteilt; und oft bleibt man allein oder zu zweit mit ihnen. Das Briefgeheimnis ist das Palladium der bürgerlichen Privatsphäre. Ihr waren die späteren Kommunikationstechniken nicht günstig. Radio und Fernsehen richteten, solange ihre Programmzahl niedrig blieb, unzählige Privathaushalte auf dieselben Ziele aus. So wanderte die Egalität ins Innere der bürgerlichen Seelenkultur. Und das Telefon ermöglichte zwar die Eins-zu-eins-Verbindung zwischen den Privatheitsmonaden, war also zunächst nur eine

Ausdehnung des Gesprächs von Angesicht zu Angesicht auf beliebige Distanzen. Aber hier konnte sich mühelos ein unbekannter Dritter als Zuhörer einschalten. Schon das Zeitalter des Briefes hatte Überwachung gekannt, aber erst das Telefon erlaubte sie in Echtzeit und rund um die Uhr.

All das ist Vorgeschichte, Steinzeit, seit die digitale Datenübertragung jeden Bürger der Wohlstandszonen dieses Planeten mit einer Wolke von Informationen umgeben hat. Heute wird gefilmt, wer einen großen Platz, einen Bahnsteig, einen Flughafen oder ein Bankhaus betritt. Wer mit der Kreditkarte bezahlt, hinterlässt die Liste seiner Einkäufe auf fremden Computern. Kundenkarten in Apotheken und Krankenversicherungschips speichern vollständige Krankheitsprofile.

Das Bankgeheimnis ist im Gefolge von Terror- und Steuerfahndung faktisch abgeschafft worden. [...] Und in absehbarer Zukunft dürften Bank-, Sozial- und Steuerdaten so zusammengeschaltet werden, dass die Basis bürgerlicher Privatheit, die materielle Unabhängigkeit, nur noch gläsern zu haben sein wird.

All diese Einbußen an individueller Unabhängigkeit wurden zuletzt mit bemerkenswerter Gleichgültigkeit hingenommen. Dass der westdeutsche Widerstand gegen eine Volkszählung erst zwanzig Jahre zurückliegt, mag man kaum glauben. „Unsre Daten müsst ihr raten“, das ist heute ein absurder Spruch, wo jedes angeschaltete Mobiltelefon als Peilsender im Sekundentakt den Aufenthaltsort seines Trägers verrät. Millionen geben im Internet freiwillig alles Mögliche über sich preis, Meinungen, Familienverhältnisse, selbst sexuelle Vorlieben.

Der massenhafte Online-Exhibitionismus ist längst zum Thema einer angewiderten Kulturkritik geworden. Aber vielleicht haben die Menschen nur begriffen, dass millionenfache Bizarrerie keine mehr ist.

Der Kernbezirk der Privatheit ist heute nicht mehr die eigene Wohnung, sondern bei einer wachsenden Zahl von Menschen der private Computer geworden, also ein oft nur zwei Zentimeter dickes Buch mit zwei Innenseiten. Hier ist die Schnittstelle, an der die Datenströme zusammenkommen, die Bank- und Kreditkartenabrechnungen, die politischen und Freizeitinteressen beim Surfen, die Familienverhältnisse und Geschäftskorrespondenzen, ja die Zweitprofile und Camouflagen, die mehr über unser Inneres verraten, als der subtilste psychologische Roman der bürgerlichen Zeit es je vermocht hätte.

Und mehr auch als Tagebücher und Briefe: Denn im Computer sammeln sich sowohl die absichtlichen wie die unabsichtlichen Spuren unseres Lebens, also nicht nur schriftliche Mitteilungen für uns und andere, sondern auch die Fußabdrücke, die über unsere

Vorlieben und Begierden Auskunft geben. Im Internet sind ungezählte Videos krass exhibitionistischer Natur zu sehen; der PC enthüllt die individuelle Herkunft solcher Schmuddelfilmchen, aber er verrät auch, wer sie anschaut.

Was liest ein Fahnder, der eine Online-Untersuchung vornimmt? Er blättert im Existenzbuch des PC-Inhabers, verglichen mit dem sich ein Roman wie der „Ulysses" von James Joyce wie eine leichte Novelle ausnimmt. Ein solches Konvolut von Textsorten, Bildern, fremden und eigenen Verlautbarungen hat noch kein avantgardistischer Roman riskiert. Dabei wäre die Konstruktion eines fiktiven PC-Inhalts für eine bestimmte erfundene Person an einem präzisen Datum ohne Weiteres denkbar, ja man könnte ein solches Werk als CD-ROM wie ein Kunstwerk verbreiten, und diese Scheibe müsste noch mehr als der „Ulysses" zum Spiegel unseres „Weltalltags" geraten; es wäre ein Gesamtkunstwerk irgendwo zwischen Literatur, Medien-, Konzept- und Installationskunst.

Man glaubt es also gern, dass die Online-Durchsuchung von Computern ein Ausnahmefall bleiben soll; wer will schon mehrmals wöchentlich einen „Ulysses" lesen? Trotzdem: Was potenziell möglich ist, das verändert mindestens das Gefühl der Privatheit, das immer auch ein Sicherheitsgefühl war. Wer in der DDR gewiss sein wollte, nicht abgehört zu werden, der zog sich in ein allein stehendes Häuschen ohne Telefon aufs Land zurück. In einem solchen „Abseits", wie der Schriftsteller Günter de Bruyn es unter diesem Titel hinreißend geschildert hat, könnte man auch heute noch ein gelehrtes Leseleben mit alten Büchern führen, [...] im Funkloch der modernen Welt. Aber wer sagt einem, dass man in dieser Abgeschiedenheit nicht doch schwach würde und am Computer ein dringend benötigtes, seltenes, gerade im Online-Antiquariat günstig aufgetauchtes Buch bestellen würde – und das Versteck wäre entdeckt.

*(aus: Süddeutsche Zeitung, 10.09.2007)*

**1** **a** Der Text enhält viele Fremd- und Fachwörter, die nicht jedem geläufig sind: „Ideologie", „heterodox", „Palladium" ... Klären Sie die Wörter arbeitsteilig mit Hilfe eines Fremdwörterbuchs.
**b** Informieren Sie sich in einem Literaturlexikon über James Joyces Roman „Ulysses" und erläutern Sie, warum Gustav Seibt sich gerade auf diesen Roman bezieht.

**2** Geben Sie Seibts Abriss zur Entstehung der Privatsphäre mit eigenen Erläuterungen wieder.

**3** Der Autor nennt Produkte der Kommunikationstechnik, die ein Schwinden der Privatsphäre begünstigen. Listen Sie diese Produkte auf und notieren Sie jeweils mögliche Auswirkungen auf die Privatsphäre.

**4** Tragen Sie verschiedene Bereiche und Veröffentlichungsformen im Internet zusammen, durch die Privates ins Netz gelangt: Blogs, ...

**5** Der PC bzw. Laptop als „Existenzbuch": Reflektieren Sie in Kleingruppen, inwieweit diese Einschätzung auf Ihre eigene PC-Nutzung anwendbar ist oder in einigen Jahren anwendbar sein wird.

**6** Diskutieren (→ S. 26 ff., 353 f.) Sie folgende Fragen:
- Gibt es wahrscheinlich bald kaum noch Privatsphäre?
- Ist das Schwinden von Privatsphäre wirklich so sehr zu bedauern?
- Welche Auswirkungen hat die Tendenz, Privates im Internet zu veröffentlichen, auf die Selbstwahrnehmung und auf das Selbstbild von Jugendlichen?

**7** Weiterführend: Planen Sie eine Erörterung zu einem der oben genannten Diskussionsthemen. Legen Sie eine Materialsammlung und eine Gliederung an. Formulieren Sie einzelne Punkte aus. Oder: Skizzieren Sie den Schreibplan für einen Essay: „Unser Preis für schnelle Kommunikation". Schreiben Sie einen Teil des Textes.

## 2.1 Sprachnormen – Zwangsjacke oder Schutz?

Der Dativ ist dem Genitiv sein Tod

Die Übermacht der -ierungen

Phrasenalarmstufe Gelb

Visas – die Mehrzahl gönn ich mir

In Massen geniessen

Das Elend mit dem Binde-Strich

Einfach Haar sträubend!

Sind rosane T-Shirts und lilane Leggings erlaubt?

Liebe Gläubiginnen und Gläubige

Schöner als wie im Märchen

Deutschland, deine Apostroph's

Er designs, sie hat recycled, und alle sind chatting

Brutalstmöglichst gesteigerter Superlativissimus

---

**1** **a** Jede der farbig unterlegten Formulierungen oben enthält ein Problem der deutschen Sprache. Erklären Sie, welches Problem in welcher Formulierung angesprochen wird.
**b** Wo handelt es sich um stilistische, wo um orthografische oder um grammatikalische Probleme?
**c** Stellen Sie zusammen, was die offiziellen Sprachregeln über die genannten orthografischen oder grammatikalischen Probleme sagen; recherchieren Sie arbeitsteilig die Regeln, die Ihnen unbekannt sind.

**2** Welche der Regeln würden Sie unverändert beibehalten, welche würden Sie ändern, welche halten Sie für überflüssig? Begründen Sie Ihre Position.

---

In seinem Roman „fom winde ferfeelt" empfiehlt der Autor Zé do Rock zur Vereinfachung die stufenweise Umstellung des heutigen Deutsch – „Schwerdeutsch" – in „Ultradeutsch".
Im folgenden Text ist diese Umstellung bereits vollständig vollzogen:

Zé do Rock: **fom winde ferfeelt. weltstrolch macht links-shreibreform** (2004) Auszug

mit ultradoitsh wer was fyr di umwelt getan. wenn ma ultradoitsh sraibt, spart ma 10 prozent papir, da es 10 prozent kyrza is (di wörta an sic sind noc kyrza, aba di lerroime zwishen den wörtan blaiben glaic). sit nic fil aus, aba es gibt hundate fon zaitungen und tausende fon bycan in Doitshland, fon Östaraic und der Swaiz ganz zu swaigen. dazu noc sudetendoitshe, wolgadoitshe, namibishe, brasilianishe doitshspracige zaitungen, wenn es 100 zaitungen a 50 saiten mit aina auflage fon 10 000 gibt, kommen wir in aim iar auf 15 miliarden saiten. da spart ma sic mit ultradoitsh 1 miliarde saiten papir. papir is aus holz, di regenwelda bedanken sic.

ic kann den loiten, di fyr aine ferainfacung sind, nur raten, mit ultradoitsh im alltag anzufangen. wenn ma klar macen will, das ma kain ignorant is, kann ma auf brifen zum baispil oben sraiben: disa brif is auf ultradoitsh abgefasst. im iar 1995 nur mit den 2 enderungen, klainsraibung und ainigen umgangsspraclicen formen: nimand kann es aim ferbiten, wir leben ia in aina demokrati. oda? es wird auc stendig argumentirt, das di sprace als kulturgut nic dauand geendat werden darf. aba si endat sic dauand. im doitshen gibt es fil, fil mer regeln als for 100 iaren. nur: solange sic di regeln fermeren, srait kaina auf. nur wenn ma ferainfacen will.

wi auc imma: wer ultradoitsh sraibt könnte mir das mittailen, damit ic waiss, wifil menshen es tun. danke.

1 Untersuchen Sie Zé do Rocks Text und notieren Sie möglichst viele Regeländerungen, die „Ultradeutsch“ von „Schwerdeutsch“ unterscheiden.

2 Diskutieren Sie die vorgeschlagenen Veränderungen sowie die generelle Anregung Zé do Rocks, die deutsche Sprache zu vereinfachen.

Matthias Schreiber: **Deutsch for sale** (2006) Auszug

[...] Wolf Schneider, 81, der ehemalige Leiter der Hamburger Henri-Nannen-Journalistenschule und Autor zahlreicher funkelnder Sprachfibeln wie „Deutsch! Das Handbuch für attraktive Texte“ (2005), hat seine langjährigen Beobachtungen dieses Terrains kürzlich so niederschmetternd zusammengefasst: „Es geht bergab mit der Sprache, machen wir uns nichts vor: Die Fernsehschwätzer beherrschen die Szene, die Bücherleser sind eine bedrohte Gattung, die Grammatik ist unter jungen Leuten unpopulär, ihr Wortschatz schrumpft, und viele 17-Jährige betreiben das Sprechen wie ein „Nebenprodukt des Gummikauens“. Er nennt dann die Plauderblüten „Luftschnapp“ und „Megaknuddel“, er hätte auch „krass endgeil“, „Karriero“ oder „alken“ nennen können. Jugendsprache an sich ist ja etwas Erfrischendes und Gutes. Weil sie entkrampft, weil sie Protest ausdrücken kann, vor allem weil sie spielerischer und sinnlicher ist als der oft abstrakte Nominalstil wichtiger Erwachsener, die gern etwas „unter Beweis stellen“ oder „Einfluss nehmen“.

Aber vieles verrät auch eine fortschreitende Infantilisierung des Sprechens in Richtung „prasseldumm“, da nähert sich das „affengeile“ Frischebad der puren „Top“- und „Hot“-Verblödung.

Die „sprachlich-moralische Verluderung“ des Deutschen, die der Germanist Wolfgang Thierse, Vizepräsident des Bundestags, beklagt hat, ist nicht auf bestimmte Krassheiten des Jugendjargons beschränkt. Sie greift lange schon aus auf immer mehr Felder der sprachlichen Kommunikation aller Schichten, Generationen, Institutionen und Milieus. „Weithin“, schreibt der Sozialwissenschaftler Meinhard Miegel in seinem jüngsten Buch, „drohen sprachliche Fähigkeiten auf SMS-Niveau abzusinken“.

Das Handy, zumal seine ablesbaren „SMS“-Kurznachrichten („CU im East?“ – gemeint ist „see you ...“), aber auch der E-Mail-Verkehr übers Internet, mitsamt den dort üblichen „Chatrooms“, „Download-Portalen“ und „Websites“, sind nicht nur Medien dieses Verlusts, sondern Mitursachen. Der thailändische Germanist Chetana Nagavajara macht die medial vermittelte „Vielrederei“, ob am Telefon, via Computer, Radio oder TV, für die „jämmerliche Situation“ der Sprache verantwortlich: mit der politisch bedenklichen Folge, dass wir „gegenüber unserer sozialen Umwelt weniger empfindlich“ geworden seien, weil „unser Gesprächspartner nicht präsent ist“. [...] Schrecklichstes, auch ständig auf schreckliche Weise vereinfachtes und verharmlostes Symptom der kranken Sprache aber ist jenes modische Pseudo-Englisch, das täglich aus den offenbar weitgehend gehirnfreien Labors der Werbeagenturen, Marketing-Profis, Computer-Verkäufer, Technik-Anbieter, Popmusik-Produzenten („Charts“, „Flops“, „flashen“), aber auch aus Behörden, wissenschaftlichen Instituten, Massenmedien und den Reden-Schreibstuben der Politiker und Verbandssprecher quillt wie zäh fließender, giftiger Magma-Brei, der ganze Kulturlandschaften unter sich begräbt.

*(aus: Der Spiegel, 02.10.2006)*

**Umfrage zum Thema deutsche Sprache***

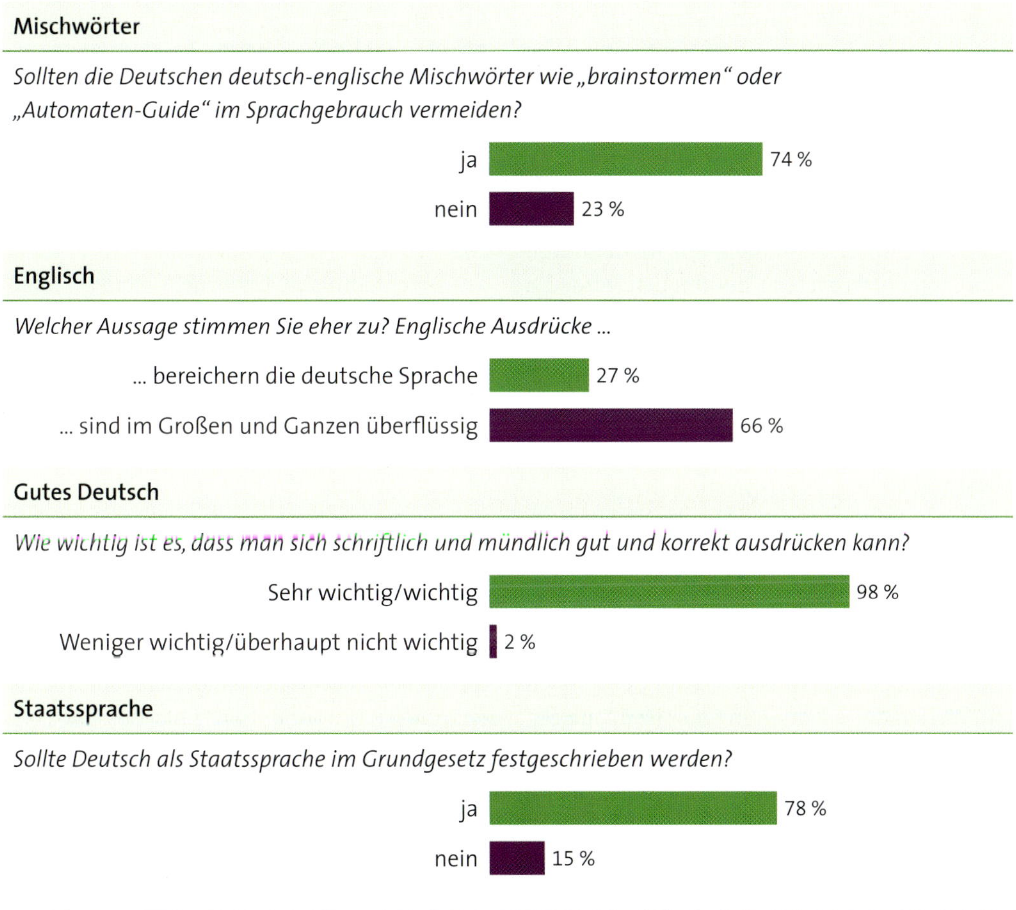


* **nach:** TNS Infratest für den Spiegel; rund 1000 Befragte; 1. bis 3. August 2006; fehlende Prozente: weiß nicht/keine Angabe

1. Nennen Sie die Ursachen, die Matthias Schreiber für den Verfall der deutschen Sprache verantwortlich macht.
2. Welche Gründe könnte es für die Diskrepanz zwischen den oben wiedergegebenen Umfrageergebnissen und der von Schreiber behaupteten Entwicklung geben?
3. Setzen sie sich kritisch mit Schreibers Argumenten auseinander.
4. Diskutieren Sie Möglichkeiten, den von Schreiber beklagten Niedergang aufzuhalten.

## 2.2 Sprachwandel – Niedergang oder Lebenszeichen?

### Wolfgang Krischke: **„Ich geh Schule"** (2006) Auszug

„Die Sprache von meine Vorfahr war mehr kompliziert wie heut." So etwa klingt das Hochdeutsch der Zukunft. Das besagt die Prognose von Uwe Hinrichs, Linguistikprofessor an der Universität Leipzig. Danach wird die Sprache Kleists und Manns in wenigen Jahrzehnten die meisten ihrer Wortendungen verloren haben, komplizierte Flexionen sind bis dahin verschwunden, viele Grammatikregeln radikal vereinfacht. Der Sprachwissenschaftler hat jahrelang aufmerksam dem medialen Umgangsdeutsch gelauscht, wie es in Talkshows, Politmagazinen oder Sportsendungen von Moderatoren und Interviewpartnern gesprochen wird. Da sind die Aussichten „für die nächste Jahren" nicht so gut, man „ratet ab", zieht Bilanz „über die Arbeit", setzt jemanden „auf freiem Fuß", ist „mehr aufgeregt" als sonst und möchte „der Rest des Problems ein andermal besprechen".

Uwe Hinrichs sagt: „In Sendungen wie *Beckmann* können Sie solche Schnitzer am laufenden Band hören, quer durch die sozialen Schichten." Darauf aufmerksam gemacht, würden die meisten ihre Fehler noch erkennen. Zufällige Versprecher seien es dennoch nicht, sondern Vorboten des Neudeutschs von morgen. Hinrichs ist kein Germanist, sondern Spezialist für Balkansprachen. Das, meint er, schärfe seinen Blick, denn in diesen Sprachen hätten sich ähnliche Prozesse schon vollzogen.

Teilweise spiegeln die aktuellen Regelverstöße nur einen langfristigen Trend. Seit Jahrhunderten findet eine schleichende Vereinfachung der indogermanischen Sprachen[1] statt. Schritt für Schritt wechseln sie vom „synthetischen" zum „analytischen" Sprachtyp über. Grammatische Bedeutungen werden zunehmend nicht mehr durch Endungen direkt im Wort ausgedrückt, sondern durch Umschreibungen und Hilfswörter: Aus dem „Haus meines Vaters" wird das „Haus von meinem Vater" und schließlich das „Haus von mein Vater". Das Englische ist hier dem Deutschen weit voraus. Dort wird der Formenverlust durch die strenger geregelte Wortstellung ausgeglichen. Sie transportiert logische und strukturelle Informationen, die vorher in den Endungen der Wörter steckten.

Massive Veränderungen müssen einer Sprache also am Ende nicht schaden. In Phasen des beschleunigten Umbruchs können aber Verwerfungen entstehen. Eine solche Übergangsperiode zeichnet sich im Deutschen ab. Der Sprachwandel, der über lange Zeit kaum auffiel, gewinnt an Fahrt. Die wesentliche Triebkraft für die rapide Abschleifung der grammatischen Formen sieht Hinrichs – neben dem Einfluss des Englischen – in den vielfältigen Sprachmischungen, die das Einwanderungsland Deutschland prägen. Viele Immigranten springen zwischen einem nur bruchstückhaft gelernten Deutsch und ihrer türkischen, arabischen oder russischen Muttersprache hin und her. Entscheidend ist, dass die Verständigung funktioniert, für Feinheiten bleibt wenig Raum. [...]

Bilden Kiezsprachen[2] nun das Epizentrum[3] eines sprachlichen Bebens, dessen entferntere Wellen auch das überregionale Hochdeutsch durchzurütteln beginnen? Viele seiner germanistischen Kollegen glauben im Gegensatz zu Uwe Hinrichs nicht, dass die bildungsbürgerlich geprägte Schriftsprache demnächst in den großen Sprachmixer geraten wird.

*(aus: Die Zeit, 29.06.2006)*

1 **indogermanische Sprachen:** Gruppe verwandter Sprachen. Die Bezeichnung geht zurück auf die Eingrenzung eines historischen Sprachraums zwischen Gebieten der Germanen im Nordwesten und der Inder im Südosten.

2 **Kiezsprache:** hier: Sprache in Stadtteilen („Kiezen") von Großstädten wie z. B. Berlin-Neukölln, in der sich Jugendliche unterschiedlicher Herkunftsnationen verständigen

3 **Epizentrum:** über einem Erdbebenzentrum liegendes Gebiet

**1** Stellen Sie dar, welche Vorhersagen für die Entwicklung der deutschen Sprache im Text auf S. 138 gemacht werden, und diskutieren Sie diese.

**2** Recherchieren Sie, nach welchem Verfahren neue Wörter in Standardwerke wie den Duden bzw. in den Wahrig aufgenommen werden.

**3** Die folgenden Neologismen nahmen die Duden- oder die Wahrig-Redaktion neu in ihr Rechtschreibwörterbuch auf: *Angststörung, austicken, Avatar, Best Ager, durchregieren, Ein-Euro-Job, E-Learning, Elterngeld, E-Pass, ergebnisoffen, Ethnolook, Feinstaubbelastung, flashen, fluffig, Fruchtsäure-Peeling, Holzpellets, jedefrau, Karrierenetzwerk, Knopflochchirurgie, Kompetenzteam, Kopfpauschale, Lipgloss, Lohndumping, Parallelgesellschaft, Patchworkbiografie, PISA-Schock, Plasmafernseher, podcasten, Poulet, Publikumsjoker, Pull-down-Menü, Qigong, Roaming, Roibuschtee, Stallpflicht, tackern, talentfrei, TAN, Tapa, Tool, Turbokapitalismus, USB-Stick, voipen, webweit, wegklicken, Widescreen, wirkmächtig, Wohlfühlfaktor, Yngling, Zuckerfest.*

**a** Welche Wörter sind Ihnen unbekannt? Schlagen Sie diese Wörter arbeitsteilig nach.

**b** Diskutieren Sie, welche der Wörter Sie nicht aufgenommen hätten.

**c** Ordnen Sie die neu aufgenommenen Wörter verschiedenen Bereichen zu.

Der britische Autor Douglas Adams stellte fest, dass für viele „unbenannte Gegenstände und Gefühle" im Leben kein passendes Wort existiert. Er verwendete daher Ortsnamen, um die Lücken im Wortschatz zu schließen. Hier sehen Sie einige Beispiele der deutschen Übertragung von Sven Böttcher:

Douglas Adams, John Lloyd, Sven Böttcher: **Der tiefere Sinn des Labenz. Das Wörterbuch der bisher unbenannten Gegenstände und Gefühle** (1993) Auszug

**Rühle**, die. Die angenehm kalte Rückseite des Kopfkissens.

**Rühme**, die. Der erste Absatz des Klappentextes im Schutzumschlag eines Buches, in dem berühmte Autoren mit all den Sklavendiensten prahlen, die sie in ihrer Jugend angeblich abgeleistet haben.

**Rümpel**, das. Sammelbegriff für alle scheinbar überflüssigen Dinge, deren Nutzen man unmittelbar nach dem Wegwerfen erkennt. Rümpel sind zum Beispiel die Pappkartons und Bindfadenreste, die man jahrelang im Gartenhäuschen auftürmt, bis man endlich beschließt, aufzuräumen und das ganze Zeug zu verbrennen. Spätestens vierundzwanzig Stunden später wird man dann dringend ein großes Paket schnüren müssen und sich daran erinnern, dass man im Gartenhäuschen zum Glück haufenweise Pappkart...

**Rüppurr**, das. Ein Katzenrülpser.

**Rüspel**, das. Durch die Nase ausgestoßener, verächtlicher Laut.

**1** Erstellen Sie gemeinsam ein eigenes Lexikon für „unbenannte Gegenstände und Gefühle", die unbedingt ein eigenes Wort verdienen – das Sie erfinden!

Sprachwandel vollzieht sich nicht nur, indem alte Wörter außer Gebrauch geraten und neue verwendet werden, sondern auch durch Bedeutungswandel bestehender Wörter:

Rudi Keller: **Bedeutungswandel** (2004) Auszug

Werfen wir beispielsweise einen Blick auf Frauen bezeichnende Substantive: Jahrhundertelang hatte das Wort *Weib* in der Form *wîp* brav seinen Dienst getan, bis schließlich zur Zeit der Minnesänger eine spezifische Form der Höflichkeit aus Südfrankreich importiert wurde, die Galanterie. Höflich sein heißt unter anderem, bei der Anrede im Zweifel lieber eine Etage zu hoch zu greifen als eine zu nieder. In dieser Maxime sind die Inflationstendenzen gleichsam eingebaut. Es mag einer nicht-adeligen Frau geschmeichelt haben, wenn sie mit der Bezeichnung, die eigentlich den Adligen vorbehalten war, angesprochen wurde, mit dem Wort *frowe*. Die Schmeichelpotenz ist historisch gesehen allerdings von kurzer Dauer. Wenn es zum allgemeinen Usus geworden ist, dass das *wîp* als *frowe* tituliert wird, so hat sich der Höflichkeitsmehrwert verschlissen und ein neues Wort muss her: *gnädige Frau, Frauenzimmer, Dame* standen dazu zu verschiedenen Zeiten zur Verfügung. Die jeweils vorhergehenden Bezeichnungen haben dann – so sagen Sprachhistoriker traditionellerweise – einen Prozess der Pejorisierung, der Bedeutungsverschlechterung, erfahren. Was im Resultat „Pejorisierung" genannt sein mag, ist nichts anderes als die unbeabsichtigte Konsequenz des Bemühens vieler, besonders höflich zu sein. Dieser Prozess wird so lange weitergehen, wie das Galanteriespiel gespielt wird.

**1** Stellen Sie mit eigenen Worten dar, wie Keller die Bedeutungsverschlechterung eines Wortes erklärt.

**2** Welche Gründe vermuten Sie für den Bedeutungswandel der in der Tabelle unten genannten Beispiele?

**3** Welche Art des Bedeutungswandels liegt jeweils vor? Die frühere Wortbedeutung steht in Klammern: *überspannt (zu stark gespannt) – Spießbürger (mit Spieß bewaffneter Bürger) – marschalc (Pferdeknecht) – varn (sich von einem Ort zum anderen bewegen) – schildern (Wappenschilde bemalen) – dezimiren (zur Strafe jeden Zehnten töten)*

!

**Arten des Bedeutungswandels**

| Beispiel | Frühere Bedeutung | Heutige Bedeutung | Bedeutungswandel |
|---|---|---|---|
| *dirne* | Mädchen, Jungfrau, Dienerin | Prostituierte | **Verschlechterung** |
| *racker* | Totengräber | Kind, das lustige Streiche macht | **Verbesserung** |
| *Herberge* | Unterkunft für das Heer | Unterkunft für Fremde | **Erweiterung** |
| *hochgezîte* | kirchliche oder weltliche Feste | Feier einer Eheschließung | **Verengung** |
| *Maus* | Nagetier | (heute auch:) Navigationsgerät am Computer | **Übertragung** |

## 2.3 Sprachvarietäten – Dialekt als Vor- oder Nachteil?

**1** Begründen Sie, ob Sie einen der beiden abgebildeten Aufkleber gut sichtbar tragen würden oder nicht.
**2** Diskutieren Sie, welche Absichten hinter den gezeigten Kampagnen stehen.

Thomas Kirchner: **Dialekte mit Gefühl und Witz** (2004) Auszug

Chönnted Sie nöd anä chnülä, sösch muess I zechälä? Wenn Schweizer Mundart sprechen, verstehen die meisten Deutschen erst mal nichts. Wer wüsste denn, dass er gerade zum Hinknien aufgefordert wurde – „sonst muss ich auf den Zehenspitzen stehen"?

Auch für Deutsche, die in der Schweiz leben, dauert es Monate, wenn nicht Jahre, bis sich ihnen die kehligen Laute zu einem Sinn fügen.

Und irgendwann selbst Schwyzerdütsch sprechen? Bloß nicht, man kann sich nur blamieren.

Umgekehrt ist Schriftdeutsch für die Schweizer eine Fremdsprache, die nur wenige perfekt beherrschen. Zuhause wachsen sie mit Baseldütsch, Bärndütsch, Züridütsch oder einem der vielen anderen Dialekte auf. Hochdeutsch lernen sie meist erst in der Schule.

Derzeit diskutieren die Schweizer über die Hochdeutsch-Schwäche ihrer Schüler, die schon die Pisa-Studie kritisiert hatte. Neuerdings sind die Lehrer im Visier. Wenn schon sie immer öfter den falschen Kasus verwenden, wie beklagt wird, wie sollen es dann ihre Schüler lernen? [...]

Das Problem sitzt tiefer, denn im Schweizer Alltag wird das Hochdeutsch generell immer mehr vom Dialekt verdrängt. Die jüngste Mundart-Mode begann Anfang der Neunzigerjahre in den Privatradios und erfasste schnell die öffentlich-rechtlichen Sender. Selbst die Nachrichten hat sie erreicht, wo sie im Zusammenspiel mit Bürokratenwörtern scheußliche Wendungen erzeugen kann, wie etwa „in Abklärig sii" (geklärt werden).

Fleißig benutzt wird der Dialekt auch von SMS-Verfassern. Zur „Message" passt Mundart. Sie bietet kurze Silben („I ha di gärn") und den Vorteil, dass jeder schreiben kann, wie er will: „ich grüässä" der eine, „i grüesse" die andere.

Schwyzerdütsch gilt als cool, aber auch als heimelig, es kommt friedlicher daher und weniger zackig als die Sprache der als arrogant verschrienen Deutschen. So kann die Verwendung des Dialekts auch ein patriotisches Bekenntnis sein. Gesellt sich ein Deutscher hinzu, bleiben Schweizer öfter bei ihrem Idiom, wo sie früher automatisch ins Hochdeutsche gewechselt hätten. Allenfalls murmelt einer pflichtschuldig: „Gäll, du verstohsch Mundart?" [...].

Inzwischen wird die „Schriftsprache" nur noch in Parlamenten, Kirchen und einigen Nachrichtensendungen gesprochen. [...]

*(aus: Süddeutsche Zeitung, 23.09.04)*

## Hans Kratzer: **Dialekt macht schlau** (2005) Auszug

In der Sprache der Münchner Jugendlichen kommt er nicht mehr vor, die Radio- und Fernsehsender meiden ihn wie die Pest, in vielen Firmen, Elternhäusern, Schulen und Universitäten gilt er als primitiv und unzeitgemäß. Doch jetzt hat die aktuelle Pisa-Studie dem Dialekt überraschend zu neuer Aufmerksamkeit verholfen. Dass im Bildungsvergleich ausgerechnet Dialekt-Regionen wie Bayern, Baden-Württemberg, Sachsen und Österreich ganz oben stehen, hat eine Reihe von Fragen aufgeworfen. Sogar die mundartlich wenig inspirierte Bildzeitung titelte etwas ratlos: Macht uns der Dialekt so schlau? Heinz-Peter Meidinger, der Vorsitzende des Deutschen Philologenverbandes, nennt folgenden Grund für dieses Phänomen: „Dialektsprecher lernen früh, zwischen verschiedenen Sprachebenen zu unterscheiden. Das trainiert die Auffassungsgabe und das abstrakte Denken." Nach Ansicht von Josef Kraus, dem Präsidenten des Deutschen Lehrerverbandes, profitieren Dialektsprecher vor allem in Deutsch und Mathematik von ihrem guten sprachanalytischen Verständnis.

Ludwig Zehetner, der an der Universität Regensburg bairische Dialektologie lehrt, verweist überdies auf jüngste Erkenntnisse in der Hirnforschung. Aus denen gehe hervor, dass sich bei Kindern, die mehrere Sprachen beherrschen, das zuständige Zentrum im Gehirn besser ausbilde.

„Der Dialekt ist für ein Kind die optimale Voraussetzung für jegliche weitere Entfaltung auf sprachlichem Gebiet", sagt Zehetner. Dazu passt die These von Reinhold Steininger, dass zwar der Gebrauch des Dialekts rapide zurückgehe, die Beherrschung der Schriftsprache aber in gleichem Maße abnehme.

*(aus: Süddeutsche Zeitung, 17. 07. 05)*

## Bernd Dörries: **I schwätz Hochdeutsch** (2005) Auszug

Stuttgart, im Juli – Tim P. hat sich in den vergangenen Wochen den Daumen in den Mund gesteckt, beim Sprechen die Lippen zu einem Ring geformt und abends dem Sprecher der Tagesschau genau zugehört. Das waren seine Übungen. Er spricht nun den Satz, der einer der schwierigsten von allen sein soll. „Die Eltern waren Sportler, die Kinder waren Sportreporter." Tim P. ist in Stuttgart geboren und spricht auch so. Er ist 27 Jahre alt, arbeitet in einer großen Bank und möchte seinen richtigen Namen lieber nicht in der Zeitung lesen. Weil die Kollegen und die Familie nichts davon wissen. Tim P. versucht, sein Schwäbisch loszuwerden. Dafür besucht er einen Kurs.

Über Jahre hinweg wurde er immer wieder darum gebeten, doch etwas deutlicher zu sprechen und langsamer. Und wenn er abends die Tagesschau sah, dann dachte er, es wäre doch schön, so sprechen zu können. Richtig hochdeutsch. Sauber und erhaben klinge das, sagt er. „Das strahlt schon eine andere Kompetenz aus als Schwäbisch." Das wirke oft etwas dümmlich, hinterwäldlerisch. So möchte er nicht rüberkommen. Deshalb sitzt Tim nun mit fünf anderen Teilnehmern beim Sprachinstitut „Fon" im Kurs [...].

„Wir können alles, auch Hochdeutsch", hat die Sprachtrainerin Ariane Willikonsky den Kurs genannt. Die Nachfrage sei groß, sagt sie. Führungskräfte von DaimlerChrysler und Siemens seien bei ihr gewesen. Manche Firmen bezahlten ihren Mitarbeitern den Kurs. Der Titel des Kurses ist die Umkehrung der Image-Kampagne von Baden-Württemberg, die unter dem Titel „Wir können alles. Außer Hochdeutsch" auf die positiven Seiten des Landes aufmerksam machen will und dafür auch einige Preise bekommen hat. Nur die Attraktivität des hiesigen Dialekts hat sie nicht verändern können.

*(aus: Süddeutsche Zeitung, 12. 07. 05)*

**1** Formulieren Sie mit Hilfe der drei Texte von Kirchner, Kratzer und Dörries eine Definition von „Dialekt“.
**2** Stellen Sie zusammen, welche Vorzüge bzw. Nachteile dem Dialekt in den Texten zugesprochen werden.
**3** Vergleichen Sie Ihre Ergebnisse aus den Aufgaben 1 und 2 mit den Informationen, die Sie der folgenden Tabelle entnehmen können.
**4** Erklären Sie, warum viele Komiker mit dialektsprachigen Nummern auftreten.

## Häufigkeit des Dialektgebrauchs nach unterschiedlichen Kriterien

| | Familie | | | Freunde | | | Arbeit | | | Andere Gelegenheiten | | | Nie/k.A. | | |
|---|---|---|---|---|---|---|---|---|---|---|---|---|---|---|---|
| | % | | | % | | | % | | | % | | | % | | |
| **Allensbach-Umfragen** | **1966** | **1980** | **1983** | **1966** | **1980** | **1983** | **1966** | **1980** | **1983** | **1966** | **1980** | **1983** | **1966** | **1980** | **1983** |
| Insgesamt | 67 | 70 | 77 | 62 | 67 | 74 | 40 | 35 | 42 | 1 | 3 | 1 | 13 | 10 | 8 |
| Männer | 64 | 69 | 75 | 65 | 72 | 76 | 49 | 44 | 50 | 1 | 3 | 1 | 12 | 8 | 6 |
| Frauen | 70 | 71 | 79 | 57 | 64 | 72 | 31 | 27 | 35 | 2 | 2 | 1 | 15 | 11 | 9 |
| *Altersgruppen* | | | | | | | | | | | | | | | |
| 16–29 Jahre | 65 | 73 | 76 | 62 | 68 | 76 | 44 | 46 | 48 | 1 | 2 | 0 | 14 | 11 | 5 |
| 30–44 Jahre | 64 | 70 | | 55 | 68 | | 38 | 39 | | 2 | 2 | | 15 | 8 | |
| 45–59 Jahre | 66 | 70 | | 63 | 62 | | 46 | 31 | | 1 | 4 | | 12 | 13 | |
| 60 Jahre und älter | 75 | 67 | 78 | 65 | 70 | 73 | 31 | 22 | 23 | 1 | 1 | 1 | 13 | 10 | 10 |
| *Schulbildung* | | | | | | | | | | | | | | | |
| Volksschule | 73 | 74 | 80 | 65 | 70 | 75 | 45 | 38 | 45 | 1 | 2 | 1 | 10 | 8 | 6 |
| Höhere Schule | 44 | 60 | 72 | 46 | 58 | 72 | 21 | 25 | 37 | 1 | 5 | 0 | 29 | 16 | 10 |
| *Ortsgrößen* | | | | | | | | | | | | | | | |
| bis 5000 | | 78 | 83 | | 78 | 81 | | 47 | 58 | | 2 | 0 | 21 | 7 | 5 |
| 5000–20000 | | 76 | 82 | | 73 | 78 | | 35 | 41 | | 3 | 0 | 19 | 7 | 5 |
| 20000–100000 | | 72 | 74 | | 68 | 67 | | 31 | 37 | | 1 | 1 | 9 | 10 | 10 |
| 100000 und mehr | | 57 | 68 | | 53 | 72 | | 28 | 36 | | 4 | 1 | 7 | 16 | 11 |
| *Regionale Bereiche* | | | | | | | | | | | | | | | |
| Norddeutschland/Westberlin | 50 | 54 | 58 | 53 | 55 | 58 | 30 | 36 | 34 | 2 | 6 | 1 | 21 | 17 | 17 |
| Nordrhein-Westfalen | 59 | 65 | 59 | 51 | 60 | 69 | 28 | 22 | 29 | 2 | 3 | 0 | 19 | 17 | 13 |
| Rhein-Main/Südwest | 74 | 78 | 89 | 71 | 75 | 81 | 47 | 37 | 0,5 | 1 | 1 | 1 | 9 | 4 | 3 |
| Bayern | 78 | 77 | 88 | 65 | 74 | 80 | 51 | 43 | 54 | 1 | 0 | 0 | 7 | 7 | 3 |

**aus:** Hermann Niebaum, Jürgen Macha: Einführung in die Dialektologie des Deutschen, 1999

**1** In der Aktion „Mein liebstes bayerisches [sic!] Wort“ wurden die Wörter „fei“, „dantschig“, „Gnärzla“ und „schdriala“ gekürt – finden Sie eine Übersetzung.
**2** Entwerfen Sie einen Bairisch-Test.
**3** Die im folgenden Text auf S. 144 genannten Merkmale gelten als typisch für eine dialektale Syntax. Übersetzen Sie mit Hilfe der angegebenen Merkmale einen kurzen Zeitungstext in einen (Fantasie-) Dialekt.

**Heinrich Löffler: Dialektologie. Eine Einführung** (2003) Auszug

1. Besonderheiten in den Wortarten und Wortgruppen
   1.1 In den so genannten Bestimmgruppen (Attributgruppen) fehlt das Genitivattribut: *meinem Vater sein Haus: meines Vaters Haus.*
   1.2 In der Verbalgruppe werden oft die Kasus der Ergänzungen abweichend gesetzt, vor allem wechselt Dativ mit Akkusativ: *er ruft mich an: er ruft mir an.*
   1.3 Die Zahl der Präpositionen und Konjunktionen ist gegenüber dem maximalen Inventar der Schriftsprache von 120 beschränkt auf ca. 40 […].

2. Besonderheiten in der Satzgliedfolge:
   2.1 Ellipsen: Es fehlen notwendige Satzglieder: *Du hier! Der und heiraten! Der Kurt ist in die Stadt.*
   2.2 Pleonasmus; unnötige Erweiterungen: *der Theo, der Müllers Theo hat …*
   2.3 Vorwegnahme wichtiger Satzglieder a) in Erststellung: *Zwei Stunden gestern Abend haben wir …*; b) vor die Konjunktion: *verrecken, – wenn ich nur müsst!*
   2.4 Nachtrag; Extraposition von zunächst unwichtigen Teilen als vorweggenommene Antwort auf eine eventuelle Frage: *Ich soll dich schön grüßen – von deiner Mutter.*
   2.5 Wortstellung am Satzende ist vor allem im Bereich Hilfsverb + Infinitiv regional verschieden: *Ich hab ihn nicht können sehen; weil ich ihn nicht g'hört hab reden.*

3. Besonderheiten der Satzfolge:
   3.1 Alle hypotaktischen Sätze sind auch als parataktische Hauptsätze möglich. Die auszudrückende logische Relation wird dann durch Partikel, adverbiale Bestimmungen, Wortstellung oder Intonation ausgedrückt: *Das geht nicht, du kannst dich auf den Kopf stellen. Ich kann nicht kommen, ich habe keine Zeit. Der wächst nicht, der isst auch nicht.*
   3.2 Die hypotaktischen Konjunktionen können auch Hauptsatzschema nach sich haben: *Es ist dabei geblieben, obwohl viele haben fest geschimpft.*

! **Sprachvarietäten**

Sprache wird von unterschiedlichen außersprachlichen Faktoren beeinflusst, denen sie sich anpasst. Wenn man also von einer Gruppe sagen kann, sie bestehe aus Sprecherinnen und Sprechern des Deutschen, weist die Sprache der Sprecherinnen und Sprecher dennoch jeweils verschiedene sprachliche Charakteristika (Varietäten) auf, die zum Beispiel über ihr Geschlecht, ihre Herkunft oder ihr soziales Umfeld Auskunft geben. Man unterscheidet daher im Wesentlichen:

- **regionale** oder **geografische** Varietäten (Dialekte)
- **soziale** Varietäten (Soziolekte)
- **geschlechtsspezifische** Varietäten
- durch die **Gesprächssituation** bedingte Varietäten

## 3.1 Satzbau und Kohärenz

### Satzgefüge – Satzreihe – Hauptsatz

*Während zur Zeit unserer Großeltern Frauen ihren Platz im Haus und dort vor allem in der Küche und im Kinderzimmer hatten, stehen ihnen heute alle Berufe offen, von der Schuldirektorin bis zur Politikerin, von der Ärztin bis zur Architektin.*

*Frauen sind auch heute noch Hausfrau und Mutter, aber sie beschränken sich nicht mehr auf diese tradierten Rollen: Frauen sind Ärztinnen und Professorinnen, Reporterinnen und Fernsehmoderatorinnen, sie sind Staatsoberhäupter und Ingenieurinnen.*

*Unsere Großmütter führten in der Regel das Leben einer Ehefrau ohne eigenen Beruf. Das hat sich deutlich geändert. Keine Frau muss sich beschränken auf die Rolle als Hausfrau und Mutter. Frauen können nahezu jeden Beruf erlernen und ausüben.*

**1** Die drei Beispiele könnten in einer Erörterung zum Thema „Geschlechterrollen im Wandel" stehen. Diskutieren Sie die unterschiedliche Wirkung des Satzbaus in den drei Varianten.

**2** Formulieren Sie die beiden folgenden Beispielsätze aus derselben Erörterung um:
- in eine gemischte Folge von Satzgefüge, Satzreihe, Hauptsatz oder/und:
- die Satzperiode in eine Hauptsatzfolge und die Hauptsatzfolge in eine Satzperiode.

**Satzperiode (aus Hypotaxen)**

*Wie man beim römischen Historiker Sallust nachlesen kann, der eine gewisse Sempronia als verkommenes Gegenbild vornehmer Frauenexistenz darstellt, obwohl uns heute gerade ihre geschmähten Eigenschaften eher emanzipiert anmuten, hat auch die römische Gesellschaft die Domestizierung der Frau betrieben, wenn auch nicht so extrem wie die Griechen, deren Frauen nach der Heirat ihr Haus erst wieder als Verstorbene verließen.*

**Hauptsatzfolge**

*Das Mittelalter war bekanntlich finster. Das denken jedenfalls viele Leute. Zum finsteren Mittelalter gehört auch das Bild von der unterdrückten, unmündigen Frau. Doch eine Erscheinung wirkt wie ein Lichtblick für die Frauen des Mittelalters. Nicht lange vor dem Jahr 1200 entstand die so genannte „Hohe Minne". Das war eine Art Frauenverehrungsbewegung. Bis heute gilt ein bestimmtes männliches Verhalten den Frauen gegenüber als „ritterlich".*

## Aktiv- und Passivkonstruktionen

*Skifahren wird von vielen Menschen als traumhaftes körperliches Erlebnis empfunden und beschrieben. Doch der alpine Skitourismus muss als Umweltbelastung betrachtet werden. Wer eine frische Spur in einen unberührten Pulverschneehang zeichnet oder eine gut präparierte Piste genießt, von dem wird kein Gedanke daran verschwendet, dass sein Vergnügen nur ermöglicht wird, weil dafür irreparable Schäden an der Landschaft in Kauf genommen werden. Es muss deshalb darüber nachgedacht werden, wie der Tourismus umweltverträglicher gestaltet werden kann.*

Satzkonstruktionen im Passiv sind insbesondere dann unumgänglich, wenn die Sicht des/der von einer Handlung Betroffenen betont werden soll, z. B.: „Skitouristen werden von ... angelockt". In vielen anderen Fällen wirken Sätze im Passiv schwerfälliger als Sätze im Aktiv.

**1** **a** Ersetzen Sie in dem Auszug aus einer Erörterung zum Thema „Freizeitverhalten und Umweltschutz" Passivkonstruktionen durch Sätze im Aktiv. Berücksichtigen Sie dabei den Merkkasten unten.
**b** Ergänzen Sie die Liste im Merkkasten mit weiteren Varianten.

**2** **a** Formulieren Sie den folgenden Text um, indem Sie verschiedene Aktivkonstruktionen verwenden und zwischen Hauptsätzen, Satzreihen und Satzgefügen wechseln.
**b** Schreiben Sie eine Fortsetzung des Textauszugs, die eine Schlussfolgerung zieht.

*Wo Wintersportler erwünscht sind, muss ihnen eine geeignete Infrastruktur geboten werden. Durch diese Infrastruktur wird eine Spirale der Umweltbelastung in Gang gesetzt. Für Autos und Busse müssen Zufahrtstraßen und Parkplätze angelegt werden. Viele Quadratkilometer Boden werden zubetoniert. Vom Parkplatz will der typische Skitourist auf kurzem Weg zur Liftanlage geführt werden. Für die Skilifte werden Schneisen in die Wälder geschlagen und Versorgungswege gebaut. Die Skipisten müssen täglich mit schweren Maschinen präpariert werden. Dadurch wird die Schneedecke extrem verdichtet. Von der Last der Schneedecke wird die Bodenoberfläche versiegelt: Regen- und Schmelzwasser kann nicht mehr so rasch aufgenommen werden. Ein Erosionsprozess wird eingeleitet, dessen Folgen nicht einfach berechnet werden können.*

**!** **Ersatz von Passivkonstruktionen**

Die Passivform kann zur stilistischen Verbesserung bzw. Variation oft ersetzt werden. Statt „Umweltzerstörung wird durch ... vermieden" kann man z. B. auch sagen:
- **man-Form:** Man vermeidet Umweltzerstörung durch ...
- **lassen-Form:** Umweltzerstörung lässt sich durch ... vermeiden.
- **modaler Infinitiv:** Umweltzerstörung ist durch ... zu vermeiden.
- **Verbform von „sein" + Adjektiv mit Endung -bar:** Umweltzerstörung ist durch ... vermeidbar.
- **adverbiale Bestimmung:** Zum Vermeiden von Umweltzerstörung ...
- **Sie- oder Wir-Aussage:** Wir vermeiden Umweltzerstörung durch ...

## Kohärenz

Den Sinnzusammenhang in einem Text sichern Kohärenzsignale, z.B. **einleitende Adverbien** und **Konjunktionen, Pronomen** und **Pronominaladverbien** sowie **Kommentare zum Textverlauf.**

*... Und so kommen wir in die heutige Zeit, ins 21. Jahrhundert. Nun endlich kann Frau Karriere machen, weil der Mann ja oft mithilft zuhause. Dann ist ja alles gut, könnte man meinen, aber dem ist leider nicht so. Denn immer noch existiert ein starkes Lohngefälle, und viele orientieren sich auch weiterhin an alten Rollenbildern. Dabei handelt es sich um feste Vorstellungen ...*

**1** Identifizieren Sie in diesem Textauszug die Kohärenzsignale.

**2** Mit welchen Mitteln sichert der erste Absatz des folgenden Textbeispiels die Kohärenz? Überarbeiten Sie den zweiten Absatz nach dem Vorbild des ersten.

*Goethes Gretchen passt genau ins reaktionäre Rollenbild des „Eva-Prinzips" der umstrittenen Autorin Eva Herman. Der Mädchenname „Gretchen" mit seinem verniedlichenden Suffix „-chen" löst eine bestimmte Vorstellung aus: das liebe, ordentliche junge Mädchen mit streng geflochtenen Zöpfen. Gretchen ist das Muster einer kleinbürgerlichen Tochter, das Modell einer gesellschaftlichen Norm der Zeit. Als frommes Kind der Kirche ist Gretchen Männern gegenüber pflichtgemäß zurückhaltend. Fausts Angebot, sie zu begleiten, lehnt sie strikt ab.*

*Bekanntlich existieren schon in der griechischen Mythologie typische weibliche Rollenbilder. An ihnen konnte sich auch Goethe orientieren, als er die Figur der Iphigenie entwarf, da er in der antiken Mythologie bewandert war. Doch weil sie eine so perfekte Verkörperung der reinen Seele ist, ist seine Iphigenie so gut, dass daraus ein Problem für sie wird. Denn dadurch ist sie fast zu gut für die Realität. Auch wenn sie selbst dem Vernünftigen und Guten folgt, kann sie doch nicht damit rechnen, auf ein ebenso vernünftiges Gegenüber zu treffen.*

**3** Formen Sie den folgenden Interviewauszug – die Süddeutsche Zeitung sprach mit der Münchener Romanistikprofessorin Barbara Vinken – in einen kohärenten argumentierenden Text um.

**SZ:** Wie offen ist die deutsche Universität für die Karriere von Frauen? [...] Die Zahlen aus dem Bundesbildungsministerium zeichnen ein eindeutiges Bild: 48 % der Studenten sind weiblich, aber nur 39 % der Doktoranden. Bei den Habilitationen haben Frauen einen Anteil von 23 %. Und nur jeder zehnte Lehrstuhl ist von einer Frau besetzt. Was läuft da falsch?

**VINKEN:** Solche Trends sind kein inneruniversitäres Problem, sondern eines, das alle demokratischen Gesellschaften trifft. Sie leiden an dem Grundwiderspruch, dass sie zwar die Gleichberechtigung für Männer und Frauen einfordern, der Zugang zu Macht, Autorität und Geld aber weitgehend den Männern vorbehalten ist. Das Interessante ist doch, dass selbst in Disziplinen wie der Kunstgeschichte oder der Romanistik, in denen der Anteil der Studentinnen an die 90 % herankommt, die Zahl der Professorinnen ähnlich marginal ist wie etwa in der Physik oder der Geologie.

*(aus: Süddeutsche Zeitung, 09. 01. 2008)*

## 3.2 Stil

Jede Art zu schreiben ist erlaubt, nur nicht die langweilige. *Voltaire*

Auch sehn wir jeden wirklichen Denker bemüht, seine Gedanken so rein, deutlich, sicher und kurz wie nur möglich auszusprechen. Demgemäß ist Simplizität stets ein Merkmal nicht allein der Wahrheit, sondern auch des Genies gewesen. Der Stil erhält die Schönheit vom Gedanken [...] *aus: Arthur Schopenhauer: Über Schriftstellerei und Stil, s. S. 87f.*

**1** Diskutieren Sie, inwiefern sich die beiden Stellungnahmen zum Thema Stil widersprechen.
**2** Sammeln Sie für verschiedene Textsorten zentrale Stilmerkmale: Literaturinterpretation, Essay, Literaturkritik, Kommentar, Lexikonartikel ... Wo gibt es Überschneidungen?

### Variation

***„Kinder ins Kino!" (Essay 1, Auszug)***
*Wer ins Kino gehen will, muss Vorbereitungen treffen. Das Kino befindet sich nicht hinter der Küchendurchreiche und nur äußerst selten im Nachbarhaus. Ein Kind muss also einen Weg zurücklegen zum Kino. Es muss im Sinn des Wortes in die Welt hinaus und dieser Ausflug in die Welt will geplant und organisiert sein. Lässt sich der Papa überreden, den Chauffeur zu machen für die anderthalb Kilometer vom Lindenweg zum Odeon? Und ist er vielleicht sogar bereit, unterwegs Andi und Lisa aufzusammeln? Schon die kleine Aufregung der äußeren Organisation charakterisiert den Kinobesuch als besonderes Ereignis. Am Kinoeingang wird sie abgelöst von der größeren und schöneren Aufregung, die in der Eingangshalle jedes Kinos herrscht: ...*

***„Kinder ins Kino!" (Essay 2, Auszug)***
*Wenn man einen Film angeschaut hat mit einem Kind, kann man auch darüber reden. Das Kind will ja dann meistens über den Film reden, den es angeschaut hat, und die Eltern oder wer eben mit dabei war, sollten mit dem Kind darüber reden, da Medienerziehung für ein Kind sehr wichtig ist. Man kann auch über einen Film im Fernsehen reden, aber das tut man meistens nicht, weil Fernsehen nichts Besonderes ist und man oft gleich die nächste Sendung anschaut und die den Film wieder verdrängt, über den man eigentlich reden sollte. Während das Kino, da es ein stärkeres Erlebnis beinhaltet, eher dazu führt, dass man es verarbeiten muss und so eher ein Gespräch auslöst. Gespräch ist ja gleichzeitig auch immer ein wichtiger Sozialkontakt ...*

**1** Untersuchen Sie vergleichend, inwiefern die Texte Merkmale eines Essays (→ S. 77) aufweisen.
**2** Prüfen Sie die Texte auf das Stilmerkmal „Variation" hin. Beachten Sie folgende Aspekte:
- Satzbau: kurze Sätze, lange Sätze; Hauptsätze, Satzreihen, Satzgefüge
- Satzart: Aussagesatz, Fragesatz, Ausrufesatz, Wunschsatz, Aufforderungssatz
- Wortwahl: Wortreichtum, Differenzierung, Synonymik, Präzision
- Darstellungsform, z. B.: erzählen, schildern, berichten; begründen, resümieren ...

**3** Schreiben Sie den Auszug aus Essay 2 um. Nutzen Sie die Aspekte aus Aufgabe 4 zur Variation.

## Angemessenheit

**1** Diskutieren Sie, welches Kriterium für stilistische Angemessenheit Sie für zentral halten:
Der Text passt
- zum Gegenstand,
- zum Adressaten,
- zur Kommunikationsabsicht,
- zum Schreiber.

***„Sommerferien – die beste Erfindung seit dem Urknall?" Essay 1 (Auszug)***

*Nie hast du so viel Zeit wie in den Sommerferien. Du hast mehr Zeit, als du brauchst. Jeden Tag hast du eine solche Menge Zeit, dass du erst mal nicht weißt, was du damit anfangen sollst. Der Tag vergeht und der nächste Tag kommt, und du hast immer noch viel Zeit. Und du kannst gar nicht glauben, dass sie dir gehört, all die Zeit. In der Schule hättest du sie gern gehabt, die viele schöne Zeit, aber da hattest du sie nicht. Jetzt ist sie da, die ersehnte Zeit, und du musst dich erst einmal daran gewöhnen, dass du sie hast, dass sie dir gehört, dass du sie verbrauchen darfst …*

***„Sommerferien – die beste Erfindung seit dem Urknall?" Essay 2 (Auszug)***

*In den Sommerferien dehnt sich die Zeit. Der Tag hat plötzlich einen Vormittag und einen Nachmittag. Und erst wenn Vormittag und Nachmittag vergangen sind, kommt der Abend, der blaue, laue Sommerabend, der sich lange Zeit lässt, bis er sich ins Dunkel der Nacht verabschiedet. Die Zeit dehnt sich mit dem hellen Sand am Badestrand, sie dehnt sich mit der weiten Wasserfläche des Sees, sie dehnt sich mit dem Blick zum Horizont. Und am nächsten Tag ist alles noch da, der Sand, das Wasser, der Horizont und die Zeit, das alles wahrzunehmen und festzuhalten. …*

**2** Kennzeichnen Sie den Stil der beiden Texte. Gehen Sie auf die wichtigsten Unterschiede ein.

**3** Beurteilen Sie die Textauszüge nach dem Kriterium der Angemessenheit. Berücksichtigen Sie auch den Gesichtspunkt „Abwechslung".

**4** Nutzen Sie das Thema „Sommerferien" für Stilübungen: Führen Sie aus der Gedankenkette unten einen Stichpunkt aus. Achten Sie auf das Stilmerkmal der Angemessenheit. Sie können Ihre Texte anschließend gemeinsam überarbeiten (→ Textlupe, S. 355, → Schreibkonferenz zum Thema Stil, S. 355 f.).

- das ersehnte Ende
- das Erlebnis der Zeit
- der gewonnene Abstand
- die schöne Freiheit
- die große Gelegenheit
- die offene Welt
- der Ausflug ins Berufsleben
- der Aufbruch zu Neuem
- die Rückkehr

Bill Watterson: Calvin und Hobbes beim Nichtstun

## Originalität

**1** Für einen Essay „Ich lese lieber" hat die Schreiberin in Stichworten einen Gedankengang festgehalten und bereits einige passende Sätze notiert, die sie in den Text aufnehmen will. Was diesen noch fehlt, ist die einfallsreiche sprachliche Form, die den Essay zu einer interessanten Lektüre macht. Die dritte Spalte bietet einige Anregungen zur sprachlichen Ausgestaltung des Textes. Überarbeiten und ergänzen Sie einige Textabschnitte mit Hilfe der Anregungen in Spalte 3 oder verfassen Sie in analoger Weise Abschnitte zu einem Essay „Ich lese lieber nicht".

| **Stichworte/ Gliederung** | **Textbausteine** | **Tipps: stilistische Überarbeitung** |
|---|---|---|
| *Lesen lässt Freiheit<br>Zeitpunkt<br>Raum<br>Technik<br>Geschwindigkeit<br>Reihenfolge* | *Beim Lesen kann ich alles selber bestimmen. Ein Buch kann man überallhin mitnehmen. Ein Buch braucht kein zusätzliches Gerät, keine Energiequelle. Ein Buch macht keinen Lärm.* | **Sprachspiel:**<br>*Buch in der Hand = Lesevorgang in der Hand* |
| *Lesen ist aktives Leben<br>Lesevorgang<br>Leseleistung* | *Lesen ist ein sehr komplizierter Vorgang, aber sogar für kleine Kinder lernbar.* | **Vergleich, anschaulich gestützt:** *wie ein Wunder, wenn Erstklässler dann zur Weihnachtszeit lesen können* |
| *Lesen ist Lebenshilfe<br>Erweiterung<br>Orientierung<br>Lernen* | *Die Arbeit des Lesens erzeugt im Gehirn bestimmte Vorstellungen, die die Arbeit belohnen. Wer liest, wird kreativ tätig. Aus den Buchstabenzeichen muss man alles entstehen lassen; man stellt sich Orte und Figuren vor, schlüpft in Figuren hinein, folgt deren Überlegungen …* | **hyperbolisches Bild:**<br>*die ganze Welt im Kopf*<br><br>**überraschendes Attribut, Alliteration:**<br>*lustvolle Leistung*<br><br>**pointierte Antithese:**<br>*Leistung wird Lust* |
| *Lesen ist Lebensfreude<br>Vergnügen<br>Flucht<br>Erholung<br>Begleitung* | *Manche Bücher liest man immer wieder. Wenn sie einem zufällig in die Hände geraten, dann bleibt man darin hängen. Und mit dem Wieder-Lesen kommt die Zeit zurück, in der man sie zum ersten Mal gelesen hat. So werden Bücher über lange Lebensphasen zum Begleiter.* | **alliterierendes Attribut:**<br>*biografische Begleiter*<br><br>**Szene als Beispiel:**<br>*Suche nach Chemiebuch … – Fund im Regal: „Das fliegende Klassenzimmer" – weiß sofort, was vorausgeht, folgt – erinnere mich an die 6. Klasse, Mittagspause mit Lesen …* |

# 3.3 Rechtschreibung und Grammatik

## Zusammen oder getrennt? Groß oder klein?

!

**Getrennt- und Zusammenschreibung: Verbindungen mit Verben**

- Verbindungen aus **Adjektiv + Verb** werden in den meisten Fällen **getrennt** geschrieben: „scharf sehen", „laut sprechen", „genau bedenken".
  **Aber:**
  Ist die Verbindung nicht in einem wörtlichen, sondern nur in einem **übertragenen Sinne** zu verstehen, muss **zusammengeschrieben** werden: „krankschreiben" („eine Krankheit bescheinigen"), (jemanden) „freisprechen", „kürzertreten" (sich einschränken).
- Verbindungen aus **Adverb + Verb** oder **Präposition + Verb** werden **zusammengeschrieben,** wenn die Hauptbetonung auf dem ersten Bestandteil (Adverb oder Präposition) liegt: „auseinanderhalten", „zurücklaufen", „zusammenfalten", „entgegenhalten".
  Nur wenn die Hauptbetonung nicht auf dem ersten Bestandteil liegt und dieser adverbial gebraucht ist, wird auseinandergeschrieben: „Er konnte (nach der Operation) wieder sehen."

!

**Groß- und Kleinschreibung: Nominalisierungen**

Nominalisierungen werden großgeschrieben. Man erkennt sie daran, das vor der Nominalisierung ein zugehöriger Begleiter steht oder stehen könnte, z. B. ein Artikel, ein mit einer Präposition verschmolzener Artikel, ein unbestimmtes Zahlwort, ein Pronomen, Adjektiv oder Partizip, z. B. „das Sehen", „beim Auseinandergehen", „nichts Gutes", „sein Bestes", „lautes Dazwischenrufen".

**1** Übertragen Sie den folgenden Text in der richtigen Getrennt- und Zusammenschreibung sowie der richtigen Groß- und Kleinschreibung in Ihre Unterlagen.

*Geradeweilessoschwerfällt,kafkaserzählungeneinenscharfumrissenenSinnzuzuweisen,*
*habensichLeserundLeserinnenimmerwiederneumitdiesenTextenauseinandergesetzt.*
*Dasirritierendeandenerzählungenistgleichzeitigdasfaszinierende.*
*Dasswirunslesendindenszenarieneineralbtraumhaftenunwirklichkeitwiedererkennen,*
*dasswirunsgegendieseswiedererkennenwehren,genaudasbringtunsdazu,weiterzulesen.*
*Indererzählung„derschlaganshoftor"entwickeltsichfürdenich-erzählerausetwasbanalemundbeiläufigem,*
*ausdemgedankenlosenklopfenaneinfremdestor,einausweglosesgeschehen,*
*dasschließlichaufdenUntergangdesunschuldigbeteiligtenhinausläuft.*
*Diehandlungnimmtihrenverlaufmitderpräzisioneinesbösentraumes:*
*Insolchenträumengeschiehtalsnächstesstetsabwegiges,*
*irrationales,unausgesprochenbefürchtetes.*
*Sowieimalbtraumhinterdemeinsamenpassantenaufnächtlicher*
*straßedergefürchteteverfolgerauftauchtunddenschrittbeschleunigt,*
*bisderschlafendeschweißgebadetaufwacht.*
*Dochauskafkaserzähltenalbträumengibteskeinerwachen.*

Zeichnung Franz Kafkas (um 1905)

## Zitieren

Landhaus Bertolt Brechts am Buckower See in der Mark Brandenburg

**Bertolt Brecht: Der Rauch** (1953)

Das kleine Haus unter Bäumen am See
Vom Dach steigt Rauch
Fehlte er
Wie trostlos dann wären
Haus, Bäume und See.

**1** Prüfen sie die Zitierweise im folgenden Auszug aus einer Texterschließung. Welche Regeln des Zitierens (→ S. 307) wurden befolgt?
**2** Ergänzen Sie weitere mit Zitaten gestützte Textbeobachtungen, z. B. zur Form des Gedichts.

*Das Gedicht „Der Rauch" gehört zum Zyklus der „Buckower Elegien", die Bertolt Brecht in seinen letzten Lebensjahren verfasst hat. Der erste Vers lenkt den Blick auf ein „kleine[s] Haus" in naturnaher Umgebung. Aus dem doppelten Attribut „unter Bäumen am See" entsteht um das Haus fast eine Idylle. Der zentrale dritte Vers „Fehlte er" enthält auch den zentralen Hinweis auf die Botschaft des Gedichts. Welche Wirkung das Fehlen hätte, führt der wiederholende, aber veränderte Wortlaut des letzten Verses vor. Hier stehen die Nomen „Haus", „Bäume", „See" beziehungslos nebeneinander, das Bild ist zerstückelt. So wirkt der Rauch über einem Haus als das verbindende, beruhigende, tröstliche Signal menschlichen Lebens.*

**Bertolt Brecht: Auf einen chinesischen Teewurzellöwen**[1] (1951)

Die Schlechten fürchten deine Klaue.
Die Guten freuen sich deiner Grazie.
Derlei
Hörte ich gern
Von meinem Vers.

**3** Verfassen Sie einige ähnliche beschreibende Sätze zum Gedicht auf den „Teewurzellöwen". Gehen Sie z. B. auf die ähnliche Bauform der beiden auf dieser Seite wiedergegebenen Gedichte ein.
Achten Sie auf die korrekte Zitierweise und darauf, Ihre Zitate gut in den Textfluss einzubauen.

1 **Teewurzellöwe:** aus der Wurzel des Teestrauchs geschnitzte Figur, im alten China als Glücksbringer betrachtet

!

**Arten des Zitierens**

- **wörtliches Zitat**
  Beispiel: Ohne das menschliche Lebenszeichen wären „Haus, Bäume und See“ (V.5) für den Sprecher „trostlos“ (V.4).
- **sinngemäßes Zitat in indirekter Rede**
  - im Konjunktiv. Beispiel: Der Sprecher bringt zum Ausdruck, für ihn *sei* das menschliche Lebenszeichen wichtiger als die Anordnung der Dinge zu einem herkömmlichen idyllischen Bild.
  - mit einem Nebensatz mit „dass“ (im Indikativ oder Konjunktiv). Beispiel: Der Sprecher lässt erkennen, dass ihn das menschliche Lebenszeichen stärker *berührt* als die bloße Anordnung der Dinge zu einem idyllischen Bild.
  - mit einer Paraphrase (Umschreibung) im Indikativ. Beispiel: Nach der Wahrnehmung des Sprechers *ist* das bloße idyllische Bild ohne den Rauch leblos und öde.

Bezieht sich ein indirektes Zitat auf einen längeren Text, ist der Bezug durch eine Angabe wie „(vgl. S.5, Z.75)“ oder „(vgl. V.24)“ zu verdeutlichen.

**4** Erproben Sie die im Merkkasten genannten Formen des sinngemäßen Zitierens, indem Sie ähnliche beschreibende oder interpretierende Sätze zu den beiden Gedichten auf S.152 verfassen.

## Grammatik der Genauigkeit

Kurt Marti: **Happy End** (1960) Auszug

Sie umarmen sich und alles ist wieder gut. Das Wort ENDE flimmert über ihrem Kuss. Das Kino ist aus. Zornig schiebt er sich zum Ausgang, sein Weib bleibt im Gedrängel hilflos stecken, weit hinter ihm. Er tritt auf die Straße und bleibt nicht stehen, er geht, ohne zu warten, er geht voll Zorn, und die Nacht ist dunkel. Atemlos, mit kleinen, verzweifelten Schritten, holt sie ihn ein, holt ihn schließlich ein und keucht zum Erbarmen. Eine Schande, sagt er im Gehen, eine Affenschande, wie du geheult hast. [...]

Bei der Erschließung poetischer Texte müssen Sie verschiedene Ebenen unterscheiden und diese Unterscheidung durch die Wahl Ihrer Formulierungen verdeutlichen:
- die Ebene von Verlauf und (sprachlicher) Gestaltung des Textes,
- die Ebene der (fiktiven) Welt im Text, hier sind gegebenenfalls nochmals verschiedene Ebenen zu unterscheiden: die erzählte Handlung, eine Handlung, von der eine der Figuren erzählt ...,
- die Ebene der Textrezeption: Lesevorgang, Wirkung auf den Leser, Reaktionen des Lesers.

**1** Der auf S.154 folgende Ausschnitt aus einer Texterschließung zu „Happy End“ trennt die genannten Ebenen nicht immer ausreichend.
**a** Untersuchen Sie den Text in Partner- oder Gruppenarbeit Satz für Satz: Welche Formulierungen erscheinen Ihnen missverständlich, irritierend oder irreführend? Beschreiben Sie jeweils genau, woran das liegt.
**b** Verfassen Sie eine verbesserte Version des Textes.

**Vorsicht, Fehler!**

*In Martis Text war ein Paar im Kino. Es gab ein Happy End, wie auch der Titel sagt: „Sie umarmen sich und alles ist wieder gut." Der Mann ist wütend über seine Frau, die am Ende weint und offenbar gerührt ist. Er geht wortlos und schnell aus dem Kino, seine verunsicherte Frau versucht, ihn einzuholen. Schließlich äußert der Mann seine Wut über die Sentimentalität der Frau.*

*Die Motive für die Wut des Mannes sind am Anfang unklar. Sie trifft einen dann ähnlich überraschend und mit ähnlicher Wucht wie die Frau und man muss über die Gründe nachdenken und zu diesem Verhalten Stellung nehmen.*

*Die Frau ist „sein Weib", ihre untergeordnete Stellung in dieser Beziehung zeigt sich auch darin, dass sie „mit kleinen, verzweifelten Schritten" (Z. 8 f.) hinter ihm herläuft. Warum spricht er nicht gleich mit ihr über ihre und seine Sichtweise des Films, sondern demütigt sie erst, um dann aggressiv und von oben herab sein Urteil über sie zu verkünden? Das „Happy End" vom Anfang wird sich wohl zwischen diesen beiden nicht wiederholen.*

---

**2** Kaum eine andere Konjunktion ist bei Schreibenden so beliebt wie die kausale Konjunktion „da". Oft wird jedoch der signalisierte kausale Zusammenhang im Nebensatz gar nicht hergestellt.
**a** Begründen Sie, warum die folgenden da-Sätze aus einer Texterschließung zu Kästners Gedicht „Ein Beispiel von ewiger Liebe" (nicht) schlüssig wirken.
**b** Finden Sie wo nötig eine angemessenere Formulierung für den vermutlich gemeinten Zusammenhang.

---

*Der letzte Vers der ersten Strophe besteht nur aus dem einen Wort „fort", da die Busfahrt durch den Ort so schnell verlief.*

*Da der Sprecher im Gedicht die Frau nur ganz kurz am Gartenzaun sieht, verliebt er sich sofort.*

*Die nicht verwirklichte Beziehung kann als schöne Liebesgeschichte überdauern, da die Erinnerung des Sprechers im Gedicht durch keine Probleme einer wirklichen Beziehung belastet wird.*

*Da sich die beiden nie wiedersehen werden, wurde aus der einmaligen Begegnung eine große Liebe.*

*Da der Titel „Ein Beispiel von ewiger Liebe" lautet, schließt das Gedicht auch mit dem Vers „Die Liebe besteht".*

Erich Kästner: **Ein Beispiel von ewiger Liebe** (1932)
Auszug

Im gelben Autobus ging's durch den Ort.
Schnell hinein. Schnell heraus.
Erstes Haus. Letztes Haus.
Fort.
[...]
Du lehntest am Gartenrand,
als du mich plötzlich erblicktest.
Zärtlich hob ich die Hand.
Du nicktest.
[...]
Ich bin entschlossen, fest daran zu glauben,
dass du die Richtige gewesen wärst.
Du kannst mir diese Illusion nicht rauben,
da du sie nicht erfährst.

Du lehntest lächelnd am grünen Staket[1].
Es war im Taunus. Es war in Hessen.
Ich habe den Namen des Orts vergessen.
Die Liebe besteht.

1 **Staket:** Lattenzaun

# D Literatur und ihre Geschichte

Anlässlich der Fußballweltmeisterschaft 2006 in Deutschland zeigte ein „Walk of Ideas", der über sechs Berliner Plätze führte, mehrere silberfarbene Kunststoffskulpturen, die an Erfindungen aus Deutschland erinnern sollten. So ließ z. B. die 10 Meter lange Plastik eines aktuellen deutschen Automodells vor dem Brandenburger Tor an die Entwicklung des Automobils denken. Auf dem Bebelplatz stand eine 17 Meter hohe Skulptur mit dem Titel „Der moderne Buchdruck". Ebenfalls auf dem Bebelplatz befindet sich ein Mahnmal, das an die von Nationalsozialisten 1933 an diesem Ort veranstaltete Verbrennung von Büchern zahlreicher bedeutender Schriftsteller/-innen erinnert: Durch eine in den Boden des Platzes eingelassene Glasplatte sieht man in einen unterirdischen Raum mit leeren Bücherregalen:

„Der moderne Buchdruck" (2006), Bebelplatz Berlin

„Bibliothek" (1995), Bebelplatz Berlin

1. Diskutieren Sie den Titel der Skulptur „Der moderne Buchdruck" und formulieren Sie mögliche alternative Titel.
2. **a** Beschreiben und deuten Sie Auswahl, Gewichtung, Schichtung und Gestaltung der „Werke".
   **b** Gibt es Autoren/Autorinnen oder Epochen, die Sie besonders vermissen?
3. Wie beurteilen Sie die (vorübergehende) Aufstellung der Skulptur 2006 auf dem Bebelplatz?
4. Weiterführend: Skizzieren Sie eigene Ideen für eine Skulptur zur deutschen Literaturgeschichte.

# 1 Literatur der Jahrhundertwende

Claude Monet:
Frau mit Sonnenschirm
(1886)

**1** Die Abbildungen auf S. 156 und 157 lassen sich den um 1900 aktuellen Kunstrichtungen Naturalismus, Impressionismus, Symbolismus und Futurismus zuordnen.

**a** Geben Sie Ihren ersten Eindruck von den Bildern wieder. Beschreiben Sie die Gemälde anschließend möglichst genau. Wählen Sie dazu Aspekte wie: Motivwahl, zentrale Figur(en) und deren Kleidung, Bildaufbau, Lichtregie, farbliche Gestaltung, Gesamtwirkung auf den Betrachter. Beachten Sie auch die Titel der Bilder.

**b** Versuchen Sie, die Gemälde den oben genannten Kunstrichtungen zuzuordnen. Formulieren Sie, von den Stilbezeichnungen bzw. Ihren Vorkenntnissen ausgehend, Hypothesen zu diesen Kunstauffassungen.

Giacomo Balla:
Geschwindigkeit des
Automobils (1913)

Wilhelm Leibl: Drei Frauen in der Kirche (1882)

**2** Welches der Bilder auf S. 156 und 157 erscheint Ihnen am modernsten? Begründen Sie Ihre Ansicht.

**3** Die vier in Aufgabe 1 genannten Kunstrichtungen umfassen sowohl bildende Kunst als auch Literatur. Warum sind um 1900 Malerei und Literatur eine enge Verbindung eingegangen? Äußern Sie Ihre Vermutungen.

Gustav Klimt: Die Erwartung (1905/09)

# 1.1 Hintergründe: Politik, Wissenschaft, Technik

## Politik

Politisch war die Zeit um 1900 in Deutschland durch den Anspruch gekennzeichnet, sich als Großmacht zu etablieren, die neben Frankreich, England und Russland bestehen kann. Die Aufrüstungspolitik des jungen Kaisers Wilhelm II. im Zeichen des Imperialismus und kolonialistischer Ambitionen führte das Deutsche Reich international in die Isolation, mit der Folge einer engen Bindung an Österreich-Ungarn. Resultat der imperialistischen Politik in Europa war der Ausbruch des Ersten Weltkriegs 1914.

Kaiser Wilhelm II.: **Rede vor dem Senat der Freien Stadt Hamburg vom 18.09.1899** Auszug

Blicken wir um uns her, wie hat seit einigen Jahren die Welt ihr Antlitz verändert. Alte Weltreiche vergehen und neue sind im Entstehen begriffen. [...] Dadurch sind die Aufgaben für unser Deutsches Reich und Volk in mächtigem Umfange gewachsen und erheischen für Mich und Meine Regierung ungewöhnliche und schwere Anstrengungen, die nur dann von Erfolg gekrönt sein können, wenn einheitlich und fest, den Parteien entsagend, die Deutschen hinter uns stehen. Es muss dazu aber unser Volk sich entschließen, Opfer zu bringen. Vor allem muss es ablegen seine Sucht, das Höchste in immer schärfer sich ausprägenden Parteirichtungen zu suchen. Es muss aufhören, die Partei über das Wohl des Ganzen zu stellen. Es muss seinen alten Erbfehler eindämmen, alles zum Gegenstand ungezügelter Kritik zu machen [...] . Denn gerade diese alten politischen Sünden rächen sich jetzt schwer an unseren Seeinteressen und unserer Flotte. Wäre ihre Verstärkung Mir in den ersten acht Jahren Meiner Regierung trotz inständigen Bittens und Wartens nicht beharrlich verweigert worden, wobei sogar Hohn und Spott Mir nicht erspart geblieben sind, wie anders würden wir dann unseren blühenden Handel und unsere überseeischen Interessen fördern können! Doch Meine Hoffnungen, dass der Deutsche sich ermannen werde, sind noch nicht geschwunden. Denn groß und mächtig schlägt die Liebe in ihm zu seinem Vaterlande.

Zeitgenössische französische Karikatur

**1** Arbeiten Sie Ziele, rhetorische Mittel und Strategien (→ S. 17, 20, 326 ff.) in dem Auszug aus der Rede Wilhelms II. heraus.

**2** Wie haben die anderen europäischen Großmächte wohl auf diese Rede reagiert? Beziehen Sie die Karikatur in Ihre Überlegungen mit ein.

Postkarte zum Regierungsjubiläum Wilhelms II. (1913)

Heinrich Mann stellt in seinem Roman „Der Untertan“ aus dem Jahr 1919 anhand der Figur des Diederich Heßling den Typus eines autoritären Charakters vor, der sich durch unbedingte Identifikation mit dem Kaiser auszeichnet. Der Roman parodiert den kaiserlichen Machtanspruch:

**Heinrich Mann: Der Untertan** (1919) Auszug

Viele hatten gehobene Brüste und feierliche Mienen. Die Herren, die dem Kaiser folgten, blickten mit äußerster Entschlossenheit darein, ihre Pferde aber lenkten sie durch das Volk, als seien alle die Leute zum Statuieren bei einer Allerhöchsten Aufführung befohlen; und manchmal schielten sie seitwärts, nach dem Eindruck im Publikum. Er selbst, der Kaiser, sah nur sich und seine Leistung. Tiefer Ernst versteinte seine Züge, sein Auge blitzte hin über die Tausende der von ihm Gebannten. Er maß sich mit ihnen, der von Gott gesetzte Herr mit den empörerischen Knechten! Allein und ungeschützt hatte er sich mitten unter sie gewagt, stark nur durch seine Sendung. Sie konnten sich an ihm vergreifen, wenn es im Plan des Höchsten lag; er brachte seiner heiligen Sache sich selbst zum Opfer. War Gott mit ihm, dann sollten sie es sehen! Dann bewahrten sie für immer das Gepräge seiner Tat und die Erinnerung an ihre Ohnmacht!

1. Beschreiben Sie die Aussage der Postkarte zum 25-jährigen Regierungsjubiläum Wilhelms II.
2. Formulieren Sie die parodierende Darstellung in Heinrich Manns Roman in die Erzählung eines ernsthaft ergriffenen Zuschauers um. Ermitteln Sie, an welchen Stellen der Text von einer bewundernden Schilderung abweicht und wie der Kaiser durch diese Abweichungen charakterisiert wird.
3. Verfassen Sie zur Rede Wilhelms II. (S. 158) eine Antwortrede aus Sicht eines Kritikers/einer Kritikerin der wilhelminischen Politik.

## Wissenschaft und Technik

Seit der Mitte des 19. Jahrhunderts erleben die Naturwissenschaften einen Aufschwung, durch den der traditionelle Vorrang der Geisteswissenschaften infrage gestellt wird. Die Biologie revidiert das bisherige Menschenbild; ausgehend von Darwins „Entstehung der Arten“ (1859) rücken die Begriffe „Evolution“, „Kampf ums Dasein“, „Selektion“ und „Vererbung“ ins Zentrum der Diskussion.
Die großen Neuerungen in der Physik, insbesondere Max Plancks Quantentheorie (1900) und Albert Einsteins Relativitätstheorie (1905 und 1915), werden in breiter Öffentlichkeit diskutiert. Die Entwicklung des Atommodells von Niels Bohr (1913) führt zu neuen Möglichkeiten der Welterkenntnis und der Weltbeherrschung. Albert Einstein erhält den Nobelpreis für Physik (1921), ebenso Nils Bohr (1922).

Charles Darwin. Karikatur (1875)

Albert Einstein

Bilden Sie Arbeitsgruppen zu folgenden Aufgaben:

1 Informieren Sie sich darüber, was Darwin unter dem „Kampf ums Dasein“ und unter dem von Herbert Spencer entlehnten Ausdruck „Überleben des Tüchtigsten“ versteht, und reflektieren Sie die Konsequenzen dieses Modells. Erläutern Sie in diesem Zusammenhang die Karikatur von Darwin.

2 Informieren Sie sich über Einsteins Relativitätstheorie und deren Auswirkungen auf ein modernes Wissenschaftsverständnis. Beziehen Sie auch das Porträtfoto Einsteins in Ihre Überlegungen ein.

Auch im Bereich der Technik steht die Zeit um 1900 für große Veränderungen. Mit der Urbanisierung und Industrialisierung gehen technischer Fortschritt und eine allgemeine Beschleunigung lebensweltlicher Prozesse einher. Moderne Fortbewegungsmittel wie das Automobil faszinieren nicht nur die Masse, sondern auch Futuristen wie den italienischen Schriftsteller F. T. Marinetti und Literaten wie Bertolt Brecht.

### Filippo Tommaso Marinetti: **Manifest des Futurismus** (1912) Auszug

1 Wir wollen die Liebe zur Gefahr singen, die gewohnheitsmäßige Energie und die Tollkühnheit.

2 Die Hauptelemente unserer Poesie werden der Mut, die Kühnheit und die Empörung sein.

3 Wie die Literatur bisher die nachdenkliche Unbeweglichkeit, die Ekstase, den Schlummer gepriesen hat, so wollen wir die aggressive Bewegung, die fiebrige Schlaflosigkeit, den gymnastischen Schritt, den gefahrvollen Sprung, die Ohrfeige und den Faustschlag preisen.

4 Wir erklären, dass der Glanz der Welt sich um eine neue Schönheit bereichert hat: um die Schönheit der Schnelligkeit. Ein Rennautomobil, dessen Wagenkasten mit großen Rohren bepackt sind, die Schlangen mit explosivem Atem gleichen, ein heulendes Automobil, das auf Kartätschen[1] zu laufen scheint, ist schöner als der „Sieg bei Samothrake“[2].

1 **Kartätsche:** mit Bleikugeln gefülltes Geschoss
2 **Sieg bei Samothrake:** Gemeint ist die antike Statue der Siegesgöttin Nike, die auf Samothrake gefunden wurde.

**Filippo Tommaso Marinetti: An das Rennautomobil** (1912)

Feuriger Gott aus stählernem Geschlecht,
Automobil, das fernensüchtig geängstet stampft, in scharfen Zähnen das Gebiss!
Japanisch-fürchterliches Untier, schmiedefeueräugig,
mit Flammen und Ölen aufgenährt,
nach Horizonten gierig und nach Sternenbeute,
des Herzens teuflisches Töff-Töff befrei ich dir
und deine riesigen Pneumatiks
zum Tanze auf der Erde weißen Straßen.
Ich lasse den metallenen Zügel los und du
Stürmst trunken in befreiende Unendlichkeit! ...

1 Charakterisieren Sie die Haltung Marinettis zum technischen Fortschritt.
2 Untersuchen Sie die sprachliche Gestaltung des Gedichts. Klären Sie seinen Bezug zum „Manifest".
3 Setzen Sie das Gemälde von Balla auf S. 156 in Beziehung zu Marinettis Texten.
4 Erläutern Sie aus Bild und Texten den Begriff Futurismus. Vergleichen Sie mit einem Lexikon.
5 Beurteilen Sie Marinettis Haltung aus heutiger Sicht.

**Umberto Eco: Erfindungen des 19. Jahrhunderts** (2000) Auszug

Während das 20. Jahrhundert langsam zu Ende geht, können wir uns fragen, ob wir in den letzten hundert Jahren wirklich so viel Neues erfunden haben. Alles, was wir täglich benutzen, ist im 19. Jahrhundert erfunden worden. Hier nur einiges: Die Eisenbahn (aber die Dampfmaschine stammt schon aus dem 18. Jahrhundert), das Auto (mit der Ölindustrie, die es voraussetzt), die Dampfschiffe mit Schraubenantrieb, der Stahlbetonbau und die Wolkenkratzer, die U-Bahn, das U-Boot, der Dynamo, die Turbine, der Dieselmotor, das Flugzeug (das ausschlaggebende Experiment der Gebrüder Wright fand drei Jahre nach der Jahrhundertwende statt), die Schreibmaschine, das Grammofon, das Diktafon, die Nähmaschine, der Kühlschrank und die Dosennahrung, die pasteurisierte Milch, das Feuerzeug (und die Zigarette), das Zylinderschloss von Yale, der Fahrstuhl, die Waschmaschine, das elektrische Bügeleisen, der Füllfederhalter, der Radiergummi, das Löschpapier, die Briefmarke, die pneumatische Rohrpost, das Wasserklosett, die elektrische Klingel, der Ventilator, der Staubsauger (1901), der Rasierapparat mit Klinge, das Klappbett, der Friseursessel und der drehbare Bürosessel, das Streichholz und die Sicherheitshölzer, der Regenmantel, der Reißverschluss, die Sicherheitsnadel, die Soda-Getränke, das Fahrrad mit Gummireifen und Luftkammer, die Stahlspeichenräder und der Kettenantrieb, der Omnibus, die elektrische Straßenbahn, die Hochbahn, das Zellophanpapier, das Zelluloid, die Kunstfiber, die Kaufhäuser, in denen es all das zu kaufen gibt, und – wenn's erlaubt ist – das elektrische Licht, das Telefon, der Telegraf, das Radio, die Fotografie und das Kino. Charles Babbage erfand eine Rechenmaschine, die 66 Additionen in der Minute durchführen konnte, und damit war er schon auf dem Weg zum Computer.

1 Ordnen Sie die genannten Erfindungen verschiedenen Bereichen zu, z. B. Verkehr, Unterhaltung ...
2 In welchen Bereichen gibt es die bedeutendsten Neuerungen?

## Medien und Medientheorie

Der technische Fortschritt bringt auch medientechnische Veränderungen mit sich. Fotografie und Kinematografie, Schreibmaschine und Grammofon verändern die Auffassung der Kunst auf nachhaltige Weise. Einer der Ersten, der diesen Veränderungen Rechnung getragen hat, ist Walter Benjamin (1892–1940), der als Pionier der modernen Medientheorie gilt. In seiner Studie „Das Kunstwerk im Zeitalter seiner technischen Reproduzierbarkeit" (1935) diagnostiziert er einen geschichtlichen Umbruch, der die gesamte Epoche der Moderne betrifft. Benjamin zufolge zeichnet sich moderne Kunst durch einen Verfall der Aura aus, an deren Stelle das Prinzip der technischen Reproduzierbarkeit tritt.

Grammofon, erfunden 1887

**Walter Benjamin: Das Kunstwerk im Zeitalter seiner technischen Reproduzierbarkeit** (1935) Auszug

Das Hier und Jetzt des Originals macht den Begriff seiner Echtheit aus, und auf deren Grund ihrerseits liegt die Vorstellung einer Tradition, welche dieses Objekt bis auf den heutigen Tag als ein Selbes und Identisches weitergeleitet hat. Der gesamte Bereich der Echtheit entzieht sich der technischen – und natürlich nicht nur der technischen – Reproduzierbarkeit. Während das Echte aber der manuellen Reproduktion gegenüber, die von ihm im Regelfalle als Fälschung abgestempelt wurde, seine volle Autorität bewahrt, ist das der technischen Reproduktion gegenüber nicht der Fall. [...]

Was im Zeitalter der technischen Reproduzierbarkeit des Kunstwerks verkümmert, das ist seine Aura. Dieser Vorgang ist symptomatisch; seine Bedeutung weist über den Bereich der Kunst weit hinaus. Die Reproduktionstechnik, so läßt sich allgemein formulieren, löst das Reproduzierte aus dem Bereich der Tradition ab. Indem sie die Reproduktion vervielfältigt, setzt sie an die Stelle seines einmaligen Vorkommens sein massenweises. Und indem sie der Reproduktion erlaubt, dem Beschauer in seiner jeweiligen Situation entgegenzukommen, aktualisiert sie das Reproduzierte. Diese beiden Prozesse führen zu einer gewaltigen Erschütterung des Tradierten – einer Erschütterung der Tradition, die die Kehrseite der gegenwärtigen Krise und Erneuerung der Menschheit ist. Sie stehen im engsten Zusammenhang mit den Massenbewegungen unserer Tage. Ihr gewaltigster Agent ist der Film. **R**

**1** **a** Erläutern Sie die ab Anfang des 20. Jahrhunderts zunehmende Bedeutung der technischen Reproduktion anhand von Beispielen aus verschiedenen Bereichen der Kunst. Beziehen Sie auch heutige Entwicklungen mit ein.
**b** Versuchen Sie eine knappe Bestimmung des Begriffs der Aura.
**c** Beschreiben Sie den von Benjamin diagnostizierten Verfall der Aura in eigenen Worten.

**2** Diskutieren Sie den Zusammenhang von technischer Reproduzierbarkeit, Erschütterung der Tradition und Moderne.

**3** Nehmen Sie zu Benjamins Diagnose mit Blick auf heutige Entwicklungen Stellung.

Kinematograf, erfunden 1895

Ein Beispiel für „Kunst im Zeitalter technischer Reproduzierbarkeit" im Sinne Walter Benjamins ist das Kino, das sich um 1900 wie ein Lauffeuer, von Paris und bald auch anderen Metropolen entfacht, über Europa ausbreitete. Sein unwiderruflicher Eroberungszug – allein in Deutschland liefen bis 1919 rund 20 000 Filme – versetzte die Massen in Taumel und Entzücken. Wie viele junge Schriftsteller und Intellektuelle seiner Zeit war auch Franz Kafka ein leidenschaftlicher Kinogänger, der gleichwohl dem neuen Medium ambivalent gegenüberstand.

Ein Zeitgenosse Franz Kafkas schreibt 1910 über das Kino:

> Ich glaube, durch das Kino haben wir jetzt erst das Sehen gelernt. Die Freude am Schauen ist geweckt. Wir wollen nicht mehr nüchterne Buchstaben zu Worten zusammensetzen, die beim Buchstabieren und Sinn-Erfassen den Geist anstrengen, sondern leicht und flüchtig die bildliche Lektüre genießen. Die Wirklichkeit steht dann viel deutlicher vor uns und das Interesse ist doppelt so groß. Wir können beinahe den Geist einschlafen lasen und mit den Augen schöpfen, was die Seele will. Die Freude am Bildwerk ist allgemein da; wir sind mehr zum Schauen als zum Lesen aufgelegt, und darum strömt alles willig wie hypnotisch in das Kino, die Bilder-Zeitung, wo man in Lektüre schwelgt. *(aus: Anonymus: Neuland für Kinematografentheater, Lichtbühne 111, 1910)*

Franz Kafka notiert in seinem Tagebuch:

> Im Kino gewesen. Geweint. [...] Bin ganz leer und sinnlos, die vorüberfahrende Elektrische hat mehr lebendigen Sinn. *(November 1913)*

Kafka stellt das Stereoskop, ein optisches Gerät, das bei der Betrachtung von Stereobildpaaren einen räumlichen, panoramahaften Bildeindruck vermittelt, dem Kinematografen (Kino) gegenüber:

> Die Bilder [im Stereoskop] lebendiger als im Kino, weil sie dem Blick die Ruhe der Wirklichkeit lassen. Der Kinematograf gibt dem Angeschauten die Unruhe ihrer Bewegung, die Ruhe des Blicks scheint wichtiger. [...] *(aus: Franz Kafka: Reisetagebücher, Januar/Februar 1911)*

1. Erstellen Sie einen Cluster mit eigenen Assoziationen zum Thema Kino.
2. Besprechen Sie in Kleingruppen, wie Kino auf Sie wirkt. Fassen Sie die wichtigsten Aussagen auf einem Plakat oder auf einer Folie zusammen und referieren Sie kurz darüber.
3. Erläutern Sie, wie Sie Franz Kafkas Einwände gegen das Kino verstehen. Arbeiten Sie Unterschiede zur Stellungnahme des anonymen Autors in der „Lichtbühne" heraus.
4. Bringen Sie Franz Kafkas Aussagen zum Kino mit Walter Benjamins These vom Verfall der Aura in Verbindung.

## 1.2 Menschenbilder: Ich- und Sinnkrise

### Sinnkrise

Was bedeutet Nihilismus? – Dass die obersten Werte sich entwerten. Es fehlt das Ziel. Es fehlt die Antwort auf das „Wozu?". *(Friedrich Nietzsche: Aus dem Nachlass der 1880er-Jahre)*

Friedrich Nietzsche: **Aus dem Nachlass der 1880er-Jahre** (Auszug)

*Der Nihilismus als psychologischer Zustand* wird eintreten müssen, *erstens,* wenn wir einen „Sinn" in allem Geschehen gesucht haben, der nicht darin ist: sodass der Sucher endlich den Mut verliert. Nihilismus ist dann das Bewusstwerden der langen *Vergeudung* von Kraft, die Qual des „Umsonst", die Unsicherheit, der Mangel an Gelegenheit, sich irgendwie zu erholen, irgendworüber noch zu beruhigen – die Scham vor sich selbst, als habe man sich allzu lange *betrogen* ... [...] Der Nihilismus als psychologischer Zustand tritt *zweitens* ein, wenn man eine *Ganzheit,* eine *Systematisierung,* selbst eine *Organisierung* in allem Geschehen und unter allem Geschehen angesetzt hat [...] ... aber siehe da, es *gibt* kein solches Allgemeines! Im Grunde hat der Mensch den Glauben an seinen Wert verloren, wenn durch ihn nicht ein unendlich wertvolles Ganzes wirkt: d. h., er hat ein solches Ganzes konzipiert, *um an seinen Wert glauben zu können.*

Der Nihilismus als psychologischer Zustand hat noch eine *dritte* und *letzte* Form. Diese zwei *Einsichten* gegeben, dass mit dem Werden nichts erzielt werden soll und dass unter allem Werden keine große Einheit waltet, in der der Einzelne völlig untertauchen darf wie in einem Element höchsten Wertes: So bleibt als *Ausflucht* übrig, diese ganze Welt des Werdens als Täuschung zu verurteilen und eine Welt zu erfinden, welche jenseits derselben liegt, als *wahre* Welt. Sobald aber der Mensch dahinterkommt, wie nur aus psychologischen Bedürfnissen diese Welt gezimmert ist und wie er dazu ganz und gar kein Recht hat, so entsteht die letzte Form des Nihilismus, welche den *Unglauben an eine metaphysische Welt* in sich schließt – welche sich den Glauben an eine *wahre* Welt verbietet. Auf diesem Standpunkt gibt man die Realität des Werdens als *einzige* Realität an, verbietet sich jede Art Schleichweg zu Hinterwelten und falschen Göttlichkeiten – aber *erträgt diese Welt nicht, die man schon lange nicht leugnen will ...*

Was ist im Grunde geschehen? Das Gefühl der *Wertlosigkeit* wurde erzielt, als man begriff, dass weder mit dem Begriff *„Zweck"* noch mit dem Begriff *„Einheit"*, noch mit dem Begriff *„Wahrheit"* der Gesamtcharakter des Daseins interpretiert werden darf.

**1** Erklären Sie den Begriff Nihilismus unter Rückgriff auf die Etymologie (lateinisch „nihil").
**2** Erstellen Sie ein Schaubild zum Zusammenhang zwischen Nihilismus und der Suche nach Sinn.

Friedrich Nietzsche: **Also sprach Zarathustra** (1883–85) Auszug

Als Zarathustra aber allein war, sprach er also zu seinem Herzen: „Sollte es denn möglich sein! Dieser alte Heilige hat in seinem Walde noch nichts davon gehört, dass *Gott tot* ist!" –

Als Zarathustra in die nächste Stadt kam, die an den Wäldern liegt, fand er daselbst viel Volk versammelt auf dem Markte: Denn es war verheißen worden, dass man einen Seiltänzer sehen solle. Und Zarathustra sprach also zum Volke:

*Ich lehre euch den Übermenschen.* Der Mensch ist etwas, das überwunden werden soll. Was habt ihr getan, ihn zu überwinden?

Alle Wesen bisher schufen etwas über sich hinaus: Und ihr wollt die Ebbe dieser großen Flut sein und lieber noch zum Tiere zurückgehn, als den Menschen überwinden?

Was ist der Affe für den Menschen? Ein Gelächter oder eine schmerzliche Scham. Und ebendas soll der Mensch für den Übermenschen sein: ein Gelächter oder eine schmerzliche Scham.

Ihr habt den Weg vom Wurme zum Menschen gemacht, und vieles in euch ist noch Wurm. Einst wart ihr Affen, und auch jetzt noch ist der Mensch mehr Affe als irgendein Affe. [...]

Der Mensch ist ein Seil, geknüpft zwischen Tier und Übermensch – ein Seil über einem Abgrunde.

Ein gefährliches Hinüber, ein gefährliches Auf-dem-Wege, ein gefährliches Zurückblicken, ein gefährliches Schaudern und Stehenbleiben.

Was groß ist am Menschen, das ist, dass er eine Brücke und kein Zweck ist, was geliebt werden kann am Menschen, das ist, dass er ein *Übergang* und ein *Untergang* ist.

Ferdinand Hodler: Der Mäher (1910)

## Franz Kafka: **Die Brücke** (1916/17)

Ich war steif und kalt, ich war eine Brücke, über jenem Abgrund lag ich, diesseits waren die Fußspitzen, jenseits die Hände eingebohrt, in bröckelndem Lehm hatte ich mich festgebissen. Die Schöße meines Rockes wehten zu meinen Seiten. In der Tiefe lärmte der eisige Forellenbach. Kein Tourist verirrte sich zu dieser unwegsamen Höhe, die Brücke war in den Karten noch nicht eingezeichnet. So lag ich und wartete; ich musste warten; ohne abzustürzen kann keine einmal errichtete Brücke aufhören, Brücke zu sein. Einmal gegen Abend, war es der erste, war es der tausendste, ich weiß nicht, meine Gedanken gingen immer in einem Wirrwarr, und immer immer in der Runde – gegen Abend im Sommer, dunkler rauschte der Bach, hörte ich einen Mannesschritt. Zu mir, zu mir. Strecke dich, Brücke, setze dich in Stand, geländerlose Brücke, halte den dir Anvertrauten, die Unsicherheiten seines Schrittes gleiche unmerklich aus, schwankt er aber, dann gib dich zu erkennen und wie ein Berggott schleudere ihn ans Land. Er kam, mit der Eisenspitze seines Stockes beklopfte er mich, dann hob er mit ihr meine Rockschöße und ordnete sie auf mir, in mein buschiges Haar fuhr er mit der Spitze und ließ sie, wahrscheinlich weit umherblickend, lange drin liegen. Dann aber – gerade träumte ich ihm nach über Berg und Tal – sprang er mit beiden Füßen mir mitten auf den Leib. Ich erschauerte in wildem Schmerz, gänzlich unwissend. Wer war es? Ein Kind? Ein Turner? Ein Waghalsiger? Ein Selbstmörder? Ein Versucher? Ein Vernichter? Und ich drehte mich um, ihn zu sehen. Brücke dreht sich um! Ich war noch nicht umgedreht, da stürzte ich schon, ich stürzte und schon war ich zerrissen und aufgespießt von den zugespitzten Kieseln, die mich so friedlich immer angestarrt hatten aus dem rasenden Wasser.

1 Beschreiben Sie den Einfluss der äußeren Bedingungen von Zarathustras Rede auf deren Inhalt.
2 Erläutern Sie das Menschenbild, das in der Metapher der Brücke bei Nietzsche und Kafka zum Ausdruck kommt. Vergleichen Sie das Menschenbild bei Nietzsche und Kafka. Gehen Sie dabei auch auf die Dialektik von Übergang und Untergang ein.
3 a Benennen und deuten Sie erzähltechnische Besonderheiten (→ S. 329 f.) von Kafkas Parabel.
b Verfassen Sie einen kurzen Erzähltext aus der Perspektive einer Treppe oder eines anderen geeigneten Übergangs- oder Verbindungswegs.
4 a Erläutern Sie Nietzsches Theorie des Übermenschen vor dem Hintergrund von Hodlers Gemälde „Der Mäher".
b Diskutieren Sie, ob und inwiefern der Übermensch eine adäquate Antwort auf das Nihilismusproblem ist.
5 Kommentieren Sie Nietzsches Reihe von Wurm, Affe und Mensch mit Bezug zu Darwins Evolutionstheorie.

## Das bedrohte Ich

Sigmund Freud: **Die Traumdeutung** (1900) Auszug

Der Traum ist eine Wunscherfüllung. […]
Wenn ich nun die Behauptung aufstelle, dass Wunscherfüllung der Sinn eines jeden Traumes sei, also dass es keine anderen als Wunschträume geben kann, so bin ich des entschiedensten Widerspruches im Vorhinein sicher. […]
Der Traum ist die (verkleidete) Erfüllung eines (unterdrückten, verdrängten) Wunsches.

Henri Rousseau: Der Traum (1910)

Mit der im Jahre 1900 erschienenen „Traumdeutung“ ist Sigmund Freud berühmt geworden. In den darauf folgenden Jahrzehnten hat er seine Lehre immer wieder überarbeitet. In den 1920er-Jahren entwickelte Freud ein Drei-Instanzen-Modell der Psyche, das auf der Unterscheidung von Über-Ich, Ich und Es beruht. Das Es deckt den Bereich der unbewussten Triebe ab. Das Über-Ich ist die Instanz des Gewissens, geprägt durch elterliche und andere soziale Autoritäten. Das Ich entspricht dem bewussten Teil der Persönlichkeit, der sich durch Vernunft definiert und sich als selbstständig wahrnimmt, in Wirklichkeit aber nur eine abhängige Mittelstellung zwischen den Instanzen des Es und des Über-Ichs einnimmt.

## Sigmund Freud: **Das Ich und das Es** (1923) Auszug

Die funktionelle Wichtigkeit des Ichs kommt darin zum Ausdruck, dass ihm normalerweise die Herrschaft über die Zugänge der Motilität[1] eingeräumt ist. Es gleicht so im Verhältnis zum Es dem Reiter, der die überlegene Kraft des Pferdes zügeln soll, mit dem Unterschied, dass der Reiter dies mit eigenen Kräften versucht, das Ich mit geborgten. Dieses Gleichnis trägt ein Stück weit. Wie dem Reiter, will er sich nicht vom Pferd trennen, oft nichts anderes übrig bleibt, als es dahin zu führen, wohin es gehen will, so pflegt auch das Ich den Willen des Es in Handlung umzusetzen, als ob es der eigene wäre. [...] Aber andererseits sehen wir dasselbe Ich als armes Ding, welches unter dreierlei Dienstbarkeiten steht und demzufolge unter den Drohungen von dreierlei Gefahren leidet, von der Außenwelt her, von der Libido des Es und von der Strenge des Über-Ichs. Dreierlei Arten von Angst entsprechen diesen drei Gefahren, denn Angst ist der Ausdruck eines Rückzugs vor der Gefahr. Als Grenzwesen will das Ich zwischen der Welt und dem Es vermitteln, das Es der Welt gefügig machen und die Welt mittels seiner Muskelaktionen dem Es-Wunsch gerecht machen.

1 **Motilität:** Bewegungsfähigkeit, Beweglichkeit

Freud spricht von drei großen Kränkungen, die der Mensch erfahren habe: Nach der kopernikanischen Wende ist die Erde nicht mehr Mittelpunkt der Welt. Nach Darwin stammt der Mensch – einst Kreatur Gottes – von affenähnlichen Wesen ab. „Die dritte und empfindlichste Kränkung aber soll die menschliche Großsucht durch die heutige psychologische Forschung erfahren, welche dem Ich nachweisen will, dass es nicht einmal Herr ist im eigenen Hause.“ (Freud: Vorlesungen zur Einführung in die Psychoanalyse)

1 Setzen Sie Henri Rousseaus Gemälde „Der Traum“ auf S. 166 in Verbindung mit Freuds These, der Traum sei eine Wunscherfüllung, und diskutieren Sie diese kritisch.
2 Verdeutlichen Sie den Zusammenhang von Ich, Über-Ich und Es in einem Schaubild.

Odilon Redon: Zyklop (um 1898/1900)

Das „unrettbare Ich" war Gegenstand einer Diskussion zwischen dem Philosophen und Physiker Ernst Mach, dem österreichischen Schriftsteller und Literaturkritiker Hermann Bahr und dem Arzt Emil Zuckerkandl im literarischen Salon von dessen Frau Bertha Zuckerkandl in Wien:

### Bertha Zuckerkandl: **Bahr, Mach und Zuckerkandl im Gespräch** (1908) Auszug

Mach unterbrach mich: Es bleibt einer späteren Epoche überlassen, uns alle einzureihen. Dann erst werden die Zusammenhänge zu erkennen sein. Vielleicht erweist sich das Gerüst, das ich zu errichten versuchte, als untragbar.

Bahr (mit seinem ironisch-listigen Lächeln): Darf ich mir erlauben, Ihnen Mach zu erklären. Den Denker, der die Formel gefunden hat vom unrettbaren „Ich", das als unabänderliches, fest verankertes Zentrum nicht existiert.

Mach: Wenn ich sage: „das Ich ist unrettbar", so meine ich damit, dass es nur in der Einfühlung des Menschen in alle Dinge, in alle Erscheinungen besteht, dass dieses Ich sich auflöst in allem, was fühlbar, hörbar, sichtbar, tastbar ist. Alles ist flüchtig; eine substanzlose Welt, die nur aus Farben, Konturen, Tönen besteht. Ihre Realität ist ewige Bewegung, chamäleonartig schillernd. In diesem Spiel der Phänomene kristallisiert, was wir unser „Ich" nennen. Vom Augenblick der Geburt bis zum Tode wechselt es ohne Ruhe.

Bahr: Hofmannsthals Bekenntnis lautet: Unser Ich ersteht von außen nach innen. Er hat es so gesagt: „Draußen sind wir zu finden, von draußen weht es uns an." Er sagt auch: „Dichter sein ist Seismograf sein." [...]

Bahr: Wir gelangen endlich dorthin, wo es uns längst hintreibt. Zu Schnitzlers „Ich". Er könnte im Gegensatz zu Hofmannsthal sagen: „Drinnen sind wir zu finden, von drinnen weht es uns an." Denn sein „Ich" ist nach innen konzentriert. Ganz dem Dunkel zugekehrt, den Abgründen, die hinter dem Bewusstsein sich auftun, dort, wo kein Gewissen, keine Verantwortung wohnt und herrscht. Er ist ein Seelentieftaucher, ein Traumverwirrer und -entwirrer [...] So hat Schnitzler offenbart, vorausgebildet, was erst jetzt eine neue, erschütternde Erkenntnis der Wissenschaft geworden ist. Die von Wien ausstrahlend die Welt in Erregung und Bestürzung versetzt: die Psychoanalyse!

Georges Seurat: La Parade (1889) Ausschnitt

1 Erläutern Sie Machs Begriff vom „unrettbaren Ich".
2 Setzen Sie Machs These von der Auflösung des Ichs in Bezug zu Monets Gemälde auf S. 156 und zu George Seurats Malweise. Informieren Sie sich zum Begriff des Impressionismus.
3 Fassen Sie die Aussagen von Freud, Mach und Bahr zum Ich auf einem Poster zusammen. Verdeutlichen Sie Gemeinsamkeiten und Differenzen.
4 Arbeiten Sie Bezüge heraus zwischen den Texten des Kapitels „Sprachkrise um 1900" (→ S. 116 ff.) und den Texten der Abschnitte „Sinnkrise" (S. 164 ff.) und „Das bedrohte Ich" (S. 166 ff.).

**Arthur Schnitzler: Lieutenant Gustl** (1900) Auszug

Wie lange wird denn das noch dauern? Ich muss auf die Uhr schauen ... schickt sich wahrscheinlich nicht in einem so ernsten Konzert. Aber wer sieht's denn? Wenn's einer sieht, so passt er gerade so wenig auf wie ich, und vor dem brauch' ich mich nicht zu genieren ... Erst Viertel auf zehn? ... Mir kommt vor, ich sitz' schon drei Stunden in dem Konzert. Ich bin's halt nicht gewohnt ... Was ist es denn eigentlich? Ich muss das Programm anschauen ... Ja richtig: Oratorium? Ich hab gemeint: Messe. Solche Sachen gehören doch nur in die Kirche. Die Kirche hat auch das Gute, dass man jeden Augenblick fortgehen kann. – Wenn ich wenigstens einen Ecksitz hätt'! – Also Geduld, Geduld! Auch Oratorien nehmen ein End'! Vielleicht ist es sehr schön, und ich bin nur nicht in der Laune. Woher sollt' mir auch die Laune kommen? Wenn ich denke, dass ich hergekommen bin, um mich zu zerstreuen ... Hätt' ich die Karte lieber dem Bernek geschenkt, dem machen solche Sachen Spaß; er spielt ja selber Violine. Aber da wär' der Kopetzky beleidigt gewesen. Es war ja sehr lieb von ihm, wenigstens gut gemeint. Ein braver Kerl, der Kopetzky! Der Einzige, auf den man sich verlassen kann ... Seine Schwester singt ja mit unter denen da oben. Mindestens hundert Jungfrauen, alle schwarz gekleidet, wie soll ich sie da herausfinden? Weil sie mitsingt, hat er auch das Billet gehabt, der Kopetzky ... Warum ist er denn nicht selber gegangen? – Sie singen übrigens sehr schön. Es ist sehr erhebend – sicher! Bravo! Bravo! ... Ja, applaudieren wir mit. Der neben mir klatscht wie verrückt. Ob's ihm wirklich so gut gefällt? – Das Mädel drüben in der Loge ist sehr hübsch. Sieht sie mich an oder den Herrn dort mit dem blonden Vollbart? ... Ah, ein Solo! Wer ist das? Alt: Fräulein Walker, Sopran: Fräulein Michalek ... das ist wahrscheinlich Sopran ... Lang war ich schon nicht in der Oper. In der Oper unterhalt' ich mich immer, auch wenn's langweilig ist. Übermorgen könnt' ich eigentlich wieder hineingeh'n, zur „Traviata". Ja, übermorgen bin ich vielleicht schon eine tote Leiche! Ah, Unsinn, das glaub ich selber nicht! Warten S' nur, Herr Doktor, Ihnen wird's vergeh'n, solche Bemerkungen zu machen! Das Nasenspitzerl hau' ich Ihnen herunter ...

Wenn ich die in der Loge nur genau sehen könnt'! Ich möchte mir den Operngucker von dem Herrn neben mir ausleih'n, aber der frisst mich ja auf, wenn ich ihn in seiner Andacht stör' ... In welcher Gegend die Schwester von Kopetzky steht? Ob ich sie erkennen möcht'? Ich hab' sie ja nur zwei- oder dreimal gesehen, das letzte Mal im Offizierskasino ... Ob das lauter anständige Mädeln sind, alle hundert? O jeh! ... „Unter Mitwirkung des Singvereins!" – Singverein ... komisch! Ich hab' mir darunter eigentlich immer so was Ähnliches vorgestellt wie die Wiener Tanzsängerinnen, das heißt, ich hab' schon gewusst, dass es was anderes ist! ... Schöne Erinnerungen! Damals beim „Grünen Tor" ... Wie hat sie nur geheißen? Und dann hat sie mir einmal eine Ansichtskarte aus Belgrad geschickt ... auch eine schöne Gegend! – Der Kopetzky hat's gut, der sitzt jetzt längst im Wirtshaus und raucht seine Virginia!

---

**1** Untersuchen Sie die Funktion des inneren Monologs (→ S. 330) in Schnitzlers „Lieutenant Gustl". Beschreiben Sie, welche Möglichkeiten diese Erzähltechnik dem Autor bietet.

**2** Stellen Sie einen Bezug her zwischen Schnitzlers „Lieutenant Gustl" und den Thesen von Freud und Mach.

**3** Verfassen Sie einen inneren Monolog aus der Position des Herrn mit dem Operngucker, der sich von Gustl gestört fühlt.

## 1.3 Kunstauffassungen: Symbolismus, Ästhetizismus, Dekadenz

### „Ein gewichtloses Gewebe aus Worten ..." – Sprache der Symbole

Theodor Fontane:
**Herbstlied** (1851)

Rote Beeren am Rosenhage,
Rote Blätter an Baum und Gesträuch, –
Ihr schönen Herbstestage,
Ihr klaren, wie grüß' ich euch!

Es fallen die letzten Schleier
Vor eurer Sonne Schein,
Und wir blicken tiefer und freier
In Gottes Welt hinein.

Ihr klaren, ihr mahnt mich immer
An das Auge treuer Fraun:
Verloren ging der Schimmer,
Doch die Seele kann ich schaun.

Stefan George:
**Komm in den totgesagten park** (1897)

Komm in den totgesagten park und schau:
Der schimmer ferner lächelnder gestade ·
Der reinen wolken unverhofftes blau
Erhellt die weiher und die bunten pfade.

Dort nimm das tiefe gelb · das weiche grau
Von birken und von buchs · der wind ist lau ·
Die späten rosen welkten noch nicht ganz ·
Erlese küsse sie und flicht den kranz ·

Vergiss auch diese letzten astern nicht ·
Den purpur um die ranken wilder reben ·
Und auch was übrig blieb von grünem leben
Verwinde leicht im herbstlichen gesicht.

**1** **a** Notieren Sie in Form von Ideensternen (→ S. 349), was Ihnen an den Gedichten von George und Fontane auffällt.
**b** Versuchen Sie jeweils, das zentrale Thema des Gedichts zu formulieren.
**c** Vergleichen Sie Ihre Notizen mit denen Ihres Nachbarn/Ihrer Nachbarin und stellen Sie Gemeinsamkeiten und Unterschiede in den Gedichten einander gegenüber.

**2** Diskutieren Sie, worin die Modernität von Georges Gedicht besteht. Berücksichtigen Sie dabei Georges Umgang mit Motiven aus dem Bereich der Natur und die sprachlichen Mittel des Gedichts.

Gustav Klimt: Buchenwald (um 1902)

Hermann Bahr: **Symbolisten** (1894) Auszug

Die Kunst will jetzt aus dem Naturalismus fort und sucht Neues. Niemand weiß noch, was es werden möchte; der Drang ist ungestalt und wirr; er tastet ohne Rat nach vielen Dingen und findet sich nirgends. Nur fort, um jeden Preis, fort aus der deutlichen Wirk-

lichkeit, ins Dunkle, Fremde und Versteckte – das ist heute die eingestandene Losung für zahlreiche Künstler.
Man hat manchen Namen. Die einen nennen es Décadence, als ob es die letzte Flucht der Wünsche aus einer sterbenden Kultur und das Gefühl des Todes wäre. Die anderen nennen es Symbolismus. [...]
Der neue Symbolismus braucht die Symbole ganz anders. Er will auch ins Unsinnliche, aber er will es durch ein anderes Mittel. Er schickt nicht dürftige Boten aus, von seinen unsinnlichen Freuden zu stammeln, bis ihre Ahnungen erwachsen. Sondern er will die Nerven in jene Stimmungen zwingen, wo sie von selber nach dem Unsinnlichen greifen, und will das durch sinnliche Mittel. Und er verwendet die Symbole als Stellvertreter und Zeichen nicht des Unsinnlichen, sondern von anderen ebenso sinnlichen Dingen. Das Symbol gilt dem neuen Symbolismus sehr viel, aber es gilt ihm nur als eine Bereicherung des Handwerks. Er hat aus den Symbolen eine neue Technik gewonnen, ein vorher unbekanntes lyrisches Verfahren, eine besondere Methode der Lyrik. Es gab vor ihm das rhetorische und das realistische Verfahren; er hat ein neues geschaffen.
Die Absicht aller Lyrik ist immer die gleiche: ein Gefühl, eine Stimmung, ein Zustand des Gemütes soll ausgedrückt und mitgeteilt, soll suggeriert werden. Was kann der Künstler tun? Das Nächste ist wohl, es zu verkünden, sein inneres Schicksal zu erzählen, zu beschreiben, was und wie er es empfindet, in recht nahen und ansteckenden Worten. Das ist die rhetorische Technik. Oder der Künstler kann die Ursache, das äußere Ereignis seiner Stimmung, seines Gefühls, seines Zustandes suchen, um, indem er sie mitteilt, auch ihre Folge, seinen Zustand mitzuteilen. Das ist die realistische Technik. Und endlich, was früher noch keiner versucht hat: der Künstler kann eine ganz andere Ursache, ein anderes äußeres Ereignis finden, welche seinem Zustande ganz fremd sind, aber welche das nämliche Gefühl, die nämliche Stimmung erwecken und den nämlichen Erfolg im Gemüte bewirken würden. Das ist die Technik der Symbolisten.

## Stefan George: **Über Dichtung** (1903) Auszug

In der dichtung – wie in aller kunst-betätigung – ist jeder der noch von der sucht ergriffen ist etwas „sagen“ etwas „wirken“ zu wollen nicht einmal wert in den vorhof der kunst einzutreten.

Jeder widergeist jedes vernünfteln und hadern mit dem leben zeigt auf einen noch ungeordneten denkzustand und muss von der kunst ausgeschlossen bleiben.

Den wert der dichtung entscheidet nicht der sinn (sonst wäre sie etwa weisheit gelahrtheit) sondern die form d. h. durchaus nichts äusserliches sondern jenes tief erregende in maass und klang wodurch zu allen zeiten die Ursprünglichen die Meister sich von den nachfahren den künstlern zweiter ordnung unterschieden haben.

Der wert einer dichtung ist auch nicht bestimmt durch einen einzelnen wenn auch noch so glücklichen fund in zeile strofe oder grösserem abschnitt. Die zusammenstellung – das verhältnis der einzelnen teile zueinander – die notwendige folge des einen aus dem andern kennzeichnet erst die hohe dichtung.

Reim ist bloss ein wortspiel wenn zwischen den durch den reim verbundenen worten keine innere verbindung besteht.

Freie rhythmen heisst soviel als weisse schwärze – wer sich nicht gut im rhythmus bewegen kann der schreite ungebunden.

Strengstes maass ist zugleich höchste freiheit. R

### Hugo von Hofmannsthal: **Poesie und Leben** (1896) Auszug

Ich weiß nicht, ob Ihnen unter all dem ermüdenden Geschwätz von Individualität, Stil, Gesinnung, Stimmung und so fort nicht das Bewusstsein dafür abhandengekommen ist, dass das Material der Poesie die Worte sind, dass ein Gedicht ein gewichtloses Gewebe aus Worten ist, die durch ihre Anordnung, ihren Klang und ihren Inhalt, indem sie die Erinnerung an Sichtbares und die Erinnerung an Hörbares mit dem Element der Bewegung verbinden, einen genau umschriebenen, traumhaft deutlichen, flüchtigen Seelenzustand hervorrufen, den wir Stimmung nennen. [...] Es führt von der Poesie kein direkter Weg ins Leben, aus dem Leben keiner in die Poesie. Das Wort als Träger eines Lebensinhaltes und das traumhafte Bruderwort, welches in einem Gedicht stehen kann, streben auseinander und schweben fremd aneinander vorüber, wie die beiden Eimer eines Brunnens. Kein äußerliches Gesetz verbannt aus der Kunst alles Vernünfteln, alles Hadern mit dem Leben, jeden unmittelbaren Bezug auf das Leben und jede direkte Nachahmung des Lebens, sondern die einfache Unmöglichkeit: Diese schweren Dinge können dort ebenso wenig leben als eine Kuh in den Wipfeln der Bäume.

---

**1** **a** Lesen Sie die poetologischen Texte von Hermann Bahr, Stefan George und Hugo von Hofmannsthal und arbeiten Sie – gegebenenfalls auch arbeitsteilig – heraus, gegen welche Auffassungen von Kunst diese sich richten und welchen Begriff von Dichtung sie jeweils dagegenstellen.
**b** Setzen Sie die in Aufgabe a ermittelten Konzepte in Beziehung zum Ästhetizismus (→ S.184).
**c** Überprüfen Sie, inwiefern das Gedicht „komm in den totgesagten Park" Georges Dichtungsbegriff entspricht.

**2** **a** Ein wichtiges poetologisches Konzept der Symbolisten ist die Synästhesie. Informieren Sie sich über dieses Konzept und untersuchen Sie, inwiefern es in Hofmannsthals Text zum Tragen kommt.
**b** Weiterführend: Verfassen Sie ein symbolistisch geprägtes Naturgedicht, indem Sie das Stilmittel der Synästhesie anwenden.

---

## „... und reden viele Worte" – Sprach- und Sinnkrise

### Rainer Maria Rilke: **Ich fürchte mich so vor der Menschen Wort** (1897)

Ich fürchte mich so vor der Menschen Wort.
Sie sprechen alles so deutlich aus:
Und dieses heißt Hund und jenes heißt Haus,
und hier ist Beginn und das Ende ist dort.

Mich bangt auch ihr Sinn, ihr Spiel mit dem Spott,
sie wissen alles, was wird und war;
kein Berg ist ihnen wunderbar;
ihr Garten und Gut grenzt grade an Gott.

Ich will immer warnen und wehren: Bleibt fern.
Die Dinge singen hör ich so gern.
Ihr rührt sie an: Sie sind starr und stumm.
Ihr bringt mir alle die Dinge um.

---

**1** Vergleichen Sie das Sprachverständnis des lyrischen Ichs und das den Menschen unterstellte Sprachverständnis. Welches Bild vom Verhältnis zwischen Dichter und den anderen Menschen vermittelt das Gedicht?

Hugo von Hofmannsthal: **Ballade des äußeren Lebens** (1896)

Und Kinder wachsen auf mit tiefen Augen,
Die von nichts wissen, wachsen auf und sterben,
Und alle Menschen gehen ihre Wege.

Und süße Früchte werden aus den herben
Und fallen nachts wie tote Vögel nieder
Und liegen wenig Tage und verderben.

Und immer weht der Wind, und immer wieder
Vernehmen wir und reden viele Worte
Und spüren Lust und Müdigkeit der Glieder.

Und Straßen laufen durch das Gras, und Orte
Sind da und dort, voll Fackeln, Bäumen, Teichen,
Und drohende, und totenhaft verdorrte ...

Wozu sind diese aufgebaut? und gleichen
Einander nie? und sind unzählig viele?
Was wechselt Lachen, Weinen und Erbleichen?

Was frommt das alles uns und diese Spiele,
Die wir doch groß und ewig einsam sind
Und wandernd nimmer suchen irgend Ziele?

Was frommts, dergleichen viel gesehen haben?
Und dennoch sagt der viel, der „Abend“ sagt,
Ein Wort, daraus Tiefsinn und Trauer rinnt

Wie schwerer Honig aus den hohlen Waben.

1 Erläutern Sie den Titel von Hofmannsthals Gedicht. Wodurch zeichnet sich das äußere Leben im Vergleich zu der Vorstellung eines inneren Lebens aus?

2 **a** Vergleichen Sie die „viele[n] Worte“ (V. 8) mit dem einen Wort, von dem die 7. Strophe spricht.
**b** Erläutern Sie den abschließenden Vergleich (V. 22). Diskutieren Sie seine Bedeutung für das Gedicht selbst. Setzen Sie den Vergleich in Verbindung zu den rhetorischen Mitteln, die das Gedicht verwendet.

3 Edvard Munch nennt sein Gemälde „Tanz des Lebens“. Vergleichen Sie die Auffassungen des Lebens, die in Hofmannsthals Gedicht und in Munchs Gemälde zum Ausdruck kommen.

4 Weiterführend: Erstellen Sie ein Schaubild, das das Sprachverständnis von George, Rilke, Hofmannsthal und Nietzsche verdeutlicht. Ziehen Sie auch die Texte aus Kapitel C 1.1 heran.

Edvard Munch:
Tanz des Lebens (1899–1900)

# Ästhetik der Dekadenz

Thomas Manns „Der Tod in Venedig" ist eine der bedeutendsten Künstlernovellen der Jahrhundertwende. Mit der Figur des Dichters Gustav Aschenbach erstellt Thomas Mann eine Genealogie des modernen Künstlers im Zeichen eines allmählich verfallenden Bürgertums. Aschenbach begegnet in Venedig dem Knaben Tadzio, dessen Erscheinung er als Inbegriff einer Schönheit ansieht, die im Rahmen der Dekadenz-Ästhetik der Zeit zugleich Züge des Verfalls aufweist.

## Thomas Mann: **Der Tod in Venedig** (1912) Auszug

*2. Kapitel*

[...] Gustav Aschenbach also war zu L., einer Kreisstadt der Provinz Schlesien, als Sohn eines höheren Justizbeamten geboren. Seine Vorfahren waren Offiziere, Richter, Verwaltungsfunktionäre gewesen, Männer, die im Dienste des Königs, des Staates ihr straffes, anständiges, karges Leben geführt hatten. Innigere Geistigkeit hatte sich einmal, in der Person eines Predigers, unter ihnen verkörpert; rasches, sinnlicheres Blut war der Familie in der vorigen Generation durch die Mutter des Dichters, Tochter eines böhmischen Kapellmeisters, zugekommen. Von ihr stammten die Merkmale fremder Rasse in seinem Äußeren. Die Vermählung dienstlich nüchterner Gewissenhaftigkeit mit dunkleren, feurigeren Impulsen ließ einen Künstler und diesen besonderen Künstler erstehen. [...]

*3. Kapitel*

[...] Er [Tadzio] kam durch die Glastür und ging in der Stille schräg durch den Raum zum Tisch seiner Schwestern. Sein Gehen war sowohl in der Haltung des Oberkörpers wie in der Bewegung der Knie, dem Aufsetzen des weiß beschuhten Fußes von außerordentlicher Anmut, sehr leicht, zugleich zart und stolz und verschönt noch durch die kindliche Verschämtheit, in welcher er zweimal unterwegs, mit einer Kopfbewegung in den Saal, die Augen aufschlug und senkte. Lächelnd, mit einem halblauten Wort in seiner weich verschwommenen Sprache, nahm er seinen Platz ein, und jetzt zumal, da er dem Schauenden sein genaues Profil zuwandte, erstaunte dieser aufs Neue, ja erschrak über die wahrhaft gottähnliche Schönheit des Menschenkindes. Der Knabe trug heute einen leichten Blusenanzug aus blau und weiß gestreiftem Waschstoff mit rotseidener Masche auf der Brust und am Halse von einem einfachen weißen Stehkragen abgeschlossen. Auf diesem Kragen aber, der nicht einmal sonderlich elegant zum Charakter des Anzugs passen wollte, ruhte die Blüte des Hauptes in unvergleichlichem Liebreiz – das Haupt des Eros, vom gelblichen Schmelze parischen[1] Marmors, mit feinen und ernsten Brauen, Schläfen und Ohr vom rechtwinklig einspringenden Geringel des Haares dunkel und weich bedeckt.

1 **parischer Marmor:** weißer Marmor von der griechischen Insel Paros

**1** Beschreiben und bewerten Sie die Charakterisierung des Künstlers und des Verhältnisses von Künstler und Bürger im Auszug aus dem 2. Kapitel.

**2** Lesen Sie den Ausschnitt aus dem 3. Kapitel vor. Lassen Sie im Anschluss Aschenbach in einer Art innerem Monolog (→ S. 330) laut äußern, was ihn an der Figur des Tadzio so fasziniert.

**3** **a** Erläutern Sie anhand der Passage den ästhetischen Begriff der Anmut.

**b** Beschreiben Sie, welche positiven und negativen Merkmale Tadzio als Inbegriff der Anmut verkörpert.

# 1.4 Textfenster: Franz Kafka und das parabolische Erzählen

## Das Leben als Labyrinth

### Martin Buber: **Die fünfzigste Pforte** (1907)

Ein Schüler Rabbi Baruchs hatte, ohne seinem Lehrer davon zu sagen, der Wesenheit Gottes nachgeforscht und war im Gedanken immer weiter vorgedrungen, bis er in ein Wirrsal von Zweifeln geriet und das bisher Gewisseste ihm unsicher wurde. Als Rabbi Baruch merkte, dass der Jüngling nicht mehr wie gewohnt zu ihm kam, fuhr er nach dessen Stadt, trat unversehens in seine Stube und sprach ihn an: „Ich weiß, was in deinem Herzen verborgen ist. Du bist durch die fünfzig Pforten der Vernunft gegangen. Man beginnt mit einer Frage, man grübelt, ergrübelt die Antwort, die erste Pforte öffnet sich: in eine neue Frage. Und wieder ergründest du sie, findest ihre Lösung, stößest die zweite Pforte auf – und schaust in eine neue Frage. So fort und fort, so tiefer und tiefer hinein. Bis du die fünfzigste Pforte aufgesprengt hast. Da starrst du die Frage an, die kein Mensch erreicht; denn kennte sie einer, dann gäbe es nicht mehr die Wahl. Vermissest du dich aber, weiter vorzudringen, stürzest du in den Abgrund.“ – „So müsste ich also den Weg zurück an den Anfang?“, rief der Schüler. „Nicht zurück kehrst du“, sprach Rabbi Baruch, „wenn du umkehrst; jenseits der letzten Pforte stehst du dann – und stehst im Glauben.“

### Franz Kafka: **Vor dem Gesetz** (1915)

Vor dem Gesetz steht ein Türhüter. Zu diesem Türhüter kommt ein Mann vom Lande und bittet um Eintritt in das Gesetz. Aber der Türhüter sagt, dass er ihm jetzt den Eintritt nicht gewähren könne. Der Mann überlegt und fragt dann, ob er also später werde eintreten dürfen. „Es ist möglich“, sagt der Türhüter, „jetzt aber nicht.“ Da das Tor zum Gesetz offen steht wie immer und der Türhüter beiseitetritt, bückt sich der Mann, um durch das Tor in das Innere zu sehn. Als der Türhüter das merkt, lacht er und sagt: „Wenn es dich so lockt, versuche es doch, trotz meines Verbotes hineinzugehn. Merke aber: Ich bin mächtig. Und ich bin nur der unterste Türhüter. Von Saal zu Saal stehn aber Türhüter, einer mächtiger als der andere. Schon den Anblick des dritten kann nicht einmal ich mehr ertragen.“ Solche Schwierigkeiten hat der Mann vom Lande nicht erwartet; das Gesetz soll doch jedem und immer zugänglich sein, denkt er, aber als er jetzt den Türhüter in seinem Pelzmantel genauer ansieht, seine große Spitznase, den langen, dünnen, schwarzen tatarischen Bart, entschließt er sich, doch lieber zu warten, bis er die Erlaubnis zum Eintritt bekommt. Der Türhüter gibt ihm einen Schemel und lässt ihn seitwärts von der Tür sich niedersetzen. Dort sitzt er Tage und Jahre. Er macht viele Versuche, eingelassen zu werden, und ermüdet den Türhüter durch seine Bitten. Der Türhüter stellt öfters kleine Verhöre mit ihm an, fragt ihn über seine Heimat aus und nach vielem andern, es sind aber teilnahmslose Fragen, wie sie große Herren stellen, und zum Schluss sagt er ihm immer wieder, dass er ihn noch nicht einlassen könne. Der Mann, der sich für seine Reise mit vielem ausgerüstet hat, verwendet alles, und sei es noch so wertvoll, um den Türhüter zu bestechen. Dieser nimmt zwar alles an, aber sagt dabei: „Ich nehme es nur an, damit du nicht glaubst, etwas versäumt zu haben.“ Während der vielen Jahre beobachtet der Mann den Türhüter fast ununterbrochen. Er vergisst die andern Türhüter und dieser erste scheint ihm das einzige Hindernis für den Eintritt in das Gesetz. Er verflucht den unglücklichen Zufall, in den ersten Jahren rücksichtslos und laut, später, als er alt wird, brummt er nur noch vor sich hin. Er wird kindisch, und da er in dem jahrelangen Studium des Türhüters auch die Flöhe in seinem Pelzkragen erkannt hat, bittet er auch die Flöhe, ihm zu helfen und den Türhüter umzustimmen. Schließlich wird sein Augenlicht schwach, und er weiß nicht, ob es um ihn wirklich dunkler wird oder ob ihn nur seine Augen täuschen. Wohl aber erkennt er jetzt im Dunkel einen Glanz, der unverlöschlich aus der Türe des Gesetzes bricht. Nun lebt er nicht mehr lange. Vor seinem Tode sammeln sich in seinem Kopfe alle Erfahrungen der ganzen Zeit zu einer Frage, die er bisher an den Türhüter noch nicht gestellt hat. Er winkt ihm zu, da er seinen erstarrenden Körper nicht mehr aufrichten kann. Der Türhüter muss sich tief zu ihm hinunterneigen, denn der Größenunterschied hat sich sehr zu Ungunsten des Mannes verändert. „Was willst du denn jetzt noch wissen?", fragt der Türhüter, „du bist unersättlich." „Alle streben doch nach dem Gesetz", sagt der Mann, „wieso kommt es, dass in den vielen Jahren niemand außer mir Einlass verlangt hat?" Der Türhüter erkennt, dass der Mann schon an seinem Ende ist, und um sein vergehendes Gehör noch zu erreichen, brüllt er ihn an: „Hier konnte niemand sonst Einlass erhalten, denn dieser Eingang war nur für dich bestimmt. Ich gehe jetzt und schließe ihn."

### Franz Kafka: **Ein Kommentar** (1922)

Es war sehr früh am Morgen, die Straßen rein und leer, ich ging zum Bahnhof. Als ich eine Turmuhr mit meiner Uhr verglich, sah ich, dass es schon viel später war, als ich geglaubt hatte, ich musste mich sehr beeilen, der Schrecken über diese Entdeckung ließ mich im Weg unsicher werden, ich kannte mich in dieser Stadt noch nicht sehr gut aus, glücklicherweise war ein Schutzmann in der Nähe, ich lief zu ihm und fragte ihn atemlos nach dem Weg. Er lächelte und sagte: „Von mir willst du den Weg erfahren?" „Ja", sagte ich, „da ich ihn selbst nicht finden kann." „Gib's auf, gib's auf", sagte er und wandte sich mit einem großen Schwunge ab, so wie Leute, die mit ihrem Lachen allein sein wollen.

Max Klinger: Zukunft (1880)

**1** „Die fünfzigste Pforte“ von Buber wird häufig als Vorlage für Kafkas „Vor dem Gesetz“ bezeichnet. Tauschen Sie sich über die Gründe dafür in Form eines Partner-Schreibgesprächs (→ S. 354) aus.

**2** Überlegen Sie andere mögliche Verläufe: Was könnte der „Mann vom Lande“ tun und welche Folgen könnte dies haben? Entwerfen Sie ein Schaubild, in dem Sie Möglichkeiten skizzieren.

*(Zeichnung in der Mitte von Franz Kafka)*

**3** Deuten Sie den letzten Satz von „Vor dem Gesetz“ und bewerten Sie vor diesem Hintergrund das Verhalten des Mannes und des Türhüters bis zu diesem Zeitpunkt.

**4** Vergleichen Sie das Verhalten des Mannes vom Lande und des Türhüters mit dem Verhalten der Figuren in „Ein Kommentar“.

**5** **a** Erläutern Sie, weshalb sowohl „Vor dem Gesetz“ als auch „Ein Kommentar“ als Parabeln bezeichnet werden. Beziehen Sie sich dabei auf die Definition der Parabel auf S. 331.

**b** Verdeutlichen Sie, worin die Modernität in Kafkas Umgang mit der Textsorte Parabel besteht.

**6** Neuere Interpretationen entdecken in Kafkas Werken, die oft als düster gelten, Humor und Komik. – Prüfen Sie diese Einschätzung an den Parabeln „Vor dem Gesetz“ und „Ein Kommentar“.

## Metamorphosen

### Ovid: **Metamorphosen – Der bestrafte Bub** (ca. 1–8 n. Chr.) Auszug

Jetzt, von der Mühe erschöpft, war sie [die Göttin Ceres] durstig geworden; das Antlitz
Hatte kein Quell ihr erfrischt. Da erblickte sie just eine Hütte,
Strohüberdeckt, und klopft' an die niedrige Tür. Eine Alte
Zeigte sich, sah die Göttin und reichte – sie flehte um Wasser –
Ihr ein gesüßtes Gemisch, überstreut mit gerösteter Gerste.
Während am Trank sie sich labte, da trat ein Knabe mit harter
Miene und frech vor sie hin; er verlachte und schimpfte sie gierig.
Da ergrimmte die Göttin, und weil ihr ein Rest noch geblieben,
Spritzte sie das mit Gerste vermischte Getränk auf den Spötter.
Flecken bekommt sein Gesicht; was soeben noch Arme gewesen,
Sind jetzt Beine; ein Schwanz wächst an die verwandelten Glieder.
Aber damit er nur wenig zu schaden vermöge, verkürzt sich
Seine Gestalt; sie ist unter dem Maß einer kleinen Lazerte[1].
Und vor der staunenden Alten, die weint und das Wunder berühren
Möchte, entweicht er und sucht ein Versteck; er bekommt jetzt, mit Tropfen
Bunt am Leibe besternt, einen Namen, der passt zu der Färbung.

---

**1 Lazerte:** Eidechse

## Franz Kafka: **Die Verwandlung** (1915) Auszug

Als Gregor Samsa eines Morgens aus unruhigen Träumen erwachte, fand er sich in seinem Bett zu einem ungeheueren Ungeziefer verwandelt. Er lag auf seinem panzerartig harten Rücken und sah, wenn er den Kopf ein wenig hob, seinen gewölbten, braunen, von bogenförmigen Versteifungen geteilten Bauch, auf dessen Höhe sich die Bettdecke, zum gänzlichen Niedergleiten bereit, kaum noch erhalten konnte. Seine vielen, im Vergleich zu seinem sonstigen Umfang kläglich dünnen Beine flimmerten ihm hilflos vor den Augen.

„Was ist mit mir geschehen?", dachte er. Es war kein Traum. Sein Zimmer, ein richtiges, nur etwas zu kleines Menschenzimmer, lag ruhig zwischen den vier wohlbekannten Wänden. Über dem Tisch, auf dem eine auseinandergepackte Musterkollektion von Tuchwaren ausgebreitet war – Samsa war Reisender –, hing das Bild, das er vor kurzem aus einer illustrierten Zeitschrift ausgeschnitten und in einem hübschen vergoldeten Rahmen untergebracht hatte. Es stellte eine Dame dar, die, mit einem Pelzhut und einer Pelzboa versehen, aufrecht dasaß und einen schweren Pelzmuff, in dem ihr ganzer Unterarm verschwunden war, dem Beschauer entgegenhob. Gregors Blick richtete sich dann zum Fenster, und das trübe Wetter – man hörte Regentropfen auf das Fensterblech aufschlagen – machte ihn ganz melancholisch. „Wie wäre es, wenn ich noch ein wenig weiterschliefe und alle Narrheiten vergäße", dachte er, aber das war gänzlich undurchführbar, denn er war gewöhnt, auf der rechten Seite zu schlafen, konnte sich aber in seinem gegenwärtigen Zustand nicht in diese Lage bringen. Mit welcher Kraft er sich auch auf die rechte Seite warf, immer wieder schaukelte er in die Rückenlage zurück. Er versuchte es wohl hundertmal, schloss die Augen, um die zappelnden Beine nicht sehen zu müssen, und ließ erst ab, als er in der Seite einen noch nie gefühlten leichten, dumpfen Schmerz zu fühlen begann.

„Ach Gott", dachte er, „was für einen anstrengenden Beruf habe ich gewählt! Tagaus, tagein auf der Reise. Die geschäftlichen Aufregungen sind viel größer als im eigentlichen Geschäft zuhause, und außerdem ist mir noch diese Plage des Reisens auferlegt, die Sorgen um die Zuganschlüsse, das unregelmäßige, schlechte Essen, ein immer wechselnder, nie andauernder, nie herzlich werdender menschlicher Verkehr. Der Teufel soll das alles holen!" Er fühlte ein leichtes Jucken oben auf dem Bauch; schob sich auf dem Rücken langsam näher zum Bettpfosten, um den Kopf besser heben zu können; fand die juckende Stelle, die mit lauter kleinen weißen Pünktchen besetzt war, die er nicht zu beurteilen verstand; und wollte mit einem Bein die Stelle betasten, zog es aber gleich zurück, denn bei der Berührung umwehten ihn Kälteschauer.

*[Gregors Vater und Mutter rufen an der abgeschlossenen Tür und mahnen ihn, zur Arbeit aufzubrechen. Der Prokurist des Arbeitgebers erscheint und will Gregor abholen. Gregor vertröstet die Wartenden, ohne auf seinen Zustand hinzuweisen. Es bleibt unklar, ob seine Stimme, die er selbst als verfremdet wahrnimmt, von den anderen verstanden wird. Schließlich gelingt es Gregor, von Drohungen des Prokuristen eingeschüchtert, die Tür zu öffnen und ins Wohnzimmer zu gelangen.]*

Aber im gleichen Augenblick, als er da schaukelnd vor verhaltener Bewegung, gar nicht weit von seiner Mutter entfernt, ihr gerade gegenüber auf dem Boden lag, sprang diese, die doch so ganz in sich versunken schien, mit einem Male in die Höhe, die Arme weit ausgestreckt, die Finger gespreizt, rief: „Hilfe, um Gottes willen Hilfe!", hielt den Kopf geneigt, als wolle sie Gregor besser sehen, lief aber, im Widerspruch dazu, sinnlos zurück; hatte vergessen, dass hinter ihr der gedeckte Tisch stand; setzte sich, als sie bei ihm angekommen war, wie in Zerstreutheit, eilig auf ihn, und schien gar nicht zu merken, dass neben ihr aus der umgeworfenen großen Kanne der Kaffee in vollem Strome auf den Teppich sich ergoss.

„Mutter, Mutter", sagte Gregor leise und sah zu ihr hinauf. Der Prokurist war ihm für einen Augenblick ganz aus dem Sinn gekommen; dagegen konnte er sich nicht versagen, im Anblick des fließenden Kaffees mehrmals mit den Kiefern ins Leere zu schnappen. Darüber schrie die Mutter neuerdings auf, flüchtete vom Tisch und fiel dem ihr entgegeneilenden Vater in die Arme. Aber Gregor hatte jetzt keine Zeit für die Eltern; der Prokurist war schon auf der letzten Treppe; das Kinn auf dem Geländer, sah er noch zum letzten Male zurück. Gregor nahm einen Anlauf, um ihn möglichst sicher einzuholen; der Prokurist musste etwas ahnen, denn er machte einen Sprung über mehrere Stufen und verschwand; „Huh!" aber schrie er noch, es klang durchs ganze Treppenhaus. Leider schien nun auch diese Flucht des Prokuristen den Vater, der bisher verhältnismäßig gefasst gewesen war, völlig zu verwirren, denn statt selbst dem Prokuristen nachzulaufen oder wenigstens Gregor in der Verfolgung nicht zu hindern, packte er mit der Rechten den Stock des Prokuristen, den dieser mit Hut und Überzieher auf einem Sessel zurückgelassen hatte, holte mit der Linken eine große Zeitung vom Tisch und machte sich unter Füßestampfen daran, Gregor durch Schwenken des Stockes und der Zeitung in sein Zimmer zurückzutreiben. Kein Bitten Gregors half, kein Bitten wurde auch verstanden, er mochte den Kopf noch so demütig drehen, der Vater stampfte nur stärker mit den Füßen. Drüben hatte die Mutter trotz des kühlen Wetters ein Fenster aufgerissen, und hinausgelehnt drückte sie ihr Gesicht weit außerhalb des Fensters in ihre Hände. Zwischen Gasse und Treppenhaus entstand eine starke Zugluft, die Fenstervorhänge flogen auf, die Zeitungen auf dem Tische rauschten, einzelne Blätter wehten über den Boden hin. Unerbittlich drängte der Vater und stieß Zischlaute aus, wie ein Wilder. Nun hatte aber Gregor noch gar keine Übung im Rückwärtsgehen, es ging wirklich sehr langsam. Wenn sich Gregor nur hätte umdrehen dürfen, er wäre gleich in seinem Zimmer gewesen, aber er fürchtete sich, den Vater durch die zeitraubende Umdrehung ungeduldig zu machen, und jeden Augenblick drohte ihm doch von dem Stock in des Vaters Hand der tödliche Schlag auf den Rücken oder auf den Kopf. [...] Wenn nur nicht dieses unerträgliche Zischen des Vaters gewesen wäre! Gregor verlor darüber ganz den Kopf. Er war schon fast ganz umgedreht, als er sich, immer auf dieses Zischen horchend, sogar irrte und sich wieder ein Stück zurückdrehte. Als er aber endlich glücklich mit dem Kopf vor der Türöffnung war, zeigte es sich, dass sein Körper zu breit war, um ohne weiteres durchzukommen. Dem Vater fiel es natürlich in seiner gegenwärtigen Verfassung auch nicht entfernt ein, etwas den anderen Türflügel zu öffnen, um für Gregor einen genügenden Durchgang zu schaffen. Seine fixe Idee war bloß, dass Gregor so rasch als möglich in sein Zimmer müsse. Niemals hätte er auch die umständlichen Vorbereitungen gestattet, die Gregor brauchte, um sich aufzurichten und vielleicht auf diese Weise durch die Tür zu kommen. Vielmehr trieb er, als gäbe es kein Hindernis, Gregor jetzt unter besonderem Lärm vorwärts; es klang schon hinter Gregor gar nicht mehr wie die Stimme bloß eines einzigen Vaters; nun gab es wirklich keinen Spaß mehr, und Gregor drängte sich – geschehe, was wolle – in die Tür. Die eine Seite seines Körpers hob sich, er lag schief in der Türöffnung, seine eine Flanke war ganz wundgerieben, an der weißen Tür blieben hässliche Flecken, bald steckte er fest und hätte sich allein nicht mehr rühren können, die Beinchen auf der einen Seite hingen zitternd oben in der Luft, die auf der anderen waren schmerzhaft zu Boden gedrückt – da gab ihm der Vater von hinten einen jetzt wahrhaftig erlösenden starken Stoß, und er flog, heftig blutend, weit in sein Zimmer hinein. Die Tür wurde noch mit dem Stock zugeschlagen, dann war es endlich still.

1 a Notieren Sie in einem Cluster, was Ihnen am ersten Satz von Kafkas „Verwandlung“ inhaltlich und sprachlich auffällt.
b Wie wirkt der Anfang des Textes (Z.1–46) auf Sie? Wählen Sie zwei Adjektive, die Ihren Eindruck am treffendsten wiedergeben: komisch, märchenhaft, verzweifelt, geheimnisvoll ... Begründen Sie Ihre Wahl.
2 Charakterisieren Sie Gregor Samsas Reaktion auf seine Verwandlung vor dem Hintergrund möglicher anderer Verhaltensweisen.
3 Charakterisieren und reflektieren Sie die Reaktionen der Eltern auf die Verwandlung.
4 Auch andere literarische Texte enthalten das Motiv der Verwandlung. Vergleichen Sie die Verwendung des Motivs in Kafkas Erzählung und in der Episode „Der bestrafte Bub“ aus Ovids „Metamorphosen“. Arbeiten Sie Gemeinsamkeiten und Unterschiede heraus.
Für einen weiteren Vergleich können Sie auch das Grimmsche Märchen „Der Froschkönig“ heranziehen.
5 Sammeln Sie Deutungsmöglichkeiten für das Motiv der Verwandlung in Kafkas Erzählung.
6 a Im zweiten Absatz heißt es: „Es war kein Traum“ (Z.14 f.). Bestimmen und reflektieren Sie das Verhältnis von Traum und Wirklichkeit in der Erzählung.
b Setzen Sie die Aussage „Es war kein Traum“ in Verbindung zu Freuds These, jeder Traum sei eine Wunscherfüllung (→ S.166).
7 Weiterführend: Stellen Sie Bezüge her zwischen Kafkas Texten und Freuds Analyse der Angst (→ S.167).

## Kafka – kreativ und biografisch

### Franz Kafka: **Brief an den Verleger Kurt Wolff vom 25.10.1915**

Sehr geehrter Herr!

Sie schrieben letzthin, dass Ottomar Starke ein Titelblatt zur „Verwandlung“ zeichnen wird. Nun habe ich einen kleinen, allerdings soweit ich den Künstler aus „Napoleon“ kenne, wahrscheinlich sehr überflüssigen Schrecken bekommen. Es ist mir nämlich, da Starke doch tatsächlich illustriert, eingefallen, er könnte etwa das Insekt selbst zeichnen wollen. Das nicht, bitte das nicht! Ich will seinen Machtkreis nicht einschränken, sondern nur aus meiner natürlicherweise bessern Kenntnis der Geschichte heraus bitten. Das Insekt selbst kann nicht gezeichnet werden. Es kann aber nicht einmal von der Ferne aus gezeigt werden. Besteht eine solche Absicht nicht und wird meine Bitte also lächerlich – desto besser. Für die Vermittlung und Bekräftigung meiner Bitte wäre ich Ihnen sehr dankbar. Wenn ich für eine Illustration selbst Vorschläge machen dürfte, würde ich Szenen wählen wie: die Eltern und der Prokurist vor der geschlossenen Tür oder noch besser die Eltern und die Schwester im beleuchteten Zimmer, während die Tür zum ganz finsteren Nebenzimmer offen steht. Sämtliche Korrekturen sowie die Besprechungen haben Sie wohl schon bekommen.

Mit besten Grüßen
Ihr ergebener Franz Kafka

1 Überlegen Sie, warum Kafka eine Abbildung des „Insekts“ ablehnt.
2 Skizzieren Sie einen eigenen Coverentwurf für eine aktuelle Ausgabe der Erzählung. Machen Sie sich klar, warum Sie Kafkas Wunsch oder seinen Vorschlägen entsprechen bzw. warum nicht.

Ein zentrales Thema in Kafkas Werk ist das Verhältnis zum Vater, das sowohl in der „Verwandlung“ als auch in seinem „Brief an den Vater“ thematisiert wird.

**Franz Kafka: Brief an den Vater** (1919) Auszug

Ich war ja schon niedergedrückt durch deine bloße Körperlichkeit. Ich erinnere mich z. B. daran, wie wir uns öfters zusammen in einer Kabine auszogen. Ich mager, schwach, schmal, du stark, groß, breit. Schon in der Kabine kam ich mir jämmerlich vor, und zwar nicht nur vor dir, sondern vor der ganzen Welt, denn du warst für mich das Maß aller Dinge. Traten wir dann aber aus der Kabine vor die Leute hinaus, ich an deiner Hand, ein kleines Gerippe, unsicher bloßfüßig auf den Planken, in Angst vor dem Wasser, unfähig, deine Schwimmbewegungen nachzumachen, die du mir in guter Absicht, aber tatsächlich zu meiner tiefen Beschämung immerfort vormachtest, dann war ich sehr verzweifelt und alle meine schlimmen Erfahrungen auf allen Gebieten stimmten in solchen Augenblicken großartig zusammen.

Auszug aus dem Comic „Kafka kurz und knapp“ von Robert Crump (2004)

Hermann Kafka (1852–1931), Franz Kafkas Vater

Franz Kafka (1883–1924)

1. Setzen Sie das im Brief geschilderte Erlebnis in Form eines Standbildes (→ S. 358) um.
2. Verfassen Sie einen Brief aus der Position von Gregor Samsa an seinen Vater, in dem dieser zu seinem Verhältnis zum Vater Stellung nimmt.
   Gehen Sie dabei auch auf körperliche Wahrnehmungen ein.
3. Beschreiben Sie die Gestaltung des Vater-Sohn-Verhältnisses in Crumps Comic und beziehen Sie es auf „Die Verwandlung“ und auf den „Brief an den Vater“.
4. Skizzieren Sie einen Comic zum Anfang der „Verwandlung“. Sie können sich dabei auch parodistisch mit der Textvorlage auseinandersetzen.

## 1.5 Rezeption: Moderne um 1900 und (Post-)Moderne heute

### Wolfgang Welsch: **Unsere postmoderne Moderne** (1987) Auszug

Die Postmoderne plädiert – auf Grund ihrer Erfahrung des Rechts des Verschiedenen und auf Grund ihrer Einsicht in den Mechanismus seiner Verkennung – offensiv für Vielheit und tritt allen alten und neuen Hegemonie[1]-Anmaßungen entschieden entgegen. Sie tritt für die Vielheit heterogener Konzeptionen, Sprachspiele und Lebensformen nicht aus Nachlässigkeit und nicht im Sinn eines billigen Relativismus ein, sondern aus Gründen geschichtlicher Erfahrung und aus Motiven der Freiheit. [...]

Die Postmoderne ist keineswegs, was ihr Name suggeriert und ihr geläufigstes Missverständnis unterstellt: eine Trans- und Anti-Moderne. Ihr Grundinhalt – Pluralität – ist von der Moderne des 20. Jahrhunderts selbst schon propagiert worden, gerade von Leitinstanzen wie Wissenschaft und Kunst. In der Postmoderne wird dieses Desiderat[2] der Moderne nun in der Breite der Wirklichkeit eingelöst. Daher ist die Postmoderne im Gehalt keineswegs anti-modern und in der Form nicht einfach trans-modern, sondern ist als die exoterische[3] Einlösungsform der einst esoterischen[4] Moderne des 20. Jahrhunderts zu begreifen. Wofür man auch sagen kann: Sie ist eigentlich radikal-modern, nicht postmodern. [...]

Nehmen wir zunächst das Beispiel der Wissenschaft, also der Fortsetzungsform des Hauptstrangs der Neuzeit. Für die szientifischen Basisinnovationen des 20. Jahrhunderts ist allesamt charakteristisch, dass Totalitätsintentionen[5] gebrochen werden, dass die Divergenz[6] von Fragerichtungen unüberschreitbar, dass Pluralität obligat[7] wird. Einsteins Spezielle Relativitätstheorie hat zu der Einsicht geführt, dass es keinen praktikablen Begriff des Ganzen gibt, weil kein Bezugssystem ausgezeichnet ist. Es gibt vielmehr nur Relationen eigenständiger und eigenzeitiger Systeme. Heisenbergs Unschärferelation hatte zur Pointe, dass sogar im gleichen Bezugssystem definierte Größen nicht gleichzeitig restlos genau bestimmt werden können. [...] Es gibt keinen Zugriff aufs Ganze, alle Erkenntnis ist limitativ[8]. [...]

Auch ein Vergleich der postmodernen Verfassung mit Grundzügen der Kunst dieses Jahrhunderts fördert erstaunliche Entsprechungen zutage. In der Postmoderne ist, was im Aufbruch dieser Moderne spektakulär Zug um Zug errungen wurde, selbstverständlich und allgemein geworden. Was Eruption war, wurde Boden. [...] Die moderne Kunst thematisiert all die Partialitäten, die mit der Auflösung der Gesamtheit hervortreten, arbeitet sie subtil und spezifisch aus und erprobt noch Facetten und Kleinstmöglichkeiten. Sie ist eine konsequente Entfaltung des Möglichkeitsfeldes der Kunst. Sie hat dessen Vielfalt zu einer veritablen Pluralität entwickelt. [...]

Das Fortsetzungsverhältnis postmoderner gegenüber moderner Kunst ist offensichtlich und wichtig. Bedeutsamer noch als die künstlerische Fortsetzung ist freilich die lebensweltliche Übersetzung. Aus den avantgarde-ästhetischen Paukenschlägen sind Rhythmen des Alltags geworden. Fragmentierung, Szenenwechsel, Kombination des Diversen, Geschmack an Irritation sind heute allgemein, von der Medienkultur über die Werbung bis zum Privatleben. Penthouse und Öko-Hütte, Zweitbürgerschaft und Halbgeliebte, Termininversionen[9] und Freizeitsprünge gehören zum Setting[10]. Unser Alltag

1 **Hegemonie:** Vormachtstellung, Überlegenheit
2 **Desiderat:** Wunsch, Forderung
3 **exoterisch:** der Allgemeinheit zugänglich, für ein größeres Publikum bestimmt
4 **esoterisch:** nur Eingeweihten, einem kleinen Kreis zugänglich
5 **Totalität:** Ganzes, Gesamtheit
6 **Divergenz:** Auseinandergehen, Auseinanderstreben
7 **obligat:** unvermeidlich, unerlässlich
8 **limitativ:** einschränkend, begrenzend
9 **Inversion:** Umkehrung, Umwandlung
10 **Setting:** Anordnung, Arrangement, Situation

ist aus inkommensurablen[11] Bausteinen zusammengesetzt, und wir haben die Fähigkeit entwickelt, diese so zu verbinden, dass das Heterogene uns mehr belebt als anstrengt. Ohne Frage verlangt dies eine Lebenskunst, deren Vorformen und Modelle in der Ästhetik der Moderne am deutlichsten ausgebildet wurden. Ein künstlerischer Mensch wird sich im postmodernen Pluralismus wie ein Fisch im Wasser fühlen können.

11 **inkommensurabel:** nicht (miteinander) vergleichbar

1 Erläutern Sie, wie Welsch das Verhältnis zwischen der um 1900 einsetzenden Moderne des 20. Jahrhunderts und der Postmoderne charakterisiert.
2 Referate: Welsch hebt die Pluralität in der Kunst als Merkmal der Moderne ab 1900 hervor. Erläutern Sie diese Einschätzung am Beispiel der bildenden Kunst und am Beispiel der Literatur. Verwenden Sie als Basisinformation den Epochenüberblick (siehe unten).
3 Stellen Sie einen Bezug her zwischen Welschs Sicht der Moderne und Postmoderne und den um 1900 entstandenen theoretischen Texten in den Kapiteln D 1 und C 1.1 (Nietzsche, Freud, Mach, Musil ...). Berücksichtigen Sie auch die Informationen des Epochenüberblicks (siehe unten).
4 Weiterführend: Erörtern Sie Chancen und Probleme, die aus radikaler Pluralität erwachsen.

!

**Epochenüberblick: Literatur der Jahrhundertwende (ca. 1890–1920)**

Die Wende zum 20. Jahrhundert bedeutete nicht nur einen zeitlichen Einschnitt, sondern auch einen kulturellen Umbruch: Starr konservativen politischen Verhältnissen und entsprechenden kulturellen Werten standen um 1900 Entwicklungen in den Bereichen Technik und Naturwissenschaften gegenüber, die mit einem rasanten Fortschreiten von **Industrialisierung** und **Urbanisierung** verbunden waren. Zum „modernen" Lebensgefühl in den wachsenden Städten gehörte ein von **Technik, Medien** und **Masse** geprägtes Klima von **Dynamik** und **Traditionsverlust.** In Nietzsches **Nihilismus,** seiner philosophischen Zeitdiagnose von der „Entwertung" der tradierten Werte und der Utopie des „Übermenschen" spiegelte sich eine zeittypische Spannung zwischen einem Gefühl des Verlusts von Vertrautem, der Desorientierung, Sinnleere und Ungewissheit einerseits und andererseits der euphorischen Erwartung und Begrüßung des Neuen, des Wandels, des offenen Raums neuer Möglichkeiten.
Die von Freud ab 1900 entwickelte **Psychoanalyse** löste sich von überkommenen idealisierenden Menschenbildern und unterzog die menschliche Seele einer an den Naturwissenschaften orientierten nüchternen Analyse.
Dem rapiden gesellschaftlichen Wandel und der damit einhergehenden **Orientierungskrise** entsprach in der Literatur und Kunst um 1900 eine **Vielfalt** und Widersprüchlichkeit **verschiedener Stilrichtungen.** Gemeinsam war jedoch all den unterschiedlichen Ausprägungen der künstlerischen Moderne um 1900 die Abkehr vom wilhelminischen Kulturbetrieb sowie die **Ablehnung der ästhetischen Konzepte von Naturalismus und Realismus.** Mit dem Verlust des Glaubens an die Möglichkeit, die Welt mehr oder weniger objektiv abbilden und auf die soziale Wirklichkeit Einfluss nehmen zu können, änderte sich das Literaturverständnis: Vorrang hatte die Gestaltung subjektiver Eindrücke; es ging um die **„Wirklichkeit der Seele"**, nicht um die „Wirklichkeit der Straße" (Hermann Bahr). In der Abkehr von Naturalismus, Materialismus und Positivismus und in der Wertschätzung des Subjektiven griff die künstlerische Avantgarde um 1900 auf Konzepte der Romantik zurück. Anders als zur Zeit des Umbruchs um 1800, als Klassik und Romantik die

Autonomie der Kunst in einem seiner selbst bewussten Subjekt begründen wollten, war jedoch bei den Autoren/Autorinnen um 1900 das **Vertrauen in Ich und Sprache** stark **erschüttert** – einheitliche Sinnorientierungen, an denen sich Ich und Sprache verankern ließen, waren nicht verfügbar und auch der Versuch, subjektive Eindrücke durch ein Höchstmaß an sprachlicher Differenzierung zu gestalten, machte die Grenzen der Sprache spürbar.
Einige der zeitgleichen Strömungen mit jeweils verschieden akzentuierter Kunstauffassung waren:

- die **Décadence:** Der Begriff bezeichnet eine **subjektiv-individualistische Dichtung,** die vor dem Hintergrund verfallender bürgerlicher Werte einen **Kult des Sinnlich-Schönen,** der **Sensibilität** und Überfeinerung betrieb. Betont wurde die Eigenständigkeit der Kunst als einer von der Gesellschaft und ihrer Moral abgegrenzten Wertsphäre.
- der **Symbolismus:** Die Symbolisten wendeten sich gänzlich von dem Ziel ab, äußere oder innere Wirklichkeit sprachlich zu referieren; die dichterische Fantasie wollte vielmehr **Worte, Klänge, Vorstellungsbilder, Assoziationen kunstvoll** so **arrangieren,** dass sich eine Stimmung oder ein schwebender Sinnzusammenhang herstellt.
- die **Neoromantik:** Diese Stilrichtung knüpfte – im Einklang mit Freuds Psychoanalyse – an das Interesse der Romantiker für das **Abgründige,** für die Kräfte des **Unbewussten,** die **Träume** und **Halluzinationen** an. Formen wie Kunstmärchen, Traumdichtung und Naturlyrik wurden aufgegriffen.
- der **Jugendstil:** Der Jugendstil betonte die Suche nach einer eigenen, neuen Ausdrucksform, entfrachtet vom Ballast historisierender Stile wie z. B. Neogotik oder Neobarock. Kennzeichnend für den Jugendstil in der bildenden Kunst war die Hinwendung zur **eleganten Linie,** zum **Leichten, Flächig-Dekorativen** und **Ornamentalen.**
- der **Impressionismus:** Der Impressionismus versuchte, den flüchtigen, einmaligen, **stimmungsvollen Sinneseindruck** in subtilen Nuancen, mit größter **Intensität** wiederzugeben. In der Malerei dominierten nicht dingliche Konturen, sondern Licht- und Schatteneffekte, farbliche Korrespondenzen.

Da es keine trennscharfen Abgrenzungen zwischen den genannten Stilrichtungen gibt und viele Autoren um 1900 Elemente verschiedener Stile aufgriffen, ist eine eindeutige Zuordnung von Autoren zu den einzelnen Strömungen kaum möglich. Allen genannten Richtungen gemeinsam war ihre Tendenz zum **Ästhetizismus:** Kunst sollte nicht utilitaristisch verstanden, d. h. nicht an ihrem Nutzen gemessen werden; sie sollte ihre Funktion nicht darin haben, Wirklichkeit abzubilden und politische, moralische oder philosophische Botschaften zu vermitteln – der Wert der Kunst gründete nach dieser Anschauung vielmehr auf der **ästhetischen Form,** der **verfeinerten, subjektiven künstlerischen Gestaltung.** Die um 1900 verbreitete Forderung **„l'art pour l'art"** brachte diese Auffassung der Kunst als Selbstzweck formelhaft zum Ausdruck.

**Wichtige Autoren und Werke:**

Hugo von Hofmannsthal (1874–1929): Der Tor und der Tod (1893, Drama), Ein Brief (1902, Essay in Briefform), Gedichte

Stefan George (1868–1933): Das Jahr der Seele (1897/99, Gedichtzyklus), Gedichte

Arthur Schnitzler (1862–1931): Lieutenant Gustl (1900, Novelle), Reigen (1903, Einakterzyklus)

Thomas Mann (1877–1955): Buddenbrooks (1901, Roman), Der Tod in Venedig (1912, Novelle)

Robert Musil (1880–1942): Die Verwirrungen des Zöglings Törleß (1903, Roman)

Rainer Maria Rilke (1875–1926): Die Aufzeichnungen des Malte Laurids Brigge (1910, Roman), Gedichte

Franz Kafka (1883–1924): Das Urteil (1913, Erzählung), Die Verwandlung (1915, Erzählung)

# 2 Expressionismus

Ludwig Meidner: Apokalyptische Landschaft (1913)

Jahrhundert-Erdbeben bei Messina – Totale Zerstörung (1908)

Rüstungsausgaben 1905–1913 mehr als verdoppelt (1913)

Luxusdampfer „Titanic“ gesunken – Qualvoller Tod im Eismeer (1912)

Durchbruch – Henry Ford bringt sein T-Modell auf den Markt (1908)

Der Halleysche Komet – Naht das Weltende? (1910)

Organisierung der Intelligenz – „Die Aktion. Zeitschrift für freiheitliche Politik und Literatur“ erobert den literarischen Markt (1911)

---

**1** **a** Die Schlagzeilen beziehen sich auf Ereignisse der Zeit vor dem Ersten Weltkrieg. Charakterisieren Sie die Grundstimmung, die aus diesen Meldungen spricht.
**b** Setzen Sie die Schlagzeilen, das Gemälde von Ludwig Meidner und das Titelblatt der Zeitschrift „Die Aktion“ miteinander in Beziehung.

**2** Stellen Sie Vermutungen zu Themen, Motiven und Gestaltungsmitteln in Kunst und Literatur an, die für diese Epoche typisch sind.

## 2.1 Hintergründe: Zeit des Umbruchs

### Gesellschaftlicher Wandel

Ralf Bogner: **Einführung in die Literatur des Expressionismus** (2005) Auszug

Die Zeit, in der die Expressionisten ihre wichtigsten literarischen Leistungen abfassen und veröffentlichen, ist eine Ära tiefer gesellschaftlicher Widersprüche und radikaler geschichtlicher Umbrüche. Nach dem Krieg gegen Frankreich 1870/71 erlebt das neu gegründete Deutsche Kaiserreich unter der Führung Preußens eine mehr als vier Jahrzehnte währende Periode des Friedens. Gleichzeitig aber wird der Staat, insbesondere unter Wilhelm II., in einem noch niemals da gewesenen Maße militarisiert. Auf allen Gebieten der Kriegskunst betreibt man eine immense Aufrüstung, und militärisches Gebaren im Alltag, Uniformen in sämtlichen Lebensbereichen und die Verherrlichung der eigenen Nationalgeschichte in Umzügen und Paraden bekommen eine immer größer werdende Bedeutung. Die zentralen politischen Positionen nehmen im Deutschen Kaiserreich wie in den habsburgischen Ländern Adelige ein.

Dem veralteten politischen Gefüge im deutschsprachigen Raum stehen in den Jahrzehnten um 1900 unerhörte gesellschaftliche Wandlungsprozesse gegenüber. Seit etwa 1850 ist eine massive Veränderung der Sozialstruktur zu beobachten. Grund dafür ist das gegenüber Frankreich und Großbritannien verspätete Einsetzen einer rapiden industriellen Revolution. [...] Integraler Bestandteil des Modernisierungsprozesses ist die Urbanisierung. Bereits in der ersten Hälfte des 19. Jahrhunderts, vermehrt und in stetig zunehmendem Maße jedoch nach 1850, ist [...] eine breite Wanderungsbewegung der Landbevölkerung in die Städte zu den dort in großen Mengen neu entstehenden Arbeitsmöglichkeiten zu erkennen. Der deutschsprachige Raum wandelt sich innerhalb weniger Dekaden von einer Agrar- zu einer Industriegesellschaft. Statistische Zahlen belegen dies eindrücklich. Im wilhelminischen Kaiserreich steigt der Anteil von Personen an der Gesamtbevölkerung, die in Großstädten mit mehr als 100.000 Einwohnern leben, von 4,8 % im Jahre 1871 auf 21,3 % in den Jahren vor dem Ersten Weltkrieg. 1850 gibt es erst vier Großstädte, 1910 bereits achtundvierzig. Unter diesen wiederum wachsen die Metropolen in fast sprunghafter Art und Weise. Die Einwohnerzahlen von Berlin und Wien zum Beispiel überschreiten vor dem Ersten Weltkrieg die Zwei-Millionen-Grenze. Landflucht und Urbanisierung werden überdies von einem massiven Bevölkerungswachstum begleitet. Am Beginn des 19. Jahrhunderts leben in Europa circa 200 Millionen Menschen, um 1914 hat sich diese Zahl etwa verdreifacht. Diese Entwicklungen zeitigen unter anderem die Konsequenz, dass die Metropolen nicht allein hinsichtlich ihrer Einwohnerzahl wachsen, sondern auch ganz neue Stadtviertel für die Zuwanderer vom Land aus dem Boden gestampft werden, so zum Beispiel im Osten Berlins oder im Nordwesten Wiens. Die Arbeiter leben auf engstem Raum unter oft erbärmlichen Umständen.

**1** **a** Erstellen Sie auf der Grundlage des Textes einen kurzen Überblick zu den politischen, sozialen und wirtschaftlichen Hintergründen der Epoche.
**b** Ergänzen Sie Ihre Aufzeichnungen, indem Sie Informationen aus dem Geschichtsunterricht heranziehen.

## Konflikt der Generationen

Der jungen Generation vor und nach dem Ersten Weltkrieg galt Walter Hasenclever als Prototyp des politischen Dichters. In seinem Drama „Der Sohn" flieht der Protagonist eines Nachts aus dem Elternhaus, um der väterlichen Autorität und den Zwängen seiner bürgerlichen Existenz zu entkommen. Ein Freund führt ihn in eine geschlossene Gesellschaft ein, vor der der Sohn eine pathetische Rede hält. Ein Mitglied der Gesellschaft, von Tuchmeyer, berichtet in einer Mauerschau (→ S. 336) dem Freund von dem sich gerade abspielenden Geschehen.

Walter Hasenclever: **Der Sohn** (1914) **3. Akt, 5. Szene** Auszug

**Der Freund:** Dort steht ein Mensch, der in 20 Jahren mehr Leid erfahren hat als wir Freude in einem Jahr. Deshalb hat Gott ihn gesandt ... *Unruhe im Saal.* Was ist?

**von Tuchmeyer:** Er reißt die Maske ab. Seine Augen sehen noch nicht. Er redet von seiner Kindheit. Viele können ihn nicht verstehn ... da, jetzt spricht er lauter. Einige stehen auf und kommen näher ...

**Der Freund** *die Hände ballend:* Bewegt er die Hände?

**von Tuchmeyer:** Nein – Doch – jetzt –

**Der Freund** *öffnet die Arme:* – Streckt er sie aus: so?

**von Tuchmeyer:** Er ist irre! Er sagt –: Er nimmt die Marter unsrer aller Kinderzeit auf sich!

**Der Freund:** Ah – er redet wahr! Weiter, was tut er?

**von Tuchmeyer:** Jetzt ist er vom Podium gesprungen. Er steht mitten unter den Leuten. Er sagt –: dass wir alle gelitten haben unter unsern Vätern – in Kellern und in Speichern – vom Selbstmord und von der Verzweiflung –

**Der Freund** *beugt sich, mit allen Muskeln gespannt, vorwärts:* Die Geister stehn ihm bei! *Er bewegt die Glieder und die Züge seines Gesichts mit magischer Gewalt.* Hörst du! Sag es! *Ein furchtbarer Wille ist in ihm, den Redenden unter seinen Gedanken zu zwingen.*

**von Tuchmeyer:** Es gibt ein Unglück!!! Er sagt: Die Väter, die uns peinigen, sollen vor Gericht! Das Publikum rast –

*Ungeheurer Tumult im Saal.* [...]

**von Tuchmeyer:** Er reißt sich die Kleider vom Leibe. Er entblößt die Brust. Er zeigt die Striemen, die ihm sein Vater schlug – seine Narben! Jetzt kann man ihn nicht mehr sehn, so viele sind um ihn. Jetzt – sie ergreifen seine Hände – sie jubeln ihm zu –

**Der Freund** *im Triumph:* Jetzt hat er gesiegt! Jetzt hat er's vollbracht. [...]

**von Tuchmeyer:** Sie heben ihn auf die Schultern! Die Studenten tragen ihn!

**Der Freund:** Was sagt er?

**von Tuchmeyer:** Er ruft zum Kampf gegen die Väter – er predigt die Freiheit –! „Wir müssen uns helfen, da keiner uns hilft!" Sie küssen ihm die Hände – welch ein Tumult! Sie tragen ihn auf Schultern – zum Saale hinaus ...

*Immer neue Hochrufe.*

**Der Freund:** Er hat den Bund gegründet der Jungen gegen die Welt!

**1** Fassen Sie den Inhalt der Szene zusammen. Erläutern Sie, warum der Sohn sein Publikum fasziniert.

**2** Identifizieren und interpretieren Sie die im Text verwendete religiöse Bildsprache.

**3** Kennzeichnen Sie die sprachliche Gestaltung des Dialogs und deren Funktion.

**4** Walter Hasenclever schrieb im „Manifest zum Sohn" über sein Drama: „Dieses Stück wurde im Herbst 1913 geschrieben und hat den Zweck, die Welt zu ändern." Stellen Sie Vermutungen an, wogegen die jungen Expressionisten damals aufbegehrten.

# 2.2 Menschen- und Weltbild: Untergang und Neuanfang

## Apokalypse

Ludwig Meidner: Apokalyptische Landschaft (1912)

### Jakob van Hoddis: **Weltende** (1911)

Dem Bürger fliegt vom spitzen Kopf der Hut,
In allen Lüften hallt es wie Geschrei.
Dachdecker stürzen ab und gehn entzwei,
Und an den Küsten – liest man – steigt die Flut.

Der Sturm ist da, die wilden Meere hupfen
An Land, um dicke Dämme zu zerdrücken.
Die meisten Menschen haben einen Schnupfen.
Die Eisenbahnen fallen von den Brücken.

### Else Lasker-Schüler: **Weltende** (1905)

Es ist ein Weinen in der Welt,
als ob der liebe Gott gestorben wär,
und der bleierne Schatten, der niederfällt,
lastet grabesschwer.

Komm, wir wollen uns näher verbergen ...
das Leben liegt in aller Herzen
wie in Särgen.

Du! wir wollen uns tief küssen –
es pocht eine Sehnsucht an die Welt,
an der wir sterben müssen.

**1** Sammeln Sie in einem Brainstorming (→ S. 350) erste Eindrücke zu dem Gedicht von Jakob van Hoddis.

**2** **a** Listen Sie in einer Tabelle die das Gedicht strukturierenden Oppositionen auf.

| | | |
|---|---|---|
| *Mensch (Bürger, ...)* | ⟷ | *... (Eisenbahnen, ...)* |
| *Wichtiges (...)* | ⟷ | *... (...)* |
| *... (...)* | ⟷ | *... (...)* |

**b** Beschreiben Sie die Wirkung dieses Nebeneinanders auf den Leser.

**3** Setzen Sie Hoddis' Gedicht in Beziehung zu dem Gemälde „Apokalyptische Landschaft" von Ludwig Meidner.

**4** Vergleichen Sie die beiden gleichnamigen Gedichte von Jakob van Hoddis und von Else Lasker-Schüler.

**a** Was für ein Konzept von Welt liegt den Gedichten jeweils zu Grunde?

**b** Wie wird dieses Konzept formal und sprachlich ausgestaltet?

## Aufschrei der Seele

Alfred Lichtenstein: **Die Dämmerung** (1911)

Ein dicker Junge spielt mit einem Teich.
Der Wind hat sich in einem Baum gefangen.
Der Himmel sieht verbummelt aus und bleich,
Als wäre ihm die Schminke ausgegangen.

Auf lange Krücken schief herabgebückt
Und schwatzend kriechen auf dem Feld zwei Lahme.
Ein blonder Dichter wird vielleicht verrückt.
Ein Pferdchen stolpert über eine Dame.

An einem Fenster klebt ein fetter Mann.
Ein Jüngling will ein weiches Weib besuchen.
Ein grauer Clown zieht sich die Stiefel an.
Ein Kinderwagen schreit und Hunde fluchen.

Edvard Munch: Der Schrei (1893)

**1** Was verbinden Sie mit dem Begriff „Dämmerung“? Sammeln Sie Konnotationen in einem Ideenstern (→ S. 349) oder in einem Cluster (→ S. 349). Sie können Ihnen bereits bekannte motivgleiche Gedichte in Ihre Überlegungen mit einbeziehen.

**2** Charakterisieren Sie, wie das lyrische Ich in Lichtensteins Gedicht seine Mitmenschen wahrnimmt.

**3** **a** Stellen Sie in einer Tabelle zu erwartende und im Gedicht formulierte Seh- und Hörgewohnheiten einander gegenüber.

| ***zu erwartende Wahrnehmungsmuster*** | ***Wahrnehmungsmuster im Gedicht*** |
|---|---|
| *spielen: mit einem Spielzeug/an einem Teich* | *spielen: mit einem Teich (V. 1)* |
| ... | ... |
| *Clown: bunt geschminkt* | *Clown: grau* |
| ... | ... |

**b** Schreiben Sie das Gedicht so um, dass es einer gewohnten Wahrnehmung entspricht.
Beispiel für V. 12: *Ein Kind in einem Kinderwagen schreit.*

**c** Beschreiben Sie die Wirkung der von Lichtenstein gewählten Darstellungsweise.

**4** Fassen Sie nun abschließend zusammen, was für ein Bild vom Menschen und seiner Lebenswelt Lichtensteins Gedicht entwirft. Deuten Sie dabei auch den Titel „Dämmerung“.

Gottfried Benns Erzählung „Gehirne" entstand 1914 und erschien erstmals 1915 in der Zeitschrift „Die weißen Blätter". Es ist die erste von fünf Novellen, die zusammen den so genannten „Rönne-Zyklus" bilden. Der Autor Gottfried Benn war, wie auch die Hauptfigur der Erzählung, Mediziner. Er vertrat im Sommer 1914 den Chefarzt eines Lungensanatoriums im Fichtelgebirge.

## Gottfried Benn: **Gehirne** (1915) Auszug

Rönne, ein junger Arzt, der früher viel seziert hatte, fuhr im Sommer vorigen Jahres durch Süddeutschland dem Norden zu. Er hatte die letzten Monate tatenlos verbracht; er war zwei Jahre lang an einem pathologischen Institut angestellt gewesen, das bedeutet, es waren ungefähr zweitausend Leichen ohne Besinnen durch seine Hände gegangen, und das hatte ihn in einer merkwürdigen und unerklärten Weise erschöpft.

Jetzt saß er auf einem Eckplatz und sah in die Fahrt: es geht also durch Weinland, besprach er sich, ziemlich flaches, vorbei an Scharlachfeldern, die rauchen von Mohn. Es ist nicht allzu heiß; ein Blau flutet durch den Himmel, feucht und aufgeweht von Ufern; an Rosen ist jedes Haus gelehnt, und manches ganz versunken. Ich will mir ein Buch kaufen und einen Stift; ich will mir jetzt möglichst vieles aufschreiben, damit nicht alles so herunterfließt. So viele Jahre lebte ich, und alles ist versunken. Als ich anfing, blieb es bei mir? Ich weiß es nicht mehr. [...] Das Leben ist so allmächtig, dachte er, diese Hand wird es nicht unterwühlen können, und sah seine Rechte an. [...]

*[Rönne übernimmt an einer Klinik die Stelle des Chefarztes. Er führt zunächst sehr gewissenhaft seine Aufgaben aus, bis es zu einer plötzlichen Veränderung kommt.]*

Aber es konnte jetzt hin und wieder vorkommen, daß er durch die Hallen ging, ohne jeden einzelnen ordnungsgemäß zu befragen, sei es nach der Zahl seiner Hustenstöße, sei es nach der Wärme seines Darms. Wenn ich durch die Liegehallen gehe – dies beschäftigte ihn zu tief –, in je zwei Augen falle ich, werde wahrgenommen und bedacht. Mit freundlichen und ernsten Gegenständen werde ich verbunden; vielleicht nimmt ein Haus mich auf, in das sie sich sehnen, vielleicht ein Stück Gerbholz, das sie einmal schmeckten. Und ich hatte auch einmal zwei Augen, die liefen rückwärts mit ihren Blicken; jawohl, ich war vorhanden: fraglos und gesammelt. Wo bin ich hingekommen? Wo bin ich? Ein kleines Flattern, ein Verwehen.

Er sann nach, wo es begonnen hätte, aber er wußte es nicht mehr [...]. Es schwächt mich etwas von oben. Ich habe keinen Halt mehr hinter den Augen. Der Raum wogt so endlos; einst floß er doch auf eine Stelle. Zerfallen ist die Rinde, die mich trug.

Oft, wenn er von solchen Gängen in sein Zimmer zurückgekehrt war, drehte er seine Hände hin und her und sah sie an. Und einmal beobachtete eine Schwester, wie er sie beroch oder vielmehr, wie er über sie hinging, als prüfe er ihre Luft, und wie er dann die leicht gebeugten Handflächen, nach oben offen, an den kleinen Fingern zusammenlegte, um sie dann einander zu und ab zu bewegen, als bräche er eine große, weiche Frucht auf oder als böge er etwas auseinander. Sie erzählte es den anderen Schwestern; aber niemand wußte, was es zu bedeuten habe. Bis es sich ereignete, daß in der Anstalt ein größeres Tier geschlachtet wurde. Rönne kam scheinbar zufällig vorbei, als der Kopf aufgeschlagen wurde, nahm den Inhalt in die Hände und bog die beiden Hälften auseinander. Da durchfuhr es die Schwester, daß dies die Bewegung gewesen sei, die sie auf dem Gang beobachtet hatte. Aber sie wußte keinen Zusammenhang herzustellen und vergaß es bald.

Rönne aber ging durch die Gärten. Es war Sommer; Otternzungen schaukelten das Himmelsblau, die Rosen blühten, süß geköpft. Er spürte den Drang der Erde: bis vor seine Sohlen, und das Schwellen der Gewalten: nicht mehr durch sein Blut. Vornehmlich aber ging er Wege, die im Schatten lagen, und solche mit vielen Bänken; häufig mußte er ruhen vor der Hemmungslosigkeit des Lichtes, und preisgegeben fühlte er sich einem atemlosen Himmel.

Allmählich fing er an, seinen Dienst nur noch unregelmäßig zu versehen; namentlich aber, wenn er sich gesprächsweise zu dem Verwalter oder der Oberin über irgendeinen Gegenstand äußern sollte, wenn er fühlte, jetzt sei es dran, eine Äußerung seinerseits dem infrage stehenden Gegenstand zukommen zu lassen, brach er förmlich zusammen. Was solle man denn zu einem Geschehenen sagen? Geschähe es nicht so, geschähe es ein wenig anders. Leer würde die Stelle nicht bleiben. Er aber möchte nur leise vor sich hinsehn und in seinem Zimmer ruhn. [...]

Er sei keinem Ding mehr gegenüber; er habe keine Macht mehr über den Raum, äußerte er einmal; lag fast ununterbrochen und rührte sich kaum. [...]

Der Chefarzt wurde zurückgerufen; er war ein freundlicher Mann, er sagte, eine seiner Töchter sei erkrankt. Rönne aber sagte: sehen Sie, in diesen meinen Händen hielt ich sie, hundert oder auch tausend Stück; manche waren weich, manche waren hart, alle sehr zerfließlich; Männer, Weiber, mürbe und voll Blut. Nun halte ich immer mein eigenes in meinen Händen und muß immer darnach forschen, was mit mir möglich sei. Wenn die Geburtszange hier ein bißchen tiefer in die Schläfe gedrückt hätte ...? Wenn man mich immer über eine bestimmte Stelle des Kopfes geschlagen hätte ...? Was ist es denn mit den Gehirnen? Ich wollte immer auffliegen wie ein Vogel aus der Schlucht; nun lebe ich außen im Kristall. Aber nun geben Sie mir bitte den Weg frei, ich schwinge wieder – ich war so müde – auf Flügeln geht dieser Gang – mit meinem blauen Anemonenschwert – in Mittagsturz des Lichts – in Trümmern des Südens – in zerfallendem Gewölk – Zerstäubungen der Stirne – Entschweifungen der Schläfe. R

1 Bestimmen Sie im Textauszug vier oder fünf zentrale Sätze, die Rönnes Zustand und seine Wahrnehmungsweise kennzeichnen. Begründen Sie Ihre Wahl.

2 Deuten Sie die Handbewegung des Arztes.

3 **a** Beschreiben Sie die Stellung des Menschen in Rönnes Weltbild.
**b** Vergleichen Sie seine Auffassung mit dem Menschenbild der Aufklärung.

4 Vergleichen Sie die Befindlichkeit des jungen Arztes mit der des Lord Chandos in Hofmannsthals „Brief“ (→ S. 118 ff.).

5 Erläutern Sie an Beispielen, wie sich Rönnes Welterleben in der sprachlichen Gestaltung des Textes spiegelt.

6 Wegen der großen Nähe zu Biografischem bietet es sich an, „Gehirne“ auch als Selbstporträt Benns zu lesen. Stellen Sie Beziehungen her zum Selbstporträt des expressionistischen Malers Otto Dix.

Otto Dix: Selbstporträt als Soldat (1914)

## Der Mythos des neuen Menschen

In seiner Anthologie „Menschheitsdämmerung" trägt der Herausgeber Kurt Pinthus Gedichte von Zeitgenossen zusammen. Die Textsammlung ist in vier Teile gegliedert, deren Überschriften sich wie ein Manifest des Expressionismus lesen: Sturz und Schrei; Erweckung des Herzens; Aufruf und Empörung; Liebe den Menschen.

Kurt Pinthus: **Zuvor** (1919) Auszug aus dem Vorwort zur Anthologie „Menschheitsdämmerung"

Die ausgewählten Gedichte dieser etwa zwei Dutzend Dichter fügten sich schnell, beinahe von selbst, nach wenigen großen Motiven zu jener Symphonie zusammen, die „Menschheitsdämmerung" genannt wurde. Alle Gedichte dieses Buches entquellen der Klage um die Menschheit, der Sehnsucht nach der Menschheit. Der Mensch schlechthin, nicht seine privaten Angelegenheiten und Gefühle, sondern die Menschheit, ist das eigentliche unendliche Thema. Diese Dichter fühlten zeitig, wie der Mensch in die Dämmerung versank ..., sank in die Nacht des Untergangs ..., um wieder aufzutauchen in die sich klärende Dämmerung neuen Tags. In diesem Buch wendet sich bewusst der Mensch aus der Dämmerung der ihm aufgedrängten, ihn umschließenden, verschlingenden Vergangenheit und Gegenwart in die erlösende Dämmerung einer Zukunft, die er selbst sich schafft. [...]

[...] man fühlte immer deutlicher die Unmöglichkeit einer Menschheit, die sich ganz und gar abhängig gemacht hatte von ihrer eigenen Schöpfung, von ihrer Wissenschaft, von Technik, Statistik, Handel und Industrie, von einer erstarrten Gemeinschaftsordnung, bourgeoisen und konventionellen Bräuchen. Diese Erkenntnis bedeutet zugleich den Beginn des Kampfes gegen die Zeit und gegen ihre Realität. Man begann, die Um-Wirklichkeit zur Un-Wirklichkeit aufzulösen, durch die Erscheinungen zum Wesen vorzudringen, im Ansturm des Geistes den Feind zu umarmen und zu vernichten [...].

Niemals war das Ästhetische und das *L'art pour l'art*-Prinzip[1] so missachtet wie in dieser Dichtung, die man die „jüngste" oder „expressionistische" nennt, weil sie ganz Eruption, Explosion, Intensität ist – sein muss, um jene feindliche Kruste zu sprengen. Deshalb meidet sie die naturalistische Schilderung der Realität als Darstellungsmittel, so handgreiflich auch diese verkommene Realität war; sondern sie erzeugt sich mit gewaltiger und gewaltsamer Energie ihre Ausdrucksmittel aus der Bewegungskraft des Geistes (und bemüht sich keineswegs, deren Missbrauch zu meiden). Sie entschleudert ihre Welt in ekstatischem[2] Paroxismus[3], in quälender Traurigkeit, in süßestem musikalischem Gesang, in der Simultaneität durcheinanderstürzender Gefühle, in chaotischer Zerschmetterung der Sprache, grausigster Verhöhnung menschlichen Misslebens, in flagellantisch[4] schreiender, verzückter Sehnsucht nach Gott und dem Guten, nach Liebe und Brüderlichkeit. [...]

Diese zukünftige Menschheit, wenn sie im Buche „Menschheitsdämmerung" („Du Chaos-Zeiten schrecklich edles Monument") lesen wird, möge nicht den Zug dieser sehnsüchtigen Verdammten verdammen, denen nichts blieb als die Hoffnung auf den Menschen und der Glaube an die Utopie.

---

1 **l'art pour l'art:** Kunstauffassung, die die Kunst als schönen Selbstzweck ohne politische oder gesellschaftliche Botschaft betrachtet (→ S. 184)

2 **ekstatisch:** rauschhaft, in einem Zustand der Verzückung

3 **Paroxismus:** aufs Höchste gesteigerte Tätigkeit (eines Vulkans)

4 **flagellantisch:** sich selbst geißelnd

1 Gliedern Sie den Text in Sinnabschnitte und formulieren Sie für jeden Abschnitt eine Überschrift.
2 Der Titel der Anthologie ist zugleich Programm. Erläutern Sie, was Kurt Pinthus mit „Menschheitsdämmerung“ meint und welche Ziele er mit der Gedichtsammlung verfolgt.
3 Arbeiten Sie heraus, welchen gesellschaftlichen und künstlerischen Entwicklungen die Expressionisten den Kampf ansagen und welche Mittel sie hierfür verwenden.
4 Pinthus fordert unter anderem eine „chaotische[] Zerschmetterung der Sprache“ (Z. 53 f.).
a Suchen Sie aus dem Text weitere Schlüsselwörter heraus, die wesentliche Merkmale expressionistischer Kunstsprache benennen.
b Messen Sie Gedichte im Kapitel „Expressionismus“ an Pinthus' Forderungen.
5 Charakterisieren Sie die Grundstimmung, die aus dem Vorwort spricht.

Franz Werfel: **Der gute Mensch** (1913)

Sein ist die Kraft, das Regiment der Sterne,
Er hält die Welt wie eine Nuss in Fäusten,
Unsterblich schlingt sich Lachen um sein Antlitz,
Krieg ist sein Wesen und Triumph sein Schritt.

Und wo er ist und seine Hände breitet
Und wo sein Ruf tyrannisch niederdonnert,
Zerbricht das Ungerechte aller Schöpfung,
Und alle Dinge werden Gott und eins.

Unüberwindlich sind des Guten Tränen,
Baustoff der Welt und Wasser der Gebilde.
Wo seine guten Tränen niedersinken,
Verzehrt sich jede Form und kommt zu sich.

Gar keine Wut ist seiner zu vergleichen.
Er steht im Scheiterhaufen seines Lebens,
Und ihm zu Füßen ringelt sich verloren
Der Teufel, ein zertretner Feuerwurm.

Und fährt er hin, dann bleiben ihm zur Seite
Zwei Engel, die das Haupt in Sphären tauchen,
Und brüllen jubelnd unter Gold und Feuer
Und schlagen donnernd ihre Schilde an.

Carl Orff: Kantaten nach Texten von Franz Werfel für gemischten Chor, Klaviere und Schlaginstrumente, Nr. 2 „Der gute Mensch“ (1930) Auszug

1 a Charakterisieren Sie das Bild vom guten Menschen, das Werfels Gedicht entwirft.
b Vergleichen Sie dieses Menschenbild mit anderen Ihnen bekannten Bildern vom „guten Menschen“.
c Weiterführend: Vergleichen Sie die Darstellung des Verhältnisses von Menschlichem und Göttlichem in diesem Gedicht mit der Darstellung in anderen Gedichten, z. B.: „Das Göttliche“ von Johann Wolfgang von Goethe und „Hyperions Schicksalslied“ von Friedrich Hölderlin.
2 Setzen Sie Werfels „guten Menschen“ in Beziehung mit Pinthus' Forderungen.
3 Bewerten Sie Werfels Utopie des guten Menschen aus heutiger Sicht.

## 2.3 Kunstauffassungen: Revolution in der Kunst

### Ich-Entgrenzung und Vision

Franz Marc: Kämpfende Formen (1914)

Paul Hatvani: **Versuch über den Expressionismus** (1917) Auszug

Der Expressionismus ist eine Revolution [...]. Evolutionen in der Kunst können nur nach Form und Inhalt, immer wieder nach Form und Inhalt definiert werden und niemals nach den äußeren Umständen ihrer Entwicklung. Geradeso kann man auch sagen, der Expressionismus hätte nun neuerdings das *Ich* entdeckt: Diese Erkenntnis allein ist schon ein Bekenntnis zur Revolution, wenn man darunter das maßlose, aber berechtigte Überhandnehmen eines Teiles über ein Ganzes versteht. Im Impressionismus hatten sich Welt und Ich, Innen und Außen zu einem Gleichklang verbunden. *Im Expressionismus überflutet das Ich die Welt.* So gibt es auch kein Außen mehr: Der Expressionist verwirklicht die Kunst auf eine bisher unerwartete Weise.

**Ernst Stadler: Form ist Wollust** (1914)

Form und Riegel mussten erst zerspringen,
Welt durch aufgeschlossne Röhren dringen;
Form ist Wollust, Friede, himmlisches Genügen,
Doch mich reißt es, Ackerschollen umzupflügen.
Form will mich verschnüren und verengen,
Doch ich will mein Sein in alle Weiten drängen –
Form ist klare Härte ohn' Erbarmen,
Doch mich treibt es zu den Dumpfen, zu den Armen,
Und in grenzenlosem Michverschenken
Will mich Leben mit Erfüllung tränken.

**1** Fassen Sie Hatvanis Charakterisierung der expressionistischen Kunstauffassung zusammen.

**2** **a** Sammeln Sie Ihre Eindrücke zu inhaltlichen und formalen Auffälligkeiten des Bildes „Kämpfende Formen" von Franz Marc und des Gedichts von Stadler.

**b** Beschreiben Sie, inwiefern sich die Aussagen des Gedichts und des Gemäldes entsprechen.

**Kasimir Edschmid: Expressionismus in der Dichtung** (1917) Auszug

Es kamen die Künstler der neuen Bewegung. Sie gaben nicht mehr die leichte Erregung. Sie gaben nicht mehr die nackte Tatsache. Ihnen war der Moment, die Sekunde der impressionistischen Schöpfung nur ein taubes Korn in der mahlenden Zeit. Sie waren nicht mehr unterworfen den Ideen, Nöten und persönlichen Tragödien bürgerlichen und kapitalistischen Denkens. [...] Dafür bedurfte es einer tatsächlich neuen Gestaltung der künstlerischen Welt. [...] Begnügt darf sich nicht werden mit der geglaubten, gewähnten notierten Tatsache, es muss das Bild der Welt rein und unverfälscht gespiegelt werden. Das aber ist nur in uns selbst.

So wird der ganze Raum des expressionistischen Künstlers Vision. Er sieht nicht, er schaut. Er schildert nicht, er erlebt. Er gibt nicht wieder, er gestaltet. Er nimmt nicht, er sucht. Nun gibt es nicht mehr die Kette der Tatsachen: Fabriken, Häuser, Krankheit, Huren, Geschrei und Hunger. Nun gibt es die Vision davon. Die Tatsachen haben Bedeutung nur so weit, als durch sie hindurchgreifend die Hand des Künstlers nach dem greift, was hinter ihnen steht. Er sieht das Menschliche in den Huren, das Göttliche in den Fabriken. Er wirkt die einzelne Erscheinung in das Große ein, das die Welt ausmacht.

**1** **a** Ordnen Sie in einer Tabelle positiv und negativ besetze Leitbegriffe des Textes.

**b** Fassen Sie Edschmids Charakterisierung expressionistischer Kunstauffassung zusammen.

**2** Setzen Sie verschiedene Gemälde aus dem Kapitel „Expressionismus" in Beziehung zu Edschmids Text.

**3** Ziehen Sie das Gedicht „Weltende" von Jakob van Hoddis heran (→ S. 188) und erläutern Sie, wie der Autor die von Edschmid geforderte „Wesensschau" literarisch umsetzt.

# Ästhetik des Hässlichen

## Wassily Kandinsky: **Über das Geistige in der Kunst** (1912) Auszug

[...] Wenn der Künstler Priester des „Schönen“ ist, so ist auch dieses Schöne durch dasselbe Prinzip des *inneren Wertes* zu suchen, welchen wir überall gefunden haben. Dieses „Schöne“ ist nur durch den Maßstab der *inneren* Größe und *Notwendigkeit* zu messen, welche uns bis jetzt überall und durchweg richtige Dienste geleistet hat. *Das ist schön, was einer inneren seelischen Notwendigkeit entspringt. Das ist schön, was innerlich schön ist.* Unter diesem Schönen wird selbstredend nicht die äußere oder sogar innere im allgemeinen Verkehr angenommene Moral verstanden, sondern *alles* das, was auch in der ganz untastbaren Form die Seele verfeinert und bereichert. Deshalb ist z. B. in der Malerei *jede* Farbe innerlich schön, da jede Farbe eine Seelenvibration verursacht, und *jede Vibration bereichert die Seele.* Und deshalb endlich kann alles innerlich schön sein, was äußerlich „hässlich“ ist. So ist es in der Kunst, so ist es im Leben. Und deshalb ist nichts „hässlich“ im inneren Resultat, d.h. in der Wirkung auf die Seele der anderen.

## Gottfried Benn: **Schöne Jugend** (1910)

Der Mund eines Mädchens, das lange im Schilf gelegen hatte,
sah so angeknabbert aus.
Als man die Brust aufbrach, war die Speiseröhre so löcherig.
Schließlich in einer Laube unter dem Zwerchfell
fand man ein Nest von jungen Ratten.
Ein kleines Schwesterchen lag tot.
Die anderen lebten von Leber und Niere,
tranken das kalte Blut und hatten
hier eine schöne Jugend verlebt.
Und schön und schnell kam auch ihr Tod:
Man warf sie allesamt ins Wasser.
Ach, wie die kleinen Schnauzen quietschten!

Odilon Redon: Ophelia (ca. 1900–1905)

1 Erläutern Sie Kandinskys Begriff von Schönheit. Sie können dazu im Kapitel „Expressionismus“ abgebildete Gemälde heranziehen.

2 Formulieren Sie eine kurze Stellungnahme zu Kandinskys Thesen und tragen Sie diese vor:
  **a** aus Ihrer eigenen Sicht,
  **b** aus Sicht eines Dichters wie Stefan George (→ S. 170 f.).

3 Beschreiben Sie Benns Umgang mit einem konventionellen Begriff von Schönheit in dem Gedicht „Schöne Jugend“.

4 Referat: Informieren Sie Ihren Kurs zu weiteren Gestaltungen des Ophelia-Motivs in der Literatur und Malerei der Jahrhundertwende, z. B. bei Rimbaud und Georg Heym.

# 2.4 Textfenster: Lyrik des Expressionismus

## Jahreszeiten als Spiegel der Seele

Georg Heym:
**Frühjahr** (1911)

Die Winde bringen einen schwarzen Abend.
Die Wege zittern mit den kalten Bäumen
Und in der leeren Flächen später Öde
Die Wolken rollen auf die Horizonte.

Der Wind und Sturm ist ewig in der Weite,
Nur spärlich, dass ein Sämann schon beschreitet
Das ferne Land, und schwer den Samen streuet,
Den keine Frucht in toten Sommern freuet.

Die Wälder aber müssen sich zerbrechen
Mit grauen Wipfeln in den Wind gehoben,
Die quellenlosen, in der langen Schwäche
Und nicht mehr steigt das Blut in ihren Ästen.

Der März ist traurig. Und die Tage schwanken
Voll Licht und Dunkel auf der stummen Erde.
Die Ströme aber und die Berge decket
Der Regenschild. Und alles ist verhangen.

Die Vögel aber werden nicht mehr kommen.
Leer wird das Schilf und seine Ufer bleiben,
Und große Kähne in der Sommerstille
In grüner Hügel toten Schatten treiben.

Georg Trakl:
**In den Nachmittag geflüstert** (1912)

Sonne, herbstlich dünn und zag,
Und das Obst fällt von den Bäumen.
Stille wohnt in blauen Räumen
Einen langen Nachmittag.

Sterbeklänge von Metall;
Und ein weißes Tier bricht nieder.
Brauner Mädchen raue Lieder
Sind verweht im Blätterfall.

Stirne Gottes Farben träumt,
Spürt des Wahnsinns sanfte Flügel.
Schatten drehen sich am Hügel
Von Verwesung schwarz umsäumt.

Dämmerung voll Ruh und Wein;
Traurige Guitarren rinnen.
Und zur milden Lampe drinnen
Kehrst du wie im Traume ein.

**1** Notieren Sie eigene Assoziationen zu den Themen Frühjahr und Herbst, z. B. in Form von Clustern. Zum Thema „Frühjahr" können Sie auch die Strophenanfänge von Heyms Gedicht fortsetzen: Die Winde ... Die Wälder ... Der März ... Die Vögel ...

**2** **a** Beschreiben Sie, wie die Bildlichkeit der Gedichte von Ihren Assoziationen abweicht.
**b** Identifizieren Sie in den Gedichten schwer verständliche sprachliche Bilder und sammeln Sie dazu Ihre Deutungsversuche.

**3** Untersuchen Sie die Verwendung von Adjektiven:
**a** Schreiben Sie Adjektive aus Heyms Gedicht heraus. Erkunden Sie deren Wirkung, indem Sie sich von ihnen zu einem eigenen fiktiven Text anregen lassen.
**b** Beschreiben Sie mit Blick auf „In den Nachmittag geflüstert", inwiefern die Adjektive zur Stimmung des Gedichts beitragen. Gehen Sie auch auf die Farbmetaphorik ein.

**4** Untersuchen Sie die Klanggestalt der Gedichte, insbesondere Reim (→ S. 340) und Metrum (→ S. 339). Beachten Sie bei Trakl auch die Steuerung der Satzmelodie durch Satzzeichen.

## Stadterfahrungen

### Alfred Wolfenstein: **Städter** (1914)

Nah wie Löcher eines Siebes stehn
Fenster beieinander, drängend fassen
Häuser sich so dicht an, dass die Straßen
Grau geschwollen wie Gewürgte sehn.

Ineinander dicht hineingehakt
Sitzen in den Trams die zwei Fassaden
Leute, wo die Blicke eng ausladen
Und Begierde ineinanderragt.

Unsre Wände sind so dünn wie Haut,
Dass ein jeder teilnimmt, wenn ich weine,
Flüstern dringt hinüber wie Gegröle:

Und wie stumm in abgeschlossner Höhle
Unberührt und ungeschaut
Steht doch jeder fern und fühlt: alleine.

Jacob Steinhardt: Die Stadt (1913)

Ludwig Meidner: Ich und die Stadt (1913)

### Oskar Loerke: **Blauer Abend in Berlin** (1911)

Der Himmel fließt in steinernen Kanälen;
Denn zu Kanälen steilrecht ausgehauen
Sind alle Straßen, voll von Himmelblauen.
Und Kuppeln gleichen Bojen, Schlote Pfählen

Im Wasser. Schwarze Essendämpfe[1] schwelen
Und sind wie Wasserpflanzen anzuschauen.
Die Leben, die sich ganz am Grunde stauen,
Beginnen sacht vom Himmel zu erzählen,

Gemengt, entwirrt nach blauen Melodien.
Wie eines Wassers Bodensatz und Tand
Regt sie des Wassers Wille und Verstand

Im Dünen, Kommen, Gehen, Gleiten, Ziehen.
Die Menschen sind wie grober bunter Sand
Im linden Spiel der großen Wellenhand.

1 **Esse:** Schornstein

**1** Fertigen Sie in Gruppen eine Collage oder ein Cluster zum Thema „Großstadt" an.

**2** **a** Beschreiben Sie die Gemälde von Meidner und Steinhardt: Welcher Eindruck von der Großstadt wird vermittelt? Mit welchen Mitteln wird dieser Eindruck erzielt (Aufbau, Perspektive, Farbe ...)?
**b** Notieren Sie in Ich-Form Gedanken, die der Person in Meidners Bild durch den Kopf gehen könnten.

3 Bestimmen Sie den gedanklichen Aufbau von „Städter“: Versehen Sie die Strophen mit Überschriften.
4 Arbeiten Sie heraus, wie die Städter und das Leben in der Stadt in Wolfensteins Gedicht beschrieben werden. Gehen Sie besonders auf die Wortwahl und die sprachlichen Bilder ein.
5 Das Gedicht „Blauer Abend in Berlin“ verwendet das Meer als sprachliches Bild für die Darstellung der Großstadt. Stellen Sie jeweils Verglichenes bzw. Geichgesetztes einander gegenüber:

| **Bereich „Stadt“** | **Bereich „Wasser/Meer“** |
| --- | --- |
| *Häuserschluchten (V. 2, 3)* | *steinerne Kanäle (V. 1)* |
| *Kuppeln (V. 4)* | *Bojen im Wasser (V. 4, 5)* |
| … | … |

6 Erläutern Sie die Wirkung der Vergleiche und Metaphern aus dem Bildbereich „Wasser“ in Loerkes Gedicht.
7 Untersuchen Sie, wie in den Gedichten von Loerke und Wolfenstein die Sonettform (→ S. 341) jeweils zur Unterstützung der Aussage eingesetzt wird.
8 a Vergleichen Sie die Sichtweise der Stadt in beiden Gedichten mit Ihrer eigenen (Aufgabe 1).
b Beziehen Sie die Gedichte auf die damalige Entwicklung des Lebensraums Großstadt (→ S. 186).

Gottfried Benn: **Nachtcafé** (1912)

824[1]: Der Frauen Liebe und Leben[2].
Das Cello trinkt rasch mal. Die Flöte
rülpst tief drei Takte lang: das schöne Abendbrot.
Die Trommel liest den Kriminalroman zu Ende.

Grüne Zähne, Pickel im Gesicht
winkt einer Lidrandentzündung.

Fett im Haar
spricht zu offenem Mund mit Rachenmandel
Glaube Liebe Hoffnung um den Hals.

Junger Kropf ist Sattelnase gut.
Er bezahlt für sie drei Biere.

Bartflechte kauft Nelken,
Doppelkinn zu erweichen.

B-Moll: die 35. Sonate.
Zwei Augen brüllen auf:
Spritzt nicht das Blut von Chopin in den Saal,
damit das Pack drauf rumlatscht!
Schluß! He, Gigi! –

Die Tür fließt hin: Ein Weib.
Wüste ausgedörrt. Kanaanitisch braun.
Keusch. Höhlenreich. Ein Duft kommt mit.
Kaum Duft.
Es ist nur eine süße Vorwölbung der Luft
gegen mein Gehirn.

Eine Fettleibigkeit trippelt hinterher.

R

1 **824:** Es handelt sich wohl um einen Lesefehler des Setzers der Erstausgabe. Gemeint sein könnte der damalige Paragraf 825, die „Bestimmung zur Beiwohnung“, d. h. zum außerehelichen Geschlechtsverkehr.
2 **Der Frauen Liebe und Leben:** Anspielung auf den Liederkreis „Frauenliebe und -leben“ des Komponisten Robert Schumann (1810–1856)

**1** **a** Erstellen Sie eine Liste der Figuren in Benns „Nachtcafé“.
Lösen Sie die sprachlichen Bilder in konkrete Personenbeschreibungen auf.

| *Benn: „Nachtcafé“* | *Erläuterung* |
|---|---|
| *Das Cello trinkt rasch mal. (V. 2)* | *Der Cellist/ der Musiker am Cello …* |
| … | … |

**b** Beschreiben Sie die im Gedicht formulierte besondere Art, Menschen wahrzunehmen.

**2** Schreiben Sie ein Parallelgedicht, z. B. mit dem Titel „In meiner Lieblingsbar“ oder „Im Szeneclub“.

**3** Vergleichen Sie die Gedichte von Wolfenstein (→ S. 198) und Benn hinsichtlich der Situation des Menschen in der Großstadt. Wie wirkt sich das Leben in der Großstadt auf die Art der Wahrnehmung aus? Ziehen Sie auch den folgenden Textausschnitt von Georg Simmel heran.

**4** Weiterführend: Schreiben Sie ein eigenes „expressionistisches“ Großstadtgedicht.

George Grosz: Schönheit, dich will ich preisen (1919)

### Georg Simmel: **Die Großstädte und das Geistesleben** (1903) Auszug

Die psychologische Grundlage, auf der der Typus großstädtischer Individualitäten sich erhebt, ist die *Steigerung des Nervenlebens,* die aus dem raschen und ununterbrochenen Wechsel äußerer und innerer Eindrücke hervorgeht.

Der Mensch ist ein Unterschiedswesen, d. h. sein Bewusstsein wird durch den Unterschied des augenblicklichen Eindrucks gegen den vorhergehenden angeregt; beharrende Eindrücke, Geringfügigkeit ihrer Differenzen, gewohnte Regelmäßigkeit ihres Ablaufs und ihrer Gegensätze verbrauchen sozusagen weniger Bewusstsein als die rasche Zusammendrängung wechselnder Bilder, der schroffe Abstand innerhalb dessen, was man mit einem Blick umfasst, die Unerwartetheit sich aufdrängender Impressionen. Indem die Großstadt gerade diese psychologischen Bedingungen schafft – mit jedem Gang über die Straße, mit dem Tempo und den Mannigfaltigkeiten des wirtschaftlichen, beruflichen, gesellschaftlichen Lebens –, stiftet sie schon in den sinnlichen Fundamenten des Seelenlebens, in dem Bewusstseinsquantum, das sie uns wegen unserer Organisation als Unterschiedswesen abfordert, einen tiefen Gegensatz gegen die Kleinstadt und das Landleben, mit dem langsameren, gewohnteren, gleichmäßiger fließenden Rhythmus ihres sinnlich-geistigen Lebensbildes.

## Kriegserfahrungen

### Georg Trakl: **Grodek** (2. Fassung, 1914)

Am Abend tönen die herbstlichen Wälder
Von tödlichen Waffen, die goldnen Ebenen
Und blauen Seen, darüber die Sonne
Düstrer hinrollt; umfängt die Nacht
Sterbende Krieger, die wilde Klage
Ihrer zerbrochenen Münder.
Doch stille sammelt im Weidengrund
Rotes Gewölk, darin ein zürnender Gott wohnt,
Das vergossne Blut sich, mondne Kühle;
Alle Straßen münden in schwarze Verwesung.
Unter goldnem Gezweig der Nacht und Sternen
Es schwankt der Schwester Schatten durch den schweigenden Hain,
Zu grüßen die Geister der Helden, die blutenden Häupter;
Und leise tönen im Rohr die dunkeln Flöten des Herbstes.
O stolzere Trauer! Ihr ehernen Altäre
Die heiße Flamme des Geistes nährt heute ein gewaltiger Schmerz,
Die ungebornen Enkel.

**1** **a** Versuchen Sie die Darstellung des Krieges in den Gedichten von Trakl und Stramm jeweils in einen sachlichen Text zu überführen. An welchen Stellen haben Sie Schwierigkeiten?
**b** Beschreiben Sie, wie die Gedichte von einer sachlichen Schilderung abweichen.

**2** **a** Erarbeiten Sie anhand ausgewählter sprachlicher Bilder, wie in Trakls Gedicht „Grodek" die Motivbereiche „Natur" und „Krieg" miteinander in Beziehung gesetzt werden.
**b** Informieren Sie sich über Trakls Leben und interpretieren Sie das Gedicht vor diesem Hintergrund. Versuchen Sie auch eine Deutung der beiden letzten Verse.

**3** Die Schreibweise Stramms hat man als „Kompressionsstil" bezeichnet. Erläutern Sie diese Bezeichnung mit Blick auf die Syntax der Gedichte „Patrouille" und „Sturmangriff".

**4** „Stramms Gedichte stehen für eine radikale Absage an tradierte Formen und damit für Expressionismus in seiner letzten Konsequenz." Erläutern und diskutieren Sie diese Aussage.

### August Stramm: **Patrouille** (1914)

Die Steine feinden
Fenster grinst Verrat
Äste würgen
Berge Sträucher blättern raschlig
Gellen
Tod.

### August Stramm: **Sturmangriff** (1915)

Aus allen Winkeln gellen Fürchte Wollen
Kreisch
Peitscht
Das Leben
Vor
Sich
Her
Den keuchen Tod
Die Himmel fetzen
Blinde schlächtert wildum das Entsetzen

## 2.5 Rezeption: Expressionismus im Spiegel heutiger Lyrik

Die Lyrik der Gegenwart knüpft in vielfältiger Weise an die Lyrik des frühen 20. Jahrhunderts an. Exemplarisch lässt sich dies an Marcel Beyers Gedicht „Verklirrter Herbst" zeigen, das bereits im Titel in verfremdeter Form eines der bekanntesten Gedichte des Expressionismus zitiert.

Georg Trakl: **Verklärter Herbst** (1913)

Gewaltig endet so das Jahr
Mit goldnem Wein und Frucht der Gärten.
Rund schweigen Wälder wunderbar
Und sind des Einsamen Gefährten.

Da sagt der Landmann: Es ist gut.
Ihr Abendglocken lang und leise
Gebt noch zum Ende frohen Mut.
Ein Vogelzug grüßt auf der Reise.

Es ist der Liebe milde Zeit.
Im Kahn den blauen Fluss hinunter
Wie schön sich Bild an Bildchen reiht –
Das geht in Ruh und Schweigen unter.

Marcel Beyer: **Verklirrter Herbst** (1997)

Der Funker: „Ver-." Gewaltig endet so der Tag.
„Aufklären." Sie hängen in den Leitungsmasten.
„Bild an Bildchen. Melden." Die Drähte brummen
sonderbar. „Hier Herbst." Hier Einbruch. „Hier
Verklirrtes." Die Toten, statisch aufgeladen.

Der Funker: „Melden." Da sagt der Landser: Es
ist gut. „48 Stunden in diesem Loch." Beinfreiheit,
Blickangst. Und jemand flüstert: Sie sind heiser?
„Falls wir jemals wieder raus." Das Bahnsteigklima
bringt mich um. „Noch." Die Viehwaggons
auf Nebengleisen. Wurstflecken.

Der Funker: „Aber selbstverständlich, du willst es
eiskalt, Junge?" Ein Zug fährt an, den er besteigt.
„Da wird dein Hals aber kaputt sein, morgen früh."
Scheitel, gebürstet. Nah dem Verteiler, sieht er,
sprühen Funken. „Junge, du willst es eiskalt?" Ganz
spezielle Rasuren. Scharmützel. „Leich an Leiche
reiht sich." Ausrasiert. „Flackern." „Hinterköpfe."

---

Marcel Beyers Text erschließt sich nicht einfach. Versuchen Sie eine Annäherung mit Hilfe folgender Aufgaben:

**1** Bereiten Sie einen Vortrag von Beyers Gedicht vor. Nutzen Sie eventuell verschiedene Stimmen.

**2** Prüfen Sie, welche Zitate Beyer (in verfremdeter Form) dem Trakl-Gedicht entnimmt.

**3** **a** Sammeln Sie zu Beyers Gedicht Strophe für Strophe Ihre Eindrücke: Welche Bilder, Assoziationen ruft der Text bei Ihnen hervor? Welche Situationen stellen Sie sich vor?

**b** Prüfen Sie, ob Beyers Text auf folgende Fragen eindeutige Antworten ermöglicht: Wer spricht? – in welcher Situation? – wovon? – mit welcher Absicht?

**4** **a** Sammeln Sie zentrale Themen und Motive des Textes: Krieg und Technik, Kälte, Elektrizität ... Ordnen Sie den Themen und Motiven jeweils Textstellen zu.

**b** Untersuchen Sie, mit welchen Mitteln die Themen gestaltet werden. Gehen Sie auch auf „expressionistische" Darstellungstechniken ein.

**c** Beschreiben Sie, wie Beyers Text auf Trakls Gedicht reagiert. Handelt es sich um eine Fortschreibung, einen Widerspruch, eine Aktualisierung, eine Radikalisierung ...?

**5** Diskutieren Sie den Interpretationsansatz des Literaturkritikers Tobias Lehmkuhl auf S. 203 und vergleichen Sie dessen Deutung mit Ihren eigenen Ergebnissen.

Trakls Naturgedicht wird durch Beyer nicht willkürlich in ein Kriegsgedicht übersetzt. Der lebensbedrohende Schrecken [...] ist in Trakls Herbst-Erfahrung bereits angelegt: Als negative Folie liegt der Tod unter der verklärten Herbstbeschreibung. Ein Ausblick auf ein zukünftiges Werden wird nicht gegeben, das vorgeblich als „schön“ empfundene Jahresende läuft auf ein völliges Vergehen hinaus, es „geht in Ruh und Schweigen unter“. Beyers Gedicht nun verzerrt in zunehmendem Maße Trakls Bild- und Sprachwelt und kommentiert gleichzeitig die Deformation, die sie zufügt. Die Eingangszeile lässt sich bereits als Ausblick auf das Ende des Gedichts lesen: „Ver-gewaltigt“ wird die Sprache und vor allem auch der Wunsch, Sinnzusammenhänge herzustellen.

*Tobias Lehmkuhl: Marcel Beyers Trakl-Übersetzung. In: Neue Deutsche Literatur 554 (2004). S. 140.*

Eine andere Art der Anknüpfung an Trakls Texte wählt der Schriftsteller Robert Gernhardt (1937–2006). Zur Entstehung und Wirkung seines Gedichts „Im Trakl-Ton“ (siehe unten) schreibt er:

„Im Trakl-Ton (Herbst)“ war so etwas wie ein veritabler Schülerstreich. Zum mündlichen Abitur hatte unser Deutschlehrer, der Oberstudienrat Adolf Kraus, uns, den Schülern der 13 d, zur Aufgabe gemacht, ein Gedicht unserer Wahl auswendig zu lernen. Ich entschied mich für ein Gedicht des von mir sehr bewunderten Georg Trakl: [...] Mitten im Memorieren aber muss ich mich gefragt haben: Wer wird denn ein Gedicht auswendig lernen, wenn er selber eines zu dichten vermag? Daher beschloss ich, einen Trakl zu schreiben, mit allen Schikanen, dem trakl-typischen a-b-b-a ebenso wie mit einem ordentlichen Hauch von Verfall, und alles derart haarscharf an der Parodie entlangschrammend, dass der Schwindel nach menschlichem Ermessen nicht auffliegen konnte. Was er denn auch nicht tat: Meinem Vortrag schloss sich [...] eine einfühlsame, vielstimmige Interpretation an [...].

**1** Versuchen Sie, die folgenden Gedichte – „Im Winter“ (1913) von Trakl und „Im Trakl-Ton“ (um 1950) von Gernhardt – jeweils dem richtigen Autor zuzuordnen. Begründen Sie Ihre Entscheidung.

Die Pendel brauner Uhren nicken leise.
Der Abendmond verlässt sein bleiches Bett.
Ein Jäger einsam bei dem Hasel steht.
Die schwarzen Vögel ziehen leichte Kreise.

Gewaltig schlingt der Schlund der Nacht.
Die Häuser wehren sich mit spitzen Zähnen.
Verblasste Hände, die den Schlaf ersehnen,
Vielleicht, dass in dem Rohr ein Windstoß lacht.

In engen Stuben blinde Kinder singen.
Im nahen Flusse treibt ein toter Hund.
Die Nebel steigen keusch aus feuchtem Grund
Und lassen ein verwehtes Weinen klingen.

Der Acker leuchtet weiß und kalt.
Der Himmel ist einsam und ungeheuer.
Dohlen kreisen über dem Weiher
Und Jäger steigen nieder vom Wald.

Ein Schweigen in schwarzen Wipfeln wohnt.
Ein Feuerschein huscht aus den Hütten.
Bisweilen schellt sehr fern ein Schlitten,
Und langsam steigt der graue Mond.

Ein Wild verblutet sanft am Rain
Und Raben plätschern in blutigen Gossen.
Das Rohr bebt gelb und aufgeschossen.
Frost, Rauch, ein Schritt im leeren Hain.

**Epochenüberblick: Expressionismus (ca. 1910–1925)**

Die Literatur des Expressionismus entwickelte sich vor demselben gesellschaftlichen und politischen Hintergrund wie die Literatur der Jahrhundertwende (→ S. 183 f.). Die Jahre vor dem Ersten Weltkrieg waren geprägt von **politischem Konservativismus, wilhelminischer Hochrüstungspolitik, Industrialisierung und Urbanisierung.**
Viele Angehörige der um 1885 geborenen Generation erlebten die gesellschaftlichen Verhältnisse im Kaiserreich als verkrustet, man wollte sich abgrenzen gegen die Generation der wilhelminisch geprägten autoritären Väter und deren Werte. Gleichzeitig führten die Durchsetzung von **Technisierung** und **Massenkultur** sowie der neue Lebensrythmus in den **Großstädten** zu einem Gefühl der **Entfremdung** und des **Identitätsverlusts.** Man erhoffte den Niedergang des alten Systems und sah sich einer zugleich beängstigenden und ermutigenden dynamischen Änderung der Lebensverhältnisse gegenüber. In diesem Klima verbanden sich bei den jungen Dichtern des Expressionismus **apokalyptische Visionen** mit **Utopien einer grundlegenden Neuerung** des geistigen und gesellschaftlichen Lebens. Als grausame Verwirklichung der Untergangsfantasien brach **1914** der **Erste Weltkrieg** besonders über die junge Generation herein. In einem mit neuen Mitteln der Waffen- und Kommunikationstechnik geführten Krieg wurden in einem bisher nicht gekannten Ausmaß Menschenleben vernichtet. Viele Angehörige der jungen Generation verloren im Krieg oder in dessen Folge ihr Leben.

Die Dichter des Expressionismus teilten mit den Autoren der Jahrhundertwendeliteratur (→ S. 183 f.) die Ablehnung des wilhelminischen Kulturbetriebs und auch die **Abkehr von ästhetischen Idealen des Naturalismus und des Realismus.** Die Expressionisten radikalisierten diese Abkehr, indem sie einen grundsätzlichen **Bruch mit überkommenen ästhetischen Formen** forderten und die **Kunst als formsprengenden, subjektiv-visionären Ausdruck** definierten (lat. expressio: Ausdruck). Man wollte eine **„Revolution"** in der Kunst herbeiführen, einen grundlegenden Neuanfang wagen.
Der Gestus einer gewaltsamen Befreiung des Subjektiven, die Spuren von **„Eruption, Explosion, Intensität"** (Kurt Pinthus) finden sich in vielen Texten des Expressionismus.
Merkmale expressionistischer Texte sind das **Aufbrechen grammatischer Strukturen, Wortneuschöpfungen,** die Bevorzugung von **Wortfeldern,** die **Dynamik** und **Intensität** vermitteln, **ekstatische Reihungen** und **einprägsame Farbmetaphorik.**
Thematische Schwerpunkte bilden der **Ich-Zerfall** und die **Orientierungslosigkeit** des modernen Menschen, der **Konflikt der Generationen,** die **Auflösung tradierter Wahrnehmungsmuster in der Großstadt,** Visionen vom **Weltende** und vom **„neuen Menschen",** Erscheinungsformen des **Hässlichen** sowie die **Faszination** und der **Schrecken des Krieges.**

**Wichtige Autorinnen/Autoren und Werke:**
Else Lasker-Schüler (1869–1945): Meine Wunder (1911, Gedichtsammlung)
Georg Heym (1887–1912): Der ewige Tag; Umbra vitae (1911; 1912, Gedichtsammlungen)
Franz Werfel (1890–1945): Der Weltfreund; Wir sind (1911; 1913, Gedichtsammlungen)
Gottfried Benn (1886–1956): Morgue (1912, Gedichtsammlung), Gehirne (1916, Novellen)
Georg Trakl (1887–1914): Gedichte (1913, Gedichtsammlung)
Walter Hasenclever (1890–1940): Der Sohn (1914, Drama)
Georg Kaiser (1878–1945): Die Bürger von Calais (1914, Drama)
Jakob van Hoddis (1887–1942): Weltende (1918, Gedichtsammlung)
August Stramm (1874–1915): Tropfblut. Gedichte aus dem Krieg (1915/19, Gedichtsammlung)

# 3 Literatur der Weimarer Republik und von 1933 bis 1945

Otto Dix: Mittelteil des Triptychons „Großstadt" (1927/1928)

August Sander: Arbeitslos (Fotografie aus dem Band „Antlitz der Zeit", 1928)

**Proklamation**
an das deutsche Volk!

Die Regierung der November-verbrecher in Berlin ist heute für abgesetzt erklärt worden.

Eine provisorische deutsche National-Regierung ist gebildet worden.

Diese besteht aus
General Ludendorff, Adolf Hitler
General von Lossow, Oberst von Seisser

**1** Sammeln Sie mit Unterstützung der Abbildungen Ihre Vorkenntnisse zu gesellschaftlichen, politischen und kulturellen Verhältnissen und Ereignissen zwischen 1918 und 1945.

## 3.1 Hintergründe: Positionen zu Politik und Literatur am Beispiel der Familie Mann

J. Wateridge: „Heinrich saw it first" – Heinrich und Thomas Mann (Karikatur, 1998)

Heinrich Mann hatte im Unterschied zu seinem jüngeren Bruder Thomas bereits während des Ersten Weltkrieges deutlich Stellung für die Demokratie und gegen den Krieg bezogen. Thomas Mann war 1914 wie viele andere deutsche Intellektuelle als begeisterter Befürworter des Krieges aufgetreten und hatte sich 1918 – auch auf Grund persönlicher Auseinandersetzungen mit Heinrich – in seinem politischen Essay „Betrachtungen eines Unpolitischen" in polemischem Tonfall gegen die Demokratisierung der Gesellschaft gewandt. Der von Heinrich Mann 1914 abgeschlossene, aber erst 1918 veröffentlichte Roman „Der Untertan" (→ S. 159) wurde hingegen als Prophezeiung des Zusammenbruchs des Kaiserreichs gefeiert. In einem Essay aus dem Jahr 1914 legte Heinrich Mann seine Haltung zum Kaiserreich und zum Krieg dar:

> Niemand im Grunde glaubt an das Kaiserreich, für das man doch siegen soll. [...] Ein Reich, das einzig aus Gewalt bestanden hat und nicht aus Freiheit, Gerechtigkeit und Wahrheit, ein Reich, in dem nur befohlen und gehorcht, verdient und ausgebeutet, des Menschen aber nie geachtet ward, kann nicht siegen. [...] Die Macht ist unnütz und hinfällig, wenn nur für sie gelebt worden ist und nicht für den Geist, der über ihr ist. *(Heinrich Mann: Zola, 1915)*

Nach dem Krieg unterstützte Heinrich Mann von Beginn an die Republik, für die sich auch viele andere Künstler und Schriftsteller engagierten:

> Wir wollen, dass unsere Republik, bis jetzt noch ein Zufallsgeschenk der Niederlage, nun auch Republikaner erhalte. Und wir sehen in Republikanern weder Bürgerliche noch Sozialisten. Dies sind hinfällige Unterscheidungen, wo es Höheres gilt. Republikaner nennen wir Menschen, denen die Idee über den Nutzen, der Mensch über die Macht geht. [...] Unser Deutschland werde so gerecht, frei und wahr, wie einige von uns es sogar in seinen dunkelsten Tagen verlangt und erstrebt haben – bestärkt in ihrem Glauben an die Zukunft des deutschen Geistes durch seine große Vergangenheit. [...] Wir geistigen Arbeiter wollen es uns verdienen, unter den Ersten zu sein, die Deutschland mit der Welt versöhnen.
>
> *(Heinrich Mann: Ansprache vor dem „Politischen Rat geistiger Arbeiter", Dezember 1918)*

1 Heinrich Mann nimmt auf politische Verhältnisse und Ereignisse im Kaiserreich und in der Weimarer Republik Bezug. Recherchieren Sie und sammeln Sie Daten und Fakten, die Manns Aussagen illustrieren.
2 Erstellen Sie eine Wandzeitung zu politischen Ereignissen und Veränderungen der ersten Nachkriegsjahre und zu den Entwicklungen bis 1933. Ziehen Sie dazu auch den folgenden Auszug aus Heinrich Manns Essay „Zur Situation Deutschlands" heran.
3 Ergänzen Sie die Wandzeitung im weiteren Verlauf Ihrer Arbeit durch Hinweise aus den literarischen Texten des Kapitels „Literatur der Weimarer Republik und von 1933 bis 1945".

„Es ist eine Epoche, zusammengesetzt aus lauter einander ausschließenden Einseitigkeiten", kommentierte Heinrich Mann die Jahre der Weimarer Republik. In Essays und Reden wandte er sich gegen demokratiefeindliche Strömungen, gegen die „Gierigstenherrschaft" des Wirtschaftsbürgertums, gegen eine politische Justiz und Zensur als Ausdruck eines autoritären Staats und gegen die „Geistlosigkeit" der Massenkultur.

Heinrich Mann: **Zur Situation Deutschlands** (1930) Auszug

Die absolute Unmoral der Nationalsozialisten genügt nicht, die mangelnde Intelligenz zu ersetzen. Was soll man über den großen Parteiführer sagen, der, um das Problem der vier Millionen Arbeitslosen zu lösen, erklärt hat, dass diese vier Millionen besser daran täten, in einem nah bevorstehenden Befreiungskrieg zu sterben. Es ist empörend, das gebe ich gerne zu. Aber zeigt das nicht auch eine groteske Dummheit? Diese Leute, vor denen so viele andere zittern, sind überschätztes Mittelmaß. Aber sie profitieren vorläufig vom Elend des Volkes und der verbogenen Mentalität anderer sozialer Klassen. [...] Um die Gefahr zu bannen, müsste man handeln. Nun, die Regierung tut nichts anderes als zurückweichen. Sie bevollmächtigt die Industriellen, die Löhne zu senken, aber ändert nichts am Preis der Lebensmittel. Die außergewöhnlichen Vollmachten, die sie sich selbst gegeben hat, richten sich nur gegen die Republikaner, und selbst wenn der Kanzler die Feinde der Republik zurechtweist, die durch ihre Schliche das Land in den Ruin treiben könnten, scheint er noch zu bedauern, dass sie ihn dazu zwingen.
Schon haben wir Streiks gehabt. Sie können wiederaufleben, was in einem Land, dem es an Arbeit fehlt, schwerwiegend ist. Die sozialdemokratischen Arbeiter und die Kommunisten beginnen, gemeinsame Sache zu machen, trotz ihrer Führer, die eingeschworene Feinde sind – aber die Notwendigkeit, auf die Gewalttaten der Nationalsozialisten zu reagieren, bewirkt, dass sich ihre Reihen schließen.

Nach ersten Bühnenerfahrungen in den „Goldenen Zwanzigern" (→ S. 230) gründeten die beiden ältesten Kinder Thomas Manns, Erika und Klaus, Anfang der 1930er-Jahre als radikale Gegner der Nationalsozialisten gemeinsam mit der Münchner Schauspielerin Therese Giehse und dem Musiker Magnus Henning das literarische Kabarett „Die Pfeffermühle". Am 1. Januar 1933 – wenige Tage vor Hitlers Wahl zum Reichskanzler – brachten sie in der „Bonbonnière", einem Revuetheater in der Münchner Altstadt, ihr erstes Programm auf die Bühne. Der Erfolg des Kabaretts beim Publikum war groß, doch konnte die „Pfeffermühle" ihr zweites Programm auf Grund der weiteren politischen Entwicklungen schon nicht mehr in Deutschland aufführen. Im Oktober öffnete das Kabarett erneut in Zürich und wurde zu einem Zentrum des Widerstands gegen Nazideutschland. 1934 musste die „Pfeffermühle" endgültig schließen, da die Schweiz Ausländern öffentliche Auftritte untersagte, wenn sie sich mit Politik befassten.

**Erika Mann: Ich bin der Prinz von Lügenland** (ohne Jahr) Auszug

Ich bin der Prinz von Lügenland,
Ich lüg dass sich die Bäume biegen, –
Du lieber Gott, wie kann ich lügen,
Lüg alle Gegner an die Wand. [...]

Lügen ist schön, Lügen ist gut,
Lügen bringt Glück, Lügen schafft Mut,
Lügen haben hübsche lange Beine.
Lügen macht reich, Lügen sind fein,
Wirken wie wahr, waschen dich rein,
Gehen wie Hündlein folgsam an der Leine.

Bei mir daheim im Lügenland
Darf keiner mehr die Wahrheit reden –
Ein buntes Netz von Lügenfäden
Hält unser großes Reich umspannt.
Bei uns ist's hübsch, wir haben's gut,
Wir dürfen unsre Feinde morden.
Verleihn uns selbst die höchsten Orden,
Voll Lügenglanz und Lügenmut.

Wer einmal lügt, dem glaubt man nicht,
Wer immer lügt, dem wird man glauben.
Zum Schluss lässt sich's die Welt nicht rauben,
Dass er die lautre Wahrheit spricht. [...]

Lügen sind sanft, Lügen sind fein
Machen euch still, singen euch ein,
Bis zu einem grässlichen Erwachen.
Lasst's nicht geschehn!
Glaubt ihnen nicht!
Schleudert die Wahrheit ins Lügengesicht!
Denn die Wahrheit ganz allein kann's machen!

**1** Untersuchen Sie die inhaltliche und sprachliche Gestaltung des Liedes und achten Sie dabei besonders darauf, wie die ironische Haltung des Sprechers im Gedicht vermittelt wird.

**2** Weiterführend: Stellen Sie die Geschichte der „Pfeffermühle" und anderer kabarettistischer Unternehmungen während der 1920er- und 1930er-Jahre in einer Projektpräsentation vor (z. B. Weiß Ferdl, Karl Valentin und Liesl Karlstadt, Helmut Käutners „Die Vier Nachrichter"). Informieren Sie darüber, auf welche Ereignisse in den Texten und Programmen Bezug genommen wird.

Deutschland verlassen mussten auch die beiden Brüder Heinrich und Thomas Mann. Der ältere Bruder, der 1932 zum Präsidenten der Sektion Dichtung der Akademie der Künste gewählt worden war, wurde kurz nach der Machtübernahme Hitlers aus dem Amt gejagt. Wenige Tage nach seinem Gang ins Exil folgte die Aberkennung der deutschen Staatsbürgerschaft und seine Bücher zählten 1933 ebenso wie die seines Neffen Klaus zu denjenigen, die die Nationalsozialisten öffentlich verbrannten.

**3** Referat: Informieren Sie Ihre Lerngruppe über die öffentlichen Bücherverbrennungen der Nationalsozialisten 1933.

Thomas und seine Frau Katia Mann wurden im März 1933 im Anschluss an eine Vortragsreise von ihren beiden ältesten Kindern davor gewarnt, nach München zurückzukehren, und so blieben sie bis zu ihrer Übersiedlung in die USA für fünf Jahre in Küsnacht bei Zürich. Doch erst nach einem harschen Briefwechsel mit seiner Tochter Erika bekannte Thomas Mann sich Anfang 1936 offen in der „Neuen Zürcher Zeitung" zum „anderen Deutschland" der Emigranten. Deshalb wurde auch ihm am Ende des Jahres die deutsche Staatsbürgerschaft entzogen. Als ihm daraufhin die Bonner Universität die Ehrendoktorwürde aberkannte, reagierte er mit folgendem Schreiben:

**Thomas Mann: Brief an den Dekan der Philosophischen Fakultät der Universität Bonn** (1937) Auszug

Sehr geehrter Herr Dekan,
ich habe die trübselige Mitteilung erhalten, die Sie unterm 19. Dezember an mich gerichtet haben. Erlauben Sie mir, Ihnen Folgendes darauf zu erwidern:
Die schwere Mitschuld an allem gegenwärtigen Unglück, welche die deutschen Universitäten auf sich geladen haben, indem sie aus schrecklichem Missverstehen der historischen Stunde sich zum Nährboden der verworfenen Mächte machten, die Deutschland moralisch, kulturell und wirtschaftlich verwüsten – diese Mitschuld hat mir die Freude an der mir einst verliehenen akademischen Würde längst verleidet und mich gehindert, noch irgendwelchen Gebrauch davon zu machen. Den Ehrentitel eines Doktors der Philosophie führe ich auch heute, da die Harvard-Universität ihn mir aufs Neue verliehen hat, und zwar mit einer Begründung, die ich Ihnen, Herr Dekan, nicht vorenthalten möchte.
Aus dem Lateinischen ins Deutsche übersetzt, lautet das Dokument: „... haben wir, Rektor und Senat, unter dem Beifall der ehrenwerten Universitätsinspektoren in feierlicher Sitzung Thomas Mann, den weit berühmten Schriftsteller, welcher, indem er vielen unserer Mitbürger das Leben deutete, *zusammen mit ganz wenigen Zeitgenossen die hohe Würde der deutschen Kultur bewahrt*, zum Doktor der Philosophie ehrenhalber ernannt und ausgerufen und ihm alle Rechte und Ehren, welche mit diesem Grade verbunden sind, verliehen." [...]
Ein deutscher Schriftsteller, an Verantwortung gewöhnt durch die Sprache, ein Deutscher, dessen Patriotismus sich – vielleicht naiverweise – in dem Glauben an die *unvergleichliche moralische Wichtigkeit* dessen äußert, was in Deutschland geschieht – und sollte schweigen, *ganz* schweigen zu all dem unsühnbar Schlechten, was in meinem Lande an Körpern, Seelen und Geistern, an Recht und Wahrheit, an Menschen und an dem Menschen täglich begangen wurde und wird? Zu der furchtbaren Gefahr, die dies menschenverderberische, in unsäglicher Unwissenheit über das, was die Weltglocke geschlagen hat, lebende Regime für den Erdteil bedeutet? Es war nicht möglich. [...]
Wohin haben sie [die Nationalsozialisten], in noch nicht vier Jahren, Deutschland gebracht? Ruiniert, seelisch und physisch ausgesogen von einer Kriegsaufrüstung, mit der es die ganze Welt bedroht, die ganze Welt aufhält und an der Erfüllung ihrer eigentlichen Aufgaben, ungeheurer und dringender Aufgaben des *Friedens*, hindert; geliebt von niemandem, mit Angst und kalter Abneigung betrachtet von allen, steht es am Rande der wirtschaftlichen Katastrophe und erschrocken strecken sich die Hände seiner „Feinde" nach ihm aus, um ein so wichtiges Glied der zukünftigen Völkergemeinschaft vom Abgrunde zurückzureißen, ihm zu helfen [...].
Ich habe wahrhaftig vergessen, Herr Dekan, dass ich noch immer zu Ihnen spreche. Gewiss darf ich mich getrösten, dass Sie schon längst nicht mehr weitergelesen haben, entsetzt von einer Sprache, deren man in Deutschland seit Jahren entwöhnt ist, voll Schrecken, dass jemand sich erdreistet, das deutsche Wort in alter Freiheit zu führen. – Ach, nicht aus dreister Überheblichkeit habe ich gesprochen, sondern aus einer Sorge und Qual, von welcher Ihre Machtergreifer mich nicht entbinden konnten, als sie verfügten, ich sei kein Deutscher mehr [...].

Küsnacht am Zürichsee, Neujahr 1937

**1** Untersuchen Sie das argumentative Vorgehen und die sprachlich-stilistische Gestaltung des Textes.
**2** Arbeiten Sie heraus, welche Aufgaben Thomas Mann einem Schriftsteller zumisst.

## 3.2 Menschenbilder: „Antlitz der Zeit" zwischen den Kriegen

### „Stützen der Gesellschaft" und die „armen Leut'"

Ödön von Horváth: **Kasimir und Karoline** (1932) Auszug

*[Auf dem Oktoberfest:]*

**Erstes Bild**

SCHÜRZINGER: Waren das Fräulein schon einmal in Oberammergau?

KAROLINE: Schon dreimal.

SCHÜRZINGER: Respekt!

*Stille.*

KAROLINE: Aber die Oberammergauer sind auch keine Heiligen. Die Menschen sind halt überall schlechte Menschen.

SCHÜRZINGER: Das darf man nicht sagen, Fräulein! Die Menschen sind weder gut noch böse. Allerdings werden sie durch unser heutiges wirtschaftliches System gezwungen, egoistischer zu sein, als sie es eigentlich wären, da sie doch schließlich vegetieren müssen. Verstehens mich?

KAROLINE: Nein.

SCHÜRZINGER: Sie werden mich schon gleich verstehen. Nehmen wir an, Sie lieben einen Mann. Und nehmen wir weiter an, dieser Mann wird nun arbeitslos. Dann läßt die Liebe nach, und zwar automatisch.

KAROLINE: Also das glaub ich nicht!

[...]

**Drittes Bild**

*[...] Rechts eine Hühnerbraterei, die aber wenig frequentiert wird, weil alles viel zu teuer ist. [...]*

RAUCH: *zwinkert Elli und Maria zu [...]*

ELLI: Ist das aber ein alter Hirsch.

MARIA: Reichlich.

ELLI: Ein Saubär ein ganz ein bremsiger. [...]

RAUCH: *grinst noch immer.*

ELLI: *blickt ihn freundlich an – – aber so, daß er es nicht hören kann:* Schnallentreiber dreckiger.

RAUCH: *grüßt geschmeichelt.*

ELLI: *wie zuvor:* Guten Abend, Herr Nachttopf!

RAUCH: *läuft das Wasser im Munde zusammen.*

ELLI: *wie zuvor:* Das tät dir so passen, altes Scheißhaus – – denk lieber ans Sterben als wie an das Gegenteil. *Fröhlich lachend ab mit Maria.*

RAUCH: Hipp hipp hurra!

SPEER: Zwei hübsche Todsünden – was?

RAUCH: Trotz Krise und Politik – – mein altes Oktoberfest, das bringt mir kein Brüning[1] um. Hab ich übertrieben?

SPEER: Gediegen. Sehr gediegen!

RAUCH: Da sitzt doch noch der Dienstmann neben dem Geheimrat, der Kaufmann neben dem Gewerbetreibenden, der Minister neben dem Arbeiter – – so lob ich mir die Demokratie! *Er tritt mit Speer an die Hühnerbraterei; die beiden Herren fressen nun ein zartes knuspriges Huhn und saufen Kirsch und Wiesenbier.*

[...]

**Siebentes Bild, III.**

ERNA: Oft male ich mir eine Revolution aus – – dann seh ich die Armen durch das Siegestor ziehen und die Reichen im Zeiserlwagen[2], weil sie alle miteinander gleich so viel lügen über die armen Leut – – Sehens, bei so einer Revolution, da tät ich gerne mit der Fahne in der Hand sterben.

KASIMIR: Ich nicht.

ERNA: Meinen Bruder, den haben sie in einer Kiesgrube erschossen – – Wissens seinerzeit, wo damals der Krieg aus war – – 1919.

KASIMIR: Das ist auch nichts.

---

1 **Heinrich Brüning:** deutscher Reichskanzler 1930–32

2 **Zeiserlwagen:** einfacher Leiterwagen

**ERNA:** Aber mein Bruder hat sich doch aufgeopfert.

**KASIMIR:** Das wird ihm halt mehr Vergnügen gemacht haben, daß er sich aufgeopfert hat.

**ERNA:** Geh, redens doch nicht so saudumm daher! Da hat ja noch selbst der Merkl Franz eine Achtung vor meinem toten Bruder!

*Stille.*

**KASIMIR:** Dann bin ich halt schlechter als wie der Merkl Franz.

**ERNA:** Weil Sie halt auch sehr verbittert sind.

**KASIMIR:** Ich glaub es aber nicht, daß ich gut bin.

**ERNA:** Aber die Menschen wären doch gar nicht schlecht, wenn es ihnen nicht schlecht gehen tät. Es ist das eine himmelschreiende Lüge, daß der Mensch schlecht ist. [R]

**1** Stellen Sie die hier skizzierten Menschenbilder einander gegenüber.

**2** Informieren Sie sich in einem Literaturlexikon über den Inhalt des gesamten Stücks.

**3** In seinen „Anmerkungen zum Volksstück“ von 1940 kommentiert Bertolt Brecht:

> Das Volksstück ist für gewöhnlich krudes und anspruchsloses Theater […]. Da gibt es derbe Späße, gemischt mit Rührseligkeiten, da ist hanebüchene Moral und billige Sexualität. Die Bösen werden bestraft, und die Guten werden geheiratet, die Fleißigen machen eine Erbschaft, und die Faulen haben das Nachsehen. […] Um in den Stücken zu spielen, muß man nur unnatürlich sprechen können und sich auf der Bühne in schlichter Eitelkeit benehmen. [R]

Auch Horváth bezeichnet sein Drama als „Volksstück“. Analysieren Sie den Dramenauszug unter inhaltlichen und sprachlichen Gesichtspunkten. Ändern Sie Brechts Beschreibung entsprechend ab:
*Ödön von Horváths Volksstück „Kasimir und Karoline“ …*

**4** **a** Beschreiben Sie George Grosz’ Bild „Stützen der Gesellschaft“ möglichst präzise. Vergegenwärtigen Sie sich die gesellschaftliche Stellung der dargestellten Figuren und beachten Sie die Darstellungsweise.
**b** Erläutern Sie die Intention des Bildes.

George Grosz: Stützen der Gesellschaft (1926)

## Elend und Glanz

### Siegfried Kracauer: **Die Revuen** (1925) Auszug

Die Revuen zeigen alles, was es nicht gibt, in wunderbarer Ausstattung. Wie die Magazine: lauter Bilder, damit man nichts sieht. Die Leute regten sich zu sehr auf, wenn sie etwas bemerkten. Davor will der Staat sie behüten, er unterdrückt die Revolution schon allein. Wirkt so ein jeder an seinem Platz, dann ist eines Tages der Weltfriede da. Ganz von selber, niemand hat es getan. Zum Glück wird das Publikum durch die Revuen von ihm abgelenkt. Erführe es, dass in ihnen gar nichts geschieht, so käme es freilich auf Gedanken. Sie zu verhindern, geben sich Revuen den Anschein, als stellten sie doch etwas dar. Zum Beispiel die Welt künstlerisch gesehen. Zuletzt hält das Publikum auch die Welt für eine Revue, beide sind bunt, als Ganzes genommen.

### Siegfried Kracauer: **Die Angestellten. Aus dem neuesten Deutschland** (1929) Auszug

Das junge Volk, das in den breiten Schichten zwischen dem Proletariat und dem Bürgertum aufwächst, passt sich mehr oder weniger leicht dem Betrieb an. Viele lassen sich unwissend treiben und machen mit, ohne noch zu ahnen, dass sie eigentlich gar nicht dazugehören.

Ich gedenke eines Mädchens, das von seinen Freundinnen „Heimchen" genannt wird. Heimchen ist ein am Gesundbrunnen wohnhaftes Proletarierkind und arbeitet in der Registratur einer Fabrik. Der Zauber des bürgerlichen Lebens erreicht sie gerade noch in seiner schäbigsten Gestalt, und gedankenlos nimmt sie alle Segnungen auf, die von oben herabträufen. Bezeichnend für sie ist, dass sie, im Tanzboden oder im Vorstadtcafé, kein Musikstück anhören kann, ohne sofort den ihm zubestimmten Schlager mitzuzirpen. Aber nicht sie ist es, die jeden Schlager kennt, sondern die Schlager kennen sie, holen sie ein und erschlagen sie sanft. [...]

Nichts kennzeichnet so sehr dieses Leben, das nur in eingeschränktem Sinne Leben heißen darf, als die Art und Weise, in der ihm das Höhere erscheint. Es ist ihm nicht Gehalt, sondern Glanz. Es ergibt sich ihm nicht durch Sammlung, sondern in der Zerstreuung.

August Sander: Gymnasiast (1926)

**1** Beschreiben Sie die Intention sowie die argumentative und sprachliche Gestaltung der Texte.

**2** Der Fotograf August Sander veröffentlichte 1929 unter dem Titel „Antlitz der Zeit" einen Band mit 60 Fotografien von Menschen aus verschiedenen gesellschaftlichen Schichten. Alfred Döblin (→ S. 216 ff.) schrieb dazu, die Bilder seien dem Prinzip der „Abflachung" verpflichtet. Er verstand darunter „das Verwischen persönlicher und privater Unterschiede, das Zurücktreten solcher Unterschiede unter dem prägenden Stempel einer größeren Gewalt, also hier zweier Gewalten, des Todes und der menschlichen Gesellschaft". Zeigen Sie an den Fotografien auf dieser Doppelseite den Effekt der „Abflachung".

**3** Diskutieren Sie über die soziale Funktion heutiger Entsprechungen zu Revuen und Magazinen.

## Irmgard Keun: **Das kunstseidene Mädchen** (1932) Auszug

August Sander: Lyzealschülerin (1928)

Ich bin in Berlin. Seit ein paar Tagen. Mit einer Nachtfahrt und noch neunzig Mark übrig. Damit muss ich leben, bis sich mir Geldquellen bieten. Ich habe Maßloses erlebt. Berlin senkte sich auf mich wie eine Steppdecke mit feurigen Blumen. Der Westen ist vornehm mit hochprozentigem Licht – wie fabelhafte Steine ganz teuer und mit so gestempelter Einfassung. Wir haben hier ganz übermäßige Lichtreklame. Um mich war ein Gefunkel. Und ich mit dem Feh[1]. Und schicke Männer wie Mädchenhändler, ohne dass sie gerade mit Mädchen handeln, was es ja nicht mehr gibt – aber sie sehen danach aus, weil sie es tun würden, wenn was bei rauskäme. [...]
Berlin verursacht mir Müdigkeit. Wir haben gar kein Geld, Tilli und ich. Wir liegen im Bett wegen Hunger. Und ich habe Verpflichtungen an Therese. Arbeiten kann ich nur mit Schwierigkeiten, weil ich ja keine Papiere habe, und darf auf keiner Polizei gemeldet werden, denn ich bin doch auf der Flucht. Und man wird schlecht behandelt und ganz billig, wenn man sich anmerken lässt, dass es einem schlecht geht. Ein Glanz will ich werden. Heute gehen wir ins „Resi" – ich bin eingeladen von Franz, der arbeitet in einer Garage.
Das ist die Liebe der Matrosen ..., und rrrr macht das Telefon, das ist an allen Tischen. Mit ganz echten Nummern zum Drehen. Berlin ist so schön, ich möchte ein Berliner sein und zugehören. Das ist gar kein Lokal, das „Resi", das hinten in der Blumenstraße ist – das ist lauter Farbe und gedrehtes Licht, das ist ein betrunkener Bauch, der beleuchtet wird, es ist eine ganz enorme Kunst. [...]
Ich friere und geh jetzt schlafen. Aber das „Resi" war so schön – das ist die Liebe der Matrosen – jawohl, Herr Kapitän, jawohl, Herr Kapi... – gute Nacht, ihr herrlichen bunten Farben. [...]

*[Einige Wochen später:]*
Ich geh ins Badezimmer. Ich zieh mich aus. Ein großer Spiegel. Bin ich das? Jawohl, das bin ich. Mein linkes Bein ist dicker als mein rechtes. Fleisch ist nicht an mir, und meine Haut ist gelb und so schrecklich müde. Wie eine ausgehungerte Ziege. Mein Gesicht so klein wie 'n normaler Tassenkopf und zerquetscht und am Kinn so 'n kleiner Pickel – so was will ein Glanz werden – so was will – ist ja zum Lachen. Ich beiße vor Wut in die Badewanne. Fettige Haare, ganz vermurkst – ein, zwei, drei Rippen – so Hüftknochen – Gott, so sieht ein totes Skelett aus – da können Sie lernen, meine Herren, da können Sie lernen. Und dabei soll man noch sinnlich sein. Zum Brechen ist mir. Und zehn Mark muss er mir geben, lieber Gott, zehn Mark muss er mir geben, ich will ihn nur einmal, er ist mir so widerlich, ich will ihn nicht – zehn Mark, dann geh ich Blumen verkaufen, dann – einen Creme kauf ich mir auch noch – fürs Gesicht – ich – wenn ich noch länger in 'n Spiegel seh, geh ich im Preis runter. Schluss.

1 **Feh:** Pelz vom Fell des sibirischen Eichhörnchens

1 Beschreiben Sie die Erfahrungen des „kunstseidenen Mädchens" Doris in der Großstadt.
2 Untersuchen Sie die sprachliche Gestaltung des Textes und das Erzählverhalten (→ S. 329).
3 Charakterisieren Sie die Hauptfigur, indem Sie Konzepte Kracauers (→ S. 212) anwenden.

# 3.3 Kunstauffassungen: Zwischen Dada und Dokumentation

## Dadaismus

1916 wurde in Zürich das „Cabaret Voltaire" eröffnet, eine Kneipe, in der sich Künstler versammelten, die das vielleicht radikalste Kunstverständnis des 20. Jahrhunderts entwickelten, den Dadaismus. Ihr Programm beinhaltete die vollständige Ablehnung der vorgefundenen Künste, zudem sollten von „Dada" Impulse zur gesellschaftlichen Veränderung ausgehen. Hugo Ball beschreibt die Absicht der Bewegung im Eröffnungsmanifest des ersten Dada-Abends am 14. Juli 1916:

> Ich lese Verse, die nichts weniger vorhaben als: auf die Sprache zu verzichten. [...] Ich will keine Worte, die andere erfunden haben. Alle Worte haben andere erfunden. Ich will meinen eigenen Unfug, meinen eigenen Rhythmus und Vokale und Konsonanten dazu, die ihm entsprechen, die von mir selbst sind. [...] Ein Vers ist die Gelegenheit, allen Schmutz abzutun. Ich wollte die Sprache hier selber fallen lassen. Diese vermaledeite Sprache, an der Schmutz klebt, wie von Maklerhänden, die die Münzen abgegriffen haben. Das Wort will ich haben, wo es aufhört und wo es anfängt. Dada ist das Herz der Worte. Jede Sache hat ihr Wort, aber das Wort ist eine Sache für sich geworden. Warum soll ich es nicht finden? Warum kann der Baum nicht „Pluplusch" heißen und „Pluplubasch", wenn es geregnet hat?

**1** **a** Lesen Sie das Gedicht „Karawane" mehrmals durch und notieren Sie Assoziationen, die es bei Ihnen weckt. Vergleichen Sie Ihre Eindrücke mit den Aussagen des Manifests.
**b** Untersuchen Sie die sprachliche Gestaltung von „Karawane": Laute, Klänge, Wortgestalt ...
**c** Tragen Sie Hugo Balls Gedicht vor.

**2** **a** Schreiben Sie Hans Arps Text in strukturierter Form ab: Bilden Sie Verse, setzen Sie Satzzeichen ...
**b** Beschreiben Sie die Wirkung des Textes. Welche Vorstellungsbilder ruft er bei Ihnen hervor?
**c** Diskutieren Sie mögliche Bezugspunkte zur gesellschaftlichen Realität jener Zeit.

Hugo Ball: **KARAWANE** (1920)

**KARAWANE**
**jolifanto bambla ô falli bambla**
*grossiga m'pfa habla horem*
**égiga goramen**
**higo bloiko russula huju**
**hollaka hollala**
***anlogo bung***
**blago bung**
blago bung
**bosso fataka**
**ü üü ü**
**schampa wulla wussa ólobo**
***hej tatta gôrem***
eschige zunbada
**wulubu ssubudu uluw ssubudu**
**tumba ba- umf**
*kusagauma*
**ba - umf**

Hans Arp: **eitel ist sein scheitel** (1920)

eitel ist sein scheitel und sinn und trägt berge und glanz darin am morgenroten am kanonenbooten muss er sterben samt seinem kern und chor und einzelvox und klopft mit den stimmgabeln an die dürren stollen seiner leiber und nachtzitzen und münzt in kleinen kesseln sein blut und bespritzt mit sternen die eckige nacht ja wachsgarderobe wettergarbengeläute und wenn einer nicht will ist einer da der will und muss und wieder kann und möchte und die gläser bis zum rande vollstreicht und lacht und den anderen weder fühlt noch riecht darum bewegen sich die wiegen im galopp

## Gebrauchslyrik und Neue Sachlichkeit

Starke realistische Tendenzen und die Diskussion um die gesellschaftliche Aufgabe der Literatur kennzeichnen die Strömungen der Gebrauchslyrik und der Neuen Sachlichkeit (nach einer von Felix Hartlaub 1925 in Mannheim organisierten Ausstellung mit Bildern „greifbarer Wirklichkeit"). Als Orientierungspunkte galten die Authentizität der Darstellung sowie die Realität des Alltags der breiten Masse. Dies forderte von den Autoren eine genaue Beobachtung der sie umgebenden Wirklichkeit und gab ihren Produkten die Bedeutung von Reportagen. Dementsprechend formulierte Bertolt Brecht 1927 als Preisrichter eines Lyrikwettbewerbs: „Alle großen Gedichte haben den Wert von Dokumenten."

### Kurt Tucholsky: **Angestellte** (1926)

Auf jeden Drehsitz im Büro
da warten hundert Leute;
man nimmt, was kommt – nur irgendwo
und heute, heute, heute.
Drin schuften sie
wie's liebe Vieh,
sie hörn vom Chef die Schritte.
Und murren sie, so höhnt er sie:
„Wenn's Ihnen nicht paßt – bitte!"

Mensch, duck dich. Muck dich nicht zu laut!
Sie zahln dich nicht zum Spaße!
Halt's Maul – sonst wirst du abgebaut,
dann liegst du auf der Straße.
Acht Stunden nur?
Was ist die Uhr?
Das ist bei uns so Sitte:
Mach bis um zehne Inventur ...
„Wenn's Ihnen nicht paßt – bitte!"

Durch eure Schuld.
Ihr habt euch nie
geeint und nie vereinigt.
Durch Jammern wird die Industrie
Und Börse nicht gereinigt.
Doch tut ihr was,
dann wird's auch was.
Und ist's so weit,
dann kommt die Zeit,
wo ihr mit heftigem Tritte
und ungeahnter Schnelligkeit
herauswerft eure Obrigkeit:
„Wenn's Ihnen nicht paßt – bitte!"

R

### Erich Kästner: **Sachliche Romanze** (1928)

Als sie einander acht Jahre kannten
(und man darf sagen: sie kannten sich gut),
kam ihre Liebe plötzlich abhanden
wie andern Leuten ein Stock oder Hut.

Sie waren traurig, betrugen sich heiter,
versuchten Küsse, als ob nichts sei,
und sahen sich an und wussten nicht weiter.
Da weinte sie schließlich. Und er stand dabei.

Vom Fenster aus konnte man Schiffen winken.
Er sagte, es wäre schon Viertel nach vier
und Zeit, irgendwo Kaffee zu trinken.
Nebenan übte ein Mensch Klavier.

Sie gingen ins kleinste Café am Ort
und rührten in ihren Tassen.
Am Abend saßen sie immer noch dort.
Sie saßen allein und sie sprachen kein Wort
und konnten es einfach nicht fassen.

1 Sammeln Sie die Aussagen über Situation und Verhalten der Menschen in der Arbeitswelt bei Tucholsky und in der Privatsphäre bei Kästner.
2 Beschreiben Sie jeweils, welche Haltung die Sprecher zum Dargestellten einnehmen. Berücksichtigen Sie dabei die sprachliche Gestaltung.
3 Konfrontieren Sie Ihre Ergebnisse mit Kracauers Gesellschaftskritik (→ S. 212).
4 Setzen Sie beide Gedichte in Bezug zu Brechts Forderung, Gedichte sollten zugleich „den Wert von Dokumenten" haben (siehe oben).

## Zeitroman

### Alfred Döblin: **Berlin Alexanderplatz** (1929) Romananfang

Dies Buch berichtet von dem ehemaligen Zement- und Transportarbeiter Franz Biberkopf in Berlin. Er ist aus dem Gefängnis, wo er wegen älterer Vorfälle saß, entlassen und steht nun wieder in Berlin und will anständig sein.

Günter Lamprecht als Franz Biberkopf in Rainer Werner Fassbinders Verfilmung des Romans (1980)

Das gelingt ihm auch anfangs. Dann aber wird er, obwohl es ihm wirtschaftlich leidlich geht, in einen regelrechten Kampf verwickelt mit etwas, das von außen kommt, das unberechenbar ist und wie ein Schicksal aussieht. Dreimal fährt dies gegen den Mann und stört ihn in seinem Lebensplan. Es rennt gegen ihn mit einem Schwindel und Betrug. Der Mann kann sich wieder aufrappeln, er steht noch fest. Es stößt und schlägt ihn mit einer Gemeinheit. Er kann sich schon schwer erheben, er wird schon fast ausgezählt. Zuletzt torpediert es ihn mit einer ungeheuerlichen äußersten Rohheit.

Damit ist unser guter Mann, der sich bis zuletzt stramm gehalten hat, zur Strecke gebracht. Er gibt die Partie verloren, er weiß nicht weiter und scheint erledigt. Bevor er aber ein radikales Ende mit sich macht, wird ihm auf eine Weise, die ich hier nicht bezeichne, der Star gestochen. Es wird ihm aufs Deutlichste klargemacht, woran alles lag. Und zwar an ihm selbst, man sieht es schon, an seinem Lebensplan, der wie nichts aussah, aber jetzt plötzlich ganz anders aussieht, nicht einfach und fast selbstverständlich, sondern hochmütig und ahnungslos, frech, dabei feige und voller Schwäche. Das furchtbare Ding, das sein Leben war, bekommt einen Sinn. Es ist eine Gewaltkur mit Franz Biberkopf vollzogen. Wir sehen am Schluss den Mann wieder am Alexanderplatz stehen, sehr verändert, ramponiert, aber doch zurechtgebogen.

Dies zu betrachten und zu hören wird sich für viele lohnen, die wie Franz Biberkopf in einer Menschenhaut wohnen und denen es passiert wie diesem Franz Biberkopf, nämlich vom Leben mehr zu verlangen als das Butterbrot.

**1** Welche Erwartungen weckt dieser Prolog im Hinblick auf die Romanlektüre?
**2** Kennzeichnen Sie die Besonderheit dieses Romananfangs.
**3** Informieren Sie sich in einem Literaturlexikon über den Inhalt des Romans und vergleichen Sie die Informationen mit dem Prolog.

### Alfred Döblin: **Berlin Alexanderplatz** (1929) Auszug

**Ausmaße dieses Franz Biberkopf. Er kann es mit alten Helden aufnehmen**

Dieser Franz Biberkopf, früher Zementarbeiter, dann Möbeltransporteur und so weiter, jetzt Zeitungshändler, ist fast zwei Zentner schwer. Er ist stark wie eine Kobraschlange und wieder Mitglied eines Athletenklubs. Er trägt grüne Wickelgamaschen, Nagelschuh und Windjacke. Geld könnt ihr bei ihm nicht viel finden, es kommt laufend bei ihm ein, immer in kleinen Mengen, aber trotzdem sollte einer versuchen, ihm nahezutreten.

Hetzen ihn, von früher her, Ida und so weiter, Gewissensbedenken, Albdrücken, unruhiger Schlaf, Qualen, Erinnyen[1] aus der Zeit unserer Urgroßmütter? Nichts zu machen. Man bedenke die veränderte Situation. Ein Verbrecher, seinerzeit gottverfluchter Mann [woher weißt du, mein Kind?] am Altar, Orestes[2], hat Klytämnestra totgeschlagen, kaum auszusprechen der Name, immerhin seine Mutter. [An welchem Altar meinen Sie denn? Bei uns können Sie 'ne Kirche suchen, die nachts auf ist.] Ich sage, veränderte Zeiten. Hoi ho hatz, schreckliche Bestien, Zottelweiber mit Schlangen, ferner Hunde ohne Maulkorb, eine ganze unsympathische Menagerie, die schnappen nach ihm, kommen aber nicht ran, weil er am Altar steht, das ist eine antike Vorstellung, und dann tanzt das ganze Pack verärgert um ihn, Hunde immer mittenmang. Harfenlos, wie es im Liede heißt, der Erinnyentanz, schlingen sich um das Opfer, Wahnsinnsverstörung, Sinnesbetörung, Vorbereitung für die Klapsmühle.

Franz Biberkopf hetzen sie nicht. Sprechen wir es aus, gesegnete Mahlzeit, er trinkt bei Henschke oder woanders, die Binde in der Tasche, eine Molle[3] nach der andern und einen Doornkaat dazwischen, dass ihm das Herz aufgeht. So unterscheidet sich der Möbeltransporteur und so weiter, Zeitungshändler Franz Biberkopf aus Berlin NO Ende 1927 von dem berühmten alten Orestes. Wer möchte nicht lieber in wessen Haut stecken.

Franz hat seine Braut erschlagen, Ida, der Nachname tut nichts zur Sache, in der Blüte ihrer Jahre. Dies ist passiert bei einer Auseinandersetzung zwischen Franz und Ida, in der Wohnung ihrer Schwester Minna, wobei zunächst folgende Organe des Weibes leicht beschädigt wurden: die Haut über der Nase am spitzen Teil und in der Mitte, der darunterliegende Knochen mit dem Knorpel, was aber erst im Krankenhaus bemerkt wurde und dann in den Gerichtsakten eine Rolle spielte, ferner die rechte und linke Schulter, die leichte Quetschungen davontrugen mit Blutaustritt. Aber dann wurde die Aussprache lebendig. Der Ausdruck „Hurenbock" und „Nuttenjäger" animierte den ehrempfindlichen, wenn auch stark verlotterten Franz Biberkopf kolossal, der dazu noch aus andern Gründen erregt war. Es bibberte nur so in seinen Muskeln. Er nahm nichts in die Hand als einen kleinen hölzernen Sahnenschläger, denn er trainierte schon damals und hatte sich dabei die Hand gezerrt. Und diesen Sahnenschläger mit der Drahtspirale brachte er in einem enormen zweimaligen Schwung zusammen mit dem Brustkorb Idas, der Partnerin des Gesprächs. Idas Brustkorb war bis zu diesem Tage völlig intakt, die ganze kleine Person, die sehr nett anzublicken war, freilich nicht – vielmehr, nebenbei: Der von ihr ernährte Mann vermutete nicht zu Unrecht, dass sie ihm den Laufpass geben wollte zu Gunsten eines neu aufgetauchten Breslauers. Jedenfalls war der Brustkorb des niedlichen Mädchens auf die Berührung mit Sahnenschlägern nicht eingerichtet. Schon bei dem ersten Hiebe schrie sie au und sagte nicht mehr dreckiger Strizzi, sondern Mensch. Die zweite Begegnung mit dem Sahnenschläger erfolgte unter fest stehender Haltung Franzens nach einer Vierteldrehung rechts seitens Idas. Worauf Ida überhaupt nichts sagte, sondern schnutenartig merkwürdig den Mund aufsperrte und mit beiden Armen hochfuhr.

Was die Sekunde vorher mit dem Brustkorb der Frauensperson geschehen war, hängt zusammen mit den Gesetzen von Starre und Elastizität und Stoß und Widerstand. Es ist ohne Kenntnis dieser Gesetze überhaupt nicht verständlich. Man wird folgende Formeln zu Hilfe nehmen: Das erste Newtonsche

1 **Erinnyen:** Rachegöttinnen in der griechischen Mythologie, lat.: Furien

2 **Orestes:** in der griechischen Mythologie Nachkomme der Tantaliden, Sohn des Agamemnon und der Klytämnestra. Orestes tötet seine Mutter aus Rache für deren Mord an seinem Vater und wird deshalb von den Erinnyen mit Wahnsinn geschlagen.

3 **Molle:** Berliner Dialekt: Glas Bier

[njutensche] Gesetz, welches lautet: Ein jeder Körper verharrt im Zustand der Ruhe, solange keine Kraftwirkung ihn veranlasst, seinen Zustand zu ändern [bezieht sich auf Idas Rippen]. Das zweite Bewegungsgesetz Njutens: Die Bewegungsänderung ist proportional der wirkenden Kraft und hat mit ihr die gleiche Richtung [die wirkende Kraft ist Franz beziehungsweise sein Arm und seine Faust mit Inhalt]. Die Größe der Kraft wird mit folgender Formel ausgedrückt:

$$f = c \lim \frac{\overline{\Delta v}}{\Delta t} = cw.$$

Die durch die Kraft bewirkte Beschleunigung, also den Grad der erzeugten Ruhestörung, spricht die Formel aus:

$$\overline{\Delta v} = \frac{1}{c} f\Delta t.$$

Danach ist zu erwarten und tritt tatsächlich ein: Die Spirale des Schaumschlägers wird zusammengepresst, das Holz selbst trifft auf. Auf der andern Seite, Trägheits-, Widerstandsseite: Rippenbruch 7.–8. Rippe, linke hintere Achsellinie.

Bei solcher zeitgemäßen Betrachtung kommt man gänzlich ohne Erinnyen aus.

**1** Sammeln Sie erste Eindrücke zum Text.

**2** **a** Bilden Sie Textabschnitte und kennzeichnen Sie jeweils das Erzählverhalten (→ S. 329) und die Erzählhaltung (→ S. 330).

**b** Untersuchen Sie den Einsatz der Montagetechnik (siehe rechts).

**c** Beschreiben Sie die Wirkung der Darstellungsweise im Romanauszug und überlegen Sie, warum Alfred Döblin diese Art der Darstellung wählt.

**3** **a** Döblin macht einen Kriminellen zur Hauptfigur seines Romans. Entwerfen Sie ein Charakterprofil zu Franz Biberkopf und nehmen Sie Stellung zur Frage: „Biberkopf – ein Antiheld?" Interpretieren Sie in diesem Zusammenhang auch die Zwischenüberschrift „Er kann es mit alten Helden aufnehmen".

**b** Tragen Sie Vermutungen über Döblins Gründe für die Wahl seiner Hauptfigur zusammen (→ moderner Roman, S. 332).

**4** Weiterführend: Döblin schrieb auf Rezeptblöcke, schnitt Zeitungsartikel und Annoncen aus, griff auf (anonymisierte) Patientenprotokolle zurück und fügte sie unverändert in seinen Roman ein. Erproben Sie diese montierende Schreibweise: Entwerfen Sie einen „Antihelden", eine konfliktträchtige Situation und sammeln Sie drei bis vier Tage Alltagsmaterialien aus Ihrer Umgebung. Verfassen Sie einen Kurzprosatext, in den Sie einige der Materialien hineinmontieren.

**Montage** (frz. monter: zusammensetzen), literarische Technik, in der aufgefundene, heterogene Sprachmaterialien zu einem neuen Ganzen zusammengefügt oder in dieses miteinbezogen werden. – Der aus der Technik übernommene Begriff geriet zum ersten Mal im Film mit der Kunst in Berührung. [...] Vom Zuschauer werden die Schnittstellen der M. nicht als Brüche empfunden. Im Unterschied dazu geht es in der Collage (von frz. coller: kleben) gerade darum, beim Zusammenfügen disparater Teile die Brüche sichtbar zu lassen. [...] Als Montagetechnik im Roman versteht man seit Döblin auch die Übertragung filmischer Perspektiven (Totale, Großaufnahme, Schwenk) auf die Literatur. [...] Im Realismus ist die M. die adäquate literarische Technik, mit der die Zerrissenheit der modernen Wirklichkeit beschrieben werden kann. [...] Die Vielzahl unterschiedlicher Auffassungen und Anwendungen erweisen Collage und M. als die universellen künstlerischen Verfahren des 20. Jh.s. „Mit der Montagetechnik beginnt die Kunst den Prozess gegen das Kunstwerk als Sinnzusammenhang" (Th. W. Adorno).

*(Harenberg Lexikon der Weltliteratur)*

## Exil und innere Emigration

### Bertolt Brecht: **Schlechte Zeit für Lyrik** (1938/41)

Ich weiß doch: nur der Glückliche
Ist beliebt. Seine Stimme
Hört man gern. Sein Gesicht ist schön.

Der verkrüppelte Baum im Hof
Zeigt auf den schlechten Boden, aber
Die Vorübergehenden schimpfen ihn einen Krüppel
Doch mit Recht.

Die grünen Boote und die lustigen Segel des Sundes
Sehe ich nicht. Von allem
Sehe ich nur der Fischer rissiges Garnnetz.
Warum rede ich nur davon
Daß die vierzigjährige Häuslerin gekrümmt geht?
Die Brüste der Mädchen
Sind warm wie ehedem.

In meinem Lied ein Reim
Käme mir fast vor wie Übermut.

In mir streiten sich
Die Begeisterung über den blühenden Apfelbaum
Und das Entsetzen über die Reden des Anstreichers[1].
Aber nur das zweite
Drängt mich zum Schreibtisch. R

1 **Anstreicher:** spöttische Bezeichnung für den gescheiterten Kunstmaler Hitler und Anspielung auf Brechts „Lied vom Anstreicher Hitler", das mit dem Vers endet: „Ganz Deutschland hat er angeschmiert."

1 Stellen Sie in eigenen Worten den Zwiespalt dar, dem sich das lyrische Ich ausgesetzt sieht.
2 Untersuchen Sie das Gedicht im Hinblick auf Motive und gedanklichen Aufbau.
Beachten Sie besonders Gegensätze und dialektische Strukturen (These – Antithese – Synthese).
3 Arbeiten Sie das in dem Text vertretene Dichtungsverständnis heraus und nehmen Sie dazu Stellung.

### Anna Seghers: **Transit** (1944) Romanauszug

*[Der Ich-Erzähler befindet sich 1940 nach seiner Flucht aus einem Konzentrationslager und dem besetzten Paris in Marseille, von wo aus er versucht, mit falschen Papieren nach Mexiko auszureisen.]*

Ich fürchtete mich, auf dem mexikanischen Konsulat einen Menschen zu treffen, der mich kannte. Doch als ich unter den Wartenden Heinz erblickte, hüpfte mein Herz vor Freude. Ich vergaß sogar mein schlechtes Gewissen. Ich umarmte ihn, wie sich die Spanier umarmen, indem ich alle seine zerschossenen, dürren Knochen an mich drückte. Die wartenden Spanier standen lächelnd um uns herum mit dem unversehrbaren Herzen der leidenschaftlichen Menschen, die nicht durch Kriege, nicht durch Lager, nicht durch die Schrecken tausendfacher Tode jemals abstumpften, und betrachteten unser Wiedersehen.

„Ich hatte Angst, Heinz, du seiest mir für immer durchgegangen. Ich konnte unsere Verabredung damals nicht einhalten. Mir war etwas dazwischengekommen, etwas, was einem nur einmal im Leben passiert. Ich hätte dich für nichts Geringeres aufsitzen lassen." Er sah mich an wie im Lager, wenn ich versucht hatte, seine Aufmerksamkeit durch einen Unsinn wieder auf mich zu lenken. Er fragte ziemlich kalt: „Was treibst du denn hier?" „Ich richte nur einen Auftrag aus. Ich habe mir in den letzten Tagen – oder sind es vielleicht schon Wochen? – die Augen nach dir wundgesehen. Ich habe gefürchtet, du seiest schon auf und davon."

Seit unserem ersten Wiedersehen war sein Gesicht noch kleiner geworden. Wie es bei kranken und todesmüden Menschen geschieht, war sein Blick desto härter und fester, je leichter und dünner sein Körper war. Seit meiner Kindheit hatte mich niemand ebenso aufmerksam angesehen. [...] „Du musst aus dem Land, Heinz, bevor die Falle zuschnappt. Sonst wirst du noch zu guter Letzt von den Deutschen geschluckt. Hast du ein Transit?"

„Man hat mir ein Portugaltransit verschafft. Von dort geht es weiter – durch Cuba."

„Aber durch Spanien kannst du nicht fahren. Wie willst du nach Portugal?" „Ich weiß noch nicht", erwiderte er, „das muss sich erst finden."

Plötzlich wurde mir klar, worin die Macht dieses Menschen bestand. Während wir alle gelernt hatten, dass Gott uns hilft, wenn wir uns selbst helfen, war dieser Mensch in jeder Sekunde, selbst in der finstersten, davon überzeugt, dass er nie allein war, dass er, wo er auch war, über kurz oder lang auf seinesgleichen stoßen musste, die aber selbst auch dann da waren, wenn er zufällig nicht auf sie stieß, dass es aber auch keinen noch so verrotteten Teufel, noch so erbärmlichen Feigling, noch so abgestorbenen Toten gab, der nicht zum Aufhorchen zu bringen war, wenn ihn eine menschliche Stimme um Hilfe anging.

*[Der Ich-Erzähler verabschiedet sich kurz von Heinz, um seinen Auftrag zu erledigen, bittet diesen aber, auf sein baldiges Zurückkommen zu warten. Dann setzt er das Gespräch fort:]*

„Du gehst jetzt weg. Ich habe immer gedacht, wenn ich einmal wieder in einer Stadt mit dir leben sollte, was ich alles mit dir sprechen müsste, ich hätte dich wunder was zu fragen, jetzt ist der Abend schon vorbei, doch ich weiß nicht mehr, was ich Dringendes fragen wollte, und die Zeit ist vorbei, in der wir in dieser Stadt zusammen gelebt haben, und ich habe dich nichts gefragt."

„Du hast mir geholfen."

„Gerade dadurch fährst du jetzt weg. Du hast es gut, du bist nicht wie ich, du hast dein Ziel."

„Du könntest dir sicher auch selbst helfen, abfahren."

„Von dieser Art Ziel spreche ich nicht. Ja, diese Art Ziel kann ich mir beschaffen, ein Ziel und einen Schiffsplatz. Visen nach Gott weiß was für Ländern kann ich mir beschaffen. Transitvisen, Visa de Sortie, dazu bin ich wohl der Mann. Aber was nützt es mir, dass mir einerlei ist, wohin ich fahre, da mir das meiste einerlei ist? [...] Wenn ich bei dir sitze, und du hast etwas Festes in dir und vor dir, etwas Festes, das nie in die Brüche geht, selbst wenn du selbst in die Brüche gehst, Heinz, und ich seh es in deinen Augen, kommt es mir vor, ich hätte dann auch daran teil. Du verstehst wahrscheinlich kein Wort. Denn du kannst dir nicht vorstellen, wie es jemandem zumute ist, der ganz leer ist."

**1** Erstellen Sie ein Persönlichkeitsprofil des Ich-Erzählers. Bedenken Sie dabei seinen Erfahrungshintergrund.

**2** Untersuchen Sie die Erzählweise (→ S. 329 f.) im Romanauszug und bestimmen Sie deren Wirkung.

**3** Informieren Sie sich über Schicksale emigrierter deutscher Schriftsteller/-innen während der Zeit des Nationalsozialismus, über Fluchtwege und Ziele.

Gottfried Benn: **Einsamer nie –** (1936)

Einsamer nie als im August:
Erfüllungsstunde – im Gelände
die roten und die goldenen Brände,
doch wo ist deiner Gärten Lust?

Die Seen hell, die Himmel weich,
die Äcker rein und glänzen leise,
doch wo sind Sieg und Siegsbeweise
aus dem von dir vertretenen Reich?

Wo alles sich durch Glück beweist
und tauscht den Blick und tauscht die Ringe
im Weingeruch, im Rausch der Dinge –:
dienst du dem Gegenglück, dem Geist.

1 Analysieren Sie die Gestalt des lyrischen Du. Beschreiben Sie, wodurch sich seine Lage definiert und in welchem Verhältnis es zum lyrischen Ich steht.
2 Informieren Sie sich über Benns Biografie während der Zeit des Nationalsozialismus. Deuten Sie das Gedicht vor diesem Hintergrund. Stellen Sie einen Bezug zum Begriff der „inneren Emigration“ her.

# 3.4 Textfenster: Theater der Weimarer Republik

## Politisches Theater der 1920er-Jahre

Marc Silberman: **Politisches Theater** (2006) Auszug

Anfang der Zwanzigerjahre, als Brecht sich als Dramatiker einen Namen machte, erlebten die Theater in Deutschland den Übergang von der Gesellschaftskritik der Naturalisten und Expressionisten zu verstärkten Bemühungen um ein alternativ-oppositionelles politisches Theater. Die Existenz zweier gut organisierter Parteien der Arbeiterklasse (SPD und KPD) sowie die starken kulturellen Bindungen zwischen der jungen Sowjetunion und dem neuen republikanischen Deutschland schufen den Rahmen für eine beispiellose Blüte politisch motivierter Tätigkeit in allen Bereichen der künstlerischen Produktion. Die kulturellen Aktivitäten der Linksparteien zielten auf ein enges operatives Konzept politischer Kunst, das die Instrumente von Agitation und Propaganda als Waffen der Klassenaufklärung für das Proletariat modernisieren sollte. [...] Inspiriert von Open-Air-Aufführungen in der nachrevolutionären Sowjetunion, in der Theater nicht nur als künstlerisches, sondern auch als politisches Ereignis angesehen wurde, führte Erwin Piscator im Jahr 1924 die „Revue Roter Rummel“ als Wahlkampfhilfe für die KPD auf [...]. Andere experimentierten mit neuen Konzepten einer „proletarischen Ästhetik“, die den Klassenkampf und den Gewinn an kollektiver Freiheit aus Sicht der Arbeiterklasse wiedergeben sollten. [...] Nicht nur etablierte Häuser [...], sondern auch kurzlebige Gruppen [...] spielten regelmäßig politische Stücke und politisierten Inszenierungen, nicht zu reden von den vielen politischen Kabaretts jener Zeit. Zudem schrieben Ernst Toller, Ödön von Horvath, Marie-Luise Fleißer, Friedrich Wolf und andere viele Stücke, welche die gesellschaftliche Dynamik der Weimarer Gesellschaft sezierten und das Publikum zum politischen Denken herausforderten.

1 Fassen Sie die Merkmale des politischen Theaters in den 1920er-Jahren zusammen.

# Brechts „Heilige Johanna der Schlachthöfe“

Die heilige Johanna der Schlachthöfe, Berliner Ensemble, 2003

## Bertolt Brecht: **Die heilige Johanna der Schlachthöfe** (1931) **Bild 1** Auszug

DER FLEISCHKÖNIG PIERPONT MAULER BEKOMMT EINEN BRIEF VON SEINEN FREUNDEN IN NEW YORK.

*Chicago, Schlachthöfe*

**MAULER** *liest einen Brief:* „Wie wir deutlich merken, lieber Pierpont, ist der Fleischmarkt seit kurzer Zeit recht verstopft. Auch widerstehen die Zollmauern im Süden allen unseren Angriffen. Demnach scheint es geraten, die Hand vom Fleischhandel zu lassen, lieber Pierpont.“ Diesen Wink bekomme ich heute von meinen lieben Freunden aus New York. Hier kommt mein Kompagnon.

*Er verbirgt den Brief.*

**CRIDLE:** Warum so finster, lieber Pierpont?

**MAULER:** Erinnere, Cridle, dich, wie wir vor Tagen –
Wir gingen durch den Schlachthof, Abend war's –
An unserer neuen Packmaschine standen.
Erinnere, Cridle, dich an jenen Ochsen
Der blond und groß und stumpf zum Himmel blickend
Den Streich empfing: mir war's, als gält er mir.
Ach, Cridle, ach, unser Geschäft ist blutig.
[...] heute noch geb ich es auf, dies blutige Geschäft.
Nimm du's, ich geb dir meinen Anteil billigst.
Dir gäb ich ihn am liebsten, denn wie du
Mit dem Geschäft verwachsen bist, ist's keiner. R

**1** **a** Charakterisieren Sie den Fleischfabrikanten Mauler. Klären Sie, welches Ziel er verfolgt.
**b** Beschreiben Sie die sprachliche Gestaltung von Maulers Rede und deren Wirkung.

**2** Arbeiten Sie heraus, wodurch gleich zu Beginn des Dramas ein Konflikt angelegt ist.

Cridle akzeptiert das hinterhältige Angebot Maulers unter der Bedingung, dass sie gemeinsam ihren Konkurrenten, den Fleischfabrikanten Lennox, ausschalten. Dies gelingt und tausende Arbeiter werden arbeitslos.

**Bertolt Brecht: Die heilige Johanna der Schlachthöfe** (1931) **Bild 2c** Auszug

UM DEM JAMMER DER SCHLACHTHÖFE TROST ZU SPENDEN,
VERLASSEN DIE SCHWARZEN STROHHÜTE IHR MISSIONSHAUS:
JOHANNAS ERSTER GANG IN DIE TIEFE
*Vor dem Haus der Schwarzen Strohhüte*
**JOHANNA** *an der Spitze eines Stoßtrupps der Schwarzen Strohhüte:*
In finsterer Zeit blutiger Verwirrung
Verordneter Unordnung
Planmäßiger Willkür
Entmenschter Menschheit
Wo nicht mehr aufhören wollen in unseren Städten die Unruhen:
In solche Welt, gleichend einem Schlachthaus
Herbeigerufen durch das Gerücht drohender Gewalttat
Damit nicht rohe Gewalt des kurzsichtigen Volkes
Zerschlag das eigene Handwerkszeug und
Zertrample den eigenen Brotkorb
Wollen wir wieder einführen
Gott.
Wenig berühmt nurmehr
Fast schon berüchtigt
Nicht mehr zugelassen
An den Stätten des wirklichen Lebens:
Aber der Untersten einzige Rettung!
Drum haben wir uns entschlossen
Für ihn die Trommel zu rühren
Auf daß er Fuß fasse in den Quartieren des Elends
Und seine Stimme erschalle auf den Schlachthöfen. R

**1** Formulieren Sie Johannas Handlungsmotive und ihre Ziele mit eigenen Worten. Diskutieren Sie mögliche Spannungs- und Konfliktfelder, die sich aus diesem Monolog ergeben.

Im Fortgang des Dramas erkennt Johanna die Skrupellosigkeit, mit der Mauler seine Interessen durchsetzt, und die Zwangslage der Arbeiter. Als der Major der Schwarzen Strohhüte sich bereiterklärt, gegen Bezahlung mit Mauler zu paktieren, verlässt Johanna die Organisation, um sich in den Schlachthöfen mit den kampfbereiten ausgesperrten Arbeitern zu solidarisieren.

**Bertolt Brecht: Die heilige Johanna der Schlachthöfe** (1931) **Bild 9e** Auszug

*Anderer Teil der Schlachthöfe*
*Auf Plakaten steht: „Übt Solidarität mit den Ausgesperrten der Schlachthöfe! Auf zum Generalstreik!“ [...]*

**EIN ARBEITERFÜHRER:** Hört alle zu: Bisher zeigen die Fleischleute noch nicht die geringste Lust, ihre Fabriken wieder aufzumachen. Zuerst hatte es den Anschein, als ob der Ausbeuter Pierpont Mauler die Wiedereröffnung der Fabriken betreibe, da er von den Fleischleuten große Mengen von Konserven verlangt, die sie ihm kontraktlich schulden. Dann zeigte es sich, daß das Fleisch, das sie für die Konserven brauchen, in Maulers eigener Hand ist und er nicht daran denkt, es herauszugeben. Wir wissen jetzt, daß wir Arbeiter, wenn es nach den Fleischleuten geht, niemals mehr alle in die Schlachthäuser zurückkehren können und niemals mehr zu dem alten Lohn. In dieser Lage müssen wir erkennen, daß nurmehr die Anwendung von Gewalt uns helfen kann. R

**1** Zeigen Sie anhand der Rede des Arbeiterführers, welchen Regeln das Handeln des Fleischfabrikanten Mauler folgt. Entwerfen Sie darauf Bezug nehmend Positionen für eine Anklageschrift sowie für eine Verteidigung und führen Sie diese in einem Rollenspiel aus.

**Bertolt Brecht: Die heilige Johanna der Schlachthöfe** (1931) **Bild 12** Auszug

TOD UND KANONISIERUNG DER HEILIGEN JOHANNA DER SCHLACHTHÖFE

**JOHANNA:**
Geredet habe ich auf allen Märkten
Und der Träume waren unzählige, aber
Den Geschädigten war ich ein Schaden
Nützlich war ich den Schädigern.
[...]
Sorgt doch, daß ihr die Welt verlassend
Nicht nur gut wart, sondern verlaßt
Eine gute Welt!

**GRAHAM:** Man muß dafür sorgen, daß ihre Reden nur durchgelassen werden, wenn sie vernünftig sind. Wir dürfen nicht vergessen, daß sie auf den Schlachthöfen gewesen ist.

**JOHANNA:**
Denn es ist eine Kluft zwischen oben
und unten, größer als
Zwischen dem Berg Himalaja und dem Meer
Und was oben vorgeht
Erfährt man unten nicht
Und nicht oben, was unten vorgeht.
Und es sind zwei Sprachen oben und unten
Und zwei Maße zu messen
Und was Menschengesicht trägt
Kennt sich nicht mehr.

**DIE SCHLÄCHTER UND VIEHZÜCHTER**
*sehr laut, so daß Johanna überschrien wird:*
Soll der Bau sich hoch erheben
Muß es Unten und Oben geben.
Darum bleibt an seinem Ort
Jeder, wo er hingehört.
[...]
Unten ist der Untere wichtig
Oben ist der Richtige richtig.
Wehe dem, der je sie riefe
Die unentbehrlichen
Aber begehrlichen
Die nicht zu missenden
Aber es wissenden
Elemente der untersten Tiefe!

**JOHANNA:**
Die aber unten sind, werden unten gehalten
Damit die oben sind, oben bleiben.
Und der Oberen Niedrigkeit ist ohne Maß
Und auch wenn sie besser werden, so hülfe es
Doch nichts, denn ohnegleichen ist
Das System, das sie gemacht haben:
Ausbeutung und Unordnung, tierisch und also
Unverständlich.
[...]
Darum, wer unten sagt, daß es einen Gott gibt
Und ist keiner sichtbar
Und kann sein unsichtbar und hülfe ihnen
doch
Den soll man mit dem Kopf auf das Pflaster
schlagen
Bis er verreckt ist.

**SLIFT:** Hört ihr, ihr müßt etwas sagen, womit ihr diesem Mädchen das Wort abschneidet. Ihr müßt reden, irgend etwas, aber laut!

**SNYDER:** Johanna Dark, fünfundzwanzig Jahre alt, erkrankt an Lungenentzündung auf den Schlachthöfen Chicagos, im Dienste Gottes, Streiterin und Opfer!

**JOHANNA:**
Und auch die, welche ihnen sagen, sie könnten
sich erheben im Geiste
Und steckenbleiben im Schlamm, die soll man
auch mit den Köpfen auf das
Pflaster schlagen. Sondern
Es hilft nur Gewalt, wo Gewalt herrscht, und
Es helfen nur Menschen, wo Menschen sind.

R

---

**1** Analysieren Sie diese letzte Rede Johannas. Vergleichen Sie sie mit der ersten Rede (→ S. 223).

**2** Referat: Rekapitulieren Sie mit Blick auf das gesamte Drama, durch welche Impulse Johannas Wandlung ausgelöst wird.

# Brechts Theorie des epischen Theaters

**Bertolt Brecht: Das epische Theater** (1936) Auszug

Das Wort „episches Theater" schien vielen als in sich widerspruchsvoll, da man nach dem Beispiel des Aristoteles die epische und die dramatische Form des Vortrags einer Fabel für grundverschieden voneinander hielt. [...] Es soll hier nicht auseinandergesetzt werden, wodurch die lange für unüberbrückbar angesehenen Gegensätze zwischen Epik und Dramatik ihre Starre verloren, es soll genügen, wenn darauf hingewiesen wird, daß schon durch technische Errungenschaften die Bühne instand gesetzt wurde, erzählende Elemente den dramatischen Darbietungen einzugliedern. [...] Sie taten dies in einem Zeitpunkt, wo die wichtigsten Vorgänge unter Menschen nicht mehr so einfach dargestellt werden konnten, indem man die bewegenden Kräfte personifizierte oder die Personen unter unsichtbare metaphysische Kräfte stellte.

Zum Verständnis der Vorgänge war es nötig geworden, die *Umwelt*, in der die Menschen lebten, groß und „bedeutend" zur Geltung zu bringen. [...]

Die Bühne begann zu erzählen. Nicht mehr fehlte mit der vierten Wand zugleich der Erzähler. Nicht nur der Hintergrund nahm Stellung zu den Vorgängen auf der Bühne, indem er auf großen Tafeln gleichzeitige andere Vorgänge an andern Orten in die Erinnerung rief, Aussprüche von Personen durch projizierte Dokumente belegte oder widerlegte, zu abstrakten Gesprächen sinnlich faßbare, konkrete Zahlen lieferte, zu plastischen, aber in ihrem Sinn undeutlichen Vorgängen Zahlen und Sätze zur Verfügung stellte – auch die Schauspieler vollzogen die Verwandlung nicht vollständig, sondern hielten Abstand zu der von ihnen dargestellten Figur, ja forderten deutlich zur Kritik auf.

[...] Das „Natürliche" mußte das Moment des *Auffälligen* bekommen. Nur so konnten die Gesetze von Ursache und Wirkung zutage treten. Das Handeln der Menschen mußte zugleich so sein und mußte zugleich anders sein können. [...]

*Ist das epische Theater etwa eine „moralische Anstalt"?*

Nach Friedrich Schiller soll das Theater eine moralische Anstalt sein. [...] Nietzsche schien die Beschäftigung mit Moral eine trübselige Angelegenheit, Schiller erblickte darin eine durchaus vergnügliche. [...] Auch gegen das epische Theater wandten sich viele mit der Behauptung, es sei zu moralisch. Dabei traten beim epischen Theater moralische Erörterungen erst an zweiter Stelle auf. Es wollte weniger moralisieren als studieren. Allerdings, es wurde studiert, und dann kam das dicke Ende nach: die Moral von der Geschichte. Wir können natürlich nicht behaupten, wir hätten uns aus lauter Lust zu studieren und ohne anderen, handgreiflicheren Anlaß ans Studium gemacht und seien dann durch die Resultate unseres Studiums völlig überrascht worden. Es gab da zweifellos einige schmerzliche Unstimmigkeiten in unserer Umwelt, schwer ertragbare Zustände, und zwar Zustände, die nicht nur aus moralischen Bedenken heraus schwer zu ertragen waren. Hunger, Kälte und Bedrückung erträgt man nicht nur aus moralischen Bedenken heraus schwer. Auch der Zweck unserer Untersuchungen war es nicht lediglich, moralische Bedenken gegen gewisse Zustände zu erregen [...], Zweck unserer Untersuchungen war es, Mittel ausfindig zu machen, welche die betreffenden schwer ertragbaren Zustände beseitigen konnten. Wir sprachen nämlich nicht im Namen der Moral, sondern im Namen der Geschädigten. Das sind wirklich zweierlei Dinge, denn oft wird gerade mit moralischen Hinweisen den Geschädigten gesagt, sie müßten sich mit ihrer Lage abfinden. Die Menschen sind für solche Moralisten für die Moral da, nicht die Moral für die Menschen.

R

**1** **a** Fassen Sie zusammen, welche Folgen die Einführung des epischen Elements für Inhalt und Handlungsaufbau der Dramen, für die Einrichtung der Bühnen und für das Spiel der Akteure hatte.
**b** Wiederholen Sie den Aufbau und die Kennzeichen des aristotelischen Theaters (→ S. 333).
**c** Beziehen Sie Ihre Erkenntnisse aus Aufgabe 1 und 2 auf die Auszüge aus Bertolt Brechts „Heiliger Johanna".

**2** Brecht spielt auf Schillers Rede „Die Schaubühne als moralische Anstalt betrachtet" (1784) an. Wiederholen Sie die Grundzüge von Schillers Dramenkonzeption in der Zeit des Sturm und Drang und in der Weimarer Klassik.
Erläutern Sie, inwiefern für Brecht auch das epische Theater eine „moralische Anstalt" ist.

**3** Weiterführend: Vergleichen Sie die Behandlung des Johanna-Stoffs in Schillers Drama „Die Jungfrau von Orléans" (1801) und in Brechts Stück. Ziehen Sie besonders die Schlussszenen heran.

Zentral für die Neukonzeption des Theaters als episches Theater ist der von Brecht so genannte „Verfremdungseffekt" („V-Effekt"):

Die Menschen gehen ins Theater, um mitgerissen, gebannt, beeindruckt, erhoben, entsetzt, ergriffen, gespannt, befreit, zerstreut, erlöst, in Schwung gebracht, aus ihrer eigenen Zeit entführt, mit Illusionen versehen zu werden. All dies ist so selbstverständlich, daß die Kunst geradezu damit definiert wird [...]. Die Frage lautet also: Ist Kunstgenuß überhaupt möglich ohne Einfühlung oder jedenfalls auf einer anderen Basis als der Einfühlung?
Was konnte eine solche neue Basis abgeben? Was konnte an die Stelle von *Furcht* und *Mitleid* gesetzt werden, des klassischen Zweigespanns zur Herbeiführung der aristotelischen Katharsis? [...]
Das Prinzip besteht darin, anstelle der Einfühlung die *Verfremdung* herbeizuführen.
Was ist Verfremdung?
Einen Vorgang oder einen Charakter verfremden heißt zunächst einfach, dem Vorgang oder dem Charakter das Selbstverständliche, Bekannte, Einleuchtende zu nehmen und über ihn Staunen und Neugierde zu erzeugen. **R**

*(Bertolt Brecht: Über experimentelles Theater, 1939)*

Die V-Effekte bezeichnen die technischen und sprachlichen Mittel, die Verfremdung hervorbringen. [...] Alle Mittel dienen dazu, die Zuschauer in eine entspannte, beobachtende und damit kritische Haltung zu versetzen, die es ihnen ermöglicht, die künstliche und kunstvolle Demonstration auf der Bühne mit ihren realen Erfahrungen zu vergleichen und aus dem Vergleich möglicherweise Konsequenzen für ihr gesellschaftliches Verhalten zu ziehen. [...] Durch das „Historisieren", das heißt Gegenwärtiges als bereits Vergangenes zu beschreiben, werden Figuren und Vorgänge als vergänglich und veränderbar dargestellt.

*(Jan Knopf: Bertolt Brecht, 2000)*

**4** Kurzreferate: Informieren Sie Ihre Lerngruppe
- zum aristotelischen Begriff der „Katharsis",
- zu den von Jan Knopf hervorgehobenen vier zentralen Funktionen des epischen Theaters (→ S. 335): „Verfremdung", „Kritik"/„Widerspruch", „Demonstration" und „Historisieren".

# 3.5 Rezeption: Brecht und das heutige Theater

Brechts Konzeption des epischen Theaters wurde nach dem Zweiten Weltkrieg unter anderem von den Schweizer Autoren Friedrich Dürrenmatt und Max Frisch aufgegriffen. Diese standen allerdings einem Theater, das politisch belehren will, skeptisch gegenüber. An das Konzept der Verfremdung schlossen beide Autoren jedoch an, indem sie in ihren Stücken die bestehende Welt durch oft groteske Abbildung infrage stellten (→ S. 257). In den 1960er-Jahren entwickelte sich, der didaktisch-kritischen Tradition Brechts folgend, in Deutschland ein dokumentarisches Theater. Autoren wie Peter Weiss, Rolf Hochhuth und Heinar Kipphardt verwendeten in ihren Stücken authentisches Material, wie z. B. Prozessprotokolle, um gesellschaftliche Zusammenhänge wirklichkeitsnah darzustellen und kritische Einsichten zu fördern (→ S. 258 f.).

John von Düffel: **Grenzgänger der Mitte** (2002) Auszug

Kaum ein Theater, das heute noch gesellschaftliche Position bezieht. Als mögliches Forum einer kritischen Auseinandersetzung sind die Bühnen in derselben Verlegenheit wie die Politik: Was sind die Themen, die man – wie es so schön heißt – „besetzen" muss? Wie lässt sich das kritische Profil schärfen? Welche Konzeption soll ein Spielplan erkennen lassen – oder beschränkt man sich, wie die Politik im Übrigen auch, auf Personen und Programme? […]

Es genügt nicht länger, alte Geschichten neu zu erzählen. Neue Geschichten müssen her. Mehr denn je muss sich das Theater an seinem Wirklichkeitsgehalt messen lassen, wenn es nicht zum Museum seiner selbst erstarren will. Mit Formspielereien und ästhetischen Experimenten allein ist das nicht getan. Das Theater muss beweisen, dass es heute noch etwas zu sagen hat, nicht allgemein und schlüsselfertig, sondern auf die konkreteste, verwirrendste, sinnlichste Art. […]

Am vehementesten hat Schaubühnen[1]-Intendant Thomas Ostermeier mit seinem Plädoyer für einen neuen Realismus in dieser Frage Position bezogen. Sein programmatischer Appell in einer post-programmatischen Zeit nimmt die Impulse der englischsprachigen Dramatik à la Ravenhill[2] auf: das soziale Engagement für die Unterdrückten und Entrechteten am so genannten Rand der Gesellschaft sowie den thematischen Schwerpunkt auf Gewalt, Drogen, sex and crime.

Die Stoßrichtung ist klar: Das Theater fungiert als soziales Gewissen. […]

Dabei handelt es sich nicht nur um eine Fortsetzung der realistischen Tradition, sondern vor allem um die Wiederbelebung einer seit Gerhart Hauptmann kursierenden Auffassung von Theater als Konfrontation der bürgerlichen Gesellschaft mit ihren Rändern.

Aber wie wirklich ist diese Wirklichkeit? Lässt sich anhand dieser Milieus und Randgruppen das beschreiben, was gesellschaftliche Wirklichkeit in Deutschland momentan ausmacht?

Meine Antwort darauf ist Nein. Nicht die Ausgrenzung der Randgruppen ist im Augenblick die entscheidende gesellschaftliche Bewegung, sondern ein Phänomen, das ich als die „Atomisierung der Mitte" beschreiben würde. Wenn bei einer mehr schlecht als recht geplanten Bankenfusion mal eben die Arbeitsplätze von tausenden Bankern zur Disposition gestellt werden und bei der nächsten Konjunkturdelle dem Rotstift zum Opfer fallen, dann lässt sich das Bild einer Gesellschaft nicht mehr aufrechterhalten, in der es eine gesicherte Mitte und bröckelnde Ränder gibt. […]

1 **Schaubühne:** Gemeint ist die Berliner „Schaubühne am Lehniner Platz".

2 **Mark Ravenhill** (*1966): populärer zeitgenössischer britischer Dramatiker

Der Kult ums Ich, den Werbung und Lifestyle propagieren, ist nur die Kehrseite dieser tiefen sozialen Verunsicherung. Das Ich ist der einzige Fluchtpunkt in Zeiten allseitiger Konkurrenz, Narzissmus die einzig mögliche Liebe. Dabei führen gerade die vielfältigen Möglichkeiten der Selbstinszenierung durch Mode, Freizeit und Besitz zu einer Gleichmacherei, wie sie sich der Sozialismus niemals hätte träumen lassen: zur absoluten Ich-Beliebigkeit. Die vollends entfesselte Individualisierung schlägt um in die Auflösung von Individualität. Die Hochkonjunktur des Ich wird zur Zeit seines Verschwindens.
Für das Theater bedeutet das: Einer der elementarsten Konflikte des Dramas entfällt. Der Widerspruch zwischen Individuum und Gesellschaft verliert sich im Kampf aller gegen alle. Und mit dem Verlust dieses gesellschaftlichen Widerstands verändert oder verliert sich auch das Individuum. Die Mitte, einst Hort der Bürgerlichkeit, wird zu einer vorsozialen Arena, in der es nur zweierlei gibt: unerbittlichen Existenzkampf oder völliges Verschwinden. [...] Ich glaube, dass das Epizentrum der Geschichten, die heute erzählt werden müssen – auf welche Art und Weisen auch immer –, in der Mitte liegt, soweit man im Moment ihrer Atomisierung überhaupt noch von „Mitte“ sprechen kann. Das alte Gesellschaftsbild von intakter Bürgerlichkeit hüben und anarchischen Randexistenzen drüben löst sich auf. Diesen Auflösungsprozess zu beschreiben, ist eine der größten Herausforderungen für die Dramatik unserer Zeit. Es gilt, einen neuen und geschärften Blick zu entwickeln für die sich auftuenden Abgründe der Mitte. Es gilt, neue Geschichten und eventuell auch neue Formen zu finden für die Grenzgänger und Außenseiter im Innern der Gesellschaft. Angesichts des Verschwindens der gesicherten Mitte – der tiefgreifendsten sozialen Veränderung unserer Zeit – droht das Engagement für Randgruppen und vergessene Milieus zur sozialromantischen Pose zu verkommen. Wichtigkeit und Gewicht der neuen deutschsprachigen Dramatik werden davon abhängen, inwieweit es gelingt, die Selbstauflösung des Bürgers und der Bürgerlichkeit für das Theater zu formulieren.

1 Entwerfen Sie eine Mind-Map, in der Sie die vom Autor genannten Aufgaben der Bühne gruppieren.
2 Vergleichen Sie Brechts und Düffels Theaterkonzeption. Nehmen Sie zu den Ansätzen Stellung.
3 Projektpräsentation: Untersuchen Sie Stücke von Gegenwartsdramatikern (Elfriede Jelinek, Urs Widmer, Lea Doher, Anja Hilling, Igor Bauersima, Lukas Bärfuß u.a.) und überprüfen Sie die Forderungen Düffels anhand von konkreten Themenstellungen und Textpassagen.
4 Weiterführend: Wie Brechts Drama „Die heilige Johanna der Schlachthöfe“ greift auch das 1996 in Zürich uraufgeführte Stück „Top Dogs“ des Schweizer Dramatikers Urs Widmer die Themen „Arbeitsmarkt“ und „Arbeitslosigkeit“ auf. Allerdings sind hier die Betroffenen ehemalige Manager, die von ihren Unternehmen auf Grund von Umstrukturierungsmaßnahmen entlassen wurden.
Stellen Sie das in Widmers Stück gezeichnete Bild der gesellschaftlichen Wirklichkeit vor und vergleichen Sie es mit dem Gesellschaftsbild in Brechts „Heiliger Johanna“.

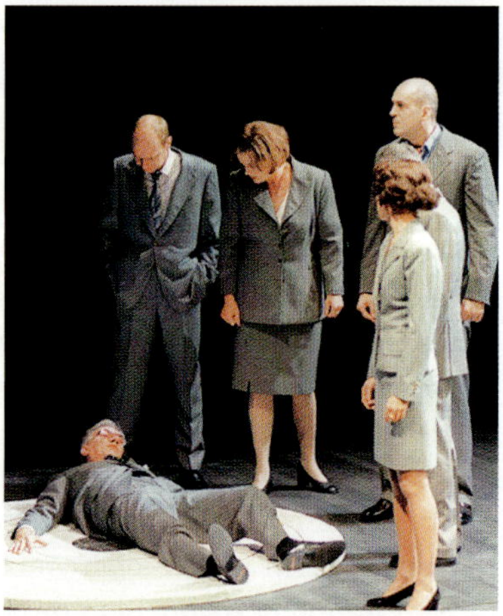
Urs Widmer: Top Dogs.
Düsseldorfer Schauspielhaus, 1997

Neben Kritik am belehrenden Gestus Brechtscher Stücke („The theatre is not a classroom", so der englische Regisseur Peter Brook) wird heute häufig die Aktualität seiner Dramen betont:

Als Brechts „Heilige Johanna der Schlachthöfe" postum 1959 von Gustaf Gründgens in Hamburg uraufgeführt worden ist, lobte man allgemein die theatralische Qualität der Aufführung, aber allgemein, zumindest in Westdeutschland, wurde das Stück als längst überholt und wirtschaftlich total falsch bezeichnet. Zehn Jahre später, wir spielten es in Bochum, war das Stück plötzlich wieder aktuell. In der so genannten „Dritten Welt" wird Brecht schon seit langer Zeit als ein höchst aktueller Autor gespielt. Der Zusammenbruch der kommunistischen Diktaturen, die sich auf den Sozialismus berufen haben, bedeutet ja nicht, dass die großen sozialen Fragen der Menschheit gelöst sind. Im Gegenteil, diese Fragen haben sich in Europa verschärft. In der Bundesrepublik Deutschland gibt es seit Jahren fünf Millionen Arbeitslose und irrsinnige Unternehmergewinne. [...]
Brecht hat sich, auch und gerade in seiner Emigration, den dringlichen Fragen seiner Zeit gestellt. Und weil er für seine theatralischen Untersuchungen große poetische, parabelhafte Formen gefunden hat, können wir seine Stücke immer wieder neu aufführen.

*(Auszug aus einem Interview mit dem Dramaturgen und Regisseur Hermann Beil, 2006)*

Auch im 50. Jahr nach dem Tode Brechts fühlt sich der Mensch noch oft überrannt von Markt und Politik, wird verwirrt von Systemen, die ihn beherrschen, die er aber nicht versteht, und bleibt auf der Strecke mit seinem Bedürfnis nach Gerechtigkeit und Frieden und Sinn und Glück. *(Kommentartext des Staatstheaters Hannover zur Aufführung der „Heiligen Johanna der Schlachthöfe" 2006)*

Oberhausen 2006: Die Premiere der „Heiligen Johanna der Schlachthöfe" wird von gekündigten Mitarbeitern der Firma „BenQ Mobile" unterbrochen, um auf die Massenentlassungen durch ihren Arbeitgeber aufmerksam zu machen. Ein Sprecher der Abordnung, die die Bühne besetzte, sagte: „Auf dieser Bühne sehen Sie ein Theaterstück über die Defizite des Kapitalismus. Es ist auch unsere Sache, die hier verhandelt wird."

---

**1** Recherchieren Sie zu Inszenierungen von Brechts Dramen – auch im Ausland. Untersuchen Sie, welcher Realitäts- bzw. Aktualitätsbezug der Stücke jeweils in den Vordergrund gerückt wird.

---

**Epochenüberblick: Literatur der Weimarer Republik (1918–1933) und von 1933 bis 1945**

Die Auseinandersetzung mit politischen Entwicklungen und sozio-ökonomischen Prozessen prägt die Literatur zwischen dem demokratischen Aufbruch der Weimarer Republik und der Katastrophe des Nationalsozialismus. Die junge Demokratie war schweren Belastungen ausgesetzt: Einflussreiche konservative Kreise in Politik, Justiz, Sicherheitsorganen und Bildungseinrichtungen trauerten dem Kaiserreich und seiner gesellschaftlichen Verfassung nach. Sie machten die **Novemberrevolution von 1918/19,** aus der die Republik hervorging, für die **Niederlage im Ersten Weltkrieg** und die daraus resultierenden Gebietsverluste und Belastungen durch

Reparationszahlungen verantwortlich. Die ökonomischen Katastrophen von **Inflation** (1923) und **Weltwirtschaftskrise** (1929) und die damit verbundene Zerstörung vieler wirtschaftlicher Existenzen förderten eine **Radikalisierung der politischen Auseinandersetzung** und trugen zur Erosion der demokratischen Parteien bei. Der zur Kennzeichnung der Zeit häufig benutzte Begriff der **„Goldenen Zwanziger"**, der an Jazzlokale, Kinos und Kabaretts denken lässt, galt nur für kleine gesellschaftliche Kreise im großstädtischen Milieu. Nach Wahlerfolgen seiner Partei nutzte **Hitler** 1933 seine **Ernennung zum Reichskanzler,** um sein von Anfang an verfolgtes Ziel zu erreichen: die **Beseitigung der Demokratie.** Die NSDAP und ihre Anhängerschaft stellten in den folgenden Jahren das gesamte politische, gesellschaftliche und kulturelle Leben in Deutschland unter das **Diktat nationalsozialistischer Ideologie.** Auf Grund ihrer Herkunft, ihrer politischen Haltung oder ihrer Kunstauffassung missliebige Schriftsteller wurden verfolgt, einige in KZs ermordet. Mehr als 2000 Autorinnen und Autoren flohen ins Exil.
In der Literatur setzte sich der **Pluralismus der Stile** fort, der schon die Literatur der Jahrhundertwende prägte (→ S. 183 f.). Bereits während des Ersten Weltkriegs hatte sich in Zürich die Künstlergruppe der **„Dadaisten"** gegründet, die eine bewusste Anti-Kunst des Un-Sinns anstrebte. Andererseits errangen Schreibweisen eines neuen Realismus besondere Bedeutung:
Die **„Neue Sachlichkeit"** stand für eine kritische Sichtung der Wirklichkeit zwischen kühl-distanzierter Betrachtung und satirischer Zuspitzung. Große Zeitromane zeigten in aufklärerischer Absicht die Kräfte und Entwicklungen, die in der Gesellschaft und im Individuum wirksam sind. Das moderne, vielschichtige, mit Reflexionen sowie Montagen und dokumentarischen Materialien durchzogene Erzählen erlebte eine erste Blütezeit.
Die Verfasser von **„Gebrauchslyrik"** (Brecht) gingen auf Distanz zu Verfechtern ästhetizistischer (→ S. 184) Kunstauffassungen. Das **Theater politisierte sich,** es wollte gesellschaftliche Mechanismen aufdecken und zur Veränderung aufrufen, wie z. B. Bertolt Brechts **episches Theater.**
Die ab 1933 ins **Exil** gezwungenen Autoren und Autorinnen waren sich – bei allen politischen und ästhetischen Differenzen – darin einig, Teil des „anderen", des „besseren Deutschlands" zu sein und sich **politisch äußern** und **engagieren** zu müssen. Häufig empfanden sie ihr Leben im Exil als existenzielle Krisenzeit. Neben regimetreuen „Blut-und-Boden"-Schreibern blieb auch eine Reihe von Autoren in Deutschland, die sich als Vertreter einer so genannten **„inneren Emigration"** verstanden. Einige verhielten sich zunächst dem Nationalsozialismus gegenüber nicht ablehnend (Benn), andere wollten Deutschland aufgrund unterschiedlicher Skrupel und Überlegungen nicht verlassen (Kästner). Sie stellten ihre literarische Arbeit ein, wichen in politikferne Themen aus oder verschlüsselten ihre Botschaften des Nichteinverständnisses.

**Wichtige Autorinnen/Autoren und Werke:**
HEINRICH MANN (1871–1950): Der Untertan (1918, Roman), Essays
THOMAS MANN (1875–1955): Der Zauberberg (1924, Roman), Doktor Faustus (1947, Roman), Reden
ALFRED DÖBLIN (1878–1957): Berlin Alexanderplatz (1929, Roman)
BERTOLT BRECHT (1898–1956): Die Dreigroschenoper (1928), Die heilige Johanna der Schlachthöfe (1931, Drama), Leben des Galilei (1938–55, Drama)
ERICH KÄSTNER (1899–1974): Gedichte, Fabian (1931, Roman)
KURT TUCHOLSKY (1890–1935): Gedichte, journalistische Texte
ÖDÖN V. HORVÁTH (1901–38): Kasimir und Karoline (1932, Drama), Jugend ohne Gott (1937, Roman)
ROBERT MUSIL (1880–1942): Der Mann ohne Eigenschaften (1933–43, Roman)
GOTTFRIED BENN (1886–1956): Ausgewählte Gedichte. 1911–1936 (1936)
ANNA SEGHERS (1900–83): Das siebte Kreuz (1942, Roman), Transit (1944/48, Roman)

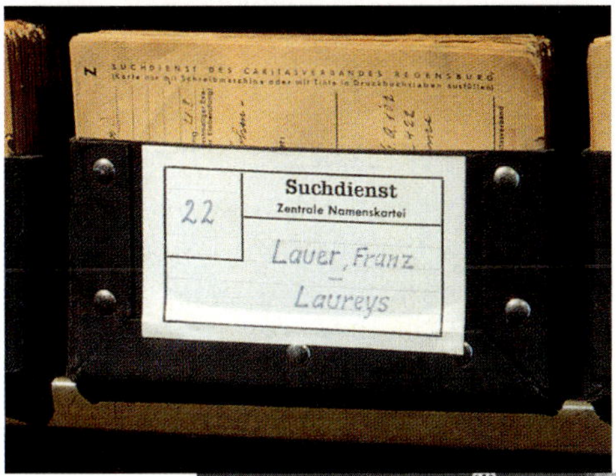

Zeitz (Stadtkreis)

Einweisungsschein

Der Flüchtling [illegible]

wird mit dem heutigen Tage bei Herrn — Frau [illegible]

in die beschlagnahmten Räume eingewiesen.

Zeitz, den 19. 8. 1946

Umsiedlerlager Moritzburg
Nebenstellenleiter
Der Lagerverwalter

Dieser Einweisungsschein gilt als Ausweis für:
1. die polizeiliche Anmeldung,
2. das Wirtschaftsamt.

9. 45. 10 000. GBZ.

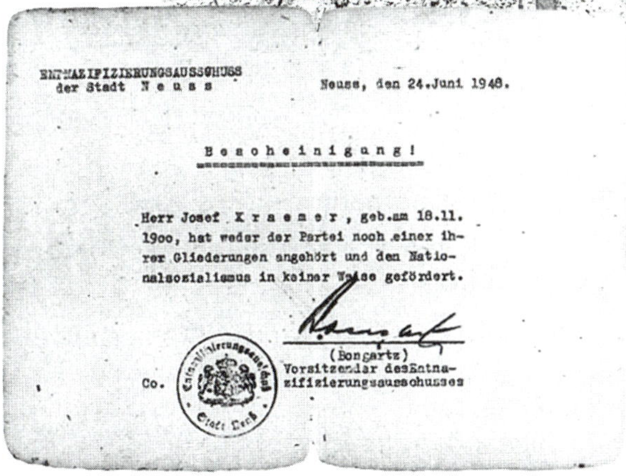

ENTNAZIFIZIERUNGSAUSSCHUSS
der Stadt N e u s s

Neuss, den 24.Juni 1948.

B e s c h e i n i g u n g !

Herr Josef K r a e m e r , geb.am 18.11.1900, hat weder der Partei noch einer ihrer Gliederungen angehört und den Nationalsozialismus in keiner Weise gefördert.

(Bongartz)
Vorsitzender desEntnazifizierungsausschusses

Co.

gültig im Bereich des Ernährungsamtes der Stadt München

95. V.P. 11.11. - 8.12.46 KV

Berechtigungsschein
zum Bezug von
Fleisch
(Höchstmenge 500 g)
für Krankenversorgung
Lose Abschnitte sind ungültig

Dienst-stempel

Ernährungsamt der Stadt München
Abteilung B

| | |
|---|---|
| 50 g KV Fleisch - 95 - EA. Stadt München | 50 g KV Fleisch - 95 - EA. Stadt München |
| 50 g KV Fleisch - 95 - EA. Stadt München | 50 g KV Fleisch - 95 - EA. Stadt München |
| 50 g KV Fleisch - 95 - EA. Stadt München | 50 g KV Fleisch - 95 - EA. Stadt München |
| 100 g KV Fleisch - 95 - EA. Stadt München | 100 g KV Fleisch - 95 - EA. Stadt München |

1 Erklären Sie, auf welche Probleme der Nachkriegszeit die Abbildungen verweisen.
2 Stellen Sie Vermutungen an, wie sich diese Probleme auf die Literatur im Nachkriegsdeutschland ausgewirkt haben.

## 4.1. Hintergründe: Leben in der „Zusammenbruchsgesellschaft“

### Thomas Mann: **Deutsche Hörer!** (10. Mai 1945) Auszug

Wie bitter ist es, wenn der Jubel der Welt der Niederlage, der tiefsten Demütigung des eigenen Landes gilt! Wie zeigt sich darin noch einmal schrecklich der Abgrund, der sich zwischen Deutschland, dem Land unserer Väter und Meister, und der gesitteten Welt aufgetan hatte! [...]

Ich sage: Es ist trotz allem eine große Stunde, die Rückkehr Deutschlands zur Menschlichkeit. Sie ist hart und traurig, weil Deutschland sie nicht aus eigener Kraft herbeiführen konnte. Furchtbarer [...] Schaden ist dem deutschen Namen zugefügt worden und die Macht ist verspielt. Aber Macht ist nicht alles, sie ist nicht einmal die Hauptsache, und nie war deutsche Würde eine bloße Sache der Macht. Deutsch war es einmal und mag es wieder werden, der Macht Achtung, Bewunderung abzugewinnen durch den menschlichen Beitrag, den freien Geist.

### Stig Dagerman: **Deutschland, Herbst 1946** (1946) Auszug

Ein anderes innenpolitisches Ereignis von etwa gleicher Bedeutung war der Regen, der in den bewohnten Kellern des Ruhrgebietes zwei Fuß hoch stand. Man wacht, falls man überhaupt geschlafen hat, in einem Bett ohne Decken frierend auf und geht durch knöcheltiefes, kaltes Wasser zum Ofen und versucht, nasse Zweige von einem zerbombten Baum in Brand zu stecken. Irgendwo im Wasser hinter einem husten früh erwachsene und tuberkulöse Kinder. Hat man endlich Feuer in diesem Ofen, den man unter Gefahr für das eigene Leben aus einer einstürzenden Ruine gerettet hat und dessen Besitzer seit ein paar Jahren einige Meter tiefer begraben liegt, zieht der Rauch in den Keller, und die schon Hustenden husten noch mehr. Auf dem Ofen steht ein Topf mit Wasser – Wasser gibt es genug –, und man beugt sich über das Wasser auf dem Boden und hebt Kartoffeln auf, die auf dem unsichtbaren Kellergrund liegen. Der im knöcheltiefen Wasser Stehende gibt diese Kartoffeln in den Topf und wartet, dass sie allmählich essbar werden, obwohl sie schon gefroren waren, als man das Glück hatte, sie zu ergattern.

### Günther Anders: **Sprachelegie** (1946)

Verwüstet liegt das gute Land der Sprache.
Und Sätze ragen, kahl und abgelaubt,
das Nichts in ihren Ästen. Redensarten
stehn schräg im Raum, die Wurzeln in der Luft.
Und Worte, wo du hintrittst: angeschlagen
und eingebeult. Und die vergnügtesten,
die gestern noch mit Pfeifen und Trompeten
durchs Land gezogen ... und die stillen, die
verschämt und innig das Gewesene
noch rückgetönt – sie alle liegen wüst
und unverscharrt und unbeweint im Feld.
Und nur ein kleiner Trupp von völlig nackten
und stämmigen Vokabeln kehrt zuletzt
nach Haus zurück. Und hinter ihrem Schritt
steigt hoch der Staub und löscht die Landschaft aus.

1 Stellen Sie Beziehungen zwischen den drei Texten und den Abbildungen auf S. 231 her.

2 Hier berichten Personen, die nicht aus Deutschland stammen oder Deutschland erst nach dem Krieg wieder besucht haben. Überlegen Sie, wie sich dies auf ihre Darstellungen auswirkt.

3 Entwerfen Sie ein Bild zu Günther Anders' Gedicht. Überlegen Sie dafür zunächst, was für „Sätze“, „Redensarten“ und „Worte“ im Bild zu sehen sein sollen.

# 4.2 Menschenbilder: Opfer und Täter

## Menschen im Krieg

Wolfgang Borchert: **Draußen vor der Tür** (1946) Auszug aus dem Personenverzeichnis

DIE PERSONEN SIND
**BECKMANN**, einer von denen
seine **FRAU**, die ihn vergaß
deren **FREUND**, der sie liebt
ein **MÄDCHEN**, dessen Mann auf einem Bein nach Hause kam
ihr **MANN**, der tausend Nächte von ihr träumte
ein **OBERST**, der sehr lustig ist
seine **FRAU**, die es friert in der warmen Stube
die **TOCHTER**, gerade beim Abendbrot
deren schneidiger **MANN**

Beckmann in „Draußen vor der Tür". Hebbel Theater Berlin, 1948

Wolfgang Borchert: **Draußen vor der Tür** (1946) **3. Szene** Auszug

**OBERST:** Was wollen Sie denn von mir?
**BECKMANN:** Ich bringe sie Ihnen zurück.
**OBERST:** Wen?
**BECKMANN** *(beinah naiv):* Die Verantwortung. Ich bringe Ihnen die Verantwortung zurück. Haben Sie das ganz vergessen, Herr Oberst? Den 14. Februar? Bei Gorodok. Es waren 42 Grad Kälte. Da kamen Sie doch in unsere Stellung, Herr Oberst, und sagten: Unteroffizier Beckmann. Hier, habe ich geschrien. Dann sagten Sie, und Ihr Atmen blieb an Ihrem Pelzkragen als Reif hängen – das weiß ich noch ganz genau, denn Sie hatten einen sehr schönen Pelzkragen –, dann sagten Sie: Unteroffizier Beckmann, ich übergebe Ihnen die Verantwortung für die zwanzig Mann. Sie erkunden den Wald östlich Gorodok und machen nach Möglichkeit ein paar Gefangene, klar? Jawohl, Herr Oberst, habe ich da gesagt. Und dann sind wir losgezogen und haben erkundet. Und ich – ich hatte die Verantwortung. Dann haben wir die ganze Nacht erkundet, und dann wurde geschossen, und als wir wieder in der Stellung waren, da fehlten elf Mann. Und ich hatte die Verantwortung. Ja, das ist alles, Herr Oberst. Aber nun ist der Krieg aus, nun will ich pennen, nun gebe ich Ihnen die Verantwortung zurück, Herr Oberst, ich will sie nicht mehr, ich gebe sie Ihnen zurück, Herr Oberst.
**OBERST:** Aber mein lieber Beckmann, Sie erregen sich unnötig. So war es doch nicht gemeint.
**BECKMANN** *(ohne Erregung, aber ungeheuer ernsthaft):* Doch. Doch, Herr Oberst. So muss das gemeint sein. Verantwortung ist doch nicht nur ein Wort, eine chemische Formel, nach der helles Menschenfleisch in dunkle Erde verwandelt wird. Man kann doch Menschen nicht für ein leeres Wort sterben lassen. Irgendwo müssen wir doch hin mit unserer Verantwortung. Die Toten – antworten nicht. Gott – antwortet nicht. Aber die Lebenden, die fragen. Die fragen jede Nacht, Herr Oberst.

**1** Erklären Sie den Konflikt des Szenenausschnitts sowie die Charakterisierung der Figuren im Personenverzeichnis.
**2** Analysieren Sie, wie Borchert die vermeintliche Überlegenheit des Obersts gestaltet.

## Holocaust

### Nelly Sachs: **Wer aber leerte den Sand aus euren Schuhen** (1947)

Wer aber leerte den Sand aus euren Schuhen,
Als ihr zum Sterben aufstehen musstet?
Den Sand, den Israel heimholte,
Seinen Wandersand?
Brennenden Sinaisand,
Mit den Kehlen von Nachtigallen vermischt,
Mit den Flügeln des Schmetterlings vermischt,
Mit dem Sehnsuchtsstaub der Schlangen vermischt,
Mit allem was abfiel von der Weisheit Salomos vermischt,
Mit dem Bitteren aus des Wermut Geheimnis vermischt –

O ihr Finger,
Die ihr den Sand aus Totenschuhen leertet,
Morgen schon werdet ihr Staub sein
In den Schuhen Kommender!

Schuhe ermordeter Häftlinge
im KZ Auschwitz

### Paul Celan: **Todesfuge** (1948)

Schwarze Milch der Frühe wir trinken sie abends
wir trinken sie mittags und morgens wir trinken sie nachts
wir trinken und trinken
wir schaufeln ein Grab in den Lüften da liegt man nicht eng
Ein Mann wohnt im Haus der spielt mit den Schlangen der schreibt
der schreibt wenn es dunkelt nach Deutschland dein goldenes Haar Margarete
er schreibt es und tritt vor das Haus und es blitzen die Sterne er pfeift seine Rüden herbei
er pfeift seine Juden hervor lässt schaufeln ein Grab in der Erde
er befiehlt uns spielt auf nun zum Tanz

Schwarze Milch der Frühe wir trinken dich nachts
wir trinken dich morgens und mittags wir trinken dich abends
wir trinken und trinken
Ein Mann wohnt im Haus der spielt mit den Schlangen der schreibt
der schreibt wenn es dunkelt nach Deutschland dein goldenes Haar Margarete
Dein aschenes Haar Sulamith wir schaufeln ein Grab in den Lüften da liegt man nicht eng

Er ruft stecht tiefer ins Erdreich ihr einen ihr andern singet und spielt
er greift nach dem Eisen im Gurt er schwingts seine Augen sind blau
stecht tiefer die Spaten ihr einen ihr andern spielt weiter zum Tanz auf

Schwarze Milch der Frühe wir trinken dich nachts
wir trinken dich mittags und morgens wir trinken dich abends
wir trinken und trinken
ein Mann wohnt im Haus dein goldenes Haar Margarete
dein aschenes Haar Sulamith er spielt mit den Schlangen

Er ruft spielt süßer den Tod der Tod ist ein Meister aus Deutschland
er ruft streicht dunkler die Geigen dann steigt ihr als Rauch in die Luft
dann habt ihr ein Grab in den Wolken da liegt man nicht eng

Schwarze Milch der Frühe wir trinken dich nachts
wir trinken dich mittags der Tod ist ein Meister aus Deutschland
wir trinken dich abends und morgens wir trinken und trinken
der Tod ist ein Meister aus Deutschland sein Auge ist blau
er trifft dich mit bleierner Kugel er trifft dich genau
ein Mann wohnt im Haus dein goldenes Haar Margarete
er hetzt seine Rüden auf uns er schenkt uns ein Grab in der Luft
er spielt mit den Schlangen und träumet der Tod ist ein Meister aus Deutschland

dein goldenes Haar Margarete
dein aschenes Haar Sulamith

Konzentrationslager Mauthausen: Ein Häftling wird mit einer Handkarre zu seiner Hinrichtung gefahren. Die voranschreitende Häftlingskapelle muss die Hinrichtung mit Musik begleiten.

**1** Unterscheiden Sie in den Gedichten von Paul Celan und Nelly Sachs jeweils die Darstellung von Opfern und Tätern.

**2** Zeigen Sie, wie die Form jeweils den Inhalt der Gedichte unterstützt. Bedenken Sie dabei den Titel von Celans Gedicht – und dass dieser ursprünglich „Todestango" lauten sollte.

**3** Sammeln, recherchieren und diskutieren Sie sprachliche Bilder, die Ihnen in den Gedichten unklar sind.

**4** Deuten Sie die beiden Gedichte mit Bezug auf den Begriff der „hermetischen Lyrik" (→ S. 342).

# 4.3 Kunstauffassungen: „Sehnsüchte nach einem neuen Anfang“

## Kulturelles Leben nach dem Krieg

Gestern hatte ich Gelegenheit, einmal im Wagen durch die ganze Breite dieser Stadt zu fahren. Es war gespenstisch. Man ist an die Trümmer seiner Umwelt, seines Weges zur Arbeit, seines Bezirkes gewöhnt. Aber da wurde mir einmal bewusst, wie wenig von Berlin noch da ist. Ich fragte mich, ob wir uns nicht eigentlich nur etwas vormachen. Ich fuhr an einer Litfaßsäule vorbei, die beklebt war mit unzähligen Ankündigungen von Theatern, Opern, Konzerten. Ich sah nachher im Inseratenteil der Zeitung: An fast 200 Stellen wird Theater gespielt. Tatsächlich. Überall. In allen Bezirken. [...] Zwei Opernhäuser spielen ständig – welche Stadt der Welt hat das noch? Ob da nicht eine ungesunde Hausse[1] in Kunst ausgebrochen ist – ob es nicht nötiger ist, Handfestes zu tun –, ob der Drang vor die Bühnen und in die Lichtspielhäuser nicht etwas Leichtfertiges und Frivoles an sich hat? [...]

*(aus: Friedrich Luft: Neues Leben auf den Bühnen, 1946)*

1 **Hausse:** Steigen der Börsenkurse

Heinz Hartwig: **Zeitschriftenzeit** (1947)

Wir halten in der „Gegenwart“
nun „Umschau“ nach der rechten Art,
wie „Wir und Heute“ wollen leben.
Fast „Simpl“ klingt's. Das ist's ja eben.

„Der Ruf“, der sich an alle wendet,
heißt: Ist „Die Wandlung“ schon vollendet?
Seid ihr schon „Heute“ so gereift,
dass „Welt und Wort“ ihr neu begreift?

Hier fass' ich in ein „Wespennest“.
Noch hält mein „Tagebuch“ nicht fest,
dass jede „Aussaat“ Früchte trug.
Noch gleicht ihr einem Narrenzug;
scheint euch im „Karussell“ zu drehn,
ohn' „End' und Anfang“ recht zu sehn.

Die Welt auf der „Tribüne“ lacht,
wenn ihr noch lang' so weitermacht
und wie ein „Pinguin“ (im Kleid
dem Vogel ähnlich) – Fische seid ...

Die „Deutsche Rundschau“ auf dem Berg
von Trümmern sagt euch: Frisch ans Werk!
Dass bald ein volles „Magazin“
dem geistigen Bedürfnis dien'.

Noch ist der „Aufbau“ ungeleitet,
„Das Neue Podium“ nicht bereitet,
das uns die „Weltbühne“ ersetzt. – – –
Zur „Auslese“ zählt der zuletzt,
der – ohne selbst zu rudern – rastet
und unsre „Fähre“ nur belastet.

Und so, dass wir uns recht verstehn,
sind „Deutsche Beiträge“ zu sehn:
Als Schlüssel für „Das Goldne Tor“
zur Freiheit, die ein Volk verlor!

„Zeitschriftenkiosk“, Berlin, 1949

**1** Friedrich Luft wird die am Ende des Textauszugs gestellte Frage im weiteren Textverlauf mit „Nein" beantworten. Sammeln Sie Gründe für und gegen diese Stellungnahme.
**2** Referate: Die Erlaubnis zur Veröffentlichung hing nach dem Krieg zunächst von den Besatzungsmächten ab. Stellen Sie die Zulassungspolitik in den verschiedenen Besatzungszonen dar.
**3** **a** Geben Sie den Inhalt des Gedichts von Heinz Hartwig mit eigenen Worten wieder.
**b** Weiterführend: Erfinden Sie mit Hilfe des gesamten Kapitels „Nach 1945" einen für die Zeit passenden Zeitschriftentitel und formulieren Sie ein programmatisches Vorwort.

## Kahlschlagliteratur

### Günter Eich: **Inventur** (1947)

Dies ist meine Mütze,
dies ist mein Mantel,
hier mein Rasierzeug
im Beutel aus Leinen.

Konservenbüchse:
mein Teller, mein Becher,
ich hab in das Weißblech
den Namen geritzt.

Geritzt hier mit diesem
kostbaren Nagel,
den vor begehrlichen
Augen ich berge.

Im Brotbeutel sind
ein Paar wollene Socken
und einiges, was ich
niemand verrate,

so dient er als Kissen
nachts meinem Kopf.
Die Pappe hier liegt
zwischen mir und der Erde.

Die Bleistiftmine
lieb ich am meisten:
Tags schreibt sie mir Verse,
die nachts ich erdacht.

Dies ist mein Notizbuch,
dies meine Zeltbahn,
dies ist mein Handtuch,
dies ist mein Zwirn.

### Wolfgang Weyrauch: **„Kahlschlag"** (1949) Auszug

Indem Eich und die Verfasser der Kahlschlag-Prosa [...] von vorn anfangen, ganz von vorn, bei der Addition der Teile und Teilchen der Handlung, beim Abc der Sätze und Wörter [...], widerstreiten sie, manchmal sogar ultimativ, der Fortsetzung der kalligrafischen[2] [...] Literatur in Deutschland, der Verhängung und dem Verhängnis eines neuen Nebels bei uns, worin die Geier und die Hyänen nisten und tappen. Und warten. Warten auf unsre endgültige Zerstückelung, damit sie ihr altes, außermenschliches Reich der Gefräßigkeit des Menschen gegen den Menschen errichten können.
Unsre Literatur kann unsrer Existenz helfen. Denn unsre Literatur, ich wiederhole es, ist öffentlich. Wer nicht wiederholt, irrt sich. Alle Literaturen sind öffentlich. Ich plädiere aber dafür, dass sie es aus eigener Kraft seien. Keiner kann ihnen ihre Autochthonie[3] wegnehmen, keiner darf sie ihnen wegnehmen.
Die zukünftige deutsche Literatur wird eine verpflichtende Literatur sein, oder sie wird nicht sein. [...]
Die Männer des Kahlschlags – die sich, vielleicht, diese Bezeichnung und das ihr inbegriffene Stigma verbitten, wenn sie diese Sätze lesen – schreiben die Fibel der neuen deutschen Prosa.

**2 Kalligrafie:** (wörtlich:) Schönschreibkunst
**3 Autochthonie:** Bodenständigkeit

1 Erklären Sie, warum Weyrauch von „Kahlschlag"-Literatur spricht. Erläutern Sie dazu die von ihm verwendeten sprachlichen Bilder.
2 Neben dem Begriff „Kahlschlag" wurden auch die Begriffe „Trümmer-" und „Heimkehrerliteratur" üblich. Finden Sie Erklärungen für diese Bezeichnungen.
3 Zeigen Sie, inwiefern Günter Eichs Gedicht „Inventur" den Forderungen Wolfgang Weyrauchs entspricht.
4 Verfassen Sie ein Parallelgedicht, in dem Sie Ihre „Inventur" darstellen.

## Die Gruppe 47 – Sprungbrett und Endstation, Kollegentreffen und Markt

Alfred Andersch und Hans Werner Richter hatten nach dem Krieg die kritische Zeitschrift „Der Ruf" herausgegeben, die bald von der amerikanischen Militärbehörde verboten wurde.
Als Richter, um die Gruppe zusammenzuhalten und zur Vorbereitung einer geplanten Zeitschrift namens „Der Skorpion", die Autoren des „Rufs" einlud, aus noch nicht veröffentlichten Manuskripten zu lesen, entwickelte sich daraus die „Gruppe 47", die den Literaturmarkt der jungen Bundesrepublik auf über 30 Sitzungen maßgeblich beeinflusste. Preise wurden verliehen, Kritiker und Radiostationen fanden sich ein, kaum ein bundesdeutscher Autor von Rang fehlte. Erst die politischen Auseinandersetzungen Ende der 1960er-Jahre und die Kritik am Einfluss der Gruppe beendeten die regelmäßigen Treffen 1967.

### Hans Werner Richter: **Die Gruppe 47 nach 15 Jahren** (1962) Auszug

Der Ursprung der Gruppe 47 ist politisch-publizistischer Natur. Nicht Literaten schufen sie, sondern politisch engagierte Publizisten mit literarischen Ambitionen. Ihre Absicht ist nur aus dem Zusammenbruch des Dritten Reiches und aus der Atmosphäre der ersten Nachkriegsjahre zu erklären. Sie wollten unter allen Umständen und für alle Zukunft eine Wiederholung dessen verhindern, was geschehen war, und sie wollten zur gleichen Zeit mit den Grundstein für ein neues, demokratisches Deutschland, für eine bessere Zukunft und für eine neue Literatur legen, die sich ihrer Verantwortung auch gegenüber der politischen und gesamtgesellschaftlichen Entwicklung bewusst ist. Sie hielten die deutsche Literatur und Publizistik nicht für schuldlos an dem Geschehenen. So glaubten sie, ganz von vorn beginnen zu müssen, mit neuen Methoden, unter anderen Voraussetzungen und mit besseren Zielen. Ihr ideeller Höhenflug ist symptomatisch für jene ersten Nachkriegsjahre.
Aus dieser Absicht heraus wandten sie sich gegen die „Kalligrafen", wie sie die Schönschreiber der Vergangenheit nannten, begannen die „Sklavensprache" zu roden, sie von dem Gestrüpp der Propagandasprache zu reinigen und sie gleichzeitig von der wortreichen, stilistisch übergewandten, nicht mehr klaren und nicht mehr verständlichen „inneren Emigrationsliteratur" zu befreien.
Dort hatten die Angehörigen des „jungen Deutschland" die Möglichkeit, ihre Ideen zu leben, eine Möglichkeit, die angesichts der politischen und gesellschaftlichen Probleme, die in Deutschland zu lösen waren und immer noch zu lösen sind, vielleicht nur eine Narrenmöglichkeit ist. Es blieb ihnen die Gruppe 47. Sie ersetzte die nunmehr nach dem Verbot fehlende Zeitschrift als Kristallisationspunkt durch das Gespräch, durch Kritik und Diskussion. Hier sammelten sich alle Impulse, alle ideellen Bemühungen, alle Bestrebungen und alle Sehnsüchte nach einem neuen Anfang und nach einer Regeneration

des gesamten deutschen gesellschaftlichen Lebens. Für viele Jahre war sie der einzige Kommunikationspunkt dieser jungen deutschen Schriftsteller und ersetzte für sie zugleich die literarische Öffentlichkeit, die nach dem Krieg nicht mehr bestand, im Dritten Reich nicht bestanden hatte und nun in einem geteilten, geschlagenen, moralisch und geistig ruinierten Deutschland, einem Land ohne jeden Zentralpunkt, ohne Hauptstadt und Metropole, bis heute noch nicht wieder voll besteht.

So war die Gruppe 47 gleichzeitig Zentralpunkt, Kaffeehaus, Metropole und Diskussionsbühne, setzte oft unbewusst Maßstäbe und wurde – als Ersatz für vieles Fehlende benutzt – doch zu einem eigenen Faktor und zu einer neuen Form der literarischen und publizistischen Kommunikation.

**1** Benennen Sie mögliche Ziele der „Gruppe 47“. Berücksichtigen Sie dabei, auf welche literarischen Strömungen Richter sich beruft und welche er ablehnt.

**2** Vergleichen Sie die Ziele mit der Aussage des folgenden Gedichts von Ingeborg Bachmann.

**3** Untersuchen Sie, welchen Beitrag sprachliche Mittel wie Enjambement (→ S. 339) und Anapher (→ S. 326) für die Wirkung des Gedichts leisten.

Ingeborg Bachmann las erstmals und mit Erfolg im Mai 1952 auf der Tagung der Gruppe 47 in Niendorf an der Ostsee. Danach nahm sie regelmäßig an den Gruppentreffen teil.

### Ingeborg Bachmann: **Alle Tage** (1953)

Der Krieg wird nicht mehr erklärt,
sondern fortgesetzt. Das Unerhörte
ist alltäglich geworden. Der Held
bleibt den Kämpfen fern. Der Schwache
ist in die Feuerzonen gerückt.
Die Uniform des Tages ist die Geduld,
die Auszeichnung der armselige Stern
der Hoffnung über dem Herzen.

Er wird verliehen,
wenn nichts mehr geschieht,
wenn das Trommelfeuer verstummt,
wenn der Feind unsichtbar geworden ist
und der Schatten ewiger Rüstung
den Himmel bedeckt.

Er wird verliehen
für die Flucht von den Fahnen,
für die Tapferkeit vor dem Freund,
für den Verrat unwürdiger Geheimnisse
und die Nichtachtung
jeglichen Befehls.

Ingeborg Bachmann (1926–73)

**1** Erschließen Sie aus den folgenden Zitaten von Tagungsteilnehmern die „Spielregeln" bei den Treffen der Gruppe 47.

Etwa zwei Wochen später schlug Hans Georg Brenner vor, diese Gruppe nach der spanischen „Generation von 98", die ähnliche Vorstellungen hatte, „Gruppe 47" zu nennen. Der Name gefiel Hans Werner, denn er war unverbindlich. Die Gruppe war nicht gegründet worden, sie war kein Verein, sie war entstanden. Hans Werner lud ein- bis zweimal im Jahr zu Tagungen ein, wohin und wen, war seine Sache, aber da er ein leidenschaftlicher Demokrat mit überzeugender Toleranz war, hatten, denke ich, alle seine Freunde und Gäste ihren Gewinn und ihr Vergnügen. *(Toni Richter, Frau von Hans Werner Richter)*

Die Diskussionsmethode von der Tagung am Bannwaldsee war bereits unangefochten: kein Theoretisieren, nur (harte) Kritik am Gegenstand, der Kritisierte durfte nicht direkt antworten. [...] Die vorgelesenen Arbeiten: Gedichte, Erzählungen, Romanauszüge oder Dramatisches, waren gegenwartsbezogen, und ob sie im Experiment steckenblieben oder eine eigene Handschrift erkennen ließen: Alle waren getragen von dem Wunsch nach Klarheit und Schnörkellosigkeit.

*(Toni Richter)*

Sein Vater, ein erfolgreicher Zahnarzt in Hamburg, hatte ihm gesagt: Geh zur Gruppe 47. Kommst du durch, dann kannst du meinetwegen Schriftsteller werden. Fällst du durch, wirst du Zahnarzt. [...] Richter hatte eingangs, auf ausdrücklichen Wunsch des Delinquenten, dessen „Lage" bekannt gegeben. Der junge Mann blickte ab und an zu Richter hinüber, wurde zusehends sicherer, ließ sich verführen, neben dem einen Blatt noch ein anderes hervorzuziehen, las es. Kaum hatte er geendet, wieder dieses hartnäckige Schweigen. „Zur Kritik, bitte." Stille. Dann sprach Richter die denkwürdigen Worte: „Deutschland ist um einen Zahnarzt reicher geworden."

*(Horst Mönnich, Schriftsteller)*

Hans Werner Richter beim Stimmenauszählen für den Preis der Gruppe 47

Sie war nichts von allem: und von allem etwas – die Gruppe 47: Convent und Klatschbörse. Rennbahn und Teststrecke. Intrigenkarussell und Freundschaftskneipe. Begabtenprobe und Red-Light-District („Ist die Bachmann wirklich mit dem ...?" „Hat Bobrowski tatsächlich ...?"). Und Markt. Das nicht zu guter Letzt.

*(Fritz J. Raddatz, Literaturkritiker und Essayist)*

Tagung der Gruppe 47

## Probleme der Lyrik nach 1945

„Nach Auschwitz ein Gedicht zu schreiben, ist barbarisch“, hatte der Philosoph Theodor W. Adorno in seinem Aufsatz „Kulturkritik und Gesellschaft“ 1951 erklärt, dies später in anderen Äußerungen etwas eingeschränkt, aber nie ganz zurückgenommen. Der Satz wurde zum Ausgangspunkt einer lang anhaltenden Diskussion.

1 Die Entgegnungen auf Adorno bezogen sich in der Regel nur auf den zitierten Satz, nicht auf Adornos ganzen Aufsatz. Notieren Sie daher an der Tafel zunächst verschiedene Interpretationen, die Sie bei diesem Satz für möglich halten.
2 Diskutieren Sie, bei welchen Interpretationen Sie Adornos Satz zustimmen würden und was dem Satz bei anderen Auslegungen entgegenzuhalten wäre.
3 Vergleichen Sie Ihre Ergebnisse mit den folgenden Thesen von Wolfdietrich Schnurre aus dem Jahr 1978. Begründen Sie, welche These Ihnen am wichtigsten erscheint.

### Wolfdietrich Schnurre: **Dreizehn Thesen gegen die Behauptung, dass es barbarisch sei, nach Auschwitz ein Gedicht zu schreiben** (1978) Auszug

1. Wenn man „das Gedicht“ überhaupt verurteilen kann, dann einzig doch das, das geschrieben wurde, während über Auschwitz die Rauchwolken aufstiegen und das vor dieser Todesfabrik einen bestickten Metaphernvorhang herabließ, sodass der Lyrik-Konsument vor so genannten Ewigkeitswerten und innerer Erbauung die Realität nicht mehr wahrnahm.
2. Wie kann es barbarisch sein, ein Gedicht zu schreiben? *Auschwitz* war barbarisch. Damit ist dieses Adjektiv für den weiteren Sprachverbrauch erledigt. Für „das Gedicht nach Auschwitz“ muss man sich, besteht man auf seiner Ablehnung, eine differenzierendere Bezeichnung einfallen lassen. Vorschläge: inhuman; instinktlos; taktlos; unbedarft; blind; ahnungslos; vergesslich; ungerührt; verbrecherisch; ästhetisierend. [...]

7. Nicht auf die Hereinnahme eines so unfassbaren Themas wie Auschwitz kommt es an im Gedicht. Es kommt darauf an, dass der Gedichteverfertiger es sich *klarmacht,* nach Auschwitz zu dichten. Er kann schreiben, worüber er will. Auch über Bäume. Aber seine Bäume müssen andere sein als die, die in den Gedichten rauschten, die *vor* Auschwitz entstanden.
8. Niemand hat jenes Verzweiflungsverdikt glaubwürdiger widerlegt als eben *die* Lyriker, die sich bewusst waren, nach Auschwitz zu schreiben. [...]
9. Lyrik ist sinnlich. Also meint sie das Leben. Also verteidigt sie es. Und da soll sie, nach einem derart globalen Todessieg, schweigen?

### Gottfried Benn: **Probleme der Lyrik** (1951) Auszug

Ich gebrauchte vorhin zur Charakterisierung des modernen Gedichts den Ausdruck Artistik und sagte, das sei ein umstrittener Begriff – in der Tat, er wird in Deutschland nicht gern gehört. Der durchschnittliche Ästhet verbindet mit ihm die Vorstellung von Oberflächlichkeit, Gaudium, leichter Muse, auch von Spielerei und Fehlen jeder Transzendenz. In Wirklichkeit ist es ein ungeheuer ernster Begriff und ein zentraler. Artistik ist der Versuch der Kunst, innerhalb des allgemeinen Verfalls der Inhalte sich selber als Inhalt zu erleben und aus diesem Erlebnis einen neuen Stil zu bilden, es ist der Versuch, gegen den allgemeinen Nihilismus der Werte eine neue Transzendenz zu setzen: die Transzendenz der schöpferischen Lust. [...]

Darf ich an diese Stelle die Bemerkung anknüpfen, daß in der Lyrik das Mittelmäßige schlechthin unerlaubt und unerträglich ist, ihr Feld ist schmal, ihre Mittel sehr subtil, ihre Substanz das Ens realissimum[1] der Substanzen, demnach müssen auch die Maßstäbe extrem sein. Mittelmäßige Romane sind nicht so unerträglich, sie können unterhalten, belehren, spannend sein, aber Lyrik muß entweder exorbitant sein oder gar nicht. Das gehört zu ihrem Wesen.

Und zu ihrem Wesen gehört auch noch etwas anderes, eine tragische Erfahrung der Dichter an sich selbst: Keiner auch der großen Lyriker unserer Zeit hat mehr als sechs bis acht vollendete Gedichte hinterlassen, die übrigen mögen interessant sein unter dem Gesichtspunkt des Biografischen und Entwicklungsmäßigen des Autors, aber in sich ruhend, aus sich leuchtend, voll langer Faszination sind nur wenige – also um diese sechs Gedichte die dreißig bis fünfzig Jahre Askese, Leiden und Kampf. [...]

Farben und Klänge gibt es in der Natur, Worte nicht. Wir lesen bei Goethe: „aus Farbenreibern sind schon treffliche Maler hervorgegangen", wir müssen hinzufügen, das Verhältnis zum Wort ist primär, diese Beziehung kann man nicht lernen. Sie können Äquilibristik[2] lernen, Seiltanzen, Balanceakte, auf Nägeln laufen, aber das Wort faszinierend ansetzen, das können Sie, oder das können Sie nicht. Das Wort ist der Phallus des Geistes, zentral verwurzelt. Dabei national verwurzelt. Bilder, Statuen, Sonaten, Symphonien sind international – Gedichte nie. Man kann das Gedicht als das Unübersetzbare definieren. [...]

Aus all diesem kommt das Gedicht, das vielleicht eine dieser zerrissenen Stunden sammelt –: das absolute Gedicht, das Gedicht ohne Glauben, das Gedicht ohne Hoffnung, das Gedicht, an niemanden gerichtet, das Gedicht aus Worten, die Sie faszinierend montieren. Und, um es nochmals zu sagen, wer auch hinter dieser Formulierung nur Nihilismus und Laszivität erblicken will, der übersieht, daß noch hinter Faszination und Wort genügend Dunkelheiten und Seinsabgründe liegen, um den Tiefsinnigsten zu befriedigen, daß in jeder Form, die fasziniert, genügend Substanzen von Leidenschaft, Natur und tragischer Erfahrung leben. Aber natürlich ist das eine Entscheidung. Sie verlassen die Religion, Sie verlassen das Kollektiv und gehen über in unübersehbare Gefilde.

R

1 **Ens realissimum:** Ursprung, Grund aller Realität

2 **Äquilibristik:** Kunst des Gleichgewichthaltens

1. Charakterisieren Sie den modernen Dichter, wie Benn ihn hier vorstellt.
2. Beschreiben Sie mit Hilfe des Textes die Eigenarten moderner Dichtung. Beziehen Sie auch die Erläuterungen im Anhang zur hermetischen Lyrik (→ S. 342) und zum Stilmittel der Chiffre (→ S. 326, 342) mit ein.
3. Vergleichen Sie die Aussagen Benns mit dem folgenden Gedicht des Autors.
4. Vergleichen Sie Benns Gedicht „Ein Wort" mit dem Gedicht „Inventur" von Günter Eich (S. 237).

## Gottfried Benn: **Ein Wort** (1943)

Ein Wort, ein Satz –: aus Chiffern steigen
erkanntes Leben, jäher Sinn,
die Sonne steht, die Sphären schweigen
und alles ballt sich zu ihm hin.

Ein Wort – ein Glanz, ein Flug, ein Feuer,
ein Flammenwurf, ein Sternenstrich –
und wieder Dunkel, ungeheuer,
im leeren Raum um Welt und Ich.

# 4.4 Textfenster: Die Kurzgeschichte nach 1945

## Theoretisches zur Kurzgeschichte

Heinz Piontek: **Grafik in Prosa. Ansichten über die deutsche Kurzgeschichte** (1959) Auszug

Zu den beiden Kleinformen der Erzählung, auf die wir hinwiesen, hat sich in den letzten Jahrzehnten eine dritte gesellt: die *Kurzgeschichte*. Die Bezeichnung ist ziemlich vage und unergiebig. In Amerika, wo ihre Ursprünge liegen, führt sie denselben Namen. [...]

Von der Handlung der Kurzgeschichte müssen wir uns eine lineare Vorstellung machen. Der Erzähler weicht Verschlingungen, Verschachtelungen aus, meidet Knoten und Wirbel. Er baut sie auf in Anlehnung an die Struktur der Zeit, die ihn beschäftigt. Jene Zeit, die in seiner Behandlung Umriss annimmt und zugleich durchscheinend wird, ist „normaler", gleichmäßiger Ablauf. Was ihn bewegt, sich gerade an diese Zeit-Erscheinung zu halten, mag die Einsicht sein, dass für die Wirklichkeit nicht die großen Momente kennzeichnend sind, nicht die Explosionen und Schicksalsstürze, nicht die theatralischen Haupt- und Staatsaktionen, sondern das Simple und Tagtägliche und Unauffällige, kurz gesagt: Er hält das weithin Allgemeine für bedeutungsvoller als den atemnehmenden Sonderfall. [...]

Wir müssen uns jedoch davor hüten, das Gewöhnliche mit dem Beliebigen zu verwechseln. Die Kurzgeschichte zeigt ihre handelnden Figuren keineswegs in einem unerheblichen Augenblick ihres Lebens. [...] Der Erzähler stellt [...] gewissermaßen ein deduktives Verfahren an. Im Allgemeinen des Existierens fixiert er das Bedeutsame. Daher interessieren ihn vor allem solche Lagen, in denen der Mensch Farbe bekennen muss, wo ihm Zusammenhänge aufgehen oder sein Bewusstsein wichtige Erweiterungen erfährt. [...]

Die Situation besitzt weder einen markanten Anfang noch ein dezidiertes Ende. Sie ist ein Zustand der Zeit. Von hier lässt sich nun einsehen, warum uns die Schlüsse der Shortstory oft anmuten, als wären sie willkürliche Abbrüche der Fabel oder Kompositionsschwächen schlechthin. [...]

Bisher war nur von dem unsichtbaren „Geschehen" in der Shortstory die Rede. Es versteht sich, dass der Erzähler diese im Verborgenen sich abspielenden Prozesse nicht reflektiv zur Geltung bringt. Seine Mittel sind Schilderung, Dialog. Da er die Denk- und Gefühlsbewegungen seiner Akteure nur höchst selten direkt aufzeichnet, muss man die Geschichten Wort für Wort lesen, mit einer geradezu findigen Aufmerksamkeit, denn die inneren Vorgänge geben sich zumeist bloß in schwachen Verfärbungen und Veränderungen der Oberfläche zu erkennen. [...]

Er [der Dialog] besitzt die Mundwärme ungehobelten Sprechens, bezieht Alltagswendungen und Berufsslang in seinen Wortlaut ein und schreckt nicht davor zurück, Banalitäten zu erörtern. [...]

Der Erzähler zeigt sich [...] als ein Meister des Weglassens und Aussparens. Drei, fünf, zehn Seiten – mehr beansprucht er fast nie. [...] Durch Ausscheiden und Fortlassen wird hier Konzentration erzeugt. Nach demselben Prinzip erreicht auch die Kurzgeschichte ihre Dichte und Intensität. Sparsam, unerbittlich verleiht sie der Welt Kontur. Ihre Linien sind messerscharf.

**1** Stellen Sie Vermutungen über die Themen der deutschen Kurzgeschichte der Nachkriegszeit an.

**2** Erklären Sie Gestalt und Erfolg der deutschen Kurzgeschichten aus den historischen Gegebenheiten der Nachkriegsjahre. Greifen Sie auf Informationen aus Kapitel 4.1 zurück.

# „Ein Stück herausgerissenes Leben"

## Wolfgang Borchert: **Die Stadt** (1946)

Wolfgang Borchert (1921–1947)

Ein Nächtlicher ging auf den Schienen. Die lagen im Mond und waren schön blank wie Silber. Nur kalt, dachte der Nächtliche, kalt sind sie. Links weitab ein vereinsamtes Geglüh, ein Gehöft. Und dabei ein raugebellter Hund. Das Geglüh und der Hund machten die Nacht zur Nacht. Dann war der Nächtliche wieder allein. Nur der Wind machte seine langatmigen U-Töne an den Ohren vorbei. Und auf den Schienen tupfige Flecken: Wolken überm Mond.

Da kam der Mann mit der Lampe. Die schaukelte, als sie zwischen die beiden Gesichter gehoben wurde. Der Mann mit der Lampe sagte: Na, Junge, wohin denn? Und der Nächtliche zeigte mit dem Arm auf das Helle hinten am Himmel. Hamburg?, fragte der mit der Lampe. Ja, Hamburg, antwortete der Nächtliche. Dann polterten unter ihren Schritten leise die Steine. Stießen sich klickernd. Und der Draht an der Lampe quietschte hin und her, hin und her. Vor ihnen lagen die Schienen im Mond. Und die Schienen liefen silbern auf das Helle zu. Und das Helle am Himmel in dieser Nacht, das Helle war Hamburg.

So ist das aber nicht, sagte der mit der Lampe, so ist das nicht mit der Stadt. Das ist hell da, o ja, aber unter den hellen Laternen gehen auch nur welche, die Hunger haben. Das sag ich dir, du.

Hamburg!, lachte der Nächtliche, dann ist das andere gleich. Da muss man doch wieder hin, immer wieder hin, wenn man daher gekommen ist. Man muss wieder hin. Und dann, das sagte er, als ob er sich viel dabei dächte, das ist das Leben! Das einzige Leben!

Die Lampe quietschte hin und her, hin und her. Und der Wind uhte molltönig an den Ohren vorbei. Die Schienen lagen mondgeglänzt und kalt.

Dann sagte der mit der pendelnden Lampe: Das Leben! Mein Gott, was ist das: Sich an Gerüche erinnern, nach Türdrückern fassen. Man geht an Gesichtern vorbei und fühlt nachts den Regen im Haar. Das ist schon viel.

Da weinte hinter ihnen eine Lokomotive wie ein riesiges Kind voll Heimweh auf. Und sie machte die Nacht zur Nacht. Dann polterte ein Güterzug hart an den Männern vorbei. Und er grollte wie Gefahr durch die sternbestickte seidige Nacht. Die Männer atmeten mutig dagegen. Und die runden rotierenden Räder rollten ratternd unter rostroten roten Waggons. Rasten rastlos rumpelnd davon – davon – davon. Und viel ferner noch leise: davon – davon –

Da sagte der Nächtliche: Nein, das Leben ist mehr als im Regen laufen und nach Türdrückern fassen. Das ist mehr als an Gesichtern vorbeigehen und Gerüche erinnern. Das Leben ist: Angst haben. Und Freude haben. Angst haben, dass man unter den Zug kommt. Und Freude, dass man nicht unter den Zug gekommen ist. Freude, dass man weitergehen kann.

Dann lag an den Schienen ein schmales Haus. Der Mann machte die Lampe kleiner und gab dem Jungen die Hand: Also, Hamburg! Ja, Hamburg, sagte der und ging. Die Schienen lagen schön blank im Mond. Und hinten am Himmel ein heller Fleck: Die Stadt.

---

**1** Charakterisieren Sie Inhalt, Aufbau, Sprache und Figurendarstellung des Textes.

**2** Vergleichen Sie Ihre Ergebnisse mit den theoretischen Ausführungen von Heinz Piontek (→ S. 243).

## Heinrich Böll: **Abschied** (1950)

Wir waren in jener grässlichen Stimmung, wo man schon lange Abschied genommen hat, sich aber noch nicht zu trennen vermag, weil der Zug noch nicht abgefahren ist. Die Bahnhofshalle war wie alle Bahnhofshallen, schmutzig und zugig, erfüllt von dem Dunst der Abdämpfe und vom Lärm, Lärm von Stimmen und Wagen. Charlotte stand am Fenster des langen Flurs, und sie wurde dauernd von hinten gestoßen und beiseitegedrängt und es wurde viel über sie geflucht, aber wir konnten uns doch diese letzten Minuten, diese kostbaren letzten gemeinsamen unseres Lebens nicht durch Winkzeichen aus einem überfüllten Abteil heraus verständigen ... „Nett", sagte sie schon zum dritten Mal, „wirklich nett, dass du bei mir vorbeigekommen bist." „Ich bitte dich, wo wir uns schon so lange kennen. Fünfzehn Jahre." „Ja, ja, wir sind jetzt dreißig, immerhin ... kein Grund ..." „Hör auf, ich bitte dich. Ja, wir sind jetzt dreißig. So alt wie die russische Revolution ..." „So alt wie der Dreck und der Hunger ..." „Ein bisschen jünger ..." „Du hast recht, wir sind furchtbar jung." Sie lachte. „Sagtest du etwas?", fragte sie nervös, denn sie war von hinten mit einem schweren Koffer gestoßen worden ... „Nein, es war mein Bein." „Du musst was dran tun." „Ja, ich tu was dran, es redet wirklich zu viel ..." „Kannst du überhaupt noch stehen?" „Ja ...", und ich wollte ihr eigentlich sagen, dass ich sie liebte, aber ich kam nicht dazu, schon seit fünfzehn Jahren ... „Was?" „Nichts ... Schweden, du fährst also nach Schweden ..." „Ja, ich schäme mich ein bisschen ... eigentlich gehört das doch zu unserem Leben, Dreck und Lumpen und Trümmer, und ich schäme mich ein bisschen. Ich komme mir scheußlich vor ..." „Unsinn, du gehörst doch dahin, freu dich auf Schweden ..." „Manchmal freu ich mich auch, weißt du, das Essen, das muss herrlich sein, und nichts, gar nichts kaputt. Er schreibt ganz begeistert ..." Die Stimme, die immer sagt, wann die Züge abfahren, erklang jetzt einen Bahnsteig näher, und ich erschrak, aber es war noch nicht unser Bahnsteig. Die Stimme kündigte nur einen internationalen Zug von Rotterdam nach Basel an, und während ich Charlottes kleines, zartes Gesicht betrachtete, kam der Geruch von Seife und Kaffee mir in den Sinn, und ich fühlte mich scheußlich elend. Einen Augenblick lang fühlte ich den verzweifelten Mut, diese kleine Person einfach aus dem Fenster zu zerren und hierzubehalten, sie gehörte mir doch, ich liebte sie ja ... „Was ist?" „Nichts", sagte ich, „freu dich auf Schweden ..." „Ja. Er hat eine tolle Energie, findest du nicht? Drei Jahre gefangen in Russland, abenteuerliche Flucht, und jetzt liest er da schon über Rubens." „Toll, wirklich toll ..." „Du musst auch was tun, promovier doch wenigstens ..." „Halt die Schnauze!" „Was?", fragte sie entsetzt. „Was?" Sie war ganz bleich geworden. „Verzeih", flüsterte ich, „ich meine nur das Bein, ich rede manchmal mit ihm ..." Sie sah absolut nicht nach Rubens aus, sie sah eher nach Picasso aus, und ich fragte mich dauernd, warum er sie bloß geheiratet haben mochte, sie war nicht einmal hübsch, und ich liebte sie. Auf dem Bahnsteig war es ruhiger geworden, alle waren untergebracht, nur noch ein paar Abschiedsleute standen herum. Jeder Augenblick konnte der letzte sein ... „Du musst doch etwas tun, irgendetwas tun, es geht so nicht." „Nein", sagte ich. Sie war das Gegenteil von Rubens: schlank, hochbeinig, nervös, und sie war so alt wie die russische Revolution, so alt wie der Hunger und der Dreck in Europa und der Krieg ... „Ich kann's gar nicht glauben ... Schweden ... es ist wie ein Traum ..." „Es ist alles ein Traum." „Meinst du?" „Gewiss. Fünfzehn Jahre. Dreißig Jahre ... Noch dreißig Jahre. Warum promovieren, lohnt sich nicht. Sei still, verdammt!" „Redest du mit dem Bein?" „Ja." „Was sagt es denn?" „Horch." Wir waren ganz still und blickten uns an und lächelten, und wir sagten es uns, ohne ein Wort zu sprechen. Sie lächelte mir zu: „Verstehst du jetzt, ist es gut?“ „Ja ... ja.“ „Wirklich?“ „Ja, ja.“ „Siehst du“, fuhr sie leise fort, „das ist es ja gar nicht, dass man zusammen ist und alles. Das ist es ja gar nicht, nicht wahr?“ Die Stimme, die sagt, wann die Züge abfahren, war jetzt ganz genau über mir, amtlich und sauber, und ich zuckte zusammen, als schwinge sich eine große, graue, behördliche Peitsche durch die Halle. „Auf Wiedersehen!“ „Auf Wiedersehen!“ Ganz langsam fuhr der Zug an und entfernte sich im Dunkel der großen Halle ...

**1** Wolfdietrich Schnurre definierte die Kurzgeschichte als „ein Stück herausgerissenes Leben“. Erklären Sie diese Aussage anhand von Bölls Text.

**2** Charakterisieren und vergleichen Sie die Gestaltung der Figuren sowie das Motiv der Eisenbahn in den beiden Kurzgeschichten von Böll und Borchert.

## Wandlungen der Kurzgeschichte in der Gegenwart

### Gabriele Wohmann: **Schöne Ferien** (1968)

Schöne Ferien, zum ersten Mal wieder, seit ich mit Asmus zusammen bin. Die unveränderte Bucht gefiel mir neuerdings. Wie lang hatte ich nicht mehr etwas wie Waten im Wasser genossen. Alle Augenblicke fiel mir ein, daß ich aufatmen konnte, und ruhig sein, ruhig sein. Keine Zänkereien mit den Cousinen, im Gegenteil. Vor dem Café Rose saßen friedlich die Großeltern, und mich machte es nicht nervös, wenn sie uns unaufhörlich zu Tee und Wespennestern einluden: Spezialität der Rose. Auch mit Lutz legt Asmus sich nicht an. Lutz drehte sein Radio so laut, wie es ihm paßte, und Asmus pfiff sogar mit. Natürlich badete Lutz wieder kein einziges Mal, Asmus aber äußerte sich einfach nicht dazu, womit ein Zustand erreicht wäre, den ich immer angestrebt habe. Asmus verhielt sich entweder aus Rücksicht auf mich so, oder er war ausgeglichener geworden – jetzt irre ich mich gründlich. Asmus war ja diesen Sommer nicht mit.

Statt dessen Heinz Pfitzner. Der Zufall verschlug uns ins gleiche Hotel. Nach der ersten Woche sagten wir nicht mehr Sie, und er wollte Nelson genannt werden. Der Familie gegenüber zeigte er sich zugänglich. Die ließ uns auf langen Spaziergängen allein. Ihre Großzügigkeit sah aber nicht nach Opfer aus, und zum ersten Mal freute ich mich ohne schlechtes Gewissen an dieser wirklichen Freiheit. Es machte mir auch Spaß, der Familie so einen netten Mann zu verschaffen, wenn auch nur für kurz. Oft forderte Nelson Lutz auf, sich uns anzuschließen. Weil Lutz, wie jedermann, Nelson mochte, sagte er zu. So nahm Lutz am Ausflug zum Vogelschutzgebiet teil. Nelson redet gern mit Jüngeren, er bringt sie dazu, daß sie aus sich herausgehen. Bei Lutz ein Wunder, er hat nichts als seine Schlager und zwei Diskjockeys. Jetzt hatte er Nelson. Schön für ihn, schön für uns alle. Von Nelson geht Ruhe aus, daran liegt es. Ich werde mich im Verlauf dieser Ferien erholen. Sogar Nelson zu lieben strengt kaum an.

Die Fingernägel schneide ich mir häufig, damit erinnere ich mich an Asmus. Selbstverständlich denke ich oft an ihn, mein Frieden nimmt daraufhin zu. Asmus kann nicht über meine verkorksten Fingernägel schimpfen. Auch nicht über Barfußlaufen bei kaltem Wetter. Während ich meine rotgefrorenen Fußzehen begutachte, denke ich daran, wie gern jetzt Asmus über sie in Wut geriete. Mein Haar kann er ebenfalls nicht überprüfen. Ich lasse es jeden Tag beim Baden in der Bucht naß werden. Schon nächsten Sommer werde ich wieder auf die Kommandos von Asmus Rücksicht nehmen müssen, also

übertreibe ich es jetzt mit der Unvernunft. Überall fehlt Asmus, und seine erhobene, nicht hotelmäßige Stimme zürnt mir in meinem Gedächtnis, nur da.
Nelson ist liebenswürdig. Den Cousinen schnitt er vorgestern die Haare. Meinem Großvater rasierte er den flaumigen runzligen Nacken aus. Mit meiner Großmutter unterhielt er sich geduldig über die Triebwelt der Ameisen, wieder mal hatte sie sich einen Koffer voll Tierbücher mitgebracht, ihre Passion. Auf alles ging Nelson ein. Ich selber mußte mich dämpfen, damit meine Freude über unsern allgemeinen Einklang mich nicht laut machte. So ruhig sein wie Nelson, das war mein Programm. Gelassen zuhören bei törichten Äußerungen über Wetterabhängigkeit vom Mondwechsel: Lieblingstheorie meines Großvaters. Lächeln zur Behauptung, P. Huber, der 1810 die Sitten der einheimischen Ameise untersucht hat, sei kein Franzose gewesen: die Großmutter will es so. Auch die Cousinen und Lutz, alle stellten dauernd die üblichen Anlässe her, gegen die Asmus auf die Barrikaden ging.
Es kommt aber vor, daß ich aus heiterem Himmel erschrecke; dreh dich nicht um, sage ich mir, Asmus steht hinter dir. Ich halte den Atem an und warte ab. Irgend jemand von der Familie ruft mir dann zu: Was ist los mit dir? Schläfst du am hellen Tag? Und sie lachen miteinander – aber ohne Nelson. Sie hat die Augen zu, seht nur! Auch Asmus lacht nicht mit. Für Launen hat er nichts übrig. Jetzt rufen sie: Hallo Asmus, kümmere dich gefälligst mal um deine Frau, weck sie auf, los! Ich lasse die Augen zu. Bei geschlossenen Lidern, ruhig, ruhig, verwöhnt mich Nelson, meine Erfindung.

R

1. Rekonstruieren Sie aus dem Text, wie der übliche Urlaub der Ich-Erzählerin verläuft.
2. Kennzeichnend für den Aufbau der Kurzgeschichte ist nach Einschätzung des Literaturwissenschaftlers Gero von Wilpert, dass sie „vom Schluss her geschrieben" ist. Überprüfen und diskutieren Sie diese Charakterisierung anhand der Kurzgeschichte „Schöne Ferien".
3. Der Text von Gabriele Wohmann stammt aus dem Jahr 1968, die auf S. 48 ff. wiedergegebene Kurzgeschichte von Ingo Schulze aus dem Jahr 1995. Untersuchen Sie, inwiefern sich diese Kurzgeschichten von den frühen Kurzgeschichten von Borchert und Böll unterscheiden.

**Eva Menasse · Schicksal** Am 11. Mai 1970 verpasste das ältliche Fräulein die letzte Gelegenheit, den Mann ihres Lebens kennen zu lernen. Sie hatte eine gute Ausbildung genossen, die klassischen Sprachen gelernt, und ihr wacher Geist gab zu schönen Hoffnungen Anlass. Doch dann erkrankten Vater und Mutter noch in jungen Jahren, und des Fräuleins gute Pflege hielt sie lange am Leben. So verlor sie ohne eigene Schuld viel Zeit. Am genannten Tag nun wurde der Mann, der ihr vom Schicksal zugedacht war, auf dem Weg ins Kaffeehaus von einem Taxi gerammt, das einen frischgebackenen Vater in die Geburtsklinik bringen sollte. Der vorgesehene Mann wurde nicht verletzt, doch war er so erschrocken, dass er nicht mehr ins Café wollte und wieder nach Hause ging. Das Fräulein, das im Lokal direkt hinter der großen Glasscheibe saß, hatte zwar den Tumult draußen bemerkt, aber natürlich nichts begriffen. Auf dem Heimweg kaufte sie spontan ein Hündchen, sie wusste selber nicht, warum, und mied von nun an das große Kaffeehaus.

**Postcard Story Nr. 4** **ars vivendi**

In der Sammlung „Postcard Storys" aus dem Jahr 2005 finden sich 30 Geschichten zum Verschicken auf Postkarten.

1. Beschreiben Sie anhand der „Postkartengeschichte" von Eva Menasse, inwiefern die Länge einer Geschichte ihre Gestaltung beeinflusst.
2. Weiterführend: Verfassen Sie selber eine Geschichte, die auf einer Postkarte Platz findet.

## 4.5 Rezeption: Wie viel Neuanfang gelang der Gruppe 47?

Martin Walser: **Sozialisieren wir die Gruppe 47!** (1964) Auszug

Die Gruppe ist in vielen Augen eine herrschsüchtige Clique geworden. Und der literarische Jahrmarkt, der da einmal im Jahr stattfindet, auf dem es so lustig und so lächerlich und so grausam und so laut und so bunt und so unterhaltsam zugeht wie auf einem richtigen Jahrmarkt, dieser Jahrmarkt wird beurteilt als eine monopolistische imperialistische Veranstaltung zur Einschüchterung der Kritik, der Leser, der Öffentlichkeit. Und vielleicht ist der Gruppe unbemerkt ein kleines Beil in die Hand gewachsen, das aussieht wie ein großes Beil. Ich finde, da ist es wirklich Zeit, das zufällig Gewordene zu überprüfen. Vielleicht hat sich da etwas entwickelt, was jetzt noch korrigiert werden kann. [...]

Wie sozialisiert man eine literarische Gruppe? Indem man sie zu einem Allgemeinen macht. Jedem zugänglich. Zum jährlichen Jahrmarkt kann sich jeder Aussteller literarischer Waren melden. Richter entscheidet, wer vorliest.

Wird der Andrang der Leselustigen zu groß, so ist schnell eine Jury gebildet, die ausliest. Bei den Malern ist das seit Langem guter Brauch. Auch Kritiker sollen kommen, Kritiker jeder Art und Anschauung. Und schon wäre jeder Anhauch von Klüngelei, Verschwörung, Herrschsucht und so weiter weg. Die Fenster wären offen, ein nun von jedem nachprüfbarer, fast demokratischer Luftzug wehte durch den Tagungsraum.

**Peter Handke auf einer Tagung der Gruppe 47** (1966) Abschrift einer Tonbandaufzeichnung

Ich bemerke, daß in der gegenwärtigen deutschen Prosa eine Art Beschreibungsimpotenz vorherrscht. Man sucht sein Heil in einer bloßen Beschreibung, was von Natur aus schon das billigste ist, womit man überhaupt nur Literatur machen kann. Wenn man nichts mehr weiß, dann kann man immer noch Einzelheiten beschreiben. Es ist eine ganz, ganz unschöpferische Periode in der deutschen Literatur doch hier angebrochen, und dieses komische Schlagwort vom „Neuen Realismus“ wird von vielerlei Leuten ausgenützt, um doch da irgendwie ins Gespräch zu kommen, obwohl sie keinerlei Fähigkeiten und keinerlei schöpferische Potenz zu irgendeiner Literatur haben. (Gemurmel) Es wird überhaupt keinerlei Reflexion gemacht. Es wird eine Philosophie vorgegeben, eine Weltanschauung vorgegeben, in der man so tut, als gäbe es nur die Beschreibung von Einzelheiten und Vorgängen. Und das ist auch eine Art cinéma vérité[1] der Literatur, nach meiner Ansicht. Es ist zwar zu sehen, daß gewisse Fehler der alten Literatur nicht mehr gemacht werden, zum Beispiel wird mit Metaphern sehr vorsichtig umgegangen, aber es ist zu beobachten, daß also vor allem die Errungenschaften dieser neuen Literatur in einer Negation bestehen. Daß also die Fehler oder die Klischees der alten Literatur zwar abgeworfen wurden, daß aber das Heil keineswegs in einer neuen Position gefunden wurde, sondern in einer ganz primitiven und öden Beschränkung auf diese sogenannte „Neue Sachlichkeit“. Und es werden auch in der Form dieser Prosa ... die Form dieser neuen deutschen Prosa ist keineswegs ... ist fürchterlich konventionell, vor allem im Satzbau, in der Sprachgestik überhaupt. Auch wenn die einzelnen Worte also, wie gesagt, metaphernlos sind, ist die Gestik dieser Sprache völlig öd und den Geschichten der früheren Zeiten fürchterlich ähnlich. Das möchte ich doch behaupten. (Unruhe, Gemurmel)

R

1 **cinéma vérité:** Bezeichnung für den (französischen) Dokumentarfilm der 1960er-Jahre

**Andrzej Szczypiorski: Die Deutschen und ihre Literatur** (1995) Auszug

Während der Hitlerokkupation fand ich in den Romanen von großen Deutschen moralische Wegweiser. Sie ließen mich die Hoffnung hegen, dass die deutsche Kultur universal ist, dass sie sich auf die gemeinsame europäische Erfahrung beruft und Europa als eine große Heimat aller Menschen, die von der judaistisch-christlichen, mediterranen Tradition gestaltet wurden, betrachtet. Solche Werte fand ich in den Werken von Kleist und Fontane, von Thomas und Heinrich Mann, Hermann Hesse und Bertolt Brecht. Aber das deutsche Volk trennte sich von seiner Tradition und Kultur. Bevor es begann, Menschen in Öfen zu verbrennen, verbrannte es auf den Scheiterhaufen Bücher von den großen deutschen Schriftstellern. Es schien mir – sicher nicht ohne Recht, Sinn und Hoffnung –, dass sich die deutsche Literatur damit, was in der Zeit Adolf Hitlers in Deutschland und Europa geschah, auseinandersetzen wird.

Anna Seghers (1900–1983)

„Das siebte Kreuz" (1942)

Dazu kam es jedoch nicht, und die Abrechnungsversuche, die gemacht wurden, waren nicht kühn genug oder gescheitert oder sehr elegant, damit sich das deutsche Volk nicht zu tief verletzt und gequält fühlte. Ich behaupte nicht, dass die deutsche Literatur das Thema der deutschen Sünden liebenswürdig verschwieg. Es gab doch solche Autoren wie Böll, Grass, Bobrowski, Walser, Lenz, Kant, die die moralische und politische Problematik dieser schrecklichen Erfahrung des deutschen Volkes aufgriffen. Wenn ich jedoch heute – vielleicht mit zu brutaler Aufrichtigkeit – als Leser das ganze deutsche literarische Schaffen, das sich mit der Zeit der Verachtung und der Verbrechen auseinandersetzte, zusammenfasse, komme ich zum Schluss, dass die hervorragendsten Werke vor vielen Jahren und gewissermaßen am Rande der deutschen Nationalerfahrung entstanden.

Die tiefste Analyse des Nazismus enthält „Doktor Faustus" von Thomas Mann, ein ergreifendes und schönes Werk, das sich jedoch vor allem auf die intellektuelle Schicht des Erlebnisses konzentriert, ohne sein ganzes Grauen und seinen verbrecherischen Charakter wiederzugeben.

Für den hervorragendsten Roman über die Verbrechen des Dritten Reiches halte ich „Das siebte Kreuz" von Anna Seghers, ein Werk, das in der Zeit entstand, als sich die Welt noch nicht ganz darüber im Klaren war, wozu der Hitlerismus führen kann.

Es schien damals nach 1945, dass die Deutschen in ihrer Kultur eine große Gewissenserforschung machen werden. Ich bin nicht sicher, ob das geschah …

---

**1** **a** Stellen Sie anhand der drei Texte auf S. 248 und 249 sowie anhand der Informationen aus Kapitel 4.3 (→ S. 236 ff.) positive und negative Aspekte der Gruppe 47 einander gegenüber.
**b** Ziehen Sie in einer Diskussion Bilanz.

**2** Weiterführend: Erörtern Sie, wie sich eine „Gruppe 201X" von der Gruppe 47 unterscheiden würde.

! **Epochenüberblick: Literatur der Nachkriegszeit (1945–1949)**

Das Ende des Zweiten Weltkriegs markierte einen tiefen Einschnitt in der deutschen Geschichte. Die materielle und politische Situation der ersten Nachkriegsjahre war durch **Not, Zerstörung** und die **drohende Teilung** des Landes gekennzeichnet. Das in Trümmern liegende, in **Besatzungszonen** aufgeteilte Land stand vor der Aufgabe, in Auseinandersetzung mit der Schuld an Krieg und Völkermord einen politischen, gesellschaftlichen, kulturellen **Neuanfang** zu finden.

Literarisch waren kurz nach dem Weltkrieg zunächst die in Deutschland gebliebenen Autoren der „inneren Emigration" erfolgreich. Tonangebend in der Lyrik war Gottfried Benn, der eine Zeit lang mit den Nationalsozialisten sympathisiert hatte und nun in der Abkehr von allem Politischen ein Bekenntnis zum **„absoluten Gedicht"** ablegte: Im absurden Lauf der Geschichte leuchte sinnhaft nur das dichterische Wort auf.
Kehrten Autoren aus dem Exil nach Deutschland zurück, so handelte es sich in den meisten Fällen um Autoren mit kommunistischen Anschauungen, die ihre Hoffnungen auf die in der sowjetischen Besatzungszone neu entstehende DDR setzten.
Einen ästhetischen Neuanfang versuchten dagegen die meist jungen Autoren der **„Kahlschlag"**- oder **„Trümmerliteratur"**. Ihre Themen schöpften sie aus ihren **Kriegserfahrungen** oder aus den **Lebenserfahrungen im zerstörten Deutschland.** Eine **unverbrauchte, nüchterne,** die Realität nicht verhüllende **Sprache** sollte ihre Werke von der durch den Nationalsozialismus korrumpierten Sprache abgrenzen.
Solchen Überlegungen folgten auch die Autoren und Autorinnen der von Hans Werner Richter einberufenen, nicht institutionalisierten **„Gruppe 47"**, die mit ihren Treffen und ihren Teilnehmern bis zu ihrem Ende 1972 maßgeblich das literarische Leben der Bundesrepublik mitbestimmte.
Junge Dichter wie Ingeborg Bachmann und Paul Celan setzten sich mit der Fragwürdigkeit lyrischen Schreibens angesichts der Kriegsschrecken auseinander. Sie reagierten mit einer **hermetischen** („fest verschlossenen") **Lyrik,** die sich an den Grenzen des Sag- und Verstehbaren bewegt und immer wieder das Verstummen-Müssen thematisiert.
Auf Grund der neuen Publikationsmöglichkeiten nach dem Krieg sowie durch den Einfluss fremdsprachiger Autoren, deren Werke nun leichter zugänglich waren, wurden das **Hörspiel** und die **Kurzgeschichte** zu wichtigen literarischen Gattungen der Nachkriegszeit.

**Wichtige Autorinnen/Autoren und Werke:**
Wolfgang Borchert (1921–1947): Draußen vor der Tür (1947, Drama/Hörspiel), Kurzgeschichten
Nelly Sachs (1891–1970): In den Wohnungen des Todes (1947, Gedichte)
Günter Eich (1907–1972): Hörspiele; Züge im Nebel (1947, Kurzgeschichte), Abgelegene Gehöfte (1948, Gedichte)
Gottfried Benn (1886–1956): Statische Gedichte (1948)
Heinrich Böll (1917–1985): Wanderer, kommst du nach Spa... (1950, Kurzgeschichten)
Paul Celan (1920–1989): Mohn und Gedächtnis (1952, Gedichte)
Ingeborg Bachmann (1926–1973): Die gestundete Zeit (1953, Gedichte)

# 5 Deutschsprachige Literatur in Ost und West 1950–1989

**München 1973:**
Die AutorenEdition ist ein Verlag innerhalb des Bertelsmann Verlags. Hier werden Manuskripte nicht von Redakteuren des Verlags lektoriert, sondern von Schriftstellerkollegen.

**Berlin (Ost) 1982:**
Die Autoren der Literaturszene vom Berliner Stadtteil Prenzlauer Berg bilden mit Treffen und Lesungen in privatem Rahmen und mit kleinen Auflagen im Selbstverlag eine – wenn auch überwachte und von der Staatssicherheit unterwanderte – kritische Gegenkultur in der DDR.

1 Beschreiben Sie, welchen Eindruck die beiden Bilder auf Sie machen.
2 Versuchen Sie zu erklären, warum sich die AutorenEdition und die Literaturszene in Prenzlauer Berg bildeten. Ziehen Sie hierzu auch Ihr historisches Wissen heran.

## 5.1 Hintergründe: Zwei Staaten – zwei Literaturen?

1949 waren zwei deutsche Staaten gegründet worden, die Bundesrepublik Deutschland und die Deutsche Demokratische Republik. Weil die Regierung der Bundesrepublik diese Teilung Deutschlands nicht hinnehmen wollte, versuchte sie bis in die 1970er-Jahre, eine offizielle Anerkennung des anderen deutschen Staates zu verhindern. Die DDR hingegen betonte immer stärker ihre Eigenstaatlichkeit. Die Abgrenzung und Abschottung gipfelte in der Schließung des letzten freien Übergangs nach Westdeutschland, im Bau der Berliner Mauer 1961. Immer wieder wurde diskutiert, ob sich mit der Existenz zweier deutscher Staaten auch zwei Literaturen in Deutschland entwickelten.

**Häufigkeit der Bezeichnungen für die DDR in der „Süddeutschen Zeitung" pro Jahr**

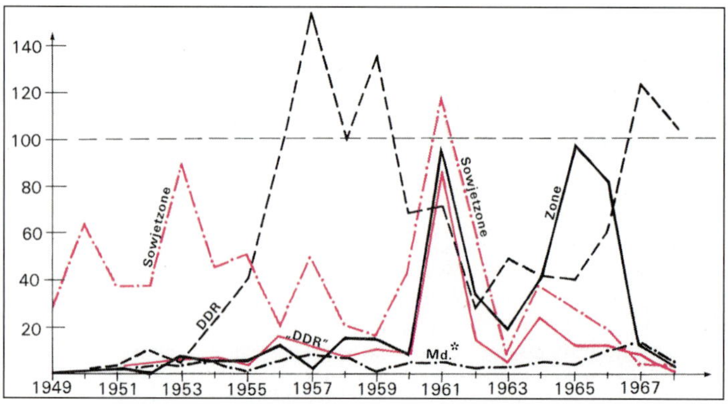


(aus: dtv-Atlas Deutsche Sprache)

* **Md.:** Mitteldeutschland

**1** Beschreiben Sie die abgebildete Grafik.

**2** Offensichtlich waren in der Bundesrepublik viele Bezeichnungen für die DDR in Gebrauch. Diskutieren Sie, welche Bezeichnung welche Konnotationen hervorrufen sollte.

**3** Erklären Sie in der Grafik die Spitzen bei den Jahren 1953 und 1961.

### Wolfgang Emmerich: **Was heißt und zu welchem Ende studiert man die Geschichte der DDR-Literatur?** (2000) Auszug

Der Status von DDR-Literatur in der Bundesrepublik war in den vierzig Jahren ihrer Existenz nie gleich und nie einheitlich. In den 50er-Jahren behauptete die konservative Literaturkritik ohne Einschränkung die Einheit der deutschen Literatur, und damit war die freie Literatur des Westens gemeint, der man allenfalls einige kritische und niveauvolle Schriftsteller aus der DDR wie Peter Huchel zugesellte. Nicht einmal Bertolt Brecht, Anna Seghers und Arnold Zweig waren anerkannt. Erst im Lauf der 60er-Jahre wurde in zögernden Schritten wahrgenommen, dass in Ostdeutschland eine „andere" Literatur entstand, die zweierlei Interesse beanspruchen konnte: Sie übermittelte Nachrichten aus einem zumal seit dem Mauerbau 1961 fremd und fremder gewordenen Land, das doch auch deutsch war, und immer häufiger handelte es sich zudem um Texte, die auch ästhetisch interessant waren. [...] Zu Ende der 60er-Jahre war „die DDR-Literatur" für aufmerksame Leser im Westen klar konturiert, gewiss mit erheblichen Einschränkungen, Ausblendungen und Bevorzugungen, aber doch als ein umrissenes eigenes Corpus. – Ein folgenreiches, nicht genuin literarisches (drittes) Interesse kam in diesen Jahren hinzu: Kritische, aber in ihrem Selbstverständnis nie anders als sozialistische Literatur aus der DDR – an der Spitze Biermann, Braun, Christa Wolf und Heiner Müller – wurde im Zuge der 68er-Bewegung von der Neuen Linken als Spiel-Raum, als Projektionsfläche für eigene (utopische) Entwürfe einer nichtkapitalistischen Gesellschaft gelesen. [...] Im Laufe der 70er-Jahre gesellte sich ein viertes Element zur jetzt schon stabilen Interessenkonstellation an der DDR-Literatur hinzu: die Sympathie für die DDR-Literatur als ein Medium vehementer Zivilisationskritik. Da auch die DDR ein Industriestaat war, der Arbeitsproduktivität (erfolglos) zum Fetisch erhob, die natürlichen Ressourcen zerstörte und tief in die gewachsenen Lebenswelten eingriff, wurde das ansonsten so exotische deutsche Nachbarland für westdeutsche Leser zur „zugänglichen Fremde“ (H. Mohr), das dem eigenen Land in mancher Hinsicht zum Verwechseln ähnlich war – so ähnlich, dass viele Leser z. B. Christoph Heins „Drachenblut“ („Der fremde Freund“)[1] 1983 gar nicht als DDR-Literatur identifizierten und weibliche Leser die Literatur von Frauen aus der DDR ganz als die ihre rezipierten. Da viele DDR-Autoren, zusammen mit anderen Künstlern, bei und nach der Biermann-Ausbürgerung 1976 politischen Mut bewiesen – nicht wenige bis an den Punkt, dass sie Strafverfolgung und mehr oder weniger erzwungene Auswanderung auf sich nahmen –, wuchs der nun auch moralische Nimbus[2] der DDR-Literatur weiter an.

1 siehe S. 268
2 **Nimbus:** Ansehen; ursprünglich: Heiligenschein

**DDR-Autoren im Westen**

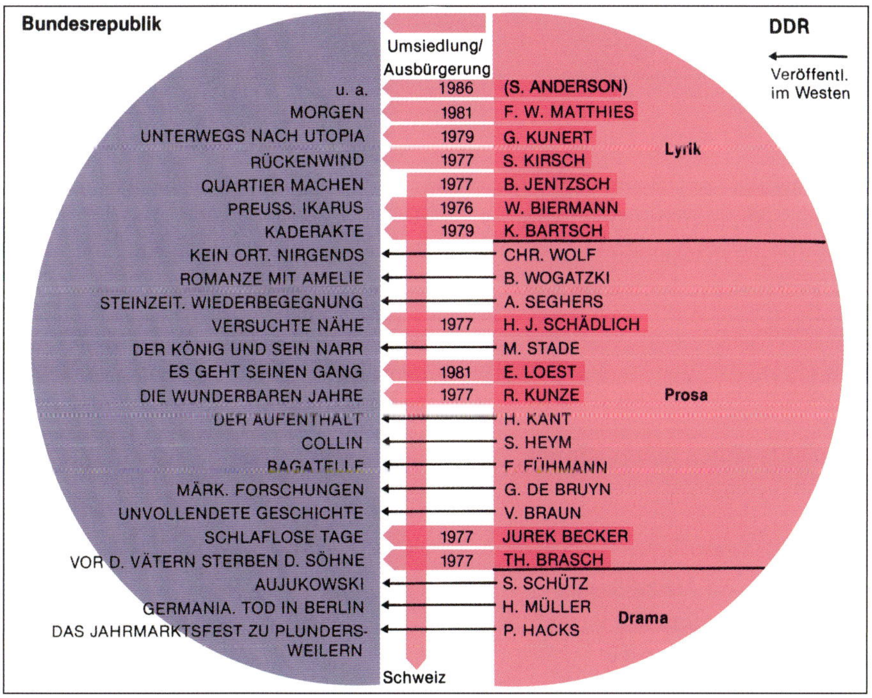


(aus: dtv-Atlas Deutsche Literatur)

**1** **a** Stellen Sie in einer Tabelle die im Text von Wolfgang Emmerich genannten Phasen, Themen und Autoren der DDR-Literatur und die Reaktionen westlicher Leser zusammen.
**b** Ergänzen Sie Ihre Tabelle mit Hilfe des Epochenüberblicks am Ende dieses Kapitels (→ S. 278 ff.).

**2** Formulieren Sie Argumente zur Frage, ob es im geteilten Deutschland zwei unterschiedliche Literaturen gegeben hat. Stützen Sie sich dabei auf die Materialien dieses Abschnitts (5.1).

# 5.2 Literatur in Westdeutschland, Österreich und der Schweiz

## Neue Formen, kritische Fragen

Gottfried Benns Dichtungsverständnis (→ S. 241 f.) war noch einflussreich, aber die Lyrik suchte nach neuen Formen; Bertolt Brechts Theater galt international noch als Vorbild, aber Max Frisch und Friedrich Dürrenmatt oder Autoren des absurden oder dokumentarischen Theaters (→ S. 335) entwickelten neue Konzeptionen; die Prosa provozierte in der Wirtschaftswunderzeit mit offenen Fragen: Was wurde eigentlich aus der Katastrophe des Nationalsozialismus gelernt? Wie sieht der weitere Weg des modernen Menschen aus?

### Eugen Gomringer: **das schwarze geheimnis** (1969)

das schwarze geheimnis
ist                    hier
hier                    ist
das schwarze geheimnis

### Eugen Gomringer: **wind** (1969)

            w   w
         d   i
      n   n   n
   i   d   i   d
w           w

### Ernst Jandl: **wien: heldenplatz** (1962)

der glanze heldenplatz zirka
versaggerte in maschenhaftem männchenmeere
drunter auch frauen die ans maskelknie
zu heften heftig sich versuchten, hoffensdick.
und brüllzten wesentlich.

verwogener stirnscheitelunterschwang
nach nöten nördlich, kechelte
mit zu-nummernder aufs bluten feilzer stimme
hinsensend sämmertliche eigenwäscher.

pirsch!
döppelte der gottelbock von Sa-Atz zu Sa-Atz
mit hünig sprenkem stimmstummel.
balzerig würmelte es im männechensee
und den weibern ward so pfingstig ums heil
zumahn: wenn ein knie-ender sie hirschelte.

### Ernst Jandl: **markierung einer wende** (1966)

| 1944 | 1945 |
|---|---|
| krieg | krieg |
| krieg | krieg |
| krieg | krieg |
| krieg | krieg |
| krieg | mai |
| krieg | |
| krieg | |
| krieg | |
| krieg | |
| krieg | |
| krieg | |
| krieg | |

**1** Die Gruppe um Eugen Gomringer, von dem die ersten beiden Gedichte stammen, stützte sich stark auf theoretische Überlegungen zu ihrer Kunst. Versuchen Sie, für die hier versammelten Gedichte der „konkreten Poesie" Gomringers und für die Sprachspiele Ernst Jandls ein Manifest zu entwerfen.

**2** Weiterführend: Schreiben Sie selber Gedichte im Stile Gomringers oder Jandls, z. B. zu den Wörtern „fallen", „spiegeln", „schleichen", „kleinlaut", „durchschaubar".

Im seinem Roman „Tauben im Gras“ zeigt Wolfgang Koeppen (1906–1996) das gesellschaftliche Panorama eines Frühlingstags im Jahr 1951 in München, das aus den Perspektiven von etwa 30 Figuren zusammengesetzt ist. Der Schluss des Romans lautet:

## Wolfgang Koeppen: **Tauben im Gras** (1951) Auszug

Mitternacht schlägt es vom Turm. Es endet der Tag. Ein Kalenderblatt fällt. Man schreibt ein neues Datum. Die Redakteure gähnen. Die Druckformen der Morgenblätter werden geschlossen. Was am Tage geschehen, geredet, gelogen, erschlagen und vernichtet war, lag in Blei gegossen wie ein flacher Kuchen auf den Blechen der Metteure[1]. Der Kuchen war außen hart, und innen war er glitschig. Die Zeit hatte den Kuchen gebacken. Die Zeitungsleute hatten das Unheil umbrochen, Unglück, Not und Verbrechen; sie hatten Geschrei und Lügen in die Spalten gepresst. Die Schlagzeilen standen, die Ratlosigkeit der Staatenlenker, die Bestürzung der Gelehrten, die Angst der Menschheit, die Glaubenslosigkeit der Theologen, die Berichte von den Taten der Verzweifelten waren vervielfältigungsbereit, sie wurden in das Bad der Druckerschwärze getaucht. Die Rotationsmaschinen liefen. Ihre Walzen pressten auf das Band des weißen Papiers die Parolen des neuen Tages, die Fanale der Torheit, die Fragen der Furcht und die kategorischen Imperative der Einschüchterung. Noch wenige Stunden und müde, arme Frauen werden die Schlagzeilen, die Parolen, die Fanale, die Furcht und die schwache Hoffnung ins Haus des Lesers tragen; verfrorene, missmutige Händler werden den Morgenspruch der Auguren[2] an die Wände ihrer Kioske hängen. Die Nachrichten wärmen nicht. *Spannung, Konflikt, Verschärfung, Bedrohung.* Am Himmel summen die Flieger. Noch schweigen die Sirenen. Noch rostet ihr Blechmund. Die Luftschutzbunker wurden gesprengt; die Luftschutzbunker werden wiederhergerichtet. Der Tod treibt Manöverspiele. *Bedrohung, Verschärfung, Konflikt, Spannung.* Komm-du-nun-sanfter-Schlummer. Doch niemand entflieht seiner Welt. Der Traum ist schwer und unruhig. Deutschland lebt im Spannungsfeld, östliche Welt, westliche Welt, zerbrochene Welt, zwei Welthälften, einander feind und fremd, Deutschland lebt an der Nahtstelle, an der Bruchstelle, die Zeit ist kostbar, sie ist eine Spanne nur, eine karge Spanne, vertan, eine Sekunde zum Atemholen, Atempause auf einem verdammten Schlachtfeld.

1 **Metteur:** Schriftsetzer

2 **Augur:** ursprünglich: Priester und Vogelschauer im antiken Rom. Hier: Eingeweihter, Kommentator, der politische Entwicklungen vorhersagt

Wolfgang Koeppen in seinem Arbeitszimmer (um 1990)

1 Untersuchen Sie die Zeitgestaltung des Textes. Was verweist in die Vergangenheit, was in die Zukunft?

2 Informieren Sie sich über die politischen Weichenstellungen in Westdeutschland Anfang der 1950er-Jahre. Interpretieren Sie in diesem Zusammenhang die Erzählhaltung des Textes.

3 Weiterführend: Formulieren Sie mit Hilfe einer aktuellen Tageszeitung und der einleitenden Worte des Textauszuges ab „Die Druckformen der Morgenblätter werden geschlossen“ einen Paralleltext aus Ihrer heutigen Sicht.

In Günter Grass' Roman „Die Blechtrommel“ schreibt der 1924 geborene und seit 1952 in einer „Heil- und Pflegeanstalt“ untergebrachte Oskar Mazerath seine Erinnerungen nieder:

### Günter Grass: **Die Blechtrommel** (1959) Auszug

Mir brachte der Sturz vier Wochen Krankenhausaufenthalt ein und danach, bis auf die späteren Mittwochsbesuche bei Dr. Hollatz, verhältnismäßige Ruhe vor den Ärzten; schon anläßlich meines ersten Trommlertages war es mir gelungen, der Welt ein Zeichen zu geben, mein Fall war geklärt, bevor die Erwachsenen ihn dem wahren, von mir bestimmten Sachverhalt nach begriffen hatten. Fortan hieß es: An seinem dritten Geburtstag stürzte unser kleiner Oskar die Kellertreppe hinunter, blieb zwar sonst beieinander, nur wachsen wollte er nicht mehr.

Und ich begann zu trommeln. Unser Mietshaus zählte vier Etagen. Vom Parterre bis zu den Bodenverschlägen trommelte ich mich hoch und wieder treppab. Vom Labesweg zum Max-Halbe-Platz, von dort nach Neuschottland, Anton-Möller-Weg, Marienstraße, Kleinhammerpark, Aktienbierbrauerei, Aktienteich, Fröbelwiese, Pestalozzischule, Neuer Markt und wieder hinein in den Labesweg. Meine Trommel hielt das aus, die Erwachsenen weniger, wollten meiner Trommel ins Wort fallen, wollten meinem Blech im Wege sein, wollten meinen Trommelstöcken ein Bein stellen – aber die Natur sorgte für mich.

Die Fähigkeit, mittels einer Kinderblechtrommel zwischen mir und den Erwachsenen eine notwendige Distanz ertrommeln zu können, zeitigte sich kurz nach dem Sturz von der Kellertreppe fast gleichzeitig mit dem Lautwerden einer Stimme, die es mir ermöglichte, in derart hoher Lage anhaltend und vibrierend zu singen, zu schreien oder schreiend zu singen, daß niemand es wagte, mir meine Trommel, die ihm die Ohren welk werden ließ, wegzunehmen; denn wenn mir die Trommel genommen wurde, schrie ich, und wenn ich schrie, zersprang Kostbarstes: Ich war in der Lage, Glas zu zersingen; mein Schrei tötete Blumenvasen; mein Gesang ließ Fensterscheiben ins Knie brechen und Zugluft regieren; meine Stimme schnitt gleich einem keuschen und deshalb unerbittlichen Diamanten Vitrinen auf und verging sich im Inneren der Vitrinen, ohne dabei die Unschuld zu verlieren, an harmonischen, edel gewachsenen, von lieber Hand geschenkten, leicht verstaubten Likörgläsern. R

**1** Formulieren Sie den Textausschnitt aus Sicht der Erwachsenen.

**2** Versuchen Sie zu erklären, warum Grass gerade Oskar Mazerath zur Hauptfigur seines Romans gemacht hat.

**3** Untersuchen Sie die Funktion der Personifikationen in Grass' Text.

### Friedrich Dürrenmatt: **Modell Scott** (1967)

Shakespeare hätte das Schicksal des unglücklichen Robert Falcon Scott doch wohl in der Weise dramatisiert, daß der tragische Untergang des großen Forschers durchaus dessen Charakter entsprungen wäre, Ehrgeiz hätte Scott blind gegen die Gefahren der unwirtlichen Region gemacht, in die er sich wagte, Eifersucht und Verrat unter den anderen Expeditionsteilnehmern hätten das Übrige hinzugetan, die Katastrophe in Eis und Nacht herbeizuführen; bei Brecht wäre die Expedition aus wirtschaftlichen Gründen und Klassendenken gescheitert, die englische Erziehung hätte Scott gehindert, sich Polarhunden anzuvertrauen, er hätte zwangsläufig standesgemäße Ponys gewählt, der höhere Preis wiederum dieser Tiere hätte ihn genötigt, an der Ausrüstung zu sparen; bei Beckett wäre der Vorgang auf das Ende reduziert, Endspiel, letzte Konfrontation, schon in einen Eisblock verwandelt, säße Scott anderen Eisblöcken gegenüber, vor sich hinredend, ohne Antwort von seinen Kameraden zu erhalten, ohne Gewißheit, von ihnen noch gehört zu werden. Doch wäre auch eine Dramatik denkbar, die Scott beim Einkaufen der für die Expedition benötigten Lebensmittel aus Versehen in einen Kühlraum einschlösse und in ihm erfrieren ließe. Scott, gefangen in den endlosen Gletschern der Antarktis, entfernt durch unüberwindliche Distanzen von jeder Hilfe, Scott, wie gestrandet auf einem anderen Planeten, stirbt tragisch, Scott, eingeschlossen in den Kühlraum durch ein läppisches Mißgeschick, mitten in einer Großstadt, nur wenige Meter von einer belebten Straße entfernt, zuerst beinahe höflich an die Kühlraumtüre klopfend, rufend, wartend, sich eine Zigarette anzündend, es kann ja nur wenige Minuten dauern, dann an die Türe polternd, darauf schreiend und hämmernd, immer wieder, während sich die Kälte eisiger um ihn legt, Scott, herumgehend, um sich Wärme zu verschaffen, hüpfend, stampfend, turnend, radschlagend, endlich verzweifelt Tiefgefrorenes gegen die Türe schmetternd, Scott, wieder innehaltend, im Kreise herumzirkelnd auf kleinstem Raum, schlotternd, zähneklappernd, zornig und ohnmächtig, dieser Scott nimmt ein noch schrecklicheres Ende, und deshalb ist Robert Falcon Scott im Kühlraum erfrierend ein anderer als Robert Falcon Scott erfrierend in der Antarktis, wir spüren es, dialektisch gesehen ein anderer, aus einer tragischen Gestalt ist eine komische Gestalt geworden, komisch nicht wie einer, der stottert, oder wie einer, der vom Geiz oder von der Eifersucht überwältigt worden ist, eine Gestalt, komisch allein durch ihr Geschick: Die schlimmstmögliche Wendung, die eine Geschichte nehmen kann, ist die Wendung in die Komödie. R

**1** Dürrenmatt war überzeugt, dass das Theater das aktuelle Welt- und Menschenbild widerspiegele. Schließen Sie von den vorgestellten Theaterkonzeptionen auf die Vorstellungen des jeweiligen Autors.

**2** Weiterführend: Entnehmen Sie einer Zeitung eine kurze Meldung, die Sie für geeignet halten, und gestalten Sie sie nach den Konzeptionen des aristotelischen (Shakespeare), epischen (Brecht), absurden (Beckett) und tragikomischen (Dürrenmatt) Theaters, wie Dürrenmatt es hier tut. Ziehen Sie zum absurden Theater auch die Charakterisierung von Wolfgang Hildesheimer heran.

Absurdes Theater aber bedeutet: Eingeständnis der Ohnmacht des Theaters, den Menschen läutern zu können, und sich dieser Ohnmacht als Vorwand des Theaterspiels zu bedienen. Ohnmacht und Zweifel, die Fremdheit der Welt, sind Sinn und Tendenz jedes absurden Stückes, das somit ein Beitrag zur Klarstellung der Situation des Menschen wird.

*(Wolfgang Hildesheimer: Über das absurde Theater, 1960)*

Das Material zum folgenden „Dokumentarstück“ stammt aus dem Auschwitz-Prozess in Frankfurt am Main (1963–1965), an dem Peter Weiss als Beobachter teilnahm. Die Aussagen der Zeugen und Angeklagten hat der Autor sprachlich nur leicht überarbeitet und in Verse gesetzt.

Peter Weiss: **Die Ermittlung. Oratorium in 11 Gesängen** (1965) Auszug

*Anmerkung*

Bei der Aufführung dieses Dramas soll nicht der Versuch unternommen werden, den Gerichtshof, vor dem die Verhandlungen über das Lager geführt wurden, zu rekonstruieren. Eine solche Rekonstruktion erscheint dem Schreiber des Dramas ebenso unmöglich, wie es die Darstellung des Lagers auf der Bühne wäre.

Hunderte von Zeugen traten vor dem Gericht auf. Die Gegenüberstellung von Zeugen und Angeklagten sowie die Reden und Gegenreden waren von emotionalen Kräften überladen.

Von all dem kann auf der Bühne nur ein Konzentrat übrig bleiben. Dieses Konzentrat soll nichts anderes enthalten als Fakten, wie sie bei der Gerichtsverhandlung zur Sprache kamen. Die persönlichen Erlebnisse und Konfrontationen müssen einer Anonymität weichen. Indem die Zeugen im Drama ihre Namen verlieren, werden sie zu bloßen Sprachrohren. [...]

**1 Gesang von der Rampe**

[...]
**RICHTER:**
Angeklagter Hofmann[1]
Was hatten Sie auf der Rampe zu tun
**ANGEKLAGTER 8:**
Ich hatte für Ruhe und Ordnung zu sorgen
**RICHTER:**
Wie ging das vor sich
**ANGEKLAGTER 8:**
Die Leute wurden aufgestellt
Dann bestimmten die Ärzte
wer arbeitsfähig war
und wer zur Arbeit nicht infrage kam
Mal waren mehr
mal weniger Arbeitsfähige
rauszuholen
Der Prozentsatz war bestimmt
Er richtete sich nach dem Bedarf
an Arbeitskräften
**RICHTER:**
Was geschah mit denen
die nicht zur Arbeit gebraucht wurden
**ANGEKLAGTER 8:**
Die kamen ins Gas
**RICHTER:**
Wie groß war der Prozentsatz
der Arbeitsfähigen
**ANGEKLAGTER 8:**
Im Durchschnitt ein Drittel
des Transportes
Bei Überbelegung des Lagers
hatten die Transporte
geschlossen abzugehn
**RICHTER:**
Haben Sie selbst
Aussonderungen vorgenommen
**ANGEKLAGTER 8:**
Ich kann dazu nur sagen
dass ich manchmal Nichtarbeitsfähige
zu den Arbeitsfähigen rübergeschoben habe
wenn die darum gebeten und gebettelt haben
**RICHTER:**
Durften Sie das
**ANGEKLAGTER 8:**
Nein
das war verboten
aber man hat eben beide Augen zugedrückt
**RICHTER:**
Wurde für den Rampendienst
Sonderverpflegung ausgegeben
**ANGEKLAGTER 8:**
Ja
da gab es Brot
eine Portion Wurst
und einen Fünftel Liter Alkohol

1 Franz Johann Hofmann, Schutzhaftlagerführer im KZ Auschwitz

**RICHTER:**
Hatten Sie bei der Ausübung Ihrer Arbeit
Gewalt anzuwenden
**ANGEKLAGTER 8:**
Da war immer ein großes Durcheinander
und da hat es natürlich mal
eine Zurechtweisung
oder eine Ohrfeige gegeben
Ich habe nur meinen Dienst gemacht
Wo ich hingestellt werde
mache ich eben meinen Dienst
**RICHTER:**
Wie kamen Sie zu diesem Dienst
**ANGEKLAGTER 8:**
Durch Zufall
Das war so
Mein Bruder hatte noch eine Uniform übrig
die konnte ich übernehmen
Da hatte ich keine Unkosten
Es war geschäftehalber
Mein Vater hatte eine Gaststätte
da verkehrten viele Parteigenossen
Als ich abkommandiert wurde
hatte ich keine Ahnung
wohin ich kam
Bei meiner Ankunft fragte ich
Bin ich denn hier richtig
Da hat man gesagt
Hier bist du immer richtig
**ANKLÄGER:**
Angeklagter Hofmann
wussten Sie
was mit den ausgesonderten Menschen
geschehen sollte
**ANGEKLAGTER 8:**
Herr Staatsanwalt
Ich persönlich hatte gar nichts
gegen diese Leute
Die gab es ja auch bei uns zuhause
Ehe sie abgeholt wurden
habe ich immer zu meiner Familie gesagt
Kauft nur weiter bei dem Krämer
das sind ja auch Menschen
**ANKLÄGER:**
Hatten Sie diese Einstellung noch
als Sie Dienst auf der Rampe taten
**ANGEKLAGTER 8:**
Also
von kleinen Übeln abgesehen
wie sie solch ein Leben von vielen
auf engem Raum
nun einmal mit sich bringt
und abgesehen von den Vergasungen
die natürlich furchtbar waren
hatte durchaus jeder die Chance
zu überleben

Joachim Kaiser: **Plädoyer gegen das Theater-Auschwitz** (1965) Auszug

[...] Der Zeuge 3 lässt das Problem des Stückes aufblitzen: „Wenn wir mit Menschen / die nicht im Lager gewesen sind / heute über unsere Erfahrungen sprechen / ergibt sich für diese Menschen / immer etwas Unvorstellbares ..."
Und jetzt soll die vergewaltigte Bühne leisten, was Prozessberichte, Zeugen, Schicksale und Wirklichkeiten nicht leisteten? Wenn Kunst ihre eigentümliche Macht in Bewegung setzen soll, muss sich ein Künstler stellen, müssen Freiheit, Auffassung und Gestaltung mit dabei sein. Vertreten indessen blutige Dokumente die Darstellung, dann wird die Wahrheit nicht gefördert, das Gewissen falsch aufgerührt und falsch beschwichtigt. Dann geschieht der Bühne Gewalt, moralische Entscheidungen sind zu ästhetischen Erlebnissen verharmlost, und den Opfern hat keiner geholfen.

**1** Stellen Sie mit eigenen Worten die Problematik dar, die aus der dem Stück vorangestellten „Anmerkung" und der Kritik von Joachim Kaiser deutlich wird.

**2** Diskutieren Sie anhand des hier wiedergegebenen Auszuges aus der „Ermittlung", ob Sie die Darstellungsweise des Dokumentartheaters für dem Thema angemessen halten oder was Ihrer Meinung nach eine angemessene Darstellungsweise wäre.

## Engagement und Politisierung

Der als ungerechtfertigt empfundene Vietnamkrieg, wirtschaftliche Krisen nach dem Wirtschaftswunder, eine regierende Große Koalition, der nur eine kleine Opposition gegenüberstand, Notstandsgesetze, mit denen im Krisenfall Grundrechte eingeschränkt werden sollten, schließlich Studentenproteste und der Terrorismus der RAF – dies alles führte dazu, dass die Literatur stärker Partei ergriff als bisher.

### Hans Magnus Enzensberger: **an alle fernsprechteilnehmer** (1969)

etwas, das keine farbe hat, etwas,
das nach nichts riecht, etwas zähes,
trieft aus den verstärkerämtern,
setzt sich fest in die nähte der zeit
und der schuhe, etwas gedunsenes
kommt aus den kokereien[1], bläht
wie eine fahle brise die dividenden
und die blutigen segel der hospitäler,
mischt sich klebrig in das getuschel
um professuren und primgelder[2], rinnt,
etwas zähes, davon der salm[3] stirbt,
in die flüsse, und sickert, farblos,
und tötet den butt auf den bänken.

die minderzahl hat die mehrheit,
die toten sind überstimmt.

in den staatsdruckereien
rüstet das tückische blei auf,
die ministerien mauscheln, nach phlox[4]
und erloschenen resolutionen riecht
der august. das plenum ist leer.
an den himmel darüber schreibt
die radarspinne ihr zähes netz.

die tanker auf ihren helligen[5]
wissen es schon, eh der lotse kommt,
und der embryo weiß es dunkel
in seinem warmen, zuckenden sarg:

es ist etwas in der luft, klebrig
und zäh, etwas, das keine farbe hat
(nur die jungen aktien spüren es nicht):
gegen uns geht es, gegen den seestern
und das getreide. Und wir essen davon
und verleiben uns ein etwas zähes,
und schlafen im blühenden boom,
im fünfjahresplan, arglos
schlafend im brennenden hemd,
wie geiseln umzingelt von einem zähen,
farblosen, einem gedunsenen schlund.

1 **Kokerei:** Anlage zur Gewinnung von Koks aus Kohle
2 **Primgeld:** Prämie für einen Schiffer, z. B. für die geglückte Ablieferung der unversehrten Fracht
3 **Salm:** Lachs
4 **Phlox:** „Flammenblume", Zierpflanze
5 **Hellige:** Plural von Helling: Schiffsbauplatz

### Peter Schneider: **Wir haben Fehler gemacht** (1967) Auszug

Haben wir jemals klargestellt, dass wir unbedingt erst einmal etwas über Bert Brecht und Peter Weiss erfahren müssen, bevor wir uns mit C. F. Meyer und Theodor Storm abgeben können, und nicht etwa umgekehrt? Das haben wir nicht getan. Was wundern wir uns also, dass unsere Vorlesungen über moderne Literatur von lauter Toten und Greisen handeln? Haben wir in unseren Prüfungen und Seminaren jemals etwas gesagt, was unserem Ärger nahekam? Das haben wir nicht getan. [...] Wir haben uns da offenbar nicht klar ausgedrückt, wir wollen uns jetzt klar ausdrücken. Es geht tatsächlich um [...] undemokratisches Verhalten, es geht darum, endlich nicht mehr sachlich zu sein. Wir haben in aller Sachlichkeit über den Krieg in Vietnam informiert, obwohl wir erlebt haben, dass wir die unvorstellbarsten Einzelheiten über die amerikanische Politik in Vietnam zitieren können, ohne dass die Fantasie unserer Nachbarn in Gang gekommen wäre, aber dass wir nur einen Rasen zu betreten brauchten, dessen Betreten verboten ist, um ehrliches, allgemeines und nachhaltiges Grauen zu erregen. Wir haben vollkommen demokratisch gegen die Notstandsgesetze demonstriert, obwohl wir gesehen haben, dass wir sämtliche Ränge des Zivildienstes aufzählen können, ohne irgendeine Erinnerung wachzurufen, aber dass wir nur die polizeilich vorgeschriebene Marschrichtung zu ändern brauchen, um den Oberbürgermeister und die Bevölkerung aus den Betten zu holen. Wir haben ruhig und ordentlich eine Universitätsreform gefordert, obwohl wir herausgefunden haben, dass wir gegen die Universitätsverfassung reden können, so viel und so lange wir wollen, ohne dass sich ein Aktendeckel hebt, aber dass wir nur gegen die baupolizeilichen Bestimmungen zu verstoßen brauchen, um den ganzen Universitätsbau ins Wanken zu bringen.

Demonstration empörter Katholiken für die Absetzung des dokumentarischen Theaterstücks „Der Stellvertreter“ von Rolf Hochhuth 1963 in Basel

Satirisches Plakat von Klaus Staeck, 1974.
Heinrich Bölls Eintreten für einen rechtsstaatlichen Umgang mit der RAF und seine Erzählung „Die verlorene Ehre der Katharina Blum“ (1974), in der die „Bild“-Zeitung angegriffen wird, führten zu heftigen Kontroversen.

Erich Fried: **Schwächer** (1967)

Sie werden wieder stärker
*Wer denn?*
Sie

*Wer sollen sie sein?*
Sie sollen nicht sein
sie sind nur

*Stärker als wer?*
Als du
Vielleicht bald als viele

*Was wollen sie?*
Zunächst
wieder stärker werden

*Warum sagst du das alles?*
Weil ich es
noch sagen kann

*Das kann dir doch schaden?*
Gewiss
denn sie werden stärker

*Woher weißt du das?*
Aus deinen Worten
dass es mir schaden kann

**1** **a** Das Ende der 1960er-Jahre gilt als eine Zeit des Wertewandels. Erarbeiten Sie anhand der Texte von Enzensberger und Schneider, welche Werte gefordert und welche abgelehnt wurden.
**b** Informieren Sie sich über die Hintergründe der Abbildungen auf dieser Seite. Stellen Sie einen Zusammenhang mit den Ergebnissen aus Aufgabe a her.
**2** Vergleichen Sie die Gedichte von Enzensberger und Fried.

## Zurück zum Subjektiven und zum Individuum

Viele Autoren und Autorinnen thematisierten in den 1970er-Jahren wieder das Individuum. Man wollte nicht hinter die Errungenschaften der Studentenbewegung zurückkehren, aber allgemeine Veränderungen sollten nun vom Einzelnen ausgehen und an ihm sichtbar gemacht werden. Dokumentarische Schreibformen, aber auch chiffrierte, alltagsferne Lyrik erschienen nicht mehr zeitgemäß.

Jürgen Theobaldy:
**Abenteuer mit Dichtung** (1973)

Als ich Goethe ermunterte einzusteigen
war er sofort dabei
Während wir fuhren
wollte er alles ganz genau wissen
Ich ließ ihn mal Gas geben
und er brüllte: „Ins Freie!"
und trommelte auf das Armaturenbrett

Ich drehte das Radio voll auf
er langte vorn herum
brach den Scheibenwischer ab
und dann rasten wir durch das Dorf
über den Steg und in den Acker
wo wir uns lachend und schreiend
aus der Karre wälzten.

Karin Kiwus:
**Tassos Nachtmusik** (1976)

Noch einmal trete ich auf bei Hofe
verzerrt im Lampenfieber und ein wenig wirr
ausgehalten zum Schein und ohne Gnade
verfolgt vom näherrückenden kurzen Prozess
das Morgengrauen wird mein Fall

Am siebten Tag für diesen letzten Abend
hat Harpo mir ergeben
seine Stacheldrahtharfe geliehen
und ich zupfe nun
dieses wunderbar fingerzerreißende Lied
das sie alle unendlich verhalten
mitsummen werden bei geschlossenen Augen

O Herr zu meinem Ruhme
ergriffen und von Sinnen
die ferne Ahnung in den Spiegeln
eine wiedererschaffene Welt
und die zarteste
aller Harmonien:

ich leide damit ich für sie spielen kann
und sie spielen dass sie mit mir leiden können

---

**1** Untersuchen Sie das Selbstverständnis des Künstlers in den Texten von Theobaldy und Kiwus. Erklären oder recherchieren Sie hierfür die Anspielungen auf Goethe, Tasso und Harpo.

**2** Vergleichen Sie dieses Selbstverständnis mit dem Selbstverständnis, das aus den Texten des Abschnitts „Engagement und Politisierung" (→ S. 260 f.) deutlich wird.

---

Thomas Bernhard: **Der Theatermacher** (1984) Auszug

*[Der Staatsschauspieler Bruscon will auf seiner Tournee im Dorf Utzbach sein Stück „Das Rad der Geschichte" aufführen. Das Ensemble besteht aus den Mitgliedern seiner Familie:]*

BRUSCON:
Nach der Vorstellung kommst du zu mir
und wir probieren die Stelle
und wenn es zwei Uhr früh ist
Kein Pardon
Ich dachte immer

ich bin ein vorzüglicher Lehrer
aber das war ein abwegiger Gedanke
Von Ferruccio erwarte ich keine Höhenflüge
aber von dir mein Kind
Komm her
gib mir die Hand
*Sarah gibt ihm die Hand*
**Bruscon:**
Was ist dein Vater
was ist dein Vater
**Sarah:**
Herr Bruscon
**Bruscon** *stößt sie weg:*
Unverschämtes Mädchen
was erlaubst du dir
Diese Frechheiten
werden dich noch teuer zu stehen kommen
Komm her
hierher habe ich gesagt
*Sarah geht zu ihm*
**Bruscon:**
Ich dulde keine Widerrede
und keine Gehorsamsverweigerung
*Nimmt ihre Hand und drückt sie so fest,*
*daß es ihr weh tut*
Nun also
was ist dein Vater
sag schon was dein Vater ist
**Ferruccio** *der die Szene beobachtet:*
Sag ihm schon was er ist
**Bruscon** *zu Ferruccio:*
Du schweigst
Nichtsnutz
Antitalent
Ferruccio
weil ich Busoniverehrer bin
aber du gereichst Busoni dem Genie
nicht zur Ehre
*drückt die Hand Sarahs noch fester*
Also
was ist dein Vater
**Sarah** *widerstrebend:*
Der größte Schauspieler
aller Zeiten
**Bruscon** *stößt sie weg, daß sie stolpert:*
Na also
Das wollte ich hören

Bruscon und Sarah. Berliner Ensemble, 2000

Schließlich ist es mir heute
noch nicht gesagt worden
Davonlaufen wenn es darauf ankommt
das könnt ihr alle
Komm her
Du sollst herkommen
Dein Vater befiehlt dir
herzukommen
*Sarah geht zu ihm hin*
**Bruscon** *nimmt ihre Hand:*
Da ihr selbst
nicht auf die Idee kommt
mir zu sagen
wer ich bin
muß es erzwungen werden
Ich habe keine andere Wahl mein Kind
Wir führen ein verzweifeltes Leben
eine entsetzliche Existenz
Dazu haben wir auch noch
eine kranke dumme Mutter
die in die Hypochondrie geflüchtet ist
und die ihren Text verhustet
Eine Katastrophe
wenn der Feuerwehrhauptmann
auf dem Gesetz besteht
und die absolute Finsternis in meiner Komödie
nicht zuläßt
Überall war es das Einfachste
hier ist alles das Komplizierteste
Als ob wir hier in Utzbach
in die Falle gegangen wären R

**1** Zeigen Sie, wie das Individuum in Bernhards Theaterstück dargestellt wird.

**2** Formulieren Sie im Anschluss an diese Szene einen Tagebucheintrag für die Figur der Sarah.

# 5.3 Etappen der Literatur in Ostdeutschland

## Verordnete Kulturpolitik

Jede Art von Kultur war in der DDR mit genauen Vorgaben konfrontiert, die der Staat gegen die Künstler mit allen Mitteln durchsetzte, denn für die Staatsführung hatte die Kultur eine ideologische Aufgabe zu erfüllen. Mit dem **„Bitterfelder Weg“** forderte man 1959–1964 beispielsweise die Autoren und Autorinnen auf, das Leben in den industriellen Betrieben kennen zu lernen.

### Kurt Hager: **Parteilichkeit und Volksverbundenheit unserer Literatur und Kunst** (1963)

Wir können heute feststellen, dass sich seit dem V. Parteitag und der Bitterfelder Konferenz eine wirkliche Hinwendung der Literatur und Kunst zum sozialistischen Leben, zur sozialistischen Produktion vollzogen hat. Die Aufforderung der Partei an die Schriftsteller und Künstler, ihre Arbeits- und Lebensweise zu verändern und sich fest mit dem Leben des Volkes, mit dem Kampf um den Sozialismus zu verbinden, wurde von vielen befolgt. [...] Einige Schriftsteller und Künstler verhalten sich ablehnend und kühl zu diesen Beschlüssen. Andere geben zwar in Worten ihre Zustimmung, ziehen aber keine Konsequenzen für ihre Arbeit. Gewiss, es handelt sich nicht um die Mehrheit, sondern um einige wenige. [...] Sie suchten gegenüber Partei und Regierung ihre eigene Politik durchzusetzen. Dabei ging es keineswegs nur um die Anerkennung des Bitterfelder Weges, um die Frage, ob der Schriftsteller und Künstler seine Lebensweise ändern und ob er sich der Gegenwartsthematik zuwenden soll. Es ging auch nicht in erster Linie um ästhetische Probleme. Es ging um Grundfragen der Politik und Kulturpolitik von Partei und Regierung. Deshalb war es notwendig, auf dem Parteitag offen die Auseinandersetzung mit den Werken und Anschauungen einiger Schriftsteller und Künstler zu führen. Der Parteitag befasste sich mit der falschen Konzeption der Zeitschrift *Sinn und Form* [...]. Die Zeitschrift orientierte sich nicht eindeutig auf den Sieg der Arbeiterklasse im Bunde mit allen anderen demokratischen Kräften, auf den Sieg des Sozialismus in ganz Deutschland, sondern auf irgendeine nebelhafte, durch die Aufrechterhaltung von kulturellen und sonstigen Verbindungen zu Stande kommende Wiedervereinigung, die eine Art Verschmelzung zwischen Kapitalismus und Sozialismus sein sollte.

### Peter Huchel: **Der Garten des Theophrast** (1962)

*Meinem Sohn*

Wenn mittags das weiße Feuer
Der Verse über den Urnen tanzt,
Gedenke, mein Sohn. Gedenke derer,
Die einst Gespräche wie Bäume gepflanzt.
Tot ist der Garten, mein Atem wird schwerer,
Bewahre die Stunde, hier ging Theophrast,
Mit Eichenlohe zu düngen den Boden,
Die wunde Rinde zu binden mit Bast.
Ein Ölbaum spaltet das mürbe Gemäuer
Und ist noch Stimme im heißen Staub.
Sie gaben Befehl, die Wurzel zu roden.
Es sinkt dein Licht, schutzloses Laub.

1 Tragen Sie zusammen, wozu Autoren der DDR nach Hager verpflichtet werden sollten.
2 Erörtern Sie die Auswirkungen solcher Vorgaben auf die Literatur.
3 Interpretieren Sie das Gedicht von Peter Huchel, das 1962 in der letzten von ihm betreuten Ausgabe der Zeitschrift „Sinn und Form“ erschien, im Zusammenhang mit Hagers Äußerungen.
4 Recherchieren Sie die Biografie Peter Huchels.

## Ankunft, ohne sich abzufinden

Nach den ersten Jahren des Aufbaus in der DDR und nach dem Mauerbau entstand eine Literatur, die ihre neue Heimat akzeptieren musste, jedoch auch die Versprechungen der Staatsführung einklagte.

### Brigitte Reimann: **Ankunft im Alltag** (1961) Romanauszug

„[...] Du musst es doch am besten wissen, Mensch, wie sie angefangen haben, in den Wäldern, auf der nackten Heide, und es waren keine Straßen da und keine Häuser, und heute, vier Jahre später – vier Jahre, mein lieber Mann! –, heute steht ein Riesenwerk, und du kannst zusehen, wie es wächst ...“ Er redete sich in Feuer, er berauschte sich an seiner Beredsamkeit, und Heribert nickte und sagte: „Das stimmt, mein Sohn, das ist verdammt richtig“, und er vergaß, überwältigt von Erinnerungen, dass dieser flinkzüngige Curt noch keinen Stein für das besungene Riesenwerk getragen hatte. „Am 1. Mai hättest du dabei sein sollen“, sagte Heribert, und er hätte dem Jungen gern von diesem 1. Mai erzählt: wie er auf dem sandigen, von hundert Reifen aufgewühlten Weg gestanden hatte, eingekeilt in einer festlich bewegten Menge, und wie zum ersten Mal aus den hohen weißen Schornsteinen der Rauch gestiegen war, hellgrau und schwadig und träge zergehend in der dünnen blauen Mailuft, und wie er der Rauchfahne, dieser schönsten, stolzesten Fahne über seinem Kombinat, zugeschrien, zugejubelt hatte.

### Brigitte Reimann: **Tagebucheintrag 10.11.63**

Nahke war hier, erzählte skandalöse Beispiele aus Universitäten und Betrieben. Er ist irrsinnig nervös. Ein Dummkopf hätte uns für unser Gespräch denunziert, manchmal sind wir erschlagen von so viel Unzulänglichkeit, aber gerade wir geben nicht auf. [...] Aus dem Jugendkommunique wird eine Kampagne gemacht – ich kann das Wort bald nicht mehr hören. Die sicherste Art, gute Unternehmungen abzuwürgen.
Hörte heute – inoffizielle Nachricht –, dass ich den Blechen-Preis, für den ich vorgesehen war, wegen meiner Kritik an der sozialistischen Wohnstadt nicht bekommen habe. Ich weiß auch so, dass sie mich hassen, dass sie mich „abschießen“ würden, wenn ich nicht geschützt würde. So sage ich also jetzt auch schon „sie“ – und fühle es genauso. Was, keine Kafka-Welt mehr bei uns?

### Volker Braun: **Fragen eines Arbeiters während der Revolution** (1970)

So viele Berichte.
So wenig Fragen.
Die Zeitungen melden unsere Macht.
Wie viele von uns
Nur weil sie nichts zu melden hatten
Halten noch immer den Mund versteckt
Wie ein Schamteil?
Die Sender funken der Welt unsern Kurs.
*Wie*, an den laufenden Maschinen, bleibt
Uns eine Wahl zwischen zwei Hebeln? –
Auf den Plätzen stehn unsere Namen.
Steht jeder auf dem Platz
Die neuen Beschlüsse
Zu verfügen? Manche verfügen sich nur
In die Fabriken. Auf den Thronen sitzen
Unsre Leute: fragt ihr uns
Oft genug? Warum
Reden wir nicht immer?

---

**1** Charakterisieren Sie, wie in den drei Texten das Leben in der DDR dargestellt wird.
**2** Versuchen Sie, die Differenzen zwischen dem Roman und dem Tagebucheintrag von Brigitte Reimann zu erklären.
**3** Vergleichen Sie das Gedicht von Volker Braun mit dem Gedicht „Fragen eines lesenden Arbeiters“ von Bertolt Brecht, auf das Braun hier offensichtlich Bezug nimmt.

## Auseinandersetzungen mit dem Staat

Seit 1965 hatte Wolf Biermann wegen seiner kritischen Lieder Auftritts- und Publikationsverbot. Im November 1976 erhielt er überraschend die Genehmigung für einen Auftritt – in Westdeutschland. Als er vom Konzert in die DDR zurückkehren wollte, wurde ihm die Einreise verweigert: Er war ausgebürgert. Proteste folgten. Für manche sind diese Ereignisse „der Anfang vom Ende der DDR“.

Wolf Biermann: **Ermutigung** (1966)

*Peter Huchel gewidmet*

Du, lass dich nicht verhärten
In dieser harten Zeit
Die allzu hart sind, brechen
Die allzu spitz sind, stechen
Und brechen ab sogleich

Du, lass dich nicht verbittern
In dieser bittren Zeit
Die Herrschenden erzittern
– sitzt du erst hinter Gittern –
Doch nicht vor deinem Leid

Du, lass dich nicht erschrecken
In dieser Schreckenszeit
Das wolln sie doch bezwecken
Dass wir die Waffen strecken
Schon vor dem großen Streit

Du lass dich nicht verbrauchen
Gebrauche deine Zeit
Du kannst nicht untertauchen
Du brauchst uns, und wir brauchen
Grad deine Heiterkeit

Wir wolln es nicht verschweigen
In dieser Schweigezeit
Das Grün bricht aus den Zweigen
Wir wolln das allen zeigen
Dann wissen sie Bescheid

Wolf Biermann rezitiert bei seinem Konzert in Köln 1976

## Reiner Kunze: **Wolf Biermann singt** (1971)

Im zimmer kreischt die straßenbahn,
sie kreischt von Biermanns platte,
der, als er die chansons aufnahm,
kein studio hatte

Er singt von Barlachs[1] großer not,
die faßt uns alle an,
denn jeder kennt doch das verbot
und hört die straßenbahn

R

1 Anspielung auf Biermanns „Barlach-Lied“. Gegen den Bildhauer Ernst Barlach (1870–1938) verhängte das NS-Regime 1937 ein Ausstellungsverbot.

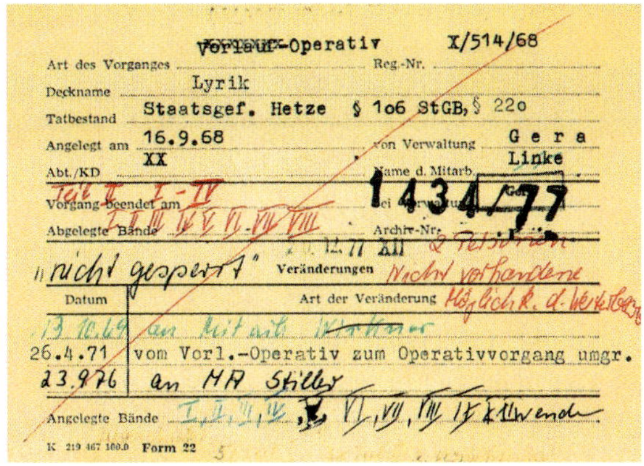

Karteikarte der Staatssicherheit („Stasi“) zur Dokumentation der Bespitzelung von Reiner Kunze und dessen Frau

---

**1** **a** Stellen Sie anhand der Texte auf S. 266 und 267 die Situation kritischer Autoren in der DDR dar.
**b** Erklären Sie anhand der Gedichte „Ermutigung“ und „Wolf Biermann singt“, warum die Dichter Kunze und Biermann ein Ärgernis für die Staatsführung der DDR waren.

**2** Diskutieren Sie zu Biermanns Ausbürgerung in drei Gruppen (A–C) die folgenden drei Fragen. Stellen Sie im Anschluss Ihre Argumente vor der Lerngruppe vor:
A: Aus Sicht der Staatsführung vor der Ausbürgerung:
Sollen wir Biermann wirklich ausbürgern?
B: Aus Sicht Biermanns, ohne die mögliche Ausbürgerung zu ahnen:
Soll ich wirklich in den Westen reisen und dort auftreten?
C: Aus Sicht anderer Autoren nach der Ausbürgerung:
Soll ich den offenen Brief (siehe unten) gegen Biermanns Ausbürgerung unterschreiben?

**3** Untersuchen Sie die Grafik auf Seite 253 im Zusammenhang mit der Ausbürgerung Biermanns. Warum gilt seine Ausbürgerung als entscheidendes Datum für die Entwicklung der DDR?

---

## Offener Brief der Schriftsteller und Kulturschaffenden (17. November 1976)[1]

Wolf Biermann war und ist ein unbequemer Dichter – das hat er mit vielen Dichtern der Vergangenheit gemein. Unser sozialistischer Staat, eingedenk des Wortes aus Marxens „18. Brumaire“[2], demzufolge die proletarische Revolution sich unablässig selbst kritisiert, müsste im Gegensatz zu anachronistischen[3] Gesellschaftsformen eine solche Unbequemlichkeit gelassen nachdenkend ertragen können.

Wir identifizieren uns nicht mit jedem Wort und jeder Handlung Wolf Biermanns und distanzieren uns von den Versuchen, die Vorgänge um Biermann gegen die DDR zu missbrauchen. Biermann selbst hat nie, auch nicht in Köln, Zweifel darüber gelassen, für welchen der beiden deutschen Staaten er bei aller Kritik eintritt. Wir protestieren gegen seine Ausbürgerung und bitten darum, die beschlossenen Maßnahmen zu überdenken.

1 Zu den Unterzeichnern gehörten u. a. Sarah Kirsch, Christa Wolf, Volker Braun, Franz Fühmann, Stephan Hermlin, Stefan Heym, Günter Kunert, Heiner Müller.
2 **18. Brumaire:** Schrift von Karl Marx aus dem Jahr 1852, in der er den Staatsstreich Louis Napoleons 1851 in Frankreich als Ergebnis von Klassenkämpfen analysiert
3 **anachronistisch:** unzeitgemäß, veraltet

## Globale Themen unter besonderen Bedingungen

Die Annäherung der beiden deutschen Staaten in den 1970er-Jahren brachte einige Erleichterungen, insgesamt aber änderte sich wenig an der Behandlung der DDR-Schriftsteller/-innen durch den Staat. Die DDR-Literatur beschäftigte sich nun zunehmend auch mit global relevanten Themen.

### Sarah Kirsch: **Im Sommer** (1976)

Dünnbesiedelt das Land.
Trotz riesiger Felder und Maschinen
Liegen die Dörfer schläfrig
In Buchsbaumgärten, die Katzen
Trifft selten ein Steinwurf.

Im August fallen Sterne.
Im September bläst man die Jagd an.
Noch fliegt die Graugans, spaziert der Storch
Durch unvergiftete Wiesen. Ach, die Wolken
Wie Berge fliegen sie über die Wälder.

Wenn man hier keine Zeitung hält
Ist die Welt in Ordnung.
In Pflaumenmuskesseln
Spiegelt sich schön das eigne Gesicht und
Feuerrot leuchten die Felder. R

Sarah Kirsch an der Eingangstür zu ihrem Geburtshaus in Limlingerode, 1997

### Christoph Hein: **Drachenblut/Der fremde Freund** (1982/1983) Auszug

Ab und zu spiele ich mit dem Gedanken, ein Kind zu haben. Früher wollte ich selbst ein Kind zur Welt bringen, schreckte aber schließlich immer davor zurück. Jetzt überfällt mich gelegentlich der Wunsch, ein elternloses Mädchen anzunehmen. Ich stelle mir vor, wie sich mein Leben verändern würde, und bin überzeugt, ich würde sehr glücklich sein. Wenn ich weniger sentimental gestimmt bin, weiß ich, dass es mir dabei nur um mich selbst geht. Ich brauche das Kind zu meinem Glück. Ich benötige es für meine Hoffnungen, für meinen fehlenden Lebensinhalt. Mein Wunsch erscheint mir dann weniger freundlich. Ich fürchte, es ist so etwas Ähnliches wie Unzucht mit Abhängigen. Ich bin kräftig genug, es allein durchzustehen. Ich stecke in keiner Krise. Meine Nerven sind vollkommen in Ordnung. (In der Klinik gelte ich als robuste Person. Mir weniger freundlich gesonnene Kollegen bezeichnen mich als rabiat. Würde ich Selbstmord begehen, stünden sie vor einem Rätsel. Es wäre eine gelungene Überraschung.) Ich muss kein Kind missbrauchen, um mir mangelnde Liebe zu ersetzen. Und ich hoffe, dass ich mir nicht eines Tages einen Hund anschaffe. Als Ersatz des Ersatzes.

1. Formulieren Sie jeweils knapp das Problem, das die Texte von Kirsch und Hein behandeln.
2. Welchen Beitrag leistet jeweils die sprachliche Gestaltung zum Ausdruck der Problematik?
3. Lesen Sie im Text von Wolfgang Emmerich (→ S. 252 f.) nach, wie die DDR-Literatur der 1970er- und 1980er-Jahre in der Bundesrepublik rezipiert wurde. Erklären Sie Emmerichs Behauptungen anhand des Gedichts von Sarah Kirsch und des Novellenauszugs von Christoph Hein.

# 5.4 Textfenster: Christa Wolfs „Kassandra"

## Aus Christa Wolfs Arbeitstagebuch

Christa Wolf: **Arbeitstagebuch zu „Kassandra"**[1] (1983) Auszug

Christa Wolf (*1929)

*Berlin, 2. Januar 1981*

Die Kassandra-Geschichte, wie sie sich mir jetzt darstellt: Kassandra, älteste und geliebteste Tochter des Königs Priamos von Troja, eine lebhafte, sozial und politisch interessierte Person, will nicht, wie ihre Mutter Hekabe, wie ihre Schwestern, das Haus hüten, heiraten. Sie will etwas lernen. Für eine Frau von Stand ist Priesterin, Seherin der einzig mögliche Beruf (den in grauer Vorzeit überhaupt nur Frauen ausgeübt haben: als die oberste Göttin eine Frau war, Ge, Gaia, die Erdgöttin; ein Beruf, den im Verlauf anscheinend jahrtausendelanger Kämpfe Männer den Frauen streitig machten, in dem Maße, in dem Götter sich an die Stelle der Göttinnen schoben – wofür das Orakel von Delphi, das der Gott, Apollon, direkt von Gaia übernimmt, ein schlagendes Beispiel ist). Dieser Beruf, ein Privileg, wird ihr zugeschoben: Sie soll ihn nach dem Herkommen ausfüllen. Genau dies muß sie verweigern – zuerst, weil sie auf ihre Art den Ihren, mit denen sie innig verquickt und verbunden ist, am besten zu dienen meint; später, weil sie begreift, daß „die Ihren" nicht die Ihren sind. Ein schmerzhafter Loslösungsprozeß, in dessen Verlauf sie, wegen „Wahrheitssagen", zunächst für wahnsinnig erklärt, dann in den Turm geworfen wird – von ihrem geliebten Vater Priamos. Die Gesichte, von denen sie überwältigt wird, haben nichts mehr mit den rituellen Orakelsprüchen zu tun: Sie „sieht" die Zukunft, weil sie den Mut hat, die wirklichen Verhältnisse der Gegenwart zu sehen. Das schafft sie nicht allein. Unter den heterogenen Gruppen im Palast und um ihn – sozial und ethnisch heterogen – findet Kassandra Anschluß an Minderheiten. Dadurch begibt sie sich bewußt ins Abseits, entledigt sich aller Privilegien, setzt sich Verdächtigungen, Verhöhnungen, Verfolgungen aus: der Preis für ihre Unabhängigkeit. Kein Selbstmitleid; sie lebt ihr Leben, auch im Krieg. Versucht, den Spruch aufzuheben, der über sie verhängt ist: daß sie zum Objekt gemacht werden soll. Am Ende ist sie allein, Beute der Eroberer ihrer Stadt. Sie weiß, daß es für sie keine lebbare Alternative gegeben hat. Die Selbstzerstörung Trojas kam der Zerstörung durch den äußeren Feind entgegen. Eine Periode wird kommen, in der Machtstreben und Gewalt dominieren. Aber nicht alle Städte des ihr bekannten Erdkreises werden zerstört werden.

*Meteln, 22. Februar 1981*

Die Nachrichten beider Seiten bombardieren uns mit der Notwendigkeit von Kriegsvorbereitungen, die auf beiden Seiten Verteidigungsvorbereitungen heißen. Sich den wirklichen Zustand der Welt vor Augen zu halten, ist psychisch unerträglich. In rasender Eile, die etwa der Geschwindigkeit der Raketenproduktion beider Seiten entspricht, verfällt die Schreibmotivation, jede Hoffnung, „etwas zu bewirken". R

1 Christa Wolf veröffentlichte ihr Arbeitstagebuch zu „Kassandra" 1982 im Rahmen der „Frankfurter Poetikvorlesungen", einer Veranstaltungsreihe der Universität Frankfurt, in der seit 1959 bis heute bedeutende deutschsprachige Schriftsteller über ihr Werk und ihr Literaturverständnis sprechen. 1983 erschienen Christa Wolfs vier Vorlesungen zu „Kassandra" in Buchform.

1 Geben Sie die von Christa Wolf genannten Lebensstationen Kassandras in Form einer knappen Übersicht wieder.
2 Christa Wolf nutzt den Kassandra-Mythos als Modell für einen Konflikt von Individuum und Gesellschaft. Arbeiten Sie heraus, welche Motive des Mythos sie dabei hervorhebt. Beschreiben Sie dazu,
   - wie Christa Wolf Kassandra und deren Konflikt charakterisiert,
   - wie die Autorin die gesellschaftlichen Verhältnisse kennzeichnet, denen Kassandra ausgesetzt ist.
3 Stellen Sie anhand der Tagebucheinträge Vermutungen über Themen der Kassandra-Erzählung an.

**Kassándra,** Tochter des Königs Priamos von Troja und der Hekabe. Apollon liebt sie und verleiht ihr die Sehergabe; da K. die Liebe des Gottes nicht erwidert, straft sie Apollon, indem er sie zwar die Wahrheit voraussagen, aber ihre Prophezeiungen nirgends Glauben finden lässt.
Vergebens warnt K. die Trojaner vor dem hölzernen Pferd, umsonst prophezeit sie den Untergang der Stadt. [...] Bei der Teilung der Beute gerät sie als Sklavin in die Hand Agamemnons, der sie nach Griechenland mitnimmt.

*(Auszug aus: H. Hunger, Lexikon der griechischen und römischen Mythologie)*

## Die Erzählung

Kassandra wird nach dem Krieg um Troja als Gefangene Agamemnons auf die griechische Burg Mykene gebracht.

### Christa Wolf: **Kassandra – Beginn der Erzählung** (1983) Auszug

Hier war es. Da stand sie. Diese steinernen Löwen, jetzt kopflos, haben sie angeblickt. Diese Festung, einst uneinnehmbar, ein Steinhaufen jetzt, war das letzte, was sie sah. Ein lange vergessener Feind und die Jahrhunderte, Sonne, Regen, Wind haben sie geschleift. Unverändert der Himmel, ein tiefblauer Block, hoch, weit. Nah die zyklopisch gefügten Mauern, heute wie gestern, die dem Weg die Richtung geben: zum Tor hin, unter dem kein Blut hervorquillt. Ins Finstere. Ins Schlachthaus. Und allein.

Mit der Erzählung geh ich in den Tod.

Hier ende ich, ohnmächtig, und nichts, nichts, was ich hätte tun oder lassen, wollen oder denken können, hätte mich an ein andres Ziel geführt. Tiefer als von jeder andren Regung, tiefer selbst als von meiner Angst, bin ich durchtränkt, geätzt, vergiftet von der Gleichgültigkeit der Außerirdischen gegen-

Löwentor – das Haupttor zur antiken Stadt Mykene

über uns Irdischen. Gescheitert das Wagnis, ihrer Eiseskälte unsre kleine Wärme entgegenzusetzen. Vergeblich versuchen wir, uns ihren Gewalttaten zu entziehn, ich weiß es seit langem. Doch neulich nachts, auf der Überfahrt, als aus jeder Himmelsrichtung die Wetter unser Schiff zu zerschmettern drohten; niemand sich hielt, der nicht festgezurrt war; als ich Marpessa betraf, wie sie heimlich die Knoten löste, die sie und die Zwillinge aneinander und an den Mastbaum fesselten; als ich, an längerer Leine hängend als die anderen Verschleppten, bedenkenlos, gedankenlos mich auf sie warf; sie also hinderte, ihr und meiner Kinder Leben den gleichgültigen Elementen zu lassen, und sie statt dessen wahnwitzigen Menschen überantwortete; als ich, vor ihrem Blick zurückweichend, wieder auf meinem Platz neben dem wimmernden, speienden Agamemnon hockte – da mußte ich mich fragen, aus was für dauerhaftem Stoff die Stricke sind, die uns ans Leben binden. Marpessa, sah ich, die, wie einmal schon, mit mir nicht sprechen wollte, war besser vorbereitet, auf was wir nun erfahren, als ich, die Seherin; denn ich zog Lust aus allem, was ich sah – Lust; Hoffnung nicht! – und lebte weiter, um zu sehn.

Merkwürdig, wie eines jeden Menschen Waffen – Marpessas Schweigen, Agamemnons Toben – stets die gleichen bleiben müssen. Ich freilich hab allmählich meine Waffen abgelegt, das wars, was an Veränderung mir möglich war. Warum wollte ich die Sehergabe unbedingt?

Mit meiner Stimme sprechen: das Äußerste. Mehr, andres hab ich nicht gewollt. Zur Not könnt' ich es beweisen, doch wem? Dem fremden Volk, das, frech und scheu zugleich, den Wagen umsteht? Ein Grund zu lachen, gäbe es den noch: Mein Hang, mich zu rechtfertigen, sollte sich, so kurz vor mir selbst, erledigt haben.

Marpessa schweigt. Die Kinder will ich nicht mehr sehn. Sie hält sie unter dem Tuch vor mir versteckt.

Der gleiche Himmel über Mykenae wie über Troja, nur leer. Emailleschimmernd, unzugänglich, blankgefegt. Etwas in mir entspricht der Himmelsleere über dem feindlichen Land. Noch alles, was mir widerfahren ist, hat in mir seine Entsprechung gefunden. Es ist das Geheimnis, das mich umklammert und zusammenhält, mit keinem Menschen habe ich darüber reden können. Hier erst, am äußersten Rand meines Lebens, kann ich es bei mir selber benennen: Da von jedem etwas in mir ist, habe ich zu keinem ganz gehört, und noch ihren Haß auf mich hab ich verstanden. Einmal, „früher", ja, das ist das Zauberwort, hab ich in Andeutungen und halben Sätzen mit Myrine darüber sprechen wollen – nicht, um mir Erleichterung zu verschaffen, die gab es nicht. Sondern weil ich es ihr schuldig zu sein glaubte. Trojas Ende war abzusehen, wir waren verloren. Aineias[1] mit seinen Leuten hatte sich abgesetzt. Myrine verachtete ihn. Und ich versuchte ihr zu sagen, daß ich Aineias – nein, nicht nur verstand: erkannte. Als sei ich er. Als kauerte ich in ihm, speiste mit meinen Gedanken seine verräterischen Entschlüsse. „Verräterisch" sagte Myrine, die zornig mit der Axt auf das kleine Gebüsch im Graben um die Zitadelle einschlug, mir nicht zuhörte, mich vielleicht gar nicht verstand, denn seit ich im Korb gefangen gesessen, sprech ich leise. Die Stimme ist es nicht, wie alle meinten, die hatte nicht gelitten. Es ist der Ton. Der Ton der Verkündigung ist dahin. Glücklicherweise dahin.

Myrine schrie. Seltsam, daß ich, selbst noch nicht alt, von beinahe jedem, den ich gekannt, in der Vergangenheitsform reden muß. Nicht von Aineias, nein. Aineias lebt. Aber muß ein Mann, der lebt, wenn alle Männer sterben, ein Feigling sein? War es mehr als Politik, daß er, anstatt die Letzten in den Tod zu führen, sich mit ihnen auf den Berg Ida, in heimatliches Gelände, zurückzog? Ein paar mussen doch übrigbleiben – Myrine bestritt es –: warum nicht zuallererst Aineias und seine Leute. R

1 **Aineias:** trojanischer Held, der mit seinem Vater aus der eroberten Stadt flieht

---

**1** Bestimmen Sie Identität und Standort (→ S. 329) der Erzählerfigur(en) in den ersten beiden Absätzen des Textes (Z. 1–49). Formulieren Sie Thesen zum Sinn der ungewöhnlichen Erzählkonstruktion.

**2** **a** Arbeiten Sie heraus, wie Kassandra ihre Lage und sich selbst charakterisiert.
**b** Kennzeichnen Sie Kassandras Position in der Auseinandersetzung um Aineias' Verhalten.

Die Erzählung rekonstruiert in Rückblenden auch die Vorgeschichte des Krieges. Nach mehreren diplomatischen Verwicklungen zwischen Griechenland und Troja kommt es zu kriegerischen Auseinandersetzungen, die angeblich wegen der Entführung Helenas nach Troja ausbrechen. Bald wird jedoch klar, dass sich die von Kassandras Bruder Paris entführte Helena gar nicht in Troja befindet. Die Bevölkerung soll aber davon nichts erfahren. Bei einem der Kämpfe vor den Toren der Stadt stirbt Kassandras Lieblingsbruder Troilos. Daraufhin wird erneut der Staatsrat einberufen.

### Christa Wolf: **Kassandra – Die Auseinandersetzung im Rat** (1983) Auszug

Ich bestand darauf, als Zeugin für den Tod des Troilos im Rat gehört zu werden. Verlangte, diesen Krieg zu endigen, sofort. Und wie? fragten sie mich fassungslos, die Männer. Ich sagte: Durch die Wahrheit über Helena. Durch Opfer. Gold und Waren, und was sie wollen. Nur daß sie abziehn. Daß sich der Pesthauch ihrer Gegenwart entfernt. Zugeben, was sie fordern werden: Daß Paris, als er Helena entführte, schwer verletzte, was uns allen heilig ist, das Gastrecht. Als schweren Raub und schweren Treubruch müssen die Griechen die Aktion betrachten. So erzählen sie, was Paris tat, ihren Frauen, Kindern, Sklaven. Und sie haben recht. Beendigt diesen Krieg.

Gestandne Männer wurden totenbleich. Sie ist verrückt, hört' ich es flüstern. Jetzt ist sie verrückt. Und König Priamos der Vater erhob sich langsam, furchterregend und brüllte dann, wie ihn nie einer brüllen hörte. Seine Tochter! Sie, von allen sie mußte es sein, die hier im Rat von Troja für die Feinde sprach. Anstatt eindeutig, öffentlich und laut hier und im Tempel so wie auf dem Markt für Troja zu sprechen. Ich sprach für Troja, Vater, sagte ich noch leise. Ein Zittern konnte ich nicht unterdrücken. Der König schüttelte die Fäuste, schrie: Hätt ich denn Troilos' des Bruders Tod so schnell vergessen! Hinaus mit der Person. Sie ist mein Kind nicht mehr. Die Hände wieder, der Geruch nach Angst. Ich wurde weggeführt.

Zur Sprache war im Rat, das hörte ich von Panthoos, noch der Orakelspruch gekommen, der in den Straßen Trojas umlief: Troja könne den Krieg nur dann gewinnen, wenn Troilos zwanzig würde. Nun wußte jeder, Troilos war siebzehn, als er fiel. Kalchas der Seher, Kalchas der Verräter stehe hinter dem Gerücht, behauptete Eumelos. Da schlug ich einfach vor, so sagte es mir Panthoos, den Troilos nach seinem Tode durch Dekret für zwanzig zu erklären. Und Eumelos ergänzte, jeder solle unter Strafe stehn, der weiterhin behauptete, daß Troilos erst siebzehn war, als ihn Achill erschlug. Ich sagte: Mich müßtet ihr zuerst bestrafen. – Na und? sagte Panthoos. Warum denn nicht, Kassandra.

Da hat es mich zum erstenmal kalt angeweht.

R

„Der Irak hat Massenvernichtungswaffen"
Düsseldorfer Karneval, 2004

1 Fassen Sie Kassandras Vorschlag und die Reaktion der Ratsmitglieder zusammen.
2 Arbeiten Sie heraus, welchen Werten und Denkmustern das Verhalten der Ratsmitglieder folgt und welchen das Verhalten Kassandras.
3 Stellen Sie Vermutungen über den von Wolf intendierten Aktualitätsbezug dieser Passage an. Ziehen Sie dazu die Tagebucheinträge auf S. 269 heran.
4 Prüfen Sie Möglichkeiten der Übertragung auf politische Umstände und Ereignisse der Gegenwart.

Außerhalb der Burg von Troja bildet sich in den Ida-Bergen eine Gegengesellschaft, die von Frauen getragen wird. Nachdem Kassandras Widerstand gegen die auf Krieg ausgerichtete Gesellschaft der Trojaner sogar mit einer harten Gefangenschaft geahndet wurde, zieht sich die Priesterin zunehmend in diese Gruppe zurück. Hier entdeckt sie andere Formen des Zusammenlebens und eine andere, ältere Religion.

## Christa Wolf: **Kassandra – Das Leben in den Ida-Bergen** (1983) Auszug

Das Feuer flackerte die Wände hoch, was waren das für Steine. Ich sagte und war selbst verwundert, wie natürlich meine Stimme klang: Was sind denn das für Steine. Da entstand ein Schweigen, in das meine Stimme paßte; nun hatte sie genau den Raum gefunden, der für sie vorgesehen war.

Was das für Steine waren? Ja sah ich die erst heute? Sie warfen trockne Scheite auf das Feuer, daß ich Licht bekam. Figuren? Ja. Vor undenklichen Zeiten aus dem Stein gehauen. Frauen, wenn ich recht sah. Ja. Eine Göttin in der Mitte, andre, die ihr opfern. Ich erkannte sie jetzt. Blumen lagen vor dem Stein, Wein, Gerstenähren. Killa sagte ehrfürchtig: Kybele[1]. Ich sah Arisbe lächeln.

Abends saß sie bei mir, als die andern schliefen. Wir sprachen rückhaltlos, freundlich und sachlich. Killa, sagte Arisbe, brauche es, den Stein mit einem Namen zu belegen. Die meisten brauchten es. Artemis, Kybele, Athene, wie auch immer. Nun, sollten sie es halten, wie sie wollten. Allmählich würden sie vielleicht die Namen, ohne es selbst zu merken, als Gleichnis nehmen. – Du meinst, die Steine stehn für etwas anderes. – Natürlich. Flehst du zum Apoll aus Holz? – Lange schon nicht mehr. Aber wofür stehn die Bilder? – Das fragt sich. Für das, was wir in uns nicht zu erkennen wagen, so scheint es mir. Was ich darüber denke, berede ich mit den wenigsten. Wozu die anderen verletzen. Oder stören. Zeit, wenn wir die hätten.

Auf einmal merkte ich, daß mir mein Herz sehr weh tat. Ich würde wieder aufstehn, morgen schon, mit wiederbelebtem Herzen, das der Schmerz erreichte.

Du meinst, Arisbe, der Mensch kann sich selbst nicht sehen. – So ist es. Er erträgt es nicht. Er braucht das fremde Abbild.

– Und darin wird sich nie was ändern? Immer nur die Wiederkehr des Gleichen? Selbstfremdheit, Götzenbilder, Haß? – Ich weiß es nicht. So viel weiß ich: Es gibt Zeitenlöcher. Dies ist so eines, hier und jetzt. Wir dürfen es nicht ungenutzt vergehen lassen.

Da, endlich, hatte ich mein „Wir“.

Nachts träumte ich, nach so vielen traumlos wüsten Nächten. Farben sah ich, Rot und Schwarz, Leben und Tod. Sie durchdrangen einander, kämpften nicht miteinander, wie ich es, sogar im Traum, erwartet hätte. Andauernd ihre Gestalt verändernd, ergaben sie andauernd neue Muster, die unglaublich schön sein konnten. Sie warn wie Wasser, wie ein Meer. In seiner Mitte sah ich eine helle Insel, der ich, im Traum – ich flog ja; ja, ich flog! – schnell näherkam. Was war dort. Was für ein Wesen. Ein Mensch? Ein Tier? Es leuchtete, wie nur Aineias in den Nächten leuchtet. Welche Freude.

*[Kassandra wird ein letztes Mal gebeten, im Rat Trojas mitzuwirken. Es geht um den Plan, Achill in eine Falle zu locken. Kassandra ist dagegen und wird deshalb verhaftet. Am Ende ihres Lebens erinnert sie sich an ihr Leben in den Ida-Bergen:]*

Wir hörten nicht auf, zu lernen. Jede gab der anderen von ihrem ganz besonderen Wissen ab. Ich lernte Töpfe machen, Tongefäße. Ich erfand ein Muster, mit dem ich sie bemalte, schwarz und rot. Wir erzählten uns unsre Träume, viele staunten, wieviel sie uns verraten. Oft aber, eigentlich am meisten, redeten wir über die, die nach uns kämen. Wie sie wären. Ob sie uns noch kennten. Ob sie, was

1 **Kybele:** Göttermutter vom Berg Ida

wir versäumt, nachholen würden, was wir falsch gemacht, verbessern. Wir zerbrachen uns die Köpfe, wie wir ihnen eine Botschaft hinterlassen könnten, doch wir warn der Schrift nicht mächtig. Wir ritzten Tiere, Menschen, uns, in Felsenhöhlen, die wir, eh die Griechen kamen, fest verschlossen. Wir drückten unsre Hände nebeneinander in den weichen Ton. Das nannten wir, und lachten dabei, uns verewigen. Es wurde daraus ein Berührungsfest, bei dem wir, wie von selbst, die andere, die anderen berührten und kennenlernten. Wir waren gebrechlich. Da unsre Zeit begrenzt war, konnten wir sie nicht vergeuden mit Nebensachen. Also gingen wir, spielerisch, als wär uns alle Zeit der Welt gegeben, auf die Hauptsache zu, auf uns. Zwei Sommer und zwei Winter. R

1 Entwickeln Sie Standbilder (→ S. 358) zum Staatsrat und zur Gruppe in den Ida-Bergen.
2 Sammeln Sie tabellarisch Charakteristika der beiden in Aufgabe 1 verkörperten Gruppen.
3 Kennzeichnen Sie Arisbes Religionsverständnis.
4 Erarbeiten Sie die sprachliche Gestaltung und die Erzählweise (→ S. 329 f.) in diesem Textabschnitt. Stellen Sie dabei Bezüge zum Inhalt her.
5 Informieren Sie sich über die Begriffe „Matriarchat“ und „Patriarchat“ und erläutern Sie vor dem Hintergrund Ihrer Erkenntnisse den utopischen Entwurf der Erzählung.

## Rezeption in Ost und West

### Fritz J. Raddatz: **Das Gedächtnis – eine andere Form des Sehens** (1983) Auszug

Christa Wolf selber sagt, sie habe aus der Betroffenheit über unser aller Bedrohung ein Modell zu schaffen versucht, das aus unmittelbarer Alltagserfahrung, aus Mythos und Utopie gespeist ist. Wie geht das? Ist es ein „Ödipus in Jeans“ oder „Hamlet im Frack“? Oder ist es – wie mir scheint – eine gültige Paraphrase von (fragwürdig) überliefertem antikem Schicksal, um das unsere, heutige, fragwürdige besser zu verstehen – was man in der Malerei eine Replik nennt?

Das [...] Buch [...] erörtert das Schicksal jener trojanischen Königstochter Kassandra, die selbst von ihrem Vater Priamos angeherrscht wurde „Red keinen Unsinn“. Das ist die Sprache der vermeintlichen Machthaber, die „Gesichtsverlust“ befürchten und dafür Köpfe opfern. „Ein Krieg, um ein Phantom geführt, kann nur verlorengehen“, war der anstößige Satz Kassandras im belagerten Troja, in dem die Griechen die geraubte Helena wähnten. [...] Was also wird hier verhandelt? Wir sind [...] in allen Zeiten und Räumen zugleich: bei SALT[1] in Genf und bei Stephan Hermlin[2] in Ostberlin, auf dem Bonner Marktplatz und in der bayerischen Staatskanzlei:

*„Wann Krieg beginnt, das kann man wissen, aber wann beginnt der Vorkrieg. Falls es da Regeln gäbe, müßte man sie weitersagen. In Ton, in Stein eingraben, überliefern. Was stünde da. Da stünde, unter andern Sätzen: Laßt euch nicht von den Eignen täuschen.“*

Und sind doch in Troja, vor dessen Untergang die eine warnte – und später vor dem Blutbad im Hause Klytämnestras –, die als wahnsinnig denunziert, entehrt und schließlich eingesperrt wurde. Was Christa Wolf anbietet, ist eine Parabel, atemberaubend, weil so einfach, zwingend, weil historische Wahrheit bergend wie aktuell ausmünzend: Sinn hatte die Unvernunft, Recht lag im Wahn. „Seher“ nannte man sie damals – Spinner heute.

*(aus: Die ZEIT, 25. 03. 1983)*

1 **SALT:** Abkommen zur Rüstungsbegrenzung zwischen der Sowjetunion und den USA in den 1970er-Jahren
2 **Stephan Hermlin** (1915–1997): ostdeutscher Schriftsteller, engagierte sich in den 1980er-Jahren gegen die Ost-West-Frontenbildung

**Wilhelm Girnus: Wer baute das siebentorige Theben?** (1983) Auszug

Dadurch aber, dass Christa Wolf untergründig das Problem der unterdrückten Frau überdies auf mir unverständliche Weise mit dem „mörderischen Wer – Wen“ verknüpft, wird dem Leser – möglicherweise ungewollt – der Eindruck suggeriert, die Geschichte sei nicht in ihrem tiefsten Grunde der Kampf zwischen Ausbeutern und Ausgebeuteten, sondern zwischen Männern und Frauen, ja noch grotesker: zwischen „männlichem“ und „weiblichem“ Denken, sozusagen zwischen kausalem und akausalem, rationalem und emotionalem. Dass so ein blühender Unsinn in einem sozialistischen Land das Licht der Welt erblickt, das kann doch nicht wahr sein. Dass zwischen Mann und Frau gewisse Unterschiede bestehen und immer bestehen werden – Gott sei's gedankt –, auch in der Art und Weise der Aufnahme der Welt und der Hinwendung zu ihr, können nur Schwachsinnige bestreiten, daraus aber die grundlegende Dialektik des Geschichtsprozesses herleiten zu wollen, und sei es auch nur andeutungsweise oder untergründig, hat mit der Wirklichkeit so viel zu tun wie Kaffeesatz mit dem Satz des Pythagoras.

*(aus der Ostberliner Literaturzeitschrift „Sinn und Form“, Nr. 35)*

**Sibylle Wirsing: Angst vor Kassandra** (1984) Auszug

Christa Wolfs Erzählung *Kassandra* handelt vom wachsenden Ekel der Frauen gegen den Militarismus und gegen dessen Eskalation zum Krieg. Sie erschien im vergangenen Frühjahr in der Bundesrepublik und ist jetzt in der DDR herausgekommen, begleitet von den *Frankfurter Poetikvorlesungen,* die den aktuellen Bezug der trojanischen Untergangssituation zu unserem europäischen Dasein inmitten eines sowjetisch-amerikanischen atomaren Rüstungsfeldes bekräftigen. Auf der Buchmesse, die eben in Leipzig in Gang ist, findet man das Buch nicht mehr. Während der ersten Eröffnungsstunden muss ein Schau-Exemplar vorhanden gewesen sein, wie Fernsehreportagen belegen. Aber es verschwand in dem Augenblick, als die Scheinwerfer der repräsentativen Öffentlichkeit erloschen. In den Buchhandlungen wird der Titel nicht geführt. Es heißt, er sei vergriffen. Wer die Käufer gewesen sein mögen, bleibt unerfindlich. Christa Wolfs breite Leserschicht ist jedenfalls leer ausgegangen. Da *Kassandra* der Bevölkerung vorenthalten wird, hätte man sich die Blamage ersparen können, jene in unserer Ausgabe vom 25. Februar zitierten Sätze aus dem kommentierenden Text wegzustreichen. […]

Dergestalt war *Kassandra* das bedeutendste Literaturereignis der Leipziger Buchmesse, obwohl weder das Buch noch die Autorin auf dem Schauplatz zur Verfügung standen. Das moralische Gewicht des Widerstandes genügte, um die Acht- und Ehrbarkeit der DDR-Literaturpolitik als eine Prätention[1] zu entlarven, die im Ernstfall nicht standhält. Christa Wolfs Verleger musste auf der Pressekonferenz der Buchmesse den Kopf hinhalten, als von der Zensur der *Frankfurter Vorlesungen* die Rede war. Über die intellektuelle Dürftigkeit zu spotten, mit der er sich aus der Affäre zog, wäre plump und billig. Zu sehen ist vielmehr die Zerreiß-Situation.

*(aus: Frankfurter Allgemeine Zeitung, 15. 03. 1984)*

1 **Prätention:** Vorspiegelung, Anmaßung

**1** **a** Arbeiten Sie in den drei Beiträgen auf S. 274 f. die Deutungsansätze zu Christa Wolfs Erzählung „Kassandra“ heraus.

**b** Fassen Sie jeweils die Bewertung durch den Autor/die Autorin zusammen.

**2** Welches Bild von der Rezeption der Erzählung in Ost und West ergibt sich aus den Beiträgen?

## 5.5 Rezeption: Der deutsch-deutsche Literaturstreit

Am 5. Juni 1990 erschien Christa Wolfs Erzählung mit dem scheinbar Bilanz ziehenden Titel „Was bleibt", doch schon einige Tage vor dem Erscheinen begann in den Feuilletons ein Literaturstreit, der weit über das kritisierte Werk hinausging und sich zu einem allgemeinen Streit um die Beurteilung der Literatur im ehemals geteilten Deutschland auswuchs.

### Christa Wolf: **Was bleibt** (1990) Auszug

Sie waren nicht meinesgleichen. Sie waren Abgesandte des anderen. Lange schon war es mir nicht mehr in den Sinn gekommen, dicht an jenen Autos vorbeizustreichen und grimmigen Gesichts hineinzustarren, um den gläsernen Blicken der Insassen zu begegnen, deren Auftrag es doch sein mußte, als das, was sie waren, ausgemacht zu werden und dadurch Wut, besser: Angst zu erzeugen, die bekanntlich manche Menschen zum Einlenken treibt, andere zu unüberlegten Handlungen, welche ihrerseits wieder als Indizienbeweis dienen konnten für die Notwendigkeit der Observation. Irgend jemand, das fühlte ich stark, mußte versuchen, diesen Teufelskreis zu durchbrechen.

Einmal, in meiner neuen freien Sprache, würde ich auch darüber reden können, was aber schwierig werden würde, weil es so banal war: Die Unruhe. Die Schlaflosigkeit. Der Gewichtsverlust. Die Tabletten. Die Träume. Das ließe sich wohl schildern, doch wozu? Es gab ganz andere Ängste auf der Welt. Das Haar, wie es büschelweise ausging. Na und? Inzwischen war es dichter nachgewachsen als zuvor, und die Tabletten lagen unbenutzt in der Schublade. Alles renkte sich ein. Die Träume. Das ja. Das bestritt ich mir nicht, aber wo auf der Welt können Menschen heutzutage ohne Alpträume leben?

R

**1** Klären Sie, wer mit den „Abgesandte[n] des anderen" (Z. 2 f.) gemeint ist.

**2** Charakterisieren Sie die Ich-Erzählerin und ihr Verhältnis zu ihrer dargestellten Situation.

**3** Informieren Sie sich in der folgenden Tabelle über den Anlass des deutsch-deutschen Literaturstreits. Stellen Sie Zusammenhänge und Widersprüche zwischen den verschiedenen genannten Daten her und notieren Sie eine differenzierte Bewertung von Christa Wolfs Verhalten.

| | |
|---|---|
| 1959–62 | Im Alter von 30 Jahren arbeitet Christa Wolf als „gesellschaftlicher Informant Margarethe" für das Ministerium für Staatssicherheit (MfS, „Stasi"). Nur in einem Fall berichtet sie zu einer Person. Da sie, wie ihr Führungsoffizier feststellt, „aufgeschlossen, umfassend, doch noch nicht mit der erforderlichen ‚Liebe' für unsere Aufgaben" berichtet, wird der Vorgang 1962 eingestellt. |
| 1962 | Seit diesem Jahr arbeitet Christa Wolf erfolgreich als freie Schriftstellerin. Sie erhält zahlreiche Preise, von staatlicher Seite ab 1978 auch die Möglichkeit zur Ausreise für Gastvorträge. |

| | |
|---|---|
| 1963–67 | Kandidatin des Zentralkomitees der SED |
| ab 1969 | Das MfS überwacht Christa Wolf und ihren Mann. Am Ende der DDR hat die Staatssicherheit 41 Bände über die Wolfs unter dem Decknamen „Doppelzüngler" angelegt. |
| 1976 | Nach der Unterzeichnung des Schriftstellerprotests gegen die Ausbürgerung Biermanns erhält Christa Wolf eine „strenge Rüge". |
| 1977 | Christa Wolf tritt aus dem Vorstand des Schriftstellerverbandes der DDR aus, bleibt aber Mitglied. |
| 1979 | Im Sommer erste Niederschrift der Erzählung „Was bleibt" |
| 1987 | In Veröffentlichungen beanstanden Hans Noll sowie Marcel Reich-Ranicki, dass Christa Wolfs Haltung gegenüber der DDR nicht kritisch genug ist. |
| 1989 | Überarbeitung der Erzählung „Was bleibt" im November |
| 1990 | Die Erzählung „Was bleibt" erscheint. Christa Wolf wird heftig kritisiert, aber auch verteidigt. |
| 1992 | Seit April weiß Christa Wolf, dass das MfS eine Akte über ihre Tätigkeit für die Staatssicherheit angelegt hat. |
| 1993 | Am 21. Januar gibt Christa Wolf öffentlich bekannt, dass sie in den Jahren 1959–1962 für das Ministerium für Staatssicherheit gearbeitet hat. |

### Frank Schirrmacher: **„Dem Druck des härteren, strengeren Lebens standhalten"** (1990) Auszug

Das sozialistische Regime hat Freiheit, Rechtlichkeit, Demokratie, kurz: den Geist verachtet. Keinem mitteleuropäischen Schriftsteller und Künstler ist dies entgangen. Keinem der relevanten Autoren der DDR ist das entgangen; viele haben die Konsequenz gezogen und dem Regime so oder so den Rücken gekehrt. Andere, wie Stephan Hermlin, haben ohne jede Rücksicht auf die Realität dem militanten Kommunismus ihrer Jugendzeit gehorcht, das System verteidigt und den Flüchtlingen Drohungen und Verwünschungen hinterhergerufen. All dies hat Christa Wolf nicht getan. Ihre Leidensmiene ließ viele Deutungen zu.

*(aus: Frankfurter Allgemeine Zeitung, 02.06.1990)*

### Friedrich Dieckmann: **Die toten Seelen sind lebendig** (1990) Auszug

Man attackiert vor allem die, welche man vorher gehätschelt hatte; hat man an sich selbst etwas gutzumachen? Denn die man nun infrage stellt, wie man sie vormals propagierte, sind dieselben wie vormals; nur ihre Rolle hat sich verschoben. Vormals waren sie Außenseiter einer anderen, fern liegenden Welt; man konnte sie gefahrlos loben. Nun drohen sie Innenseiter der eigenen Welt zu werden, und das scheint gefährlich; man muss sie flugs abermals zu Außenseitern stempeln. Warum aber erwecken sie Ängste? [...] Sie kommen aus der tief greifenden Verunsicherung, die daraus wächst, dass das sichernde Antisystem auf einmal verschwunden ist. Antisysteme sichern das eigene System; sie wirken als Klammer, die die Widersprüche der eigenen Sphäre bändigen hilft. Insofern war die Große Mauer der DDR-Grenze ein Eisenband auch um die westliche Ordnung; sie wirkte stabilisierend nach zwei Seiten.

*(aus: Wochenpost, Nr, 32, 10.08.1990)*

### Uwe Wittstock: **Die Dichter und ihre Richter** (1990) Auszug

Eine Trennlinie kann allerdings heute schon ausgemacht und respektiert werden: die zwischen Ethik und Ästhetik. Das ist seit Kants „Kritik der Urteilskraft" eine Plattitüde, gewiss, aber zur Zeit lohnt es sich, an sie zu erinnern: Welche moralischen oder ideologischen Sünden ein Schriftsteller auch auf sich geladen hat, das Urteil über seine künstlerischen Qualitäten bleibt davon unberührt. Die Kulturfunktionäre der DDR wurden im Westen nicht zuletzt deshalb angegriffen, weil sie dazu neigten, den literarischen Rang eines Autors von seiner politischen Zuverlässigkeit abhängig zu machen. In ihre Fußstapfen tritt jeder, der heute Bücher verdammt, weil ihre Autoren SED-Mitglieder waren [...].

*(aus: Süddeutsche Zeitung, 13./14. 10. 1990)*

### Ulrich Greiner: **Die deutsche Gesinnungsästhetik** (1990) Auszug

Der deutsche Literaturstreit, der mit der Auseinandersetzung um Christa Wolfs Erzählung „Was bleibt" begonnen hat, geht weiter. Mit dem Ende der Zweiteilung Deutschlands ist auch das Ende der literarischen Teilung gekommen. Die Literaturen der DDR und der Bundesrepublik sind zum Rückblick freigegeben. Die ersten Abrechnungen und Apologien sind bereits erschienen. Es geht um die Deutung der literarischen Vergangenheit und um die Durchsetzung einer Lesart. Das ist keine akademische Frage. Wer bestimmt, was gewesen ist, der bestimmt auch, was sein wird. Der Streit um die Vergangenheit ist ein Streit um die Zukunft.

*(aus: Die Zeit, 02. 11. 1990)*

1 Formulieren Sie mit eigenen Worten die Thesen der Ausschnitte aus Artikeln zum Literaturstreit. Vergleichen Sie diese Thesen mit Ihrer zuvor notierten Bewertung (Aufgabe 3 auf S. 276).
2 Erklären Sie aus dem Zusammenhang die folgenden Formulierungen, die während des Streits gebraucht wurden: „Staatsdichterin", „Anerkennungsliteratur", „Gesinnungsästhetik".
3 Stellen Sie die Diskussion um Christa Wolf in den Zusammenhang des Textes von Wolfgang Emmerich auf Seite 252 f.

! **Epochenüberblick: Deutschsprachige Literatur in Ost und West 1950–1989**

**Allgemeingeschichtlicher Hintergrund:**
Der Neuanfang nach dem Zweiten Weltkrieg stand schon bald unter dem Zeichen des **Kalten Krieges** der Siegermächte, der die westlichen Zonen und die Ostzone durch einen **„Eisernen Vorhang"** trennte. **1952** wurde die **Grenze** zwischen den beiden 1949 gegründeten deutschen Teilstaaten **geschlossen.** Die über Berlin noch mögliche Ausreise aus der DDR wurde **1961** durch den Bau der **Berliner Mauer** unterbunden. Die Eingliederung der BRD in die **NATO** und der DDR in den **Warschauer Pakt 1955** verstärkte die Frontenbildung. In einer Phase der atomaren Aufrüstung kam es zu bedrohlichen Konfrontationen **(Kubakrise 1962)** und Kriegen **(Vietnamkrieg 1965–75)**. Der Aufmarsch von Truppen der DDR an der Grenze zur Tschechoslowakei während der **Niederschlagung des Prager Frühlings 1968** zeigte erneut das Auseinanderklaffen von sozialistischer Utopie und Wirklichkeit. Obwohl bereits Ende der 1960er-Jahre die so genannte **Entspannungspolitik** (Willy Brandt) einsetzte, führten erst die Ostverträge und der wirtschaftliche Niedergang der sozialistischen Staaten zu einem Kurswechsel der Sowjetregierung ab Mitte der 1980er-Jahre und zur Öffnung des Eisernen Vorhangs.

**Literatur in Westdeutschland, Österreich und der Schweiz (1950–1989):**

Obwohl Tendenzen der Literatur aus der unmittelbaren Nachkriegszeit noch länger weiterwirkten, entwickelten alle drei Gattungen in den 1950er-Jahren neue Themen und Formen.
In der Lyrik trat zu den hermetischen Gedichten (→ S. 342) die neue Formensprache der **konkreten Poesie,** die mit sprachlichem Material spielte.
In der Dramatik glaubte man, die verwirrende, moderne Welt nur noch mit Mitteln des **absurden Theaters** oder **tragikomisch** darstellen zu können.
Besonders deutliche Veränderungen zeigten sich in der Epik: Hier ließ man die typischen Themen der „Trümmerliteratur" hinter sich und wendete sich mit zeitkritischer, modern erzählter Prosa gegen die restaurativen Tendenzen der Adenauer-Ära. Autoren wie Grass, Böll und Koeppen verwiesen während der Wirtschaftswunderzeit auf die schreckliche jüngere Vergangenheit des Nationalsozialismus und formulierten in ihren Texten ihr **Misstrauen gegenüber der gesellschaftlichen Entwicklung in Westdeutschland.**
Die kritische Stellungnahme und der Glaube an die Veränderbarkeit von Gesellschaft und Politik wurden in den **1960er-Jahren** zum Kennzeichen der Literatur, die auf außen- und innenpolitische Zustände und Ereignisse reagierte (Vietnamkrieg, große Koalition, Notstandsgesetze). **Engagement, Politisierung und Hinwendung zur Realität** fanden sich in allen literarischen Gattungen. Für das **Dokumentartheater** griffen Autoren auf authentisches Material zurück und stellten die Frage nach der gesellschaftlichen Verantwortung von Personen und Institutionen. Dokumentarische Schreibformen fanden sich ebenfalls in der Prosa, die sich nun auch der Arbeitswelt zuwandte. Starke Auseinandersetzungen um die politische Instrumentalisierung von Literatur erschütterten auf dem Höhepunkt der Studentenbewegung auch die Gruppe 47 (→ S. 238 ff.), die in dieser Phase zerbrach.
Hatte die Politisierung der 1960er-Jahre das Engagement und damit den Einsatz für ein gemeinsames Ziel betont, so setzte die Literatur der 1970er-Jahre teils aus Ernüchterung, teils aus Zufriedenheit mit dem Erreichten auf das **Individuum.** Von ihm sollte die Veränderung ausgehen; dabei wollte man nicht hinter die Errungenschaften der 1960er-Jahre zurückfallen. Die so genannte **„Neue Subjektivität"** umfasste **Alltagsgedichte,** die Literatur der neuen **Frauenbewegung** sowie zahlreiche Texte mit **Selbstfindungsthematik.**

**Wichtige Autorinnen/Autoren und Werke (West):**
WOLFGANG KOEPPEN (1906–1996): Tauben im Gras (1951, Roman)
EUGEN GOMRINGER (*1925): konstellationen (1953, Gedichte)
MAX FRISCH (Schweizer, 1911–1991): Stiller (1954, Roman), Homo faber (1957, Roman)
FRIEDRICH DÜRRENMATT (Schweizer, 1921–1990): Der Besuch der alten Dame (1956, Drama)
ARNO SCHMIDT (1914–1979): Das steinerne Herz (1956, Roman)
HEINRICH BÖLL (1917–1985): Billard um halb zehn (1959, Roman)
GÜNTER GRASS (*1927): Die Blechtrommel (1959, Roman), Der Butt (1977, Roman)
ROLF HOCHHUTH (*1931): Der Stellvertreter (1963, Dokumentarstück)
HANS MAGNUS ENZENSBERGER (*1929): blindenschrift (1964, Gedichte)
ERICH FRIED (Österreicher, 1921–1988): Warngedichte (1964)
PETER WEISS (ab 1946 schwed. Staatsbürger, 1916–1982): Die Ermittlung (1965, Dokumentarstück)
ERNST JANDL (Österreicher, 1925–2000): laut und luise (1966, Gedichte)
SIEGFRIED LENZ (*1926): Deutschstunde (1968, Roman)
PETER RÜHMKORF (1929–2008): Haltbar bis 1999 (1979, Gedichte)
THOMAS BERNHARD (Österreicher, 1931–1989): Der Theatermacher (1984, Drama)

**Literatur in Ostdeutschland (1950–1989):**

Da die Kultur in der DDR von Anfang an strenge Vorgaben durch die Staatsführung erhielt, waren es immer wieder politische Entwicklungen, auf die die Literatur reagierte oder reagieren musste. Das Selbstverständnis der sozialistischen DDR als „antifaschistischer Staat auf deutschem Boden“ ließ keine Diskussion um eine „Stunde Null“ zu; der Bruch mit der jüngeren Vergangenheit sollte vollständig sein. Parallel zum Aufbau des Landes Anfang der 1950er-Jahre forderte eine am sowjetischen Vorbild orientierte Doktrin einen **„sozialistischen Realismus“**, der einen positiv gezeichneten Arbeiterheld ins Zentrum der Literatur rückt. Ab 1959 wurde der **„Bitterfelder Weg“** propagiert, der Arbeiter zum Schreiben motivieren und Schriftsteller zur Beschäftigung mit der Arbeitswelt anhalten sollte.
Die Errichtung der Berliner Mauer 1961 führte zu einer widersprüchlichen kulturpolitischen Situation: Jüngere Autoren mussten sich nun erst recht mit der Begrenzung ihrer Freiheiten in ihrem Staat abfinden, andererseits klagten sie in den Texten der **„Ankunftsliteratur“** nun auch die von der Staatsregierung gemachten Versprechungen ein.
Eine scheinbare Änderung ergab sich Anfang der 1970er-Jahre mit der Ablösung von Walter Ulbricht durch Erich Honecker und der Annäherung der beiden deutschen Staaten durch die **„Neue Ostpolitik“** Willy Brandts. Wurde für den kritischen Liedermacher Wolf Biermann 1965 noch ein Auftrittsverbot verhängt und wurden Schriftsteller, die mit dem Prager Frühling sympathisierten, verfolgt, so verkündete die SED nun die Möglichkeit einer kritischen Literatur, die aber vom realen Sozialismus auszugehen hatte. Diese vermeintlich liberale Phase fand mit der **Ausbürgerung von Wolf Biermann 1976** jedoch ein jähes Ende. Künstler, die sich mit Biermann solidarisierten, verließen gezwungenermaßen oder freiwillig die nun kulturell ausblutende DDR.
In den **1980er-Jahren** bildete sich eine – teilweise von der Staatssicherheit unterwanderte – **kritische,** halb private **Literaturszene.** Literarische Themen waren neben der innenpolitischen Lage **globale Probleme** wie die fortschreitende **Umweltzerstörung** oder die **atomare Bedrohung.** 1987 forderten Günter de Bruyn und Christoph Hein auf dem Schriftstellerkongress der DDR das Ende der Zensur.

**Wichtige Autorinnen/Autoren und Werke (Ost):**
ERICH LOEST (*1926): Das Jahr der Prüfung (1954, Roman)
UWE JOHNSON (1934–1984): Mutmaßungen über Jakob (1959, Roman)
BRIGITTE REIMANN (1933–1973): Ankunft im Alltag (1961, Roman)
FRANZ FÜHMANN (1922–1984): Das Judenauto (1962, Erzählungen)
PETER HUCHEL (1903–1981): Chausseen Chausseen (1963, Gedichte)
CHRISTA WOLF (*1929): Der geteilte Himmel (1963, Erzählung), Nachdenken über Christa T. (1968, Roman), Kassandra (1983, Roman)
WOLF BIERMANN (*1936): Die Drahtharfe (1965, Gedichte), Lieder
REINER KUNZE (*1933): Sensible Wege (1967, Gedichte), Die wunderbaren Jahre (1976, Prosa)
SARAH KIRSCH (*1935): Landaufenthalt (1967, Gedichte), Rückenwind (1976, Gedichte)
GÜNTER KUNERT (*1929): Warnung vor Spiegeln (1970, Gedichte)
ULRICH PLENZDORF (1934–2007): Die neuen Leiden des jungen W. (1972, Erzählung)
STEFAN HEYM (1913–2001): 5 Tage im Juni (1974, Roman)
HEINER MÜLLER (1929–1995): Die Hamletmaschine (1977, Szenenfolge)
VOLKER BRAUN (*1939): Training des aufrechten Gangs (1979, Gedichte)
CHRISTOPH HEIN (*1944): Drachenblut/Der fremde Freund (1982/1983, Novelle)

# 6 Literatur nach 1989

Berliner Mauer am Reichstagsgebäude, 1990

New York, Ground Zero.
Kreuz aus zwei Trägern des am 11. September 2001 von Terroristen zerstörten World Trade Centers

1 Tragen Sie zusammen, auf welche Entwicklungen in Politik, Wirtschaft und Gesellschaft die Abbildungen verweisen.
2 Stellen Sie Überlegungen dazu an, wie Literatur auf diese Entwicklungen reagieren könnte.

# 6.1 Hintergründe: Neue Orientierungen

## Wendezeit

Im Herbst 1989 protestierten die DDR-Bürger/-innen zu Zehntausenden in Leipzig, Dresden, im Ostteil Berlins und in anderen Städten der DDR gegen die Herrschaft des SED-Staates. Ein Höhepunkt des Protests war die Massenkundgebung vom 4. November auf dem Berliner Alexanderplatz. Fünf Tage später sollte die Mauer zwischen Ost- und Westberlin fallen. Stefan Heym, einer der wichtigen kritischen Schriftsteller der DDR, hielt bei dieser Veranstaltung die folgende Rede.

### Stefan Heym: **Rede am 4. November 1989**

Liebe Freunde, Mitbürger,

es ist, als habe einer die Fenster aufgestoßen nach all den Jahren der Stagnation, der geistigen, wirtschaftlichen, politischen, den Jahren von Dumpfheit und Mief, von Phrasengewäsch und bürokratischer Willkür, von amtlicher Blindheit und Taubheit. Welche Wandlung! Vor noch nicht vier Wochen: die schön gezimmerte Tribüne, hier um die Ecke, mit dem Vorbeimarsch, dem bestellten, vor den Erhabenen.[1] Und heute ihr, die ihr euch aus eigenem freiem Willen versammelt habt, für Freiheit und Demokratie und für einen Sozialismus, der des Namens wert ist.

In der Zeit, die hoffentlich jetzt zu Ende ist, wie oft kamen da die Menschen zu mir, mit ihren Klagen. Dem war Unrecht geschehen und der war unterdrückt und geschurigelt worden. Und allesamt waren sie frustriert. Und ich sagte: So tut doch etwas! Und sie sagten resigniert: Wir können doch nichts tun. Und das ging so in dieser Republik, bis es nicht mehr ging. Bis sich so viel Unbilligkeit angehäuft hatte im Staate und so viel Unmut im Leben der Menschen, dass ein Teil von ihnen weglief. Die anderen aber, die Mehrzahl, erklären, und zwar auf der Straße, öffentlich: Schluss, ändern. Wir sind das Volk!

Einer schrieb mir – und der Mann hat recht: Wir haben in diesen letzten Wochen unsere Sprachlosigkeit überwunden und sind jetzt dabei, den aufrechten Gang zu erlernen. Und das, Freunde, in Deutschland, wo bisher sämtliche Revolutionen danebengegangen sind und wo die Leute immer gekuscht haben, unter dem Kaiser, unter den Nazis und später auch. Aber sprechen, frei sprechen, gehen, aufrecht gehen, das ist nicht genug. Lasst uns auch lernen zu regieren. Die Macht gehört nicht in die Hände eines Einzelnen oder ein paar weniger oder eines Apparates oder einer Partei. Alle müssen teilhaben an dieser Macht. Und wer immer sie ausübt und wo immer, muss unterworfen sein der Kontrolle der Bürger, denn Macht korrumpiert. Und absolute Macht, das können wir heute noch sehen, korrumpiert absolut. Der Sozialismus – nicht der stalinsche, der richtige –, den wir endlich erbauen wollen zu unserem Nutzen und zum Nutzen ganz Deutschlands, dieser Sozialismus ist nicht denkbar ohne Demokratie. Demokratie aber, ein griechisches Wort, heißt Herrschaft des Volkes.

Freunde, Mitbürger, üben wir sie aus, diese Herrschaft.

1 Heym spielt auf die aufwändigen Militärparaden und Feierlichkeiten aus Anlass des 40-jährigen Jahrestags der DDR vom 6. bis 8. Oktober an.

---

1 a Beschreiben Sie, wie Stefan Heym seine Situation und die seiner Mitbürger/-innen kennzeichnet.
b Arbeiten Sie heraus, welche Forderungen Heym stellt und welche Intention er verfolgt.

2 Benennen Sie rhetorische Mittel (→ S. 17, 326 ff.) und deren Funktion in Heyms Rede.

## Hans Ulrich Treichel[1]: **Wendezeit** (1989/1993)

Die kleinen Friedenauer[2]
Geräusche, und gleich
da hinten wird Geschichte
gemacht. Mein Fahrrad
lehnt friedlich am Zaun,
durchs Fernsehen flattern
die Akten[3]. Vielleicht
fahr ich doch noch mal
rüber, an diesem mildwarmen
Abend, Spitzel angucken
und Sprüche austeilen.

---

1 **Hans Ulrich Treichel** (*1952): (west-)deutscher Schriftsteller und Germanist
2 **Friedenau:** Westberliner Stadtteil
3 Am 15. Januar 1990 drangen Demonstranten in das ehemalige Ministerium für Staatssicherheit ein, um gegen die fortgesetzte Tätigkeit des Geheimdienstes zu protestieren. Aus den Fenstern flogen Akten und Honecker-Bilder.

Demonstration vor der Berliner Stasi-Zentrale am 15. Januar 1990

## Sarah Kirsch[1]: **Aus dem Haiku[2]-Gebiet** (1991)

Das neue Jahr: Winde
Aus alten Zeiten
Machen mir Zahnweh.
*
Unter dem Himmel des
Neuen Jahrs gehen die
Alten Leute.
*
Wie der Schnee sie auch
Verklärt – meine Heimat
Sieht erbärmlich aus.
*
Den Mond über der Havel
Hatte Schalck[3] wohl
Zurückgelassen.
*
Heul, sag ich, heul! Der Hund
Hilft mir das Jahr
Zu Ende zu bringen.
*
Normannenstraße[4]: ich sehe
Den Leuten zu beim
Reinemachen fürs neue Jahr.
*
Das Jahr geht hin
Noch immer trage ich
Reisekleider. R

---

1 **Sarah Kirsch** (*1935): aufgewachsen in der DDR, 1977, nach Unterzeichnung des Protests gegen die Ausbürgerung Wolf Biermanns (→ S. 267), aus dem Schriftstellerverband der DDR ausgeschlossen und nach Westdeutschland gezogen
2 **Haiku:** japanische Gedichtform mit drei Versen mit festgelegter Silbenzahl (traditionell 5 – 7 – 5)
3 **Alexander Schalck-Golodkowski:** Außenhandelsbeauftragter der DDR
4 **Normannenstraße:** Sitz des Ministeriums für Staatssicherheit in Ostberlin

---

**1 a** Arbeiten Sie heraus, wie die Sprecher in den Gedichten jeweils auf die Wendezeit reagieren.
**b** Erläutern Sie Zusammenhänge zwischen Inhalt und Form der Gedichte.
**2** Weiterführend: Sammeln Sie Gedichte zum Thema „Deutschland" aus unterschiedlichen Epochen und präsentieren Sie sie in einer von Ihnen gewählten Form.

# Globalisierung

## Peter Sloterdijk: **Fern-Nachbarschaft** (2007) Auszug

Alle Welt spricht seit etwas mehr als einem Jahrzehnt von der „Globalisierung“ und ihren ökonomischen Konsequenzen – und doch geschieht es nur selten, dass man sich über die kulturellen, technischen und moralischen Implikationen dieses Vorgangs Gedanken macht. Fürs Erste ist ja nicht zu leugnen: Das aktuelle Bewusstsein vom Zusammenwachsen der Welt zu einem einzigen Geflecht aus schnellen Transaktionen wird zunächst durch die ökonomischen Tatsachen wachgerufen. [...] Der globale Welt-Effekt beruht in technischer Sicht auf ultrarapiden Kommunikationen, die den Raum neutralisieren und alle Regionen auf dem Planeten, ungeachtet ihrer physischen und kulturellen Abstände voneinander, in eine virtuelle Gleichzeitigkeit versetzen. Der große Demiurg[1], der allein im Stande war, aus vielen Welten eine Welt zu machen, ist ohne Zweifel das Geld, das auf der Suche nach Verwertungschancen vor keinem Hindernis Halt zu machen pflegt. Die weltbildende Energie des Geldzusammenhangs erzeugt freilich auch eine radikale Ambivalenz[2]: Zum planetarischen Kapitalismus gehört auf der Ebene der Prozeduren ein elektronischer Kommunismus (das heißt die Tendenz zum Gemeineigentum an Wissen), und mit der Ausweitung der Profitzone geht mehr oder weniger automatisch eine Ausweitung der moralischen Einmischungszone einher.

In diesem Zusammenhang sind die aktuellen Versuche zu würdigen, Afrika in den Fokus der Weltaufmerksamkeit zu rücken. Das moralische Interesse an Afrika beruht auf der Beobachtung, dass es in der vorgeblich vernetzten, in Gegenseitigkeiten eingebetteten Welt noch immer riesige Territorien gibt, in denen die alte Vormacht des Raums und des Elends fortbesteht. Auf diese Weise wird innerhalb der „Weltgesellschaft“ ein Gegensatz sichtbar gemacht, der die moralische Physiognomie der Gegenwart zerklüftet. Während immer größere Teile der Weltpopulation sich bereit machen, in das große Treibhaus des Wohlstands einzuziehen, bildet sich vor der empfindlichen Außenhaut der Komfortzone eine bedrohliche Armutsvorstadt von weltweiten Ausmaßen.

1 **Demiurg:** (griech.) Schöpfergott, Baumeister der Welt
2 **Ambivalenz:** Doppelwertigkeit (positiv und negativ)

### Entwicklung des grenzüberschreitenden Warenhandels

Index (1950 = 1), in konstanten Preisen, Zuwächsen in Prozent, weltweit 1950 bis 2004

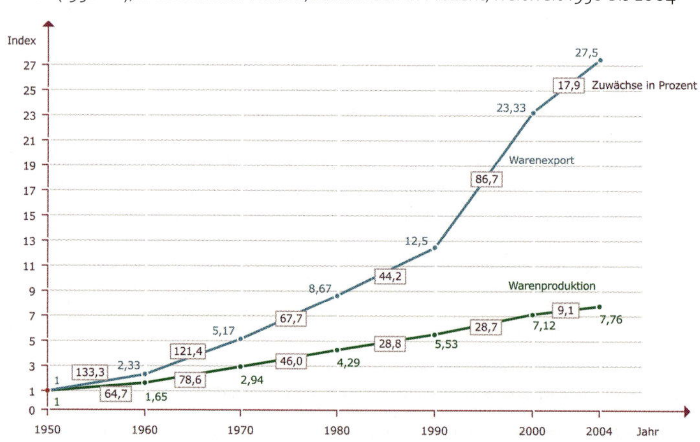


Quelle: World Trade Organisation (WTO): International trade statistics 2005. Stand: 06.2006

**1** **a** Formulieren Sie die zentralen Aussagen der Grafik zum Thema „Globalisierung“.
**b** Recherchieren Sie zur Entwicklung seit 2004.

**2** **a** Ordnen Sie die in Sloterdijks Text genannten verschiedenen Aspekte von Globalisierung in einer Mind-Map (→ S. 348).
**b** Ergänzen Sie die Mind-Map anhand Ihrer Vorkenntnisse zum Thema „Globalisierung“.

Der Roman „Die Habenichtse“ von Katharina Hacker erzählt die Geschichte des jungen Paares Isabelle und Jakob, die von Berlin nach London ziehen, wo Jakob als erfolgreicher Rechtsanwalt arbeitet und Isabelle für ihr Berliner Grafikbüro weiter Entwürfe macht. In England erleben die beiden den Beginn des zweiten Golfkrieges 2003.

Katharina Hacker: **Die Habenichtse** (2006) Auszug

Katharina Hacker (*1967)

In der Zeitung stand, dass man sich mit Decken, Batterien, Kerzen und Konserven eindecken solle. So stand es im *Guardian:* Decken, Batterien, Kerzen, Konserven. Sie kaufte Batterien. Batterien hatten sie, anders als Kerzen, Decken, Konserven, nicht im Haus, allerdings auch kein technisches Gerät, das mit Batterien funktionierte, stellte sie fest, als sie wieder in der Lady Margaret Road war und die Tüten mit den restlichen Einkäufen (frische Milch, zwei Avocados für ein Pfund, noch grün und hart) auspackte und überlegte, wo sie die Batterien aufheben würde. Fünf Päckchen mit vier Batterien in zwei Größen. Vielleicht besaß Jakob etwas, für das man Batterien brauchte. [...] Und während Berlin gegen den Krieg votierte, zog London, obwohl es Proteste und Demonstrationen gab, mit seinen Soldaten in den Kampf, rief die Bevölkerung auf, sich mit Batterien, Decken, Kerzen, Lebensmitteln einzudecken, würde in ein paar Tagen ein Land sein, das sich im Krieg befand, in der Wüste, aber man konnte nie vorhersagen, was unterdessen hier geschah. Die Waffeninspektoren hatten den Irak verlassen. [...] Jakob zeigte sie die Zeitung, erzählte von Decken, Kerzen, Batterien, doch Jakob lachte; es war nicht so, dass sie es wirklich ernst nahm oder sich tatsächlich fürchtete, aber zu lachen war nicht angemessen. Er meinte es nicht böse. Sie ärgerte sich trotzdem über ihn; womit war er beschäftigt? Mit seinem Mandanten Miller? Mit der Villa in Treptow? Er legte Geld in die Schale, die auf der Kommode stand, nie vergaß er, einen neuen Schein hineinzulegen, das war das Haushaltsgeld, das Geld, das sie verbrauchte, wenn sie nicht von ihrem Berliner Konto etwas abhob. – Was willst du heute Abend essen?, fragte Isabelle laut und deutlich, doch Jakob war nach oben gegangen. Sie war unruhiger als in Berlin, als wäre der Stoffwechsel angeregt. Drei- oder viermal in der Woche kochte sie ein warmes Abendessen. Trug Tüten in die Küche, stellte sie auf dem Kühlschrank ab, begann aus- und einzuräumen; diesmal kehrte sie noch einmal zum Esstisch zurück und zur Zeitung, die über einer Stuhllehne hing. – Vielleicht brauchen wir doch einen Fernseher, rief sie zu Jakob hoch. Sein Handy klingelte, sie hörte die Töne durch die Decke, Schritte, seine Stimme. Isabelle ging in die Küche, schnitt dickes Plastik auf und griff nach dem kalten, glatten Fleisch. Im Ofen, dachte sie, mit Knoblauch und Wein und Thymian. [...] Decken. Kerzen. Weil man frieren, weil man sich in der Dunkelheit fürchten könnte. Der Klang seiner Stimme machte klar, dass er ihr nicht beistehen würde. Kerzen, Decken. In Bagdad allerdings rechnete man mit Sandstürmen, mit Hitze. – Aber wir müssen doch daran denken, was all den Menschen zustoßen wird, hatte Alexa gesagt, als verteidigte Isabelle, da sie in London war, den Angriff. Sie hatten beide nicht gewusst, wie viele Tote es im letzten Golfkrieg gegeben hatte. Isabelle erinnerte sich an das Fernsehbild eines Mannes, der schluchzend in die Knie gebrochen war, das Gesicht in den Händen barg, weil er fürchtete, dass er gleich erschossen würde. Keine Grausamkeit, die man sich nicht ausmalen konnte. Könnte ich sie mir ausmalen?, fragte sich Isabelle. Aber sie wollte nicht. Und Jakob kam langsam, Schritt für Schritt, die Treppe herunter. Sie wollte ihm um den Hals fallen und sich in seinen Armen sicher fühlen, sicher genug, um sein Gesicht zu streicheln, die nachwachsenden Bartstoppeln, die rötlichen Augenbrauen, die etwas zu fleischigen Wangen, die in London etwas dünner geworden waren. War er dünner geworden? Sie waren erst seit sieben Monaten verheiratet. Am Fuß der Treppe stand sie, sah hinauf, so lange es ging. Dann stand er neben ihr, zögernd, nachdenklich, dem Telefongespräch nachlauschend, unzufrieden. – Es war, sagte er schließlich, mein Vater, der fragte, ob du nicht zurückwolltest, zurück nach Berlin, falls es dort sicherer wäre. Wie albern, fügte Jakob hinzu. Decken und Batterien, so ein Unsinn, erinnerst du dich, wie es während des ersten Irakkriegs war? 1990 in Freiburg, als sie sich mit Konservendosen eindeckten, vermutlich in die Mülltonnen kippten, was sie nach Tschernobyl eingekauft hatten. All die Ängste für nichts und wieder nichts. Ob ich dich nicht nach Berlin schicken wolle, hat mein Vater gefragt, kannst du dir das vorstellen? Du machst dir keine Sorgen, oder?

**1** Formulieren Sie eine Antwort Isabelles auf die abschließende Frage Jakobs.
**2** Vergleichen Sie Isabelles Reaktion auf den bevorstehenden Krieg mit der ihres Mannes.
**3** Arbeiten Sie heraus, wie der Text die Beziehung zwischen Isabelle und Jakob charakterisiert.
**4** Diskutieren Sie, inwiefern der Romanauszug als Darstellung einer typischen Lebenssituation eines jungen Paares in der globalisierten Welt verstanden werden könnte.

## Durs Grünbein: **September-Elegien I** (2002)

*Für Jane Kramer*

Dann flaut die Erregung ab. Vom Anblick der Supernova[1]
Erholen die meisten sich bei Arbeit, Glücksspiel und Sex.
Von allen Mementos[2] bleibt als letztes das leise „It's over".
Man betet im stillen, faltet die Zeitungen, trinkt sein Becks.
Heimgekehrt in die Liliput-Enge des Alltags, gedenkt
Wer davonkam des Nachbarn, den ein Hammerschlag traf.
Schicksal, von *Schläfern* gemacht, erscheint nun als ferngelenkt:
Daß Flugzeuge Bomben sind, stört kaum den technischen Schlaf.
Beschämt sieht man manchmal zum Himmel auf. Was dort fliegt,
Könnte ein Erzengel sein, unterwegs zum gewohnten Fanal[3].
In den Straßen der Garküchendunst riecht nach frischem Krieg.
Mit dem Drama der Schaben verglichen, ist das Leben banal.
Keiner ist Stoiker[4] hier. Palavernd vor Schwellen und Türen,
Von Terminen und Schulden gejagt, durcheilt man die Stadt.
Wer hat schon Zeit gehabt, etwas wie Seelenruhe zu destillieren
Aus der Gewißheit des Todes und daß alles ein Ende hat?
Anderntags grinst das Kind schon mit ausgeschlagenem Zahn.
Der Globus dreht seine Runden wie eh und je. Aus dem All
Gleicht der Fleck in Manhattan einem erloschnen Vulkan. [R]

1 **Supernova:** sehr starkes Aufleuchten eines Sterns durch innere Explosionen
2 **Memento:** Bittgebet in der katholischen Messe; Mahnung, Erinnerung
3 **Fanal:** weithin erkennbares und wirkendes Zeichen für Kommendes
4 **Stoiker:** Mensch, der stets Unterschütterlichkeit, Gleichmut, Gelassenheit bewahrt

**1** Versuchen Sie selbst, ein oder zwei Verse in das Gedicht einzufügen. Erörtern Sie, inwiefern diese passen oder nicht.
**2** Charakterisieren Sie die im Gedicht formulierte Reaktion auf das Ereignis im Vergleich mit anderen möglichen Reaktionen.
**3** Untersuchen Sie, wie sich die Haltung zum Ereignis in der sprachlichen Gestaltung und Form (→ Elegie, S. 341) spiegelt.

# 6.2 Menschenbilder: Lebensgefühl um 2000 – Identitäten, Brüche

## Leben zwischen den Zeiten und Kulturen

### Jana Hensel: **Zonenkinder** (2002) Auszug

Jana Hensel (rechts, *1976)

Nach der Wende aber kam mir *Ich bin Deutsche* nie so richtig über die Lippen, und aus dem Westen wollte ich gleich gar nicht mehr sein. Stets und ständig setzte ich an, Erklärungen über meine Herkunft anzufügen, und meine Zuhörer nahmen die Information, ich sei zwar Deutsche, aber aus Leipzig, aus Ostdeutschland und also aus der ehemaligen DDR, mit jener freundlichen Nachsicht auf, die man für Desinteresse halten konnte. Warum sollte meine algerische Zimmernachbarin im Marseiller Studentenwohnheim, die zur Zeit der täglichen Massaker in algerischen Dörfern jeden Abend mit ihrer Familie zuhause telefonierte, um zu erfahren, ob alle noch am Leben waren, warum sollte sie sich für die Unterschiede zwischen Ost und West interessieren? Deutschland war ein reiches Land. Dass ein Großteil meiner Landsleute sich als Menschen zweiter Klasse fühlte und unter Arbeitslosigkeit litt, verstand sie wohl. Aber sie hatte Schlimmeres gesehen. So zog ich es vor, den Österreichern die Unterschiede zwischen Ost und West zu erklären. Der Osten, dozierte ich, sei bunter. Im Kopf, meinte ich. Die Menschen, die sich an das neue System erst gewöhnen mussten, gingen kritischer damit um, machten sich Gedanken, suchten Alternativen. Viele Westdeutsche, die ihrer alten Heimat überdrüssig seien, kämen nun nach Leipzig, Dresden und Ostberlin, um nochmal etwas anderes anzufangen, und würden die komplette Umschichtung einer ganzen Gesellschaft genießen. Die Kunstszene, die sich gerade aus der Grauzone des Untergrundes befreie, sich aber an die Restriktionen des alten Systems noch allzu gut erinnern könne, blühe auf und zehre dabei von einer Selbstauffassung, die Gut und Böse nicht nur abstrakt, sondern am eigenen Leib erfahren habe. Meine Zuhörer staunten. Sie wollten mich unbedingt besuchen kommen, um sich das alles selbst anzusehen.

Zurück in Leipzig, schmiedete ich jeden Tag neue Pläne, was ich meinen ausländischen Gästen in meiner Heimatstadt nun alles zeigen würde. Doch von dieser Stadt, die im Unterschied zu Südfrankreich sehr grau wirkte, konnte ich mich nicht erinnern, gesprochen zu haben. Dachten wir uns den Osten vielleicht nur aus? Wollten wir diesen ganzen miefigen Nachwendealltag nur für uns erträglicher gestalten und machten uns etwas vor?

---

**1** Sammeln Sie in Clustern (→ S. 349), welche Vorstellungen die Ich-Erzählerin mit den Identitäten „Deutsche sein", „Ostdeutsche sein", „Westdeutsche sein" verbindet.

**2** Beschreiben Sie die Haltung der Ich-Erzählerin zu den formulierten Identitätsbildern.

**3** Sammeln Sie eigene Vorstellungen, die Sie mit „Deutsche/r sein", „Ostdeutsche/r sein", „Westdeutsche/r sein" assoziieren.
Prüfen Sie, inwieweit Sie sich mit diesen Kennzeichnungen identifizieren oder nicht.

**Feridun Zaimoglu: Kopf und Kragen. Kanak-Kultur-Kompendium** (2006) Auszug

Feridun Zaimoglu (*1964)

Meine Mutter beispielsweise ist Tscherkessin und kommt aus dem Kaukasus. Ihre Sippe entkam nur knapp der Deportation nach Sibirien; das geschah in der Zeit, als Stalin mit eisernem Besen fegte und auch das kleine Tscherkessenvölkchen seiner Zwangsumsiedlungspolitik zum Opfer fiel. Nicht vielen gelang die Flucht an die türkische Schwarzmeerküste, und die es doch schafften, wurden über Nacht türkische Staatsbürger. Mein Vater wiederum gehörte der dritten Generation der Balkanflüchtlinge an, die sich nach der Weltkriegsniederlage und dem Zusammenbruch des Osmanischen Reiches in das türkische Kernland aufgemacht hatten. Ich bin im anatolischen Bolu geboren, meine achtzehn Monate jüngere Schwester ist gebürtige Berlinerin. Kann man vor solch immensen Zeitzäsuren und biografischen Brüchen noch von einer einzigen Identität sprechen, die alle Altersklassen in der Geschlechterfolge in Haft nimmt? Irreguläre Lebensläufe aus Zusammenbruchsszenen sind das wahre Gesicht der Einwanderung.

In seinem deutschsprachigen Roman „Leyla" erzählt Zaimoglu die Geschichte seiner Mutter aus deren Perspektive. In der Türkei wird sie mit Metin verheiratet, dem sie schließlich nach Deutschland folgt.

**Feridun Zaimoglu: Leyla** (2006) Auszug

Zwei Wochen sind vergangen, ich führe mein Leben weiter, häkele, nähe und putze die Treppe, lausche den schönen Liebesgeschichten von Yasmin und widerspreche meiner Mutter, die sich darüber beklagt, dass mein Mann sich nicht blicken lässt in all der Zeit. Jetzt aber steht er in der Tür mit einem Buch unter dem Arm, und er fragt, ob es ihm gestattet sei, einzutreten. Yasmin und Selda starren ihn an, er legt das Buch auf die Kommode im Eingangsbereich, kniet sich hin und löst die Schnürsenkel.

Was ist das für ein Buch?, frage ich ihn, ich könnte in seinen ungeschützten Nacken beißen, ich könnte meinen Mann berühren, ich könnte meinen Mann küssen, ihn dazu bringen, dass er vor Verlegenheit in Socken davonrennt.

Ich lerne Deutsch, sagt er ächzend ... dieser verdammte Knoten. Verzeihen Sie bitte, meine Damen.

Solange Sie vor uns nicht laut aufstoßen, verzeihen wir Ihnen gerne, sagt Selda, sie stürmt mit Yasmin in die Küche, ich höre sie kichern. Ihre Schwestern sind sehr lustig, sagt Metin und schlüpft endlich aus den Schuhen.

Sie lernen also Deutsch, sage ich, das muss eine Fremdsprache sein, ähnlich wie Englisch.

Nein, sagt er und folgt mir ins Wohnzimmer, ich gehe fünfmal in der Woche zum deutschen Kulturinstitut, direkt nach der Arbeit. Dann, nach einer kleinen Pause, fügt er hinzu: Ich liebe es.

Die Arbeit?

Die fremde Sprache.

Was arbeiten Sie eigentlich?, frage ich.

Sie wissen es nicht?

Ich habe geglaubt, Sie sind mit Ihrem Studium beschäftigt, sage ich.

Ach, das Studium ... ich habe es mir anders überlegt. Also, ich studiere immer noch, aber ich denke ...

Was denken Sie denn?, frage ich.

Sehen Sie ... Sie und ich sind ja verheiratet. Wir warten auf die Hochzeit, aber eigentlich sind wir schon eine Familie. Und ich muss mir eine Arbeit aussuchen, damit ich meine Familie ernähren kann.

Er klingt sehr erwachsen, der Schöne, bestimmt hat er sich diese Worte im Geiste zurechtgelegt, der Schöne möchte bei seiner Frau einen guten Eindruck machen.
Wenn Sie Schokolade vertreiben, Schwager, sagt Selda, werden Sie sehr viel Geld verdienen. Ihre Neugier hat sie wieder auf den Flur treten lassen, und auch Yasmin schaut den knienden Mann unverwandt an. Jetzt, da er die Schnürsenkel gelöst hat und aus den Schuhen geschlüpft ist, könnte er aufstehen. Und er steht auch in diesem Augenblick auf und sagt: Ich esse Schokolade gerne, ich fürchte, ich eigne mich nicht zum Pralinenhändler.
Er nimmt das Lehrbuch wieder an sich, meine Schwestern geben vor, ihren Haus- und Häkelbeschäftigungen nachgehen zu müssen, mein Mann und ich gehen ins Wohnzimmer, viel mehr Platz zum Sprechen haben wir nicht in diesem Haus. Die Großtante macht einen ihrer seltenen Besuche bei ihrer Freundin, ich setze mich in den unbesetzten Schaukelstuhl, er nimmt auf dem Sofa Platz und mustert den Buchdeckel.
Was arbeiten Sie also?, frage ich.
Dies und das, sagt er, irgendwann werde ich auf eigene Rechnung handeln, erst dann macht es sich bezahlt.
Dies und das, wiederhole ich ... was genau?
Sie werden lachen.
Nein, sage ich, ich will es wirklich wissen.
Bisher hat jeder gelacht, wenn ich verraten habe, welche Handelsware ich vertreibe, sagt er, Sie werden lachen.
Sagen Sie es schon endlich!
Holzkrallen am Stiel zum Rückenkratzen, platzt es aus ihm heraus.
Ich halte mir sofort Nase und Mund zu, doch nach einigen Sekunden kann ich nicht an mich halten und pruste los, ich lache, bis mir die Tränen in den Augen stehen, und der Schöne wendet das Buch hin und her und wackelt mit den Zehen in den dunkelblauen Strümpfen. Ein lustiger Mann, denke ich, welch ein Glück.
Kann ich Ihnen etwas anbieten?
Nein, sagt er, ich kann auch nur ganz kurz bleiben ... Geht es Ihnen in diesem Haus gut?
Es dauert nicht mehr lange, und ich lebe nicht mehr hier ... Oder?
Ja, sagt er leise, und dann wieder, ja. Um ihm keine Gelegenheit zu geben, verlegen zu werden, stehe ich mit einem Ruck auf, biete ihm aus der kleinen Kristallschale Atemfrischpastillen an. Er zaudert, nimmt eine Pastille und legt sie auf die Unterlippe, er öffnet den Mund und schließt ihn, und ich kann sehen, dass ihm einige Zähne fehlen, vielleicht hat er sie sich im Streit ausschlagen lassen.
Ich habe über Ihre Worte nachgedacht, sagt mein Mann, Sie wünschen elektrische Liebesgaben, habe ich Sie richtig verstanden?
Ja, sage ich, ich möchte ein elektrisches Leben führen.
Sehen Sie, deshalb ist es auch so wichtig, dass ich Deutsch lerne. Wenn wir ... wenn Sie und ich nicht herauskommen ...
Was dann?
Dann wird es antielektrisch enden mit uns beiden.

**1** **a** Die im Romanauszug dargestellte Begegnung findet in der Türkei der 1950er-Jahre statt. Beschreiben Sie, was Ihnen aus Ihrer persönlichen gegenwärtigen Sicht an der Situation und am Verhalten des Paares vertraut und was Ihnen fremd erscheint.
**b** Welche Rolle spielt dabei die Art der Vermittlung? Untersuchen Sie die Erzählweise (→ S. 329 f.).
**2** Vergleichen Sie die Lebenssituation des Paares mit typischen Lebenssituationen junger Paare heute in Deutschland. Welche Brüche zeichnen sich ab, welche Kontinuitäten?
**3** Referate: Stellen Sie weitere zeitgenössische deutschsprachige Literatur von Migranten vor. Arbeiten Sie heraus, wie das Thema „Leben in einer fremden/vertrauten Kultur" gestaltet wird.

# Beziehungen – zwischen Nähe und Ferne

## Durs Grünbein: **Nachbilder. Sonette VI** (1999)

Und plötzlich schreckt man auf, – neben dem Bett
In einer Wohnung unterm Dach. Die Sterne
Drohen als goldne Haken überm Bücherbrett.
Der wahre Alptraum ist, es gibt nur Ferne.
Kein Trost ist die prekäre[1] Nähe
Des Körpers zu sich selbst. So falsch vertraut
Führt das Gehirn aus seiner Deckung diese Ehe.
Rhythmisches Beben läuft auf dünner Haut
Entlang der Rippen. Und wie dicht darunter
Schlägt dieses Kükenherz, das vom Krepieren
Ringsum längst ahnt. Die harte Diele
Macht, an der Wirbelsäule kratzend, munter.
Man reibt die Augen, sieht das Vielzuviele
Und kehrt zum Schlaf zurück auf allen vieren.

Edward Hopper: Morning Sun (1952)

1 **prekär:** heikel, gefährdet, instabil

1 Formulieren Sie in eigenen Worten, worum es in den vier Strophen des Sonetts (→ S. 341) jeweils geht. Nutzen Sie dabei die Oppositionen „vertraut – fremd", „Wachheit – Schlaf".
2 Erläutern Sie, wie die Sonettform die Aussage trägt.
3 Stellen Sie eine Beziehung zwischen Grünbeins Gedicht und Hoppers Gemälde her.

## Botho Strauß: **Rückkehr** (2006)

Da gab es den Bäckermeister Alwin, der eines Morgens nicht mehr in seine Backstube kam, seine Frau Myriam verließ und nach Mexiko auswanderte. Dort kaufte er sich in eine Papierfabrik ein und wurde ein erfolgreicher Fabrikant. Schließlich gehörten ihm zwölf Papierfabriken in ganz Lateinamerika. Nach fünfundzwanzig Jahren kehrte er nach Hannover zurück. Dort lebte seine Frau immer noch in der kleinen Wohnung am Rande der Eilenriede. Sie war inzwischen fünfzig Jahre alt und litt eine bittere Armut. Als ihr Mann davon erfuhr, nahm er sich ein Herz und besuchte seine Frau in ihrer beider alten Bleibe. Die Frau saß bei einem Glas Pfirsichlikör an ihrem Tisch, an dem sie immer gesessen hatte, wenn die Küchenarbeit beendet war. Sie blickte auf, als ihr Mann plötzlich wieder neben ihr stand, und sah dann zurück auf die Tischplatte. Sie hörte, welch ein Angebot er ihr machte und welche Unterstützung er ihr versprach. Doch sie schüttelte den Kopf und bat ihn, sie wieder mit ihm allein zu lassen.

1 Nehmen Sie an, dass Botho Strauß' Verlagslektor den letzten Satz „berichtigt" und das Wort „ihm" durch „sich" ersetzt. Verfassen Sie eine Entgegnung des Autors.
2 Wie auch andere der 41 sehr kurzen Texte in Strauß' Erzählband „Mikado" wirft „Rückkehr" ein Schlaglicht auf eine Beziehung. Interpretieren Sie die Erzählung mit Bezug auf die von Strauß gewählte Textform der Kalendergeschichte (→ S. 331).

## Maxim Biller: **Melody** (2007)

Als Thomas und Melody sich verliebten, war Iva erst zwei Monate tot. Melody rief sofort bei Meryll-Johnson in Chicago an und sagte, sie käme von ihrem Europa-Urlaub nicht zurück, dann fuhren sie nach Paris und nahmen sich eine Wohnung in der Rue Céline. Im August brachte die Spedition Thomas den Rest seiner Sachen aus Florenz; Ivas Sachen und ihre Möbel hatten ihre Eltern schon im Februar geholt.
Im Winter beschloss Thomas zu konvertieren. Melodys Eltern fanden für ihn einen Rabbiner in East Hampton, aber Thomas begann, die Sache hinauszuschieben. Er schrieb jetzt wieder, und wenn er dabei nicht an Iva dachte, ging es ganz gut. Einmal sagte er zu Melody im Streit, es sei zwischen ihnen zu schnell gegangen, worauf sie sagte, mach doch langsamer. Dann gab sie ihm eine Ohrfeige.
Die Beschneidung ließ Thomas im Mount Sinai auf der Upper Eastside machen. Als er aus der Narkose aufwachte, sagte er zu Melody, sie solle nie mehr weggehen, und nannte sie Iva. Drei Monate später heirateten sie und zogen nach New York.
In New York arbeitete Thomas noch weniger als nach Ivas Tod. Meistens lag er im Bett und sah fern. Oder er saß im Columbus Deli, schaute aus dem Fenster und versuchte, nicht zu weinen. Jede zweite junge Frau, die vorbeikam, erinnerte ihn an Iva. Dann setzte sich Iva eines Tages neben ihn. Sie hieß Andrea, roch wie Iva nach Dune von Dior und war wie sie in Frankfurt aufs Bettina-Gymnasium gegangen. Beim Reden legte sie einmal ihre Hand auf seine, einmal sahen sie sich lange schweigend an. Trotzdem tauschten sie beim Abschied nicht ihre Telefonnummern.
Als Melody ein Jahr später sagte, sie habe sich wieder in ihren ersten Freund Abe verliebt, hörte Thomas auf zu sprechen. Melody ging weiter jeden Tag in die Kanzlei, Thomas schrieb noch weniger und ging gar nicht mehr raus. Abends saßen sie zusammen vor dem Fernseher, und Thomas kritzelte abwechselnd Schimpfworte und Kosenamen in einen Block und schob ihn Melody zu. Irgendwann konnten sie beide nicht mehr, und Thomas begann wieder zu reden. Sein erster Satz war: „Ich gehe zurück nach Deutschland."
Und so ging es weiter: Thomas traf in Frankfurt auf der Straße Andrea wieder, und sie bekamen einen Sohn. Melody wurde von Abe schwanger, verlor aber das Kind, als sie erfuhr, dass Abes Frau auch schwanger war. Andrea wollte den kleinen Ze'ev nicht beschneiden lassen und machte mit Thomas Schluss. Thomas ging immer öfter in die Westend-Synagoge, er schrieb gar nicht mehr und hatte das Gefühl, er lebe in einer großen, lilafarbenen Dunstwolke. Melody kriegte das Klapisch-Syndrom und wurde wie durch ein Wunder gesund. Abe verließ seine Frau und sein Kind und sang drei Nächte hintereinander vor Melodys Fenster *I Wanna Hold Your Hand*. In der vierten Nacht hätte ihn Melody reingelassen – aber auf dem Weg zu ihr fuhr er in den East River. Thomas lernte an Simchat Thora[1] in der Synagoge Judita kennen; sie roch wie Melody nach Marc Jacobs und war auf dem Bettina-Gymnasium gewesen, und sie hatten ein paar gute Monate. Und sechs Jahre später saßen Melody und Thomas bei einer Hochzeit in Tel Aviv an einem Tisch. Sie hatten noch in derselben Nacht im Hilton in Melodys Zimmer Sex, und hinterher schloss sich Thomas im Bad ein, weil er an Iva denken und weinen musste.
Thomas und Melody leben jetzt wieder zusammen in der Rue Céline. Es geht ihnen gut.

1 **Simchat Thora:** jüdisches Fest

**1** Entwerfen Sie eine Übersicht zu Thomas' und Melodys Leben: Beziehungen, Orte ...

**2** Billers Erzählband „Liebe heute" trägt den Untertitel „Shortstorys". Messen Sie „Melody" an Pionteks Definitionen (→ S. 243). Erörtern Sie Konsequenzen für das Menschenbild im 21. Jahrhundert.

# 6.3 Kunstauffassungen: Postmoderne, Pop, Postdramatik ...

## Spielarten des Erzählens: Postmoderne, Popliteratur

Schon 1969 charakterisierte der amerikanische Literaturkritiker Leslie A. Fiedler mit seiner Forderung „cross the border – close the gap“ die postmoderne Literatur. Die Debatte um die Postmoderne hat den literaturwissenschaftlichen Diskurs bis in die 1990er-Jahre geprägt. Kennzeichen dieser Kunst nach der Moderne sind bei aller Unterschiedlichkeit: Ernstes und Triviales („E“ und „U“) werden nicht mehr klar geschieden; Vorbilder und Traditionen werden zitiert und collagiert. Kennzeichnend für postmoderne Literatur sind Anspielungsreichtum und Stilmischung; durch Integration von historischen Versatzstücken werden oft irreale, vieldeutige Konstellationen geschaffen.
In der Architektur wird das Post-Moderne sichtbar:

James Stirling, Michael Wilford (Architekten): Staatsgalerie Stuttgart (1977–1984)

**1** **a** Beschreiben Sie die Gestaltung des Gebäudes: Formen, Bauelemente, Materialien, Farben ...
**b** Erläutern Sie die Bezeichnung der Stuttgarter Staatsgalerie als „gebaute Collage“.

**2** Benennen Sie mit Hilfe des Textes „Unsere postmoderne Moderne“ (→ S. 182 f.) von Wolfgang Welsch Entsprechungen zwischen postmoderner Kunst und „postmodernen“ Denk- und Lebensformen.

Christoph Ransmayrs Roman „Morbus Kitahara“ (1995) entwirft das Bild eines Staates, der einen Krieg verloren hat und von den Besatzern dazu verurteilt wird, auf unbestimmte Zeit Sühne zu leisten. Sämtliche Industrieanlagen sollen demontiert und das Land in einen reinen Agrarstaat verwandelt werden. In dem kleinen Dorf Moor, einem ehemaligen Seekurort, müssen die Einwohner in einem Steinbruch arbeiten.

### Christoph Ransmayr: **Morbus Kitahara** (1995) Auszug

Ambras war ein über jeden Zweifel erhabener Mann. Als befreiter ehemaliger Zwangsarbeiter trug er an seinem linken Unterarm eine daumenbreite Narbe. Es war der Abdruck jener glühenden Feile, mit der er die Schmach einer dort eintätowierten Häftlingsnummer nach seiner Befreiung für immer gelöscht hatte. Seine Tage verbrachte er auf den Abbauterrassen oder in der staubigen Verwalterbaracke des Steinbruchs – und die Nächte in einem *Villa Flora* genannten Landhaus, das auf einer Anhöhe inmitten eines verwilderten Parks allmählich verfiel. Er war der einzige Bewohner dieses zweigeschossigen Fachwerkbaus mit Holzveranden, Erkern, Wandelgängen und Salons – und begnügte sich doch mit nur einem, dem See zugewandten Zimmer, dem ehemaligen Musiksalon: Hier schlief er auf einem mit paradiesischen Gartenszenen bestickten Sofa, hier diente ihm ein mit grünem Filz bespannter Spieltisch als Eß- und Arbeitstisch zugleich, hier verzehrte er seine kalten Abendmahlzeiten und warf seine Kleider zur Nacht über einen geschlossenen Flügel. Alle anderen Räume des Hauses, das mit Tüchern verhängte Mobiliar, die schimmeligen Tapeten und zerfetzten Brokatvorhänge, die Gipsfaune und auch die geplünderte Bibliothek überließ er einem Dutzend halb wilder Hunde.

Jahrelang war die Villa Flora ein menschenleerer Ort gewesen. Ihr Besitzer, ein Hotelier namens Goldfarb, der das Bellevue und ein angeschlossenes Kurbad in der altmodischen Art eines Sanatoriums und stets am Rande des Ruins geführt hatte, war in einer Novembernacht während des Kriegs mit seiner Frau und seiner taubstummen Tochter von den Beamten einer geheimen Staatspolizei in einen Wagen ohne Kennzeichen gestoßen und an einen unbekannten Ort verschleppt worden. In Moor hieß es damals: in ein Lager nach Polen, aber auch: ach was Lager, ach was Polen, in den nächstbesten Wald. [...]

Nach einer Reihe von militärisch geordneten Besetzungen und Räumungen übernachteten hier gelegentlich Flüchtlinge aus den zerbombten Städten, dann Vertriebene aus Mähren und Bessarabien und schließlich Landstreicher – bis Major Elliot[1] das verwüstete Haus endlich schloß und verfügte, es sei dem verschollenen Hotelier bis zur Klärung seines Lebens oder Todes zu bewahren.

Elliot ließ damals den Schmied von Moor das aufgebrochene Portal mit Ketten und Schlössern verhängen, ließ zerschlagene Fenster vernageln und den Park mit Stacheldraht umzäunen. Dann ließ er auf dem Anwesen zwei Hunde frei, große irische Hirtenhunde, die ihm von einem alliierten *Highlanders*-Regiment als Maskottchen zurückgelassen worden waren. Die Rüden fraßen, was ihnen von den Militärpatrouillen über den Drahtverhau zugeworfen wurde, sprangen jeden Eindringling an und schnappten selbst nach den Karpfen im Seerosenteich des Parks. Wenn der Donner der Sprengungen manchmal aus dem Steinbruch über den See in ihr Reich herüberrollte, standen sie mit gestreckten Vorderläufen, aufrecht, bestialisch, an den Brüstungen der Holzveranden und heulten nach dem gegenüberliegenden Blinden Ufer. Die Villa Flora wurde unbetretbar. [...]

In den ersten Augusttagen dieses Sommers, neun Jahre nach seiner Befreiung aus dem Barackenlager am Schotterwerk, kehrte der als Häftling Nr. 4273 zur Arbeit im Steinbruch geprügelte Fotograf Ambras an den See von Moor zurück. Ein mittelloser Spezialist für Landschaften und Porträts, ohne Kamera, ohne Atelier und Dunkelkammer, folgte Ambras damals einem Aufruf der Armee, die für den wiedereröffneten Moorer Granitbruch einen Verwalter suchte. [...]

In der folgenden Woche stand unter dem Namen des neuen Steinbruchverwalters auf Flugblättern und auch auf dem Schwarzen Brett der Kommandatur die Warnung, dass jede Auflehnung gegen diesen Verwalter mit der gleichen Härte bestraft würde wie ein Angriff auf Elliot selbst. So wurde Ambras Name schon zur Drohung, noch bevor er im Steinbruch seine ersten Anweisungen gab. Fürchten lernte Moor den Ankömmling allerdings erst an jenem Abend, an dem er das Rudel der Villa Flora bezwang.

R

1 der amerikanische Besatzungskommandant des Dorfes

1 Ransmayrs Text spielt auf historische Umstände und Ereignisse an, die Sie aus dem Geschichtsunterricht kennen. Stellen Sie diese zusammen.

2 a Villa Flora: Charakterisieren Sie diesen Ort, indem Sie auf seine wechselvolle Geschichte eingehen.
b Arbeiten Sie heraus, welche Bedeutungen man der Schilderung dieses Ortes zuweisen könnte.

3 Untersuchen Sie, inwiefern der Text Merkmale postmodernen Erzählens aufweist.

Im Mittelpunkt von Texten der vor allem in den 1990er-Jahren erfolgreichen so genannten Pop-Literatur stehen immer wieder das Spiel und die Auseinandersetzung mit Formen und Zeichen der populären Kultur:

### Rainald Goetz: **Rave** (1998) Auszug

Rainald Goetz (*1954)

Und der Laden ist brechend voll und tobt da auf diese alte, irre Art ums Allerheiligste, das Sanctum und Sacrum, den Sex der Musik.

Die beste Deko, alte Veranstalterweisheit, ist ein voller Laden. Und so ist die Deko heute doppelt optimal. Ali macht Musik, ganz im Stil des Hauses: Sex-House-Trash-Pop, stumpf, kaputt und hittig, wie es sich gehört für hier. Und vor ihm pumpt und schubt es, kreischt und zwitschert, gockelt und stampft es eng gedrängt auf der Tanzfläche herum, und manchmal flackern hellgrell und bunt die Lichter auf und erleuchten die Köpfe und lassen die Gesichter strahlen.

Ich kann dieser Sache einfach nicht müde werden.

Man betritt so einen Laden, und der Effekt schlägt ein, auf der Stelle: Euphorie.

Als hätte man es noch NIE erlebt.

Als gäbe es keine Geschichte für Glück.

Und wie ich hinter gehe, zur hinteren Bar, wo Wolli und Pedro, voll umlagert, bedienen, laufe ich direkt in den Ali rein.

„Du legst doch auf heute, oder?“

„Und wie!“, sagt er, lacht, drückt mir einen schweißnassen Kuss auf die Backe, gibt mir eines der beiden Biere, die er gerade aus der Ausgabe geholt hat, und rast davon, rot erhitzt, patschnass, und kräht im Umdrehen noch so ein irres Ali-Gelächter aus sich heraus raus.

„Danke, Ali!“

An der Bar: alle. Mehr oder weniger alle. Olaf, Anki, Martina, Helli, Sassy, Tommy, Susi, Daniela, Nilly, Virginia, Caro, Kathi, Sascha, Wirna, Silvie, Änni, Dominik, Claudi, Daniel, Sue. Bitte Bier. Danke. Hallo Bob, Kathrin, Cambis, Keiwan, Robert, Pata, Kerstin, Daniel, Thomas, Susi von den Stämmen und die kleine Susi und Fabienne und Natalie und Alex und Felix. Ich geh mal tanzen. Hallo Moritz! Rebecca! Wieder an der Bar: Bitte mehr Bier. Hallo Alex, Sarah, Jerome, Alia, Jenny, Katja, Steffen, Michel, Hartwig. Hallo David, Dorle, Upstart, Monika, Lester, Barbara, Aroma, und Roy steht da plötzlich da. „Hallo Roy!“ – „Hallo Rainald!“ – „Hallo Hille! Du auch hier?!“ – Ja, wieso nicht? Ausnahmsweise mal. Bea und Clé sind auch da, da drüben.“ Echt? Ist ja toll.

Mit manchen winkt und lacht man sich gegenseitig zu, mit manchen sagt man sich nur so hallo und mit vielen redet man kurz. Geil. Der ultraöffentliche Ort der Nacht und sein Privatgeschichtenkatarakt.

Allein zwischen den ersten drei, vier Bier wird eine solche Masse Leben hin und her geshiftet, zwischen den einzelnen Menschen, wie nur hier möglich vielleicht, in dieser konzentrierten und kompliziert codierten Form. Dauernd wird irgendwas wieder zerfetzt, gebrochen, dementiert und ganz speziell stilisiert.

Thema: Leben.
Die Menschen.
Ein jeder.
Und dein Leid und meines.

„Noch die privateste Katastrophengeschichte", denke ich später, während ich zum Rasten allein in der Ecke lehne und das inzwischen soundsovielte Bier trinke, „erfährt hier ihre Wandlung, durch Lärm und Rausch, in ein Allgemeines der Kaputtheit, das von allen ausgeschlossen wird, aus der Feier der Kaputtheit hier."

Alle tun immer so, als wäre alles anders, als es ist. Das macht den fantastischen Würdeappeal des nächtlichen Treibens und ewigen Feierns. Seine absolut hiesige und zugleich, doch, ja: utopische Dimension.

1 Sammeln Sie erste Eindrücke zum Text.
2 „… wird eine solche Masse Leben hin und her geshiftet, zwischen den einzelnen Menschen, wie nur hier möglich vielleicht, in dieser konzentrierten und kompliziert codierten Form" (Z. 65–68):
a Untersuchen Sie die Dialoggestaltung im Text und beziehen Sie diese auf die zitierte Aussage.
b Prüfen Sie, inwiefern der Text durch die sonstige Auswahl von Inhalten und sprachlichen Mitteln die zitierte Einschätzung illustriert.
3 Erläutern Sie die abschließende Reflexion des Ich-Erzählers (Z. 76–88).
4 Weiterführend: Anlässlich einer Lesung Durs Grünbeins (→ S. 286, 290) schreibt Rainald Goetz: „Ich will die Madness der Sprache, den Fun der Exposition, die Absurdität dieses Tuns. Ich hätte es, wie immer, gerne kürzer, zerfetzter, kaputter." Diskutieren Sie anlässlich dieses Kommentars eigene Wertungen der Texte von Grünbein und Goetz in diesem Band.

## Neue Wege im Drama

Dieter Heimböckel: **Subversionen der Erinnerung** (2005) Auszug

Das postdramatische Theater selbst ist ja als eine Art Gegenbewegung zur traditionellen Illusionsdramatik zu verstehen, von ihrer Warte kommt es selbst mit Brechts epischem Theater auf Grund seiner Privilegierung der Fabel eher zu einer Erneuerung und Vollendung der klassischen Dramaturgie als zu deren Überwindung. Das ändert sich im postdramatischen Theater radikal. Insofern es die traditionelle Auffassung des Dramas als einer szenischen Repräsentation von Lebenswelt verabschiedet, sind dessen herkömmliche Strukturelemente: Dialog, Figur und Handlung nur noch nebensächlich. Mit ihrer Vernachlässigung schwinden die Prinzipien von Narration und Figuration sowie die Ordnung der Fabel. Die Gründe dafür liegen in einem gerade durch das Medienzeitalter beschleunigten Verlust eines allgemeinen Wirklichkeitsverständnisses, dem man mit den herkömmlichen Mitteln des Dramas nicht mehr zu begegnen vermag. […] Dabei setzt mit der konsequenten Entdramatisierung des Theaters nicht von ungefähr auch das Nachdenken über die Erinnerung mit neuer Intensität ein.

1 Erläutern Sie die Fachbegriffe des Textes – insbesondere den des „postdramatischen Theaters".

## Heiner Müller: **Germania 3** (1996) Auszug

Szene: *Zwei deutsche Offiziere finden eine Verpflegungsbombe*
**1** Der Führer läßt uns nicht im Stich.
**2** Heil Hitler
*Will essen.*
**1** Das ist Proviant für eine Kompanie.
Ich werde Sie erschießen, wenn Sie essen.
**2** Und warum zittern Ihre Hände, Hauptmann.
**1** Für eine Kompanie reicht es wohl nicht.
**2** Haben Sie nachgezählt. Die Kompanie
Ist sieben Mann stark. Zwei davon sind wir.
**1** Der Hunger macht noch Tiere aus uns allen.
*Ißt.*
**2** *ebenso.*
Warum sind wir in Rußland einmarschiert.
**1** Die Frage, Leutnant, hab ich nicht gehört.
**2** Weil wir Europa vor dem Bolschewismus
Bewahren müssen. So hab ichs gelernt.
**1** Europa. Was geht mich Europa an.
Es geht um Deutschland. Schiller und Goethe.
**2** Öl
Und Weizen.
**1** Diese niedre Denkungsart
Herr Leutnant, ist mir fremd.
**2** Serviette, Hauptmann.
**1** Ich gebe zu, es ist nicht alles Gold
Was glänzt Das mit den Juden war vielleicht
Ein Fehler Ich zum Beispiel kannte einen
Im Ersten Weltkrieg Er war Offizier
**2** Jeder kennt einen Juden Ich bin satt
**1** Unsre Soldaten hungern
**2** Wir sind Schweine.
*Gehn jeder in seinen Bunker rasieren sich bzw.*
*lassen sich rasieren sie erschießen sich.*
**Homburg** *Nun, o Unsterblichkeit, bist du ganz mein!*
*Du strahlst mir, durch die Binde meiner Augen,*
*Mit Glanz der tausendfachen Sonne zu!*
*Es wachsen Flügel mir an beiden Schultern,*
*Durch stille Ätherräume schwingt mein Geist,*
*Und wie ein Schiff, vom Hauch des Winds entführt,*
*Die muntre Hafenstadt versinken sieht,*
*So geht mir dämmernd alles Leben unter:*
*Jetzt unterscheid ich Farben noch und Formen,*
*Und jetzt liegt Nebel alles unter mir*
**Kurfürst** *Laßt den Kanonendonner ihn erwecken!*
**Homburg** *Nein, sagt! Ist es ein Traum?*
**Kottwitz** *Ein Traum, was sonst?* [R]

In seinem letzten Drama, geschrieben zwischen 1990 und 1995, setzt sich Heiner Müller mit der deutschen Geschichte auseinander, vor allem mit den Folgen der Diktaturen, mit Hitler und Stalin.
Die einzelnen Szenen bieten keine Handlung im traditionellen Sinne; es sind Collagen aus literarischen und historischen Bezügen, die durch einzelne Motive miteinander verknüpft werden.

1. Tragen Sie zusammen, welche Themen und Motive die Szene behandelt.
2. Kopieren Sie die Szene als Textdatei. Erstellen Sie in Gruppenarbeit einen Hypertext, der die Anspielungen und Zitate in der Szene zu entschlüsseln versucht.
3. Analysieren Sie die Szene unter Bezugnahme auf das Konzept des „postdramatischen Theaters" (→ S. 295).

Joseph G. Rittenberg: Heiner Müller (1982)

# Junge Lyrik

## Albert Ostermeier: **fernsehabend** (2001)

wenn ich wieder einmal einschlafen
könnte ohne dass mir das rauschen
in den ohren dröhnte wer schenkt mir
eine mullbinde für die entsetzliche
stimme die man gewöhnlich die stille
heißt und die mir die augen aufreißt
während die chipstüte zwischen den
händen platzt und auf dem bildschirm
einer nach dem anderen als wärs ping
pong abkratzt immer besteht ein maß
doch jeglichem ist auch sein eigenes
beschieden solang er mir nicht die
träume verpatzt ich will meinen frieden
von mir aus auch in stereo brüllen wie
die affen im zoo und gaffen dich an
als lägst du zerstückelt neben deiner
fernbedienung auf der autobahn bis
die werbung den dreck wegwischt
und ein leben wie eine bestellnummer
verlischt während schon die nächste
glatze auf eine fremde frau eindrischt
wars auf der straße wars im tv er
hatte eine schwere kindheit aber zur
besten sendezeit lasst uns über seine
probleme reden sollen die jungs in
orange nur anständig die bürgersteige
fegen ein boxer geht in die knie punch
doch die dame mit straps ahnt nichts
von dem nahen kollaps auf meiner
couch diesem ziehn im bauch wenn
die dritten zähne in einen apfel beißen
und die weißen hemden in der sonne
glänzen das brauch ich dieses bezahlbare
glück zum empfänger zurück aus dem
füllhorn der sendeanstalten dann kann
ich abschalten

## Thomas Kling: **gewebeprobe** (1996)

der bach der stürzt
ist nicht ein spruchband
textband weißn rau-
schnns;
schrift schon;
der sichtliche bach di
textader, einstweilen
ein nicht drossel-, nicht
abstellbares textadersystem,
in rufweite; in auflösnder
naheinstellun'.
bruchstücke,
ständig überspült; über-
löschte blöcke, weiße schrift-
blöcke und glitschige, teils,
begreifbare anordnungn: ein un-
unterbrochn ununterbrochenes.
am bergstrich krakelige unruhe
und felsskalpell. schäumendes
ausschabn.
bezifferbarer bach,
der bach der stürzt: guß,
megagerinnsel, hirnstrom. R

**1** **a** Ostermeier gibt einigen seiner Gedichtbände CDs mit, auf denen er die Texte mit Pop- und Beatsounds verbunden liest. Bereiten Sie selbst einen wirkungsvollen Vortrag des Gedichts vor.
**b** Nennen Sie Gestaltungsmerkmale des Gedichts (Reimstellung → S. 340, Enjambements → S. 339 ...) und bestimmen Sie deren Wirkung.
**c** Beschreiben Sie, welche Haltung zum Fernsehkonsum der Sprecher im Gedicht artikuliert.

**2** **a** Klings Gedicht verbindet die Bereiche Natur (Bach ...), Sprache/Schrift und Körper (Ader ...). Zeigen Sie solche Verbindungen auf:

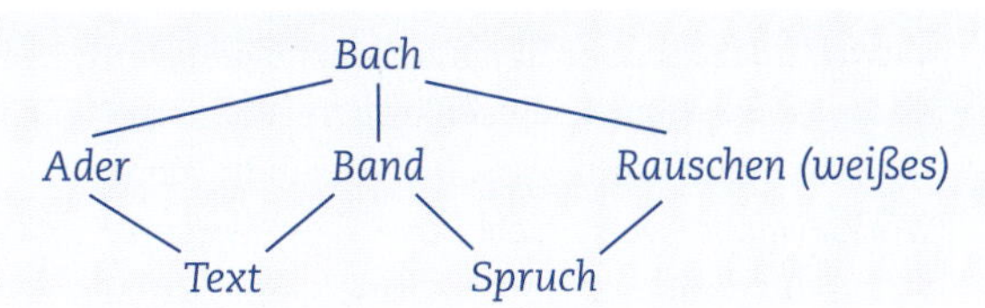


**b** Versuchen Sie eine Gesamtinterpretation des Gedichts. Beziehen Sie auch die orthografischen und sonstigen visuellen Auffälligkeiten mit ein.
**c** Kling spricht, stottert, flüstert seine Gedichte wie Musikstücke. Erproben Sie selbst einen Vortrag.

# 6.4 Textfenster: Essayistisches zur Situation heutiger Literatur

## Kritik an der Gegenwartsliteratur

Frank Schirrmacher: **Idyllen in der Wüste oder Das Versagen vor der Metropole** (1989) Auszug

Frank Schirrmacher (*1959), Mitherausgeber der FAZ

Vor fast zwanzig Jahren wurde Deutschland von einer beispiellosen Alphabetisierungskampagne überzogen. Damals begann eine ausgefeilte und weit gestreute Literaturförderung, junge Autoren durch Stipendien, Preise, Arbeitsaufenthalte oder Stadtschreiberehren[1] oft noch vor Ablieferung ihres ersten Werkes finanziell zu unterstützen. Plötzlich konnte nicht nur jeder lesen, sondern auch schreiben. „Schreiben" wurde zum subventionierten Akt. Heute können wir die Folgen absehen: Das komplexe System von Auswahl, Subventionierung und Veröffentlichung produzierte eine kollektive „écriture automatique"[2], ein selbsttätiges Schreiben, wie es die neuere Kulturgeschichte noch nicht gesehen hat.

„Es" schrieb und hat seitdem nicht aufgehört zu schreiben. Das Resultat lässt sich täglich in jeder Buchhandlung und einmal im Jahr auf der Frankfurter Buchmesse besichtigen. [...]

Aber wer hat die Verwendung? Wer hat, zieht man einmal die Sentimentalitäten ab, wirklich Verwendung für eine Literatur, um die man nicht nachgesucht hat und die einem dennoch hartnäckig zugestellt wird? Die fanatischen Liebhaber der Literatur? Die lesen Thomas Bernhard, beschäftigen sich mit Thomas Mann und sprechen über die neue Werkausgabe von Nabokov. Die Verlage? Selbst die dreistesten unter ihnen verzichten mittlerweile darauf, von einer „neuen deutschen Literatur" zu reden. Die Literaturkritik? Sie verzeichnet seit Jahren nur noch Stillstand. Genauer gesagt: seit fast zwanzig Jahren.

Die letzten Werke von weltliterarischem Rang, die im deutschsprachigen Raum erschienen, stammen von der Generation der heute Sechzigjährigen. Manche ihrer großen Vertreter, Heinrich Böll, Thomas Bernhard, Peter Weiss, Uwe Johnson, sind schon tot. [...]

Als „Authentizität" tarnt sich nun schon seit Jahren die Talentschwäche der nachwachsenden Schriftsteller. Von der Prosa und Poesie der literarischen Moderne hat man einmal zu Recht bemerkt, sie habe zum Entstehen einer poetischen Weltsprache geführt. Die Literatur der wahren Empfindung hat, so ließe sich die Sache ergänzen, zur Herausbildung einer neuen poetischen Fachsprache geführt.

Wer sie beherrscht, reüssiert im Betrieb. Sie ist eine Garantie dafür, überhaupt wahrgenommen zu werden. Ihre Wiedererkennbarkeit liegt am Gebrauch der fast gleichen Worte und der identischen Handlungssituationen. Die Autoren kennen die moderne Zeichentheorie und lieben Verweise auf das, was sie als Autoren tun: Schreiben, Schrift, Papier, das Weiße und die Buchstaben spielen hier als Metaphern eine große Rolle. Sie sollen die Authentizität nicht nur des Erdachten, sondern auch des Geschriebenen steigern.

Natürlich ist das nur eine Ausflucht aus der Erfahrungsleere. Einige Elemente, die fast immer dazugehören, seien hier genannt: die Wörter, das Meer, die Geschichte, die Zeit, der Blick, die Bilder, die Träume, die Augen, das Spiel, das Gesicht, das Wirkliche, die

1 **Stadtschreiber:** Schriftsteller, der auf Einladung einer Stadt für eine befristete Zeit als Chronist und Literaturvermittler wirkt

2 **écriture automatique:** in der Psychoanalyse und im Surrealismus eingesetzte Schreibmethode, bei der das bewusste Denken so weit wie möglich ausgeschaltet wird

Piazza Roma, die Spiegel, das Licht, die Stimme, der Laut, der Name, das Zeichen. Die Figuren „erschrecken" leicht vor ihrer eigenen Stimme, spiegeln sich in Fenstern, zerreißen Papier, beobachten Dinge, die sonst niemanden interessieren. Jedes dieser Worte, jede dieser Stimmungen für sich allein wären explosiv in großer Literatur. Ihre semantische Energie ist so stark, dass jedes von ihnen fast eine eigene Geschichte brauchte, um sein Vorhandensein in einem poetischen Text glaubhaft zu machen. In den Texten, denen wir sie entnahmen, werden sie massenhaft aufgeboten, müssen sich gegenseitig stützen und reißen sich doch nur in die Bodenlosigkeit; ein poetischer *overkill*, der, wenn der Staub sich verzogen hat, eine Wüste hinterlässt.

In ihr leben Einsiedler. Die Wüste ist ihr Idyll. So sind fast alle Helden, die in der Gegenwartsprosa auftreten, zu beschreiben. Sie sehen nicht viel und können deshalb nur von sich selbst erzählen. [...]

Die Autoren leben in Städten oder kennen sie doch zumindest. Aber es gibt bei uns seit Jahrzehnten keine Literatur der Metropolen, des städtischen Lebens, der Weltstadt, des Weltlebens. Es gibt „New Yorker Geschichten" im Kino, aber keinen Berlin-Roman der Nachkriegszeit. Jedes Jahr wird er angekündigt; es hat ihn seit „Berlin Alexanderplatz" nicht gegeben. Die Autoren lieben New York; als Passepartout taucht der Name in jedem zweiten Roman auf. Aber sie sind unwillig, das Dickicht ihrer eigenen Städte auch nur zu betreten.

Die Metropolen Europas und Amerikas sind die Heimat der literarischen Moderne gewesen. Unvermessliche Wirkungen sind von ihnen ausgegangen. In ihren Straßen, unter ihren Dächern, an ihren Ufern ist entstanden, was uns heute noch die ästhetischen Maßstäbe liefert. Niemand vermag zu sagen, wieso aus unseren Städten keine Geschichten mehr kommen.

Solange die deutsche Literatur sich der Gesellschaft in den Metropolen, der kalten und abgründigen Sozietät in diesem längst zu einer gigantischen Stadt gewachsenen Lande nicht zuwendet, müssen ihre Leser sich mit Idyllen begnügen. Die Idylle ist in einer Gesellschaft, die über sich selbst nur Zwangsvorstellungen entwickelt hat, an die Stelle des sozialen Romans getreten und so Platzhalterin großer Literatur geworden. [...]

Einsiedler, die in einem kargen und unfruchtbaren Idyll leben – das ist das Bild unserer Gegenwartsliteratur.

**1** Stellen Sie in eigenen Worten dar, was Schirrmacher an der Gegenwartsliteratur kritisiert.
**2** Arbeiten Sie heraus, welche Merkmale Literatur nach Schirrmachers Auffassung aufweisen sollte.

## Stellungnahmen von Schriftstellerinnen

### Brigitte Kronauer: **Wie aber steht's mit den Zähnen?** (1998) Auszug

Brigitte Kronauer (*1940)

1. Die ja keineswegs abstruse Frage, ob Literatur überhaupt noch, jenseits eines harten Kerns von Interessierten, eine ausschlaggebende Rolle spielt im Gemüts- und Geistesleben der Nation, einmal beiseite. Fast beiseite, denn mit einiger Wahrscheinlichkeit läßt sich vorhersagen, daß gerade diejenigen Bücher, die den Untergang der Belletristik verhindern sollen (also kosmopolitisch designte Potpourriimporte nach dem Rezept: von allem ein elegantes oder scharfes bißchen, Exotik, Sex – gut zu bebildern für

TV-Sendungen –, eine Prise Politik als eingekleidete Aufgabe, Krimilabyrinthisches, versteckte und offene Zitate aus der gesamten Weltliteratur – gut zu bequasseln), demnächst von bequemeren Darreichungsformen als ausgerechnet den spröden schwarzen Buchstaben auf weißem Papier abgelöst werden. Oder als einzige übrigbleiben?
2. Dem Gerücht von einer permanent schwachen deutschsprachigen Gegenwartsliteratur gehorsam Glauben zu schenken, ist noch törichter als die Unterstellung, das Ganze sei ausschließlich Fiktion und Problem der Literaturkritik. Letzteres etwa dergestalt: Was verwundert, ist der Umstand, daß zu jeder Büchersaison die Werbung der Verlage emphatische und prominente Kritikerstimmen für die Neuerscheinungen zeitgenössischer deutscher Literatur anführt, andererseits das Gejammer von der Misere sich begeistert perpetuiert. [...]
Wenn sie schon die deutschen Autoren für provinziell halten, müssen wenigstens die sie Kritisierenden sich zu Weltbürgern deklarieren. Die deutsche Literaturkritik führt sich bei ihren Nörgeleien auf, als hielte sie sich für eine hungrige Tigerin, die den richtigen Stoff (Weltbestseller?) zwischen den Zähnen vermißt. Wie aber steht's mit dem Gebiß?
Etwas flotter als die literaturwissenschaftlichen Etikettierer neigen Kritiker dazu, jetzt mal zurückpauschalisiert, den Fabrikationen der Schriftsteller, um souveränen Überblick, wer hat ihn schon, wenigstens zu markieren, schnöde drei bis fünf verschiedene Uniformen zu verpassen. Die Bücher können sich nicht wehren gegen solch ökonomisches Verstauen auf Biegen und Brechen. Die Autoren selbst machen sich, müßig, das zu wiederholen, falls sie auf zu kurze Ärmel hinweisen, lächerlich. Nur der Kritiker hat den unbestechlichen Schneiderblick. Das reicht hin bis zu eher harmlosen Details. Ein Epiker bemüht sich, die differenzierten Kontakte zwischen einem Mann und einer Frau möglichst nuancenreich gegen Klischee und Schlagwort darzustellen, die Inhaltsangabe der Kritik erkennt unerschrocken sogleich die alte „Beziehungskiste“. Maßarbeit.
Zitate, die Vorstellungen vom Sprachgestus eines Autors vermitteln könnten innerhalb einer Besprechung, spart man aus, oder es wird – Tendenz zunehmend – schlampig, mit entstellenden Verkürzungen und teilweise hanebüchen falsch zitiert. Auf daß zumindest die Kritik schmissig ausfalle, wenn's schon ihr Gegenstand nicht ist.
Ambivalenz, eins der wesentlichen, auch erotisierenden Mittel moderner Literatur, unterschlägt man oder nimmt sie gar nicht erst wahr. Zweideutigkeit hält bloß auf beim Überfliegen. Bemerkt wird entweder der „hohe Ton“ *oder* die Alltagssprache, Beschäftigung mit erhabenen Gegenständen *oder* mit Banalitäten, „penible“ Genauigkeit *oder* etwa Mystifikation, assoziativ-impressionistisches Arbeiten *oder* „stures“ Konstruieren. Nicht weniger faul ist natürlich die Absicherung für alle Fälle durch Abklappern von Antinomien: „leicht und doch tiefgründig“, „ernst und doch komisch“, „einfach und doch kompliziert“ usf. Am verdächtigsten ist „kunstvoll komponiert“, dieses allergutwilligste Kompliment, das nichts kostet. Denn wo folgt einmal, präzise belegt und konkret ausgeführt, wie die Argumentation eines Romanwerks durch gezielte Formung und Organisation des Stoffs vor sich geht? Vermutlich lassen sich mit derlei Analysen, die einem Urteil vorauszugehen oder aber es zu begründen hätten, zur Zeit kaum Kritikerlorbeeren gewinnen. R

---

**1** Klären Sie, auf welche Aspekte von Schirrmachers Text die Schriftstellerin Brigitte Kronauer reagiert.

**2** Arbeiten Sie heraus, welche Kriterien für angemessene Literaturkritik Kronauer formuliert und zu welchem Ergebnis die Anwendung dieser Kriterien auf Schirrmachers Text führt.

**3** Nennen Sie Qualitätsmerkmale von Literatur, die Kronauer in ihrem essayistischen Text herausstellt.

**Juli Zeh: Sag nicht ER zu mir oder: Vom Verschwinden des Erzählers im Autor** (2004) Auszug

Juli Zeh (*1974)

ICH hat ein leeres Blatt Papier vor sich. ICH findet sich selbst am interessantesten auf der Welt. Das hat ICH so gelernt. ICH ist Individualist.

Die Ich-Erzählung ist keine Erfindung der vergangenen Neunzigerjahre. Es gab sie schon immer und in allen Variationen: Das ICH kann Hauptfigur des Geschehens sein oder peripherer Beobachter, es kann ein Erlebnis aus der Erinnerung berichten oder vom Hörensagen, es kann nur im ersten oder letzten Satz einer Erzählung auftauchen oder in jeder Zeile. Wie man spätestens im Deutschgrundkurs gelernt hat, haben die ICHs aller Zeiten eines gemeinsam: Sie sind nicht mit dem Autor identisch.

Sind sie nicht? Ein Blick in die biografischen Tabellen der genannten Anthologien[1] zeigt: Der Altersunterschied zwischen ICH und seinen Schöpfern und Schöpferinnen bewegt sich meist innerhalb einer Spanne von wenigen Jahren. In den Geschichten wird gebadet und Taxi gefahren, Geburtstag gefeiert in einer Cocktailbar, Lady Di stirbt, RTL läuft, Vater oder Mutter haben eine Meinung dazu. Das ICH hat häufig keinen Beruf, fast möchte man vermuten, dass es studiert oder gar zur Schule geht. Beim Lesen entsteht ein unbehagliches Gefühl. Es liegt nicht an mangelnder Abwechslung bei Wiederbegegnungen mit der immer gleichen Erzählhaltung, sondern am schleichenden Verdacht, bei ICH handele es sich womöglich gar nicht um eine literarisch notwendige Konstruktion, sondern um die Stimme des Autors selbst.

Wir kreisen um die eigene Person. Erzählen unsere Lebensgeschichten schon in jungen Jahren einem Psychiater oder einer Textdatei mit Namen „roman.doc". Wir haben noch nicht viel von der Welt gesehen und trotzdem beschlossen, Schriftsteller zu werden. Weil das eine intellektuellere Version von Popstar ist, weil man als Schriftsteller nicht gut aussehen oder zehn Jahre lang Gitarrenunterricht nehmen muss und morgens trotzdem liegen bleiben kann. Wir leben zwischen eigenem Bauchnabel und Tellerrand und schreiben darüber. Unsere Texte sind ICH-bezogen wie wir selbst.

Auf den ersten Blick scheint an dieser Erklärung etwas Wahres dran zu sein. Sie passt zu dem oft geäußerten, verworfenen und wieder aufgewärmten Vorwurf, die Literatur, insbesondere die deutsche und erst recht die junge Literatur, habe nichts zu erzählen. Sie sei Pop und U statt E und ihre Autoren beherrschten vielleicht den medienwirksamen Auftritt, nicht aber das literarische Handwerk.

Schon möglich. [...]

„Aber wenn ich versuche, auch nur den Anfang eines Textes auktorial zu konzipieren", sagt mein Freund D., „klingt es altbacken, oberlehrerhaft und vorgestrig." [...]

Es muss daran liegen, dass junge Autoren sich nicht wohlfühlen in der auktorialen Haut. Beim Versuch, eine omnipotente Haltung einzunehmen, gerät man leicht in Gefahr, sich als Stimmenimitator zu betätigen. [...]

Einer erzählenden Autorität fehlt heute in Familie, Schule und Politik die Entsprechung. Ohne feststehende, hierarchisch gestützte Ordnungsprinzipien gibt es in unserem täglichen Erleben vor allem das dem Leben und sich selbst ausgeliefert ICH und darüber den blauen oder grauen Himmel.

Warum also sollten wir beim Schreiben die Haltung dessen simulieren, der alles weiß und deshalb regiert? Warum sollten wir beim Lesen eine solche Haltung akzeptieren? [...]

1 Die Autorin bezieht sich auf zwei im Jahr 2002 erschienene Sammelbände mit Texten von jungen Autoren und Autorinnen.

**1** Arbeiten Sie heraus, wie die Schriftstellerin Juli Zeh auf Schirrmachers Vorwürfe reagiert.

## Einen essayistischen Text verfassen: Literatur und Literaturkritik

Sie haben sich im Laufe Ihrer Auseinandersetzung mit zeitgenössischer und historischer Literatur schon mehrfach mit Literaturkritik beschäftigt und Sie haben eigene essayistische Texte verfasst. Bearbeiten Sie zur Vorbereitung eines eigenen Essays zum Thema „Literatur und Literaturkritik" die folgenden Aufgaben:

1 Wiederholen Sie Merkmale der essayistischen Schreibhaltung (→ S. 77, 86).
2 Wählen Sie prägnante Passagen aus den drei Texten auf S. 298 ff. und notieren Sie in essayistischem Stil Reaktionen, Antworten, Weiterführungen.

*Beispiele:*
*Schirrmacher schreibt: „Die Autoren leben in Städten oder kennen sie doch zumindest. Aber es gibt bei uns seit Jahrzehnten keine Literatur der Metropolen, des städtischen Lebens, der Weltstadt, des Weltlebens. Es gibt ‚New Yorker Geschichten' im Kino, aber keinen Berlin-Roman der Nachkriegszeit." (Z. 100–106)*
*Antwort: Zugestanden: Vor zwanzig Jahren mag dieses harsche Urteil zugetroffen haben. Aber stimmt es heute noch? Ein Blick in die Neuerscheinungen der letzten Jahre zeigt ein anderes Bild. Die Weltstadt London ist z. B. das Zentrum des Romans „Die Habenichtse" von Katharina Hacker. Und wo wird die deutsche Hauptstadt in den Zeiten der Globalisierung so treffend beschrieben wie in Ulrich Peltzers Roman „Teil der Lösung"? …*

*Die Autorin Brigitte Kronauer moniert: „Die deutsche Literaturkritik führt sich bei ihren Nörgeleien auf, als hielte sie sich für eine hungrige Tigerin, die den richtigen Stoff (Weltbestseller?) zwischen den Zähnen vermißt. Wie aber steht's mit dem Gebiß?" (Z. 41–45)*
*Antwort: Wie die Kritiker, so auch die Autoren: Sie fahren schwere Geschütze auf. Rezensenten vergleichen sie gerne mit wilden Tieren, die …*

3 Sammeln Sie aktuelle Literaturrezensionen aus der Presse oder aus dem Internet (z. B. bei www.perlentaucher.de) und besprechen Sie diese mit Blick auf die von Schirrmacher, Kronauer und Zeh behandelten Fragen.
4 Sammeln Sie Informationen über besonders einflussreiche Literaturkritiker und deren Rolle und Wahrnehmung in der Öffentlichkeit.

**5** Planen und verfassen Sie einen essayistischen Text zum Thema „Literatur und Literaturkritik". Beziehen Sie sich dabei auf Aussagen von Schirrmacher, Kronauer und Zeh. Sie können auch Informationen aus dem unten stehenden Lexikon- bzw. Fachbuchauszug mit einbeziehen.

**6** Weiterführend: Wählen Sie ein aktuelles literarisches Werk aus und verfassen Sie dazu eine eigenständige Rezension.

**Literaturkritik:** Literaturkritik setzt sich durch Interpretation, Vergleich und Wertung mit Literatur auseinander. Von der Literaturkritik (griech. *kritiké:* Kunst der Beurteilung) werden Methoden entwickelt, wie Dichtung betrachtet und bewertet werden kann. [...] Im deutschen Sprachgebrauch setzt sich Literaturkritik v. a. mit zeitgenössischer Literatur auseinander. Sie hat die Aufgabe, Stärken und Schwächen eines Werks aufzudecken und die Wirkungsursachen zu analysieren. Keine leichte Aufgabe angesichts der Vielschichtigkeit von Literatur und der persönlichen Vorlieben und Abneigungen der Kritiker. Hauptziel der Literaturkritik ist, eine öffentliche Diskussion der Leser über ein literarisches Werk anzuregen. *(aus Literaturlexikon, Cornelsen Scriptor)*

**axiologischer Wert:** Begriff aus der Theorie der literarischen Wertung; bezeichnet den Maßstab, anhand dessen ein Kritiker (allgemeiner: die wertende Instanz) ein Werturteil über einen Gegenstand fällt, den Maßstab also, der ein Objekt oder ein Merkmal eines Objekts als „wertvoll" erscheinen lässt. *(nach: von Heydebrand, Renate/Winko, Simone: Einführung in die Wertung von Literatur. Paderborn, München 1996. S. 40)*

## 6.5 Ausblick: Thesen zur Gegenwartsliteratur

Thomas Kraft: **13 Thesen zur Gegenwartsliteratur** (2008)

**1** Von den Rändern kommt die Erneuerung. Europa wächst weiter zusammen, so scheint es zumindest, und Menschen und Geschichten machen nicht vor Grenzen Halt.

**2** Die Pop-Literatur ist mittlerweile ebenso tot wie die Avantgarde, Pop ein inflationär gebrauchter Begriff für viele allzu anspruchslose Texte, in denen es irgendwie um Musik, Partys und ein bisschen Lebensgefühl geht.

**3** Die experimentellen Dichter leben in ihren Klüngeln in Köln und Wien und freuen sich über jeden Feuilleton-Artikel, ihre Bücher existieren quasi unter Ausschluss der kaufenden und lesenden Öffentlichkeit.

**4** Selbstreferenzielle und hermetische Literatur hat keine Chance mehr; die Leser erwarten realistische, gesellschaftsbezogene, irgendwie „authentisch" erscheinende Literatur.

**5** Niemand wartet mittlerweile mehr auf den großen Berlin-Roman oder gar auf den lange und nachhaltig geforderten „Roman der Einheit", das hat sich alles längst erledigt.

**6** Die großen Visionen sind verlorengegangen, das (erzählende) Subjekt fühlt sich etwas orientierungslos, da blickt man in der Not gerne zurück, entweder in die eigene Kindheit und die Zeit des Erwachsenwerdens und reanimiert den guten alten Familienroman. Oder schreibt mal wieder über die NS-seligen Väter und Söhne, über alte Kolonialzeiten, den Luftkrieg und die Nachkriegszeit.

**7** Der junge Osten entdeckt sich als Himmelsrichtung, Ort und Vergangenheit, findet zur Sprache und kehrt zum Tatort seiner Kindheit zurück. Die meisten, in der Regel realistisch erzählten Geschichten handeln von Jungpionieren, Kinderhort, Kosmonauten und Intershop. Es sind Erinnerungstexte von ein paar bekannten und vielen unbekannten Autoren, Zeugnisse einer Adoleszenz in der DDR und Dokumente einer allmählichen Selbstvergewisserung.

**8** Schreiben hat in Deutschland einen neuen Stellenwert bekommen, gerade die Jungen suchen mit ihren Debüts in wichtigen deutschen Verlagen den Weg in die Öffentlichkeit. Auffallend ist dabei, mit welcher Vehemenz man sich auf Spurensuche begibt und die eigenen Lebenserinnerungen schon in diesem Alter niederschreibt.

**9** Eine neue Qualität ist in das Genre des Schul- und Internatsromans eingezogen. Die Beschreibung krimineller Aktionen – Erpressung, Körperverletzung, Mord – reflektiert die gegenwärtige Problematik, der sich Lehrer, Schüler und Eltern in Deutschland ausgesetzt sehen.

**10** Einblicke in die Alltags- und Arbeitswelt der Normalen und Randständigen sind eher die Ausnahme, Autoren interessieren sich heute für die IT-Branche, für Banken und Werbeagenturen, Unternehmensberatungen und Medien, für die fiebrige Welt des Glanzes und der Versprechen. Fast alle dieser Geschichten aus der neuen Arbeitswelt erzählen von Verlusten, Niederlagen, Abstürzen, Grenzsituationen.

**11** Die Diskussionen um E- und U-Literatur Anfang der Neunzigerjahre haben unter anderem bewirkt, dass nun viele „unterhaltend" sein wollen. Was in Deutschland lange verpönt schien, nimmt eine junge Generation nun als selbstverständlich an.

**12** Wir leben gewissermaßen im 3. Weltkrieg, der Terrorismus ist eine globale Gefahr. Doch befinden sich auf dem deutschen Buchmarkt kaum literarische Auseinandersetzungen mit dieser Erfahrungswelt. Die Bildmedien sind zum entscheidenden Faktor der Politik avanciert, nicht erst seit den Fernsehbildern aus dem Golfkrieg. Während die aktuellen Krisenherde auf unserem Globus von deutschsprachigen Autoren kaum beachtet werden, bleiben Zweiter Weltkrieg, Nationalsozialismus und Holocaust auch nach dem sich allmählich vollziehenden Generationswechsel zentrale Themen.

**13** Die neuen „Reiseromane" sind Beispiele für eine allegorische Aneignung von Wirklichkeit, ohne deren irdische Beschaffenheit aus Schmutz, Ekel und Tod zu übersehen. Sie zeugen alle von einem Interesse, den Spannungsbogen von einem Ursprung hin zu einer Endlichkeit zu schlagen und dabei die Dimensionen individueller Erfahrung zu reflektieren. Es geht nicht um die Erkundung exotischer Regionen, sondern um Konfrontationen mit fremden und eigenen Grenzen. Daher spielen sich diese Reisen zu einem guten Teil auch im Kopf der Figuren ab.

---

1. Formulieren Sie zu jeder These eine prägnante Überschrift.
2. Suchen Sie sich eine These aus und beziehen Sie diese zur Probe auf ein Ihnen bekanntes aktuelles Werk. Stellen Sie Ihr Ergebnis der Lerngruppe vor.
3. Recherchieren Sie zu einzelnen Thesen Krafts und nehmen Sie Stellung zu den zu Grunde liegenden Wertungen und Tatsachenbehauptungen.
4. Weiterführend: Schreiben Sie eine These ab und führen Sie sie assoziativ fort, indem Sie eigene Vorstellungen von guter Literatur einfließen lassen.

# E Arbeitstechniken und Methoden

In der 12. Jahrgangsstufe stehen Sie vor der Herausforderung, zwei umfangreiche schulische Vorhaben zu bewältigen: das Lernen für die Abiturprüfung und das Erstellen Ihrer Seminararbeit.
Hierfür müssen Sie die Arbeit zeitlich gut organisieren.

**1** Legen Sie für das gesamte 12. Schuljahr eine zeitliche Übersicht an, in die Sie sowohl von außen gesetzte Termine eintragen als auch Arbeitspakete, die Sie in einem bestimmten Zeitraum erledigen wollen, z. B. das Verfassen bestimmter Kapitel für die Seminararbeit oder die Vorbereitung auf die Abiturprüfung in bestimmten Fächern. Planen Sie auch Zeitreserven ein.

**2** Erstellen Sie für die nächsten Wochen jeweils Wochenpläne. Beispiel (Nachmittag und Abend):

| | Mo., 4.10. | Di., 5.10. | Mi., 6.10. | Do., 7.10. | Fr., 8.10. | Sa., 9.10. | So., 10.10. |
|---|---|---|---|---|---|---|---|
| 16 | *Seminararbeit, Kap. 3 anfangen* | *Hausaufgaben* | *Sport* | *Deutsch für Abi lernen* | | *Mathe für Abi lernen* | |
| 17 | | *Bio für Klausur lernen* | | | *Seminararbeit, Kap. 3* | | |
| 18 | *Hausaufgaben* | | *Hausaufgaben* | *Hausaufgaben* | *Sport* | | |
| 19 | | | | | | | |
| 20 | *evtl. noch zu Nora* | *Englisch-Referat mit Ole vorbereiten* | *Bio für Klausur lernen* | *freier Abend* | *Party bei Till* | | |
| 21 | | | | | | | |

# 1 Ein Thema selbstständig erarbeiten: Die Seminararbeit

## 1.1 Die Arbeit schreiben

### Das Schreiben vorbereiten

**1** **a** Sie haben bereits einen vorläufigen Zeitplan für Ihre Seminararbeit erstellt (→ S.305). Legen Sie nun Ihre Unterlagen vor sich – Exposé, Bibliografie, Exzerpte und Gliederungsentwürfe – und machen Sie sich noch einmal genau klar, welches inhaltliche Ziel Sie mit Ihrer Seminararbeit verfolgen.
**b** Schreiben Sie Ihre Kernthese(n) auf und halten Sie sie während der Arbeit präsent.
**c** Überprüfen Sie Ihre Gliederung auf die Funktionalität der Teilkapitel für die Kernthese(n).

Man kann zwei Pole wissenschaftlichen Arbeitens unterscheiden, die sich aus der Persönlichkeit des Verfassers/der Verfasserin und aus den Besonderheiten des Themas ergeben:

**„aus dem Material schreiben":**
Der Schreibende hat vor dem Schreiben eines Kapitels genauestens und vollständig recherchiert. Alle Unterlagen liegen vor ihm, vor allem ausführliche, mit wörtlichen Zitaten versehene Exzerpte. Er schreibt von Zitat zu Zitat.

**„aus dem Kopf schreiben":**
Der Schreibende hat sich einen Überblick über sein Thema verschafft. Er schreibt, was er über seine Fragestellung denkt. Unklarheiten werden nachrecherchiert. Bezüge zur Sekundärliteratur werden ggf. nachträglich eingearbeitet.

**2** **a** Erarbeiten Sie Chancen und Gefahren der beiden verschiedenen Vorgehensweisen.
**b** Prüfen Sie, welchem „Forschertyp" Sie stärker ähneln. Entwickeln Sie Strategien, um Gefahren des von Ihnen bevorzugten Verfahrens zu entgehen.

**3** Kontrollieren Sie Exzerpte, die Sie bereits angefertigt haben, auf folgende Anforderungen hin.

! **Exzerpte**

Ein Exzerpt, das den erneuten Rückgriff auf den Originaltext ersetzen kann, enthält Folgendes:
- eine vollständige, korrekte Literaturangabe mit Seitenangabe der gelesenen Stellen
- eine Angabe von thematischen Schlagworten im Kopf des Exzerpts und die Hervorhebung zentraler Begriffe im Exzerpt oder in einer Randspalte zur raschen Orientierung
- eine klare Zusammenfassung und verwendbare Zitate, jeweils mit Seitenangabe
- eine Wertung des Textes, sodass die zustimmende oder ablehnende Verwendung deutlich wird

## Zitieren

Fremde Forschungsergebnisse können Sie auf verschiedene Weise wiedergeben: in Form eines **wörtlichen (direkten) Zitats** oder als **indirektes Zitat.** Indirekte Zitate verwenden meist den **Konjunktiv** (→ S. 153) oder sie erfolgen in einem **Nebensatz mit „dass" (im Indikativ oder Konjunktiv)** oder sie haben die Form einer **Paraphrase** (Umschreibung) **im Indikativ** (→ S. 153). In allen Fällen muss der fremde Gedanke als solcher verdeutlicht und mit einer Quellenangabe versehen werden.

---

**1** Bestimmen Sie, welche Zitiertechniken und -regeln (s. u.) in folgenden Zitaten angewendet wurden.

*Der Begriff des Kanons wird gemeinhin so verstanden, dass ein Kanon Texte versammelt, die sowohl einen Wertmaßstab bilden als auch für unbestimmte Dauer als wertvoll und vorbildlich gelten können.*[1]

1 *Vgl. z.B die Begriffsbestimmung bei Fuhrmann, Manfred: Der europäische Bildungskanon des bürgerlichen Zeitalters. Frankfurt a.M., Leipzig 1999, S. 35ff.*

*Manfred Fuhrmann betont in seiner Begriffbestimmung vor allem die Gesichtspunkte der Vorbildhaftigkeit und der Dauerhaftigkeit; für die Moderne stellt er allerdings fest, dass Kanonbildungen kaum noch dauerhaft sind.*[1]

1 *Vgl. Fuhrmann, Manfred: Der europäische Bildungskanon des bürgerlichen Zeitalters. Frankfurt a.M., Leipzig 1999, S. 37.*

*Manfred Fuhrmann beschreibt das klassische Verständnis des literarischen Kanons als „gleichsam ewige Werke, die ein für allemal exemplarische Literatur"*[1]*, konstatiert für die Moderne aber, dass „indes das zusätzliche Merkmal ‚die für immer, jedenfalls für eine sehr lange Zeit gültig bleib[en]' verloren gegangen ist."*[2]

1 *Fuhrmann, Manfred: Der europäische Bildungskanon des bürgerlichen Zeitalters. Frankfurt a.M., Leipzig 1999, S. 37.*
2 *Ebd.*

---

! **Regeln für das wörtliche (direkte) Zitieren**

1. Wörtliche Zitate werden von **Anführungszeichen** eingeschlossen.
2. Nach dem Zitat steht immer ein **Hinweis auf die Fundstelle.** In einer längeren Arbeit, in der aus verschiedenen Texten zitiert wird, folgt dieser Hinweis in Form einer Fußnote (→ S. 309).
3. Zitate werden **grammatisch korrekt** in den eigenen Text **eingebaut.** Das bloße Anfügen in Klammern ist nicht zulässig.
4. Zitate geben den **Originaltext ohne jede Änderung** wieder (siehe aber Punkte 5, 6, 7).
5. Auslassungen werden durch **Auslassungspunkte in eckigen Klammern** markiert. Dies gilt für Auslassungen von Sätzen aus längeren Passagen, von Wörtern aus Sätzen und von Buchstaben aus Wörtern zum Zweck der grammatischen Anpassung an den eigenen Satz.
6. **Hinzufügungen** stehen ebenfalls **in eckigen Klammern.** Sie sind nur in seltenen Fällen zulässig, etwa zur grammatischen Anpassung des Zitats an den eigenen Satz oder zur Erläuterung eines aus dem Zitat allein nicht verständlichen Worts.
7. Inhaltliche **Hervorhebungen** von eigener Hand, z. B. durch Unterstreichen, werden **in eckigen Klammern mit Angabe der eigenen Initialen** angemerkt.
8. **Anführungszeichen innerhalb eines Zitats** markiert man durch **einfache Anführungszeichen.**

## Quellen angeben, Literaturverzeichnis erstellen

Alle Quellen, aus denen Sie Formulierungen, Daten oder Gedankengänge für Ihren Text übernehmen, müssen Sie angeben – dies gilt für direkte Zitate wie für andere Formen der Wiedergabe. Übernommenes wird im laufenden Text mit einer Fußnotenziffer markiert.

**1** Wiederholen Sie anhand der Fußnoten in Aufgabe 1 auf S. 307, welche Angaben ein Quellennachweis in der Fußnote enthalten muss.

**!** **Bibliografische Angaben**

Am Ende Ihrer Arbeit stellen Sie alle verwendeten Quellen in einem **Literaturverzeichnis** zusammen. Dabei unterteilen Sie nach **Primär- und Sekundärquellen.** Primärquellen sind alle Gegenstände und Texte, die selbst Gegenstand der Untersuchung sind. Sekundärquellen sind Texte, die vom Gegenstand der Untersuchung handeln. Innerhalb dieser zwei Blöcke werden die Quellen **alphabetisch nach den Nachnamen der Autoren/Autorinnen geordnet.** Führen Sie mehrere Texte desselben Autors/derselben Autorin an, werden diese in der Reihenfolge ihres Erscheinens geordnet. Bei der zweiten Nennung können Sie die Abkürzung „ders." bzw. „dies." für „derselbe" bzw. „dieselbe" gebrauchen.
Es gibt verschiedene zulässige Modelle für bibliografische Angaben. Wichtig ist, dass Sie innerhalb eines gewählten Schemas konsequent bleiben.
Verwenden Sie **nur zitierfähige Quellen.** Nicht zitierfähig (oder nur als Primärquelle verwendbar) sind z. B. populäre Bücher bzw. Zeitschriften und nicht-wissenschaftliche Internetauftritte (z. B. Wikipedia).

**2** Wiederholen Sie anhand der folgenden Beispiele Regeln für korrekte Literaturnachweise im Literaturverzeichnis. Notieren Sie in Ihren Unterlagen das den folgenden Angaben zu Grunde liegende Schema.

*Arnold, Heinz Ludwig (Hg.): Literarische Kanonbildung. München 2002.*
***Schema:*** *Nennung von Autor oder Herausgeber (Hg.) Nachname, Vorname: Werktitel …*

*Heydebrand, Renate von/Winko, Simone: Einführung in die Wertung von Literatur. Systematik – Geschichte – Legitimation. Paderborn u. a. 1996.*

*Kaiser, Gerhard R.: Anthologie: Kanon und Kanonskepsis. Hofmannsthal, George/Wolfskehl, Borchardt. In: Kaiser, Gerhard R./Matuschek, Stefan (Hg.): Begründungen und Funktionen des Kanons. Beiträge aus der Literatur- und Kunstwissenschaft, Philosophie und Theologie. Heidelberg 2001. S. 107–137.*

*Reich-Ranicki, Marcel: Brauchen wir einen Kanon?*
*In: http://www.derkanon.de/index2/ranicki_kanon.html. Stand: 02.09.2007.*

# Fußnoten schreiben, Forschungspositionen diskutieren

!

**Fußnoten schreiben**

Die Fußnote dient zur Entlastung des Haupttextes von Informationen, die den Argumentationsgang der Arbeit unnötig unterbrechen. Man kann vier Typen von Fußnoten unterscheiden:

1. Fußnoten zum Belegen eines Zitats oder zum Hinweisen auf weitere Literatur
2. Fußnoten für Querverweise im eigenen Text
3. Fußnoten zur Klärung von Begriffen
4. Fußnoten, in denen eine Auseinandersetzung mit der Forschung stattfindet:
   - Stellungnahmen zu Sekundärliteratur, z.B.: „Anders als X, der ... behauptet, vertrete ich die Ansicht ..., weil ..."
   - Erläuterung von Forschungskontroversen, z.B.: „Zu dieser Frage gibt es zwei Grundpositionen: Während X der Aufassung ist, dass ..., betont Y ... Ich schließe mich der These von Y an, weil ..."

Gibt es zu der von Ihnen untersuchten Fragestellung unterschiedliche Forschungspositionen, sollten Sie analysieren, inwiefern sich die Meinungen unterscheiden, und eine begründete Entscheidung treffen, welcher Auffassung Sie sich anschließen.
Überlegen Sie genau, ob Sie eine Forschungsdiskussion im Haupttext oder in einer Fußnote vorstellen wollen.

---

**1** Entscheiden Sie jeweils begründet, ob Sie die folgende Forschungsdiskussion (in der die Literaturnachweise ausgespart sind) im Haupttext oder in einer Fußnote darstellen würden.
Legen Sie das im Folgenden genannte Rahmenthema und die beiden unter a und b genannten Seminararbeitsthemen zu Grunde. Leiten Sie aus Ihren Ergebnissen eine allgemein gültige Regel ab.
Rahmenthema: Was bleibt? Wertung und Kanonisierung von Literatur

a) Die Diskussion um den Kanon. Ein Überblick über die Geschichte eines Begriffs
b) Der Weg in den Kanon: Wie Johann Wolfgang von Goethe zum „größten deutschen Dichter" wurde

*Der Begriff „Kanon" ist inzwischen selbst umstritten. Während Manfred Fuhrmann, Dietrich Schwanitz, Marcel Reich-Ranicki und andere vor allem die normsetzende Qualität der „kanonischen" Texte betonen, gibt es auch Definitionen, bei denen die Verfasser jede eigene Wertung ausschließen wollen und sich an empirisch beschreibbaren Kriterien orientieren: Für Renate von Heydebrand und Simone Winko ist ein literarischer Kanon „die Summe literarischer Texte (und zugehöriger Autornamen), die in einer Gesellschaft durch folgende (Wertungs-)Handlungen tradiert werden:*

- *dauerhafte Präsenz im Druck, am Markt; Aufnahme in Klassikerreihen,*
- *Gesamtausgabe(n), insbesondere kritische Ausgaben,*
- *anhaltende Pflege in den literaturvermittelnden Institutionen […],*
- *regelmäßige und ausführliche Behandlung in Literaturgeschichten, Lexika u.a.,*
- *wiederholte Verarbeitung durch nachfolgende Autoren."*

---

## Wissenschaftlich schreiben

Die folgenden Betrachtungen des Kasseler Hochschullehrers Egon Menz zu Referaten an der Universität gelten genauso für Seminararbeiten in der Schule.

Egon Menz: **Ratschläge zum Abfassen eines schlechten Referats** (1995) Auszug

**Die Sekundärliteratur**

Heilig sei Ihnen, was ein anderer Interpret schon geschrieben hat. Wiederholen Sie, stimmen Sie zu, seien Sie ganz seiner Meinung, aber hüten Sie sich vor Zweifeln. Denken Sie immer: Wer bin denn ich, dass ich zweifeln sollte? Zweifel sind vom Teufel eingegeben, um Ihre Seele zu verwirren.

Anmerkungen z. B. sind dazu da, einverstanden zu sein, „siehe“ zu schreiben und eigene Ideen, so Sie trotzdem welche hätten, zu unterdrücken: Sie denken so, wie vor Ihnen gedacht wurde. Wenn es zehn verschiedene Meinungen wären, dann ist das nicht Ihre Schuld, Sie stellen sich ja auf den Kopf und denken schon zehnmal verschieden. [...]

„Ich liebe den Leser eines einzigen Buches.“ Damit sind Sie gemeint. Ein Buch genügt, dem folgen Sie dann durch dick und dünn. Der Rest ist für die letzten Seiten. Die Sekundärliteratur ist aber nur unproblematisch, wenn Sie sie nicht lesen. (Sekundär heißt sie, weil sie eh wurscht ist.) Sonst trägt sie zu Ihrer Verwirrung bei. Sie ist nicht gut für den rechten Glauben. Sie muss aber am Ende in alphabetischer Reihe säuberlich aufgeführt werden. Zehn nicht gelesene Werke am Ende, aber nur eines, das Sie gelesen haben: Das schützt Sie vor Wankelmut.

Seien Sie sorgfältig beim Zitieren, etwa so: Emanuel Kaut, Kritik der Untersuchungshaft, Königsburg (wo ’s denn das schon wieder?) 1992.

**Immer feste druff**

Professoren sind dollohrig, entweder von Natur, oder sie sind es geworden im langen Lauf ihrer Dienstjahre. Um gehört zu werden, müssen Sie auf den Tisch hauen, entweder wörtlich oder mit Wörtern.

Aufgeblasene Wörter, Donnerwörter, breitgetretene Wörter, Starkwörter, neureiche Wörter, Mastwörter sind nötig: alles, was Rang und Namen hat und beim Neujahrsempfang der Wörter mit ordensgeschmückter Brust auftritt.

Wenn Sie auf Wissenschaftlich schreiben, ist das, wie wenn Sie auf Lateinisch schreiben: Sie verstehen es nicht, das ist das Schöne dran, und die andern verstehen es auch nicht, das ist noch schöner, aber es klingt gut. [...]

**Einige Beispiele**

Gut sind [...] unerhörte Fremdwortkombinationen, derzeit zum Beispiel solche mit „inter“ und „post“. Früher dachte man bei „Inter“ nur an Inter Mailand, heute gibt es außerdem noch zumindest die Intertextualität, Interkommunikation und Interlinearität. [...]

**1** Übersetzen Sie Menz’ ironische Anmerkungen in Tipps für das wissenschaftliche Schreiben.

## Der „Rahmen“ der Arbeit: Titelblatt, Einleitung und Schluss, Inhaltsverzeichnis

Schiller-Gymnasium Pfort

Seminarfach
Was bleibt? Wertung und
Kanonisierung von Literatur
(Leitung: Frau Dr. Reading)

**Der Weg in den Kanon.**
**Wie Johann Wolfgang von Goethe zum**
**„größten deutschen Dichter“ wurde**

vorgelegt von:
Danuta Denk
Wielandweg 7a
95463 Pfort

5.12.2011

**1** Ermitteln Sie anhand des abgebildeten Beispiels, welche Angaben das Titelblatt einer Seminararbeit enthalten sollte. Befragen Sie Ihren Seminarlehrer/Ihre Seminarlehrerin zu besonderen Vorgaben an Ihrer Schule.

Einleitung und Schluss sind wichtige Elemente der Seminararbeit, auf die Sie viel Mühe verwenden sollten. Erfahrene Leser wissenschaftlicher Arbeiten lesen meist zunächst diese beiden Teile.
Eine Einleitung schreibt man am besten zweimal: einmal zu Beginn der Schreibarbeit, um den eigenen Weg abzustecken, einmal am Ende, wenn man den Prozess der Arbeit und ihre Ergebnisse überblickt.

! **Checkliste für die Einleitung**

- Führt die Einleitung den Leser nachvollziehbar in das Thema ein?
- Wird die Fragestellung genau formuliert?
- Ist der inhaltliche Bezug des Themas zum Rahmenthema des Seminars verdeutlicht?
- Wird erklärt, auf welche Weise die Fragestellung untersucht wird?
- Motiviert die Einleitung zum Weiterlesen?

! **Checkliste für den Schluss**

- Sind die Kernthesen nochmals deutlich hervorgehoben?
- Wird der Erkenntnisgewinn der Arbeit für das Rahmenthema des Seminars deutlich?
- Gibt es einen Ausblick (Einordnung in die Forschung, weitere lohnende Forschungsthemen, erwartete zukünftige Entwicklungen ...)?

! **Checkliste für das Inhaltsverzeichnis**

- Wurde ausschließlich in nominalisierten Wendungen formuliert (keine Sätze!)?
- Sind die Gliederungspunkte inhaltlich aussagekräftig (nicht nur „Hauptteil“ usw.)?
- Stimmt der logische Bezug zwischen den Ober- und Unterpunkten?
- Ist einheitlich im numerischen System (Beispiel → S. 96) oder im Buchstaben-Ziffern-System (Beispiel → S. 97) gegliedert?
- Ist kein Gliederungspunkt 1 ohne Gliederungspunkt 2 enthalten?

## 1.2 Zwischenbilanzen ziehen, die Arbeit korrigieren

Korrekturphasen begleiten den gesamten Arbeitsprozess. Schon während des Schreibens müssen Sie immer wieder überprüfen, ob Sie noch auf dem richtigen Weg sind.

**1** Erläutern Sie das rechts abgebildete Schema.

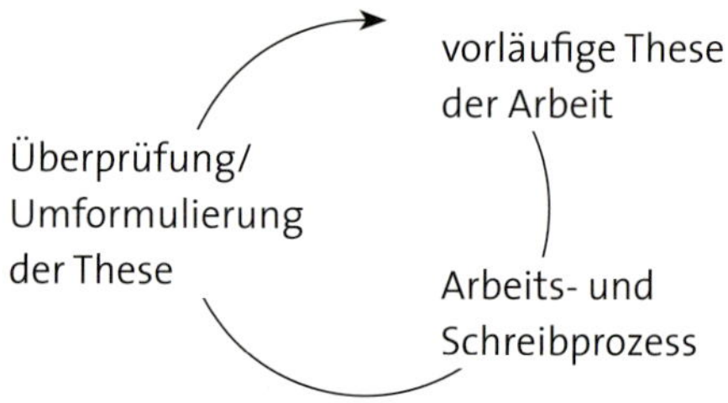


Bei der Art des Schreibens und Überarbeitens lassen sich zwei Typen unterscheiden:

**Etappenläufer:**
schreibt an mehreren Stellen gleichzeitig und springt auch innerhalb einer Arbeitssitzung von Textblock zu Textblock

**Langstreckenläufer:**
schreibt einen Text systematisch von Anfang bis Ende, liest das Geschriebene auch immer wieder von vorne

**2** Nennen Sie Vor- und Nachteile der beiden Schreibtypen für den Revisions- und Arbeitsprozess.
**3** Entwickeln Sie Strategien, wie Sie die Gefahren Ihres eigenen Schreibtyps vermeiden können.

**! Zwischenbilanzen, Schlusskorrektur**

Schalten Sie nach Abschluss größerer Arbeitspakete gezielte Überprüfungen ein:
- Liegt die Arbeit im Zeitplan?
- Entspricht das Geschriebene dem im Inhaltsverzeichnis und im Exposé Angekündigten?
- Erfüllt das abgeschlossene Kapitel seine Funktion für das Ganze?
- Wird das Thema der Arbeit genau getroffen? Im Verlauf des Arbeitsprozesses können sich Verschiebungen ergeben – ein typischer Fall für ein Beratungsgespräch mit der Lehrkraft.
- Planen Sie für die Schlusskorrektur genügend Zeit ein – mindestens eine Woche.

**! Beratungsgespräche mit der betreuenden Lehrkraft vorbereiten**

- Notieren Sie während des Arbeitsprozesses offene Fragen (separater Zettel oder Datei).
- Gehen Sie die Fragen am Tag vor dem Beratungsgespräch noch einmal durch. Streichen Sie alles, was sich inzwischen erledigt hat, und alles, was Sie selbst herausfinden können.
- Versuchen Sie, die verbliebenen Fragen systematisch und nach Wichtigkeit zu sortieren.
- Nehmen Sie Ihre Fragen mit in die Besprechung. Notieren Sie im Gespräch Ergebnisse.

Oft ist es sinnvoll, zu einem Beratungsgespräch ein Ergebnisprotokoll anzufertigen, z. B.:

*Schiller-Gymnasium Pfort*
*Protokoll zur zweiten Einzelbesprechung im Rahmen des Seminarfachs „Was bleibt? Wertung und Kanonisierung von Literatur"*
*07.11.2011, 14:00–14:30 Uhr*
*Raum B 204*
*Anwesend: Frau Dr. Reading (Lehrkraft), Danuta Denk (Schriftführerin)*

*Tagesordnung:*
1. *Besprechung des Probekapitels*
2. *Klärung offener Fragen*
3. *Organisatorisches*

*zu 1.*
*Die Argumentation auf S. 2 ist noch nicht schlüssig, ausführliche Begründungen fehlen und müssen ergänzt werden.*
*Die Begriffsklärung von „Kanon" sollte im Haupttext erfolgen, die Forschungsdiskussion in der Fußnote.*
*Im Probekapitel sind die bibliografischen Angaben nicht korrekt (Nachname, Vorname).*
*[...]*

*Unterschrift Lehrkraft* *Unterschrift Schüler/-in*

## 1.3 Eine Abschlusspräsentation vorbereiten und durchführen

Bei der Vorbereitung einer Präsentation treffen Sie Entscheidungen über drei zentrale Fragen: 1) Was sage ich?; 2) Wie sage ich es?; 3) Mit welchen Mitteln sage ich es?

### Was sage ich?

Die Präsentation der Seminararbeit unterscheidet sich in mancher Hinsicht von sonstigen Referaten, die Sie in der Schule halten. Erstens sprechen Sie in Ihrem Seminarfach vor einem Publikum von „Experten". Das gilt zwar nicht für alle Details Ihrer Arbeit, aber für den wissenschaftlichen Rahmen, in dem Sie sich bewegen.
Zweitens kennen Sie sich in Ihrem Thema so gut aus wie sonst selten bei Referaten: Die besondere Anforderung besteht darin, die Fülle Ihrer Einsichten auf einen etwa 15-minütigen Vortrag zu reduzieren.

**1** Notieren Sie in einer Liste Besonderheiten Ihres Publikums, die zu beachten sind (Erwartungen, Vorwissen ...).

**2** Stellen Sie drei zentrale Informationen zusammen, die Sie vermitteln wollen. Bei mindestens einer davon müssen Sie eine Erläuterung zum Zusammenhang mit dem Seminarthema einplanen.

## Wie sage ich es?

Ihr Referat braucht eine klare Struktur. Diese Struktur unterscheidet sich vom Aufbau der Arbeit. Während diese das Thema entwickelt, geht es in der Präsentation um die Ergebnisse.

! **Grundstruktur der Ergebnispräsentation**

Die **Einleitung** kann im Falle der Seminararbeitspräsentation knapp ausfallen, sollte aber Interesse wecken. Die Fragestellung Ihrer Arbeit muss hier deutlich werden.
Im **Hauptteil** informieren Sie knapp über die Ergebnisse der Beschäftigung mit Ihrem Thema, nicht über die Erstellung der Arbeit. Erzählen Sie nicht nach, wie Sie Ihre Arbeit aufgebaut haben; lösen Sie sich vom Text, konzentrieren Sie sich auf den Inhalt.
Ihre Ergebnisse werden kurz begründet, Untersuchungsmethoden werden nur angerissen, die Auseinandersetzung mit der Forschung wird größtenteils oder ganz weggelassen.
Der **Ausstieg** ist bei der Ergebnispräsentation besonders wichtig. Formulieren Sie ihn aus. Stellen Sie den Bezug Ihrer Arbeit zum Rahmenthema des Seminars deutlich heraus.

**1** Entwerfen Sie anhand der Tipps eine Gliederung für Ihre Ergebnispräsentation.

## Mit welchen Mitteln sage ich es?

! **Checkliste für den Einsatz von Visualisierungen**

Eine Präsentation braucht mehr und andere Visualisierungen als die Arbeit. Setzen Sie Ihre wichtigsten Ergebnisse möglichst grafisch um oder planen Sie andere unterstützende Visualisierungen ein.
Beachten Sie beim Einsatz der Veranschaulichung folgende Schritte:
**Ankündigen:** Weisen Sie die Zuhörer/-innen darauf hin, dass sie nun etwas zu sehen bekommen. („Ein Zusammenhang, den folgende Grafik verdeutlicht …“)
**Zeigen:** Lenken Sie den Blick mit dem Mauszeiger oder mit einem Zeigestock.
**Erklären:** Erläutern Sie in den Grundzügen, was man sehen kann. („Hier sind die Schnittmengen der in den letzten 50 Jahren vorgebrachten Kanonvorschläge dargestellt, links in Prozent …“)
**Bedeutung darlegen:** Erklären Sie den inhaltlichen Grund, warum Sie die Visualisierung einsetzen. („Ihr seht – man ist sich nur in einem kleinen Zentralbereich einig …“)
**Zusammenfassen:** Stellen Sie den zentralen Befund Ihrer Visualisierung noch einmal plakativ dar. („Was heißt das nun? Es gibt keinen verbindlichen Kanon mehr …“)

**1** Planen Sie anhand der Tipps eine oder mehrere Visualisierungen für Ihre Präsentation.
**2** Bei der Ergebnispräsentation wird von Ihnen angesichts Ihres Expertentums ein freier Vortrag erwartet. Wiederholen Sie, auf welche körpersprachlichen und rhetorischen Signale Sie bei einem Referat achten sollten (→ S. 23 f.).

# 2 Referieren

In einem Referat wird ein fachlich überschaubares Thema erschlossen, adressatengerecht aufbereitet und präsentiert.
Damit sind drei Arbeitsphasen benannt, die sich z.T. überlappen:

Referat

- Thema erschließen
- Referat vorbereiten
  Adressaten analysieren
- Referat präsentieren
  Feedback einholen

!

## Phase 1: Das Thema erschließen

**Die Aufgabenstellung klären**
Klären Sie Ihre Fragestellung und die Funktion Ihres Vortrags genau.
Fragen Sie bei Unklarheiten die betreuende Lehrkraft.
Beachten Sie Vereinbarungen, die für die gesamte Lerngruppe gelten.

**Zusatzinformationen recherchieren**
Wenn Sie über einen literarischen Text referieren, empfiehlt es sich, nach der Lektüre zunächst eine eigene Inhaltsangabe und Interpretationshypothese zu formulieren. So begegnen Sie der Gefahr, unkritisch andere Positionen zu übernehmen.
Beschaffen Sie sich anschließend Zusatzinformationen.
Beachten Sie bei der Wahl Ihrer Lektüre zum Thema folgende Reihenfolge: von Überblicksinformationen (Tertiärliteratur wie Lexika usw.) hin zu spezieller Literatur (Sekundärliteratur, auch wissenschaftliche).
Nutzen Sie alle verfügbaren Informationsquellen (Bibliothek, Internet, ...).

**Informationen aufbereiten**
Sammeln Sie nicht nur Kopien, sondern bereiten Sie Ihr Material rechtzeitig auf: Fertigen Sie Visualisierungen an (→ S. 348 f., 351 f.) und Exzerpte (→ S. 306).

**Kernaussagen formulieren und gliedern**
Wenn Sie einen Überblick gewonnen haben: Formulieren Sie auf Grund Ihrer Befunde drei bis fünf Kernaussagen.
Gliedern Sie Ihr Material entsprechend.

## Phase 2: Das Referat vorbereiten

**Das Publikum analysieren**
Vergleichen Sie Ihr Material mit dem Wissensstand des Publikums: Was können Sie voraussetzen, welche Informationen müssen Sie geben?

**Einstieg und Schluss planen**
Verwenden Sie ausreichend Zeit dafür, einen interessanten Einstieg für Ihren Vortrag zu entwickeln. Spitzen Sie am Schluss Ihre Ergebnisse zu.

**Visualisierungen vorbereiten**
Überlegen Sie sich eine visuelle Unterstützung für Ihr Referat.
Denken Sie dabei sowohl über den Inhalt der Visualisierung nach (Schaubild, Bild, Karikatur, Tabelle, Gegenstand ...) als auch über das Medium, das Sie einsetzen möchten (Tafel, Plakat, Overheadprojektor-Folie, Computerpräsentation).
Bereiten Sie ein Handout vor, auf dem Sie Ihre Ergebnisse thesenartig zusammenstellen. Vergessen Sie nicht, hier die Angaben über Ihre Sekundärliteratur zu vermerken (→ S. 308).

**Einen freien Vortrag vorbereiten**
Bereiten Sie Ihr Material so auf, dass Sie den Vortrag möglichst frei halten können.
Üben Sie Ihren Vortrag – auch, um die Einhaltung des zeitlichen Rahmens zu überprüfen.

## Phase 3: Den Vortrag halten

**Sehen Sie Strukturierungshilfen vor**
Geben Sie zu Beginn einen Überblick über Ihr Vorgehen. Verdeutlichen Sie während des Referats immer wieder, an welcher Stelle Ihres Vortrags Sie sich jetzt befinden. Legen Sie sich dafür Formulierungen zurecht.

**Setzen Sie Ihren Körper ein**
Achten Sie auf eine angemessene Körpersprache: Stehen Sie offen, wenden Sie sich den Zuhörern/Zuhörerinnen zu.

**Setzen Sie Ihre Stimme ein**
Verwenden Sie Ihre Stimme als Instrument. Variieren Sie Höhe, Lautstärke und Geschwindigkeit im Dienste Ihrer Sache.

**Halten Sie Kontakt zum Publikum**
Achten Sie auf Blickkontakt. Reagieren Sie auf die Äußerungen Ihres Publikums.

**Sprechen Sie frei**
Wenn Sie sich von Ihrem Manuskript lösen, achten Sie von ganz alleine auf Sprechpausen und angemessenes Tempo.

**Verwenden Sie Visualisierungen**
Zeigen Sie Visualisierungen nicht nur vor, sondern verwenden Sie sie aktiv, bauen Sie sie in den Vortrag ein, machen Sie den Mehrwert der Visualisierung deutlich.

**Bitten Sie um Fragen und Feedback**
Stehen Sie für Fragen zur Verfügung. Fordern Sie Ihr Publikum auf, Fragen zu stellen. Bitten Sie um Feedback (→ S. 24), um Ihre Fähigkeiten beim Referieren zu verbessern.

## 3.1 Aufgabenarten und Lernstoff – ein Überblick

In der schriftlichen Abiturprüfung erhalten Sie fünf Aufgaben zur Wahl. Einen Überblick zu den möglichen Aufgabenarten und dem Lernstoff für die Vorbereitung gibt die folgende Tabelle. Detaillierte Tipps zur Vorbereitung auf die einzelnen Formen des Schreibens finden Sie auf S. 318 ff. Für alle Aufgaben ist schlüssiges, sprachlich überzeugendes Argumentieren erforderlich.

<table>
<tr><th colspan="2">Aufgabenart</th><th>Lernstoff, spezifische Schwerpunkte</th></tr>
<tr><td colspan="2">Aufgabe I:<br>einen poetischen Text erschließen: Lyrik; i. d. R.<br>– mit einer erweiternden Frage, die sich auf Vergleichstexte und zeit- bzw. literaturgeschichtliche Hintergründe beziehen kann, oder<br>– mit einem Zusatztext, z. B. zu gattungstheoretischen oder inhaltlichen Aspekten, die in die Erschließung mit einzubeziehen sind</td><td>Methoden und Grundbegriffe für die Analyse lyrischer Texte, gattungstheoretisches Grundwissen, literaturgeschichtlicher Überblick, Kenntnis exemplarischer Gedichte aus den verschiedenen Epochen</td></tr>
<tr><td colspan="2">Aufgabe II:<br>einen poetischen Text erschließen: Drama; i. d. R.<br>– mit einer erweiternden Frage (s. o.) oder<br>– mit einem Zusatztext (s. o.)</td><td>analog zu Aufgabe I – jeweils bezogen auf Drama</td></tr>
<tr><td colspan="2">Aufgabe III:<br>einen poetischen Text erschließen: Epik; i. d. R.<br>– mit einer erweiternden Frage (s. o.) oder<br>– mit einem Zusatztext (s. o.)</td><td>analog zu Aufgabe I und II – jeweils bezogen auf Epik</td></tr>
<tr><td rowspan="6">Aufgaben IV und V: Erörtern/ Argumentieren/ Sachtextanalyse/ Sachtext verfassen, z. B. in folgenden Formen:</td><td>Erörtern im Anschluss an einen Sachtext oder/und andere Materialien</td><td>Methoden zum Erschließen von Sachtexten, evtl. auch von Bildern, Grafiken</td></tr>
<tr><td>freie Formen argumentierenden Schreibens (z. B. Kommentar, Rede, Essay), in der Regel im Anschluss an Texte oder andere Materialien</td><td>Merkmale argumentierender Schreibformen wie Kommentar, Rede, Essay; Methoden zum Erschließen von Sachtexten, evtl. auch von Bildern, Grafiken</td></tr>
<tr><td>literarisches Erörtern</td><td>Sachkenntnisse zu literarischen Themen, literaturgeschichtliches Wissen zu Epochen, Motiven, Gattungen und exemplarischen Werken</td></tr>
<tr><td>Erörtern ohne Textgrundlage</td><td>Methoden des Stoffsammelns</td></tr>
<tr><td>vergleichende Sachtextanalyse verfassen</td><td>Methoden zum vergleichenden Erschließen von Sachtexten</td></tr>
<tr><td>informierenden Sachtext verfassen im Anschluss an Texte</td><td>Methoden zum Erschließen von Sachtexten</td></tr>
</table>

## 3.2 Sich auf die Schreibformen vorbereiten

### Allgemeine Tipps

- Wiederholen Sie das **argumentierende Darstellen,** das Sie bei allen Schreibformen brauchen:
  - Frischen Sie Ihre Kenntnisse mit Hilfe dieses Arbeitsbuchs auf; ziehen Sie auch das Kapitel „Methodisches Grundwissen" heran.
  - Analysieren Sie einen klar gegliederten argumentierenden Text, eigene Übungsaufsätze und Klausuren, gelungene Aufsätze von Mitschülern/Mitschülerinnen auf ihre Argumentationsstruktur hin. Achten Sie auf Schwächen der Texte. Schreiben Sie einen eigenen nicht so gut gelungenen Teil noch einmal, markieren Sie dabei These, Argumente usw.
    Achten Sie auch auf geeignete Satzverknüpfungen und korrekte Zitiertechnik (→ S. 307).
- Frischen Sie Ihre **Kenntnisse der Schreibformen auf:** Nutzen Sie für Ihre Vorbereitungen
  - Ihre Unterrichtsmitschriften,
  - die relevanten Kapitel dieses Buchs: Literaturinterpretation → S. 34 ff., Erörtern → S. 87 ff., Essay → S. 74 ff., Kommentar → S. 82 f., Rede → S. 18 ff.
  - das Kapitel „Methoden im Überblick" → S. 323 ff.

  Machen Sie sich gegebenenfalls knappe, übersichtliche Exzerpte, auch als Schaubilder.

- Wiederholen Sie die Übungen zum genauen Erfassen und Analysieren von Aufgabenstellungen (→ S. 43, 51, 60, 76, 91 ff., 105, 109 f.). Analysieren Sie weitere Beispielaufgaben.
- Beschäftigen Sie sich mit vorbildlichen und fehlerhaften **Beispielaufsätzen** der Schreibformen unter spezifischen Fragestellungen: Inhalt, Gliederung, Gedankenführung/Argumentation, Sprache und Rechtschreibung, spezifische Anforderungen der einzelnen Schreibformen.
  - Vergegenwärtigen Sie sich Ihre Schwächen, notieren Sie sich typische Fehler, schreiben Sie einen (Teil-)Aufsatz unter Berücksichtigung der Lehrerkorrekturen neu.
  - Lesen Sie Beispielaufsätze aus Ihrem Lehrbuch und sehr gut gelungene Aufsätze von Schülern/ Schülerinnen Ihres Jahrgangs oder früherer Jahrgänge. Notieren Sie sich Nachahmenswertes.
  - Schreiben Sie eine Gliederung und/oder einen (Teil-)Aufsatz zu einem bisher nicht bearbeiteten Thema, zu dem Sie eine Ausarbeitung auf dem angestrebten Niveau besitzen; vergleichen Sie erst anschließend die Musterlösung und analysieren Sie die Unterschiede.
- Trainieren Sie Ihre sprachliche **Ausdrucksfähigkeit** und Ihre **Rechtschreibung,** besonders im Hinblick auf Ihre Fehlerschwerpunkte.
  - Beschäftigen Sie sich mit dem Kapitel „Wiederholungskurs Grammatik und Orthografie" in Band 11 und „Einen Text überarbeiten" (→ S. 145 ff.) in Band 12 dieses Lehrwerkes, besonders hinsichtlich Ihrer Fehlerschwerpunkte.
  - Ziehen Sie eventuell auch ein geeignetes Arbeitsheft mit einschlägigem Übungsmaterial heran.
  - Wiederholen Sie den Fachwortschatz für das Argumentieren, Analysieren und Interpretieren (siehe „Methoden im Überblick" → S. 323 ff.).
  - Wiederholen Sie die Zitiertechnik (→ S. 307).
  - Üben Sie wichtige sprachliche Techniken für überzeugende Darstellungen wie Leitsätze und Signale für Textkohärenz. Korrigieren Sie noch einmal eigene Arbeiten unter diesem Gesichtspunkt.
  - Üben Sie Nominalisierungen für die Gliederung.
- Schreiben Sie mindestens eine **Klausur unter Abiturbedingungen,** um ein Gefühl für die zeitliche Organisation der Prüfung zu bekommen und für die Anforderung, in begrenzter Zeit eine in sich abgeschlossene Darstellung zu erarbeiten.
- Legen Sie bei der Vorbereitung eventuell den **Schwerpunkt** auf solche der auf S. 317 genannten fünf **Aufgabenarten,** die Ihnen besonders gut liegen.

## Tipps zum Erörtern

- Berücksichtigen Sie die allgemeinen Tipps zur Vorbereitung auf die Schreibformen (→ S. 318 f.).
- Bereiten Sie sich auf Stoffe und Themen für das Erörtern und Argumentieren vor:
  - Verfolgen Sie zentrale Diskussionen in unserer Gesellschaft in anspruchsvollen Zeitungen (Print- oder Onlineveröffentlichungen), vor allem zu gesellschaftlichen, kulturellen und philosophischen Fragen.
  - Wiederholen Sie Ihre Kenntnisse zu Sachgebieten des Deutschunterrichts wie Sprache und Medien.
  - Studieren Sie die Themen in den Abituraufgaben der letzten Jahre und beobachten Sie Tendenzen der Themenwahl.
  - Entwerfen Sie Themen zu den aktuellen zentralen Diskussionen und zu Sachgebieten aus dem Deutschunterricht.
  - Wiederholen Sie anhand der einschlägigen Kapitel dieses Buchs Verfahren zur Sachtext-erschließung.

- Zu den **freien Formen des Erörterns: Essay, Kommentar, Rede**
  - Verfolgen Sie die politischen Kommentare auf den Meinungsseiten der großen Tageszeitungen. Nehmen Sie zu dort angesprochenen Themen selbst schriftlich in sachlicher, aber pointierter Form Stellung, indem Sie z. B. einen Leserbrief an die Zeitung schreiben.
  - Studieren Sie Texte von Reden zu aktuellen Anlässen. Konzipieren Sie selbst eine Rede zu einem konkreten naheliegenden Anlass, z. B. zur Eröffnung einer öffentlichen Präsentation in Ihrer Schule.
  - Lesen Sie essayistische Texte in den Feuilletons anspruchsvoller Zeitungen oder Zeitschriften und achten Sie besonders auf Form, Stil und Sprache. Sie können antwortende oder ergänzende Essays skizzieren und teilweise verfassen.
  - Halten Sie Assoziationen zu Schlüsselbegriffen der Kultur, Philosophie, Ästhetik fest und gestalten Sie daraus kurze, stellungnehmende, subjektiv geprägte Texte. Verwenden Sie solche Begriffe für Stilübungen, indem Sie mit deren oft vielschichtiger Bedeutung, mit weiteren Assoziationen, mit dem Klang spielen und originelle Zusammenhänge herstellen.
- Zum **Erörtern literarischer Themen:**
  - Wiederholen Sie Sachkenntnisse zu literarischen Themen aus dem Literaturunterricht wie Zusammenhänge zwischen Literatur und Politik (z. B. Zensur), poetologische Konzepte und Schreibweisen (z. B. episches Theater).
  - Vergegenwärtigen Sie sich wichtige Merkmale der literarischen Epochen und ihre Vertreter.
  - Legen Sie eine Liste aller in der Oberstufe gelesenen Texte und Lektüren an und ordnen Sie diese nach Gattung, Textform und Themenschwerpunkten.
  - Legen Sie dazu Karteikarten an oder stellen Sie jeweils einzelne Blätter in einem Ordner zusammen. Sie können z. B. nach folgendem Muster verfahren:

Vorderseite:

| **Text:** *E. T. A. Hoffmann: Die Elixiere des Teufels (1815/16)* | |
|---|---|
| **Gattung:** *Epik* | **Form:** *Roman* |
| **Epoche:** *Romantik* | |
| **Themen:**<br>*Schuld*<br>*psychische Störung/Spaltung, Verdrängung, Wahnsinn*<br>**Motive:**<br>*Doppelgänger, Mönch, Lebensreise*<br>*Motive einer „Gothic Novel“:*<br>*Mönch, Kloster, Schloss, Gespenstisches, Nacht …* | **Interpretationsansätze:**<br>– *Erkundung einer von Verdrängung und Schuldgefühlen geprägten Psyche*<br>– *Abgründe des Ichs werden ausgelotet*<br>– *humoristische Spiegelung der Zerrissenheit (Figur des Belcampo)* |

Rückseite:

**Merkmale der Epoche im Text:**
- *zerrissenes Ich als Thema der Romantik*
- *Erkundung der „Nachtseite“ des Individuums: Unbewusstes, Verdrängtes*
- *Motive der Schauerromantik*
- *Gegensatz zwischen künstlerischer und profaner Existenz – hier humoristisch: der „Haarkünstler“ Schönfeld/Belcampo*
- *romantische Ironie?: Belcampo*

**Informationen zum Autor:**
**1776 †1822, Spannung Künstler – Bürger als Lebensthema: Schriftsteller/Komponist/Zeichner – Jurist*

- Vertiefen Sie noch einmal Ihre Ganzlektüren und die Lektüren aus den „Textfenstern“ in den Bänden 11 und 12 unter folgenden Gesichtspunkten: Figuren, ihre Charaktere, Konstellationen, ihre Lebensführung, ihr Welt- und Menschenbild; die Handlung; zentrale Themen und Fragestellungen der Werke; das Welt- und Menschenbild des Autors/der Autorin.
- Formulieren Sie selbst geeignete Themen zu Ihrer Lektüre.
- Üben Sie Vergleiche der Behandlung eines Themas in zwei Werken, indem Sie eine Gliederung erstellen.

## Tipps zum Erschließen literarischer Texte

- Berücksichtigen Sie die unter „Allgemeine Tipps“ genannten Hinweise (→ S. 318 f.).
- Wiederholen Sie die Analyseaspekte (→ „Interpretationssterne“, S. 44, 52, 61) und das Analyseinstrumentarium für Texte der drei Gattungen. Weil Sie damit rechnen müssen, dass Ihnen die im Abitur vorgelegten Texte unbekannt sind, sollte die Vorbereitung auf die Methodik der Untersuchung besonderes Gewicht haben.
- Studieren Sie noch einmal Texte aus allen drei Gattungen und üben Sie an ihnen die Analyse besonders schwieriger Mittel der Gestaltung, z. B. Erzähltechnik, Entwicklung von Beziehungs- und Inhaltsebenen in einer Szene, funktionale Analyse und Interpretation der sprachlichen Gestaltung.
- Untersuchen Sie die Tendenzen der Abituraufgaben in den letzten Jahren.
- Wiederholen Sie Merkmale von Gattungen und ihren Unterformen wie Novelle, Lied, episches Drama, postdramatisches Theater usw. (siehe „Methoden im Überblick“→ S. 323 ff.) und weisen Sie diese an geeigneten Texten nach. Machen Sie Sich dabei die Problematik dieser generalisierenden Gattungsbegriffe klar.
- Vergegenwärtigen Sie sich Merkmale literarischer Epochen und weisen Sie sie an geeigneten Texten nach, eingedenk der Problematik der generalisierenden Epochenbegriffe.
- Ein Aufgabenteil weist in der Regel über den vorgelegten Text hinaus. Hierfür ist die Kenntnis der im Unterricht besprochenen Texte oder selbstständig angeeigneter weiterer Werke wichtig. Nutzen Sie zur Wiederholung und Vertiefung dieser Kenntnisse die Hinweise zur Vorbereitung auf das Erörtern literarischer Themen (→ S. 320 f.).
  - Verwenden Sie zur Vorbereitung auf erörternde Teilaufgaben die Hinweise zur Vorbereitung des Erörterns (→ S. 319 ff.).

# 3.3 Die Vorbereitung organisieren und die Prüfung richtig angehen

## Die Vorbereitung organisieren

- Erstellen Sie mindestens ein halbes Jahr vor dem Abiturtermin einen langfristigen Zeitplan zur Abiturvorbereitung unter Berücksichtigung aller Fächer. Sehen Sie auch Zeitreserven vor.
- Beschaffen Sie sich rechtzeitig das speziell für die Abiturvorbereitung notwendige Arbeits- und Übungsmaterial (Unterrichtsmitschriften, Arbeits- und Übungsblätter, Fachbücher und Arbeitshefte) und bereiten Sie dieses für eine systematische Wiederholung des Lernstoffs in einzelnen Etappen auf.
- Bewährt hat sich in der Phase der unmittelbaren Prüfungsvorbereitung die Arbeit in Arbeitsgruppen, um die Vorteile eines arbeitsteiligen Vorgehens, z. B. durch das Erstellen von zusammenfassenden Thesenpapieren oder Karteikarten durch die Mitglieder der AG, zu nutzen. Allerdings müssen diese Arbeitsgruppen etwa ein halbes Jahr vor dem Abitur ihre Arbeit beginnen und sich regelmäßig – mindestens einmal in der Woche – treffen, wenn diese Art der Vorbereitung effektiv sein soll.

## Tipps für die schriftliche Prüfung

- Prüfen und erfassen Sie die Aufgabenstellungen, die in der Regel aus textbezogenen und textübergreifenden Fragestellungen bestehen, genau. Klären Sie, welche Leistungen von Ihnen erwartet werden, indem Sie besonders auf die Prädikate der Aufgabenstellungen achten, z. B. „erschließen", „beschreiben", „diskutieren", „bewerten" ... Achten Sie darauf, ob bestimmte Aspekte eines Textes besonders berücksichtigt werden sollen.
- Lesen Sie die vorgelegten Texte sorgfältig durch, verschaffen Sie sich so einen Überblick über alle Abituraufgaben und notieren Sie erste Eindrücke.
- Wählen Sie erst danach die Aufgabe aus, die Sie bearbeiten wollen.
- Erarbeiten Sie dann den Ihrer Aufgabe zu Grunde liegenden Text, markieren Sie Kernstellen, Schlüsselwörter, Auffälligkeiten und Fragen und machen Sie Randnotizen zu Ihren Beobachtungen.
- Halten Sie die Ergebnisse Ihrer genauen Lektüre schriftlich fest (Stoffsammlung), formulieren Sie eine Arbeitshypothese für Ihre Arbeit aus und erstellen Sie danach eine Gliederung.
- Beginnen Sie anschließend, Ihren Text auszuformulieren; achten Sie dabei auf angemessene Sprache, Fachbegriffe und die Verdeutlichung von Zusammenhängen und Übergängen.
- Achten Sie auf eine sinnvolle Zeiteinteilung:
  Sehen Sie ca. eine halbe Stunde zur Wahl der Aufgabe vor. Planen Sie in etwa eine Zweiteilung der verbliebenen Arbeitszeit in die Planungsphase mit dem Aufstellen der Arbeitshypothese, mit Textanalyse und Gliederung des Aufsatzes und die Phase des Ausformulierens und Überarbeitens.
- Planen Sie genügend Zeit für das gründliche Überarbeiten und Korrigieren Ihres Textes ein – auch hinsichtlich der Grammatik, Rechtschreibung, Zitiertechnik und Zeichensetzung.
- Achten Sie auf eine saubere und übersichtliche Form der Arbeit.

# Methoden im Überblick

# 1 Umgang mit Texten – Methoden und Begriffe

## Literarische Texte untersuchen – Allgemeines Analyseinstrumentarium

Dieser Abschnitt bietet einen Überblick über Gesichtspunkte und Begriffe, die für die Analyse literarischer Texte aller Gattungen – Lyrik, Epik, Dramatik – wichtig sind.

### Stoff, Handlung, Aussage

- **Stoff:** Handlungskomponenten, die erfunden oder in historischen oder literarischen Quellen überliefert sind und vom Autor/von der Autorin (um)gestaltet werden.
- **Fabel:** Stoff- und Handlungsgerüst (in anderer Bedeutung: lehrhafte kurze Erzählung mit Tierfiguren)
- **Plot:** Handlung, besonders im Hinblick auf Logik und kausale Abfolge
- **Thema:** Frage, um die es in einem Text geht
- **Aussagekern:** Antwort auf die Themafrage
- **Motiv:** kleinere stofflich-thematische Einheit; Situationsmotive wie „der Doppelgänger", „Liebe von Kindern verfeindeter Familien"; Typenmotive wie „der Einzelgänger", „die böse Frau"; Raum- und Zeitmotive wie „Schloss", „Mitternacht"

### Aufbau

- **äußerer und innerer Aufbau:** äußerer Aufbau: Gliederung in Szenen/Auftritte und Aufzüge/Bilder; in Strophen, Verse; in Bände, Kapitel, Abschnitte; innerer Aufbau: Anordnung und Gliederung des Inhalts
- **Aufbautypen:** steigernd, kreisend, antithetisch, dialektisch, reihend usw.
- **Strukturelemente:** Exposition (Einführung in die Problemstellung, Raum, Zeit, Figuren in Drama und Roman), **Steigerung, Höhepunkt, Wendepunkt, Retardierung** (→ S. 333), **Lösung**
- **Chronologie:** siehe Zeit und Zeitgestaltung

### Handlung (Dramatik, Epik)

- **Handlung** ist der Ablauf der Geschehnisse. In manchen modernen Texten tritt die Handlung zu Gunsten von Stillstand und Situationsbeschreibung zurück.
- **äußere und innere Handlung:** äußere Handlung: Handlungen und Geschehnisse; innere Handlung: psychische Vorgänge
- **Handlungsstränge: Rahmenhandlung/Binnenhandlung** (vor allem in der Novelle), **Haupt-, Neben-, Parallelhandlung, Kontrasthandlung**

### Zeit und Zeitgestaltung

- **Chronologie:** Der Ablauf der Darstellung kann der Chronologie der Geschehnisse folgen oder von dieser abweichen – z. B. durch **Vorausdeutungen** und **Rückblenden.**
- **historische Situierung:** Manche Werke sind in eine historische Epoche eingebettet, die aus der Sicht des Autors oder seiner Figuren dargestellt ist.
- **symbolische Bedeutung von Zeit:** Tageszeiten, Jahreszeiten, Lebenszeiten und Festtage können vielfältige symbolische Bedeutung haben.

### Raum und seine Funktionen

- **Realitätsbezug** des Raumes: geografischer Raum, Fantasieraum
- **Ortswahl:** z. B. Innen- oder Außenraum; Stadt oder Land, Natur- oder Kulturraum
- **Funktionen:**
  - Der **Handlungsraum** ist der Raum, in dem die Handlung spielt;
  - der **Lebensraum** veranschaulicht die Lebensumstände der Figuren;
  - ein **Stimmungsraum** stellt die Stimmung einer Figur oder eines lyrischen Ichs dar;
  - ein **Symbolraum** verweist auf Charaktere, Sitten, Kräfte.

### Figuren und ihre Beziehungen zueinander

- **Figuren:** fiktive Personen in literarischen Texten
- **Haupt- und Nebenfiguren:** Hauptfigur im Drama: Protagonist/-in; ihr Gegenspieler: Antagonist/-in
- **Formen der Charakterisierung:**
  - **direkte Charakterisierung:** durch Regieanweisungen, durch den Erzähler, oder die Figuren charakterisieren sich selbst oder andere
  - **indirekte Charakterisierung:** durch Verhalten und Handeln, durch sprechende Namen
- **Figurenkonzeption:** Anlage und Entwicklung der Figuren
  - **statisch oder dynamisch:** Die Figur bleibt sich gleich oder ändert sich.
  - **Charakter oder Typ:** individuell ausgearbeitete oder auf wenige Züge reduzierte Figur
  - **abstrakt oder psychologisch:** Die Figur verkörpert eine Idee oder sie ist psychologisch ausgearbeitet.
- **Figurenkonstellation:** das Verhältnis der Figuren zueinander
  - Grundlagen: **soziale Stellung, Geschlecht, Generationenzugehörigkeit, Wertorientierung**
  - Trennendes/Verbindendes: **Interessen, Ziele, Gefühle, Grad der Vertrautheit**

### Wirklichkeitsebenen

Das Geschehen kann in der Wirklichkeit, im Traum, in Gedanken oder in der Fantasie spielen.

### Sprachliche und stilistische Gestaltung

Folgende Aspekte helfen, die sprachliche Gestaltung eines Textes zu charakterisieren:

- **Sprachform: Hochsprache** oder **Dialekt**
- **Sprach- und Stilebene: Standardsprache, Umgangssprache, gehobene Sprache, dichterische Sprache, Gruppensprache** (z. B. Jugendsprache), **Fachsprache**
- **Wortwahl:**
  - Umfang und **Differenziertheit** des Wortschatzes
  - Bevorzugung bestimmter **Wortarten,** z. B. Nomen, Nominalisierungen, Verben, Adjektive
  - Bevorzugung bestimmter **Wortfelder**
  - Bevorzugung von **Wörtern aus einzelnen Klassen:** Abstrakta, Fremdwörter
  - Schlagwörter, Stereotypen, mehrdeutige Wörter, Synonyme
- **Grammatik:** Bevorzugung bestimmter Formen wie Konjunktiv, Partizipien u. a.
- **Syntax:** Bevorzugung bestimmter **Satzformen:** einfache Sätze, zusammengesetzte Sätze, Ellipsen, Parataxen, Hypotaxen (→ S. 145); Bevorzugung bestimmter **Satzarten:** Aussage-, Ausrufe-, Fragesätze u. a.

## Rhetorische Figuren

| Rhetorische Figur | Beispiel | Definition |
|---|---|---|
| **Akkumulation, die** | nach all den Jahren der Stagnation, der geistigen, wirtschaftlichen, politischen *(Heym: Rede am 04.11.89)* | Reihung mehrerer Unterbegriffe zu einem genannten oder nicht genannten Oberbegriff |
| **Allegorie, die** | Es steigt herauf der Sensemann *(Rethel: Totentanz)* | bildhafte Darstellung abstrakter Begriffe, oft als Person |
| **Alliteration, die** | Ihr Garten und Gut grenzt grade an Gott *(Rilke: Ich fürchte mich so [...])* | Wiederholung des Anfangslauts betonter Stammsilben |
| **Anapher, die** | Dies ist meine Mütze, / dies ist mein Mantel *(Eich: Inventur)* | Wiederholung eines Wortes oder einer Wortgruppe am Satz- oder Versanfang |
| **Antithese, die** | Er schildert nicht, er erlebt. *(Edschmid: Expressionismus in der Dichtung)* | Gegenüberstellung entgegengesetzter Wörter, Wortgruppen oder Sätze |
| **Apostrophe, die** | Gedenke, mein Sohn. *(Huchel: Der Garten des Theophrast)* | feierliche Anrede abwesender Personen oder Dinge |
| **Aposiopese, die** | Deshalb hat Gott ihn gesandt ... *Unruhe im Saal.* Was ist? *(Hasenclever: Der Sohn)* | Abbruch der Rede, Verschweigen des Wichtigen |
| **Archaismus, der** | Inmitten der herrlichen Schar entschwanden sie *(Schulze: 33 Augenblicke des Glücks)* | veralteter sprachlicher Ausdruck |
| **Assonanz, die** | Feuerrot leuchten die Felder *(Kirsch: Im Sommer)* | Gleichklang der Vokale in zwei oder mehr Wörtern |
| **Asyndeton, das** | setzt sich Verdächtigungen, Verhöhnungen, Verfolgungen aus *(Wolf: Tagebuch 02.01.81)* | unverknüpfte Reihung |
| **Chiasmus, der** | Es führt von der Poesie kein direkter Weg ins Leben, aus dem Leben keiner in die Poesie *(Hofmannsthal: Poesie und Leben)* | Überkreuzstellung zweier aufeinander bezogener Wortgruppen oder Sätze |
| **Chiffre, die** | schwarze Milch der Frühe *(Celan: Todesfuge)* | Zeichen; in moderner Dichtung schwer zu entschlüsselndes (Geheim-)Zeichen |
| **Correctio, die** | Der Sozialismus – nicht der stalinsche, der richtige *(Heym: Rede am 04.11.89)* | Verbesserung zur Verstärkung oder Verdeutlichung der Aussage |

| | | |
|---|---|---|
| **Ellipse, die** | „Du auch hier?!“ *(Goetz, Rave)* | unvollständiger Satz |
| **Emphase, die** | Der Mensch ist nur Mensch durch Sprache *(Humboldt/Bieri)* | nachdrückliche Betonung durch akustische oder syntaktische Hervorhebung |
| **Euphemismus, der** | Und hatt' nur ein klein Wünschelein [Galilei wird gezwungen zu widerrufen] *(Brecht: Galilei)* | beschönigende Umschreibung |
| **Hyperbel, die** | Er hat den Bund gegründet der Jungen gegen die Welt *(Hasenclever: Der Sohn)* | Übertreibung |
| **Inversion, die** | Geredet habe ich auf allen Märkten *(Brecht: Die heilige Johanna)* | Umkehrung der üblichen Wortfolge im Satz |
| **Ironie, die** | Unsere Miliz hört aufs Wort, prächtige Jungs *(Schulze: 33 Augenblicke des Glücks)* | Redeweise, bei der das Gegenteil vom Gesagten gemeint ist |
| **Klimax, die** | Form ist Wollust, Friede, himmlisches Genügen *(Stadler: Form ist Wollust)* | steigernde Reihung einzelner Wörter oder Sätze |
| **Litotes, die** | nicht unüblich (= üblich) | doppelte Verneinung |
| **Metapher, die** | Mein wölfischer Hunger *(Schrott: Der wölfische Hunger)* | uneigentliches Sprechen durch Gleichsetzen zweier Vorstellungen aus nicht zusammengehörigen Bereichen |
| **Metonymie, die** | Auf den Thronen [= Machtpositionen] sitzen/ Unsre Leute *(Braun: Fragen eines Arbeiters)* | Ersetzen eines Begriffes durch einen anderen, der zu ihm in enger Beziehung steht |
| **Neologismus, der** | Einfühlungsfernsehen *(Finger: Die Ohnmacht der Bilder)* | Wortneuschöpfung |
| **Onomatopoesie, die** | „rauschnns“ *(Kling: gewebeprobe)* | Lautmalerei |
| **Oxymoron, das** | schwarze Milch der Frühe *(Celan: Todesfuge)* | Verbindung einander ausschließender Begriffe |
| **Paradoxon, das** | wir schaufeln ein Grab in den Lüften *(Celan: Todesfuge)* | scheinbarer Widerspruch |
| **Parallelismus, der** | Er wird verliehen, / wenn nichts mehr geschieht, / wenn das Trommelfeuer verstummt, / wenn [...] *(Bachmann: Alle Tage)* | Wiederholung gleicher syntaktischer Fügungen |

| | | |
|---|---|---|
| **Parenthese, die** | Was es die Kirchenväter [...] Nachdenken gekostet hat, in eine solche Welt (ist sie etwa nicht abscheulich?) etwas Sinn zu bringen *(Brecht: Galilei)* | Einschub eines selbstständigen Gedankens in einen Satz |
| **Periphrase, die** | Vorbeimarsch [....] vor den Erhabenen [= den Regierenden der DDR] *(Heym: Rede am 04.11.89)* | Umschreibung |
| **Personifikation, die** | Ein Kinderwagen schreit und Hunde fluchen *(Lichtenstein: Die Dämmerung)* | Vermenschlichung eines Abstraktums oder eines Dings |
| **Pleonasmus, der** | Einsiedler, die in einem kargen, unfruchtbaren Idyll leben *(Schirrmacher: Idyllen in der Wüste)* | Verbindung zweier Begriffe, von denen einer bereits im anderen enthalten ist |
| **Repetitio, die** | Schwarze Milch der Frühe wir trinken sie abends / wir trinken sie mittags und morgens wir trinken sie nachts *(Celan: Todesfuge)* | Wiederholung |
| **rhetorische Frage** | Warum sollten wir beim Lesen eine solche Haltung akzeptieren? *(Zeh: Sag nicht ER zu mir)* | scheinbare Frage, deren Antwort bereits feststeht |
| **Symbol, das** | und tauscht den Blick und tauscht die Ringe [Ring als Symbol für Ehe, Treueversprechen] *(Benn: Einsamer nie –)* | Sinnbild, oft ein Gegenstand, der über sich hinausweist |
| **Synästhesie, die** | blaue Melodien (*Loerke: Blauer Abend in Berlin)* | Vermischung von Wahrnehmungen verschiedener Sinne |
| **syndetische Reihung, die** | Erfüllt von Träumerei und Ruh und Wein *(Trakl: Dämmerung)* | durch Konjunktionen verknüpfte Reihung von Satzgliedern oder Sätzen |
| **Synekdoche, die** | Wer aber das Korn [Nahrung] zurückhält, dem wird das Volk fluchen *(Brecht: Galilei)* | Ein Teil steht für das Ganze (pars pro toto) oder umgekehrt das Ganze für einen Teil. |
| **Tautologie, die** | Der Ausdruck „Hurenbock" und „Nuttenjäger" animierte [...] Franz Biberkopf kolossal *(Döblin: Berlin Alexanderplatz)* | Wiederholung des Gesagten mit sinnverwandtem Wort |
| **Vergleich, der** | Die abstrakten Worte [...] zerfielen mir im Munde wie modrige Pilze *(Hofmannsthal: Ein Brief)* | Herstellung einer Gemeinsamkeit zweier Bereiche, Verknüpfung meist mit „wie" |

# Epische Texte untersuchen

### Der Erzähler

Der Erzähler ist nicht der **Autor,** sondern eine **fiktive Figur,** die die Meinung des Autors vertreten kann, aber nicht vertreten muss.
Der Erzähler ist charakteristisch für die epische Literatur. Seine spezifische Ausgestaltung strukturiert den epischen Text, denn er vermittelt das Erzählte. Darum ist eine genaue Analyse des Erzählers und seiner Eigenschaften für das Verständnis eines epischen Textes entscheidend.
Über die bloße Analyse des Erzählers hinaus muss immer nach der Funktion der spezifischen Ausgestaltung des Erzählers in dem jeweiligen Text gefragt werden.
Bei der Analyse des Erzählers helfen die folgenden in diesem Abschnitt vorgestellten Kategorien: Erzählform, Erzählverhalten, Standort, Innen-/Außensicht, Erzählhaltung, Darbietungsformen.

### Erzählform

Der Erzähler kann in **Ich-Form** oder in **Er/Sie-Form** auftreten. Der **Ich-Erzähler** erzählt in der Regel von sich, der **Er-Erzähler** erzählt von anderen. Als erlebendes Ich ist der Ich-Erzähler Beteiligter am erzählten Geschehen, als erzählendes Ich ist er Vermittler der Geschichte.

### Erzählverhalten

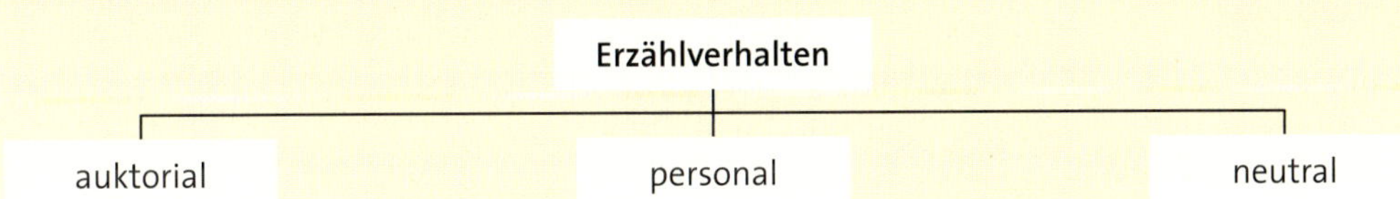


Der Ich- und der Er/Sie-Erzähler können sich auktorial, neutral oder personal verhalten.
Bei **auktorialem** Erzählverhalten steht der Erzähler *außerhalb* des Geschehens. Er macht sich bemerkbar durch Urteile, Analysen, Reflexionen, Leseranrede und/oder Vorgriff auf künftiges Geschehen.
Verhält der Erzähler sich **personal,** schlüpft er in eine oder nacheinander in mehrere der Figuren, ohne mit ihnen identisch zu werden. Er erzählt aus der Perspektive dieser Figur(en); er steht *im* Geschehen.
Ist das Erzählverhalten **neutral,** tritt der Erzähler als Figur völlig zurück; er ist nicht als erzählende Figur oder als Figur im Geschehen, aus deren Perspektive erzählt wird, fassbar. Er erzählt mit Distanz, als neutraler Beobachter, ohne Stellung zu beziehen. Auch bei Dialogen tritt er hinter seine Figuren zurück.
Viele Texte sind Mischformen bezüglich des Erzählverhaltens; in der Analyse ist dann vor allem das dominante Erzählverhalten zu berücksichtigen.

### Standort des Erzählers (point of view)

Der räumliche und zeitliche Abstand des Erzählers zum erzählten Geschehen ist durch seinen Standort bestimmt. Der personale Erzähler ist an den begrenzten räumlichen Horizont der Figur, aus deren Perspektive er erzählt, gebunden. Der auktoriale Erzähler, der außerhalb des Geschehens steht, hat Abstand und damit Überblick über Raum und Zeit; hat er den völligen Über- und Einblick, spricht man vom **allwissenden** oder **„olympischen" Erzähler.**

**Innensicht/Außensicht**

Alle Erzähler können das Äußere der Figuren darstellen.
Der Ich-Erzähler kann in der Regel in das Innere der anderen Figuren nicht hineinsehen und nur das Äußere zeigen.
Der personale Er-Erzähler kann nur die Gedanken und Gefühle der Figur, aus deren Perspektive er erzählt, darstellen.
Der auktoriale und der neutrale Er-Erzähler können das Äußere und das Innere der Figuren wiedergeben.

**Erzählhaltung**

Der auktoriale Erzähler nimmt eine Haltung zum Erzählten ein, die viele Schattierungen haben kann, z.B. ironisch, kritisch, ablehnend, neutral, wohlwollend, begeistert.
Der neutrale Erzähler bleibt objektiv.
Die Haltung des personalen Erzählers zum erzählten Geschehen ist an die Einstellung der Figur, aus deren Perspektive er erzählt, gebunden.

**Darbietungsformen des Erzählens**

Zentrale epische Darbietungsformen sind Erzählerbericht und Beschreibung; der neutrale Erzähler stellt objektiv dar, der auktoriale Erzähler lässt seine Sichtweise in Reflexionen und Kommentaren einfließen. Die Figuren kommen zu Wort durch direkte Rede (szenisches Erzählen, neutrales Erzählverhalten) und indirekte Rede (alle Erzählertypen). Die Figurengedanken und -gefühle können z.B. durch Gedankenbericht und stumme indirekte Rede dargestellt werden (auktorial und neutral).
Bei personalem Erzählverhalten werden Figurengedanken in Form der **erlebten Rede,** des **inneren Monologs** oder des **Bewusstseinsstroms** (stream of consciousness) wiedergegeben. Die erlebte Rede bringt Gedachtes in der 3. Person im Imperfekt zur Sprache, der innere Monolog in der 1. Person Präsens bzw. Perfekt. Im Bewusstseinsstrom kommen assoziative Folgen von Bewusstseinsinhalten, z.B. Gedanken, Empfindungen zum Ausdruck; hier wird die Syntax aufgelöst. Bei allen drei Darstellungsformen wird oft die Sprache der Figur verwendet, aus deren Perspektive erzählt wird, also Wendungen aus der mündlichen Sprache, Ausrufe, Fragen u.a.

**Zeit und Zeitgestaltung** (vgl. auch → S. 324)

- **Erzählzeit und erzählte Zeit:** Erzählzeit ist die Zeit, die das Erzählen der Geschichte dauert, erzählte Zeit ist die Zeit, die das erzählte Geschehen in Anspruch nimmt.
  Sind Erzählzeit und erzählte Zeit identisch, spricht man von **Zeitdeckung** (vor allem bei szenischem Erzählen, siehe oben). Ist die Erzählzeit länger als die erzählte Zeit, liegt **Zeitdehnung** vor (z.B. bei Beschreibungen während eines Geschehens und bei inneren Monologen), ist sie kürzer, so spricht man von **Zeitraffung.**
- **Chronologie:** Die Reihenfolge des Erzählens kann dem zeitlichen Ablauf des Erzählten folgen **(chronologisches, lineares Erzählen)**, sie kann davon aber auch abweichen – z.B. durch Umstellungen, durch **Rückblicke, Rückblenden** oder **Vorausdeutungen.**

## Epische Formen

### Kleinere Formen

- **Anekdote:** knappe, oft heitere epische Kurzform, in der eine bekannte historische Persönlichkeit, ein bemerkenswertes Ereignis, eine Gesellschaftsschicht oder ein Menschentyp durch eine charakteristische Begebenheit beleuchtet wird. Die Anekdote endet meist mit einer Pointe, die verborgene Zusammenhänge verdeutlicht. (Kleist, Hebel, Hofmannsthal u. a.)
- **Aphorismus:** epische Kurzform, die – meist nur in einem Satz – eine Erkenntnis oder ein Urteil in knapper, geistreicher, rhetorisch geschliffener Form formuliert. Es ist eine subjektive Meinung, die sich allgemeingültig gibt und auf Überraschung zielt. (Lichtenberg, Goethe, Schlegel, Nietzsche u. a.)
- **Fabel:** Kurzform, in der meist Tiere eine menschliche Verhaltensweise verkörpern. Ihr Aufbau ist antithetisch und gipfelt in einer Schlusspointe, die eine Lehre zum Ausdruck bringt. (Lessing u. a.)
- **Kalendergeschichte:** kurze volkstümliche Erzählung, oft unterhaltend, immer belehrend, die Elemente der Anekdote, des Schwanks, der Legende, der Sage, des Tatsachenberichts und der Satire vereinigen kann. Seit dem 19. Jahrhundert auch eine vom Kalender gelöste Kunstform. (Hebel, Brecht u. a.)
- **Kürzestgeschichte:** besonders knappe, dichte, moderne Kunstform, die mit den Mitteln des modernen Erzählens oft nur eine minimale Handlung oder einen Zustand darstellt
- **Kurzgeschichte:** eine moderne kurze Kunstform, die sich der Gestaltungsmittel des modernen Erzählens bedient: ein personaler Erzähler, offene Form vor allem bezüglich des Anfangs und des Schlusses, ein negativer oder ein Antiheld (→ S. 332); Besonderheiten sind die Darstellung von Alltagswelt und Alltagsgeschehen, Alltagssprache, linearer Verlauf, straffe Komposition und ein entscheidender Punkt im Leben des Helden als Wendepunkt der Geschichte.
- **Legende:** eine kurze volkstümliche Erzählung oder ihre poetische Verarbeitung. Zentral ist die Darstellung der Lebensgeschichte eines Heiligen oder Märtyrers oder einzelner Ereignisse daraus, seines gottgefälligen Lebenswandels und seiner Erfahrung des Wunderbaren.
- **Märchen:** epische Form in Gestalt des Volks- und des Kunstmärchens. Inhalt sind fantastische oder wunderbare Gestalten oder Begebenheiten. Strukturmerkmale des Volksmärchens sind: eine einfache Weltordnung, die handelnden Personen sind einander entgegengesetzt; der daraus entstehende Konflikt findet eine glückliche Lösung in ausgleichender Gerechtigkeit. Die Handlungsführung ist linear, meist steigernd; der Übergang zwischen der überwirklichen und der realen Welt ist bruchlos, psychologische Vertiefung der Figuren und ihre Einbettung in Umwelt und Gemeinschaften fehlen; die Sprache ist alltagsnah, das Märchen hat eine Vorliebe für sprachliche Formeln und Zahlen wie drei oder sieben. Auch größere Formen aller Gattungen können märchenhaften Charakter haben. (Grimm: Volksmärchen; Kunstmärchen: Goethe, Brentano, von Arnim, Hoffmann, Hofmannsthal u. a.)
- **Parabel:** epische Form, die einen Sachverhalt bzw. eine Erkenntnis bildhaft darstellt. Das Erzählte muss von der Bild- auf die Gedankenebene übertragen werden; anders als das Gleichnis gibt die Parabel keine explizite Anweisung für die Übertragung. Die moderne Parabel ist oft verrätselt. Auch größere epische und dramatische Formen können parabolischen Charakter haben. (Lessing, Musil, Kafka, Kunert u. a.)
- **(Volks)Sage:** kurze Erzählung mit starkem Wirklichkeitsbezug, vor allem durch Angabe realer Orte oder historischer Ereignisse. Darum wird das Wunderbare – anders als im Märchen – als etwas Fremdes, als unbegreiflicher, auch bedrohlicher Einbruch in die Welt der Helden empfunden. Der Held ist meist passiv und unterliegt den von außen einbrechenden Kräften.

**Mittlere Formen**

- **Erzählung:** epische Kunstform mittlerer Länge in Prosa oder Versen ohne ausgeprägte Merkmale. Sie stellt Realistisches dar und unterscheidet sich vom Roman durch eine einfachere Handlung, von der Novelle durch eine weniger strenge und konzentrierte Form.
- **Novelle:** epische Kunstform mittlerer Länge. Bis zum Ende des 19. Jahrhunderts ist sie eine strenge, geschlossene Form, die manche Merkmale mit dem geschlossenen Drama (→ S. 334) gemeinsam hat. Wichtig sind Realitätsbezug, eine einsträngige Handlungsführung, ein Konflikt, ein zentrales – oft unerhörtes – Ereignis, Höhe- und Wendepunkt. Die Geschlossenheit wird häufig durch Vorausdeutungen, Symbole und Leitmotive verstärkt. Ab Ende des 19. Jahrhunderts erweitert sich das Spektrum durch offenere Formelemente. (Goethe, Hoffmann, Stifter, Storm u. a.)

**Großformen**

- **Epos:** epische Großform in gleichartig gebauten Versen oder Strophen. Im Zentrum steht meist eine Figur oder ein Leitgedanke. Strukturelemente sind außerdem: gehobene Sprache, Distanz des Erzählers zum dargestellten Geschehen, Tendenz zur Ausführlichkeit.
- **Roman:** epische Großform in Prosa, die vielschichtig in Form und Inhalt ist. Zentral ist die Darstellung von Zusammenhängen, nicht von Einzelereignissen, meist anhand von Ausschnitten oder vollständigen Biografien von einer oder mehreren Personen in ihrer Welt. Dem Roman geht es um Unterhaltung sowie um Analyse und Darstellung eines oder mehrerer Menschen und ausgewählter Situationen aus Gesellschaft, Welt und/oder Geschichte. Das moderne Welt- und Menschenbild (siehe Epochenüberblicke) führt zu neuen Formen des Erzählens, vor allem im Roman:

| | **Traditioneller Roman** | **Moderner Roman** |
|---|---|---|
| **Held** | positiver Held: individuell, unverwechselbar, seiner selbst mächtig, auch wenn er untergeht, für ihn gibt es Normen, auch wenn er gegen sie verstößt. | – negativer Held: Durchschnittsmensch, zerrissen, zweifelnd, oft Außenseiter in einer nicht verständlichen, anonymen Welt; Werteverlust<br>– passiver Held: untätiger Held |
| **Erzähler** | – bevorzugt allwissend<br>– auch szenische Darstellung | – bevorzugt personal (→ S. 329)<br>– innere Monologe, erlebte Rede, Bewusstseinsstrom |
| **Handlung** | äußere und innere Handlung mit klarem kausalem Zusammenhang | – Bevorzugung von innerer Handlung und psychischen Zuständen gegenüber äußerer Handlung<br>– Darstellungstechniken: oft Montage, Simultantechnik |
| **Zeitgestaltung** | chronologisches, lineares Erzählen | oft nicht chronologisch: Rückblicke, Rückblenden; mehrere Zeitebenen |

# Dramatische Texte untersuchen

## Grundtypen des Dramas: Tragödie, Komödie, Tragikomödie

- Im Zentrum der **Tragödie** steht ein für den Protagonisten/die Protagonistin unlösbarer Konflikt. Er/sie muss sich entscheiden, z.B. zwischen zwei gegensätzlichen Werten, die Entscheidung führt in der Regel zu seinem/ihrem moralischen oder physischen Untergang. Sonderformen sind das bürgerliche Trauerspiel, das insbesondere Konflikte zwischen Bürgertum und Adel thematisiert, und das soziale Drama, das soziale Probleme ins Zentrum rückt.
- Die **Komödie** ist ein Bühnenwerk mit komischem oder heiterem Inhalt und glücklichem Ausgang, in dem menschliche Schwächen mit Nachsicht entlarvt werden.
- In der **Tragikomödie** wird im Rahmen eines tragischen Konflikts Komisches mitgestaltet.

## Bauformen des Dramas (siehe auch → S. 324 unter „Aufbau")

- Im **traditionellen aristotelischen Drama** besteht die Einheit von Ort, Zeit und Handlung; d.h. die Handlung spielt an möglichst wenigen Orten und in kurzer Zeit, idealerweise an einem Tag. Sie ist auf den Ausgang hin komponiert und enthält keine Nebenhandlungen. Für die Bauform des aristotelischen Dramas hat Gustav Freytag Ende des 19. Jahrhunderts folgendes Schema entworfen:

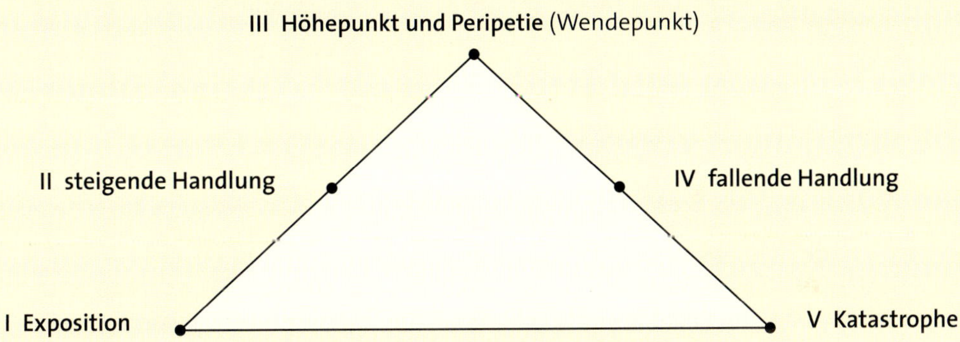


**1. Akt, Exposition:** Einführung in Ort und Zeit der Handlung, Einführung der wichtigsten Personen und des zentralen Konflikts
**2. Akt, steigende Handlung mit erregendem Moment:** Der zentrale Konflikt entfaltet sich, das Geschehen beschleunigt sich in eine bestimmte Richtung, die Spannung auf den Ausgang steigt.
**3. Akt, Höhepunkt:** Die Entwicklung des Konflikts erreicht ihren Höhepunkt; am Wendepunkt (der Peripetie) entscheidet sich, welche Richtung die weitere Handlung nimmt.
**4. Akt, fallende Handlung mit retardierendem Moment:** Die Handlung verläuft auf das Ende hin, die Spannung wird gehalten, indem die Entwicklung durch ein retardierendes (verzögerndes) Moment noch einmal gebremst oder scheinbar in andere Bahnen gelenkt wird.
**5. Akt, Katastrophe:** Lösung des Konflikts, in der Regel mit dem moralischen oder physischen Untergang des Helden/der Heldin
**Prolog:** Einleitung, Vorrede eines Dramas; Funktionen: Begrüßung, Einstimmung des Publikums; einleitende Informationen, Vorausdeutungen oder Reflexionen zum Stück
**Epilog:** an das Publikum gerichtetes Schlusswort nach Beendigung der Handlung

- **analytisches Drama** und **Zieldrama:** Im analytischen Drama werden Geschehnisse aufgedeckt, die vor dem Einsetzen der dramatischen Handlung liegen. In einem Zieldrama entwickelt sich das Geschehen auf ein Ziel hin.
- **geschlossene** und **offene Form** des Dramas: Während der Aufbau der geschlossenen Form einem strengen Muster folgt, ist das Drama der offenen Form eher locker strukturiert. Fast alle Dramen des 20. und 21. Jahrhunderts weisen eine offene Form auf.
  Das folgende Modell gibt eine Übersicht über Strukturmerkmale:

| | **Geschlossene Form des Dramas** | **Offene Form des Dramas** |
|---|---|---|
| **Handlung** | einheitliche Handlung, Verknüpfung aller Handlungsteile und Ausrichtung auf den Ausgang; kausallogische Verknüpfungen | relative Selbstständigkeit der Einzelteile, Zusammenhalt durch Figuren und Leitmotive, oft mehrere Handlungsstränge, auch Milieudarstellungen, oft Fragmentcharakter |
| **Anfang und Schluss** | Beginn mit der Entfaltung des Konflikts, Ende mit der Lösung desselben | unvermittelter Beginn, oft offenes Ende |
| **Zeit** | kurzer Zeitraum, selten Zeitsprünge | längerer Zeitraum, Zeitsprünge |
| **Raum** | wenige Schauplätze | Vielzahl von Schauplätzen; Orte auch zur Milieudarstellung |
| **Figuren** | wenige Figuren, oft aus hohem Stand, ihrer selbst mächtig, nehmen Einfluss auf die Handlung | viele Figuren aus verschiedenen Ständen, abhängig von Milieu und Veranlagung; fehlende Selbstbestimmung, oft Hilflosigkeit |
| **Held/ Heldin** | positiver Held: mündiger Held, der Einfluss auf die Handlung nimmt | passiver oder Antiheld: unentschlossene, oft gequälte, bisweilen passive Persönlichkeit |
| **Sprache** | hohe Sprachebene, oft Verssprache, hohe Sprach- und Kommunikationskompetenz | individuelle Sprache, der Herkunft des Helden/der Heldin entsprechend, oft fehlende Sprach- und Kommunikationskompetenz, auch Sprachlosigkeit |
| **Weltbild** | geschlossenes, darstellbares Weltbild | Komplexität und Undurchschaubarkeit der Realität |
| **Beispiele** | Lessing: Nathan der Weise, Emilia Galotti; Goethe: Iphigenie auf Tauris | Dramen des Sturm und Drang; Büchner: Woyzeck; Dramen des Naturalismus |

### Formen des Dramas im 20. und 21. Jahrhundert

Passend zu Welt- und Menschenbildern im 20. und 21. Jahrhundert (→ Epochenüberblicke) bevorzugt das Drama der Moderne und Postmoderne offene Formen. In der Vielfalt der Formen haben sich im 20. Jahrhundert besonders profiliert:

- Das **epische Theater:** Bertolt Brecht, der es entwickelt hat, zielt mit seinem Theater auf **Veränderung der Gesellschaft im marxistischen Sinn.**
  Das Publikum soll sich nicht mit dem Helden identifizieren oder die Aufführung passiv genießen; Brecht wünscht einen Zuschauer, der das **Geschehen auf der Bühne distanziert betrachtet** und Mängel in der Gesellschaft erkennt, der die Welt als veränderbar erfährt und **gesellschaftlich aktiviert** wird.
  Neben dem gesellschaftskritischen Inhalt der Stücke sollen dies **Mittel der Demonstration** und **Verfremdung** („V-Effekt") bewirken: Verzicht auf dramatische Zuspitzung der Handlung, stattdessen lockere Reihung von Einzelszenen; oft offener Schluss; Kommentare durch einen Erzähler, Verhinderung von Spannungsaufbau durch Inhaltsangaben auf Spruchbändern, Hinterfragen des Geschehens durch Lieder und Sprüche, Distanzierung durch ferne Schauplätze oder Zeiten. Brecht hält die Schauspieler dazu an, nicht ganz in ihrer Rolle aufzugehen, sondern durch ihre Spielweise eine kritische Distanz zur dargestellten Figur zu provozieren.
  Beispiele: Dramen von Bertolt Brecht, Peter Weiss, z.T. Heiner Müller
- Das **absurde Theater:** Die Widersinnigkeit oder Sinnlosigkeit des Lebens wird dargestellt: keine psychologisch motivierte Handlung, oft leeres, zielloses Gerede; die Handlung tritt auf der Stelle.
  Beispiele: Dramen von Samuel Beckett, Eugène Ionesco, Wolfgang Hildesheimer
- Das **Dokumentartheater** bearbeitet zeitgeschichtliche Themen und verwendet dokumentarisches Material wie Protokolle, Filmausschnitte, zeitgenössische Presseberichte u.a., um eine hohe Authentizität zu erreichen. Es will meist gesellschaftspolitisch wirken.
  Beispiele: Dramen von Peter Weiss, Heinar Kipphardt, Rolf Hochhuth
- Das **postdramatische Drama** der Postmoderne in den 1980er- und 1990er-Jahren: Verzicht auf Handlung, stattdessen locker verknüpfte Szenen, bruchstückhafte Sequenzen, assoziativer, fragmentarischer Charakter; Verzicht auf realistische Darstellung von Ort und Zeit. Alltagsmilieus, Verweise auf Gesellschaft, politische Ereignisse und literarische Werke oft, um fehlende eigene Authentizität zu signalisieren.
  Beispiele: Dramen von Botho Strauß, Elfriede Jelinek, z.T. Heiner Müller

### Zeitgestaltung

→ S. 324 unter „Zeit und Zeitgestaltung"

### Haupttext und Nebentext

Haupttexte eines Dramas sind Dialoge und Monologe;
Nebentexte sind Titel, Motto, Personenverzeichnis, Bühnenanweisungen.

## Analyse einer Szene

### Situativer Kontext, Gesprächssituation

Jede Szene ist in einen Kontext eingebunden, der bei der Analyse berücksichtigt werden muss:

**Dialog**

Figuren: Persönlichkeit, Kompetenzen, Beziehungen

Art des Dialogs (öffentlich/privat, Streit usw.)

Rahmen des Dialogs: Ort, Zeit, Anlass

Handlungszusammenhang: Was ist vorher geschehen?

äußere Bedingungsfaktoren (soziale, kulturelle, politische)

### Dialog: Inhalts- und Beziehungsseite

Dialogbeiträge haben eine Inhalts- und eine Beziehungsseite;
Letztere betrifft z. B. die wechselseitige Definition der Beziehung im Hinblick auf Dominanz/Unterordnung, Nähe/Distanz, Wertschätzung/Abwertung usw.

### Figuren und ihre Beziehung zueinander

→ S. 325 unter „Figuren und ihre Beziehung zueinander“; die Figuren beeinflussen sich gegenseitig; ihre Beziehung und ihre Einstellungen können sich im Verlauf des Dialogs ändern.

### Formen und Funktionen der Figurenrede

- **Monologe** sind Selbstgespräche, die andere auf der Bühne anwesende Figuren nicht hören. Monologe können unterschiedliche Funktionen haben: Darstellung der Vorgeschichte, Selbstcharakterisierung, Erläuterung der Beziehung zu anderen Figuren; außerdem verfolgen die Figuren ein Ziel, z. B. nachdenken, entscheiden, Gefühle aussprechen.
- **Dialoge** sind Gespräche zwischen zwei oder mehr Figuren. Monologhafte Dialoge finden zwischen zwei oder mehr Figuren statt, ohne dass man dem/der Sprechenden zuhört oder ohne dass der/die Sprechende die anderen Figuren beachtet. Die Funktionen der Dialoge gleichen denen der Monologe.
- **Botenberichte** sind Dialoge, in denen eine der Figuren über ein auf der Bühne nicht dargestelltes Geschehen berichtet.
- **Mauerschau (Teichoskopie):** In der Mauerschau wird ein für das Publikum nicht sichtbares Geschehen durch eine Figur auf der Bühne beobachtet (z. B. von einem Turm, einer Mauer, einem Fenster aus) und in einer Art synchronen Reportage dargestellt.

### Verhalten im Dialog, Gesprächsführung (dramaturgische Mittel im weiteren Sinne)

- Die Figuren verfolgen im Dialog ausgesprochene oder nicht ausgesprochene **Ziele** (z. B. sich verteidigen, jemanden überzeugen, jemanden einschüchtern). Teilziele äußern sich in einzelnen **Sprechhandlungen** (z. B. befehlen, erkunden, kritisieren, ablehnen, betteln).
- Eine Figur kann im Gespräch eine eher **führende** oder eher **untergeordnete Rolle** einnehmen. Teilen sich die Dialogpartner die führende Rolle, spricht man von einer symmetrischen Kommunikation, andernfalls von einer asymmetrischen oder komplementären Kommunikation.
- Figuren können ein Gespräch und einzelne Themen **initiieren** oder nur auf die Beiträge des Dialogpartners **reagieren.**
- Eine Figur kann auf die Beiträge des Dialogpartners **eingehen,** teilweise eingehen oder gar **nicht eingehen.**
- Die Figuren können den **Sprecherwechsel** gestalten: Sie können den anderen zu einem Beitrag auffordern, sie können eine Pause nutzen, um das Wort zu ergreifen, sie können dem anderen ins Wort fallen.

### Gesprächsverlauf

Oft hat ein Dialog drei Phasen: **Eröffnung, Kernphase** und **Beendigung** des Gesprächs.
Die Kernphase kann man nach inhaltlichen Einschnitten gliedern, muss dabei aber auch berücksichtigen, wie sich die Beziehung der Dialogpartner zueinander entwickelt.

### Gesprächsstörungen

Gesprächsstörungen haben verschiedene Ursachen, z. B. mangelnde sprachliche und kommunikative Kompetenzen, Täuschungen, Fehldeutungen der Äußerungen des Dialogpartners.

### Sprachliche Gestaltung

Die Dialogbeiträge sind in **Versen** (→ S. 338) oder in **Prosa** verfasst.
- Prosa findet sich in Dramen, die Realitätsnähe suchen. Hier werden oft Elemente der gesprochenen Sprache aufgenommen wie Füllwörter („mh“), Redefloskeln („nicht wahr?“), Satzbrüche und Satzabbrüche, Dialekt.
- Im Versdrama können Rede und Gegenrede z. B. auf jeweils einen Vers verteilt sein („Stichomythie“); dies signalisiert schnellen Austausch von Gedanken oder große Erregung. Noch enger verbunden werden können die Gesprächsbeiträge durch **Halbverse,** hier setzen sich die Äußerungen zweier Figuren zu einem Vers zusammen. Die Aufteilung eines Verses auf zwei oder mehr Figuren wird auch als **Antilabe** bezeichnet.

### Nonverbale Signale (dramaturgische Mittel im engeren Sinne)

Die Dialogpartner kommunizieren auch durch nonverbale Signale.
- **Körpersprache** (Körperhaltung, Gestik, Blickverhalten), **Mimik,** Wahl des räumlichen Abstands vom Dialogpartner und Sprechausdruck (Akzentsetzung, Intonation, Lautstärke, Redetempo, Rhythmus, Pausen) tragen zur Gestaltung der Figurenkonstellation bei.
- **Bühnenanweisungen** und bisweilen die Figurenrede legen nonverbale Signale fest. Regisseur/-in und Schauspieler/-innen ergänzen nonverbale Signale auf Grund ihrer Interpretation der Figuren.

# Lyrische Texte untersuchen

## Sprecher im Gedicht, lyrisches Ich, lyrisches Du

Wie bei epischen Texten ist es wichtig, zwischen dem Sprecher im Gedicht und dem Autor/der Autorin zu unterscheiden. Der **Sprecher im Gedicht** ist eine **fiktive Figur;** ihre Formulierungen können persönliche Empfindungen, Wahrnehmungen, Erinnerungen oder Gedanken des Autors wiedergeben – sie können aber auch (bewusst) von diesen abweichen.

- **Sprecher im Gedicht/lyrisches Ich/lyrisches Subjekt:** Die Begriffe können synonym verwendet werden. Wenn das „Ich" nicht explizit in Erscheinung tritt, bieten sich die Begriffe „Sprecher im Gedicht" oder „lyrisches Subjekt" an. „Sprecher im Gedicht" vermeidet die Konnotation von „lyrisch" mit „stimmungsvoll", die z. B. im Zusammenhang mit politischer Lyrik stören kann.
- Bisweilen tritt nur ein **„lyrisches Du"** auf, das von einem nicht als Figur erscheinenden Sprecher im Gedicht angesprochen wird.
- In einem **Rollengedicht** werden Erlebnisse, Gefühle, Gedanken einem oder mehreren vom Autor deutlich unterschiedenen, oft typisierten Sprechern in den Mund gelegt (z. B. Brentano: Der Spinnerin Nachtlied).
- Der Sprecher im Gedicht/das lyrische Ich nimmt einen **Standort** ein (großer Überblick, kein Überblick usw.).
- Der Sprecher im Gedicht/das lyrische Ich spricht aus einer spezifischen Haltung heraus (objektiv, traurig, glücklich, nachdenklich usw.).

## Vers

Anders als in Prosatexten wird in Gedichten das Zeilenende vom Verfasser/der Verfasserin festgelegt. Eine Zeile im Gedicht nennt man Vers.

## Strophe und Strophenformen

Eine Strophe ist eine Einheit aus mehreren Versen. Die Strophengliederung kann, muss aber nicht mit der inhaltlichen Gliederung übereinstimmen. Folgende Strophenformen, z. T. aus der Antike oder der romantischen Dichtung übernommen, finden sich häufiger in der deutschen Lyrik:

- das **Distichon,** bestehend aus einem Hexameter (→ Versformen, S. 339) und einem Pentameter (→ Versformen, S. 339). Beispiel:
  Im Hexameter steigt des Springquells flüssige Säule, /
  Im Pentameter drauf fällt sie melodisch herab. (Schiller: Das Distichon)
- **Terzett und Quartett:** Strophe aus drei Versen (Terzett) bzw. vier Versen (Quartett) – Strophenformen im Sonett (→ lyrische Formen, S. 341)
- **Volksliedstrophe:** einfach gebaute Strophe, oft mit einem regelmäßigen Wechsel von Hebungen und Senkungen (Jambus oder Trochäus → Versfuß, S. 339), meist aus vier Versen bestehend
- **freie Rhythmen:** Verse ohne festes Metrum, ohne Reime und ohne regelmäßige Strophengliederung

## Refrain

Der Refrain (auch: Kehrreim) ist eine regelmäßig wiederkehrende Gruppe von Versen oder von Worten oder Lauten in der strophischen Dichtung.

## Metrum und Versformen

- Der **Versfuß** (auch Metrum im engeren Sinne oder **Takt**) ist die kleinste metrische Einheit: Ein Versfuß besteht aus einer betonten und einer oder mehreren unbetonten Silben.

| | zweisilbige Versfüße | dreisilbige Versfüße |
|---|---|---|
| **steigend** | Jambus („der Schleuderer"):<br>xx́ z.B.: Verbót | Anapäst (von „zurückgeschlagen"):<br>xxx́ z.B.: Anapä́st |
| **fallend** | Trochäus („der Läufer"):<br>x́x z.B.: Líebe | Daktylus („der Finger"):<br>x́xx z.B.: Dáktylus |

- **Auftakt** nennt man eine oder mehrere unbetonte Silben vor der ersten Hebung.
- **Versmaß** (auch Metrum im weiteren Sinne) ist die regelmäßige Abfolge von Versfüßen, z.B.:
  - jambisch: „Ein dicker Junge spielt mit einem Teich" *(Lichtenstein: Die Dämmerung)*
  - trochäisch: „Form und Riegel mussten erst zerspringen" *(Stadler: Form ist Wollust)*
  - daktylisch: „ihr Garten und Gut grenzt grade an Gott" *(Rilke: Ich fürchte mich so vor der Menschen Wort)*
  - anapästisch: „Und hinein mit bedächtigem Schritt" *(Schiller: Der Handschuh)*

In vielen Gedichten wechseln Versfuß und Versmaß.

- Versformen entstehen durch eine fest geregelte Anzahl von festgelegten Versfüßen:
  - **Knittelvers:** vierhebiger Vers mit Reim, häufig mit freier Füllung: x́xx x́xx x́x x́x
    „Als sie einander acht Jahre kannten" *(Kästner: Sachliche Romanze)*
  - **Blankvers:** fünfhebiger Jambus, reimlos: xx́ xx́ xx́ xx́ xx́x
    „Er hält die Welt wie eine Nuss in Fäusten" *(Werfel: Der gute Mensch)*
  - **Alexandriner:** sechshebiger jambischer Vers mit Mittelzäsur: xx́ xx́ xx́ // xx́ xx́ xx́x
    „Du siehst, wohin du siehst, // nur Eitelkeit auf Erden" *(Gryphius: Es ist alles eitel)*
  - **Hexameter:** auftaktloser sechshebiger daktylischer Vers, einzelne Daktylen können auch durch Trochäen ersetzt werden: x́x x́xx x́x x́x x́xx x́x
    „Im Hexameter steigt des Springquells flüssige Säule"*(Schiller: Das Distichon)*
  - **Pentameter:** sechshebiger daktylischer Vers, unvollständiger Hexameter mit Zäsur in der Mitte; einzelne Daktylen werden auch durch Trochäen ersetzt: x́x x́xx x́ // x́xx x́xx x́
    „Im Pentameter drauf fällt sie melodisch herab" *(Schiller: Das Distichon)*

## Kadenz, Zeilenstil, Enjambement

- **Kadenz:** Ende des Verses; endet er mit einer oder mehreren Senkungen, spricht man von einer „klingenden" oder „weiblichen" Kadenz: „Und das Obst fällt von den Bäumen" *(Trakl: In den Nachmittag geflüstert)*. Endet der Vers mit einer Hebung, liegt eine „stumpfe" bzw. „männliche" Kadenz vor: „Sonne, herbstlich dünn und zag" *(ebd.)*.
- Beim **Zeilenstil** fallen syntaktische Gliederung und Gliederung in Verse zusammen: „Dem Bürger fliegt vom spitzen Kopf der Hut, / In allen Lüften hallt es wie Geschrei. / Dachdecker stürzen ab und gehn entzwei, / Und an den Küsten – liest man – steigt die Flut." *(van Hoddis: Weltende)*
- Beim **Enjambement** (Zeilensprung) trennt das Versende eine syntaktische bzw. semantische Einheit: „es ist etwas in der luft, klebrig / und zäh, etwas, das keine farbe hat" *(Enzensberger: an alle fernsprechteilnehmer)*

### Rhythmus

Rhythmus entsteht durch den Fluss des Sprechens. Dieser richtet sich nach inhaltlichen und sprachlichen Vorgaben des Textes sowie nach der Interpretation durch den Sprecher/die Sprecherin.
Rhythmus bildet sich durch die Betonung, durch lange und kurze Silben, durch Pausen und Sprechtempo.
Mögliche Eigenschaften des Rhythmus sind z.B.: ruhig, drängend, tänzelnd, schwer, leicht, fließend, stockend.

### Klang

Gedichte und Strophen können einen einheitlichen oder einen differenzierten Klangcharakter haben.
Sie können hell, freundlich, weich, dumpf, hart usw. klingen.
Helle Vokale (e, i, ei, ü) vermitteln meist eine heitere Stimmung, dunkle Vokale (a, o, u, au) oft eine düstere.
Zur Gestaltung des Klangs tragen Klangfiguren bei wie Alliteration (→ S. 326), Assonanz (→ S. 326) und Lautmalerei/Onomatopoesie (→ S. 327).
Auch Rhythmus, Metrum, Enjambement, Refrain und Reim (siehe unter diesen Stichwörtern) prägen den Klang eines Gedichts.

### Reim

**Reimstellung**
- Anfangsreim: Das erste Wort zweier oder mehrerer Verse reimt sich.
- Binnenreim: Wörter innerhalb eines Verses bilden einen Reim; z.B. „Es zogen zwei rüstge Gesellen / [...] / So jubelnd recht in die hellen, / Klingenden, singenden Wellen / Des vollen Frühlings hinaus." (Eichendorff: Die zwei Gesellen)
- Endreim: Gleichklang von Wörtern (vom letzten betonten Vokal ab) am Ende von zwei oder mehr Versen

**Qualität des Reims**
- reiner Reim: Gleichklang von Wörtern vom letzten betonten Vokal ab, z.B. „kalt"/„Wald"
- unreiner Reim: unvollständiger Gleichklang von Wörtern vom letzten betonten Vokal ab, z.B. „ungeheuer"/„Weiher"
- rührender Reim: identisch klingende Wörter mit unterschiedlicher Bedeutung, z.B. „bar"/„Bar"
- identischer Reim: Gleichklang identischer Wörter
- Assonanz (→ S. 326)

**Reimfolgen**
- **Paarreim:** Zwei aufeinanderfolgende Verse reimen sich. Reimschema: a a b b
- **Kreuzreim:** Reimschema: a b a b
- **umarmender** (umgreifender, umschließender, verschränkter) **Reim:** a b b a
- **dreifache Reimreihe:** a b c a b c
- **Schweifreim:** eine Mischung aus Paarreim und umarmendem Reim: a a b c c b

Einen Vers, der sich mit keinem anderen reimt, nennt man **Waise.**

### Lyrische Formen

Arten lyrischer Texte lassen sich nach Inhalten bestimmen – z. B. politische Lyrik, Gedankenlyrik, Liebeslyrik – oder nach formalen Gesichtspunkten bzw. der Aussageabsicht:

| Formen des Gedichts | Merkmale | Beispiele |
|---|---|---|
| **Ballade** | Erzählgedicht mit epischen, dramatischen und lyrischen Elementen | Goethe: Der Zauberlehrling |
| **Elegie** | der rein formalen Bestimmung nach ein Gedicht beliebigen Inhalts, oft in Distichen (→ S. 338); nach einer inhaltlichen Definition ein Gedicht im Ton wehmütiger Klage | Trakl: Grodek<br>Celan: Todesfuge<br>Grünbein: September – Elegien I |
| **Epigramm** | zugespitzter Sinnspruch; meist ein oder zwei Distichen | Goethe und Schiller: Xenien |
| **Haiku** | ursprünglich: japanisches Naturgedicht mit einer strengen Form:<br>1. Vers: 5 Silben<br>2. Vers: 7 Silben<br>3. Vers: 5 Silben | Kirsch: Aus dem Haiku-Gebiet |
| **Hymne** | Lob- und Preisgedicht; freie Rhythmen, gehobene Sprache | Goethe: Das Göttliche |
| **konkrete Poesie** | eine moderne Form der Lyrik, die den materiellen Charakter der Sprache (als Laut, Zeichen) betont und mit dem sprachlichen Material akustisch oder visuell eine Aussage gestaltet | Gedichte von Gomringer, Jandl |
| **Lied** | Lyrik von singbarem Charakter, meist mit gleich gebauten Strophen, mit Reim, mit einfachem Vokabular | Biermann: Ermutigung |
| **Ode** | strophisches Gedicht ohne Reim, oft in antiken Versformen; hohe Sprachebene, bedeutende Themen wie Liebe, Heimat, Götter | Hölderlin: Hyperions Schicksalslied, An die Parzen |
| **Sonett** | strenge Form: 14 Verse mit zwei Quartetten und zwei Terzetten; These und Antithese in den Quartetten und Synthese/ Zusammenfassung in den Terzetten; oft im Alexandriner (→ S. 339) | Hofmannsthal: Die Beiden<br>Grünbein: Nachbilder. Sonette VI |
| **Terzine** | dreizeilige Strophenform mit Reimverkettung, z. B. a b a / b c b / c d c ..., und einem abschließenden Vers | Hofmannsthal: Ballade des äußeren Lebens |

**Formen der modernen Lyrik**

Die moderne Lyrik verzichtet oft, nicht immer, auf traditionelle Formen, feste metrische Schemata, regelmäßig gebaute Strophen und Reim. Entsprechungen zum Welt- und Menschenbild der Autoren können Sie den Epochenüberblicken entnehmen.

In der Vielfalt der Formen haben sich profiliert:

- **hermetische Lyrik** seit 1945: In hermetischer (der Wortbedeutung nach „fest verschlossener") Lyrik verlässt der Autor die herkömmlichen Sprachstrukturen und verwendet Wörter nicht dem Alltagsgebrauch entsprechend. Klang- und Gefühlswerte der Wörter werden oft vor deren Sinnbedeutung gestellt. Hermetische Dichtung zielt auf Vieldeutigkeit und wahrt einen Geheimnischarakter. Ein zentrales Stilmittel ist die Chiffre, ein schwer zu entschlüsselnder bildhafter Ausdruck, dessen Bedeutung nicht isoliert, sondern nur aus einem größeren Motivzusammenhang im Werk eines Autors erschlossen werden kann.
  Wichtige Vertreter sind Gottfried Benn, Paul Celan, z.T. Ingeborg Bachmann.
- **sprachexperimentelle Lyrik:** Gegenstand dieser Lyrik ist das Material der Sprache, das zum Experimentierfeld wird. Eine spezielle Ausprägung sprachexperimenteller Dichtung ist die konkrete Poesie seit den 60er-Jahren, die neben der phonetischen und akustischen Seite der Sprache auch das Schriftbild einbezieht (visuelle Poesie). Heute wird unter dem Einfluss der Medien vor allem mit den Bedeutungen der Wörter und der Schrift gespielt.
  Wichtige Vertreter sind Eugen Gomringer, Oskar Pastior, Ernst Jandl, Helmut Heißenbüttel.
- **Alltagslyrik** entstand vor allem in Rahmen der Neuen Subjektivität der 1960er- und 1970er-Jahre: Die Autoren verarbeiten Erfahrungssplitter und momentane Beobachtungen im Alltagsleben in einer einfachen Sprache.
  Wichtige Vertreter dieser Strömung sind Jürgen Theobaldy, Rolf Dieter Brinkmann.

**Sprache im Gedicht**

→ rhetorische Mittel, S. 326 ff.

## Sachtexte analysieren

**Sachtexte: Textintentionen und Textsorten**

Sachtexte haben im Unterschied zu fiktionalen Textsorten einen pragmatischen Zweck. Dabei kommen in einem Text häufig verschiedene Intentionen zum Tragen, es lassen sich jedoch Schwerpunkte bestimmen:

| Textintention | Dominierende Sprachfunktion | Textsorten (Beispiele) |
|---|---|---|
| **informativ** | deskriptiv (Sachbezug) | wissenschaftlicher Text, Lexikonartikel |
| **überzeugend, argumentativ** | appellativ und deskriptiv (Adressaten- und Sachbezug) | Kommentar, Rezension, Essay, antithetische Erörterung |
| **überredend, beeinflussend** | appellativ (Adressatenbezug) | Werbung, Rede |
| **expressiv** | expressiv (Selbstausdruck) | Tagebuch, persönlicher Brief |

## Sachtextanalyse: Aspekte zur Untersuchung von Sprache und Wirkungsabsicht

**Sprachebene,** z. B.:
Standardsprache[1]
Umgangssprache[2]
Fachsprache[3]
poetische Sprache[4]
Gruppensprache[5]

**Stil,** z. B.:
Nominalstil
Verbalstil
nüchterner Stil
rhetorischer Stil[6]
salopper Stil[7]
wissenschaftlicher Stil[8]

**rhetorische Figuren,** z. B.:
Metapher (→ S. 327)
Vergleich (→ S. 328)
Personifikation (→ S. 328)
Hyperbel (→ S. 327)
Antithese (→ S. 326)
Klimax (→ S. 327)

**Syntax** (Satzbau), z. B.:
Hypotaxe (→ S. 145)
Parataxe (→ S. 145)
Satzarten (Fragesatz ...)
Parallelismus (→ S. 327)
Zitate

**Lexik** (Wortschatz), z. B.:
Schlüsselbegriffe
Wortfelder
Fremdwörter
Neologismen (→ S. 327)
Synonyme
Gegenbegriffe

**Sprachliche Gestaltung**

**Wirkungsabsicht**

**Intentionen,** z. B.:
Informieren
Überzeugen
Überreden
Auffordern
Angreifen
Belehren

**rhetorische Strategie,** z. B.:
Bemühen um Objektivität
Ironie und/oder Spott
Verharmlosung
Kritik
Provokation
Distanzierung

---

1 **Standardsprache** (Hochsprache, Schriftsprache): allgemein verbindliche Sprachform für den öffentlichen Sprachgebrauch; weist kaum regionale, gruppentypische oder fachspezifische Besonderheiten auf

2 **Umgangssprache:** in der mündlichen Rede verwendete, die Normen der Standardsprache nicht streng befolgende Ausdrucksweise des Alltags (z. B. „motzen", „etwas mit jemandem haben"). Typisch sind einfache, oft auch unvollständige Sätze.

3 **Fachsprache:** fachspezifische Kenntnisse voraussetzende und von Fachwörtern geprägte Sprache

4 **poetische Sprache:** feierliche und oft altertümlich wirkende Ausdrucksweise (z. B. „Lenz" für „Frühling", „Odem" für „Atem")

5 **Gruppensprache:** an eine bestimmte soziale Gruppe oder an eine Altersgruppe gebundene, meist umgangssprachliche Ausdrucksweise (z. B. Jugendsprache: „cool", „abhotten")

6 **rhetorischer Stil:** gekennzeichnet durch die häufige Verwendung von rhetorischen Figuren

7 **salopper Stil:** lockere, nicht-förmliche, oft stark emotional gefärbte, häufig metaphorische oder umgangssprachliche Ausdrucksweise (z. B. „sich prügeln", „Zaster", „sich auftakeln")

8 **wissenschaftlicher Stil:** geprägt durch Bemühen um nüchterne Objektivität, Verwendung von Fachbegriffen, logische Satzverbindungen

# Argumentative Texte analysieren

## Argumentative Texte

- In argumentativen Texten wird eine Behauptung aufgestellt, ein Werturteil gefällt oder eine Forderung bzw. Empfehlung ausgesprochen. Behauptung, Werturteil, Forderung bzw. Empfehlung werden begründet.
- Argumentative Texte sind z. B. Kommentare, Essays, Abhandlungen, Plädoyers, politische Reden.

## Kommunikationssituation in argumentativen Texten

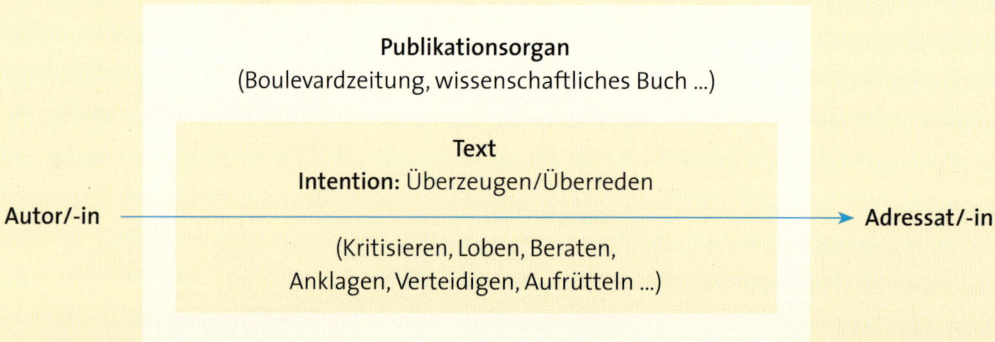


- In einem argumentativen Text wendet sich ein Autor/eine Autorin an einen oder mehrere Adressaten. Von welchem Adressaten er/sie ausgeht, kann man in der Regel an der Wahl des Publikationsorgans (z. B. Boulevardzeitung, Wochenzeitung, wissenschaftliches Buch) und der Darstellungsweise (Auswahl und Darstellung der Inhalte, Argumentation, Sprache) erkennen.
- In einem argumentativen Text verfolgt der Autor/die Autorin Intentionen (Wirkungsabsichten).
  - Zentrale Intentionen argumentativer Texte sind Überzeugen und Überreden.
  - Diese können bei Bedarf stärker differenziert werden, z. B. durch Loben, Kritisieren, Anklagen, Verteidigen, Beraten, Aufrütteln, Appellieren.
  - Mit den zentralen Intentionen können sich untergeordnete verbinden: z. B. Unterhalten, Belustigen, Informieren.

## Untersuchungsaspekte für argumentative Texte

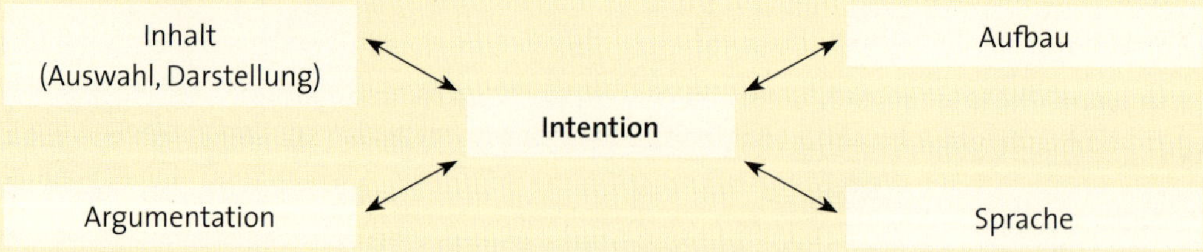


Die Intention des Textes steuert Auswahl und Darstellung der Inhalte, Art der Argumentation, Aufbau des Textes und Sprache; sie bildet darum den roten Faden durch die Textanalyse.

## Aufbau einer Argumentation

**These**
(Behauptung/Werturteil/Empfehlung bzw. Forderung)

**Argumente**
zusätzlich ggf. Erläuterungen, Einschränkungen, Subargumente (siehe unten)

**Beispiele**
veranschaulichen Argumente

**Belege**
(Zitate, Statistiken ...) sichern Argumente ab

Manchmal wird nach der längeren Darlegung eines Arguments mit Beispielen nochmals kurz der Zusammenhang mit der These verdeutlicht **(Rückführung zur These)**.

**Subargumente** (Unterargumente) erklären einzelne Aspekte eines Arguments, z. B.:
Forderung: Eine weitere Ausweitung der Sonntagsarbeit bei Angestellten sollte vermieden werden.
Argument: Der/die Einzelne wäre sonst stärker durch Stress gefährdet.
Subargument 1: Beruflich stiege für Arbeitnehmer der Druck, sich ständig verfügbar zu halten.
Subargument 2: Soziale Kontakte wären, da der gemeinsame freie Tag wegfiele, schwerer zu organisieren.
Subargument 3: Der psychologische Druck für alle, auch die (noch) nicht Arbeitenden, stiege: Warum darf ich frei machen, während viele andere doch arbeiten?

## Prämissen einer Argumentation

Prämissen sind die – oft unausgesprochenen – Voraussetzungen in Argumentationen:
- **Einschätzung der Sachlage, Realitätsvorstellungen.** Beispiel zum Thema „Sonntagsarbeit?": Die meisten Menschen haben ein Bedürfnis nach festen Ruhezeiten im Alltag.
- **Einschätzung von Maßnahmen und ihrer Tragweite.** Beispiel: Wenn mehr Sonntagsarbeit zulässig wäre, würde der rechtliche Spielraum von den Arbeitgebern voll genutzt.
- **Grundlage der Wertung: ethische oder religiöse Werte, Interessen.** Beispiel: Werte wie „Muße" und „Gemeinschaftlichkeit" sollten gegenüber „Leistung" und „Nützlichkeit" nicht zurückstehen.
- **Denkmuster: logische Grundregeln; tradierte Erfahrungen,** die jedoch nicht immer allgemeine Gültigkeit haben. Beispiel: Die Sonntagsruhe ist eine jahrhundertealte, bewährte Tradition.

## Aufbau eines argumentativen Textes

- Texte, die für eine Institution geschrieben sind, wie z. B. das Plädoyer eines Staatsanwalts oder ein Gutachten für eine Behörde, folgen vorgegebenen Mustern des Aufbaus. Andere argumentative Texte können freier aufgebaut werden.
- Einleitung: meist mit einem interessanten Gedanken und Hinführung zum Thema; Schluss oft mit einer Zusammenfassung, einer Schlussfolgerung, einer Forderung, einem Ausblick.
- Hauptteil: Aufbau nach Sachaspekten, unter denen Pro und Kontra oder nur Pro oder nur Kontra abgehandelt werden; oder – seltener – Aufbau nach Pro und Kontra in Blöcken.

### Ermittlung der Argumentationsstruktur

Die Argumentationsstruktur kann mit einer Fragemethode ermittelt werden.
Wenn Sie den Text mehrmals gelesen und verstanden haben, legen Sie ihn beiseite und stellen Sie sich folgende Fragen:

- Welche Frage wird behandelt? Sie erhalten das **Thema** des Textes.
- Wie wird diese Frage beantwortet? Sie erhalten die **These** des Textes.
- Welche Gesichtspunkte werden behandelt? Sie erhalten die **Sachaspekte.**
- Welche Gründe werden für und gegen die These angeführt? Sie erhalten die **Argumente.**

Beachten Sie:

- These(n) und Argumente werden in einem argumentativen Text nicht immer als solche benannt.
- In der Regel wird in einem argumentativen Text nur eine These vertreten.
- „These" und „Argument" sind funktionale Begriffe; d. h., der gleiche Satz kann in einem Argumentationsgefüge als These, in einem anderen als Argument dienen (→ S. 89).

### Feinanalyse der Argumentationsstruktur

Die Argumentationsstruktur kann sehr differenziert erarbeitet werden über die Herausarbeitung von These, Argumenten, Erläuterungen, Beispielen und Belegen hinaus.
Folgende Aspekte und Begriffe ermöglichen eine noch genauere Analyse:

- definieren, Schlussfolgerung ziehen, verallgemeinern
- vergleichen, vertiefen, weiterführen, ausweiten

### Argumentationsstrategien

(siehe auch unten → „Qualität der Argumentation" und S. 347 → „Typen von Argumenten")
Je nach Intention – überzeugen oder überreden – kann der Autor/die Autorin unterschiedliche Strategien wählen, z. B.:

- Argumentation: einseitig oder Pro und Kontra abwägend
- Auswahl der Argumente: Berücksichtigung der zentralen Argumente oder Verschweigen wichtiger Argumente
- (unausgesprochene) Gewichtung der Argumente durch ihre Anordnung

### Qualität der Argumentation

- Qualität der Argumente:
  - differenziert, durchdacht oder vereinfachend, schlagwortartig, klischeehaft
  - an der Sache orientiert oder eine Person angreifend
- Umfang und Art von Erläuterungen, Beispielen und Belegen:
  - überzeugend und auf Argumente und These bezogen oder von eher geringer stützender Kraft
  - anschaulich oder wenig anschaulich
- Prämissen der Argumentation:
  - direkt formuliert oder unausgesprochene Grundlage der Argumentation
  - zustimmungsfähig oder abzulehnen
- Funktion der rhetorischen Mittel: die Argumentation unterstützend oder sie teilweise ersetzend, dadurch suggestiv wirkend

### Typen von Argumenten

- **Faktenargumente** beruhen auf bekannten Tatsachen, überprüfbaren Beobachtungen usw. (z. B.: Durch Messungen hat man eine Klimaerwärmung in den letzten Jahrzehnten festgestellt). Sie sind nicht stichhaltig, wenn es sich um Einzelfälle handelt (z. B.: Der Winter 2005 war sehr kalt – dies spricht gegen eine Klimaerwärmung).
- **Normative Argumente** beruhen auf allgemein anerkannten Normen (z. B.: Mord ist ein schweres Verbrechen). Sie sind nicht stichhaltig, wenn sie auf Wertmaßstäben beruhen, die nur von einzelnen Gruppen vertreten werden (z. B.: Die Morde der RAF-Mitglieder richteten sich gegen einen unmenschlichen Staat und sind daher zu rechtfertigen).
- **Autoritätsargumente** beruhen auf Argumenten von anerkannten Autoritäten (z. B.: Der Wirtschaftsminister lehnt den Ausstieg aus der Atomenergie wegen der Energieknappheit ab). Ihre Stichhaltigkeit ist z. B. dann zu hinterfragen, wenn andere Autoritäten eine Gegenthese mit Gegenargumenten vertreten (z. B.: Der Umweltminister hält den Ausstieg für geboten, da die Probleme der Endlagerung und der Sicherheit nicht gelöst sind).
- **Analogisierende Argumente** beruhen auf dem Vergleich eines Sachverhalts mit einem ähnlichen (z. B.: Die Begrenzung der Geschwindigkeit hat sich auf vielen Strecken der Autobahn bewährt, also müsste auch eine flächendeckende Geschwindigkeitsbegrenzung Vorteile bringen). Sie sind nicht stichhaltig, wenn die Vergleichbarkeit nicht überzeugt, wenn der Vergleich hinkt (z. B. Die Nordseeküste ist durch Deiche gut gegen Sturmfluten gesichert; also müssten sich auch die Staaten am Indischen Ozean gegen einen Tsunami sichern können).

### Sprache

→ S. 343, → S. 326 ff. (hier auch „rhetorische Figuren“)

### Kritische Auseinandersetzung mit einem argumentativen Text

- die Fragestellung auf ihre Bedeutsamkeit prüfen
- These, Argumente, Beispiele, Belege und Prämissen auf ihre Haltbarkeit hin untersuchen
- Vollständigkeit und Schlüssigkeit der Argumentation kontrollieren
- wenn erforderlich, nicht haltbare Thesen, Argumente, Prämissen widerlegen, entkräften, einschränken

  haltbaren Thesen und Argumenten zustimmen; wenn sinnvoll, Ergänzungen anführen
- gegebenenfalls eine Gegenthese und sie stützende Argumente entwickeln

### Widerspruch gegen eine Argumentation

der gegnerischen These widersprechen

↕

Argumente entkräften

↕

Beispiele als irrelevant einstufen, Belege bezweifeln

Im Anschluss an die kritische Auseinandersetzung mit der Argumentation des Textes kann eine Rückführung zur eigenen These folgen.

# 2 Methodenspeicher

## Ideen, Themen, Aspekte finden und sammeln

### Mind-Map

In einer Mind-Map (engl. „Gedanken-Landkarte“) werden Gedanken zu einem Thema gesammelt und übersichtlich geordnet.
Während der Cluster (→ S. 349) eher dem assoziativen Finden von Ideen dient, zielt die Mind-Map darauf, ein Sachgebiet oder Problem in seiner Struktur überblicksartig zu präsentieren. Damit steht die Mind-Map der Gliederung nahe; sie lässt allerdings stärker als die Gliederung Vernetzungen zu und hat eine visuell einprägsame Form.
Eine Mind-Map kann z. B. die Gliederung einer schriftlichen Arbeit vorbereiten, den Aufbau eines Referats veranschaulichen oder zur Erschließung eines Themenbereichs für die Seminararbeit eingesetzt werden.
Das Thema wird in die Mitte eines Blattes geschrieben. Ausgehend vom Thema zeichnet man Äste, die mit Oberbegriffen beschriftet werden. Von den Ästen gehen Zweige ab, an denen man Unterbegriffe oder genauere Informationen einträgt.
Wo sinnvoll, können auch verschiedene Farben eingesetzt oder zusätzliche Visualisierungen wie Symbole und Bilder eingearbeitet werden.

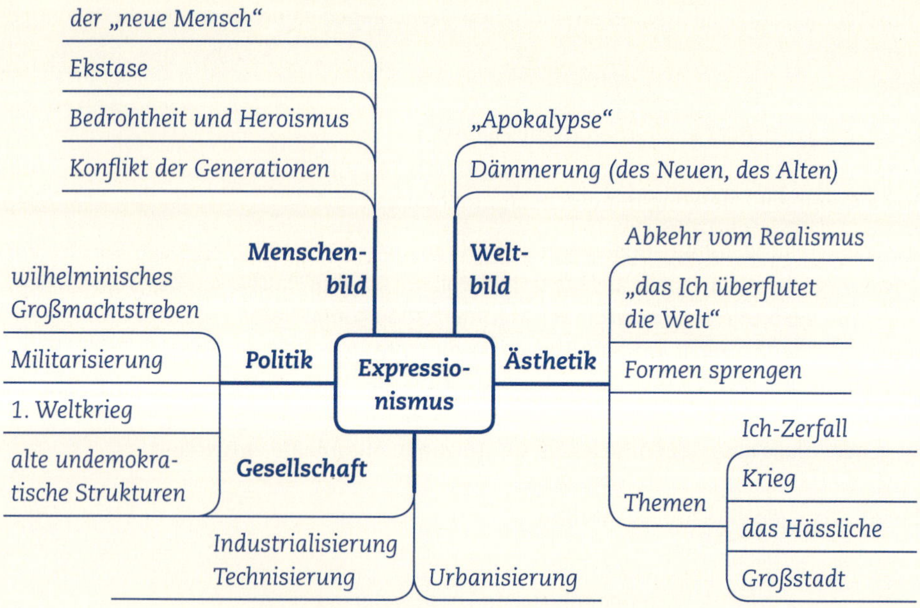

## Cluster

Ein Cluster eignet sich besonders gut für eine erste Stoffsammlung und Ideenfindung. Das Vorgehen ist meist assoziativ, man muss sich beim Erstellen eines Clusters nicht um eine durchgängige logische Ordnung bemühen. Auch zunächst abwegig oder nebensächlich Erscheinendes kann notiert werden.

Das Thema wird in die Mitte eines Blatts geschrieben und eingekreist. Dann notiert man zum Thema Begriffe, Ideen und Gedanken, kreist diese ebenfalls ein und verbindet sie durch Striche mit dem Thema. Diesen weiteren Begriffen lassen sich nach dem gleichen Verfahren wiederum neue Ideen zuordnen.

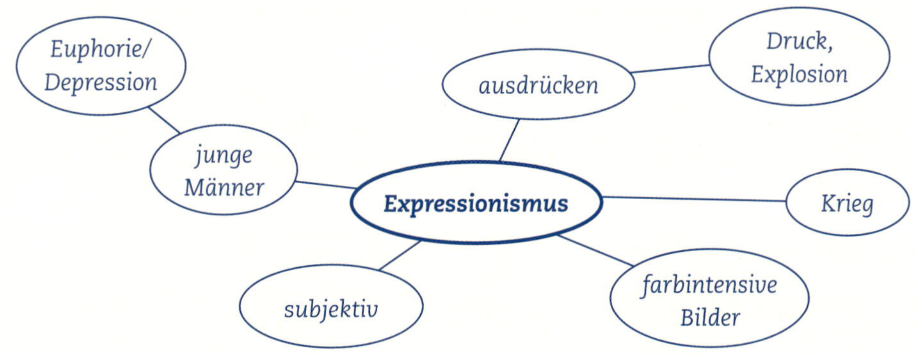


## Ideenstern

In einem Ideenstern lassen sich ähnlich wie in einem Cluster und in einer Mind-Map (→ S. 348) Ideen zu einem Thema sammeln und anschaulich präsentieren.

Das Thema wird in die Mitte eines Blattes geschrieben. Um das Thema herum notiert man Gedanken und Ideen und verbindet sie durch Striche mit dem zentralen Thema. Der Ideenstern lässt wie der Cluster Assoziationen zu, dient aber – wie die Mind-Map – auch dazu, ein Sachgebiet geordnet zu erschließen. Beim Ideenstern beschränkt man sich stärker als beim Cluster oder bei der Mind-Map auf wenige zentrale Begriffe.

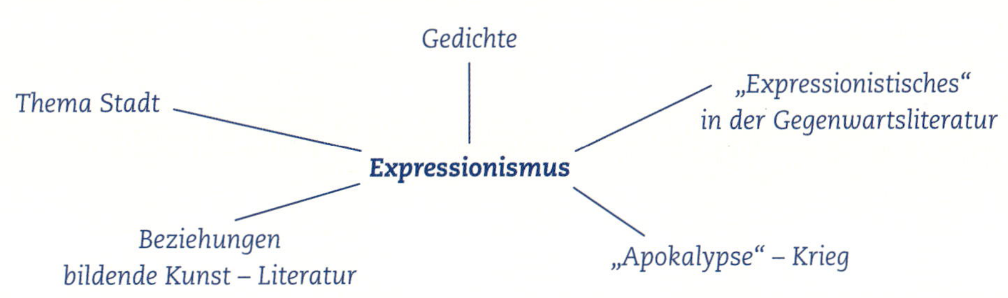


## Assoziationsstern

Man verfährt wie beim Anlegen eines Ideensterns (siehe oben); das Vorgehen ist jedoch eher assoziativ als ordnend.

## In der Gruppe Ideen, Themen, Aspekte sammeln

### Brainstorming

Ein Brainstorming ist ein schneller Weg, Gedanken zu einem Sachgebiet zu sammeln. Der Ablauf: Alle Mitglieder einer Lerngruppe äußern laut ihre Einfälle, Gedanken, Assoziationen zu einem Thema. Zwei oder drei Schüler/-innen notieren die zugerufenen Äußerungen an der Tafel, auf Folie für den Overheadprojektor oder auf einer Wandzeitung. Zurufe, die zunächst nicht wahrgenommen wurden, müssen eventuell wiederholt werden.
Ein Brainstorming kann auch in schriftlicher Form durchgeführt werden: Man schreibt das Thema oben auf ein Blatt Papier; darunter werden als Auflistung Gedanken und Ideen notiert.

### Blitzlicht

Mit diesem Verfahren lässt sich eine rasche Meinungsumfrage durchführen: Zu einer Fragestellung geben alle Mitglieder der Lerngruppe reihum ein kurzes Statement ab. Die Äußerungen werden kommentarlos aneinandergereiht. Bereits Gesagtes kann wiederholt werden; es wird deutlich, wer welche Position vertritt.

### Kartenabfrage

Dieses Verfahren kann z. B. in der Planungsphase einer Projektarbeit verwendet werden.
Jedes Gruppenmitglied schreibt eigene Ideen bzw. Meinungen, Fragen, Vorkenntnisse zum Thema jeweils getrennt auf einzelne Karteikarten.
Die Karten können anschließend z. B. für eine Ideenbörse (→ S. 352) oder für das Erstellen eines Metaplans (→ S. 352) genutzt werden.

### Zettellawine

Jedes Mitglied der Lerngruppe formuliert auf einem mit dem Namen versehenen Blatt eine kurze Stellungnahme zu einem Thema oder Text. Nach einer vereinbarten Zeit (z. B. fünf Minuten) wird das Blatt zwei Plätze nach rechts weitergereicht. Die hier sitzende Person greift die Stellungnahme auf und kommentiert sie: „Ich stimme dir zu, denn ..." oder „Ich bin ganz anderer Meinung, weil ..." Nach der vereinbarten Zeit gibt man die Blätter noch einmal weiter. Die Satzanfänge lauten jetzt z. B.: „Ich stimme Anna zu, weil ..." und „Ich kann Daniels Meinung nicht teilen, denn ..."
Zum Schluss gehen die Blätter an die ursprünglichen „Absender" zurück. Einige der Blätter werden vorgelesen. Man kann nun Aspekte ergänzen, die vorher noch nicht zur Sprache kamen.

**Kugellager** (→ Diskutieren, S. 353)
**Quadro-Methode** (→ Diskutieren, S. 354)

## Stoff ordnen

**Cluster** (→ S. 349)
**Mind-Map** (→ S. 348)
**Ideenstern** (→ S. 349)

## Schaubild

Der Begriff „Schaubild“ umfasst jede Visualisierung von sachlichen oder gedanklichen Zusammenhängen und wird insbesondere für die vielfältigen Formen der Darstellung verwendet, die nicht durch Begriffe wie „Cluster“, „Mind-Map“, „Diagramm“ usw. abgedeckt sind.
Schaubilder können z.B. zur Klärung und Veranschaulichung von gedanklichen Zusammenhängen, von Abläufen, Ursache-Folge-Beziehungen oder logischen Strukturen eingesetzt werden. Bei der Erschließung literarischer Texte dienen Schaubilder unter anderem zur Veranschaulichung des Handlungsgerüsts, von Zeitstrukturen oder von Figurenkonstellationen.

**Maxim Biller: Melody**
**Stationen in Thomas’ Leben**

**Partnerschaft**
*Iva (†) → Melody (⚭) → Andrea → Juditha → Melody*

**Wohnorte**
*Florenz → Paris → New York → Frankfurt → Paris*

## Schnittmengencluster

Schnittmengencluster eignen sich zur Darstellung von Vergleichen. Zwei Cluster werden so angelegt, dass die gemeinsamen Merkmale in der Mitte der Skizze stehen und durch Arme mit beiden Clustern verbunden sind, während die ungleichen Merkmale an den einander abgewandten Seiten der Cluster notiert werden.

### Schnittmengengrafik

Die Schnittmengengrafik eignet sich zur Veranschaulichung von Vergleichen.
Zwei Mengen (dargestellt durch Ellipsen, Kreise oder sonstige Formen) schneiden sich so, dass in der Mitte ein gemeinsames Feld entsteht. In diesem Feld werden die Gemeinsamkeiten der beiden verglichenen Objekte notiert, in den beiden anderen Feldern die Unterschiede.

| ***Filmdokument*** | | ***Dokumentarfilm*** |
|---|---|---|
| – *authentisches (historisches) Filmmaterial zu Personen, Gegenständen, Ereignissen*<br>– *ohne nachträglichen Kommentar* | – *Vermittlung, wie es „objektiv" war*<br>– *nicht fiktional* | – *Auswahl und Arrangement von Filmmaterial gemäß der Zielsetzung des Filmemachers*<br>– *in der Regel mit nachträglicher Kommentierung* |

## Stoff ordnen – in der Gruppe

### Ideenbörse

In einer Kartenabfrage (→ S. 350) werden Ideen gesammelt – z. B. für eine Projektarbeit.
Die Karten werden an die Wand geheftet oder auf Tischen ausgelegt. Jeder/jede wählt aus, was ihn/sie interessiert, und sucht dabei gegebenenfalls Arbeitspartner.

### Metaplan

Dieses Verfahren hilft, wenn bei der Kartenabfrage (→ S. 350) zu einem komplexen Sachbereich viele Karteikarten oder Notizzettel zusammengekommen sind. Anhand der Metaplan-Methode lässt sich Ordnung schaffen und das weitere Nachdenken strukturieren.
Der Ablauf:
- Alle Karten werden – am besten mit Krepp-Klebeband – zunächst ungeordnet an der Tafel oder an einer Pinnwand befestigt.
- Die Gruppe sucht nun im Gespräch nach Oberbegriffen für das auf den Karten Notierte.
- Wird ein Oberbegriff in der Gruppe akzeptiert, wird er ebenfalls auf einer Karteikarte festgehalten und angeheftet. Die dazu passenden Karten werden darunter platziert.
- Sind alle Karten bestimmten Oberbegriffen zugeordnet und entsprechend umgehängt, können sich alle Mitglieder der Arbeitsgruppe noch einmal kurz zurückziehen und zusätzliche Ideen auf Karten notieren und diese den Oberbegriffen zuordnen.
- Die Gruppe diskutiert dann, ob der gesamte Umfang des Sachbereichs, der an der Tafel bzw. an der Pinnwand dargestellt ist, im Folgenden bearbeitet wird oder ob eine Auswahl getroffen werden soll. (Nach einem vorbereitenden Gespräch zur Schwerpunktsetzung kann jedes Gruppenmitglied z. B. drei bis zehn Punkte auf die seiner Meinung nach wichtigsten Bereiche setzen.)
- Mit Hilfe der gliedernden Oberbegriffe kann in der Gruppe für die folgenden Aktivitäten auch ein arbeitsteiliges Vorgehen verabredet werden.

# Präsentieren

## Dialog

Eine aufgelockerte Form der Informationsvermittlung ist der Dialog. Zwei oder drei Personen simulieren ein Gespräch, in dem sich die Beteiligten vor Publikum wichtige Informationen zu einem Sachverhalt wechselseitig mitteilen. Dabei sind im Dialog Nachfragen, Ergänzungen und Widersprüche möglich. Diese Präsentationsform eignet sich insbesondere zur Vermittlung von verschiedenen, auch kontroversen Perspektiven auf einen Sachverhalt.
Während des dialogischen Vortrags sollten die Zuhörer/-innen nicht eingreifen. Die Inhalte des Vortrags können anschließend diskutiert werden.

**Mind-Map** (→ S. 348)
**Referat** (→ S. 315 f.)
**Schaubild** (→ S. 351)
**Schnittmengencluster** (→ S. 351)
**Schnittmengengrafik** (→ S. 352)

# Diskutieren

## Kugellager

Die Kugellager-Methode hilft beim Sammeln und Austauschen von Ideen und Argumenten. Die Teilnehmerinnen und Teilnehmer bilden einen Innen- und einen Außenkreis, sodass sich jeweils zwei Schüler/-innen gegenübersitzen. Zu einem vereinbarten Thema tauschen alle Paare etwa fünf Minuten lang ihre Gedanken oder Positionen aus. Auf ein Signal der Gesprächsleitung hin rutschen alle im Innenkreis im Uhrzeigersinn zwei Plätze weiter. Jeder/jede hat nun einen neuen Gesprächspartner. Der Gedankenaustausch findet erneut statt. Dabei kann man auch weitertragen, was der erste Gesprächspartner eingebracht hat. Nach einer festgesetzten Zeit unterbricht die Gesprächsleitung erneut; der Innenkreis rutscht wieder im Uhrzeigersinn um zwei Plätze weiter. Ein dritter Gedankenaustausch beginnt.

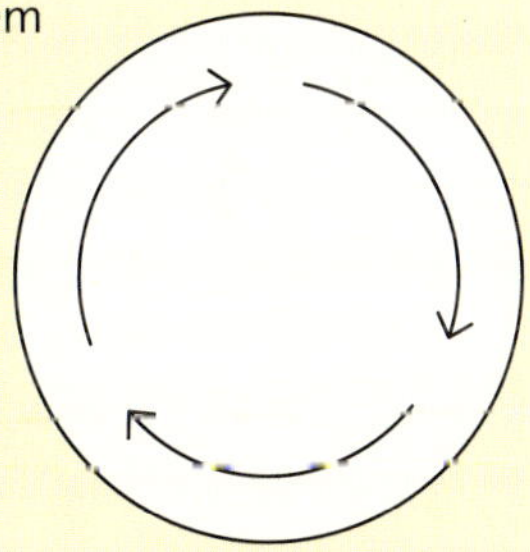

## Diskussion mit Gruppenschutz

Bei diesem Verfahren wird eine Plenumsdiskussion in Kleingruppen vorbereitet. Jede Gruppe sammelt Argumente mit zugehörigen Beispielen zur Themafrage, diese können z. B. einzeln auf Karteikarten notiert werden.
Jeweils ein Redner/eine Rednerin vertritt die Gruppe bei der anschließenden Diskussion im Plenum. In Diskussionspausen und während der Diskussion können die anderen Gruppenmitglieder ihren Redner/ihre Rednerin jeweils mit Argumenten und weiteren Anregungen versorgen, z. B. indem sie ihm/ihr Stichworte zuflüstern. Allerdings sollten die Unterstützenden während der Diskussion nicht zu viele Tipps geben, um den Diskutierenden/die Diskutierende nicht zu überfordern und zu verwirren.

### Quadro-Methode

Die Quadro-Methode eignet sich zur Meinungsbildung und zum ersten Austausch von Argumenten. Die Vertreter einer Meinung sammeln sich in einer der vier Ecken des Raumes, diskutieren das Thema und sammeln Argumente für ihre These, eventuell auch Argumente zur Entkräftung anderer Thesen. Bei Bedarf gestalten sie ein Plakat, um ihre These mit Argumenten darzustellen. Nach dieser Vorbereitung können alle Teilnehmer in eine Diskussion eintreten.

**Podiumsdiskussion** (→ S. 29 f.)
**Literarisches Gespräch** (siehe unten → Texte erschließen, S. 358)

## Arbeiten in der Gruppe

### Partner-Schreibgespräch

In dieser Arbeitsform unterstützen sich zwei Partner bei der Klärung eines Problems oder Aspekts. Der erste formuliert eine These auf einem Zettel und reicht diesen weiter; der zweite ergänzt seine Position und gibt den Zettel zurück; der erste reagiert auf die Anmerkungen des zweiten usw.

### Wachsende Gruppe

Das Verfahren der wachsenden Gruppe unterstützt die intensive Erarbeitung eines Themas, indem es die Vorteile von Einzel-, Partner- und Gruppenarbeit kombiniert: In einer zeitlich festgelegten ersten Phase arbeitet zunächst jeder/jede für sich alleine, in einer zweiten Phase werden die Ergebnisse der Einzelarbeit in Partnerarbeit verglichen und überdacht, in der dritten Phase wird in Vierergruppen ein Gruppenergebnis zusammengetragen.

### Expertenrunde

Die Expertenrunde eignet sich gut, um mehrere Fragen zu einem Thema gleichzeitig zu bearbeiten und die Arbeitsergebnisse an alle Mitschülerinnen und Mitschüler weiterzugeben.
Von der arbeitsteiligen Gruppenarbeit unterscheidet sich die Expertenrunde durch die Vermittlung des Arbeitsergebnisses: Die Mitglieder einer Arbeitsgruppe präsentieren ihr Gruppenergebnis nicht vor dem Plenum, sondern setzen sich zu neuen Expertentischen so zusammen, dass jede Arbeitsgruppe mit einem ihrer Mitglieder dort vertreten ist.
Die Teilnehmer/-innen einer Arbeitsgruppe legen deshalb zum Abschluss ihrer Arbeit möglichst genau fest, welches Wissen sie an ihrem Expertentisch an die anderen Experten weitergeben und welche besonderen Verfahren sie dabei nutzen wollen. Um dafür die nötige Sicherheit zu gewinnen, empfiehlt sich eine Art Probelauf mit einem Partner der Arbeitsgruppe.
Die Arbeit der gesamten Lerngruppe teilt sich also in zwei Phasen auf:

1. Phase: Arbeit am Gruppentisch

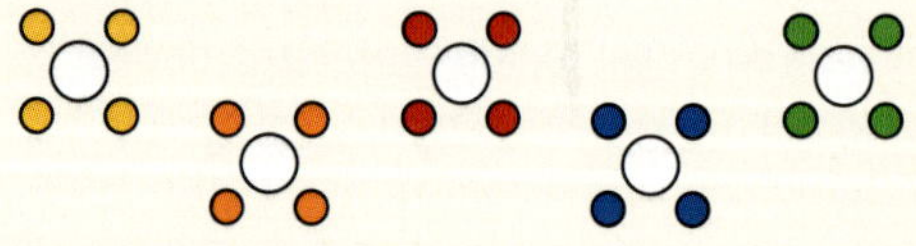

2. Phase: Präsentation am Expertentisch

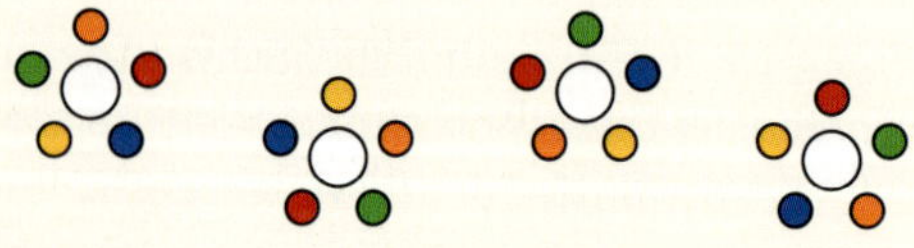

## Textüberarbeitung im Team

Die letzte Phase im Schreibprozess ist das Überarbeiten von Texten. Sinnvoll ist dabei die Kooperation mit anderen Schreibern/Schreiberinnen. Alle im Folgenden vorgestellten Methoden gehen von einer relativ kleinen Gruppengröße aus (drei bis vier Schüler/-innen). Weil es für jede Schreibaufgabe einen eigenen Kriterienkatalog gibt, ist es zweckmäßig, wenn sich die Gruppenmitglieder zunächst darüber verständigen, welche Vorgaben erfüllt werden müssen. Die einschlägigen Kapitel in diesem Buch geben hierzu Auskunft.

### Expertenteam

- Bestimmen Sie in Ihrer Gruppe Experten für Teilbereiche der geforderten Schreibaufgabe: Ein Gruppenmitglied befasst sich z. B. mit der Verständlichkeit des Textes, ein zweites mit inhaltlichen Fragen, ein drittes mit Grammatik, Rechtschreibung und Zeichensetzung. Schließlich sollte immer auch geklärt werden, ob der Text einen klaren Leserbezug hat und – bei argumentativen Texten – ob überzeugend begründet wird.
- Lesen Sie den Text aufmerksam durch und bearbeiten Sie ihn dann im Hinblick auf die gewählten Aspekte.
- Für Stellen, die Ihnen fehlerhaft erscheinen, schlagen Sie Verbesserungen vor, die der Autor/die Autorin abschließend einarbeiten kann.
- Zeitaufwand: ca. 45 Minuten

### Textlupe

- Jeder Schüler/jede Schülerin liest einen Text eines Mitschülers/einer Mitschülerin.
- Jeder Teilnehmer arbeitet mit der „Textlupe", einem strukturierten Kommentarbogen in Tabellenform:

| ***Das hat mir besonders gut gefallen*** | ***Das fällt mir auf*** | ***Hier habe ich eine Frage*** |
|---|---|---|
| *allgemein: …* | *allgemein: …* | *Zeile: …* |
| *Zeile: …* | *Zeile: …* | … |
| … | … | … |

- Jeder Schüler/jede Schülerin hat nach dem Lesen fünf Minuten Zeit, um die eigenen Beobachtungen einzutragen.
- Anschließend wird die Textlupe mindestens zweimal weitergereicht, die Kommentare werden ergänzt.
- Am Ende erhält der Autor/die Autorin den Kommentarbogen und entscheidet, welche Anregung er/sie aufgreift.
- Zeitaufwand: ca. 45 Minuten

### Schreibkonferenz

- Jeder/jede liest die Texte aller Gruppenmitglieder.
- Anschließend werden alle Texte einzeln laut vorgelesen. Die Gruppenmitglieder geben im Anschluss an den Vortrag jeweils ihre Einschätzung wieder, z. B.: Welche Wirkung hat der Text? Welche Kernaussage ist zu erkennen? Gibt es Verständnisschwierigkeiten? Wo?
- Der Autor/die Autorin geht auf die Anmerkungen der Gruppenmitglieder ein und versucht gegebenenfalls, Verständnisfragen zu klären. Wie bei den Kommentaren der Hörer/-innen eine Angriffshaltung zu vermeiden ist, sollte in dieser Phase vom Autor/von der Autorin keine Verteidigungshaltung eingenommen werden. Über die Stichhaltigkeit der Überarbeitungsvorschläge kann in einer späteren Phase diskutiert werden (siehe S. 356).

- Alle Teilnehmer/-innen bearbeiten nun jeden fremden Text. Auffällige Textstellen werden markiert, kommentiert und verbessert. Dabei können folgende Aspekte eine Rolle spielen:

| | | | | | |
|---|---|---|---|---|---|
| Thema | Aufbau | Inhalt | Argumentation | Rechtschreibung, Zeichensetzung | Sprache: Stil, Satzbau ... |

- Am Ende der Bearbeitungsphase schreiben alle Teilnehmer/-innen zu jedem bearbeiteten Text einen kurzen Kommentar, in dem jeweils das Wichtigste zusammengefasst wird.
- Die Kommentare werden gelesen und besprochen; die Autoren/Autorinnen haben Gelegenheit, Nachfragen zu stellen. Die Anmerkungen können auch in der Gruppe diskutiert werden.
- Der Autor/die Autorin überarbeitet den eigenen Text und entscheidet, welche Anregungen aufgegriffen werden.
- Abschließend wird der überarbeitete Text für die „Veröffentlichung" vorbereitet; je nach Schreibanlass kann dies eine Ausstellung, eine Schreibmappe oder einfach ein Aufsatz sein.

## Texte erschließen

### Markieren

Das Markieren von Texten dient vor allem dazu, den Blick auf zentrale Inhalte und Strukturen zu lenken und diese überschaubar zu machen.
Um eine Übersicht über schwierige und zu klärende Begriffe oder Formulierungen zu erhalten, können Sie diese beim ersten Lesen mit Bleistift markieren.
Es ist ratsam, spätestens beim zweiten Lesen Textstellen zu markieren, die
- (im Hinblick auf ihre Fragestellung) zentrale Begriffe und Gedanken des Textes enthalten,
- sprachlich auffällig sind,
- eventuell Widerspruch provozieren.

Arbeiten Sie auch mit Zeichen, Abkürzungen und knappen Bemerkungen zur Gedankenführung am Textrand, z. B.:

| | | | |
|---|---|---|---|
| \| | wichtige Aussage | ↓ ↑ | Widerspruch (Markierung an zwei Textstellen; die Pfeile sind aufeinandergerichtet) |
| *?* | vorerst unklare Textstelle, über die Sie noch einmal nachdenken müssen | *Th* | These |
| ≀ | zweifelhafte, nicht ganz nachvollziehbare Darstellung | *Arg* | Argument |
| *Lex* | nachschlagen | *Erl* | Erläuterung |
| → | Verweis | *Bsp* | Beispiel |
| | | *Zit* | Zitat |
| | | *Def* | Definition |

Markieren Sie sprachliche Gestaltungsmittel in einer anderen Farbe und bezeichnen Sie diese kurz am Rand (z. B. Metapher, Ironie).

**Exzerpieren** (→ S. 306)
**Mind-Map** (→ S. 348)
**Cluster** (→ S. 349)

## Treppenmethode

Mit der Treppenmethode kann man die Aussagen eines Textes gedanklich hierarchisieren. Sie machen sich also klar, was die zentrale Aussage eines Textes ist und welche weiteren wichtigen Aussagen der Hauptaussage auf verschiedenen Ebenen unterzuordnen sind. Mit einer solchen Gliederung unterstützen Sie die gedankliche Durchdringung eines Textes. Verfahren Sie so:

- Formulieren Sie einen Satz, der den Kern der gesamten Textaussage erfasst.
- Notieren Sie Sätze, die zentrale Unteraspekte der Textaussage wiedergeben.
- Formulieren Sie Sätze, die die wichtigsten Ausführungen zu den einzelnen Unteraspekten sinngemäß wiedergeben.

Kernaussage

Unteraspekte

Zusammenfassungen zu den Unteraspekten

## Schaubild zur Argumentationsstruktur

In einem Schaubild zur Argumentationsstruktur kann das logische Grundgerüst einer Argumentation geklärt werden. Das Schaubild zeigt die gedankliche Hierarchisierung von These, Argument, gegebenenfalls Subargument und Beispiel oder Beleg.

*These: Es gibt nur geringe Chancen, Doping im Spitzensport zu bekämpfen.*

- *Argument 1: problematische Nachweisbarkeit*
  - *Subargument 1: Grenzen medizinischer Tests*
    - *Beleg: Der Dopingexperte XY weist darauf hin, dass z.B. die Wirkung von EPO über den Zeitraum der Nachweisbarkeit hinaus anhält.*
  - *Subargument 2: aufwändige, teure Kontrolle*
    - *Beispiel: EPO-Doping kann oft nur mit sehr teurer, langfristiger Überwachung sicher nachgewiesen werden.*
- *Argument 2: finanzielle Interessen von Sponsoren an Höchstleistungen*
  - *Beispiel: Sponsoring von Stars durch große Sportartikelhersteller trotz Dopingverdachts*
- *Argument 3: …*

### Literarisches Gespräch

Die Mitglieder der Lerngruppe erarbeiten einzeln oder in Partnerarbeit ein erstes Textverständnis. Anschließend wird ein Gesprächskreis gebildet; ein Gesprächsleiter/eine Gesprächsleiterin erteilt das Wort, lenkt das Gespräch aber nicht.
Jeder/jede sollte sich an dem Gespräch beteiligen, die eigene Sichtweise einbringen und sich mit den Positionen der Mitschüler/-innen auseinandersetzen.
Ziel des Gesprächs ist ein vertieftes Textverständnis, das fast alle teilen können.

## Produktive Verfahren der Texterschließung

### Standbild

Ein Standbild ist eine Momentaufnahme z. B. aus einer Dramenszene oder aus dem Geschehen eines epischen Textes. In einem Standbild können Figurenkonstellationen und Haltungen einzelner Figuren zum Ausdruck gebracht werden. Das Standbild kann als nicht-sprachliche Annäherung an einen Text und als Mittel der Texterschließung verwendet werden.

- Ein Regisseur/eine Regisseurin bestimmt die Position der Figur(en); er/sie formt Körperhaltung und Gesichtsausdruck. Während der Bauphase wird nicht gesprochen.
- Ist das Standbild fertig, bleiben die Akteure für ca. 30 Sekunden in der eingenommenen Haltung. Wenn möglich, sollte das Standbild fotografisch festgehalten werden.
- Die Beobachter/-innen beschreiben genau, was sie gesehen haben und welche Wirkung das Standbild auf sie hatte.
- Die Mitspieler/-innen berichten über ihre Erfahrungen.
- Der Regisseur/die Regisseurin erklärt seine/ihre Absichten und reflektiert, inwieweit es ihm/ihr gelungen ist, diese zu verwirklichen.

### Rollenprofil

Das Verfassen eines Rollenprofils hilft, sich einer Figur eines dramatischen Textes anzunähern und das Textverständnis zu vertiefen.
Man schreibt aus der Sicht der Figur in Ich-Form auf, wie man die augenblickliche Situation, den Dialogpartner, dessen Ziele und die eigene Beziehung zum Partner/zur Partnerin einschätzt. Darüber hinaus werden auch die augenblickliche Befindlichkeit der gewählten Figur und ihre Ziele in diesem Gespräch notiert.
Die formulierten Einschätzungen und Befindlichkeiten kann man – unter Wahrung der Ich-Form – auch in den Kontext des gesamten Dramas einbetten.

Erweiterung: Auf der Grundlage des Rollenprofils kann versucht werden, die gewählte Figur zu verkörpern; man erprobt ihre Gestik, Mimik, Bewegung im Raum sowie ihre Stimme und Sprechweise.

# Autoren- und Textquellenverzeichnis


Adams, Douglas/Lloyd, John/Böttcher, Sven: *Der tiefere Sinn des Labenz. Das Wörterbuch der bisher unbenannten Gegenstände und Gefühle,* S. 139. Zweitausendeins, Frankfurt/M. 1993, S. 131

Anders, Günther (1902–1992): *Sprachelegie,* S. 232. Aus: Die deutsche Literatur 1945–1960. „Draußen vor der Tür" 1945–1948. Hrsg. von Heinz Ludwig Arnold. dtv, München 1995, S. 122

Arp, Hans (1886–1966): *eitel ist sein scheitel,* S. 214. Aus: Gedichte und Interpretationen 5. Hrsg. von Harald Hartung. Reclam, Stuttgart 1983, S. 221

Assheuer, Thomas: *„Kampf der Kulturen" im 21. Jahrhundert?,* S. 83. Aus: Eine sehr gefährliche Falle. Aus: DIE ZEIT, 09.02.2006, S. 3

Bachmann, Ingeborg (1926–1973): *Alle Tage,* S. 239. Aus: Die deutsche Literatur 1945–1960. Im Treibhaus 1953–1956. Hrsg. von Heinz Ludwig Arnold. dtv, München 1995, S. 94 f.

Bahr, Hermann (1863–1934): *Symbolisten,* S. 170 f. Aus: Literarische Manifeste der Jahrhundertwende 1890–1910. Hrsg. von Erich Ruprecht und Dieter Bänsch. Metzlersche Verlagsbuchhandlung, Stuttgart 1970, S. 170 f.

Ball, Hugo (1886–1956): *Ich lese Verse, die nichts weniger vorhaben als ...,* S. 214. Aus: Eröffnungsmanifest des ersten Dada-Abends am 14. Juli 1916, http://www.textlog.de/6750.html. Stand: 22.07.2008; *Karawane,* S. 214. Aus: Dada-Almanach. Hrsg. von Richard Huelsenbeck. Erich Reiss, Berlin 1920, S. 53

Beil, Hermann: *Brecht spielen,* S. 229. Aus: Hermann Beil im Gespräch mit Günter Erbe. Aus: Politik und Zeitgeschichte 23–24/2006, S. 3 ff.

Benjamin, Walter (1892–1940): *Das Kunstwerk im Zeitalter seiner technischen Reproduzierbarkeit,* S. 162. Aus: Gesammelte Schriften. Suhrkamp, Frankfurt/M. 1980, Bd. 1, S. 437 ff.

Benn, Gottfried (1886–1956): *Einsamer nie –,* S. 221. Aus: Sämtliche Werke. Gedichte 1. Hrsg. von Ilse Benn und Gerhard Schuster. Klett-Cotta, Stuttgart 1986, S. 135; *Ein Wort,* S. 242. Aus: Gedichte. In der Fassung der Erstdrucke. Hrsg. von Bruno Hillebrand. Fischer, Frankfurt/M. 1982, S. 304; *Gehirne,* S. 190 f. Aus: Prosa und Autobiografie in der Fassung der Erstdrucke. Hrsg. von Bruno Hillebrand. Fischer, Frankfurt/M. 1984, S. 19–23; *Nachtcafé,* S. 199. Aus: Lyrik des Expressionismus. Hrsg. von Silvio Vietta. Niemeyer, Tübingen 1976, S. 56 f.; *Probleme der Lyrik,* S. 241. Aus: Probleme der Lyrik. 8. Aufl. Limes, Wiesbaden 1964, S. 11 ff.; *Schöne Jugend,* S. 196. Aus: Lyrik des Expressionismus. Hrsg. von Silvio Vietta. Niemeyer, Tübingen 1976, S. 77

Bernhard, Thomas (1931–1989): *Der Theatermacher,* S. 262 f. Aus: Stücke 4. Suhrkamp, Frankfurt/M. 1988, S. 64 ff.

Beyer, Marcel (*1965): *Verklirrter Herbst,* S. 202. Aus: Falsches Futter. Suhrkamp, Frankfurt/M. 1997, S. 27

Bieri, Peter (*1944): *Brücke zum fremden Geist,* S. 124 ff. Aus: DIE ZEIT. Magazin Leben, 19.12.2007, S. 44 f.

Biermann, Wolf (*1936): *Ermutigung,* S. 266. Aus: Alle Lieder. Kiepenheuer und Witsch, Köln 1991, S. 177 f.

Biller, Maxim (*1960): *Melody,* S. 291. Aus: Liebe Leute. Shortstories. Kiepenheuer und Witsch, Köln 2007, S. 133 ff.

Bogner, Ralf: *Einführung in die Literatur des Expressionismus,* S. 186. Aus: Einführung in die Literatur des Expressionismus. Hrsg. von Gunter E. Grimm und Klaus-Michael Bogdal. Wissenschaftliche Buchgesellschaft, Darmstadt 2005, S. 48 ff.

Böll, Heinrich (1917–1985): *Abschied,* S. 245 f. Aus: Werke. Romane und Erzählungen I. 1947–1951. Hrsg. von Bernd Balzer. Middelhauve/Kiepenheuer und Witsch, Köln. o. J., S. 218 ff.

Borchert, Wolfgang (1921–1947): *Die Stadt,* S. 244. Aus: Wolfgang Borchert. Das Gesamtwerk. 8. Aufl. Rowohlt, Reinbek 2006, S. 69 ff.; *Draußen vor der Tür,* S. 233. Aus: Draußen vor der Tür. Rowohlt, Reinbek 1956, S. 125 f.

Braun, Volker (*1939): *Fragen eines Arbeiters während der Revolution,* S. 265. Aus: Die deutsche Literatur seit 1945. Deutschstunden 1967–1971. Hrsg. von Heinz Ludwig Arnold. München, dtv 1997, S. 291

Brecht, Bertolt (1898–1956): *Anmerkungen zum Volksstück,* S. 211. Aus: Gesammelte Werke in 20 Bdn. Suhrkamp, Frankfurt/M. 1967, Bd. 17, S. 1162; *Auf einen chinesischen Teewurzellöwen,* S. 152. Ebd., Bd. 10, S. 997; *Der Rauch,* S. 152. Ebd., Bd. 10, S. 1012; *Die heilige Johanna der Schlachthöfe,* S. 222 ff. Ebd., Bd. 2, S. 667 ff.; *Leben des Galilei,* S. 57 ff. Aus: Ebd., Bd. 3, S. 1283 ff.; *Schlechte Zeit für Lyrik,* S. 219. Ebd., Bd. 9, S. 743 f.

Buber, Martin (1878–1965): *Die fünfzigste Pforte,* S. 175. Aus: Erzählungen der Chassidim. Manesse, Zürich 1994, S. 185

Celan, Paul (1920–1970): *Der Meridian,* S. 123. Aus: Gesammelte Werke. Hrsg. von Beda Allemann und Stefan Reichert. Suhrkamp, Frankfurt/M. 1983, Bd. 3, S. 197; *Todesfuge,* S. 234. Aus: Ausgewählte Gedichte. Zwei Reden. Suhrkamp, Frankfurt/M. 1969, S. 18 f.; *Weggebeizt,* S. 122. Aus: Gesammelte Werke. Hrsg. von Beda Allemann und Stefan Reichert. Suhrkamp, Frankfurt/M. 1983, Bd. 2., S. 31

Dagermann, Stig: *Deutschland, Herbst 1946,* S. 232. Aus: Europa in Trümmern. Augenzeugenberichte aus den Jahren 1944–1948. Hrsg. von Hans Magnus Enzensberger. Eichborn, Frankfurt/M. 1990, S. 197 ff.

Dieckmann, Friedrich: *Die toten Seelen sind lebendig,* S. 277. Aus: Wochenpost, Nr. 32, August 1990

Döblin, Alfred (1887–1957): *Berlin Alexanderplatz,* S. 216 ff. Aus: Berlin Alexanderplatz. dtv, München 1997, S. 7, 84 ff.

Dörries, Bernd: *I schwätz Hochdeutsch,* S. 142. Aus: Süddeutsche Zeitung, 12.07.2005

Düffel, John von (*1966): *Grenzgänger der Mitte,* S. 227 f. Aus: Wasser und andere Welten. Geschichten vom Schwimmen und Schreiben. DuMont, Köln 2002, S. 63 ff.

Dürrenmatt, Friedrich (1921–1990): *Modell Scott,* S. 257. Aus: Die Wiedertäufer. Eine Komödie in zwei Teilen. Diogenes, Zürich 1986, S. 127 f.

Eco, Umberto (*1932): *Erfindungen des 19. Jahrhunderts,* S. 161. Aus: Derrick oder die Leidenschaft für das Mittelmaß. Hanser, München 2000, S. 138 f.

Edschmid, Kasimir: *Expressionismus in der Dichtung,* S. 195. Aus: Expressionismus. Manifeste und Dokumente zur deutschen Literatur 1910 bis 1920. Hrsg. von Thomas Anz und Michael Stark. Metzlersche Verlagsbuchhandlung, Stuttgart 1982, S. 45 f.

Eich, Günter (1907–1972): *Inventur,* S. 237. Aus: Tausend Gramm. Ein deutsches Bekenntnis in dreißig Geschichten aus dem Jahr 1949. Hrsg. von Wolfgang Weyrauch. Rowohlt, Reinbek 1989, S. 179 ff.

Emmerich, Wolfgang: *Was heißt und zu welchem Ende studiert man die Geschichte der DDR-Literatur?,* S. 252. Aus: Kleine Literaturgeschichte der DDR. Hrsg. von Wolfgang Emmerich. 3. Aufl. Aufbau, Berlin 2007, S. 11 f.

Enzensberger, Hans Magnus (*1929): *an alle fernsprechteilnehmer,* S. 260. Aus: Die deutsche Literatur seit 1945. Deutschstunden 1967–1971. Hrsg. von Heinz Ludwig Arnold. München, dtv 1997, S. 199 f.

Finger, Evelyn/Soboczynski, Adam: *Der Schreibtisch von Ingo Schulze,* S. 33. Aus: DIE ZEIT. Literatur, 17.10.2008, S. 102

Finger, Evelyn: *Die Ohnmacht der Bilder,* S. 102 ff. Aus: DIE ZEIT, 01.03.2007, S. 49

Fontane, Theodor (1819–1898): *Herbstlied,* S. 170. Aus: Romane, Erzählungen, Gedichte. Wissenschaftliche Buchgesellschaft, München 1995, Bd. 6, S. 320

Freud, Sigmund (1856–1939): *Das Ich und das Es,* S. 167. Aus: Werke aus den Jahren 1904–1905. Fischer, Frankfurt/M. 1998, Bd. 5, S. 253, 286; *Die Traumdeutung,* S. 166. Aus: Die Traumdeutung. Über den Traum. Fischer, Frankfurt/M. 1998, Bd. 2/3, S. 127, 139, 166; *„Die dritte und empfindlichste ...",* S. 167. Aus: Vorlesungen zur Einführung in die Psychoanalyse. Studienausgabe. Bd. 1. Fischer, Frankfurt/M. 1989, S. 284

Fried, Erich (1921–1988): *Schwächer,* S. 261. Aus: Deutsche Literatur seit 1945. Texte und Bilder. Hrsg. von Volker Bohn. Suhrkamp, Frankfurt/M. 1993, S. 300

Funke, Joachim: *Sprache und Denken: einerlei oder zweierlei? Einige Überlegungen aus Sicht der Psychologie,* S.127f. Aus: Sprache und Denken: einerlei oder zweierlei? Einige Überlegungen aus Sicht der Psychologie. Psychologisches Institut der Universität Heidelberg, Vortrag vom 18.11.1999. www.psychologie.uni-heidelberg.de/ae/allg/mitarb/jf/Funke_1999_Sprache&Denken.pdf. Stand: 27.03.2009

George, Stefan (1868–1933): *komm in den totgesagten park,* S.170. Aus: Werke. Ausgabe in zwei Bdn. H. Küpper, München 1958, Bd. I, S.121

Gernhardt, Robert (1937–2006): *„Im Trakl-Ton (Herbst)"* war ..., S.203. Aus: Gesammelte Gedichte. 1954–2006. Fischer, Frankfurt/M. 2005, S.931f.; *Die Pendel brauner Uhren ...,* S.203. Aus: Ebd., S.9

Girnus, Wilhelm: *Wer baute das siebentorige Theben?,* S.275. Aus: Sinn und Form 35, 2/1983, S.443

Goethe, Johann Wolfgang von (1749–1832): *Der Widerspruch ist es ...,* S.25. Aus: Johann Peter Eckermann: Gespräche mit Goethe in den letzten Jahren seines Lebens. Hrsg. von Heinrich Hubert Houben. Brockhaus, Leipzig 1948, S.477

Goetz, Rainald (*1954): *Rave,* S.294f. Aus: Rave. Suhrkamp, Frankfurt/M. 2001, S.68ff.

Gomringer, Eugen (*1925): *das schwarze geheimnis,* S.254. Aus: konkrete poesie. Deutschsprachige Autoren. Reclam, Stuttgart 2001, S.60f.; *wind,* S.254. Aus: konkrete poesie. Deutschsprachige Autoren. Reclam, Stuttgart 2001, S.60f.

Grass, Günter (*1927): *Die Blechtrommel,* S.256. Aus: Danziger Trilogie. 3. Aufl. dtv, München 1999, S.46f.; *Die Festung wächst,* S.85. Aus: Novemberland. 13 Sonette. Steidl, Göttingen 1993, S.23

Greiner, Ulrich: *Die deutsche Gesinnungsästhetik,* S.278. Aus: DIE ZEIT, 02.11.1990

Grünbein, Durs (*1962): *Nachbilder. Sonette VI,* S.290. Aus: Nach den Satiren. Suhrkamp, Frankfurt/M. 1999, S.189; *September-Elegien I,* S.286. Aus: 25. Jahrbuch der Lyrik. Hrsg. von Christoph Buchwald. Fischer, Frankfurt/M. 2007, S.296

Hacker, Katharina (*1967): *Die Habenichtse,* S.285. 8. Aufl. Suhrkamp, Frankfurt/M. 2006, S.140ff.

Hager, Kurt (1912–1998): *Parteilichkeit und Volksverbundenheit unserer Literatur und Kunst,* S.264. Aus: Deutsche Literatur seit 1945. Texte und Bilder. Hrsg. von Volker Bohn. Suhrkamp, Frankfurt/M. 1993, S.195ff.

Handke, Peter (*1942): *Ich bemerke, daß ...,* S.248. Aus: Deutsche Literatur seit 1945. Texte und Bilder. Hrsg. von Volker Bohn. Suhrkamp, Frankfurt/M. 1993, S.255f.

Hartwig, Heinz: *Zeitschriftenzeit,* S.236. Aus: Als der Krieg zu Ende war. Literarisch-politische Publizistik 1945–1950. Kösel, München 1973, S.144

Hasenclever, Walter (1890–1940): *Der Sohn,* S.187. Aus: Der Sohn. Akademie der Wissenschaften und der Literatur, Mainz 1994, S.74ff.

Hatvani, Paul (1892–1975): *Versuch über den Expressionismus,* S.194. Aus: Expressionismus. Manifeste und Dokumente zur deutschen Literatur 1910–1920. Hrsg. von Thomas Anz und Michael Stark. Metzlersche Verlagsbuchhandlung, Stuttgart 1982, S.38f.

Heimböckel, Dieter: *Subversionen der Erinnerung,* S.295. Aus: Der Deutschunterricht 6/2005, S.47f.

Hein, Christoph (*1944): *Drachenblut/Der fremde Freund,* S.268. Aus: Drachenblut. Suhrkamp, Frankfurt/M., S.172

Hensel, Jana (*1976): *Zonenkinder,* S.287. Aus: Zonenkinder. Rowolt, Reinbek 2004, S.40f.

Heym, Georg (1887–1912): *Frühjahr,* S.197. Aus: Werke. Reclam, Ditzingen 2006; *Printemps,* S.42. Aus: Dichtungen und Schriften. Lyrik. Hrsg. von Karl Ludwig Schneider. Ellermann, Hamburg 1964, Bd. 1, S.261

Heym, Stefan (1913–2001): *Rede am 4. November 1989,* S.282. Transkribiert nach Mitschnitt der Rede unter: http://dhme.dhm.de/ausstellungen/4november1989/htmrede.html. Stand: 06.04.09

Hoddis, Jakob van (1887–1942): *Weltende,* S.188. Aus: Menschheitsdämmerung. Hrsg. von Kurt Pinthus. Rowohlt, Berlin 1920, S.39

Hofmannsthal, Hugo von (1874–1929): *Ballade des äußeren Lebens,* S.173. Aus: Ausgewählte Werke. Gedichte und Dramen. Hrsg. von Rudolf Hirsch. Fischer, Frankfurt/M. 1957, Bd. 1, S.19f.; *Die Beiden,* S.34. Aus: Ausgewählte Werke. Gedichte und Dramen. Hrsg. von Rudolf Hirsch. Fischer, Frankfurt/M. 1957, Bd. 1, S.29 ; *Ein Brief,* S.118ff. Aus: Der Brief des Lord Chandos. Schriften zur Literatur, Kunst und Geschichte. Hrsg. von Mathias Mayer. Reclam, Stuttgart 2000, S.49ff.; *Poesie und Leben,* S.172. Aus: Die Wiener Moderne. Literatur, Kunst und Musik zwischen 1890 und 1910. Hrsg. von Gotthart Wunberg. Reclam, Stuttgart 1981, S.276f.

Hölderlin, Friedrich (1770–1843): *Hyperion,* S.85. Aus: Hyperion oder Der Eremit in Griechenland. Hrsg. von Jochen Schmidt. Insel, Frankfurt/M. 1979, S.189f., 194f.

Hondrich, Karl Otto: *Deutsche Identität,* S.84. Aus: DIE ZEIT, 24.09.1993

Hörisch, Jochen: *Totale Verblödung oder Tele-Vision?,* S.129, 131. Aus: Totale Verblödung oder Tele-Vision? Das Fernsehen als Realitätsmaschine. Aus: Merkur. Deutsche Zeitschrift für europäisches Denken, Heft 9/10, Sept./Okt. 2005, S.982ff.

Horváth, Ödön von (1901–1938): *Kasimir und Karoline,* S.210f. Aus: Kasimir und Karoline. Suhrkamp, Frankfurt/M. 1994, S.14, 26f., 55f.

Huchel, Peter (1903–1981): *Der Garten des Theophrast,* S.264. Aus: Deutsche Literatur seit 1945. Texte und Bilder. Hrsg. von Volker Bohn. Suhrkamp, Frankfurt/M. 1993, S.205

Hunger, Herbert: *Kassandra,* S.270. Aus: Lexikon der griechischen und römischen Mythologie. Rowohlt, Reinbek bei Hamburg 1983, S.210

Huntington, Samuel P. (1927–2008): *Anschluss suchen: Politik der Identität,* S.66. Aus: Kampf der Kulturen. Die Neugestaltung der Weltpolitik im 21. Jahrhundert. btb, München 1998, S.193f.

Jandl, Ernst (1925–2000): *der beschriftete sessel,* S.115. Aus: Die Bearbeitung der Mütze. Gedichte. Hermann Luchterhand, Darmstadt 1981, S.92; *markierung einer wende,* S.254. Aus: Gesammelte Werke in drei Bdn. Hrsg. von Klaus Siblewski. Neuwied, Darmstadt 1985, Bd. 1, S.285; *wien: heldenplatz,* S.254. Aus: a.a.O., Bd. 1, S.126

Jens, Walter: *Rhetorik,* S.13. Aus: Meyers Enzyklopädisches Lexikon. Bibliografisches Institut, Mannheim 1977, Bd. 20, S.96ff.

Kafka, Franz (1883–1924): *Brief an den Vater,* S.181. Aus: Gesammelte Werke in zwölf Bdn. Fischer, Frankfurt/M. 1994, Bd. 7, S.16; *Brief an den Verleger Kurt Wolff vom 25.10.1915,* S.180. Aus: Briefe 1902–1924. Fischer, Frankfurt/M. 1989, S.135f.; *Die Brücke,* S.165. Aus: Gesammelte Werke in zwölf Bdn. Fischer, Frankfurt/M. 1994, Bd. 6, S.39f.; *Die Verwandlung,* S.178f. Aus: Die Verwandlung. Reclam, Stuttgart 1978, S.5f., 21ff.; *Im Kino gewesen...,* S.163. Aus: Tagebücher 1912–1914. Fischer, Frankfurt/M. 1994, S.16; *Die Bilder ...,* S.163. Aus: Tagebücher 1912–1914. Fischer, Frankfurt/M. 1994, S.204; *Ein Kommentar,* S.176. Aus: Gesammelte Werke in zwölf Bdn. Fischer, Frankfurt/M. 1994, Bd. 8, S.130; *Vor dem Gesetz,* S.175f. Aus: a.a.O., Bd. 1, S.211f.

Kaiser Wilhelm II. (1859–1941): *Rede vor dem Senat der Freien Stadt Hamburg vom 18.09.1899,* S.158. Aus: Reden des Kaisers. Hrsg. von Ernst Johann. dtv, München 1966, S.83f.

Kaiser, Joachim: *Plädoyer gegen das Theater-Auschwitz,* S.259. Süddeutsche Zeitung, 04.09.1965

Kandinsky, Wassily (1866–1944): *Über das Geistige in der Kunst,* S.196. Aus: Über das Geistige in der Kunst. Benteli, Bern 1980, S.136f.

Kästner, Erich (1899–1974): *Ein Beispiel von ewiger Liebe,* S.154. Aus: Gedichte. Ausgew. und hrsg. von Volker Ladenthin. Reclam, Stuttgart 1996; *Sachliche Romanze,* S.215. Aus: Zeitgenossen, haufenweise. Gedichte. Hanser, München 1998, S.65

Kayser, Wolfgang: *Das Groteske in Malerei und Dichtung,* S.43. Aus: Das Groteske in Malerei und Dichtung. Rowohlt, Reinbek 1960, S.27, 136ff.

Keller, Rudi: *Bedeutungswandel,* S.140. Aus: Bedeutungswandel. Eine Einführung. de Gruyter, Berlin 2003

Keun, Irmgard (1905–1982): *Das kunstseidene Mädchen,* S.213. Aus: Das kunstseidene Mädchen. dtv, München 1989, S.43, 57f., 59, 101

Killy, Walther: *Der Stil erhält die Schönheit vom Gedanken,* S.87f. Aus: DIE ZEIT, 19.10.1990, S.82

Kirchner, Thomas: *Dialekte mit Gefühl und Witz,* S.141. Aus: Süddeutsche Zeitung, 23.09.2004

Kirsch, Sarah (*1935): *Aus dem Haiku-Gebiet,* S.283. Aus: Erlkönigs Tochter. 2. Aufl. DVA, Stuttgart 1992, S.5; *Im Sommer,* S.268. Ebd., S.236

Kiwus, Karin (*1942): *Tassos Nachtmusik,* S.262. Aus: Von beiden Seiten der Gegenwart. Gedichte. Hrsg. von Karin Kiwus. 4. Aufl. Suhrkamp, Frankfurt/M. 1984, S.83

Klaeren, Jutta: *Russland im Wandel,* S. 50 f. Aus: Informationen zur politischen Bildung, Heft 281. Bundeszentrale für politische Bildung, Bonn 2003

Kling, Thomas (1957–2005): *gewebeprobe,* S. 297. Aus: morsch. Gedichte. Suhrkamp, Frankfurt/M. 1996, S. 15

Koeppen, Wolfgang (1906–1996): *Tauben im Gras,* S. 255. Suhrkamp, Frankfurt/M. 1980, S. 209 f.

Kracauer, Siegfried (1889–1966): *Die Revuen,* S. 212. Aus: Schriften. Suhrkamp, Frankfurt/M. 1990, Bd. 5.1, S. 338 f.; *Die Angestellten. Aus dem neuesten Deutschland,* S. 212. Aus: Schriften. Suhrkamp, Frankfurt/M. 1978, Bd. 1, S. 261 f.

Kraft, Thomas: *13 Thesen zur Gegenwartsliteratur,* S. 303. Aus: Deutschmagazin. Ideen und Materialien für die Unterrichtspraxis 5–13. Heft 1/2008, S. 8

Kratzer, Hans: *Dialekt macht schlau,* S. 142. Aus: Süddeutsche Zeitung, 17.07.2005

Krischke, Wolfgang: *„Ich geh Schule",* S. 138. Aus: DIE ZEIT, 29.06.2006

Kronauer, Brigitte (*1940): *Wie aber steht's mit den Zähnen?,* S. 299 f. Aus: Maulhelden und Königskinder. Hrsg. von Andrea Köhler/Rainer Moritz. Reclam, Leipzig 1998

Kunze, Reiner (*1933): *Wolf Biermann singt,* S. 267. Aus: Die Ausbürgerung. Anfang vom Ende der DDR. Hrsg. von Fritz Pleitgen. Econ Ullstein List München, München 2001, S. 133

Lasker-Schüler, Else (1869–1945): *Weltende,* S. 188. Aus: Sämtliche Werke. Hrsg. von Friedhelm Kemp. Bd. 1. Kösel, München 1966, S. 88

Lichtenstein, Alfred (1889–1914): *Die Dämmerung,* S. 189. Aus: Menschheitsdämmerung. Hrsg. von Kurt Pinthus. Rowohlt, Berlin 1920, S. 47

Loerke, Oskar (1884–1914): *Blauer Abend in Berlin,* S. 198. Aus: Lyrik des Expressionismus. Hrsg. von Silvio Vietta. Niemeyer, Tübingen 1976, S. 45

Löffler, Heinrich: *Dialektologie. Eine Einführung,* S. 144. Narr, Tübingen 2003, S. 112 f.

Luft, Friedrich: *Neues Leben auf den Bühnen,* S. 238. Aus: Deutsche Literatur seit 1945. Texte und Bilder. Hrsg. von Volker Bohn. Suhrkamp, Frankfurt/M. 1993, S. 29

Manguel, Alberto (*1948): *Warum gerade ich?,* S. 74 ff. Aus: Im Spiegelreich. Volk und Welt, Berlin 1999, S. 33 ff.

Mann, Erika (1905–1969): *Ich bin der Prinz von Lügenland,* S. 208. Aus: Im Netz der Zauberer. Eine andere Geschichte der Familie Mann. Hrsg. von Marianne Krüll. Fischer, Frankfurt/M. 2002, S. 353 f.

Mann, Heinrich (1871–1950): *Der Untertan,* S. 159. Aus: Der Untertan. Fischer, Frankfurt/M. 2007, S. 61 f.; *Niemand im Grunde glaubt an das Kaiserreich ...,* S. 206; *Wir wollen, dass unsere Republik ...,* S. 206. Zitiert nach: Marianne Krüll: Im Netz der Zauberer. Eine andere Geschichte der Familie Mann. Fischer, Frankfurt/M. 2002, S. 236 f.; S. 277 f.; *Zur Situation Deutschlands,* S. 207. Aus: Das öffentliche Leben. Essays. Fischer, Frankfurt/M. 2001, S. 336 f.

Mann, Thomas (1875–1955): *Brief an den Dekan der Philosophischen Fakultät der Universität Bonn,* S. 209. Aus: Gesammelte Werke. Bd. 4. Reden und Aufsätze. Fischer, Frankfurt/M. 1974, S. 785 ff.; *Deutsche Hörer!,* S. 232. Aus: Deutsche Literatur seit 1945. Texte und Bilder. Hrsg. von Volker Bohn. Suhrkamp, Frankfurt/M. 1993, S. 15 f.; *Der Tod in Venedig,* S. 174. Aus: Die Erzählungen. Fischer, Frankfurt/M. 1986, S. 500, 526 f.

Marinetti, Filippo Tommaso (1876–1944): *An das Rennautomobil,* S. 161. Aus: Worte in Freiheit. Hrsg. von Peter Demetz. Piper, München/Zürich 1990, S. 174; *Manifest des Futurismus,* S. 160. Aus: Futuristische Dichtungen. Meyer, Berlin 1912, S. 3

Marti, Kurt (*1921): *Happy End,* S. 153. Aus: Dorfgeschichten. Luchterhand, Hamburg 1983, S. 20

Menasse, Eva (*1970): *Schicksal. Postcard Story Nr. 4,* S. 247, Aus Postcardstorys. Ars Vivendi, Cadolzburg 2005

Menz, Egon: *Ratschläge zum Abfassen eines schlechten Referats,* S. 310. Aus: Forschung und Lehre 6/1995, S. 353 f.

Mönnich, Horst (*1918): *Sein Vater ...,* S. 240. Aus: Toni Richter: Die Gruppe 47 in Bild und Text. Kiepenheuer & Witsch. 2. Aufl. Köln 1997, S. 34

Müller, Heiner (1929–1995): *Germania 3,* S. 296. Aus: Die Stücke 3. Suhrkamp, Frankfurt/M. 2002, S. 262 f.

Musil, Robert (1880–1942): *Die Welt des Schreibens ...,* S. 116. Aus: Der Mann ohne Eigenschaften. Rowohlt, Reinbek 1987, S. 326; *Die Verwirrungen des Zöglings Törleß,* S. 121. Aus: Prosa und Stücke. Rowohlt, Reinbek 1978, S. 137

Niebaum, Hermann/Macha, Jürgen: *Häufigkeit des Dialektgebrauchs nach unterschiedlichen Kriterien,* S. 143. Aus: Einführung in die Dialektologie des Deutschen. Germanistische Arbeitshefte. Hrsg. von Gerd Fritz und Franz Hundsnurscher. Niemeyer, Tübingen 1999, Heft 37, S. 152

Nietzsche, Friedrich (1844–1900): *Also sprach Zarathustra,* S. 164 f. Aus: Kritische Studienausgabe. dtv, München 1988, Bd. 4, S. 14, 16 f.; *Aus dem Nachlass der 1880er-Jahre,* S. 164. Aus: Aus dem Nachlass der Achtzigerjahre. Briefe (1861–1889). Hrsg. von Karl Schlechta. Ullstein, Frankfurt/M. 1979, Bd. 3, S. 557, 676 ff.; *Über Wahrheit und Lüge im außermoralischen Sinne,* S. 117 f. Aus: Sämtliche Werke. Kritische Studienausgabe. dtv, München 1980, Bd. 1, S. 878 ff.; *Was bedeutet Nihilismus? ...,* S. 164; *Was ist ein Wort? ...,* S. 116. Aus: Sämtliche Werke. dtv, München 1980, S. 878

Ostermeier, Albert (*1967): *fernsehabend,* S. 297. Aus: Autokind. Suhrkamp, Frankfurt/M. 2001, S. 90

Ovid (43 v. Chr.–17 n. Chr.): *Metamorphosen – Der bestrafte Bub,* S. 177. Aus: Metamorphosen. Übers. von Hermann Breitenbach. Reclam, Leipzig 1986, S. 170

Pinthus, Kurt (1886–1975): *Zuvor,* S. 192. Aus: Menschheitsdämmerung. Rowohlt, Berlin 1920, S. 25 f., 29 f., 32

Plake, Klaus: *Massenmediale Vermittlung von Wirklichkeit,* S. 129 f. Aus: Talkshows. Die Industrialisierung der Kommunikation. Wissenschaftliche Buchgesellschaft, Darmstadt 1999, S. 53 ff.

Platon (427–347 v. Chr): *Die Verteidigungsrede des Sokrates,* S. 12. Aus: Apologie des Sokrates und Kriton. Übersetzt und erläutert von Otto Apelt. Felix Meiner, Leipzig 1922, S. 23

Pleines, Heiko: *Aspekte der postsowjetischen Gesellschaft,* S. 51. Aus: Informationen zur politischen Bildung, Heft 281. Bundeszentrale für politische Bildung, Bonn 2003

Pointek, Heinz: *Grafik in Prosa. Ansichten über die deutsche Kurzgeschichte,* S. 243. Aus: Theorie der Kurzgeschichte. Hrsg. von Graf von Nayhaus, Hans Christoph. Reclam, Stuttgart 2004, S. 24 ff.

Raddatz, Fritz J.: *Sie war nichts von allem: ...,* S. 240. Aus: Toni Richter: Die Gruppe 47 in Bild und Text. Kiepenheuer & Witsch. 2. Aufl. Köln 1997, S. 108; *Das Gedächtnis – eine andere Form des Sehens,* S. 274. Aus: Erläuterungen und Dokumente. Christa Wolf. Kassandra. Hrsg. von Christine Schmidjell. Reclam, Stuttgart 2003, S. 86 f.

Ransmayr, Christoph (*1954): *Morbus Kitahara,* S. 292 f. Fischer, Frankfurt/M. 1995, S. 68 ff.

Reimann, Brigitte (1933–1973): *Ankunft im Alltag,* S. 265. dtv, München 1986; *Tagebucheintrag,* S. 265. Aus: Ich bedaure nichts. Tagebücher 1955–1963. 4. Aufl. Aufbau, Berlin 2004, S. 359

Richter, Hans Werner (1908–1993): *Die Gruppe 47 nach 15 Jahren.* S. 238. Aus: Almanach der Gruppe 47. Hrsg. von Hans Werner Richter. Rowohlt, Reinbek 1962, S. 8 ff.

Richter, Toni: *Etwa zwei Wochen später ...; Die Diskussionsmethode ...,* S. 240. Aus: Die Gruppe 47 in Bild und Text. Kiepenheuer & Witsch. 2. Aufl. Köln 1997, S. 16, 20

Rilke, Rainer Maria (1875–1926): *Die Aufzeichnungen des Malte Laurids Brigge,* S. 121 f. Reclam, Leipzig 1982, S. 47; *Ich fürchte mich so vor der Menschen Wort,* S. 172. Aus: Werke. Gedichte. Insel, Frankfurt/M. 1987, S. 194 f.

Rock, Zé do (*1956): *fom winde ferfeelt. weltstrolch macht links-shreibreform,* S. 135 f. Piper, München 2004, S. 218 f.

Sachs, Nelly (1891–1970): *Wer aber leerte den Sand aus euren Schuhen?,* S. 234. Aus: Die deutsche Literatur 1945–1960. „Draußen vor der Tür" 1945–1948. Hrsg. von Heinz Ludwig Arnold. dtv, München 1995, S. 294

Schirrmacher, Frank: *„Dem Druck des härteren, strengeren Lebens standhalten",* S. 277. Aus: Frankfurter Allgemeine Zeitung, 02.06.1990; *Idyllen in der Wüste oder Das Versagen vor der Metropole,* S. 298 f. Aus: Maulhelden und Königskinder. Hrsg. von Andrea Köhler/Rainer Moritz. Reclam, Leipzig 1998, S. 15 ff.

**Schneider, Peter:** *Wir haben Fehler gemacht,* S.260 f. Aus: Deutsche Literatur seit 1945. Texte und Bilder. Hrsg. von Volker Bohn. Suhrkamp, Frankfurt/M. 1993, S.297 ff.

**Schnitzler, Arthur** (1862–1931): *Lieutenant Gustl,* S.169. Aus: Die erzählenden Schriften. Fischer, Frankfurt/M. 1961, S.337 ff.

**Schnurre, Wolfdietrich** (1920–1989): *Dreizehn Thesen gegen die Behauptung, dass es barbarisch sei, nach Auschwitz ein Gedicht zu schreiben,* S.241. Aus: Lyrik nach Auschwitz? Adorno und die Dichter. Hrsg. von Petra Kiedaisch. Reclam, Stuttgart 2006, S.123 ff.

**Schreiber, Matthias:** *Deutsch for sale,* S.136 f. Aus: Der Spiegel, 02.10.2006, S.183 ff.

**Schrott, Raoul** (*1964): *Der wölfische Hunger. Rede an die Abiturienten des Jahres 2004,* S.14 ff. Aus: Der wölfische Hunger. Über das Alter der Jugend. Hrsg. von Ralph Schock. Gollenstein, Merzig 2004, S.5 ff.

**Schulze, Ingo** (*1962): *33 Augenblicke des Glücks,* S.48 ff. dtv, Berlin 1995, S.64 ff.

**Seghers, Anna** (1900–1983): *Transit,* S.219 f. Aus: Werkausgabe I/5. Aufbau, Berlin 2001, S.142 ff.

**Seibt, Gustav:** *Weltalltag am PC. Die Privatsphäre: Ein Nachruf zu Lebzeiten,* S.132 ff. Aus: Süddeutsche Zeitung, 10.09.2007, S.11

**Sen, Amartya:** *Zwei Schwierigkeiten kulturbezogener Erklärungen,* S.67. Aus: Die Identitätsfalle. Beck, München 2007, S.58 ff.

**Silbermann, Marc:** *Politisches Theater,* S.221. Aus: Politisches Theater. Die Tradition des politischen Theaters in Deutschland. Aus: Politik und Zeitgeschichte 23–24/2006, S.14

**Simmel, Georg** (1858–1918): *Die Großstädte und das Geistesleben,* S.200. Aus: Lyrik des Expressionismus. Hrsg. von Silvio Vietta. Niemeyer, Tübingen 1976, S.10 ff.

**Sloterdijk, Peter** (*1947): *Fern-Nachbarschaft,* S.284. Aus: DIE ZEIT, 26.04.2007

**Spitzer, Manfred:** *Lernen. Gehirnforschung und die Schule des Lebens,* S.131. Spektrum, Heidelberg/Berlin 2002, S.376 f.

**Stadler, Ernst** (1883–1914): *Form ist Wollust,* S.195. Aus: Menschheitsdämmerung. Hrsg. von Kurt Pinthus. Rowohlt, Berlin 1920, S.312

**Stramm, August** (1874–1915): *Patrouille,* S.201. Aus: Menschheitsdämmerung. Hrsg. von Kurt Pinthus. Rowohlt, Hamburg 1959, S.87; *Sturmangriff,* S.201. Aus: a.a.O., S.87

**Strauß, Botho** (*1944): *Rückkehr,* S.290. Aus: Mikado. Hanser, München 2006, S.13

**Szczypiorski, Andrzej:** *Die Deutschen und ihre Literatur,* S.249. Aus: Ansichten und Auskünfte zur deutschen Literatur nach 1945. München, edition text + kritik 1995, S.104 f.

**Theobaldy, Jürgen** (*1944): *Abenteuer mit Dichtung,* S.262. Aus: Arbeitsbuch Deutschsprachige Lyrik seit 1945. Hrsg. von Dieter Hoffmann. 2., überarb. und aktual. Aufl. Francke, Tübingen 2004, 154 f.

**Trakl, Georg** (1887–1914): *Grodek,* S.201. Aus: Dichtungen und Briefe. 3. Aufl. Müller, Salzburg 1974, S.94; *Herbst,* S.203. Aus: Das dichterische Werk. Auf Grund der historisch-kritischen Ausgabe von Walther Killy und Hans Szklenar. dtv, München 1992; *In den Nachmittag geflüstert,* S.197. Aus: Menschheitsdämmerung. Hrsg. von Kurt Pinthus. Rowohlt, Berlin 1920, S.66; *Verklärter Herbst,* S.202. Aus: Das dichterische Werk. Auf Grund der historisch-kritischen Ausgabe von Walther Killy und Hans Szklenar. dtv, München 1992, S.22

**Treichel, Hans Ulrich** (*1952): *Wendezeit,* S.282. Aus: Von einem Land und vom andern. Gedichte zur deutschen Wende 1989/1990. Hrsg. von Karl Otto Conrady. Suhrkamp, Frankfurt/M. 1993, S.125

**Tucholsky, Kurt** (1890–1935): *Angestellte,* S.215. Aus: Gedichte. Hrsg. von Mary Gerold-Tucholsky. Rowohlt, Reinbek 1983, S.485

**Walser, Martin** (*1927): *Sozialisieren wir die Gruppe 47!,* S.248. Aus: Die Gruppe 47. Bericht, Kritik, Polemik. Hrsg. von Reinhard Lettau. Hermann Luchterhand, Neuwied/Berlin 1967, S.369 f.

**Weinrich, Harald:** *Literatur für Leser,* S.123. Aus: Literatur für Leser. Essays und Aufsätze zur Literaturwissenschaft. Kohlhammer, Stuttgart 1971, S.117

**Weiss, Peter** (1916–1982): *Die Ermittlung. Oratorium in 11 Gesängen,* S.258 f. Aus: Stücke I. Suhrkamp, Frankfurt/M. 1976, S.269 ff.

**Welsch, Wolfgang:** *Unsere postmoderne Moderne,* S.182 f. 6. Aufl. Akademie, Berlin 2002

**Werfel, Franz** (1890–1945): *Der gute Mensch,* S.193. Aus: Menschheitsdämmerung. Hrsg. von Kurt Pinthus. Rowohlt, Berlin 1920, S.275

**Weyrauch, Wolfgang** (1907–1980): *„Kahlschlag",* S.237. Aus: Tausend Gramm. Ein deutsches Bekenntnis in dreißig Geschichten aus dem Jahr 1949. Hrsg. von Wolfgang Weyrauch. Rowohlt, Reinbek 1989, S.179 ff.

**Wirsing, Sibylle:** *Angst vor Kassandra,* S.275. Aus: Erläuterungen und Dokumente. Christa Wolf. Kassandra. Hrsg. von Christine Schmidjell. Reclam, Stuttgart 2003, S.84 f.

**Wittgenstein, Ludwig** (1889–1951): *Wovon man nicht sprechen kann ...,* S.116. Aus: Tractatus logico-philosophicus. Suhrkamp, Frankfurt/M. 1989, S.85

**Wittstock, Uwe:** *Die Dichter und ihre Richter,* S.278. Aus: Süddeutsche Zeitung, 13./14.10.1990

**Wohmann, Gabriele** (*1932): *Schöne Ferien,* S.246. Aus: Deutsche Kurzgeschichten II. 11.–13. Schuljahr. Hrsg. von Günter Lange. Reclam, Stuttgart 2003, S.37 f.

**Wolf, Christa** (*1929): *Arbeitstagebuch zu „Kassandra",* S.269. Aus: Kassandra. Vier Vorlesungen. Eine Erzählung. Aufbau, Berlin und Weimar 1983, S.123 ff.; *Kassandra – Beginn der Erzählung,* S.270 f. Aus: Kassandra. Erzählung. Luchterhand, Darmstadt/Neuwied 1983, S.5 ff.; *Kassandra – Das Leben in den Ida-Bergen,* S.273 f. Ebd., S.140 ff.; *Kassandra – Die Auseinandersetzung im Rat,* S.272. Ebd., S.86 f.; *Was bleibt,* S.276. Aus: Was bleibt. Suhrkamp, Frankfurt/M. 2007, S.19 f.

**Wolfenstein, Alfred** (1883–1945): *Städter,* S.198. Aus: Menschheitsdämmerung. Hrsg. von Kurt Pinthus. Rowohlt, Berlin 1920, S.45

**Zaimoglu, Feridun** (*1964): *Kopf und Kragen. Kanak-Kultur-Kompendium,* S.288. Aus: Kopf und Kragen. Kanak-Kultur-Kompendium. Feridun Zaimoglu. Rotbuch, Hamburg 2006, S.10; *Leyla,* S.288 f. Kiepenheuer und Witsch, Köln 2006, S.348 ff.

**Zeh, Juli** (*1974): *Sag nicht ER zu mir oder: Vom Verschwinden des Erzählers im Autor,* S.301. Aus: http://www.juli-zeh.de/essay-er.php. Stand: 03.04.2009

**Zuckerkandl, Bertha** (1864–1945): *Bahr, Mach und Zuckerkandl im Gespräch,* S.168. Aus: Die Wiener Moderne. Literatur, Kunst und Musik zwischen 1890 und 1910. Hrsg. von Gotthart Wunberg. Reclam, Stuttgart 1981, S.171

## Unbekannte/ungenannte Autorinnen und Autoren

*Auch im 50. Jahr nach dem Tode Brechts ...,* S.229. Aus: http://www.staatstheater-hannover.de/sstuecke04/johanna.shtml. Stand: 06.04.2009

*DDR-Autoren im Westen,* S. 253. Aus: dtv-Atlas Deutsche Literatur. 10. Aufl. dtv, München 2006, S.284

*Häufigkeit der Bezeichnungen ...,* S.252. Aus: dtv-Atlas Deutsche Sprache. 14. Aufl. dtv, München 2004, S.122

*„Ich glaube, durch das Kino ...",* S.163. Aus: Kino-Debatte. Texte zum Verhältnis von Literatur und Film 1909–1929. Hrsg. von Anton Kaes. dtv, München/Niemeyer, Tübingen 1978, S.41

*Interview mit Barbara Vinken,* S.147. Aus: Süddeutsche Zeitung, 09.01.2008, S.40

*Literaturkritik.* Aus: *Literaturlexikon,* S.303. Cornelsen Scriptor, Berlin 1998, S.234

*Montage,* S.218. Aus: Harenbergs Lexikon der Weltliteratur. Autoren – Werke – Begriffe. Harenberg, Dortmund 1989, S.2031 f.

*Offener Brief der Schriftsteller und Kulturschaffenden,* S.267. Aus: Pleitgen, Fritz (Hrsg.): Wolf Biermann und andere Autoren. Die Ausbürgerung. Anfang vom Ende der DDR. Econ Ullstein List, München 2001, S.312

*Umfrage zum Thema deutsche Sprache,* S.137. Aus: Der Spiegel, 02.10.2006, S.183 ff.

# Textartenverzeichnis

### Lexikonartikel



### Literaturtheoretische Texte



### Medientheoretische Texte



### Parabeln



### Philosophische Texte



### Psychologische Texte



### Reden



### Romanauszüge



### Soziologische/politologische Texte



### Sprachtheoretische Texte



### Tagebucheinträge

# Bildquellenverzeichnis

**Cover:** © The Andy Warhol Foundation for the Visual Arts/Corbis
**S. 2 oben, 25:** Matthias Schickel, Ingolstadt
**S. 2 unten, 48:** Ingo Schulz: 33 Augenblicke des Glücks. © für die Covergestaltung unter Verwendung eines Fotos von Gregor M. Schmid: 1997 Deutscher Taschenbuch Verlag, München
**S. 3 oben:** © 2005 by Rowohlt Verlag GmbH, Reinbek bei Hamburg
**S. 3 unten, 103:** © ARD Degeto/Conny Klein
**S. 4 oben, 116:** © akg-images, VG Bild-Kunst, Bonn 2008
**S. 5, 157 rechts unten:** © akg-images/Erich Lessing
**S. 6 oben, 194:** © bpk/Bayerische Staatsgemäldesammlung
**S. 6 unten:** © bpk/Nationalgalerie, SMB/ Jörg P. Anders; VG Bild-Kunst, Bonn 2008
**S. 7, 14, 93, 124, 231 Mitte, 272, 299:** picture-alliance/dpa
**S. 8:** © Steidl Verlag 1993, © Günter Grass 1959
**S. 9:** ullstein bild – Röhrbein
**S. 10 unten, 92, 323:** © Vario Images
**S. 11 links unten:** Thomas Koehler/photothek.net
**S. 11 links oben:** ullstein bild/Sven Simon
**S. 11 rechts:** © Martina Brandstetter, München
**S. 12:** akg-images/Nimatallah
**S. 24, 316:** Thomas Schulz/Teupitz
**S. 26, 51:** picture-alliance/ZB
**S. 32:** www.hartaberfair.de
**S. 33:** © Peter Langer
**S. 34:** Artothek, VG Bild-Kunst, Bonn 2008
**S. 42:** Artothek
**S. 43:** Artothek/VG Bild-Kunst, Bonn 2009
**S. 59:** Bildarchiv Pisarek/akg-images
**S. 66:** © Coverillustration nach Samuel P. Huntington, Kampf der Kulturen. Die Neugestaltung der Weltpolitik im 21. Jahrhundert, erschienen im Wilhelm Goldmann Verlag, München, in der Verlagsgruppe Random House
**S. 67:** Verlag C.H. Beck oHG, München 2007
**S. 76 links:** ALIMDI.NET/Michael Nitzschke
**S. 76 Mitte:** picture-alliance/Creasource
**S. 76 rechts:** picture-alliance/Godong
**S. 85:** Günter Grass: Novemberland © Steidl Verlag, Göttingen 1993
**S. 111:** Cinetext Bildarchiv
**S. 115, 296:** © Joseph Gallus Rittenberg
**S. 120:** Schweizerisches Institut für Kunstwissenschaft, Bern
**S. 122:** © Stiftung Museum Schloss Moyland-Sammlung van der Grinten – Joseph Beuys Archiv des Landes Nordrhein-Westfalen
**S. 129:** picture-alliance/Sven Simon
**S. 132:** studiVZ Limited, Berlin
**S. 133:** © Abdruck erfolgt mit freundlicher Genehmigung der MySpace, Inc.
**S. 141 links:** © Staatsministerium Baden-Württemberg
**S. 141 rechts:** Bürgerinitiative „Mia redn Boarisch", München
**S. 146:** © Alexander Rochau – Fotolia.com
**S. 149:** Andrews and mcMeel, A Universal Press Syndicate Company, Kansas City, Missouri
**S. 151, 177, 181 links:** akg-images/Archiv Klaus Wagenbach
**S. 152:** Jürgens Ost + Europa-Photo
**S. 155 links:** © Ulf Buschmann, Berlin
**S. 155 rechts:** ullstein bild – CARO/Ruffer
**S. 156 oben:** bpk/RMN/Hervé Lewandowski
**S. 156 unten:** © Civica Galleria d'Arte Moderna, Milan, Italy/The Bridgeman Art Library; VG Bild-Kunst, Bonn 2008
**S. 157 links oben:** bpk/Hamburger Kunsthalle/ Elke Walford
**S. 158:** © Private Collection/Archives Charmet/ The Bridgeman Art Library
**S. 159:** © www.bildpostkarten.uni-osnabrueck.de
**S. 160 oben, 160 Mitte, 166, 167, 170, 181 unten rechts, 269, 290:** akg-images
**S. 162:** © Kirill Kurashov; www.fotolia.com
**S. 163:** bonn-sequenz
**S. 165:** © Ferdinand Hodler: Der Mäher, 1912, Öl auf Leinwand, 82,8 x 105,5 cm, Sammlung Kunstmuseum Thun (Inv. Nr. 132), Depositum Kunstmuseum Bern, Rolf Bloch, Muri
**S. 168:** © http://commons.wikimedia.org, Metropolitan Museum of Art, New York
**S. 173:** © akg-images, The Munch Museum/ The Munch Ellingsen Group/VG Bild-Kunst, Bonn 2009
**S. 176:** bpk/Hamburger Kunsthalle/Christoph Irrgang
**S. 181 rechts:** Aus „Kafka kurz und knapp". © 1993 by David Zane Mairowitz und Robert Crumb. Für die deutsche Übersetzung © 1995 by www.Zweitausendeins.de, Postfach 640 637, 60381 Frankfurt/Main
**S. 185, 188:** akg-images/© Ludwig Meidner-Archiv, Jüdisches Museum der Stadt Frankfurt am Main
**S. 185:** Titelblatt „Die Aktion" 7/39/40 (1917): Aus: Die Aktion 1911–1918. Wochenschrift für Politik, Literatur und Kunst. Hg. von Franz Pfemfert. Eine Auswahl von Thomas Rietzschel. Berlin und Weimar: Aufbau Verlag 1986
**S. 189:** akg-images/Erich Lessing/The Munch Museum/The Munch Ellingsen Group/ VG Bild-Kunst, Bonn 2009
**S. 191, 200, 205 links oben:** akg-images/VG Bild-Kunst, Bonn 2009
**S. 193:** © Schott Music GmbH & Co. KG, Mainz
**S. 196:** The Dian Woodner Collection, New York
**S. 198 rechts oben:** bpk/Nationalgalerie, SMB/ Jörg P. Anders
**S. 198 links unten:** © Ludwig Meidner-Archiv, Jüdisches Museum der Stadt Frankfurt am Main
**S. 205 rechts oben, 212, 213:** © Die Photographische Sammlung/SK Stiftung Kultur – August Sander Archiv, Köln; VG Bild-Kunst, Bonn 2009
**S. 205 links unten:** bpk
**S. 205 rechts unten:** Stadtbildstelle Essen
**S. 206:** © Jonathan Wateridge, „Heinrich saw it first", The Times Literary Supplement, London, 12th June 1998, aus: Thomas und Heinrich Mann im Spiegel der Karikatur, Hg. von Thomas Sprecher, Hans Wisskirchen, Wilhelm Fink Verlag, München 2003
**S. 211:** © bpk/Nationalgalerie, SMB/Jörg P. Anders, VG Bild-Kunst, Bonn 2008
**S. 216:** Cinetext Bildarchiv
**S. 222:** ullstein bild – Lieberenz
**S. 228:** ullstein bild – AP
**S. 231 links oben:** © „Michael Jensch (Fotograf), Haus der Geschichte, Bonn"
**S. 231 rechts oben, rechts unten:** © Stiftung Haus der Geschichte der Bundesrepublik Deutschland, Bonn 2003
**S. 231 links unten:** © Stadtarchiv Neuss
**S. 233, 235, 236, 249 links:** ullstein bild – ullstein bild
**S. 234:** Yad Vashem, Jerusalem
**S. 239:** ullstein bild – Imagno
**S. 240 oben:** Renate von Mangold, Berlin
**S. 240 unten:** Heinz Naumann
**S. 244:** ullstein bild – R. Clausen
**S. 249 rechts:** Aufbau Verlag GmbH & Co. KG, Berlin 2008
**S. 251 oben:** © Uwe Timm, München
**S. 251 unten:** © Helga Paris, Berlin
**S. 255:** Nomi Baumgartl
**S. 256:** © defd/dfd-images
**S. 261 oben:** Philipp Reclam jun. GmbH & Co., Stuttgart, Ditzingen
**S. 261 unten:** Pressefoto + Bildarchiv Siegfried Pater
**S. 263:** ullstein bild – Will
**S. 266:** ullstein bild – AP
**S. 267:** Fischer Taschenbuch Verlag GmbH, Frankfurt/Main 1990
**S. 268:** © Heidelore Kneffel, Nordhausen
**S. 270:** Aufbau Verlag, Berlin 1988
**S. 276:** Suhrkamp Verlag GmbH & Co. KG, Frankfurt/Main 2007
**S. 281 oben:** ullstein bild – Röhrbein
**S. 281 unten rechts:** ullstein bild – CARO/ Westermann
**S. 281 unten links:** ullstein bild – Bonn Sequenz
**S. 283:** Foto: Rolf Zöllner, Berlin
**S. 284:** © World Trade Organisation (WTO): International trade statistics 2005
**S. 285:** ullstein bild – Schleyer
**S. 287:** © Frank Wegner, Berlin
**S. 288:** picture-alliance/Berliner Zeitung
**S. 292:** ullstein bild – Späth
**S. 294:** picture alliance/akg images/Niklaus Stauss
**S. 298:** picture alliance/Sven Simon
**S. 301:** picture alliance/ZB
**S. 302:** SPIEGEL-Verlag Rudolf Augstein GmbH & Co. KG, Hamburg
**S. 305:** Bildagentur-online
**S. 311:** © Project Photos/Reinhard Eisele, Augsburg

Nicht in allen Fällen war es möglich, die Rechteinhaber der Abbildungen ausfindig zu machen. Berechtigte Ansprüche werden im Rahmen der üblichen Vereinbarungen abgegolten.

# Sachregister

Passend zu diesem Buch gibt es die Arbeitshefte
*Die Seminararbeit* (ISBN 978-3-464-63091-4),
*Von der Rechtschreibung zum sicheren Ausdruck* (ISBN 978-3-464-63090-7) und
*Abitur Bayern* (ISBN 978-3-464-63095-2).

Redaktion: Stefan Windte
Bildrecherche: Eireen Junge
Illustrationen:
Maja Bohn (S. 318, 320, 322)
Amelie Holtfreter-Glienke (S. 88, 131, 135)
Margit Pawle (S. 145, 306, 310, 312)
Klaus Puth (S. 22)
Franz Zauleck (S. 139)
Umschlaggestaltung: hawemannundmosch, konzeption und gestaltung, Berlin;
unter Verwendung des Siebdrucks „Kafka" aus der Serie „Ten Portraits of Jews of the Twentieth Century" (1980) von Andy Warhol
Layout und technische Umsetzung: Katrin Tengler

**www.cornelsen.de**



Dieses Werk berücksichtigt die Regeln der reformierten Rechtschreibung und Zeichensetzung. Bei den mit [R] gekennzeichneten Texten haben die Rechteinhaber einer Anpassung widersprochen.

1. Auflage, 3. Druck 2011

Alle Drucke dieser Auflage sind inhaltlich unverändert und können im Unterricht nebeneinander verwendet werden.



Druck: Mohn Media Mohndruck, Gütersloh

ISBN 978-3-464-63086-0

Inhalt gedruckt auf säurefreiem Papier aus nachhaltiger Forstwirtschaft.

| | |
|---|---|
| 1948 | UNO: Erklärung der Menschenrechte |
| **1949** | **Gründung der Bundesrepublik Deutschland und der Deutschen Demokratischen Republik** |
| 1958 | Vertrag zur Gründung der Europäischen Wirtschaftsgemeinschaft (EWG) |
| **1961** | **Bau der Berliner Mauer** |
| 1968 | Studentenunruhen; „Prager Frühling" |
| 1970 | „Neue Ostpolitik" (Willy Brandt) |
| 1977 | Ermordung S. Bubacks durch die RAF |
| 1983 | Die Grünen erstmals im Deutschen Bundestag |
| ab 1985 | Liberalisierungen in Osteuropa (Gorbatschow) |
| 1989 | 9. Nov.: Öffnung der deutsch-deutschen Grenze |

### Literatur der Nachkriegszeit (1945–1949)

W. BORCHERT (1921–1947): Draußen vor der Tür (1947)
H. BÖLL (1917–1985): Kurzgeschichten
P. CELAN (1920–1989): Gedichte

### Literatur in Westdeutschland, Österreich und der Schweiz (1950–1989)

M. FRISCH (1911–1991): Stiller (1954)
F. DÜRRENMATT (1921–1990): Der Besuch der alten Dame (1956)
H. BÖLL (1917–1985): Billard um halb zehn (1959)
G. GRASS (*1927): Die Blechtrommel (1959)
P. WEISS (1916–1982): Die Ermittlung (1964)
E. FRIED (1921–1988): Gedichte
E. JANDL (1925–2000): Gedichte
TH. BERNHARD (1931–1989): Der Theatermacher (1984)
P. SÜSKIND (*1949): Das Parfüm (1985)

### Literatur in Ostdeutschland (1950–1989)

U. JOHNSON (1934–1984): Mutmaßungen über Jakob (1959)
B. REIMANN (1933–1973): Ankunft im Alltag (1961)
F. FÜHMANN (1922–1984): Das Judenauto (1962)
S. KIRSCH (*1935): Gedichte
G. KUNERT (*1929): Gedichte
HEINER MÜLLER (1929–1995): Die Hamletmaschine (1977)
CH. HEIN (*1944): Drachenblut (1982/83)
CH. WOLF (*1929): Kassandra (1983)
E. STRITTMATTER (1912–1994) Der Laden (1983–1992)

| | |
|---|---|
| **1990** | 3. Okt.: **Deutsche Einheit;** Irak überfällt Kuweit |
| 1991 | Zerfall der UdSSR |
| 1992 | Vertrag von Maastricht zur Gründung der EU |
| 1999 | Europäische Währungsunion |
| **2001** | 11. Nov.: **Terroranschläge in den USA** durch El Kaida |
| 2003 | Die USA und Verbündete besetzen den Irak. |
| ab 2008 | Finanz- und Wirtschaftskrise |

### Literatur ab 1989

B. KRONAUER (*1940): Die Frau in den Kissen (1990)
B. STRAUß (*1944): Wohnen, Dämmern, Lügen (1994)
B. SCHLINK (*1944): Der Vorleser (1995)
CH. RANSMAYR (*1954): Morbus Kitahara (1995)
R. GERNHARDT (1937–2006): Gedichte
E. JELINEK (*1946): Sportstück (1998)
R. GOETZ (*1954): Rave (1998)
I. SCHULZE (*1962): Simple Storys (1998)
TH. KLING (1957–2005): Gedichte
V. BRAUN (*1939): Tumulus – Das lyrische Werk (1999)
G. GRASS (*1927): Im Krebsgang (2002)
D. GRÜNBEIN (*1962): Gedichte
K. HACKER (*1967): Die Habenichtse (2006)
HERTA MÜLLER (*1953): Atemschaukel (2009)